תלמוד בבלי

— מהדורת נאה —

יומא חלק ד

Steinsaltz Center

ירושלים

KOREN

Please note that the number ranges that appear at the bottom of each daf of the Vilna pages indicate the corresponding pages of the Koren Talmud Bavli translation and commentary.

תלמוד בבלי

הוצאת קוֹרֵן ירושלים

מהדורת נאה

מסכת יומא
דף סח: עד דף פח.

COMMENTARY BY

Rabbi Adin Even-Israel Steinsaltz

EDITOR-IN-CHIEF

Rabbi Dr Tzvi Hersh Weinreb

EXECUTIVE EDITOR

Rabbi Joshua Schreier

STEINSALTZ CENTER
KOREN PUBLISHERS JERUSALEM

א ז ח מיי' שם הל' ע:
ב ט י מיי' שם הלכה י:
ג כ מיי' שם הלכה ח:
ד ל מיי' פ"ח מהלכות בית הבחירה הל' ו:
ה מ מיי' פ"י מהלכות מעשה הקרבנות הל' ח:

בָּא לוֹ כֹּהֵן גָּדוֹל לִקְרוֹת, אִם רָצָה לִקְרוֹת בְּבִגְדֵי בוּץ – קוֹרֵא, וְאִם לָאו – קוֹרֵא בְּאִצְטְלִית לָבָן מִשֶּׁלּוֹ. חַזַּן *הַכְּנֶסֶת נוֹטֵל סֵפֶר תּוֹרָה וְנוֹתְנוֹ לְרֹאשׁ הַכְּנֶסֶת, וְרֹאשׁ הַכְּנֶסֶת נוֹתְנוֹ לַסְּגָן, וְהַסְּגָן נוֹתְנוֹ לְכֹהֵן גָּדוֹל, וְכֹהֵן גָּדוֹל עוֹמֵד וּמְקַבֵּל(ב) וְקוֹרֵא (ג)*"אַחֲרֵי מוֹת" וְ"אַךְ בֶּעָשׂוֹר", וְגוֹלֵל סֵפֶר תּוֹרָה וּמַנִּיחוֹ בְּחֵיקוֹ, וְאוֹמֵר: יוֹתֵר מִמַּה שֶּׁקָּרָאתִי לִפְנֵיכֶם כָּתוּב כָּאן, "וּבֶעָשׂוֹר" (במדבר כט) שֶׁבְּחוּמַּשׁ הַפְּקוּדִים קוֹרֵא עַל פֶּה. וּמְבָרֵךְ עָלֶיהָ שְׁמוֹנֶה בְּרָכוֹת: עַל הַתּוֹרָה, וְעַל הָעֲבוֹדָה, וְעַל הַהוֹדָאָה, וְעַל מְחִילַת הֶעָוֹן,(ג) וְעַל הַמִּקְדָּשׁ [ג]בִּפְנֵי עַצְמוֹ,(ג) וְעַל יִשְׂרָאֵל בִּפְנֵי עַצְמָן, וְעַל יְרוּשָׁלַיִם בִּפְנֵי עַצְמָהּ, [א]וְעַל הַכֹּהֲנִים בִּפְנֵי עַצְמָן, וְעַל שְׁאָר הַתְּפִלָּה. *הָרוֹאֶה כֹּהֵן גָּדוֹל כְּשֶׁהוּא קוֹרֵא – אֵינוֹ רוֹאֶה פַּר וְשָׂעִיר הַנִּשְׂרָפִין, וְהָרוֹאֶה פַּר וְשָׂעִיר הַנִּשְׂרָפִין – אֵינוֹ רוֹאֶה כ"ג כְּשֶׁהוּא קוֹרֵא. וְלֹא מִפְּנֵי שֶׁאֵינוֹ רַשַּׁאי, אֶלָּא שֶׁהָיְתָה דֶּרֶךְ רְחוֹקָה, וּמְלֶאכֶת שְׁנֵיהֶן *שָׁוָה כְּאַחַת.§ **גמ'** מִדְּקָתָנֵי "בְּאִצְטְלִית לָבָן מִשֶּׁלּוֹ" – מִכְּלָל דִּקְרִיאָה לָאו עֲבוֹדָה הִיא. וְקָתָנֵי: "אִם רָצָה לִקְרוֹת בְּבִגְדֵי בוּץ – קוֹרֵא". שָׁמְעַתְּ מִינָּהּ: בִּגְדֵי כְהוּנָּה נִיתְּנוּ לֵיהָנוֹת בָּהֶן! דִּילְמָא שָׁאנֵי קְרִיאָה, דְּצוֹרֶךְ עֲבוֹדָה הִיא דְּאִיבַּעְיָא לָן: בִּגְדֵי כְהוּנָּה נִיתְּנוּ לֵיהָנוֹת בָּהֶן, אוֹ לֹא נִיתְּנוּ לֵיהָנוֹת בָּהֶן? ת"ש: *"לֹא הָיוּ יְשֵׁנִים בְּבִגְדֵי קוֹדֶשׁ. שֵׁינָה הוּא דְּלָא, הָא מֵיכַל – אָכְלֵי. דִּילְמָא שָׁאנֵי אֲכִילָה, דְּצוֹרֶךְ עֲבוֹדָה הִיא,(ד) כִּדְתַנְיָא: "וְאָכְלוּ אוֹתָם אֲשֶׁר כּוּפַּר בָּהֶם" (שמות כט) מְלַמֵּד שֶׁהַכֹּהֲנִים אוֹכְלִים וּבְעָלִים מִתְכַּפְּרִין. שֵׁינָה הוּא – דְּלָא, הָא הִלּוּכֵי – מְהַלְּכִי! בְּדִין הוּא דְּהִלּוּכֵי נַמִּי לָא, וְסֵיפָא

א) [בערוך ערך תרך גרס אמר רבא דשויה חרוכא איכא בינייהו] ב) [גי' סדר המשנה וירושל' עומד ומקבל וקורא עומד וקורא וכו'] ג) [עי' במשנה שבמשניות ובתי"ע] ד) פסחים נט. יבמות מ. ג.

רש"י

בא לִקְרוֹת. אֶת הַפָּרָשָׁה, דִּילְפִינַן מִמִּלּוּאִים, דְּאָמְרִינַן בְּפ"ק (דף ה:): מִנַּיִין שֶׁאַף מִקְרָא פָּרָשָׁה מְעַכֵּב וכו': **אם רצה לקרות בבגדי בוץ.** שֶׁהוּא לָבוּשׁ עַכְשָׁיו, שֶׁעָבַד בָּהֶן עֲבוֹדַת הַיּוֹם: **אצטלית.** לְבוּשׁ כְּמִין חָלוּק: **בית הכנסת.** הָיָה סָמוּךְ לָעֲזָרָה בְּהַר הַבַּיִת: **חזן הכנסת.** שַׁמָּשׁ: **ראש הכנסת.** עַל פִּיו נֶחְתָּכִין צָרְכֵי הַכְּנֶסֶת, מִי מַפְטִיר, מִי פּוֹרֵס עַל שְׁמַע, מִי עוֹבֵר לִפְנֵי הַתֵּיבָה: **ואף בעשור.** שֶׁבְּפָרָשַׁת "אֱמוֹר אֶל הַכֹּהֲנִים": **ואומר יותר ממה שקריתי וכו'.** בַּגְּמָרָא מְפָרֵשׁ טַעְמָא: **שבחומש הפקודים.** סֵפֶר "וַיְדַבֵּר" שֶׁמַּתְחִיל בְּמִנְיָין שֶׁל יִשְׂרָאֵל, וּפָרָשַׁת פִּינְחָס בְּתוֹכוֹ סֵפֶר, וְשָׁם הַמּוּסָפִין אֲמוּרִין: **קורא על פה.** טַעְמָא מְפָרֵשׁ בַּגְּמָרָא: **על התורה.** בְּרָכָה שֶׁל אַחֲרֶיהָ "אֲשֶׁר נָתַן לָנוּ וכו'": **ועל העבודה.** "רְצֵה בְּעַמְּךָ יִשְׂרָאֵל וּתְפִלָּה הָעֲבוֹדָה כִּדְבִיר בֵּיתְךָ וכו' שֶׁאוֹתְךָ לְבַדְּךָ בְּיִרְאָה נַעֲבוֹד": **ועל ההודאה.** "מוֹדִים אֲנַחְנוּ לָךְ" עַד "הַטּוֹב לְךָ לְהוֹדוֹת". עַל הָעֲבוֹדָה מְבָרֵךְ בִּשְׁבִיל הָעֲבוֹדָה שֶׁעָבַד, וְהוֹדָאָה סְמוּכָה לַעֲבוֹדָה, דִּכְתִיב "זוֹבֵחַ תּוֹדָה יְכַבְּדָנְנִי" (תהלים נ) אַחַר עֲבוֹדָה תּוֹדָה וְהִיא הוֹדָאָה: **על מחילת העון.** "מְחוֹל לַעֲוֹנוֹתֵינוּ בְּיוֹם הַכִּפּוּרִים הַזֶּה וכו' עַד מֶלֶךְ מוֹחֵל וְסוֹלֵחַ לַעֲוֹנוֹתֵינוּ וכו'": **על המקדש.** מִתְפַּלֵּל עַל הַמִּקְדָּשׁ, וְחוֹתֵם "בָּרוּךְ שֶׁבָּחַר בַּמִּקְדָּשׁ": **ועל הכהנים.** מִתְפַּלֵּל עַל הַכֹּהֲנִים, וְחוֹתֵם "בָּרוּךְ שֶׁבָּחַר בְּזַרְעוֹ שֶׁל אַהֲרֹן" וְכֵן עַל יִשְׂרָאֵל: **ועל שאר התפלה.** מְפָרֵשׁ בַּגְּמָרָא: **גמ'** נִתְּנוּ לֵיהָנוֹת. נִתַּן רְשׁוּת לֵיהָנוֹת בָּהֶן בְּלֹא שְׁעַת עֲבוֹדָה: **שינה הוא דלא.** שֶׁמָּא יָפִיחַ: וְסֵיפָא

רבינו חננאל

פ"ז בא לו כ"ג לקרות אם רוצה בבגדי בוץ קורא כו'. דייקינן ממתני' דקריאה לאו עבודה היא. ומדקרי בבגדי בוץ ש"מ דבגדי בוץ כהונה ניתנו ליהנות בהן. ואע"ג דאסיקנא לשמעתא כי ניתנו ליהנות בהן דחי' דילמא שני קריאה דצורך עבודה היא הכי נמי דחינן שלא היו ישנים בבגדי קדש הא מיכל אכלי בהו. דילמא שני אכילה דאית בה כפרה כעבודה היא דתניא ואכלו אותם אשר כופר בהן מלמד כיון שהכהנים אוכלין אותם בעלין מתכפרין איכא דאמרי שינ' הוא דלא הא הילוך בהו שרי. ודחינן אפילו הילוך אסיר

סוטה מ:

[מגילה כד.]

[גי' ירו' היתה נעשית כאחת]

גליון הש"ס

מתני' קורא על פה. עיין ברכינו יונה פ"א דברכות דף ז ע"ב:

הגהות מהר"ב רנשבורג

א] מתני' על הכהנים בפ"ע ועל שאר התפלה. נ"ב עי' בברייתא לקמן דף ע' ע"א ת"ר על התורה וכו' ועי' תוי"ט ד"ה על התורה כו' ודו"ק:

תוספות ישנים

פ"ז בא לו כהן גדול לקרות כו'. הכא הוחיל והפסיק עבודת היום וגם עשה עיקר עבודות כפרה יש לו לקרות ולברך על המחילה ועל סדר הברכות בירושלמי מנין לקרות הפרשה רבי אידי בשם רבי יוחנן ויעש מה תלמוד לומר כאשר צוה ה' מכאן לקריאת הפרשה: **אם** רצה לקרות בבגדי בוץ קורא. אבל בבגדי זהב אין לקרות שאין ללבוש בתחילה בגדי זהב אם לא לצורך עבודה ואמרינן לעיל בפרק הממונה (דף לב.) שכל המשנה מעבודה לעבודה טעון טבילה וטעון שאחא טבילה סמוך לעבודה תכופה: **מכלל** דקריאה לאו עבודה היא. מדלא בעינן שימסרנה לציבור לכל הפחות ועוד דאצטלית אינו כתונת וחלוק כפירוש רש"י אלא הוא כמו סדין להתעטף בה כמו אדרת שנער אצטלא דמילתא בסנהדרין ואיצטלא דפרסוה אמיתנא וכן היה לבוש איצטלא בת מאה וכן נותנין לו כל ימות הרגל ולאיצטלתו וכן תרגם ירושלמי דויקח שם ויפת את השמלה משמע שהוא כעין סדין ולא חלוק וכתונת ולכאורה משמע שאינו בגדי כהונה בזה הענין ולא כפי' רבותיו של רש"י שפי' לעיל בפ' הממונה (דף לה:) דכהן שעשתה לו אמו כתנת בת מאה מנה לובשה ועובד בה עבודת יחיד דהיינו מקרא פרשה באיצטלית לבן מכלו דהא פריך הכא שאינו כתונת וגם הקשה רש"י שם עליהם דלא קתני בה הכא ולבד שימסרנה לציבור וגם הפייט שיסד את הכתונת סובר ח) שאינו בגדי הכהונה ועוד דהא אמרינן מכלל דקריאה לאו עבודה היא ואי עבודה תיבא ואפילו של יחיד לא הוה מקשה כלל כלום:

ח) נ"ל שכן:

וסיפא איצטריכא ליה: פושטין ומקפלין ומניחין תחת ראשיהם.§ פושטין ומקפלין ומניחין אותן תחת ראשיהן.§ *שמעת מינה: בגדי כהונה ניתנו ליהנות בהן! אמר רב פפא: לא תימא תחת ראשיהן, אלא אימא: כנגד ראשיהן. אמר רב משרשיא, שמעת מינה: תפילין מן הצד שפיר דמי. הכי נמי מסתברא דכנגד ראשיהן, דאי סלקא דעתך תחת ראשיהן – ותיפוק לי משום כלאים, דהא איכא אבנט! ונהי נמי דניתנו ליהנות בהן – הא מתהני מכלאים! *הניחא למ"ד: אבנטו של כהן גדול(א) (בשאר ימות השנה)[א] זה הוא אבנטו של כהן הדיוט, אלא למאן דאמר: אבנטו של כ"ג לא זה הוא אבנטו של כהן הדיוט – מאי איכא למימר? וכי תימא: כלאים בלבישה והעלאה הוא דאסור, בהצעה שרי – והתניא: א"לא *יעלה עליך" (ויקרא יט) – אבל אתה מותר להציעו תחתיך, אבל אמרו חכמים: אסור לעשות כן, שמא תיכרך נימא אחת על בשרו. וכ"ת: דמפסיק ליה מידי ביני ביני – והאמר ר"ש בן פזי אמר ר' יהושע בן לוי אמר רבי משום קהלא קדישא שבירושלים: באפי' עשר מצעות זו על גב זו, וכלאים תחתיהן – אסור לישן עליהן. אלא לאו שמע מינה: גכנגד ראשיהן, שמע מינה. רב אשי אמר: לעולם תחת ראשיהן, – והא קא מתהני מכלאים! בגדי כהונה קשין הן, דכי הא דאמר *רב הונא בריה דר' יהושע: האי נמטא גמדא דנרש – שריא. ת"ש: בגדי כהונה, היוצא בהן למדינה – אסור, ובמקדש, דבין בשעת עבודה בין שלא בשעת עבודה – מותר, מפני שבגדי כהונה ניתנו ליהנות בהן, ש"מ. ובמדינה לא? והתניא: בעשרים וחמשה [בטבת] יום הר גרזים [הוא], דלא למספד. יום שבקשו כותיים את בית אלהינו מאלכסנדרוס מוקדון להחריבו *ונתנו להם. באו והודיעו את שמעון הצדיק. מה עשה? לבש בגדי כהונה, ונתעטף בבגדי כהונה, ומיקירי ישראל עמו, ואבוקות של אור בידיהן, וכל הלילה הללו הולכים מצד זה והללו הולכים מצד זה עד שעלה עמוד השחר. כיון שעלה עמוד השחר אמר להם: מי הללו? אמרו לו: יהודים שמרדו בך. כיון שהגיע לאנטיפטרס זרחה חמה, ופגעו זה בזה. כיון שראה לשמעון הצדיק, ירד ממרכבתו והשתחוה לפניו. אמרו לו: מלך גדול כמותך ישתחוה ליהודי זה?! אמר להם: דמות דיוקנו של זה מנצחת לפני בבית מלחמתי. אמר להם: למה באתם? אמרו: אפשר בית שמתפללים בו עליך ועל מלכותך שלא תחרב יתעוך גוים להחריבו?! אמר להם: מי הללו? אמרו לו: כותיים הללו שעומדים לפניך. אמר להם: הרי הם מסורין בידיכם. מיד נקבום בעקביהם ותלאום בזנבי סוסיהם, והיו מגררין אותן על הקוצים ועל הברקנים עד שהגיעו להר גריזים. כיון שהגיעו להר גריזים חרשוהו, וזרעוהו כרשינין. כדרך שבקשו לעשות לבית אלהינו. ואותו היום עשאוהו יו"ט. אי בעית אימא – ראויין לבגדי כהונה, ואי בעית אימא – °"עת לעשות לה' הפרו תורתך" (תהלים קיט).§ "חזן הכנסת נוטל ספר תורה".§ ש"מ: *חולקין כבוד לתלמיד במקום הרב! אמר אביי: כולה משום כבודו דכ"ג היא.§ "וכהן גדול עומד".§ מכלל *שהוא יושב? והא אנן *)תנן: אין

*) [אין זה במשנה בשום מקום והנכון כדאיתא לעיל כה. ובסוטה מ: מח: ובתמיד כז. והאמר מר]

[תמיד כז: כילה יד:] [מגילת תענית]

רש"י

וסיפא איצטריך ליה. שינה דנקט משום דבעי לאשמועינן שמותר ליתנן תחת ראשיהן, ותו לא איכפת לן אם יפיח מאחר שפושטן: כנגד ראשיהן. אצל ראשיהן: שמע מינה. מדמותר להניחן אצלו לא חייש לשמא יפיח: תפילין מן הצד. להניחן אצלו כשהוא ישן: הניחא. הא דלא חייש לכלאים למאן דאמר אבנטו של כהן גדול ביום הכפורים שהוא של בוץ זהו אבנטו של הדיוט כל ימות השנה, ואין כלאים בבגדי כהן הדיוט שפיר: לא זהו וכו'. דשל הדיוט כל השנה של כלאים: קשים הם. ואינן מתחממין לפיכך אין בהן משום כלאים: נמטא. לבד *פלטר"א בלע"ז: גמדא. קשה: שרי. אין בו משום כלאים דהעלאה דומיא דלבישה דאית בה הנאת חימום הוא דאיתסר: למדינה אסור. שנוהג בה דרך חול: הר גריזים. מקום מושבן של כותים: עת לעשות לה'. כשבאת עת לעשות דבר לשמו של מקום – מותר להפר בו תורה: לתלמיד במקום הרב. לראש הכנסת ולסגן בפני כהן גדול, ואינו כממעט כבוד הרב: כולה משום כבודו דכהן גדול. מראין אותו שיש שררות הרבה למטה ממנו. אבל בעלמא אין חולקין:

תוספות

בא לו תפילין מן הצד שריין. פירש רש"י: ולא חיישינן שמא יישן בהן ויפיח. אבל בפ"ק דתמיד (דף כז.) מפרש טעמא אחרינא: דלא חיישינן דילמא מגנדר ונפל עלייהו ואיכא בזיון תפילין: אלא למאן דאמר לא זהו אבנטו של כהן הדיוט מאי איכא למימר. אע"ג דפלוגתא דתנאי היא בפרק קמא (דף יב.), הוא רוצה ליישב מתניתין דפ"ק דתמיד (דף כה:) ההיא דמקפלין ומניחין תחת ראשיהן אליבא דכולי עלמא:

קשין הן. תימה: א"כ מאי היא דאמר בפ"ק דערכין (דף ג.): *הכל חייבין בכלאים כהנים לוים וישראלים, ופריך: פשיטא! ומשני: כהני איצטריך ליה, סד"א הואיל ואישתרי לגבייהו כלאים בעבודה, שלא בעידן עבודה נמי לישתרו – קמ"ל וכו'. והשתא כיון דקשין הן – לא אישתרו כלאים לגבייהו! ותירץ ר"ת: דלבישה והעלאה דהוו דאורייתא אסירי אפילו בקשין אבל הצעה דמדרבנן לא גזרו בקשין. ודלא כפרש"י שפירש: קשין הן ומותרין בלבישה והעלאה. ובספ"ק דיום טוב (דף יד:) דתנן: משלחין בי"ט כלאים. ופריך: כלאים למאי חזו? ומשני: בקשין – מיירי נמי בהצעה. ואם תאמר: והצעה היכי שרי? והא כיון דהוו כלאים דאורייתא לענין לבישה והעלאה – ליתסרו אפי' למוכרו לגוי כדתניא (*בתוספת' דכלאים (פרק ה)): הבגד שאבד בו כלאים הרי זה לא ימכרנו לגוי ולא יעשנו מרדעת לחמור וכל שכן להציע תחתיו! יש לומר: ההיא איירי דווקא באבד וחיישינן שמא יקרע בגדו ויחזור ויתפרנו על גבי בגדו כדאמר במס' ע"ז (דף לב.) גבי נודות הגוים שאסור לעשות מהן שטיחין לחמור שמא יבקע נודו ויחזור ויתפרנו על גב נודו, אבל אם היו הכלאים ניכרים – מותר כדתנן במסכת כלאים (פ"ט משנה ד): תכריכי המת ומרדעת החמור – אין בהם משום כלאים. ואם תאמר: והאמר הכא אפי' י' מצעות זו על גבי זו וכלאים תחתיהן אסור לישן עליהם, וכן קשה אהא דתנן במסכת כלאים (פ"ט משנה ג): הכרים והכסתות אין בהם משום כלאים! וי"ל: דבמצעות שייך כריכה, להכי חיישינן שמא תכרך לו נימא. אבל במרדעת החמור ובכרים וכסתות לא שכיחא שתיכרך נימא ולהכי לא גזרו. מיהו אם בשרו נוגע בהן אסור, כדתנא בהדיא גבי כרים וכסתות: ובלבד שלא יהא בשרו נוגע בהן. והוא הדין במרדעת. ובלבישה והעלאה אסירי בכל ענין, ואף על פי שאין בשרו נוגע בהן. כדתנן: לא יתן אדם מרדעת של כלאים על כתיפו אפי' להוציא זבל. ומה שהשיב ר"י לה"ר שמעון מינדיל"א על אותם קוסטא פורפיטיי"ש שיש בהן כלאי בגדים, ומוכין של צמר אע"פ שהבגדים שעליהן הן של פשתן – יש להתיר כדאיתא בספ"ק דבילה (דף טו. ושם), לשון ר"י:

בגדי כהונה היוצא בהן למדינה אסור. וכן משמע בפרק "האיש מקדש" (קדושין דף נד.) דאפי' בעזרה אסור לכתחילה ללובשן שלא לצורך עבודה. דקאמר: בגדי כהונה אין בהן מעילה לפי שלא ניתנה תורה למלאכי השרת. פי': שיוכלו להזהר להסירן מיד אחר עבודה. ומשמע הא לכתחילה ללובשן אסור, דזה אפשר להזהר. וא"ת: הא אמרינן בפרק "האומר" בקידושין (דף סו.) גבי ינאי המלך: הקם להם בציץ שבין עיניך, אלמא שמותר להניחו אפילו חוץ למקדש! וליכא למימר דמיד נזרקה בו מינות, דהתם משמע דאכתי לא נזרקה בו מינות עד בתר הכי, דקאמר: ותורה שבכתב מה תהא עליה? ולא אמר נמי: התורה שבעל פה. ומיהו, למאן דאמר (לעיל ז:): דווקא עודהו על מצחו מרצה יכול להניחו כל שעה. ואור"ת: דלכולי עלמא יכול להניחו כל שעה, מדכתיב ביה: "והיה על מצחו תמיד" (שמות כח), ואף על גב דאיצטריך לדרשא אחריתי, לעיל בפרק קמא (דף ז:) שלא יסיח דעתו ממנו. ושמא יש לומר מדכתיב תרי זימני "והיה על מצח אהרן" "והיה על מצחו" נפקא. ויותר היה נראה לומר דשלא כדין עשה שהניח הציץ, מיהו הכא לא הוה מצי לאוכוחי דנזרקה בו מינות שכפר בכל התורה שבעל פה עד בתר הכי, דדייק מדלא קאמר אלא תורה שבכתב מה תהא עליה:

עין משפט נר מצוה

ו א ב מיי' פ"י מהלכות כלאים הלכה יב סמג לאוין רפג טוש"ע יו"ד סימן שא סעיף ח:

ז ג מיי' פ"ח מהלכות בית הבחירה הלכה ו:

ח ד טוש"ע יו"ד סימן שא סעיף ב בהג"ה:

ט ה מיי' פ"ח מהל' כלי המקדש הלכה יא:

[וכך מלתא הכל חייבין בכלאים ליתא בערכין ולא בשום מקום בש"ס ודע בתוס' כילה טו. ד"ה אלא וכו' כתבו הכל חייבין בציצית וכו' ואולי צ"ל לחייבו בציצית וכו' ועיין שם והוא הנכון וכ"ה בצ"ן]

רבינו חננאל

והאי דקתני שינה משום סיפא דקתני פושטים ומקפלים ומניחים אותם תחת ראשיהם ואמרינן ומינה את שמע דניתנו ליהנות דהא נותנין אותן תחת ראשיהן. ודחי' לא תימא תחת אלא אימא ומניחין אותם כנגד ראשיהן ולא ראשיהן עליהן. ש"מ כשם שבגדי קדש מותר לישן כנגדן כך התפילין מותר לישן כנגדן אם הם נתונים לו מן הצד. וברור לן דשינויא דשנינן שינויא הוא דאי אפשר לישן על בגדי כהונה דאבנט כלאים הוא ומדאורייתא אסור בהעלאה עליו. ומדרבנן אסור להציעו תחתיו ולישן עליו ואפילו י' מצעות זו על זו וכלאים תחתיהן אסור לישב עליהן כך על זה הדרך סוגיא דשמועה זו סלקא. ואמר רב אשי אפילו תימא תחת ראשיהן כיון שהן קשין דהא חוטן כפול ששה אין נימא נשמטת מהן ונכרכת בבשרו כדרב הונא בריה דר' יהושע דאמר נמטא גמדא דנרש שריא. כלומר כיון שהוא קשה מותר לישן עליו וכי הא ק"ל: ת"ש בגדי כהונה היוצא [בהן] למדינה אסור ובמקדש בין בשעת עבודה בין שלא בשעת עבודה מותר מפני שבגדי כהונה ניתנו ליהנות בהן ש"מ. ואקשינן ובמדינה אין יוצאין בבגדי כהונה. והתניא כי שמעון הצדיק לבש בגדי כהונה ויצא עד אנטיפטרס אצל אלכסנדרוס. ושנינן לאו בגדי כהונה אלא בגדים חדשים שאינם מקודשין ולמה קורא אותן בגדי כהונה שהן ראוין לכהונה איבעית תימא עת לעשות לה' הפרו תורתך כלומר עת סכנה היתה ואין למידין ממנה: חזן הכנסת נוטל ס"ת ונותנו לראש הכנסת ש"מ חולקין כבוד לראש הכנסת שהוא תלמיד במקום כ"ג הרב ודחי אביי כולו משום כ"ג הוא כלומר שיהא ראש הכנסת מחזר לפניו ובפרק יש נוחלין גרסינן והלכתא אין חולקין כבוד לתלמיד במקום הרב ואם חלק לו רבו חולקין לו: ירושלמי בכל אתר איתמר הולכין אצל התורה והכא מוליכין את התורה אצלו אין ע"י שהן אנשים גדולים התורה מתעלה בהם. והא תמן מוליכין אורייתא גבי ריש גלותא. א"ר יוסי בר בון תמן ע"י זרעו של בית דוד משוקע שם אינון עבדין כמנהג אבהתהון: וכ"ג עומד ומקבל וקורא. ודייקינן מדקתני עומד עכשיו מכלל שהיה יושב והאמר מר אין

מסורת הש"ס

[תמיד כז. ע"ש]

[בערוך פירש לבד כוון וקמוט והוא קשה]

[שם: ע"ש] לעיל ו. יב. חולין קלח.

[כילה טו.]

בע"י ונתן להם רשות

[ב"ב קיט: סוטה מ: מח:]

[סוטה שם]

הגהות הב"ח

(א) גמ' הניחא למ"ד אבנטו של כ"ג ביוה"כ זה הוא אבנטו של כהן הדיוט בשאר ימות השנה אלא למ"ד אבנטו של כ"ג ביוה"כ לא זה הוא כצ"ל:

הגהות הגר"א

[א] גמרא (בשאר ימות השנה) תא"מ:

גליון הש"ס

גמרא שמעת מינה בגדי כהונה ניתנו ליהנות. עיין פ"א מ"ע דכלאים בר"ש: שם לעולם תחת ראשיהן. עי' באר שבע סוף הוריות ד"ה דמניח כליו:

תוספות ישנים

ש"מ תפילין מן הצד שרו. פירש רש"י ולא חיישינן להפחה ולא דק דבפ"ק דתמיד (דף כז.) מפרש בהדיא הטעם דלא חיישינן דילמא מיגנדר ונפיל עלייהו פי' ואיכא בזיון שקוכב עליהם וא"ת היכי פשיט מידי מרב פפא דהא איהו גופיה דחווי דחי ליה יש לומר דפשיטא ליה הכי מדלא קאמר רב פפא דילמא כנגד ראשיהן ועוד דעיקר מילתא דרב משרשיא היא לפי האמת דפשיטנן כנגד ראשיהן הוא דקאמר. מ"ר: תיפוק לי משום כלאים. תימה על מה שפירש רבינו יעקב דכלאים בלילה שהותרו ביום הותרו גם בלילה אע"פ שאין הלילה נוהגת בלילה כדמפרש במנחות פרק התכלת (דף מ:) גבי תכלת אין בה משום כלאים אפילו בטלית פטורה משמע לטלית של כלאים מותר בלילה ובשמעתא קמייתא דערכין אמרינן הכל חייבין בציצית בין כהנים לוים וישראלים כו' פשיטא סד"א הואיל ואשתרו כלאים לגבייהו לא ליחייבו קמ"ל דהא דאישתרו בעידן עבודה שלא בעידן עבודה מיהא לא אשתרו מיהו ההיא לאו קושיא היא דמיירי בבגדי חול דלא אישתרו בכלאים כמו שפי' ר"ת אבל מהך דהכא תיקשי לך אלא אומר רבי טלית שהיא עשויה להנאתו בכל שעה שירצה קאמר רחמנא דליעבד בה ציצית ומשתמש בה בכל שעה שירצה אבל בגדי כהונה אינן אלא לצורך עבודה ולכך לא הותרו שלא בשעת עבודה כגון בהצעה אבל לבישה במקדש ודאי לא אסרו כדמשמע בשמעתין דדייק לעיל הא

אין ישיבה בעזרה. דכתיב "לעמוד לשרת" (דברים יח) "העומדים שם לפני ה'" (שם) ולא מצינו בה ישיבה: אלא למלכי בית דוד שנאמר ויבא המלך דוד וישב וגו'. כשאמר לו נתן הנביא "אתה לא תבנה הבית כי ימלאו ימיך" וגו': ויברך עזרא וגו'. בההוא ענינא דויקרא לפני הרחוב כתיב "ברוך ה' אלהים וגו'" כך תיקנו באותו היום לומר במקדש בסוף כל ברכה וברכה כדאמרינן במסכת תענית (דף יג.): בגבולין. כל חוץ לעזרה קרי גבולין: בייא בייא. לשון זעקה וקובלנא: האי דאחרביה לבית המקדש. מבקשין רחמים שימסר בידם יצר הרע של עבודה זרה: לקבולי אגרא. שנכוף אותו ונקבל שכר: פיתקא. כתב: אמת. כלומר, מסכים אני עמכם: אמר להו נביא. זכריה בן עדו: ביניתא. שיער: בדודא דאברא. בסיר של עופרת: זאת הרשעה. "וישלך אותה אל תוך האיפה (*ויתן) את אבן העופרת אל פיה": שאיב קלא. נכנס הקול לתוך העופרת ואינו יוצא ממנו: כליא עלמא. יכלה העולם, שלא תהא פריה ורביה: ביעתא בת יומא. ביצה הנולדה בו ביום, לפי שפסק החימום מן המעים, ואפילו אותן שעיברה התרנגולת כבר אינן מתבשלין במעיה: לפלגא. שיהא שולט באדם ליזקק לאשתו ולא לאחרת: כחלינהו. סימו את עיניו ע"י כחול: האל הגדול הגבור והנורא. אשר לא ישא פנים: גוים מקרקרים בהיכלו. שראה שרי נבוכדנצר נכנסין להיכל ומריעים בו ככל רצונם: לא אמר נורא. בפרשת "הנה חנמאל" כתיב "עושה חסד לאלפים ומשלם עון אבות אל חיק בניהם אחריהם האל הגדול והגבור ה' צבאות שמו" (ירמיה לב): דניאל לא אמר גבור. בתפלתו בספרו (דניאל ט): גוים משתעבדים בבניו. זה שבעים שנה: זו היא גבורתו. שכובש יצרו כל השנים הללו שנשתעבדו בהן ומאריך אפו על כל הגזירות שגוזרים על בניו: ואלו הן נוראותיו שאלמלא מוראו וכו'. מן יום החורבן אתה למד נוראותיו, שכל האומות נאספו להשמידם ונתקיימו מהן: ורבנן. ירמיה ודניאל: שהוא אמתי. מסכים על האמת ושונא את השקר: כאן בכדי שיפסיק התורגמן. הא דקתני אין מדלגין בפרשה הרחוקה מזה, שקודם שגולל ספר תורה עד מקום הדילוג יפסיק התורגמן המתרגם פסוק שקרא הקורא, ונמצאו לצבור יושבין ומצפין אין זה כבוד לצבור. אבל "אך בעשור" סמוכה היא ל"אחרי מות" ויכול לגלול שם קודם שיפסיק התורגמן: בענין אחד. כגון הכא ששתי הפרשיות מדברות בענין יוה"כ – מדלגינן, ובכדי שלא יפסיק התורגמן. והא דקתני דאפילו בכדי שלא יפסיק נמי לא ידלג בשני ענינים לפי שדברי תורה היא אזהרות ועונשין ומצות וצריך שיכנסו בלב השומעין, וכשאדם יוצא משיטה(ז) לשיטה אחרת אינו נוח להתבונן: והתניא. בניחותא:

תורה אור

*אין ישיבה בעזרה אלא למלכי בית דוד בלבד, שנאמר: °"ויבא המלך דוד וישב לפני ה'"! (דה"א יז) כדאמר רב חסדא: בעזרת נשים, הכא נמי – בעזרת נשים. והיכא איתמר דרב חסדא – אהא. [א][א]*מיתיבי דתניא: היכן קורין בו – בעזרה, ראב"י אומר: בהר הבית, שנאמר °"ויקרא בו לפני הרחוב אשר לפני שער המים" (נחמיה ח). ואמר רב חסדא – בעזרת נשים. °"ויברך עזרא את ה' האלהים הגדול" (שם) *מאי "גדול"? אמר רב יוסף אמר רב: שגדלו בשם המפורש. רב גידל אמר: °"ברוך ה' אלהי ישראל מן העולם ועד העולם" (דה"א טז). אמר ליה אביי[ב] לרב דימי: ודילמא שגידלו בשם המפורש? א"ל: אין אומרים שם המפורש בגבולים. ולא?(א) והכתיב:[ג] °"ויעמוד עזרא הסופר על מגדל עץ אשר עשו לדבר" (נחמיה ח) ואמר רב גידל: שגדלו בשם המפורש! הוראת שעה היתה. *)[ד]° "ויצעקו אל ה' אלהים בקול גדול" (שם ט) מאי אמור? אמר רב ואיתימא ר' יוחנן: בייא, בייא! היינו האי דאחרביה למקדשא, וקליה להיכליה, וקטלינהו לכולהו צדיקי, ואגלינהו לישראל מארעהון, ועדיין מרקד בינן. כלום יהבתיה לן אלא לקבולי ביה אגרא – לא איהו בעינן, ולא אגריה בעינן. נפל להו פיתקא מרקיעא, דהוה כתב בה "אמת". אמר רב חנינא, שמע מינה: *חותמו של הקב"ה "אמת". אותיבו בתעניתא תלתא יומין ותלתא לילואתא, מסרוהו ניהליהו. נפק אתא כי (ב) גוריא דנורא מבית קדשי הקדשים. אמר להו נביא לישראל: היינו יצרא דעבודה זרה, שנאמר °"ויאמר זאת הרשעה" (זכריה ה). בהדי דתפסוה ליה אשתמיט ביניתא ממזייא, ורמא קלא, ואזל קליה ארבע מאה פרסי. אמרו: היכי נעביד? דילמא חס ושלום מרחמי עליה מן שמיא. אמר להו נביא: שדיוהו בדודא דאברא, וחפיוהו לפומיה באברא, דאברא משאב שאיב קלא, שנאמר °"ויאמר זאת הרשעה וישלך אותה אל תוך האיפה וישלך את אבן העופרת אל פיה" (שם). אמרו: הואיל ועת רצון הוא נבעי רחמי איצרא דעבירה. בעו רחמי ואמסר בידייהו. אמר להו: חזו דאי קטליתו ליה להההוא(ג) – כליא עלמא. חבשוהו תלתא יומי, ובעו ביעתא בת יומא (ד)בכל ארץ ישראל ולא אשתכח. אמרי: היכי נעביד? נקטליה – כליא עלמא! ניבעי רחמי אפלגא – פלגא ברקיעא לא יהבי. כחלינהו לעיניה, ושבקוהו. ואהני דלא מיגרי ביה לאיניש בקריבתה. במערבא מתנו הכי: רב גידל אמר:(ה) "גדול" שגדלו בשם המפורש, ורב מתנא אמר: °"האל הגדול הגבור והנורא" (נחמיה ט). והא דרב מתנא[ה] מטייא לדרבי יהושע בן לוי, דאמר רבי יהושע בן לוי: למה נקרא שמן אנשי כנסת הגדולה – שהחזירו עטרה ליושנה. אתא משה אמר: °"האל הגדול הגבור והנורא" (דברים י), אתא ירמיה ואמר: גוים *) מקרקרין בהיכלו, איה נוראותיו? לא אמר נורא. אתא דניאל, אמר: גוים משתעבדים בבניו, איה גבורותיו? לא אמר גבור. אתו אינהו ואמרו: אדרבה, זו היא (ו)גבורת גבורתו שכובש את[ו] *יצרו, שנותן ארך אפים לרשעים. ואלו הן נוראותיו – שאלמלא מוראו של הקב"ה היאך אומה אחת יכולה להתקיים בין האומות? ורבנן היכי עבדי הכי ועקרי תקנתא דתקין משה! אמר רבי אלעזר: מתוך שיודעין בהקב"ה שאמתי הוא, לפיכך לא כיזבו בו. §"וקורא אחרי מות ואך בעשור". § ורמינהי: *מדלגין בנביא ואין מדלגין בתורה! לא קשיא; אכאן – בכדי שיפסיק התורגמן. כאן – בכדי שלא יפסיק התורגמן. והא עלה קתני: – מדלגין בנביא ואין מדלגין בתורה, ועד כמה מדלג – בכדי שלא יפסיק התורגמן. הא בתורה – כלל כלל לא! אמר אביי: לא קשיא, כאן – בענין אחד, כאן – בשני ענינין. והתניא: במדלגין בתורה בענין אחד, גובנביא בשני ענינין, כאן וכאן בכדי שלא יפסיק התורגמן, ואין מדלגין מנביא לנביא, ובנביא של שנים עשר מדלגין. ובלבד

[נ"ל בעמוד ב גרס כ"י]

*) סנהדרין סד. *) [בע"י איתא מרקדין]

אין ישיבה בעזרה. פירשתי לעיל בפרק שני (דף כה.) גבי זקן יושב במערכה:

ועד כמה הוא מדלג בכדי שלא יפסיק התורגמן. לא בעי לשנויי דאתורה קאי, משום דקתני "אין מדלגין בתורה", הדר קא מפרש: "ועד כמה מותר לדלג בתורה בכדי שלא יפסיק התורגמן". והא דאסרו ברישא בכדי שיפסיק התורגמן? וי"ל: דאין הכי נמי, דהוה מצי לשנויי הכי, אלא אביי מתרץ לו האמת, כאן בענין אחד, כאן בשני ענינין כדתניא וכו': ובלבד

עין משפט נר מצוה

י א ב ג מיי' פי"ב מהל' תפלה הלכה ח' והלכה יג סמג עשין יט טוש"ע א"ח סי' קמד סעיף א:

רבינו חננאל

אין ישיבה בעזרה אלא למלכי בית דוד בלבד שנאמר ויבא המלך דוד וישב לפני ה'. ושנינן כדאמר רב חסדא כי עזרא דכתיב ביה ויקרא בו לפני הרחוב אשר לפני שער המים בעזרת הנשים קרא. כך כ"ג בעזרת הנשים היה קורא ומותר לו לישב שם: כתיב ויברך עזרא את ה' אלהים מאי אמר. אמר רב יוסף ברוך המבורך. א"ל אביי לרב דימי אימא שיברכו בשם המפורש א"ל אין אומרים שם המפורש בגבולין כלומר אין מברכין בשם המפורש חוץ לעזרה. ולא והכתיב ויעמוד עזרא הסופר על מגדל עץ אשר עשו לדבר ואמר רב יהודה אמר רב שגידלו בשם המפורש והנה זה בגבולין הוה. ושנינן הוראת שעה היתה. דכתיב ויצעקו בקול גדול אל ה' האלוהים. מאי אמרו אר"י ואיתימא רבי נתן בייא בייא כו' רב מתנא אמר ויברך עזרא את ה' האלהים הגדול שגידלו בשם המפורש *) אמר ברוך ה' האלהים אלהי ישראל מן העולם ועד העולם. במערבא מתנו [רב] גידל אמר שגידלו בשם המפורש. רב מתנא אמר. אמר האל הגדול הגבור והנורא. והא דרב מתנא נטייא לדר' יהושע בן לוי דאמר למה נקראו אנשי כנסת הגדולה שהחזירו עטרה ליושנה כאשר אמר משה רבינו האל הגדול הגבור והנורא. כי בא ירמיה ולא אמר גבור בא דניאל ולא אמר נורא. באו אלו ואמרו אדרבה זהו גבורתו שכובש אפו ומאריך לרשעים. נורא שאלמלא נוראותיו אין אומה אחת מתקיימת בין ע' אומות. וירמיה ודניאל הנביאים הללו איך באו לעקור דברי משה רבינו. ושני רבי יצחק מתוך שיודעין בהקב"ה שהוא אמת לא כיזבו: וקורא אחרי מות ואך בעשור מכלל דמדלגי והתנן מדלגין בנביא ואין מדלגין בתורה ושנינן הא דתני אין מדלגין בשני ענינין מענין לענין אחר והא דתני מדלגין בענין אחד. והתניא כך מדלגין בתורה בענין אחד ובנביא אפילו בשני ענינין. וזה וזה בכדי שלא יפסיק התורגמן ואין מדלגין מנביא לנביא ובנביא של שנים עשר

*) אולי נ"ל ורב גידל אמר ברוך ה' וכו'.

מסורת הש"ס

לעיל כה. תמיד כז. סנהדרין קא: סוטה מ. מא: קדושין עח:

עי' רש"א

[נ"ל וישלך]

[מס' סופרים פי"ג הלכה ח וגם איתא במאי גדלו רב אמר גדלו בשם המפורש רבא אמר בברכה גדלו]

סוטה מא. מגילה כד.

הגהות הב"ח

(א) גמ' שם המפורש בגבולין ולא והכתיב ויזעקו בקול גדול אל ה' אלהיהם ואמר רב גידל שגדלו בשם המפורש הוראת שעה היתה ויזעקו בקול גדול אל ה' אלהיהם מאי אמור כו' כצ"ל ותיבות ויעמוד עזרא על מגדל עץ אשר עשו לדבר נמחק: (ב) שם נפק אתא כי גוריא. נ"ב פירש"י בפרק ארבע מיתות ארי קטן: (ג) שם דאי קטליתו ליה להאוא גברא איחרב כולי עלמא. נ"ב ורש"י גורס כליא עלמא: (ד) שם ביעתא בת יומא לחולה בכל א"י: (ה) שם מתנו הכי רב גידל אמר ויזעקו בקול גדול שגדלו: (ו) שם אדרבה זו היא גבורותיו שכובש כצ"ל: (ז) רש"י ד"ה בענין אחד כו' וכשאדם יוצא משיטה אחת לשיטה אחרת:

הגהות הגר"א

[א] גמרא (מיתיבי) תז"מ: [ב] שם (לרב דימי) תא"מ: [ג] שם (ויעמד עזרא הסופר על מגדל עץ אשר עשו לדבר) תא"מ. ונ"ב ויזעקו בקול גדול: [ד] שם (ויצעקו אל ה' אלהים) תא"מ ונ"ב ויזעקו: [ה] שם מטייא. נ"ל מסייע: [ו] שם יצרו. נ"ל רצונו:

גליון הש"ס

גמרא ויצעקו וכו' ויזעקו בקול גדול אל ה' אלהיהם כצ"ל:

הגהות מהר"ב רנשבורג [א] גמרא מיתיבי דתניא היכן קורין בו בעזרה. נ"ב עיין מהרש"א וש"י ולענ"ד למחוק מלת מיתיבי כאן וכן במסכת סוטה דף מ ע"ב. וא"כ אתיא הכא בפשיטות שפיר והיכא איתמר דר"ח אהא דתניא וכו' וכן בסוטה נ"ל דתניא תחת מלת מיתיבי ועפ"ז יובנו דברי הת"י כאן שפירשו דאהקהל קאי ותמה הש"י דבסוטה פריך מינה אמתני' דכ"ג ולי נ"ג מיתיבי אתי שפיר על נכון ודו"ק:

תוספות ישנים

הא הלוכי מהלכי ש"מ ניתנו ליהנות בהם ולא קשיא ליה איסור כלאים עד לבסוף גבי הצעה וכן שמעון הצדיק שלבש בגדי כהונה במדינה ופריך מיניה על ברייתא דקתני בה במדינה אסור אבל במקדש ניחא ליה דמותר אפילו שלא בשעת עבודה וכן בסוף תוספתא דכלאים בגדי כהן גדול שיוצא בהן במדינה חייב ובמקדש בין לשרת ובין שלא לשרת פטור מפני שהן ראוין לעבודה וקתני נמי התם בגדי כהונה ובגדי כהן גדול אין בהם משום כלאים ושלא בשעת עבודה איצטריך למימר הכי ובמנחות בפרק התכלת (מג.) ובחולין פרק כל הבשר (קד קי:) דקדקנו עדיין בפירוש ברייתא זו של תוספתא. מ"ר: **ותיפוק לי** משום כלאים. תימה מאי שנא דאיסור כלאים פשיטא ליה דאיכא וגבי מעילה מספקא ליה אי ניתנו ליהנות בהם אי לא וטעמא דלב ב"ד מתנה עליהם לא שייך הכא לומר שיהו קודשין לתנאין י"ל דלאו קדשי ה' נקראו לענין מעילה כיון שניתנו ליהנות בהם דלא ניתנה תורה למלאכי השרת והוו להו כאלו דמעילה דומיא דקדשים קלים וקדשי מזבח דלא חזו להקרבה לא כן ולא דמיכן. מ"ר: **אלא** לאו כנגד לבו ש"מ. בפ"ק דתמיד (דף כז:) דחי ולאיבעית אימא באותם שאין בהם כלאים פי' דלא מיירי באבנט ותנא בתרא דפשיט מיניה הכא דניתנו ליהנות בהם לא מייתי התם כלל: **בגדי** כהונה קשין הן דאמר רב הונא כו'. פי' רש"י דנמטא גמלא דנרש שריא וכן בגדי כהונה שרי והקשה רבינו יעקב מדאמר בריש ערכין ובהתכלת (דף מג.) סד"א הואיל ואישתרי כלאים לגבייהו כו' אלמא איסור כלאים מן התורה יש בהן ומפרש רבינו יעקב בגדי כהונה קשים הם הלכך לא גזור בהו רבנן לאוסרן להציען תחתיו דאמר רב הונא בריה דרב יהושע האי נמטא גמלא דנרש שריא פי' לבדים קשים לפי שאין בהן איסור אלא מדרבנן כדתנן (כלאים פ"ט מ"ע) הלבדין אסורין מפני שהן שועים וכיון דקשים הם לא אסרום חכמים הכא נמי אפילו בבגדים שיש בהן איסור לבישה מן התורה בקשין כיון דהצעה תחתיו [איננו] אלא מדרבנן לא גזרו חכמים מיהא בקשין כיון שאינם כשאר בגדים ולא חיישינן נמי שמא תכרך נימא אחת על בשרו: **ובמקדש** מותר כו'. והיינו בכל הר הבית דדייקינן לעיל שינה הוא דלא הא הלוכי כו' משמע דהשתא לאסוקינן דמותר ליהנות בהם דהיינו במקום דשינה מותרת שם מותר להלך דהיינו אפילו בהר הבית א) ובעזרה אין מותר לישן דאין ישיבה בעזרה: **כיון** שהגיעו להר גריזים מיד תכשוהו כו'. תימה לה"ר אלחנן וכי היו עובדין להר גריזים מימות שמעון הצדיק והלא לא נחשדו עד ר' מאיר כדאמר בחולין (דף ו.) דמות יונה מצאו להם בהר גריזים כו' ותירץ דמיירי הכא קודם שנתגיירו כמו שמפרש רבינו יעקב שנעשו גרי אמת אותן שכתוב בהן את ה' היו יראים ואת אלהיהם היו עובדין ושוב בימי ר' מאיר מצאו שחזרו לקלקולם הראשון: **איבעית** אימא ראוין לבגדי כהונה כו'. תימה דאמר בקדושין פרק האומר (דף סו.) גבי ינאי המלך הקם להם בציץ שבין עיניך ואומר רבינו יעקב דשאני ציץ דכתב ביה תמיד ולעיל בפ"ק (דף ז: ד"ה אלא) עי': (ע"ב שייך לע"א) **מיתיבי** היכן קורין בו בעזרה כו'. ואפרשת הקהל קאי וה"ה הכא: **ברוך** ה' אלהי ישראל מן העולם ועד העולם. לפי פי' רש"י משמע שסובר שאותו היום תיקנו לומר כן אבל במקדש ראשון לא היו אומרים אותו אלא עונין אמן במקדש ומיהו משמע שלעולם לא ענו אמן במקדש אלא נראה לפרש מן העולם ועד העולם לפי שקלקלו המינין והכותים שהיו

א) נ"ל דבעזרה.

א ובלבד שלא ידלג מסוף הספר לתחילתו. "וגולל ספר תורה וכו'". *וכל כך למה - כדי שלא להוציא לעז על ספר תורה. "ובעשור של חומש הפקודים קורא על פה". אמאי? נגלול וניקרי! *אמר רב הונא בריה דרב יהושע אמר רב ששת: ב לפי שאין גוללין ספר תורה בציבור, מפני כבוד ציבור. ונייתי אחרינא ונקרי! רב הונא בר יהודה אמר: ג משום פגמו של ראשון. וריש לקיש אמר: *משום ברכה שאינה צריכה. ומי חיישינן לפגמא? והאמר ר' יצחק נפחא: *ד ראש חודש טבת שחל להיות בשבת מביאין שלש תורות, וקורין אחת בעניינו של יום, ואחת של ראש חודש (טבת), ואחת של חנוכה! - תלתא גברי בתלתא ספרי - ליכא פגמא, חד גברא בתרי ספרי - איכא פגמא. "ומברך עליה שמונה ברכות". ת"ר: *על התורה - כדרך שמברכים בבית הכנסת, על העבודה, ועל ההודאה, ועל מחילת העון כתיקנה, ועל המקדש בפני עצמו, ועל הכהנים בפני עצמן, ועל ישראל בפני עצמן, ועל שאר תפלה.

ת"ר: *ושאר התפלה: רנה תחינה בקשה מלפניך על עמך ישראל שצריכין להושע, וחותם בשומע תפלה. ואח"כ כל אחד ואחד מביא ספר תורה מביתו, וקורא בו כדי להראות חזותו לרבים. "הרואה כהן גדול כו' לא מפני שאינו רשאי". פשיטא! מהו דתימא - כדריש לקיש. דאמר ריש לקיש: *אין מעבירין על המצות. ומאי מצוה - °"ברב עם הדרת מלך", קמ"ל.

מתני' אם בבגדי בוץ קורא, קדש ידיו ורגליו, ה פשט, ירד וטבל, עלה ונסתפג, והביאו לו בגדי זהב, ולבש, וקדש ידיו ורגליו, ויצא ועשה את אילו ואת איל העם, ואת שבעת כבשים תמימים בני שנה, דברי ר' אליעזר, רבי עקיבא אומר: עם תמיד של שחר היו קרבין, ופר העולה ושעיר הנעשה בחוץ[א] היו קרבין עם תמיד של בין הערבים. ו קדש ידיו ורגליו ופשט, וירד וטבל, ועלה ונסתפג, הביאו לו בגדי לבן ולבש, וקדש ידיו ורגליו, ז נכנס להוציא את הכף ואת המחתה. קדש ידיו ורגליו, ופשט וירד וטבל, עלה ונסתפג, הביאו לו בגדי זהב ולבש וקדש ידיו ורגליו, ח ונכנס להקטיר קטורת של בין הערבים, ולהטיב את הנרות. וקדש ידיו ורגליו ופשט, (*וירד וטבל עלה ונסתפג), הביאו לו בגדי עצמו ולבש. ט ומלוין אותו עד ביתו, ויום טוב היה עושה לאוהביו בשעה שיצא בשלום מן הקודש.

גמ' איבעיא להו: היכי קאמר? עם תמיד של שחר היו קרבין, ופר העולה ושעיר הנעשה בחוץ עם תמיד של בין הערבים, או דילמא הכי קאמר: עם תמיד של שחר היו קרבין ופר העולה בהדייהו, ושעיר הנעשה בחוץ - עם תמיד של בין הערבים, ותו: פר העולה לרבי אליעזר דשייריה, אימת עביד ליה? ותו: בין לרבי אליעזר בין לרבי עקיבא אימורי חטאת אימת עביד להו? אמר רבא: לא משכחת לה מתקנתא אלא או לרבי אליעזר דתנא בדבי שמואל, או לרבי עקיבא כדתוספתא. דתנא דבי שמואל,[ב] רבי אליעזר אומר: יצא ועשה אילו ואיל העם ואימורי חטאת, אבל פר העולה ושבעת כבשים ושעיר הנעשה בחוץ - עם תמיד של בין הערבים. רבי עקיבא דתוספתא מאי היא - דתניא, רבי עקיבא אומר: י פר העולה ושבעת כבשים עם תמיד של שחר היו קרבין, שנאמר: °"מלבד עולת הבקר אשר לעולת התמיד". ואחר כך עבודת היום ואח"כ

במדבר כח

רש"י

מסוף הספר לתחילתו. למפרע: וכל כך למה. למה צריך לומר יותר ממה שקריתי לפניכם כתוב כאן: שלא להוציא לעז על ספר תורה. כשרואין אותו קורא פרשה שלישית על פה, יהו סבורים שספר תורה חסר אותה פרשה: מפני כבוד ציבור. שיהו מלפין ודוממין לכך: ונייתי אחרינא. שיהא נגלל לפרשה שלישית: משום פגמו וכו'. שלא יאמרו חסר הוא: ברכה שאינה צריכה. שיהא צריך לחזור ולברך: כתיקנה. כמו ששנו אומרין אותה בתפלה: תנו רבנן שאר התפלה. השנויה במשנה כך היא: רנה תחינה בקשה מלפניך על עמך ישראל שצריכים להושע: להראות חזותו לרבים. להראות נויו של ספר תורה, ותפארת בעליה שטרח להתנאות במצוה, שנאמר (שמות טו): זה אלי ואנוהו - התנאה *לפניו במצות, לולב נאה, ספר תורה נאה, בקלף נאה, בדיו נאה, בלבלר אומן, ומעבר יום הכפורים הביאום שם: אין מעבירין על המצות. ומהו דתימא האי נמי אעבורי הוא, שמניח זו והולך לראות זו: ומאי מצוה. יש בראייתן? יש כאן מצוה משום ברוב עם הדרת מלך: קמ"ל. דלאו מעבר הוא, מאחר שאינו עסוק בה: **מתני'** שבעת כבשים. של מוסף, הן בחומש הפקודים (במדבר כט): ופר העולה. נמי דמוסף, עם תמיד של בין הערבים בטבילה חמישית: **גמ'** היכי קאמר. רבי עקיבא: ותו פר העולה לרבי אליעזר דשייריה. ולא קיירי ביה, אימת עביד ליה? והוא הדין נמי דאיכא לאקשויי אשעיר, אלא ריש מילתא נקט: אימורי חטאת. דתנא באידך פירקין* נתנם במגס עד שיקטירם: לא משכחת לה. לסדר עבודת היום מתקנתא דמשנתינו אלא משכחת לה מתקנתא לרבי אליעזר דתנא דבי שמואל דקיירי בכולהו, או לרבי עקיבא דתוספתא שפירש שם את דבריו יפה. בדרבי עקיבא לא גרסינן יצא ועשה: עם תמיד של שחר. בלבישה ראשונה שנאמר במוספי כל הרגלים "מלבד עולת הבקר" אלמא מוספין עם עולת הבקר נעשית בסמוך להן, וילמוד יום הכפורים מהם: ואח"כ עבודת היום ואחר כך שעיר הנעשה בחוץ. ואף על פי שהוא מן המוסף לא יכול להקדימו לעבודת היום לפי שנאמר(א) בו "ושעיר חטאת אחד מלבד חטאת הכפורים" למדנו ששעיר חטאת הפנימי קדמו: ואחר

[סוטה מח.] [שם ע"ש] [ברכות לג. סוטה מח.] [שבת קלג:] [מגילה כט:] [שבת כג:] [שם] [מגילה מ.] [משלי יד] פסחים סד: לעיל לג. [וש"נ] [לעיל מז:]

תוספות

ובלבד שלא ידלג מסוף הספר לתחילתו. אין לפרש מסוף הספר לתחילתו - דאם כן אפילו מתחילתו לסופו נמי לא, דהיינו כדי שיפסיק התורגמן! אלא מסוף הספר לצד תחילתו - כלל כלל לא: ושעיר הנעשה בחוץ עם תמיד של בין הערבים. תימה לי: מאי מספקא ליה? (אם מספקא ליה) אם איתא דשעיר הנעשה בחוץ לחודיה קרב עם תמיד של בין הערבים - אם כן לא ליתני במתניתין היו קרבים עם תמיד של בין הערבים בלשון רבים, אלא ליתני היה קרב! וי"ל: משום דשייר אימורי חטאת דילמא אמורי חטאת נמי קרב עם תמיד של בין הערבים ולהכי קתני היו:

דתנא דבי שמואל. ה"ג: רבי אליעזר אומר יצא ועשה אילו ואיל העם ואימורי חטאת, אבל פר העולה וז' כבשים תמימים ושעיר הנעשה בחוץ עם תמיד של בין הערבים. ויש ספרים שאין בהם "אבל פר העולה" אלא כתוב בהן: יצא ועשה אילו ואיל העם ואימורי חטאת ופר העולה וז' כבשים ושעיר וכו' ולא נהירא אותה גרסא, דאם כן - תנא דבי שמואל נמי לאו מתקנתא היא דאיכא למיבעי עלה כמו אמתניתין: ואחר

עין משפט נר מצוה

יא א מיי' פי"ב מהל' תפלה הל"ח והל' יג סמג עשין יט טוש"ע א"ח סי' קמד סעיף א:

יב ב ג (מיי') טוש"ע שם סעיף ג ד ומיי' פ"ג מהל' עבודת יוה"כ הלכה י [רב אלפס פ' הקורא את המגילה עומד דף רעב.]

יג ד מיי' פי"ג מהל' תפלה הלכה כד סמג עשין שם טוש"ע א"ח סי' תרפד סעיף ג:

יד ה ו ז ח מיי' פ"ד מהל' עבודת יוה"כ הלכה ב:

טו ט מיי' שם:

טז י מיי' שם הל' א:

רבינו חננאל

מדלגין ובלבד שלא ידלג מסוף הספר לתחלתו כלומר למפרע לא: ואומר יותר ממה שקריתי כאן כתוב כאן ולמה כל זה כדי שלא יאמרו זה הס"ת חסר הוא כו' ואסיקנא לר"ל אינו פותח בס"ת אחר לקרות בו עד שיברך ואע"פ שבירך בס"ת האחר שקרא בו וכי תלתא גברי בתלתא סיפרי לא הוה פגמא לספרים חד גברא בתרי סיפרי פגמא: **ירושלמי** ומברך עליה ח' ברכות על התורה. בא"י הבוחר בתורה. ועל העבודה בא"י שאותך [לבדך] ביראה נעבוד. על ההודאה בא"י הטוב לך להודות. על מחילת העון. בא"י מוחל עונות עמו ישראל. על המקדש בא"י הבוחר במקדש*). בא"י שומע תפלה: **הרואה** כ"ג כשהוא קורא כו'. ש"מ דמצוה היא לישב בכנסת בשעה שקורין בס"ת שנאמר ברוב עם הדרת מלך: יצא ועשה את אילו ואת איל העם כו'. איבעיא להו ר' עקיבא היכי קאמר שבעת כבשים תמימים עם תמיד השחר היו קריבין ופר העולה כו' ושחיטת פרו והקטרת והזאת דם הפר לפני הכפרת ושחיטת השעיר והזיית דמו בפנים והזיית מדם הפר לפני הפרכת. והזיית מדם השעיר לפני הפרכת. עירוב דם הפר בדם השעיר והזייה בקרנות מזבח הזהב והזייה על טהרו. וידוי על שעיר המשתלח. ושילוח השעיר. והוצאת הכף והמחתה. והוצאת פר ושעיר לשריפה. וקריאה בתורה. והקרבת אילו ואיל העם. וחלבי פרו. וחלבי השעיר הנעשה בפנים. ופר העולה ושבעת כבשים תמימים ושעיר של חטאת ותמיד של בין הערבים. ואמר רבא לא תמצא בסדר הזה אחרי עבודת היום שדברי הכל שוין בה. אלא אי ר' אליעזר דבי שמואל דתנן דבי שמואל ר' אליעזר אומר יצא [ועשה] אילו ואיל העם ואימורי חטאות. ופר העולה ושבעת כבשים תמימים ושעיר הנעשה בחוץ (ותמיד) [עם] של בין הערבים. אי ר' עקיבא דתוספתא. דתני בתוספתא ר' עקיבא אומר תמיד של שחר ועמו עולת המוסף והן פר ושבעת כבשים שמצינו

*) חסר כאן ובירושלמי הכי איתא על ישראל הבוחר בישראל על הכהנים הבוחר בכהנים על שאר תפלה ותחינה וכו' בא"י שומע תפלה.

הגהות הב"ח

(א) רש"י ד"ה ואח"כ עבודת כו' לפי שנאמר שעיר עזים אחד חטאת מלבד חטאת הכפורים:

הגהות הגר"א

[א] מתני' הנעשה בחוץ (היו קרבין) תא"מ (ועתוס' ד"ה ושעיר ובת"י): [ב] גמרא דתנא דבי שמואל רבי אליעזר אומר יצא ועשה כו'. נ"ב אבל ר' אליעזר דמתני' ס"ל כמ"ש בתוספתא ר' אליעזר אומר פר העולה ושעיר הנעשה בחוץ היו קרבין עם תמיד של שחר והגמרא לא הביאו משום דחסר שם אימורי חטאת אבל ודאי לכ"ע עם אילו ואיל העם האימורין קרבי ובירו' אר"י זו דברי ר"א ור' עקיבא אבל חכ"א כולן היו קרבין עם תמיד של בין הערבים קרי לדתני שמואל בלשון חכמים:

גליון הש"ס

גמרא מפני כבוד צבור. שבת דף קלג ומגילה [כ"ג ע"א] כל ע"ב וגיטין דף ס ע"א וסוטה דף לט ע"ב:

תוספות ישנים

שהיו אומרים שאין עולם אלא אחד ותיקנו לומר מן העולם ועד העולם לומר שני עולמות יש והכי אמר פ' הרואה (דף נד.) שתיקנו לומר מן העולם ועד העולם מפני המינין והיינו גדול שגדול בעולם הזה ובעולם הבא: **בבל** ארעא דישראל. לאו דוקא בכל ארעא דישראל אלא כמו שיוכלו לחפש בשלשה ימים מכל לד: **ירמיה** אמר גוים מרקדין כו'. גבי ירמיה גרס ולא אמר נורא וגבי דניאל גרס ולא אמר גבור וכן הוא במקרא כדפי' רש"י וגירסת הספרים איפכא שיבוש: **שאילמלא** מוראו היאך אומה אחת יכולה כו'. משמע דאילמלא מוראו קאי אירמיה שלא רלה לומר נורא אדרבה מכאן יש ללמוד נוראותיו ומיהו אומר רבי דבירושלמי דמגילה משמע דאילמלא מוראו קאי אדניאל ואילמלא גבורתו קאי אירמיה דאמר התם ירמיה אמר אין נורא אלא בבית המקדש שנאמר נורא אלהים ממקדשיך ולא אמר נורא ולמה אמר גבור לו נאה להקראות גבור שרואה חורבן ביתו ושותק דניאל אמר האל הגדול והנורא אמר בניך מסורין בקולרין היכן היא גבורתו למה אמר נורא לזה נאה להקראות נורא בנוראות שעשה לנו בכבשן האש משמע מהתם שירמיה אמר גבור מטעם שאמרוהו אנשי כנסת הגדולה שרואה חורבן ביתו ושותק ונותן ארך אפים לרשעים ודניאל אמר נורא מטעם שאמרוהו אנשי כנסת הגדולה שקיים חנניה מישאל ועזריה בכבשן האש וא"כ לפי הירושלמי אין לפרש מטעם שהניחו מלומר נורא יש לנו לאומרו אלא מטעם שאמרו דניאל וכן גבור מטעם שאמרו ירמיה אבל כפירוש הראשון נראה יותר. מ"ר: **היאך** אומה אחת יכולה להתקיים בין כל האומות. במדרש רבי תנחומא אדריינוס שאל את רבי יהושע גדולה הכבשה שעומדת בין שבעים זאבים אמר לו גדול הרועה שמצילה: (ע"כ שייך לעמוד הקודם)

ובעשור שבחומש הפקודים קורא על פה. והא דאמר בגיטין (דף ס:) דברים שבכתב אי אתה רשאי לאומרן בעל פה אומר רבי דמצוה מן המובחר הוא לקרות אותו שבכתב בכתב ושבעל פה בעל פה ומשום כבוד צבור לא הטריחוהו לגלול וריב"א פי' ואמר הואיל ואינו מגיד אלא עבודת היום יכול לקרות בעל פה כעין תפלת המוספין שאנו קורין בעל פה ומביא ראיה מן הירושלמי דקאמר התם במכילתין

אין גוללין ספר תורה ברבים כו' והתניא קורין אחרי מות ואך בעשור כו' שנייה היא שהיא סידרו של יום תדע דאמר ריש לקיש בכל אתר אסור לקרות בעל פה וכאן קורין בעל פה אך קשה לרבי על פרשת קרבנות שאנו אומרים בכל יום בעל פה ואינו סידרו של יום ואומר רבי דהיינו טעמא שאינו מוציא רבים ידי חובתן אבל אם היה להוציא רבים ידי חובתן היה אסור כיון שאינו סידרו של יום וא"ת והלא אומר הלל בעל פה ואע"פ שהוא להוציא רבים ידי חובתן כדאמר בלולב הגזול (דף לח:) י"ל שכיון שאינו אלא דברי שבח והודאה בעלמא הו ליכא למיחש למידי ובשם הרב רבי אליעזר ממיץ שמעתי שהיה מביא ראיה לפירוש זה מדאמר בפרק בתרא דתענית (דף כח.) גבי מעמדות בשחרית ובמוסף נכנסין לביהכ"נ וקורין בתורה כדרך שקורין כל השנה כולה ובמנחה יחיד קורא אותה בעל פה א"ר יוסי וכי היאך היחיד יכול לקרות אותה על פה בצבור פי' כיון שהוא להוציא את הצבור אלא כולן קורין אותה על פיהן כקורין את שמע משמע שכיון שהוא להוציא את הרבים אסור אבל היחידים שלא להוציא הרבים מותר מתוך כך נהגו נהוג שליח צבור לקרות את שמע בלחש וכן הפסוקים של ברוך ה' לעולם אמן ואמן ועל ידו נהגו כולן וכן מי כמוך באלים ואומר ה' ימלוך לעולם ועד באמת ואמונה אבל כי פדה ה' את יעקב וגו' וכן אומר לעושה אורים גדולים ביוצר אור אומר בקול רם לפי שנתקנו שם לצורך תחימה מעין פתיחה ותפלות של ראש השנה כגון מלכיות וזכרונות ושופרות אומר בקול רם לפי שאינו אלא תפלות ושבח למקום מעניינו של יום. מ"ר: **ונגלול** וניקרי כו'. תימה לעיל הוה קשיא ליה אמאי מדלגין בתורה אפילו מאחרי מות לאך בעשור והשתא קשיא ליה איפכא נגלל וניקרי ואומר ה"ר יוסף דהשתא בעי טעמא דלמאי אמרינן לעיל דאין מדלגין ועל המשנה טוח לו לפרש הטעם: **משום** ברכה שאינה צריכה. מכאן יש ללמוד דהשוחט הרבה בהמות או עופות ביחד אסור להסיח בין שחיטת עוף לחבירו כדי לחזור ולברך כיון שיכול לצאת בברכה ראשונה: **שמנה** ברכות. כולן מפורשות בירושלמי: **ולא** מפני שאינו רשאי פשיטא. ואע"ג דאמר בברכות (דף ח.) ועוזבי ה' יכלו זה המניח ספר תורה ויוצא וכין פסוקא לפסוקא מיבעי לן התם מ"מ יכול לילך

וְאַחַר כָּךְ אֵילוֹ וְאֵיל הָעָם וְאח"כ אֵימוּרֵי חַטָּאת. כָּל אֵלּוּ בִּטְבִילָה שְׁלִישִׁית: וְאַחַר כָּךְ תָּמִיד שֶׁל בֵּין הָעַרְבַּיִם. בִּטְבִילָה חֲמִישִׁית. וְלָא אַיְירִי הָכָא בְּהוֹצָאַת כַּף וּמַחְתָּה, דִּפְשִׁיטָא לָן דְּבָתַר אֵילוֹ וְאֵיל הָעָם הִיא, כִּדְתַנְיָא לְקַמָּן, שֶׁכָּל הַפָּרָשָׁה נֶאֶמְרָה עַל הַסֵּדֶר וכו': עָבֵיד כִּדְכְתִיב. תּוֹרַת כֹּהֲנִים כְּתִיבָא בְּרֵישָׁא הִלְכָּךְ אֵילוֹ וְאֵיל הָעָם וְאֵימוּרֵי חַטָּאת בָּתַר עֲבוֹדַת הַיּוֹם, וַהֲדַר הוֹצָאַת כַּף וּמַחְתָּה, וְאַחַר כָּךְ מוּסָפִין וְתָמִיד שֶׁל בֵּין הָעַרְבַּיִם דִּכְתִיבִי לְבַסּוֹף בְּחוּמַּשׁ הַפְּקוּדִים: הַאי מִלְּבַד חַטַּאת הַכִּפּוּרִים. דְּמַשְׁמַע דְּשָׂעִיר הַחִיצוֹן קוֹדֵם לְאֵילוֹ וְאֵיל הָעָם, מַאי עָבֵיד לֵיהּ? בִּשְׁלָמָא "מִלְּבַד עוֹלַת הַבֹּקֶר" לָאו בְּיוֹם הַכִּיפּוּרִים כְּתִיב, וּמִרַגְּלִים לָא יָלֵיף דְּסָמִיךְ אַסִּידְרָא לְמֵיעֲבַד הָנֵי דְּתוֹרַת כֹּהֲנִים בְּרֵישָׁא. אֶלָּא הַאי דִּכְתַב בְּיוֹם הַכִּפּוּרִים גּוּפֵיהּ מַאי עָבֵיד לֵיהּ? עַל מַה שֶּׁזֶּה מְכַפֵּר וכו'. בְּמַתְנִיתִין דְּפ"ק דִּשְׁבוּעוֹת (דף ג.) דָּרֵישׁ לֵיהּ הָכִי: וְעַל שֶׁיֵּשׁ בָּהּ יְדִיעָה בַּסּוֹף וְאֵין בָּהּ יְדִיעָה בִּתְחִילָּה שָׂעִיר הַנַּעֲשֶׂה בַּחוּץ מְכַפֵּר שֶׁנֶּאֱמַר(א) "וּשְׂעִיר חַטָּאת אֶחָד מִלְּבַד חַטַּאת הַכִּפּוּרִים" עַל מַה שֶּׁזֶּה מְכַפֵּר זֶה מְכַפֵּר, מַה פְּנִימִי אֵינוֹ מְכַפֵּר אֶלָּא עַל דָּבָר שֶׁיֵּשׁ בּוֹ יְדִיעָה, כִּדְמְפָרֵשׁ הָתָם – אַף חִיצוֹן אֵינוֹ מְכַפֵּר וכו': מִשְּׁמוֹ. שֶׁל ר' עֲקִיבָא: אֶחָד. מִן שִׁבְעַת כְּבָשִׂים: עָבֵיד חַד. כִּדְכְתִיב "מִלְּבַד עוֹלַת הַבֹּקֶר" לִסְמוֹךְ מִקְצָת הַמּוּסָפִין לְעוֹלַת הַתָּמִיד: וַהֲדַר עָבֵיד עֲבוֹדַת הַיּוֹם. דְּאִי אָמְרַתְּ כָּל הַמּוּסָפִין יַקְרִיב עִם תָּמִיד שֶׁל שַׁחַר – דִּילְמָא חָלֵישׁ וְלָא מָצֵי לְמֵיעֲבַד עֲבוֹדַת הַיּוֹם, וְהוּא עִיקַּר הַכַּפָּרָה: דִּילְמָא פָּשַׁע. וְלָא עָבֵיד לְהוּ אַחַר עֲבוֹדַת הַיּוֹם, וּלְמַאי דְּחָיְישַׁתְּ דִּילְמָא חָלֵישׁ לֵיכָּא לְמֵיחַשׁ, דִּלְגַבֵּי עֲבוֹדַת הַיּוֹם זָרִיז הוּא וּמַחֲלִיף כֹּחַ. וְכוּלְּהוּ מוּסָפִין לָא עָבֵיד, דְּתוֹרַת כֹּהֲנִים קָדֵים, וְצָרִיךְ לְקַיֵּים זוֹ וָזוֹ סֵדֶר הַכָּתוּב וּמִדְרְשֵׁי הַמִּקְרָאוֹת: דְּכוּלֵּי עָלְמָא מִיהָא. בֵּין לְר' אֱלִיעֶזֶר בֵּין לְר' עֲקִיבָא חַד אַיִל הוּא דְּלִיבּוּר, דְּכוּלְּהוּ אָמְרֵי "אֵיל הָעָם" וְלָא אָיְירֵי בְּאַיִל הַכָּתוּב בְּחוּמַּשׁ הַפְּקוּדִים כְּלָל: הָאָמוּר כָּאן. בְּתוֹרַת כֹּהֲנִים "וְאַיִל אֶחָד לְעוֹלָה": וּצְרִיכִי. שֶׁיֵּשׁ דַּעַת נוֹטָה לוֹמַר נְדָבָה מוּבְחֶרֶת כְּדֵי שֶׁתְּהֵא מְקוּבֶּלֶת בְּרָצוֹן וְיֵשׁ דַּעַת נוֹטָה לוֹמַר חוֹבָה תְּהֵא מוּבְחֶרֶת כְּדֵי שֶׁיֵּצֵא יְדֵי חוֹבָתוֹ יָפֶה:

שֶׁכָּל

תורה אור

וְאח"כ[א] שָׂעִיר הַנַּעֲשֶׂה בַּחוּץ, שֶׁנֶּאֱמַר: °"שְׂעִיר (במדבר כט) עִזִּים אֶחָד חַטָּאת מִלְּבַד חַטַּאת הַכִּפּוּרִים", וְאח"כ אֵילוֹ וְאֵיל הָעָם, וְאח"כ אֵימוּרֵי חַטָּאת, וְאח"כ תָּמִיד שֶׁל בֵּין הָעַרְבַּיִם. מַאי טַעְמָא דְּרַבִּי אֱלִיעֶזֶר? עָבֵיד כִּדְכְתִיב. עָבֵיד בְּרֵישָׁא דְּתוֹרַת כֹּהֲנִים, וַהֲדַר עָבֵיד דְּחוּמַּשׁ הַפְּקוּדִים. וְרַבִּי עֲקִיבָא – כִּדְקָתָנֵי טַעְמָא: °"מִלְּבַד עוֹלַת (שם כח) הַבֹּקֶר אֲשֶׁר לְעוֹלַת הַתָּמִיד" אַלְמָא: מוּסָפִין עִם תָּמִיד שֶׁל שַׁחַר עָבֵיד לְהוּ. וְרַבִּי אֱלִיעֶזֶר, הַאי "מִלְּבַד חַטַּאת הַכִּפּוּרִים" מַאי עָבֵיד לֵיהּ? – הַהוּא מִיבְּעֵי לֵיהּ: *עַל מַה שֶּׁזֶּה מְכַפֵּר זֶה מְכַפֵּר. רַבִּי יְהוּדָה אוֹמֵר מִשְּׁמוֹ: אֶחָד קָרֵב עִם תָּמִיד שֶׁל שַׁחַר, וְשִׁשָּׁה עִם תָּמִיד שֶׁל בֵּין הָעַרְבַּיִם. רַבִּי אֶלְעָזָר בר' שִׁמְעוֹן אוֹמֵר מִשְּׁמוֹ: שִׁשָּׁה קְרֵבִין עִם תָּמִיד שֶׁל שַׁחַר, וְאֶחָד עִם תָּמִיד שֶׁל בֵּין הָעַרְבַּיִם. מַאי טַעְמַיְיהוּ דְּרַבָּנַן? תְּרֵי קְרָאֵי כְּתִיבֵי; כְּתִיב: "מִלְּבַד עוֹלַת הַבֹּקֶר" וּכְתִיב: °"וְיָצָא וְעָשָׂה אֶת עוֹלָתוֹ" (ויקרא טז). הִלְכָּךְ, עָבֵיד מִנַּיְיהוּ הָכָא, וּמִנַּיְיהוּ הָכָא. בְּמַאי קָא מִיפַּלְגִי? ר' יְהוּדָה סָבַר: עָבֵיד חַד, כִּדְכְתִיב: "מִלְּבַד עוֹלַת הַבֹּקֶר", וַהֲדַר עָבֵיד עֲבוֹדַת הַיּוֹם, דִּילְמָא חוּלְשָׁא חָלֵישׁ כֹּהֵן גָּדוֹל. ור' אֶלְעָזָר בר' שִׁמְעוֹן סָבַר: כֵּיוָן דְּאַתְחִיל – עָבֵיד שִׁשָּׁה, דִּילְמָא פָּשַׁע דִּלְגַבֵּי עֲבוֹדַת הַיּוֹם זָרִיז הוּא. דְּכוּלֵּי עָלְמָא מִיהַת חַד אַיִל הוּא, כְּמַאן – כר'. דְּתַנְיָא: *ר' אוֹמֵר: אַיִל אֶחָד הָאָמוּר כָּאן, הוּא הָאָמוּר בְּחוּמַּשׁ הַפְּקוּדִים. ר' אֶלְעָזָר בר' שִׁמְעוֹן אוֹמֵר: שְׁנֵי אֵילִים הֵן, אֶחָד הָאָמוּר כָּאן, וְאֶחָד הָאָמוּר בְּחוּמַּשׁ הַפְּקוּדִים. מַאי טַעְמָא דְּרַבִּי? דִּכְתִיב "אֶחָד". וְרַבִּי אֶלְעָזָר בר' שִׁמְעוֹן: *מַאי "אֶחָד" – מְיוּחָד שֶׁבְּעֶדְרוֹ. וְרַבִּי – נָפְקָא לֵיהּ מִ"מִּבְחַר *נִדְרֵיךְ". וְרַבִּי אֶלְעָזָר בְּרַבִּי שִׁמְעוֹן: חַד בְּחוֹבָה וְחַד בִּנְדָבָה, וּצְרִיכִי. § "קִידֵּשׁ יָדָיו וְרַגְלָיו". § ת"ר: *°"וּבָא אַהֲרֹן אֶל אֹהֶל מוֹעֵד", (שם) לָמָּה הוּא בָּא – לְהוֹצִיא אֶת הַכַּף וְאֶת הַמַּחְתָּה,

שֶׁכָּל

ואחר כך שעיר הנעשה בחוץ ואח"כ אילו ואיל העם ואח"כ אימורי חטאת. פרש"י: כולהו בטבילה שלישית. ולא נהירא לי, דנהי דאמרינן לעיל דמתני' לאו מתקנתא מ"מ לאו משבשתא היא. והא דלא קרא לה מתקנתא – לפי שאין הסדר מפורש בה. ולפרש"י ברייתא ע"כ פליגא אמתני', דבמתני' קתני היו קריבים עם תמיד של בין הערבים, ולפירש"י לא היה דבר קרב עם תמיד של בין הערבים. ועוד: דלקמן בסמוך פריך ודילמא בשעיר הנעשה בחוץ מפסיק להו והשתא על כרחך לרבי אליעזר לא פריך – דהא כיון דסבירא ליה עביד כדכתיב, אם כן על כרחך באילו ואיל העם כדכתיב מקמי שעיר מפסיק להו כדתניא הכא, אלא ע"כ לר' עקיבא פריך: דילמא בשעיר לחודיה מפסיק להו מנלן דמפסיק להו נמי באילו ואיל העם דילמא אילו ואיל העם עם תמיד של בין הערבים עביד להו? והשתא לפרש"י כי משני: ויצא ועשה את עולתו ואת עולת העם כו' אכתי מ"מ תיקשי לך, ודילמא בשעיר הנעשה בחוץ ואילו ואיל העם דוקא מפסיק להו, מנלן דמפסיק להו באימורי חטאת? ועוד ק"ל: אמאי קרי לה מתקנתא? האיכא למיבעי עלה כמו אמתניתין: אי אימורי חטאת קריבין בטבילה שלישית בהדי אילו ואיל העם או בהדי תמיד של בין הערבים? על כן נראה לי דאימורי חטאת *קריבין עם תמיד של בין הערבים ודברי ר' עקיבא דמתניתין ה"פ: עם תמיד של שחר היו קריבין הכבשים ופר העולה ושעיר הנעשה בחוץ קרב אח"כ בזמנו עם אילו ואיל העם. והאי דלא קתני אילו ואיל העם משום דר"א מודה לו בהו דבטבילה שלישית הוו. ומאי דתני היו קריבין עם תמיד של בין הערבים – ה"ק: עוד הקרבות אחרות קריבין עם תמיד הערב. והא דלא קתני להו לא בדברי ר' אליעזר ולא בדברי רבי עקיבא – שמא משום דלאו קרבן שלם נינהו דכבר נזרק הדם בטבילה שניה, הלכך לא חייש למיחשביה, כיון דאינו אלא גמר קרבן ולא עבודה דמעכבי כפרה דאינהו עצמן שלא הוקטרו אימורין כשר. ודברי רבי אליעזר דמתני' יש לפרש דלא פליג אתנא דבי שמואל וה"ק: "ויצא ועשה אילו ואיל העם" וה"ה אימורי חטאת, אלא דשיירינהו מטעמא דפרישית. והא דקתני ז' כבשים תמימים ושייר פר העולה ושעיר הנעשה בחוץ, יש לומר משום דרבי עקיבא ס"ל דקריבין עם תמיד של שחר, אתא רבי אליעזר למימר: אתה מקדים אותם לכל היותר שאתה יכול, ואני מאחר אותם כל מה שאני יכול, וממילא ידענא דהיינו טעמא דכתיבי לבסוף בפרשת פינחס, ואם כן ה"ה פר העולה ושעיר הנעשה בחוץ דכתיבי לבסוף. וניחא ליה למינקט כבשים משום דאית בהו פלוגתא טובא, לרבי עקיבא כולהו בבקר ולרבי יהודה אליבא דרבי עקיבא אחד בבקר וששה עם תמיד של בין הערבים ולר' אלעזר בר רבי שמעון איפכא: **ואח"כ** שעיר הנעשה בחוץ ואחר כך אילו ואיל העם. ואף על גב דכתיב "ויצא ועשה את עולתו ואת עולת העם" ודייקינן מינה בסמיך יציאה ראשונה ומשמע דמיד ביציאה ראשונה עביד להו והכא קאמר דשעיר הנעשה בחוץ עביד ברישא! ויש לומר דהכי קאמר: מכל מה שכתב בפרשת אחרי מות לא היה דבר קודם לאילו ואיל העם ביציאה ראשונה, ושעיר הנעשה בחוץ לא כתיב התם: **עביד** חד כדכתיב והדר עביד ששה דחומש הפקודים. ואם תאמר: אמאי מפסיק בכבשים מקצתן בבקר ומקצתן בערב? יקריב כולן בבקר מדכתיב "מלבד". ואי משום דכתיבי לבסוף הלכך בעינן שיקריב מהן בערב. והא פר העולה נמי כתיב לבסוף אפילו הכי מקריבו בבקר ולא אמרינן שיזרוק דמו והקטרתו בערב. ואם כן, נימא דפר העולה יהא בבקר והכבשים כולן בערב! ויש לומר: דקרא ד"מלבד" דגמרינן מיניה להקריב המוספין בבקר – עיקר טעם הוא, הלכך כל כמה שנוכל לעשות בבקר מן המוספין עבדינן ומשום דכתיבי מוספין לבסוף יש להניח קצת מן המוספין להקריב בערב וכיון דמשיירין מן הכבשים לערב למר ששה ולמר חד סגי: **דכולי** עלמא מיהת חד איל הוא כמאן כרבי. ואף על גב דרבי אלעזר ברבי שמעון נמי איירי בברייתא דלעיל, ומשמע דמודה לתנא קמא, דאמר אילו ואיל העם – דמשמע דלא הוי אלא חד איל! יש לומר דודאי מודה לתנא קמא דלרבי עקיבא לא הוה אלא חד איל, דרבי אלעזר בר"ש דברייתא משמע דאליבא דרבי עקיבא קאמר אבל אליבא דנפשיה שני אילים הן:

נכנס

רבינו חננאל

שמצינו בכל מקום כי המוספין עם תמיד של שחר קריבין כדכתיב מלבד עולת הבקר אשר לעולת התמיד תעשו את אלה וגו' עד עולת התמיד יעשה. ולמה לא עשה עמהם איל העם כדרך שעושה כל השנה מפני שכתוב מפורש ביוה"כ ויצא ועשה את עולתו ואת עולת העם ללמד שאין נעשין אלא לאחר עבודת היום. ואח"כ עושה עבודת היום. ואחר עבודת היום השעיר הנעשה בחוץ שנאמר שעיר עזים אחד לחטאת מלבד חטאת הכפורים ללמד כי אחר שעיר שבפנים קרב מיד שעיר הנעשה בחוץ ואח"כ אילו ואיל העם שנאמר ויצא ועשה את עולתו וגו' ואח"כ אימורי חטאות ואח"כ תמיד של בין הערבים ור' אלעזר אמר לך הני מילי דקרבי מוספין עם תמיד של שחר היכא דליכא עבודת היום אבל היכא דאיכא עבודת היום היא קדמה והאי מלבד חטאת הכפורים מיבעי ליה ללמד על מה שזה מכפר בדבר שאין בה ידיעה בתחלה ויש בה ידיעה בסוף כך זה מכפר ומפורש בתחלת שבועות: ר' יהודה אומר משמו כו' פשוטה

[קריבין עם תמיד של בין הערבים ומתני' דקתני היו קריבין עם תמיד של בין הערבים ה"פ עם כו' דבטבילה שלישית הוו והיו קריבין עם כו' כנ"ל] רש"א

תוספות ישנים

ליך בשעה שגולל מאחרי מות לאך בעשור אע"פ שאין התורגמן מפסיק או בשעה שגוללה ומניחה בחיקו: **יצא** ועשה אילו ואיל העם ואת שבעת כבשים תמימים דברי רבי אליעזר כו'. אין זה הסדר דהא ה"ל לאחר אילו ואיל העם ואימורי חטאת שהיו עם אילו ואיל העם להוצאת כף ומחתה דבתריה כתיבי אלא משום דגמירי חמש טבילות וי' קדושין ובע"א לא משכחת להו כדמפרש בגמרא וכיון שאנו עושין אילו ואיל העם קודם אין לנו לאחר הוצאת כף ומחתה יותר אלא מיד יש לו לעשות ומתני' רבי אליעזר כדאמר בגמרא ולא כר' עקיבא מיתוקמא כמו שאפרש וכן המשנה נמי דקתני בסמוך נכנס להוציא את הכף ואת המחתה וקדש ידיו ורגליו ונכנס להקטיר הקטורת לאו בתר הכי מיד עושה הקטורת אלא [אחר] תמיד של בין הערבים שעל כרחנו לא היה עושה אותו אלא עד אחר הוצאת כף ומחתה אין לנו לאחרה כל כך כדפי' וגם רש"י פירש בגמרא ואח"כ אילו ואיל העם בטבילה [שלישית ואח"כ תמיד של בין הערבים בטבילה] חמישית ולא איירי בהוצאת כף ומחתה דפשיטא לן דבתר אילו ואיל העם היא כדתניא לקמן שכל הפרשה נאמרה על הסדר כו'. מ"ר: **ה"ג** ופר העולה ושעיר הנעשה בחוץ עם תמיד של בין הערבים. ול"ג היו קריבין דבגמ' מיבעיא לן ופר העולה אי קאי אדלעיל: **יצא** ועשה אילו ואיל העם ואימורי חטאת. ה"ג אבל פר העולה ושבעה כבשים ושעיר הנעשה בחוץ עם תמיד של בין הערבים דאילו ואיל העם ואימורי חטאת אלו קריבין בתחילה שהן כתובים בת"כ אבל פר העולה ושבעה כבשים ושעיר הנעשה בחוץ היו אחר הוצאת כף ומחתה עם תמיד של בין הערבים שהן כתובים בחומש הפקודים כדמפרש בסמוך טעמא דרבי אליעזר עביד ברישא דת"כ והדר דחומש הפקודים ול"ג ויצא ועשה אילו ואיל העם ואימורי חטאת עם פר העולה ול"ג ושבעת כבשים תמימים ושעיר כו' שאם כן לא משכחת ברייתא מתוקנת ומפורשת יותר מן המשנה מיהו בפר"ח גרס ופר העולה וכו' ור"ל דמיפרשא דברי רבי אליעזר ורבי עקיבא כו' משום דקיימי כולהו של בין הערבים אפילו אילו ואיל העם [ומתניתין ה"ק] ושבעה כבשים בני שנה ופר העולה ושעיר הנעשה בחוץ נמי היו גם הם עם תמיד של בין הערבים למתניתין לאו רבי עקיבא היא שעיר הנעשה בחוץ לבד עם תמיד של בין הערבים אבל אין נראה לומר כן שנאמר שאילו ואיל העם שהוא לפני הוצאת כף ומחתה יתעכב עם תמיד של בין הערבים ולפירושו נמי היינו המשנה כר"ע והא דקאמר שעיר הנעשה בחוץ עם של תמיד בין הערבים היינו לאפוקי א) תמיד של שחר אבל קודם אילו ואיל העם היה אבל לא יתכן כלל שיקרב זה עם תמיד של בין הערבים כיון העם ולפני הוצאת כף ומחתה היה ומפסיק בבגדי לבן בינתיים אלא ודאי מתני' כרבי אליעזר היא וא"ת כיון דמתני' רבי אליעזר היא ב) כדמפרש ופר העולה ג) עם שבעת הכבשים היה קרב למה לו ד) עם שבעה כבשים וי"ל דלא חש למינקט סידרא דקרא אבל קשיא אמאי לא קתני ופר העולה מקמי מילתא דרבי עקיבא ה) דקאי אכולהו אפר העולה וז' כבשים כדאמר נמי בברייתא בגמרא דעם תמיד קריבין ואי הוה אמרי' דמתני' נמי כולה כר"ע אתיא שפיר אבל לא ניחא כדפרי' לעיל. בסדר אתה כוננת כתוב קודשת בגדי זהב לבש ויקדש עוד ידיו ורגליו ויצא ועשה שעיר המוסף והכליל אילו עם מוספי הגיה והכליל אילו ואיל העם עם חלבי יום דהכליל אילו עם מוספי יום לא אתי לא כרבי אליעזר ולא כר"ע דרבי אליעזר קתני בברייתא ועשה אילו ואיל העם ואימורי חטאת אבל פר העולה ושבעה כבשים עם תמיד של בין הערבים והוצאת כף ומחתה היתה אחר אילו ואיל העם ואימורי חטאת לר"א כדפרישית לעיל דברישא דת"כ ואח"כ של חומש הפקודים ואח"כ לא היה אילו עם מוספי יום אלא הוצאת כף ומחתה מפסקת בינתיים אתיא דהא סבירא ליה דמוספין היו עם תמיד של שחר ואילו ואיל העם היו זמן גדול אח"כ שהיה מפסיק כל עבודת היום ושעיר החיצון בינתיים ולכך הגיה והכליל אילים עם חלבי יום פי' אילו ואיל העם דפרים הנשרפים דפרק שני שעירי היה מקריב יחד לפני הוצאת כף ומחתה כרבי אליעזר כדפרישית לעיל. מ"ר. מיהו כר"ע משמע שסובר הפייט שכתב קידש ועשה שעיר המוסף והכליל אילים עם חלבי שעיר המוסף קרב תחלה והייט דלא כרבי אליעזר אבל הכליל אילים עם חלבי יום ודאי גרס וכר"ע ודאי סובר הפייט שמקדים שעיר לאיל החיצון העם וא"ת הלא לא הזכיר הפייט הקטרת אימורי ה[...] ואומר

א) נ"ל של אחר התמיד אבל כו': ב) נ"ל כדפי': ג ד) נ"ל קודם: ה) אלא משמע שר"ע אכולהו קאי אפר כו' כנ"ל:

[שבועות ב.]

לעיל ג.

לעיל לד. [מגילה כח.]

[נ"ל נדריכם]

לעיל לב.

הגהות הב"ח

(א) רש"י ד"ה על מה כו' מכפר שנאמר שעיר עזים אחד חטאת מלבד חטאת הכפורים:

הגהות הגר"א

[א] גמ' ואח"כ אילו ואיל העם ואימורי חטאת ואח"כ שעיר הנעשה בחוץ שנאמר שעיר עזים אחד חטאת מלבד חטאת הכפורים ואח"כ תמיד כו' כנ"ל:

שכל הפרשה כולה נאמרה על הסדר, חוץ מפסוק זה. מאי טעמא? אמר רב חסדא: גמירי *חמש טבילות ועשרה קידושין טובל כהן גדול ומקדש בו ביום, ואי אמרת כסדרן כתיבי – לא משכחת לה אלא שלש טבילות וששה קידושין. מתקיף לה רבי זירא: ודילמא מפסיק ליה בשעיר הנעשה בחוץ! אמר אביי אמר קרא, "ויצא ועשה את עולתו" מיציאה ראשונה עביד אילו ואיל העם. רבא אמר אמר קרא, "ופשט(א) את בגדי הבד" שאין ת"ל *"אשר לבש", כלום אדם פושט אלא מה שלובש?! אלא מה תלמוד לומר "אשר לבש" – שלבש כבר. מתקיף לה רבה בר רב שילא: ואימא דמפסיק ליה בשעיר הנעשה בחוץ! – הכתיב "ויצא ועשה". וכל הפרשה כולה נאמרה על הסדר?! והא קראי כתיבי: °"ואת חלב החטאת יקטיר המזבחה", והדר: "ואת פר החטאת ואת שעיר החטאת". ואילו אנן תנן: *"הרואה את כהן גדול כשהוא קורא אינו רואה פר ושעיר הנשרפין, ואילו אמורי חטאת בתר הכי מקטיר להו! אימא: חוץ מפסוק זה ואילך. – ומאי חזית דמשבשת קראי? שביש מתניתא! אמר אביי, אמר קרא: "והמשלח" "והשורף", מה משלח – דמעיקרא, אף שורף דמעיקרא. אדרבה, מה שורף דהשתא, אף משלח דהשתא! – "והמשלח" – דמעיקרא משמע. רבא אמר: אמר קרא °"יעמד חי" *"עד מתי יהא זקוק לעמוד חי – עד שעת כפרה, ואימתי שעת כפרה – בשעת מתן דמים ותו לא. אתי משלח, מצאו בשוק לכהן גדול, אומר לו: אישי כ"ג! עשינו שליחותך. מצאו בביתו, אומר לו: מחיה חיים, עשינו שליחותו. אמר *רבה: כי מיפטרי רבנן מהדדי בפומבדיתא אמרי הכי: מחיה חיים יתן לך חיים ארוכים וטובים ומתוקנין. °"אתהלך לפני ה' בארצות החיים" – אמר רב יהודה: זה מקום שווקים. °"כי אורך ימים ושנות חיים ושלום יוסיפו לך". וכי יש שנים של חיים ויש שנים שאינן של חיים? אמר רבי אלעזר: אלו שנותיו של אדם, המתהפכות עליו מרעה לטובה. °"אליכם אישים אקרא" אמר רבי ברכיה: אלו תלמידי חכמים, שדומין לנשים ועושין גבורה כאנשים. ואמר רבי ברכיה: הרוצה לנסך יין על גבי המזבח – ימלא גרונם של תלמידי חכמים יין, שנאמר "אליכם אישים אקרא". ואמר רבי ברכיה: אם רואה אדם שתורה פוסקת מזרעו – ישא בת תלמיד חכם, שנאמר: °"אם יזקין בארץ שרשו ובעפר ימות גזעו, מריח

ויקרא טז | שם | תהלים קטז | משלי ג | שם ח | איוב יד

רש"י

שכל הפרשה נאמרה על הסדר וכו'. ואי כסדרן כתיבי וכן הסדר שמוליכן בלבישה ראשונה, ואין עבודה חיצונה של בגדי זהב מפסקת בין עבודת היום להוצאת כף ומחתה לא משכחת לה וכו'. כבר פרשתיה בפרק "אמר להם הממונה" (לעיל דף לב:): בשעיר הנעשה בחוץ. כדכתיב (במדבר כט) "מלבד חטאת הכפורים" והוא אינו כתוב כאן, אבל אילו ואיל העם דווקא כתבינהו קרא אחר הוצאת כף ומחתה ולא איצטריך לן לשבש סדרא דקראי: אמר קרא ויצא ועשה וגו'. וזו יציאה ראשונה האמורה בפרשה, הילכך על כרחך מקמי הוצאת כף ומחתה עביד להו, בהפסקה שביניהם לעבודת היום: אשר לבש כבר. אלמא זו היא פשיטה שניה, שמע מינה: יש הפסקת חילוף בגדים בין עבודת היום להוצאת כף ומחתה. ורבא לא אתקפתיה דרבי זירא קאי אלא לפרושי טעמא דמתניתא דמשבשא קראי: ה"ג: קראי כתיבי וכו'. ולא גרס תרי: אינו רואה פר ושעיר הנשרפים. אלמא שריפתן בעוד שכהן גדול לבוש בגדי בוץ היא: ואילו אימורי חטאת. לדברי הכל בתר הכי עביד להו (כשטובל) בטבילה שלישית עם אילו ואיל העם: אימא חוץ מפסוק זה ואילך. לא נכתבה על הסדר: שביש מתניתא. ואימא שריפת הפר והשעיר אחר טבילה שלישית: אמר קרא והמשלח את השעיר וגו'. ובאותו לשון עצמו נאמר "והשורף אותם" דמשתעי בשריפת הפר ושעיר ושניהן כתובין אחר "ואת חלב החטאת". ועל כרחך שילוח השעיר מקמי הקטרת אימורים הוה כדכתיב "ושלח את השעיר במדבר" והדר "ואת חלב החטאת" על כרחך והמשלח דכתיב בתריה כאדם שהפסיק הענין שהיה מדבר בו וחוזר ומסיימו ואומר: ואותו שילוח שאמרתי לך למעלה המשלחו מטמא בגדים ובאותו לשון עצמו נאמר "והשורף": מה והמשלח. אף על פי שנכתב אחר אימורי חטאת דמעיקרא הוא, אף "והשורף" אף על פי שנכתב אחריהן מעיקרא הוא: אדרבה מה שורף דהשתא. שהרי לווי עיקר שריפתן אחר אימורי חטאת נאמר כדכתיב "ואת חלב החטאת" וגו' והדר "ואת פר החטאת יוציא ושרפו": אף המשלח דהשתא. דווקא כתב אחר אימורין. ושילוח שעיר האמור למעלה מהם הכי קאמר: ונשא השעיר עליו את(ב) עונותם ושלחו המדברה – כשיגיע זמן שילוחו: והמשלח מעיקרא משמע. כאדם שחוזר לענין שהפסיק בו וכמו שפירשתי, ושילוח שעיר במקומו נכתב, מדלא הדר וכתב אחר אימורין ושלח השעיר והמשלחו יכבס בגדיו: רבא אמר. לא מגלית אמרת דשילוח שעיר לא במקומו נאמר, דהא לא הזקיקו לעמוד שם אלא עד שעת כפרה, והיא עבודת היום דמתן דמים: אתי משלח. ליום המחרת: מצאו בשוק. מכבדו לפני הבריות, ואומר לו אישי כהן גדול וכו': מחייה חיים. הוא הקדוש ברוך הוא עשינו שליחותו: מפטרי מהדדי. שהיה אחד נוטל רשות מחבירו לשוב לביתו: אתהלך וכו'. אידי דהויי בחיים מתוקנים נקט לה: זה מקום שווקים. שאדם מוצא לקנות מזונותיו, ולפי שהיה דוד מטולטל נע ונד היה מתפלל על הדבר: שמתהפכות עליו. מי שהיה עני בילדותו ונעשה עשיר לעת זקנותו דומה לו כאילו עכשיו נעשה חי מתוך מיתה: אליכם אישים אקרא. *בראש פרשת "ושנות חיים הוא" להכי נקט ליה: שדומין לנשים. ענותנין ותשושי כח: אישים. לשון אשה, מדלא כתיב אנשים: (*שנסך) יין וכו'. אישים לשון קרבן אשה: [נ"ל לנסך] מריח

תוספות

*נכנם להקטיר קטורת של בין הערבים ולהטיב את הנרות. תימה הוא דלא קתני תמיד של בין הערבים! ושמא יש לומר: משום דכבר תנא ליה ברישא במילתיה דר"ע: ולהטיב את הנרות. הא דלא תנא להדליק את הנרות שהיתה בין הערבים אבל הטבה גלפרא הואי! נ"ל דדילמא בימי שמעון הצדיק נשנית משנה זו. וכן מתניתין דתמיד (דף לג.) דתנן: מי שזכה בדישון המנורה נכנס ומצא שתי נרות מזרחיות דולקות מדשן את השאר ומניח את אלו – זה היה כמו כן בימי שמעון הצדיק. מצאן שכבו, פי': משמת שמעון הצדיק מדשנו כו' ואם כן בימי שמעון הצדיק היו דולקין אותן שתי נרות מזרחיות עד הערב והיה צריך להטיב אותם ברישא ואחר כך היה עושה הדלקה. ולהכי נקט ולהטיב את הנרות ולא קתני להדליק משום דהטבה היתה קודם, כדפרישית: **לא** משכחת לה אלא ג' טבילות. לעיל פ' "אמר להם הממונה" (דף לב. ד"ה "ואי") פירשתי:

* ד"ה נכנם וד"ה ולהטיב שייך למתניתין

רבינו חננאל

היא. איל אחד האמור כאן שנאמר ומאת [עדת] בני ישראל יקח שני שעירי עזים לחטאת ואיל אחד לעולה הוא האמור בפרשת פינחס בענין ובעשור לחדש השביעי: אמר רב חסדא גמירי ה' טבילות וי' קידושין ואי כסדרן כלומר כמו שכתובה בעבודת היום לא תמצא אלא שלשה טבילות וזה פירושו טבילה לתמיד של שחר שהוא קודם *) לעולה ואח"כ כתיב כשבא ללבוש בגדי לבן (כתיב) בגדי קדש הם ורחץ במים את בשרו ולבשם וכתיב מפורש כל סדר עבודת היום. ובסוף עבודה כתיב ובא אהרן אל אהל מועד ופשט את בגדיו אשר לבש וגו' וכתיב בתריה ורחץ את בשרו במים במקום קדוש וגו' ויצא ועשה את עולתו וגו'. שלמו העבודות באלו שלש טבילות אלא היה עושה עבודת היום ומניח הכף והמחתה ויוצא טובל ועושה אילו ואיל העם כו' ואח"כ טובל עוד ונכנס ומוציא המחתה ויוצא וטובל ומשלים לפיכך אמר רב חסדא כל הפרשה נאמרה על הסדר אלא מובא אהרן אל אוהל מועד ואילך. כשבא המשלח אומר לכ"ג מחיה חיים עשינו שליחותנו בפומבדיתא כי הוו מפטרי רבנן מהדדי אמרי הכי מחיה חיים יתן לך חיים ארוכים טובים ומתוקנים שנאמר כי ארך ימים ושנות חיים ושלום יוסיפו לך. ומה הן שנות חיים השנים המשתנין לו לאדם מרעה לטובה. אתהלך לפני ה' בארצות החיים זה מקום שווקים. אליכם אישים אקרא אלו ת"ח (שיושבין) [שדומין] כנשים ועושין גבורה כאנשים והרוצה להביא יין על המזבח ישקה ת"ח שנקראו אישים ואם ראה שהתורה פוסקת מזרעו ישא בת תלמיד חכם. שנאמר אם יזקין בארץ שרשו

*) נ"ל נ"ל שהוא קודם לעבודת היום.

[לעיל יט. ל. לא. זבחי' יט:]

לעיל לב.

[לעיל סח:]

[לעיל מ: סה.]

[עיין בע"י ותמצא שינוי נוסחאות]

הגהות הב"ח

(א) גמ' רבא אמר אמר קרא ופשט. נ"ב אחר הוצאת כף ומחתה בבגדי לבן: (ב) רש"י ד"ה אף המשלח כו' ונשא השעיר עליו את כל עונותם ושלחו:

[הרואה יראה שהפסוקים רחוקים זה מזה כי פרשת ושנות חיים כתיב במשלי ג' פסוק ב' ופרשת אליכם אישים אקרא כתיב שם ח' פסוק ד' ובכן מגוה לכוון דעת רש"י ועי' ת"א]

תוספות ישנים

ואומר רבינו תם שסובר שהיו עם תמיד של שחר ממש כר"ע וכבר הזכיר זה שכתב חניכיו יגישו את תמיד השחר קרבו וקיבל דמו במזרק חילק פירוש שהקטיר קטורת הטיב נרות הקריב ראש ונתחים ופי' ר"ת שעשה פר העולה ושבעה כבשים עם תמיד של שחר ושעיר המוסף עשה אחר עבודת היום קודם אילו ואיל העם וזהו חילק שחילק המוספין של חומש הפקודים שאין קריבין יחד והשתא ניחא אבל יש שהיו מפרשין דשפיר גרסינן והכליל אילו עם מוספי יום ולפי השנוי במשנה לקח שיטתו ששונה ויצא ועשה אילו ואיל העם ושבעה כבשים תמימים דברי רבי אליעזר והיינו הכליל אילו עם הז' כבשים ואיל העם שהם מוספי יום ואין נראה דודאי מתניתין לא מיפרשין כמשמעה דא"כ פליג אדרבי אליעזר דברייתא ועוד שאין טעם זה מפורש במתניתין אלא טעמא דרבי אליעזר ור' עקיבא דגמרא וא"כ על כרחין היינו נמי רבי אליעזר דגמרא מדלא מפרש בה טעמא אחרינא: (ע"כ שייך לדף ע ע"א):

שנאמר ושעיר חטאת אחד מלבד חטאת הכפורים. וא"ת היכי דריש מיניה הכי והא [איצטריך] דלא תימא שהוא שעיר הנעשה בפנים כדאמרינן בסמוך דלרבי איצטריך למכתב איל אחד דלא תימא שני אילים היו דת"כ ודחומש הפקודים וא"כ ה"נ א) צריך מלבד מדכתיב ושעיר חטאת אחד י"ל דהא לא ס"ד כיון שכל קרבנות האמורין כאן ב) ובחומש הפקודים הן נעשין בחוץ על מזבח החיצון לא אתי למיטעי שהוא שעיר הפנימי אבל שני האילים הן נעשין בחוץ והילכך נ"ל ג) דאחד הוא [שלא נטעה]. מה"ר יוסף: (ע"כ שייך לע"ב) **דילמא** מפסיק להו בשעיר הנעשה בחוץ. ואפילו לרבי אליעזר דאמר שכל המוספין היו עם תמיד של בין הערבים אחר עבודת היום יפסיק בשעיר ד) הפנימי לבד ויעשהו קודם הוצאת כף ומחתה והוא הדין נמי אחד מן המוספין ושעיר דנקט משום דר"ע שאומר שהיה מקריבו קודם אילו ואיל העם. ה"ר יוסף: **אמר קרא** ויצא ועשה את עולתו וגו'. וזו היא יציאה ראשונה של עבודת חוץ שיציאה שכתובה שם כדי לשחוט שעיר הפנימי אין זו יציאה של עבודת חוץ כי הכל צורך עבודת פנים: **כלום** אדם פושט אלא מה שלובש כו'. תימה דלעיל פרק אמר להם הממונה (דף לב.) איכא דדריש גבי ה' טבילות וי' קדושין כלום אדם פושט אלא מה שלובש אלא מקיש פשיטה ללבישה כו' וי"ל דהכא דריש מדכתיב אשר לבש ולעיל דריש מהיקש. מ"ר. ועוד תימא לריב"א דהא אמרינן לעיל פרק הממונה (דף לד:) בשחר היה לבוש פילוסין כו' ובערב היה לבוש כו' א"כ לאו היינו לבש כבר י"ל [דמ"מ] בגדי בד הן כולן אע"ג דמקרא מפקינן לעיל שפחותין מהן: **והא** תרי קראי כתיבי ואת חלב החטאת וגו' ואת פר החטאת וגו'. תימה בלאו הכי תיקשי ליה דשריפת פר ושעיר כתובה היא אחר אילו ואיל העם והיא היתה קודם כמו ששנינו לעיל י"ל כי משום הך קושיא אין צריך להגיה מפסוק זה ואילך שכל זה תלוי בפסוק זה דובא אל אהל מועד ויצא ועשה את עולתו דסדר הוצאת כף ומחתה ואילו ואיל העם לא נאמר כסדר מתרי טעמי חדא דאילו ואיל העם מקמי כף ומחתה ועוד דשריפת פר ושעיר היתה לפניהם אבל אימורי חטאת ושריפת פר ושעיר תרי קראי באפי נפשייהו. ה"ר יוסף: **אף** שורף דמעיקרא. ולכך מוקמינן ליה קודם אילו ואיל העם אחר שילוחו של שעיר מיד: **זה** מקום שווקים. שהיה מתפלל על עצמו שהיה ה) כעבד וגם על ישראל כשיגלו שימצאו ארץ מלאה כל טוב ויוכלו

א) נ"ל ה"א שהכל אחד מדכתיב כו': ב) נ"ל בחומש: ג) נ"ל דחד איל הוא מונה: ד) נ"ל המוספין: ה) נ"ל נע ונד:

°מֵרִיחַ מַיִם יַפְרִיחַ וְעָשָׂה קָצִיר כְּמוֹ נָטַע". איוב יד
"וְיוֹם טוֹב הָיָה עוֹשֶׂה לְאוֹהֲבָיו". ת"ר: מַעֲשֶׂה בְּכֹהֵן גָּדוֹל אֶחָד שֶׁיָּצָא מִבֵּית הַמִּקְדָּשׁ, וְהָווּ אָזְלִי כּוּלֵּי עָלְמָא בַּתְרֵיהּ. כֵּיוָן דַּחֲזְיוּנְהוּ לִשְׁמַעְיָה וְאַבְטַלְיוֹן – שַׁבְקוּהוּ לְדִידֵיהּ וְאָזְלִי בָּתַר שְׁמַעְיָה וְאַבְטַלְיוֹן. לַסּוֹף אָתוּ שְׁמַעְיָה וְאַבְטַלְיוֹן לְאִיפְטוּרֵי מִינֵּיהּ דְּכֹהֵן גָּדוֹל. אָמַר לְהֶן: יֵיתוּן בְּנֵי עַמְמִין לִשְׁלָם! אֲמַרוּ לֵיהּ: יֵיתוּן בְּנֵי עַמְמִין לִשְׁלָם – דְּעָבְדִין עוּבָדָא דְּאַהֲרֹן, וְלָא יֵיתֵי בַּר אַהֲרֹן לִשְׁלָם – דְּלָא עָבֵיד עוּבָדָא דְּאַהֲרֹן.

מתני' *[א]כֹּהֵן גָּדוֹל מְשַׁמֵּשׁ בִּשְׁמוֹנָה כֵּלִים וְהַהֶדְיוֹט בְּאַרְבָּעָה: בִּכְתוֹנֶת, וּמִכְנָסַיִם, וּמִצְנֶפֶת, וְאַבְנֵט. מוֹסִיף עָלָיו כ"ג חֹשֶׁן, וְאֵפוֹד, וּמְעִיל וְצִיץ. בְּאֵלּוּ נִשְׁאָלִין בְּאוּרִים וְתוּמִּים, [א]וְאֵין נִשְׁאָלִין אֶלָּא לְמֶלֶךְ, וּלְאַב ב"ד, וּלְמִי שֶׁהַצִּיבּוּר צָרִיךְ בּוֹ.

גמ' ת"ר: דְּבָרִים שֶׁנֶּאֱמַר בָּהֶן "שֵׁשׁ" – *חוּטָן כָּפוּל שִׁשָּׁה, "מָשְׁזָר" – שְׁמוֹנָה, מְעִיל – שְׁנֵים עָשָׂר, פָּרוֹכֶת – עֶשְׂרִים וְאַרְבָּעָה. חוֹשֶׁן וְאֵפוֹד – עֶשְׂרִים וּשְׁמוֹנָה. חוּטָן כָּפוּל שִׁשָּׁה מְנָא לַן? דְּאָמַר קְרָא °"וַיַּעֲשׂוּ אֶת הַכָּתְנֹת שֵׁשׁ וְאֵת הַמִּצְנֶפֶת שֵׁשׁ וְאֶת פַּאֲרֵי הַמִּגְבָּעֹת שֵׁשׁ וְאֶת מִכְנְסֵי הַבָּד שֵׁשׁ מָשְׁזָר". (שמות לט) חֲמִשָּׁה קְרָאֵי כְּתִיבִי: חַד – לְגוּפֵיהּ, דְּכִיתָּנָא נִיהֲווּ. וְחַד – שֶׁיְּהֵא חוּטָן כָּפוּל שִׁשָּׁה, וְחַד – שֶׁיִּהְיוּ שְׁזוּרִין, וְחַד – לִשְׁאָר בְּגָדִים שֶׁלֹּא נֶאֱמַר בָּהֶן שֵׁשׁ, וְחַד – לְעַכֵּב. מַאי מַשְׁמַע דְּהַאי שֵׁשׁ כִּיתָּנָא הוּא? אָמַר רַבִּי יוֹסֵי בְּרַבִּי חֲנִינָא: *דְּאָמַר קְרָא "בַּד" – דָּבָר הָעוֹלֶה מִן הַקַּרְקַע בַּד בַּד. וְאֵימָא עַמְרָא! עַמְרָא אִיפְּצוּלֵי מִיפַּצְלָא. כִּיתָּנָא נַמִי אִיפְּצוּלֵי מִפַּצֵּיל! כִּיתָּנָא אַגַּב לְקוּתֵיהּ מִפַּצֵּיל. רָבִינָא אָמַר מֵהָכָא: °"פַּאֲרֵי פִשְׁתִּים יִהְיוּ עַל רֹאשָׁם וּמִכְנְסֵי פִשְׁתִּים יִהְיוּ עַל מָתְנֵיהֶם". (יחזקאל מד) אֲמַר לֵיהּ רַב אַשִׁי: הָא מִקַּמֵּי דְּאָתֵי יְחֶזְקֵאל מַאן אֲמָרָהּ? וּלְטַעְמִיךְ, *הָא דְּאָמַר רַב חִסְדָּא: דָּבָר זֶה מִתּוֹרַת מֹשֶׁה רַבֵּינוּ לֹא לָמַדְנוּ, מִדִּבְרֵי יְחֶזְקֵאל בֶּן בּוּזִי לָמַדְנוּ: °"כָּל בֶּן נֵכָר עֶרֶל לֵב וְעֶרֶל בָּשָׂר לֹא יָבֹא אֶל מִקְדָּשִׁי (*לְשָׁרְתֵנִי)" (שם) הָא מִקַּמֵּי דְּאָתֵי יְחֶזְקֵאל מַאן אֲמָרָהּ? אֶלָּא: גְּמָרָא גְּמִירִי לָהּ, וַאֲתָא יְחֶזְקֵאל וְאַסְמְכָהּ אַקְּרָא. הָכָא נַמִי, גְּמָרָא גְּמִירִי לָהּ, וַאֲתָא יְחֶזְקֵאל וְאַסְמְכָהּ אַקְּרָא. "מָשְׁזָר" – שְׁמוֹנָה, מְנָא לַן? דִּכְתִיב: °"וַיַּעֲשׂוּ עַל שׁוּלֵי הַמְּעִיל רִמּוֹנֵי תְּכֵלֶת וְאַרְגָּמָן וְתוֹלַעַת שָׁנִי מָשְׁזָר" (שמות לט) וְיָלֵיף "מָשְׁזָר" "מָשְׁזָר" מִפָּרוֹכֶת, מַה לְּהַלָּן עֶשְׂרִים וְאַרְבָּעָה – אַף כָּאן עֶשְׂרִים וְאַרְבָּעָה דַּהֲוָה כָּל חַד וְחַד תְּמָנֵי. וְנֵילַף מֵחֹשֶׁן וְאֵפוֹד, מַה לְּהַלָּן עֶשְׂרִים וּשְׁמוֹנָה אַף כָּאן עֶשְׂרִים וּשְׁמוֹנָה! דָּנִין דָּבָר שֶׁלֹּא נֶאֱמַר בּוֹ זָהָב מִדָּבָר שֶׁלֹּא נֶאֱמַר בּוֹ זָהָב, לְאַפּוֹקֵי חֹשֶׁן וְאֵפוֹד שֶׁנֶּאֱמַר בָּהֶן זָהָב. אַדְּרַבָּה, דָּנִין בֶּגֶד מִבֶּגֶד, לְאַפּוֹקֵי פָּרוֹכֶת, דְּאֹהֶל הוּא! אֶלָּא: דָּנִין מֵאַבְנֵט, וְדָנִין בֶּגֶד וְדָבָר שֶׁלֹּא נֶאֱמַר בּוֹ זָהָב, מִבֶּגֶד וְדָבָר שֶׁלֹּא נֶאֱמַר בּוֹ זָהָב, וְאֵין דָּנִין דָּבָר שֶׁאֵין בּוֹ זָהָב מִדָּבָר שֶׁיֵּשׁ בּוֹ זָהָב. רַב מָרִי אָמַר: "תַּעֲשֶׂנּוּ" כְּתִיב, "תַּעֲשֶׂנּוּ" – לָזֶה וְלֹא לְאַחֵר. רַב אַשִׁי אָמַר: "וְעָשִׂיתָ" כְּתִיב, שֶׁיִּהְיוּ כָּל עֲשִׂיּוֹת שָׁווֹת, וְהֵיכִי נַעֲבִיד? נַעֲבִיד תְּלָתָא דַּעֲשָׂרָה עֲשָׂרָה – הָווּ לְהוּ תְּלָתִין, נַעֲבִיד תְּרֵי דְּתִשְׁעָה תִּשְׁעָה וְחַד דַּעֲשָׂרָה – אָמַר קְרָא: "וְעָשִׂיתָ" שֶׁיִּהְיוּ כָּל עֲשִׂיּוֹתָיו שָׁווֹת. מְעִיל שְׁנֵים עָשָׂר מְנָא לַן? דִּכְתִיב: °"וְעָשִׂיתָ אֶת מְעִיל הָאֵפוֹד (שמות כח)

כְּלִיל

רש"י

מֵרִיחַ מַיִם. בְּנֵי תּוֹרָה: לַסּוֹף אָתוּ שְׁמַעְיָה וְאַבְטַלְיוֹן לְאִיפְּטוּרֵי מִינֵּיהּ. לִיטּוֹל רְשׁוּת מִמֶּנּוּ, וְלִפְרוֹשׁ לְצַד בֵּיתָן: יֵיתוּן בְּנֵי עַמְמִין לִשְׁלָם. לְשׁוֹן גְּנַאי הוּא, לְפִי שֶׁבָּאוּ מִבְּנֵי בָנָיו שֶׁל סַנְחֵרִיב, כִּדְאָמְרִינַן בְּמַסֶּכֶת גִּיטִּין (דף נז:): דְּעָבְדֵי עוּבְדָא דְאַהֲרֹן. רוֹדְפֵי שָׁלוֹם: דְּלָא עָבֵד עוּבְדָא דְאַהֲרֹן. שֶׁהוֹנִיתָנוּ אוֹנָאַת דְּבָרִים, וְאָמַר מָר (ב"מ נח:) לֹא(א) תוֹנוּ אִישׁ אֶת עֲמִיתוֹ (ויקרא כה) בְּאוֹנָאַת דְּבָרִים הַכָּתוּב מְדַבֵּר, אִם הָיָה בֶּן גֵּרִים לֹא יֹאמַר לוֹ זְכוֹר מַעֲשֵׂה אֲבוֹתֶיךָ: **מתני'** בִּכְתוֹנֶת וּמִכְנָסַיִם וכו'. אַהֶדְיוֹט קָאֵי: בְּאֵלּוּ נִשְׁאָלִים. כֹּהֵן הַנִּשְׁאָל בְּאוּרִים וְתוּמִּים צָרִיךְ לִלְבּוֹשׁ שְׁמוֹנָה בְּגָדִים: **גמ'** דְּבָרִים שֶׁנֶּאֱמַר בָּהֶן שֵׁשׁ. כּוּלָּהּ מְפָרֵשׁ לְקַמָּן: חוּטָן כָּפוּל שִׁשָּׁה. שִׁשָּׁה כָּל מִין וּמִין שֶׁבּוֹ: מָשְׁזָר. בְּלֹא שֵׁשׁ, וְאֵין זֹאת אֶלָּא רִמּוֹנִים: שְׁמוֹנָה. כָּל חוּט שֶׁל כָּל מִין שֶׁבּוֹ כָּפוּל שְׁמוֹנָה. וְעַל פִּי חֶשְׁבּוֹן זֶה מְעִיל שֶׁכּוּלּוֹ מִין אֶחָד חוּטוֹ כָּפוּל י"ב, פָּרוֹכֶת חוּטוֹ כָּפוּל כ"ד שֶׁכָּל מִינִין שֶׁבָּהּ כְּפוּלִין יַחַד. וְכוּלָּהּ מְפָרֵשׁ לָהּ לְקַמָּן: חֲמִשָּׁה קְרָאֵי כְּתִיבִי. גַּבֵּי הֲדָדֵי וַהֲוָה סַגִּי לֵיהּ בְּחַד וְנִכְתְּבֵיהּ לְבַסּוֹף: ה"ג: וַיַּעֲשׂוּ אֶת הַכָּתְנוֹת שֵׁשׁ וְאֵת הַמִּצְנֶפֶת שֵׁשׁ וְאֶת פַּאֲרֵי הַמִּגְבָּעוֹת שֵׁשׁ וְאֶת מִכְנְסֵי הַבָּד שֵׁשׁ מָשְׁזָר. וּבַד הוּא שֵׁשׁ הֲרֵי חֲמִשָּׁה. וְהַהִיא דְּאַבְנֵט צָרִיךְ לְמִיכְתַּב עַל כָּרְחָךְ דְּאִיכָּא מִינֵי אַחֲרִינֵי בַּהֲדֵיהּ: שֶׁיִּהְיוּ שְׁזוּרִין. יַחַד כּוּלָּן שִׁשָּׁה: לִשְׁאָר בְּגָדִים שֶׁלֹּא נֶאֱמַר בָּהֶן שֵׁשׁ. שֶׁיְּהֵא אַף הֵן חוּטָן כָּפוּל שִׁשָּׁה. וּלְקַמָּן מְפָרֵשׁ מַאי נִינְהוּ: דָּבָר הָעוֹלֶה מִן הַקַּרְקַע בַּד בַּד. הַפִּשְׁתָּן וְהַקַּנְבּוּס אֵין לָהֶן בַּדִּים וַעֲנָפִים כְּעֵצִים, אֶלָּא עָלִין, וְאֵין הַפִּשְׁתָּן בָּא אֶלָּא מִן הַקָּנֶה הָאֶמְצָעִי: מִפַּצֵּל. יֵשׁ בּוֹ נִימָא מִתְחַלֶּקֶת לִשְׁתַּיִם. וְאַל תִּתְמַהּ שֶׁאַף בְּשֵׂעַר זָקָן הַתַּחְתּוֹן מָלוּי כֵּן: כִּיתָּנָא נַמִי מִפַּצֵּיל. כְּשֶׁכּוֹתְשִׁין אוֹתוֹ נֶחֱלָק לְכַמָּה פִּיצּוּלִין: אַגַּב לְקוּתֵיהּ. שֶׁמַּקִּישִׁין עָלָיו: פַּאֲרֵי פִשְׁתִּים. וּבַתּוֹרָה כְּתִיב "וְאֶת פַּאֲרֵי הַמִּגְבָּעוֹת שֵׁשׁ": בֶּן נֵכָר. שֶׁנִּתְנַכְּרוּ מַעֲשָׂיו לְאָבִיו שֶׁבַּשָּׁמַיִם שֶׁהוּא עֲרַל לֵב, וְכֵן עֲרַל בָּשָׂר שֶׁמֵּתוּ אֶחָיו מֵחֲמַת מִילָה לֹא יָבֹא אֶל הַמִּקְדָּשׁ: מַאן אֲמָרָהּ. מֵאַיִן לָמְדוּ דָּבָר זֶה שֶׁשָּׁנִינוּ בְּפֶרֶק שֵׁנִי דִּזְבָחִים (דף טו:) שֶׁהַכֹּהֵן עָרֵל עֲבוֹדָתוֹ פְּסוּלָה: מַה לְּהַלָּן עֶשְׂרִים וְאַרְבָּעָה. שֶׁהֲרֵי ד' מִינִין יֵשׁ בָּהּ וְכָל מִין וּמִין כָּפוּל שֵׁשׁ אַף כָּאן כ"ד וְכָאן ג' מִינִין יֵשׁ דְּהָווּ לְהוּ כָּל חַד וְחַד תְּמָנֵי: אֶלָּא מֵאַבְנֵט. דְּיֵשׁ בּוֹ נַמִי אַרְבַּע מִינִין וְכָל אֶחָד כָּפוּל שִׁשָּׁה וּכְשֶׁשּׁוֹזְרָן יַחַד הָווּ לְהוּ כ"ד: תַּעֲשֶׂנּוּ כְּתִיב. בַּחֹשֶׁן לְפִיכָךְ אֵין לְמֵידִין מִמֶּנּוּ: וְעָשִׂיתָ. כְּתִיב בְּרִמּוֹנִים שֶׁיִּהְיוּ עֲשׂוּיוֹת כָּל הַמִּינִין שֶׁבּוֹ שָׁווֹת הִלְכָּךְ לֹא אֶפְשָׁר בְּכ"ח, דְּהֵיכִי לִיעֲבִיד וכו':

כְּלִיל

תוספות

ואימא עמרא. מדלא פריך: ואימא קנבוס שגם הוא עולה בד בד, היה מדקדק רבינו אפרים ז"ל דמה שאנו קורין קנבוס הוא פשתן ואסור לתפור בו בגדי צמר. ורבינו חיים כהן ז"ל דוחה: דהא דלא פריך ואימא קנבוס משום דבגדים כתיב, וכל בגדים סתם שבתורה צמר ופשתים. והקשה ריב"א: התינח לתנא דבי ר' ישמעאל דסבר הכי, אבל לרבנן דפליגי עליה ומחייבי כל בגדים בציצית מאי איכא למימר? וליכא למימר דכ"ע אית להו דתנא דבי רבי ישמעאל, אלא דגבי ציצית דוקא מחייבים כל בגדים, דמרבינן להו מדכתיב "הכנף" מין כנף, *א"כ מאי פריך בריש פ"ק דיבמות (דף ד:): והא תנא דבי רבי ישמעאל לית ליה דרבא ומנא ליה הא, אי משום דקאמר בפרק "במה מדליקין" (שבת דף כו:) אף כל צמר ופשתים, ומסיק התם דלציצית איצטריך, לימא דאיצטריך אף כל צמר ופשתים לאיתויי כלאים, ואע"ג דכלאים בהדיא כתיב בהו צמר ופשתים – נימא דאיצטריך אף כל כדי לאפנויי צמר ופשתים למאי דלא ידע אכתי התם דהפנאה משעטנז נפקא, עד מסקנא. אלא ע"כ הכנף הוי פי' הבגד וכאילו כתב הבגד. ולהכי פריך: ע"כ תנא דבי רבי ישמעאל לית ליה דרבא, דאם איתא דמחייבי בציצית כל בגדים מיתורא דהכנף אם כן מאי האי דקאמר ופרט באחד מהם צמר ופשתים אף כל צמר ופשתים. אדגמר מנגעים דהוי צמר ופשתים נגמר מציצית דכתיב הכנף דהוי כמו הבגד, ומיירי אפי' בשאר בגדים. ולא דמי ל"או בגד" דמרבינן מיתורא ד"או" דכתיב גבי שרצים שאר בגדים אפי' לתנא דבי ר' ישמעאל בפרק "במה מדליקין" (ג"ז שם) ואפילו הכי לא פרכינן: אדגמר ר' ישמעאל מנגעים ליגמר משרצים דאפילו שאר בגדים, דהתם גבי שרצים משמעות בגד אינו אלא צמר ופשתים ומ"או" הוא דמרבינן לשאר בגדים להכי ליכא למילף משרצים סתם בגדים הכתובים בתורה ולימא דלכל בגדים בכלל. אבל הכא הכנף כמו הבגד. ואי סבירא ליה דרבא נגמר מהכנף לומר דכל היכא דכתיב בגדים בסתם כל בגדים בכלל. ולמאי דפרשינן פ' שני דזבחים* דמכל גרעין של פשתן עולה קנה אחד ולא שני קנים מגרעין אחד ניחא, דלא הוה מצי למיפרך ואימא קנבוס דקים ליה לגמרא דכמה קנים עולים מגרעין אחד. כל זה דקדק ריב"א:

ויליף משזר משזר מפרוכת מה להלן כ"ד וכו'. אין להקשות אדרבה נילף הכי: מה להלן חוטן כפול ששה אף כאן כל חד ששה, הרי י"ח, ותו לא! די"ל: דתיבת משזר גמר ממשזר דהתם, מה להלן השזירה כ"ד אף כאן השזירה כ"ד כי התם. אי נמי י"ל: אם איתא דלא הוה אלא י"ח מאי איצטריך שש יתירא למעיל שלא נאמר בו שש שיהא חוטו כפול ששה, תיפוק ליה דנילף תכלת תכלת מפרוכת מה להלן תכלת שלה ששה אף מעיל שכולו תכלת חוטו כפול ששה. ולא הוה מצי למיפרך כדפרכינן לקמן אדרבה נילף משוליו, דשוליו נמי אין חוטן כפול אלא ששה:

נעביד

רבינו חננאל

וגו' מריח מים יפריח: אתו שמעיה ואבטליון למיהב שלמא לכ"ג. א"ל ייתי בר אהרן לשלם. אמר להו ייתון בני עממין לשלם כו': **ירושלמי** [למה] משמש בפנים בבגדי בד. א"ר חייא בר אבא כשירות של מעלה מה למעלה ואיש אחד בתוכם לבוש בדים. אף משרת למטה כתנת בד קדש ילבש. ולמה בחוץ בח' א"ר חנינא כנגד המילה שהיא לח' ימים כדכתיב בריתי היתה אתו. ולמה אינו נכנס לפנים בבגדי זהב. א"ר לוי אין קטיגור נעשה סניגור. כ"ג משמש בח' כלים כו'. ת"ר בגדים שנאמר בהן שש חוטן כפול ששה משזר ח' נמצא המעיל י"ב. והפרכת כ"ד והחשן ואפוד כ"ח חוטן כפול ששה מנ"ל ופשטנא שיתא שש כתיבי בבגדי לבן. ואלו הן ושבצת הכתנת שש. ועשית מצנפת שש. ויעשו את הכתנות שש מעשה אורג כו'. ואת המצנפת שש ואת פארי המגבעות שש. ואת מכנסי הבד שש משזר. ואת האבנט שש משזר ומצנפת ומגבעת אחת היא. קרא אחת לגופיה שיהיו של בוץ והוא פשתים. גמרא גמירי לה דהאי בד פשתים הוא ואתא יחזקאל ואסמכה אקרא ומכנסי פשתים. וחד שיהו שזורין וחד שיהא חוטן כפול ששה וחד לשאר בגדים שלא נאמר בהן שש. וחד לשאר מינין שיהו גם הן חוטן כפול ששה. וחד לעכב שאם אינן חוטן כפול ששה פסולין הן. שש חוטן כפול ששה כמשמעו. אלא משזר שמונה מנ"ל. ואמרינן כתיב בשולי המעיל שלשה מינין תכלת וארגמן ותולעת שני משזר וכתיב בפרכת שש משזר ארבעה מינין. והן בכל אחד ו' הרי כ"ד ויליף שולי המעיל מפרכת משזר משזר בג"ש. מה בפרכת כ"ד חוטין אף שולי המעיל כ"ד חוטין. ובשולי המעיל ג' מינין נמצאו ח' חוטין בכל מין. ח' בתכלת. ח' בארגמן. וח' בתולעת שני ואמאי לא יליף שולי המעיל מן האפוד והחשן דאינון כ"ח חוטין משום דכתיב בהו זהב ושולי המעיל ופרכת לא

עין משפט נר מצוה

יז א מיי' פ"י מהלכות כלי המקדש הלכה א:
יח ב שם פ"ט הלכה יב:
יט ג שם פ"י הלכה יב:
כ ד ה מיי' שם פ"ח הלכה יד:
כא ו שם פ"ט הל' ג:
כב ז שם פ"ט הל' טז:
כג ח שם פ"ט הל' ה:

מסורת הש"ס

סנהדרין מט.
[לעיל לה:]
[זבחים יח:]
סנהדרין כב: תענית יז: מו"ק ה. זבחים יח: כב:
[ליתי' בקהלת]
[נ"ל דא"כ]

הגהות הב"ח

(א) רש"י ד"ה דלא עבד כו' ואמר מר לא תונו (ע"ש כלה):

הגהות הגר"א

[א] מתני' ולאב"ד. נ"ל ולכ"ד (וכ"ה במשניות) ובר"ח סוף פרקין:

תוספות ישנים

ויוכלו לעסוק בתורה: **אמר** ר' זירא אמר קרא כו' חמשה קראי כתיבי כו'. בפי' ר"ח גרים שיהא שש כתיבי ואלו הן ושבצת הכתונת שש ועשית מצנפת שש ויעשו [את הכתונת שש ואת] המצנפת שש ואת פארי המגבעות שש ואת מכנסי הבד שש משזר חד קרא לגופיה וחד שיהא שזורין וחד שיהא חוטן כפול ששה וחד לשאר בגדים שלא נאמר בהן שש וחד לשאר מינין שיהא חוטן כפול ששה והשתא כולה שש מיותרין דבטויי סגי בחד שש ובעשייה כולן מיותרין חוץ א) מבד דכתיב גבי מכנסים שלא הוזכר בטווי וכפי' רש"י נראה דמפיק כל יתורי מחד קרא מדלא כתיב הכל תעשה משש אומר ריב"א כי מצנפת ומגבעות הכל אחד ומונחין בראש אלא המצנפת היא בראש כ"ג וחשובה יותר כמו צניף מלוכה ומגבעות היא מצנפת של כהנים הדיוטים כדאמר בזמן שהמצנפת בראש כ"ג כו' ולהכי כתיב מצנפת לשון יחיד ומגבעות לשון רבים ולכך קורא לה נמי מצנפת שהיא [אינה] דומה לשל כהן הדיוט לפי שהיה צריך להניח על ראשו ציץ ותפילין וכהן הדיוט לא היה מניח אלא תפילין בלבד ולא היה מכסה אלא הראש ומיהו קשה לי לפירושו למה היה בגדי כ"ג של יוה"כ מצנפת דהם לא היה לא ציץ ולא תפילין י"ל שלא חילקו במצנפת ואע"פ שאבנט היה חלוק משל שאר ימות השנה אבל קשה לי לרבי דוסא דאמר לעיל (דף כג:) אבל כשרין לכהן הדיוט הא איכא מצנפת י"ל לבד ממצנפת קאמר וא"ת הא אמר לעיל (דף כה.) נוטל מצנפתו של אחד מהם אלמא גבי כהן הדיוט נמי קרי ליה מצנפת י"ל דודאי בלשון תלמוד אין חילוק ומשונה הוא מלשון המקרא דלשון חכמים לעצמו שהרי כמו כן מצינו בשוק של שלמים דפליגי על ר' יהודה בסוף משנה דפרק הזרוע (דף קלד:) שהיא מן הארכובה ולמעלה אף על פי שבכל מקום בתלמוד קורא שוק מן הארכובה ולמטה כדאמר במנות חלילה (דף קג.) דהוה ליה איסתוירא מעל ושוקא מעל דמעל וכן שוק דריש אהלות חשיב ליה למטה מן הארכובה ולפירושו זה משמע שסובר ריב"א שהציץ הוא על ראש במקום שער ולא על פדחת ואע"ג דכתיב על מצח הייתו מעל המצח א"נ הייתו מצח ומצח קרוי ראש בלשון תורה ולא פדחת ואע"פ שבלשון תלמוד מצח הייתו פדחת כדאמר בהמפלת (דף כג:) המצח והגבינים והעינים כו' דלשון תורה לחוד כדפרי' גבי מצנפת ולא כפרש"י שפי' שהציץ היה על פדחת שהציץ על מצח ממש ואומר

א) נ"ל משש:

כליל תכלת" ויליף תכלת תכלת מפרוכת, מה להלן ששה – אף כאן ששה. ונילף משוליו ורמוניו, מה להלן שמונה – אף כאן שמונה! – דנין כלי מכלי, ואין דנין כלי מתכשיט כלי. – אדרבה, דנין גופו מגופו, ואין דנין גופו מעלמא! – היינו דאמרינן: לשאר בגדים, שלא נאמר בהן שש. "פרכת עשרים וארבעה" ד' דשיתא שיתא – לא דינא ולא דיינא. "חושן ואפוד עשרים ושמונה" מנא לן? דכתיב: °"ועשית חשן משפט מעשה חושב כמעשה אפוד תעשנו זהב תכלת וארגמן ותולעת שני ושש משזר", ארבעה דשיתא שיתא – עשרין וארבעה, זהב ארבעה – הא עשרין ותמניא. – ואימא זהב נמי ששה! אמר רב אחא בר יעקב, אמר קרא: °"וקצץ פתילים", "פתיל" "פתילים" הרי כאן ד'. רב אשי אמר, אמר קרא: °"לעשות בתוך התכלת ובתוך הארגמן". היכי נעביד? נעביד ארבעה דתרי תרי – הוו להו תמניא, נעביד תרי דתרי תרי, ותרי דחד חד – "ועשית"(א) שיהיו כל עשיותיו שוות. אמר רחבא אמר רב יהודה: אהמקרע בגדי כהונה – לוקה, שנאמר: °"לא יקרע". מתקיף לה רב אחא בר יעקב: ודילמא הכי קאמר רחמנא: נעביד ליה שפה כי היכי דלא ניקרע! מי כתיב "שלא יקרע"? (*ואמר) ר' אלעזר: בהמזיח חושן מעל האפוד, והמסיר בדי ארון – לוקה, שנאמר: °"לא יזח" °ו"לא יסורו". מתקיף לה רב אחא בר יעקב: ודילמא כי קאמר רחמנא – חדקינהו ועבדינהו שפיר כדי שלא יזח ולא יסורו! מי כתיב "שלא יזח" ו"שלא יסורו"? רבי יוסי בר' חנינא רמי, כתיב: °"בטבעות הארון יהיו הבדים לא יסורו ממנו", וכתיב:(ג) °"והובא את בדיו בטבעות". הא כיצד? מתפרקין ואין נשמטין. תניא נמי הכי: "בטבעות הארון יהיו הבדים". יכול לא יהיו זזין ממקומן – ת"ל "והובא את בדיו בטבעות", אי "והובא את בדיו" יכול יהיו נכנסין ויוצאין – ת"ל: "בטבעות הארון יהיו הבדים", הא כיצד? מתפרקין ואין נשמטין. אמר רבי חמא ברבי חנינא: *מאי דכתיב: °"עצי שטים עומדים", שעומדים דרך גדילתן. דבר אחר: "עומדים" – שמעמידין את צפויין, ד"א: "עומדים", שמא תאמר אבד סברן ובטל סכויין – ת"ל: "עומדים" – שעומדין לעולם ולעולמי עולמים. (*אמר) רבי חמא בר חנינא, מאי דכתיב: °"את בגדי השרד לשרת בקודש". אלמלא

שמות כח | שם לט | שם | שם כח | [נ"ל אמר] | שם כח | שם כה | שם כה | שם כה | סוכה מה: | שמות כו | [נ"ל ואמר] | שם לה

רש"י

כליל. גדיל ואין גדיל פחות משנים: ואין דנין כלי מתכשיט כלי. רמונים קשוטו של מעיל הן: ארבעה דשיתא שיתא. ארבעת מינין של שש שש דהא נאמר בו שש, ואמר מר דברים שנאמר בהן שש חוטן כפול ששה: לא דינא ולא דיינא. אין ספק וערעור בדבר: וקצץ פתילים. פתילים משמע תרין, וכשקולן תורה אור כל אחד לשנים הוה להו ד': רב אשי אמר. היינו טעמא, דזהב ו' לא אפשר, דכתב ביה "לעשות אותו בתוך התכלת ובתוך הארגמן" משמע שיערב ממנו עם כל מין ומין: ניעביד ארבעה. המינין דתרי תרי חוטין של זהב הוו להו תמניא של זהב: חדקינהו. קשרם יפה, ועל הטבעות והבדים אומר שיתנם בטבעות בדוחק: כתב לא יסורו. אלמא אין זזין מהן וכתיב (שמות כה) "והבאת" אלמא הולכים ובאים בתוכן: מתפרקין ואינן נשמטים. בראשיהם היו עבים והכנים ראשן אחד בדוחק בטבעת ובאמצען היו דקין הלכך לא היו נדחקין בטבעות אלא מתפרקין והולכין לכאן ולכאן אבל אינן נשמטין לצאת מהן לפי שהן עבים בראשיהן: דרך גדילתן. העליון למעלה והתחתון למטה: שמעמידין את ציפויין. ציפוי הזהב מעמידין ע"י מסמרות. לשון אחר: שלא התליעו ולא נפל ציפויין: שמא תאמר. משנגנזו אבד סיכרן שלא ישובו עוד: ובטל סכויין. מה שאנו סוכין וצופין להן: שרד. לשון שריד: אילמלא

תוספות

נעביד ארבעה דתרי תרי הוו להו תמניא. ואם תאמר: אין הכי נמי, נעביד זהב תמניא, מנלן ארבעה ותו לא? יש לומר: פתילים כתיב, מיעוט פתילים שנים, וכשנקלן כל אחד הוו להו ד' ואי אמרת תמניא א"כ אין לדבר סוף אימא ק' ואימא אלף ותפסת מרובה לא תפסת. והא דפריך: ואימא זהב נמי ו', היינו כי היכי דליהוי דומיא דשאר מינין שבו. ולעיל כי פריך ואימא כ"ח לא בעי לשנויי תפסת מועט תפסת דהתם לא מצי למימר טפי מכ"ח וכיון דהוא דבר שיש לו קצבה לא שייך למימר תפסת מרובה לא תפסת, ואדרבה יש לתפוס המרובה דיש בכלל מאתים מנה. ואע"ג דבפ"ק דר"ה (דף ד:) אמר: מקיש חג השבועות לחג המצות מה להלן יש לו תשלומין כל שבעה כו', ופריך: ולקיש לחג הסוכות מה להלן ח' כו', ומשני: תפסת מרובה לא תפסת והתם נמי יש לדבר קצבה! י"ל: דהתם קאמר לחומרא תפסת מרובה לא תפסת דעד ז' יש לו תשלומין ממה נפשך אבל טפי לא דילמא מחג המצות ילפינן. ובפרק קמא דקידושין (דף יז.) גבי הענקה נמי קאמר תפסת מרובה לא תפסת אע"ג דממה נפשך יש לדבר קצבה – יש לומר: התם נמי קאמר דתפסת מרובה לא תפסת דמספיקא לא מפקינן ממונא מן האדון:

כתיב בטבעות הארון וכו' וכתיב והובא את בדיו בטבעות. קשיא לי טובא: אמאי מייתי האי קרא ד"והובא" *)דכתיב גבי מזבח הנחשת ושביק קרא ד"והבאת" דכתיב גבי הארון? ועוד שמעתי מקשים: דבשעת סילוק מסעות כתיב "ובא אהרן ובניו בנסוע המחנה והורידו את פרוכת המסך וכסו בה את ארון העדות" וגו' (במדבר ד) עד "ופרשו עליו בגד כליל" וגו' עד "ושמו בדיו" משמע דבנסוע המסעות היו משימין אותן בדים. וקשה: והא כתיב "לא יסורו ממנו"! ורבינו יעקב מאורליינ"ש מתרץ זה ד"ושמו בדיו" – על כתפי הנושאים קאמר להוליכן. ולפי מהשם, שהרי בני קהת לא היו שם עדיין עד לאחר שהיו מכניסין כל הכלים לנרתק שלהם כדכתי' "ולא יבואו לראות כבלע את הקדש" וגו' (שם). ויותר היה נראה לפרש דהאי "ושמו בדיו" היינו שמושכין הבדים לצד חוץ להיות נראין בולטין בפרוכת כמין שני דדי אשה. מיהו קושיא קמייתא שהקשיתי, בדוכתא קיימא, ודוחק הוא לשבש הספרים דבכולהו גרס "והובא את בדיו" ובמקצת ספרים גרסינן בברייתא "והבאת", אבל באתקפתא דר' יוסי בר' חנינא גרסינן בכולהו *"והובא", ואי לאו דמספקינא מברייתא הוה אמינא דח' טבעות היו בארון, וכן מוכיח הפסוק: דכתיב "ויצקת לו ארבע טבעות זהב ונתת על ארבע פעמותיו" דהיינו ארבע קרנותיו כדמתרגמינן זויתיה והדר כתיב "ושתי טבעות על צלעו האחת ושתי טבעות על צלעו השנית" משמע דארבע טבעות היו על שתי צלעותיו, לבד מאותם ד' שעל ד' פעמותיו. בד' טבעות מהם היו בדים קבועין לא יסורו, ובארבעה מהם שהיו למטה או למעלה מאותן טבעות היו משימין בדים בשעת סילוק המסעות לשאת את הארון בהם, והיינו הנך דכתב בהו "ושמו בדיו". ואם תאמר: מאי פריך הכא רבי יוסי בר' חנינא? ליטני דשני מיני בדים היו, יש מהם קבועין ויש מהם נכנסין ויוצאין, כדפרישית! יש לומר: דעל כרחך "והבאת את הבדים בטבעות" אכולהו בדים קאי דאי לא קאי אלא אהנך שהיו משימין במסעם אם כן הוה ליה למימר נמי "והסרת את הבדים בטבעות" שהרי לא פירש מתי הכניס אותם בדים הקבועים אלא כתב "בטבעות הארון יהיו הבדים" ותחילה היה לו לפרש שהכניסם אלא ודאי אכולהו בדים כתב "והבאת את הבדים" ומשמע ליה דבשוה קאי אכולהו דכי היכי דהנך שנושאין בהן לא היו קבועים ה"נ אינהו לא היו קבועים ממש במקום אחד שלא יהו זזין כלל ממקומן אלא לכל הפחות נכנסין קצת לכאן ולכאן דהשתא דמו להדדי במקצת. ולהכי מייתי נמי קרא ד"והובא" דכתב במזבח לגלויי א"והבאת" דארון כי היכי דוהובא דמזבח לא היו הבדים קבועין, דהא לא כתב התם לא יסורו ממנו הכי נמי והבאת דארון לא היו ממש קבועין לגמרי. ואם תאמר: לפי מה שפירש דאכולהו ד' בדין קאי קשה מאי דכתב ביה בההיא קרא "לשאת את הארון בהם"? ואין לתרץ דבכולהו ארבעה בדים היו נושאין ושנים מהם היו ארוכין ושנים האחרים קצרים מהם דבפרק "שתי הלחם" (מנחות דף לח:) משמע דבארבעה גברי הוו דרו להו, ותו לא! ונראה לי ד"והבאת" לא קאי אלא אהנך בדים הקבועין שהרי אותם בדים שאינן קבועין מה הוצרך להזכירן כאן לומר "והבאת" והלא לא היו מכניסין אותן אלא אהרן ובניו בשעת המסעות. תדע, שהרי בכולהו כתב "ונשא גם את השלחן" וכן במזבח הנחשת כתיב "והובא את בדיו בטבעות וגו' בשאת אותו" ובמזבח הזהב כתב נמי "לבתים לבדים לשאת אותו בהמה" אבל לא כתב בהן והבאת בלווי, ובעשייה לא כתב ויבא כדכתיב גבי ארון בין בלואה בין בעשייה. ואע"ג דבברייתא דמלאכת המשכן תניא: ד' טבעות היו מקבעות בו שתים בצפונו ושתים בדרומו, שכיון שהיו נותנין הבדים לא היו זזים משם לעולם שנאמר "בטבעות הארון" וכו', י"ל: דלא חשיב אלא אותם ד' טבעות שהבדים קבועין בהן, אבל אותם שלא היו הבדים קבועין בהן, ולא נעשו אלא לצורך שעת המסעות, לא קא חשיב. תדע, דלא קא חשיב התם טבעות של שלחן ושל מזבח הנחשת והזהב. וצריך עיון: **שמעמידין** ציפויין. נ"ל דאפי' ציפוי זהב שעליהן בטל לגבי דידהו, דבכל דוכתא העץ בטל לגבי המתכת לענין טבילה ולכל מילי, דאמר: הלך אחר המעמיד. ובעצי שטים אינו כן, שהרי שלחן של עצי שטים היה ומצופה זהב ואפי' הכי תורת כלי עליו שהציפוי בטל לגבי העץ כדאיתא בשלהי חגיגה (דף כו:) ויליף לה התם מקרא:

*) [ובכת"י הכא ד"ה כתב לא יסורו וכו' משמע להדיא דהיה גרסתו והבאת את הבדים בטבעות (תרומה כה פי"ד)]

עין משפט נר מצוה

כד א מיי' פ"ט מהל' כלי המקדש הלכה ג סמג לאוין רלח:
כה ב שם הלכה י [ופי"ב הלכה יג]:

רבינו חננאל

כתיב בהן זהב אדרבה דנין כלי מכלי לאפוקי פרכת דאהל הוא. ושנינן אלא שולי המעיל מן האבנט גמר דאית ביה ד' מינין וכתיב ביה נמי [זהב]. רב אשי אמר שולי המעיל מן האפוד לא יתכן ללמד ממנו להיות חוטין כ"ח כי בשולי המעיל ג' מינין אם תעשה בכל מין ט' לא יבואו אלא כ"ז חוטין אם נעשה י' בכל מין הנה ל' לעשות שנים מהן ט' ט' ואחד י' ועשית כתיב שיהיו כל החוטין שוין הלכך לא אפשר ולפיכך לא גמר מיניה. מעיל י"ב חוטין הוא מין אחד תכלת שנאמר ועשית את מעיל האפוד כליל תכלת. ואינו כתיב בו שש ואסיקנא חד קרא לשאר מינין דלא כתיב בהו שש. נמצא התכלת של מעיל ששה חוטין וכתיב ביה כליל כלומר תכללהו לשנים נמצאו י"ב חוטין. פרכת כ"ד. ד' דשיתא שיתא הא כ"ד. חשן ואפוד ד' מינין ו' בכל אחד הרי כ"ד חוטין וחוט של זהב בכל מין הרי כ"ח חוטין. המקרע בגדי כהונה עובר בלאו שנאמר לא יקרע. וכן המזיח החשן מן האפוד שנאמר ולא יזח החשן וגו'. וכן המסיר בדי ארון שנאמר לא יסורו ממנו. והכתיב והבאת את הבדים בטבעות מכלל שהיה מסירם. ושנינן מתפרקין ולא היו נשמטין אלא כגון תלויין היו. תניא כשנויין: עצי שטים עומדים שעומדים [דרך] גדילתן. כלומר אינו רשאי להפכן: בגדי שרד אלו בגדי כהונה שמכפרין על עונות ישראל כמו שכתבנו

הגהות הב"ח

(א) גמ' וקרי לחד חד ועשית כתיב שיהיו כל: (ג) שם וכתיב והובאת את בדיו בטבעות תא"מ ונ"ב גי' רש"י והבאת את הבדים בטבעות:

גליון הש"ס

גמרא מי כתיב שלא יקרע. בספר קרבן חגיגה סימן ס"ח הק' הא אמרינן בסנהדרין דף כא ע"א בקרא דלא ירבה לו נשים ולא יסור לבבו דר"ק לא ירבה לו נשים שלא יסור ולא מקשינן מי כתיב שלא יסור:

[ואין בכת"י שכתב בד"ה כתב לא יסורו וכו' נראה שגם באתקפתא דר"י בר' חנינא גרס והבאת]

תוספות ישנים

ואומר ר' אלחנן כי פי' ריב"א זה משמע בפ"ב דזבחים (דף יט.) דקאמר שערו היה נראה בין ציץ למצנפת ששם היה מניח תפילין משמע שהציץ היה מונח על הראש שאם על הפדחת מה לשון הוא זה שערו נראה בין ציץ למצנפת והלא כל תחילת הראש מגולה לצד הפנים ממקום הנחת תפילין דהיינו מקום שמוחו של תינוק רופס כיון שהציץ אינו מכסה השער כלל ועוד מדקאמר ששם היה מניח תפילין משמע שלא היה מגולה אלא שיעור הנחת תפילין ואם היה הציץ מונח על הפדחת א"כ היה נשאר הרבה מגילוי שער יותר ממקום הנחת תפילין כי מקום שמוחו של תינוק רופס אינו ממש סמוך לפדחת אלא רחוק הרבה מיהו אין זה ראיה אלא אם כן נאמר דמקום הנחת תפילין הוי דוקא במקום שמוחו של תינוק רופס אבל אם מתחיל מתחילת הראש במקום כינוס שער שפיר קאמר שערו נראה בין ציץ למצנפת אפילו היה הציץ על הפדחת דקאמר שהיה תחילת הראש מגולה שבם היה מניח תפילין ובין פי' במנחות ובעירובין ועוד היה מביא ה"ר אלחנן ראיה שהיה על הראש מדאמר גבי ינאי הקם להם בציץ שבין עיניך משמע שעל הראש כמו בין עיניך דתפילין אך קשה לרבי אמאי לא מייתי בפ"ב דזבחים מקום יש בראש להניח בו שני תפילין כי היכי דמייתי לה בפרק בתרא דעירובין (דף צה:) ובמסכת ע"ז בפרק כל הצלמים (דף מב.) כיון שהציץ על הראש ואומר ה"ר אלחנן דהיינו טעמא לפי שלא הזכיר שם בהדיא שהציץ מונח על הראש אלא אנן דייקינן ליה ואומר רבי כי מכאן יש לדקדק שיעור רוחבן של תפילין לפירוש ריב"א דכיון שהציץ היה בתחילת הראש במקום שמניחין בו תפילין כדפי' בעירובין דמקום הנחת תפילין הראש והציץ היה רוחבו שני אצבעות כדאמרינן בפרק במה אשה (דף סג:) ושערו היה נראה בין ציץ למצנפת ששם היה מניח את התפילין ואמר מקום יש בראש להניח בו שני תפילין א"כ יש ללמוד כי התפילין אצבע לכל הפחות שאם לא היו רחבים אלא אצבע א"כ מקום יש בראש להניח בו ג' תפילין ואם היינו מפרשים מקום יש בראש להניח שם שני תפילין ולא יותר כלל אפילו חצי אצבע אז אנו יכולין לומר וללמוד תפילין שני אצבעות מיהו למאי דמפרשינן בעירובין ובמנחות ששיעור מקום תפילין הוי מתחילת הראש עד מקום כינוס שער יש לתמוה על שיעורן דמשמע שהם גדולים הרבה שזה שיעור גדול. בשימושא רבה אמר רבה האי מאן דבעי למיעבד תפילין מייתי אמה עבא ב' אצבעי על ב' אצבעי ואי הוה טפי שפיר דמי ואי בציר לא הוה פסול ואין מימרא זו בתלמוד ויש שם הרבה מימרות של האמוראים שאינם **שיהו** שזורין. דממשזר לא נפיק דמשזר היינו א) שהשני עלמו שזור ולא איירי שהן כולן שזורין יחד וא"ת משזר למאי אתא כיון דכתיב שחוטן כפול ששה וכתיב נמי שיהו שזורין כולן יחד יש לומר דס"ד שבפרוכת ששה מכל מין כפול (ששה) בלא שזירה קמ"ל ששזור כל ששה וששה בפ"ע ואח"כ שזורין כל המינין יחד. ה"ר יוסף: **מאי** משמע דהאי שש לישנא דכיתנא הוא. להכי נקט בעייתו בשם ואע"ג דמיבעיא ליה

א) נ"ל שהשש:

אלמלא בגדי כהונה לא נשתייר משונאיהן של ישראל שריד ופליט. רבי שמואל בר נחמני אמר, דבי ר"ש תנא: בגדים שגורדין אותן כברייתן מכליהן, ומשרדין מהן כלום, מאי היא? ריש לקיש אמר: אלו מעשה מחט. מיתיבי: *בגדי כהונה אין עושין אותן מעשה מחט אלא מעשה אורג, שנאמר: °"מעשה אורג"! (שמות כח) – אמר אביי: לא נצרכה אלא לבית יד שלהם. כדתניא: [א]בית יד של בגדי כהונה נארגת בפני עצמה ונדבקת עם הבגד, [ב]ומגעת עד פיסת היד. אמר רחבה אמר רב יהודה: שלש ארונות עשה בצלאל, אמצעי של עץ תשעה, פנימי של זהב שמונה, חיצון(א) עשרה ומשהו. – והתניא: אחד עשר ומשהו! לא קשיא: הא – כמ"ד יש בעביו טפח, הא כמ"ד אין בעביו טפח. *ומאי משהו – זיר. א"ר יוחנן: שלשה זירים הן; של מזבח ושל ארון ושל שלחן. של מזבח – זכה אהרן ונטלו, של שלחן – זכה דוד ונטלו, של ארון – עדיין מונח הוא, כל הרוצה ליקח – יבא ויקח, שמא תאמר פחות הוא, ת"ל: – °"בי מלכים ימלוכו" (משלי ח). רבי יוחנן רמי: כתיב "זר" וקרינן "זיר", זכה – נעשית לו זיר, לא זכה – זרה הימנו. ר' יוחנן רמי: *כתיב °"ועשית לך ארון עץ" (דברים י) וכתיב °"ועשו ארון עצי שטים" (שמות כה) – *מכאן לתלמיד חכם שבני עירו מצווין לעשות לו מלאכתו. °"מבית ומחוץ תצפנו" (שם) אמר רבא: *כל תלמיד חכם שאין תוכו כברו – אינו תלמיד חכם. (אמר) אביי ואיתימא רבה בר עולא: *נקרא נתעב, שנאמר: °"אף כי נתעב ונאלח איש שותה כמים עולה" (איוב טו). אמר רבי שמואל בר נחמני אמר ר' יונתן, מאי דכתיב: °"למה זה מחיר ביד כסיל לקנות חכמה ולב אין" (משלי יז) – אוי להם לשונאיהן של תלמידי חכמים שעוסקין בתורה, ואין בהן יראת שמים. מכריז ר' ינאי: חבל על *דלית ליה דרתא, ותרעא לדרתיה עביד. אמר להו רבא לרבנן: במטותא מינייכו, לא תירתון תרתי גיהנם. אמר רבי יהושע בן לוי, מאי דכתיב: °"וזאת התורה אשר שם משה" (דברים ד) זכה – נעשית לו סם חיים, לא זכה – נעשית לו סם מיתה. והיינו דאמר רבא: *דאומן לה – סמא דחייא, דלא אומן לה – סמא דמותא. אמר רבי שמואל בר נחמני, רבי יונתן רמי: כתיב °"פקודי ה' ישרים משמחי לב" (תהלים יט) וכתיב °"אמרת ה' צרופה" (שם יח), זכה – משמחתו, לא זכה – צורפתו. ריש לקיש אמר: מגופיה דקרא נפקא, זכה – צורפתו לחיים, לא זכה – צורפתו למיתה. °"יראת ה' טהורה עומדת לעד" (שם יט) אמר רבי חנינא: *זה הלומד תורה בטהרה. מאי היא – *)נושא אשה ואחר כך לומד תורה. "עדות ה' נאמנה" אמר רבי חייא בר אבא: נאמנה היא להעיד בלומדיה. °"מעשה רוקם" °"מעשה חושב" (שמות כו) אמר רבי אלעזר: שרוקמין במקום שחושבין. [ג]תנא משמיה דרבי נחמיה: רוקם – מעשה מחט, לפיכך פרצוף אחד. חושב – מעשה אורג, לפיכך שני פרצופות. § "באלו נשאלין באורים ותומים". § כי אתא רב דימי אמר: בגדים שכהן גדול משמש בהן משוח מלחמה משמש בהן, שנאמר: °"ובגדי הקודש אשר לאהרן יהיו לבניו אחריו" (שם כט) – למי שבא בגדולה אחריו. מתיב רב אדא בר אהבה, ואמרי לה כדי: [ד]יכול יהא בנו של משוח מלחמה משמש תחתיו, כדרך שבנו של כהן גדול משמש תחתיו – תלמוד

*) [שם. קדושין כט:]

רש"י

אלמלא בגדי כהונה. שעל ידיהן מקריבין הקרבנות המכפרין על ישראל: שגורדין אותן כברייתן מכליהן. כשהיו חותכין אותן בגרדין שלהן מתוך כלי אריגתן היו עושים כברייתן חלולין כדרך לבישתן ולא כשאר יריעה שצריך שוב לחתכה למדת הלבוש ולתפור במחט: ומשרדין מהם כלום. ומשיירין מהן מקצת שאינו ארוג עמהן, וזהו לשון שרד: מאי היא. אותו שיור: אלו מעשה מחט. מקצתו היה נארג בפני עצמו ומחברו במחט: שלש ארונות. שנאמר: "מבית ומחוץ תצפנו" ושל עץ באמצע והושיבו בתוך של זהב וחזר ונתן של זהב שני בתוך של עץ וחיפה שפתו העליונה בזהב נמצא מצופה מבית ומחוץ: תשעה. גבהו תשעה טפחים מבחוץ שנאמר: "אמה וחצי קומתו" (שמות כה) ורגלים לא היו לו אלא עץ חלול היה: פנימי של זהב ח'. טפחים גבהו מבחוץ עם עובי שוליו, ועובי שולי העץ של אמצעי טפח נמצא פנימי ממלא חללו של אמצעי: וחיצון. של זהב: י' ומשהו. תשעה כנגד גובה האמצעי ומשהו עובי שולי זהב של חיצון וטפח עשירי עולה למול עובי הכפורת שהוא טפח ומכסה חיבור הכפורת והארון: והתניא אחד עשר ומשהו. ומשני: הא כמאן דאמר יש בעובי שולי הזהב טפח כאשר יש בעובי שולי העץ: הא כמאן דאמר אין בעוביו טפח. אלא משהו, ולא ידענא היכא איפליגו בה: ומאי משהו. דקתני בברייתא בתרייתא: זיר. העולה היה עודף למעלה על עובי הכפורת משהו בגובה החיצון להיות זר לכפורת סביב, ומשהו דקאמר רב יהודה בעובי שולי החיצון קאמר, וזיר לא איירי כלל: שלשה זירין. נעשו בכלי הקודש של מזבח סימן לכתר כהונה ושל ארון סימן לכתר תורה ושל שולחן סימן לכתר מלכות שהשולחן הוא סימן לעושר מלכים: הכי גרסינן: של מזבח זכה אהרן ונטלו של שלחן זכה דוד ונטלו. שהכהונה נתנה לאהרן ברית מלח (במדבר יח) וכן המלכות לדוד ולזרעו (תהלים יח): בי מלכים ימלוכו. וגדול הממליך מן המלך. והתורה אמרה מקרא זה: זכה. ללמוד לשמה ולקיימה: זרה. משתכחת ממנו: מצווין לעשות מלאכתו. שהארון בתחילה הטיל הכתוב המלאכה על משה ואח"כ הטילו על הציבור. ואע"ג דקראי לאו בהאי סידרא כתיבי אסמכתא בעלמא הוא דקאמר: איש שותה. תורה כמים ויש בו עולה: דרתא. חצר: ותרעא לדרתיה עביד. שהתורה אינה אלא שער ליכנס בה ליראת שמים לכך צריך שתקדים לו יראת שמים: תרתי גיהנם. להיות יגעים ועמלים בתורה בעולם הזה ולא תקיימוה, ותירשו גיהנם במותכם, ובחייכם לא נהניתם בעולמכם: צורפתו. ביסורין ובגיהנם: נושא אשה. ניאול מהרהור עבירה: להעיד בלומדיה. מי קיים ומי לא קיים: שרוקמין במקום שחושבים. בתחילה מתקן הצורה על הבגד על ידי צבע ואחר כך רוקמה במחט: חושב מעשה אורג. שיש לה ליריעה שתי קירות ושתי צורות על שתי קירותיה אין דומות זו לזו פעמים שמצד זה ארי ומצד זה נשר, כמו לחגורות של משי. והיינו ב' פרצופים אבל רוקם כצורתו מכאן כך צורתו מכאן: משוח מלחמה. כהן שמשחוהו למלחמה לדבר דברי מערכי המלחמה שנאמר "ונגש הכהן ודבר אל העם" (דברים כ): משמש בהן. אם בא לעבוד בבית המקדש לובש ח' בגדים: יהיו לבניו אחריו. האי אחריו קרא יתירא הוא למדרש ביה כל גדולות נוהגות בזרעו אחריו, ומשוח מלחמה גדולה היא: יכול יהא בנו של משוח מלחמה משמש תחתיו וכו'. יכול תהא גדולת משוח מלחמה ירושה להיות בנו קודם לכל אדם כדרך שבנו של כהן גדול משמש תחתיו. רישא דברייתא הכי תניא לה בת"כ גבי עשירית האיפה: "והכהן המשיח" אין לי אלא משיח, מרובה בגדים מניין? תלמוד לומר "והכהן", יכול שאני מרבה אף משוח מלחמה – תלמוד לומר "תחתיו מבניו" מי שבנו עומד תחתיו, יצא משוח מלחמה שאין בנו עומד תחתיו. ומניין למשוח מלחמה שאין בנו עומד תחתיו תלמוד לומר "שבעת ימים ילבשם הכהן וגו'" יצא זה שאין ראוי לבוא אל אהל מועד (ב) לכפר בקודש. וגבי כהן גדול תניא בדוכתא אחריתי בתורת כהנים: "לכהן תחת אביו" מלמד שהבן קודם לכל אדם. יכול אף על פי שאין ממלא את מקומו – ת"ל "ואשר ימלא":

עין משפט נר מצוה

כו א מיי' פ"ח מהלכות כלי המקדש הל' טז:
כז ב שם הלכה יז:
כח ג מיי' שם הל' טו:
כט ד מיי' שם פ"ד הלכה כא:

רבינו חננאל

למעלה לא נשתייר משונאיהן של ישראל שריד ופליט. רבי שמואל בר נחמני אמר בגדים המשרדים אותן מתוך כליהן *) ר"ל אמר מעשה מחט. איני והתני' בגדי כהונה אין עושין אותן מעשה [מחט] אלא מעשה אורג. ומשני אביי הא דאמר ר"ל לבית יד שלהן. דתניא בגדי כהונה בית יד שלהן נארגת בפני עצמה ונדבקת עם הבגד ומגעת עד פיסת היד: אמר רחבה א"ר יהודה ג' ארונות עשה בצלאל אמצעי של עץ ט' טפחים פנימי ח' נשאר מן הארון של עץ טפח מגולה עשה החיצון עשרה להסיר טפח ממנו לכסות הטפח הנותר מבפנים מגולה. ומי שאומר גבהו י"א טפחים קסבר יש בעביו טפח. וטפח להחזירו בפנים הרי י"א ומשהו לזר. א"ר יוחנן ג' זירין הן של מזבח זכה אהרן ונטלה כלומר לקח הכהונה. של שלחן זכה דוד ונטלו כלומר זכה למלכות. של ארון היא התורה כל הרוצה ליטול יבא ויטול. והוא הגדול שנאמר בי מלכים ימלוכו ורוזנים יחוקקו צדק. כתיב זר וקרינן זיר. זכה זיר. לא זכה זר. ועשו ארון מיכן לת"ח שבני עירו מצווין לעשות מלאכתו. מבית ומחוץ תצפנו. כל ת"ח שאין תוכו כברו אינו ת"ח. ולא עוד אלא שקרוי תועבה שנאמר אף כי נתעב ונאלח איש שותה כמים עולה. ואין מים אלא תורה. למה זה מחיר ביד כסיל לקנות חכמה ולב אין. אוי להם לת"ח שעוסקין בתורה ואין בהן יראת שמים מכריז ר' ינאי חבל על דלית ליה דרתא ותרעא לדרתא עביד. כלומר הוא רע ואין לו חלק עם ת"ח. קריאתו רעה היא לך שיודע הדין ועושה חילופו. אמר רבא לרבנן לא תירתו תרתי גיהנם. התורה נקראת סם. שנאמר וזאת התורה אשר שם משה. זכה נעשית לו סם חיים. לא זכה סם המות. עדות ה' נאמנה נאמנת להעיד בלומדיה אם קיימוה אם לאו. מעשה רוקם אלו מעשה מחט. לפיכך פרצוף אחד מעשה חושב אלו מעשי אורג לפיכך שני פרצופות. כי אתא רב דימי אמר משוח מלחמה משמש בח' שנאמר ובגדי הקדש אשר לאהרן יהיו לבניו אחריו. למי שבא בגדולה אחריו. איני והתניא יכול יהא בן [של] משוח מלחמה עומד תחתיו כדרך שבן

*) אולי נ"ל מאי היא ר"ל אמר אלו מעשה מחט.

מסורת הש"ס

[זבחים פח.] [סוכה ה.] [לעיל ג: ע"ש ועי' תוס' חולין לב. ד"ה ברוך] [ברכות כח.] [נ"ל אמר נקרא כ"א בע"י] שבת לא: [שבת פח: ע"ש] מנחות קי.

הגהות הב"ח

(א) גמ' פנימי של זהב שמונה חיצון של זהב עשרה ומשהו: (ב) רש"י ד"ה יכול יהא כו' לבוא אל אהל מועד לשרת בקודש:

תוספות ישנים

ליה בבד משום דממילא כי פשט דברים העולה בד בבד דהיינו פשתן א"כ שש נמי פשתן הוא דהא כתיב מכנסי בד שש משזר אבל אם נקט בעייתו בבד לא פירש עדיין שיש לו לידע מה הוא שש אע"ג שהיינו יודעים אותו: **ואימא** עמרא כו'. תימה אמאי לא קאמר ואימא קנבוס שהוא ממש כעין פשתן שעולה בד בבד ולא מיפליל [וי"ל] דהא ודאי אינו כשר לבגדי כהונה שלא מצינו כשר לשם אלא בוץ דוקא ויש שרוצים ללמוד מכאן שאסור לתפור בגדי צמר בחוטי קנבוס דהיינו מין פשתן שעולה בד בבד כדאמר הכא והא דאמר במשניות (כלאים פ"ט מ"א) הפשתן והקנבוס שטרפן זה בזה כו' דמשמע דאינו מין פשתן היה אומר ה"ר אפרים כי אותו קנבוס שבמשניות אינו קנבוס שלנו דבפ"ב דכלאים (מ"ה) תנן שהוא עושה אחת לשלש שנים ואותו שלנו עושה בכל שנה ושנה כמו פשתן ורבי אומר שאין לנו לבטל המנהג שרגילים העולם לתפור בחוטי קנבוס שקורין קנבא והך שמעתין דהכא מיפרשא שפיר דפשיטא ליה לתלמודא דכל בגדים האמורים בתורה סתם אינו אלא צמר ופשתים כדאמרינן במנחות (דף לט:) וביבמות (דף ד:) ובשבת (דף כו:) דתנא דבי ר' ישמעאל הואיל ונאמרו בגדים בתורה סתם ופרט לך הכתוב באחד מהן צמר ופשתים אף כל צמר ופשתים א"כ פשיטא ליה דלאו היינו קנבוס אפילו לרבנן דפליגי על תנא דבי ר' ישמעאל כדאמר בריש יבמות א) הוא דמפקי ליה מקרא דבסמוך דפארי פשתים ועוד דלא פליגי עליה אלא גבי ציצית דוקא משום דוקיא דרבא דהכנף מין כנף אבל בעלמא אית להו לכ"ע דרשא דצמר ופשתים כדפי' בשבת וביבמות. מ"ר. וכן נמצא בשם רבינו שמואל אלא שלא הביא רבנן דפליגי עליה: **נילף** מחשן המשפט ואפוד. אבל לא בעי למיפרך דנילף מכתונת דלא יוכיח כתונת שאין בו אלא מין אחד ב): (ע"כ שייך לדף עא ע"ב)

ואין דנין כלי מתכשיט. ופרוכת חשיב כלי יותר מרמון והוה מצי למימר נמי דיליף כליל תכלת מדכתיב ופרשו עליו בגד תכלת אלא לא איירי אלא בבגדים חשובים כי הוא לא הוה אלא כיסוי בעלמא ג): **וכתיב והבאת** את הבדים בטבעות. משמע שהולכין ובאין בתוכן כך כתוב בפירש"י ותימה אמאי לא מייתי ושמו את בדיו דכתיב במדבר סיני גבי ארון אלמא היו נשמטין כשהיו משימין אותן בשעת מסעות ולמה יש לו להביא מה שהוא כתוב בפעם ראשון וה"ר יוסף פירש דוהבאת מיותר דבטבעות הארון יהיו הבדים סגי ויש ספרים דגרס והובא את בדיו בטבעות מיהו האי קרא אינו כתיב גבי הארון כי אם גבי מזבח הזהב. הגה"ה ד): **מתפרקין** ואין נשמטין. פירש"י שהיו עבין לצד ראשן שאין יכולים להוציאן ואם השמיטן אע"פ שאין יכולין להוציא שראשן עב אפ"ה לוקה ורבי מפרש דאין נשמטין לגמרי אבל יכולין הן להשמט בדוחק (ע"כ שייך לע"א): **אלא** לבית יד שלהם. שאחר שהבית יד נארגת לבד תופרין אותה במחט עם שאר הבגד: **הא** כמאן דאמר יש בעוביו טפח. האי תנא דאמר אחד עשר לית ליה הא דאמרי' בפ"ק דסוכה (דף ד:) ובשבת בהמצניע (דף צב.) ובכמה דוכתי דארון תשעה וכפרת טפח לפי' רש"י דהכא אבל ר"ת פי' בע"א דמ"ד עשר ומשהו סבר אין בעוביו טפח בשל זהב עם דופן הכותל של עץ ובשוליים נמי איירי שהן היו משהו וחללה דשל עץ היה קרוב לתשעה והזהב לא היה מכסה בפנים אלא שמונה דהחיצון של זהב הפנימי לא כיסה אלא שמונה והשלמת אותו טפח היה בעובי הכותל מלמעלה אבל השוליים של עץ ושל זהב היה דק דק ואינו אוכל כל כך בארון ובפ"ק דב"ב (דף יד.) דקא חשיב כמה לוחות אוכלות בארון כו' לא חשיב כמה היה פנימי אוכל בשל עץ כי דק הוא מאד ומאן דאמר אחד עשר ומשהו סבר דעוביים של כותל דשל עץ היה טפח הרי עשרה וטפח לכסות ארון

א) נ"ל הכא מודו דמפקי כו'. ב) עי' בריטב"א ותמצא הגירסא הנכונה. ועיין ש"י. ג) נ"ל יותר מרמונים והוה מצי למימר נמי כליל תכלת דבגד כסוי ארון דכתיב ופרשו וכו' עיין ש"י: ד) עי' בתו' דסוגיין הגירסא הנכונה ועיין בש"י שהאריך בזה:

ל א ב ג ד ה ו מיי' פ"י מהלכות כלי המקדש הלכה יא יב:

תלמוד לומר אשר יבא אל אהל מועד מי שראוי לבא אל אהל מועד.(א) לכפר בקודש ביום הכפורים, עליו אני אומר לך "תחתיו מבניו" שבנו יהיה תחתיו יצא זה שאינו ראוי וכו'. דאלו כהן גדול הוא: ואם איתא. דבח' בגדים הוא משמש כל השנה, האי נמי מיחזא חזי דכתיב ביוה"כ "וכפר הכהן אשר ימשח אותו ואשר ימלא את ידו" וכל מילוי ידים על ידי הבגדים הוא כדכתיב "ובגדי הקדש אשר לאהרן" (שמות כט): משום איבה. אבל מדאורייתא חזי: דלית ליה איבה. דלא חייש לאיבה: ולא קמשמש. כלומר וקאמר דלא משמש משוח מלחמה בשמונה: פר כהן משיח לא גרסינן – דהיינו פר הבא על כל המצות. כהן משיח שחטא בהעלם דבר ועשה דבר שחייבין על זדונו כרת מביא פר וההדיוט מביא כשבה או שעירה כשאר יחיד שבישראל: ועשירית האיפה. שבכל יום, כדכתיב "הכהן המשיח תחתיו מבניו יעשה אותה" (ויקרא ו): לא פורע. ראשו לגדל שיער מחמת אבילות: מלמטה. שיפולי בגדיו: ואינו מטמא לקרוביו. אבל הדיוט מטמא לאותן האמורין בפרשה: ומצווה על הבתולה. בעשה: ומוזהר על האלמנה. בלאו: ומחזיר את הרוצח. במיתתו: ומקריב אונן. דכתיב "ומן המקדש לא יצא" (ויקרא כא) כדפרישית בפרק קמא (דף יג:): ואינו אוכל. כלומר: אף על פי שהוא חלוק מן ההדיוט לענין הקרבה שוה הוא לו לענין אכילה: ואינו חולק. כשהוא אונן לאכול לערב כשתעבור האנינות, דאמרינן בזבחים פרק "טבול יום" (דף לט.): הראוי לאכילה חולק שאינו ראוי לאכילה אינו חולק: ומקריב חלק בראש. מפורש בפ"ק (דף יד.): ופטור על טומאת מקדש. בהוריות נפקא לן מקרא בפרק בתרא, וכולה הך מתניתא מפרש לה התם: מרובה בגדים. כהנים גדולים ששימשו מיום שנגנז שמן המשחה שלא היה להם לכהונה גדולה אלא בריבוי בגדים: חוץ מפר הבא על כל המצות. דמשיח כתיב ביה. ואע"ג דגבי עשירית האיפה נמי משיח כתיב איתרבי נמי מרובה בגדים מ"והכהן" בת"כ. אבל ה"כהן" דכתיב גבי פר הבא על כל המצות איצטריך לגופיה, כדתניא בת"כ: משיח יכול זה מלך ת"ל הכהן: וכולן נוהגות במשוח שעבר. כגון אם אירע פסול בכהן גדול ומינו אחר תחתיו, ולאחר זמן חזר ראשון לעבודתו ועבר זה ממשיחותו, כולן נוהגות בו: חוץ מפר יום הכפורים ועשירית האיפה. שהם חובה קבועה, וחדא אמר רחמנא דתיקרב ולא שתים: האמורין בפרשה. גבי "והכהן הגדול מאחיו" (ויקרא כא) דהתם איתרבי נמי משוח מלחמה כדמפרש בהוריות (דף יב:) מ"אשר יוצק" (ויקרא כא) ואלו הן חמשה דברים: לא פורע ולא פורם ואינו מטמא לקרובים ומצווה על הבתולה ומוזהר על האלמנה. אבל לא מקריב אונן. ואף על גב דכתיב בההיא פרשתא, דהכי תניא בהוריות: יכול יקריב אונן תלמוד לומר "עליו" ולא על חבירו. ומחזיר את הרוצח כדברי רבי יהודה. דמרבי ליה במסכת מכות (דף יא.) מקראי, ופליגי רבנן עליה. אלמא: האי תנא לית ליה איבה מדקתני כולן נוהגות במשוח שעבר דמשמש [בח'] בגדים, ואפילו הכי משוח מלחמה לא, דקתני: כולן אין נוהגות במשוח מלחמה: כי לית ליה איבה בדכוותיה. משוח שעבר גדול היה כמותו, אבל משוח מלחמה דזוטר מיניה חושש לאיבתו: להא שמעתא. דכי אתא רב דימי: אהדרינהו לאפייהו. כלומר לא אמרה ר' יוחנן: רבי אבהו. חשוב היה בבית המלך כדאמרינן במסכת חגיגה (דף יד.): "נשוא פנים" כגון ר' אבהו בי קיסר ובסנהדרין (דף יד.) נמי אמרינן דנפקי אמהתא דבי קיסר לאפיה ומשרו ליה: נימרו ליה מימר. בקדיה לא אמרה רבי יוחנן: כי אתא רבין אמר. לאו משמש בהן איתמר אלא נשאל בהן איתמר. בגדים שכהן גדול משמש בהן משוח מלחמה נשאל כשיוצא למלחמה ונשאל באורים ותומים שהמלך נשאל לו בהן: השואל. מלך או אב בית דין: פניו כלפי נשאל. כלפי כהן: כלפי שכינה. כלפי אורים ותומים ושם המפורש שבתוך החושן: ושאל לו. משמע לו לבדו שאין שומע אלא הוא: אינו מהרהר בלבו. אלא יוציא בשפתיו מה הוא שואל שנאמר "ושאל לו במשפט האורים" וסמיך ליה "על פיו יצאו" קרי ביה הכי: ושאל לו השואל על פיו שמוציא דברים בפיו: שני דברים כאחד. אלא לאחר שהשיבו לו על הראשון שואל לו על השני: שלא

תורה אור

תלמוד לומר: °"שבעת ימים ילבשם הכהן (שמות כט) תחתיו מבניו אשר יבא אל אהל מועד" – מי שראוי לבא אל אהל מועד. ואם איתא, מיחזא חזי! אמר רב נחמן בר יצחק, הכי קאמר: כל שעיקר משיחתו לאהל מועד, יצא זה שעיקר משיחתו למלחמה. מיתיבי: משוח מלחמה אינו משמש לא בארבעה ככהן הדיוט, לא בשמונה ככהן גדול! אמר ליה אביי: אלא זר משוית ליה? אלא ככהן גדול – משום איבה, ככהן הדיוט – *משום מעלין בקדש ולא מורידין. אמר ליה רב אדא בר אבא לרבא: והאי תנא דלית ליה איבה, ולא קא משמש, דתניא: *דברים שבין כהן גדול לכהן הדיוט: פר[א] כהן משיח, ופר הבא על כל המצות, ופר יום הכפורים, ועשירית האיפה. לא פורע ולא פורם, אבל פורם הוא מלמטה, וההדיוט מלמעלה, ואין מטמא לקרוביו, ומצווה על הבתולה, ומוזהר על האלמנה, ומחזיר את הרוצח, ומקריב אונן ואינו אוכל, ואינו חולק, ונוטל חלק בראש, ומקריב חלק בראש, ומשמש בשמונה כלים, ופטור על טומאת מקדש וקדשיו, *וכל עבודות יום הכפורים אינן כשירות אלא בו. וכולן נוהגות במרובה בגדים, חוץ מפר הבא על כל המצות. וכולן נוהגות במשוח שעבר חוץ מפר יום הכפורים ועשירית האיפה. וכולן אין נוהגות במשוח מלחמה, חוץ מחמשה דברים האמורין בפרשה: לא פורע, ולא פורם, ולא מטמא לקרוביו, ומצווה על הבתולה, ומוזהר על האלמנה, ומחזיר את הרוצח כדברי רבי יהודה, וחכמים אומרים: אינו מחזיר. כי לית ליה איבה – בדכוותיה, בדזוטר מיניה – אית ליה. יתיב רבי אבהו וקאמר לה להא שמעתא משמיה דרבי יוחנן. אהדרינהו רבי אמי ורבי אסי לאפייהו. איכא דאמרי רבי חייא בר אבא אמרה ואהדרינהו רבי אמי ורבי אסי לאפייהו. מתקיף לה רב פפא: בשלמא רבי אבהו – משום יקרא דבי קיסר, אלא לרבי חייא בר אבא נימרו ליה מימר: לא אמר רבי יוחנן הכי! כי אתא רבין אמר: נשאל איתמר. תניא נמי הכי: בגדים שכ"ג משמש בהן – משוח מלחמה נשאל בהן. תנו רבנן: אכיצד שואלין? השואל פניו כלפי נשאל, והנשאל פניו כלפי שכינה. השואל אומר: °"ארדוף אחרי (שמואל א ל) הגדוד הזה" והנשאל אומר: *כה אמר ה' עלה והצלח. ברבי יהודה אומר: אין צריך לומר "כה אמר ה'" אלא "עלה והצלח", גאין שואלין בקול – שנאמר: °"ושאל לו", (במדבר כז) דולא מהרהר בלבו שנאמר: *"ושאל לו לפני ה'". אלא כדרך שאמרה חנה בתפלתה, שנאמר: °"וחנה היא מדברת על לבה". (שמואל א א) האין שואלין שני דברים כאחד, ואם שאל – אין מחזירין אלא אחד, ואין מחזירין לו אלא ראשון, שנאמר: °"היסגירוני בעלי קעילה בידו הירד שאול וגו' ויאמר ה' ירד". (שם כג) והא אמרת אין מחזירין אלא ראשון! דוד שאל שלא

וכולן נוהגות במשוח שעבר. תימה: דתנן בפרק "אלו הן הגולין" (מכות דף יא:) ומייתי ליה בסנהדרין ר"פ "כהן גדול" (דף יח:): ההורג כ"ג או כ"ג שהרג אינו יוצא משם לעולם. *ואמאי לא הדר במיתת משוח שעבר אף לרבנן או משוח מלחמה לר' יהודה שגם הם מחזירים הרוצח? ושמא י"ל דכ"ג עיקר וכיון דהוה כ"ג בשעה שהרג לא הדר במיתת הני או במיתת כהן גדול אחר שיעמידו תחתיו. והא דקתני דמחזירין הרוצח – היינו כגון דלא הוה כהן גדול בשעה שהרג. א"נ, הא דקתני: אינו יוצא משם לעולם כגון דלא הוו משוח שעבר ומשוח מלחמה:

[ומעין זו איתא במכות יא: ורוצה הש"ס להוכיח דבמיתת כהן הוא חוזר ולחי הש"ס כדלילא ע"ש והיינו כתי' שני תחום דהכא ומגוה לייתב]

הדרן עלך בא לו

רבינו חננאל

שבן כ"ג עומד תחתיו כו' ואם איתא משוח מלחמה נמי בא אל אהל מועד שהוא משמש בח' בגדים. ושני רב נחמן בר יצחק ה"ק מי שעיקר משיחתו לאהל מועד יצא זה שעיקר משיחתו למלחמה. ואותבינן תוב והתניא משוח מלחמה אינו משמש לא בשמנה ולא בארבעה ודחינן כי תניא ההיא דחייש משום איבה דכ"ג. לפיכך תני אינו משמש בח'. והא האי תנא דלא חייש לאיבה דקתני וכולן אלו י"ו דברים שבין כ"ג המשוח בשמן המשחה לכהן הדיוט והן פר הבא על כל המצות ופר יוה"כ. ועשירית האיפה לא פורע ולא פורם אבל (פורע) [פורם] מלמטה וכהן הדיוט מלמעלה. ואין מטמא לקרוביו. ומצווה על הבתולה. ומוזהר באלמנה ומחזיר הרוצח ומקריב אונן ואינו אוכל ומקריב חלק בראש ונוטל חלק בראש ומשמש בח' ופטור על טומאת מקדש וקדשיו וכל עבודות יוה"כ אינה כשירה אלא בו. וכולן נוהגות במרובה בגדים. כהן במקדש שני שלא היה להן שמן המשחה והיה בהן כ"ג מתמנה בריבוי בגדים (הוא) והיה נקרא מרובה בגדים. אבל פר הבא על כל המצות דכתיב בה בפירוש אם הכהן המשיח לא היה נוהג בהן בו. וכולן נוהגין בו במשוח שעבר כגון שאירע בו פסול ונתמנה אחר תחתיו ואח"כ חזר הראשון לעבודתו. כל אלו נוהגין בכהן משיח שעבר חוץ מפר יוה"כ ועשירית האיפה. ואלו כולן אין נוהגות במשוח מלחמה חוץ מה' דברים האמורים בפרשה לא פורע ולא [פורם] מלמעלה אלא מלמטה ואין מטמא לקרובין כו' הנה האי תנא לא חייש לאיבה דתני וכולן נוהגין במשוח שעבר ותני אין נוהגין במשוח מלחמה ודחינן כי לא הויא ליה איבה במשוח שעבר אבל משוח מלחמה דזוטר מיניה אם יראהו שמשמש בח' כלים ישמור לו איבה. כי אתא רבין אמר נשאל בח' בגדים איתמר כדתניא בגדים שכ"ג משמש בהן משוח מלחמה נשאל

[לעיל יב: וש"נ]

הוריות יב: [ע"ש]

[לעיל לב: וש"נ]

[עי' ח"א]

[כע"י שנאמר על פיו יצאו]

הגהות הב"ח

(א) רש"י ד"ה תלמוד לומר כו' שראוי לבא אל אהל מועד לשרת בקדש:

הגהות הגר"א

[א] גמרא שבין כ"ג לכהן הדיוט פר הבא כו' כצ"ל ובנוסחאות שלפנינו תיבות פר כהן משיח ופר הבא בעגולי' (וכמ"ש רש"י דל"ג לה):

גליון הש"ס

גמ' שנאמר וחנה היא מדברת על לבה. עיין ברכות דף לא ע"א:

תוספות ישנים

הזהב שבחוץ המגולה שבפנים עם עובי הכותל למעלה הרי כאן אחד עשר ומאי משהו זר אתרווייהו קאי ואותו הזר היא מכפנים אותו טפח ממש ולכך חשיב ליה כאילו הוא בגובה שחושב טפח זה שנכפף בפנים כאילו הוא למעלה אבל אם היה אותו הזר באמצע הארון למה יש לחושבו כאילו היה זקוף ולפי' ר"ח זה כולהו סבירא להו ארון תשעה וכפורת טפח להשתא בגובה מיירי א): **לא** זכי תיהוי ליה סמא דמותא. כגון שלא לשמה ואיכא נמי שלא לשמה דמתוכה בא לשמה לאמר במקום שנהגו (דף נ:) כתיב כי גדול מעל שמים חסדך וכתיב עד שמים ל"ק כאן לשמה וכאן שלא לשמה והאי שלא לשמה דהכא כגון שעוסק ואינו מקיים כלל ואינו לומד אלא להתגדר ולקנתר את חבירו ועליה אמרינן בפ"ב דברכות (דף יז.) נוח לו שלא נברא. מ"ר: **נאמנת** היא להעיד בלומדיה. מי קיים ומי לא קיים כדפירש"י ועוד מצינו לפרושי נאמנת היא להעיד שכל העוסק בתורה מבפנים תורתו מכרזת עליו מבחוץ כדדרשי' במועד קטן (דף טז:) ב) מברכותו תתן קולה: **א"ר** יוחנן זה הלומד תורה בטהרה נושא אשה ואח"כ לומד תורה. מכאן קשה לי על פירש"י בפ"ק דקידושין (דף כט:) גבי הא דא"ר יוחנן רחיים בצוארו והוא יעסוק בתורה ובפ"ק דשבת (דף ט:) פי' גבי הא לן והא להו:*) **כבהן** הדיוט משום מעלין בקדש ולא מורידין כו'. תימה אדרבה לימא טעמא משום דהוי מחוסר בגדים ובשלמא לעיל פ"ק (דף יב:) גבי משוח שעבר לא ק"ל משום דביד בית דין להורידו כדפרישי' לעיל אבל הכא למה יורידוהו ואומר רבי כגון שאם זקן הוא ואינו יכול עוד לצאת ולבא למלחמה מושחין כהן אחר ולכך אין הראשון משמש בארבעה כלים אלא משום מעלין בקדש ולא מורידין: **פר** כהן משיח ופר הבא על כל המצות. רש"י לא גרס פר כהן משיח דהיינו פר הבא על כל המצות והדין עמו דבסיפא לא הזכיר אלא פר הבא על כל המצות וליכא למימר דפר הבא על כל המצות היינו פר העלם דבר של ציבור שבא על כל המצות דהא [בת"כ מרבינן] דמייתי לה אפילו כהן הדיוט ותנן נמי במגילה (דף ט:) אין בין כהן משוח למרובה בגדים אלא פר הבא על כל המצות ולא גרסינן פר כהן משיח ופר הבא על כל המצות וגם בתוספתא דהוריות (פ"ב) גרס כגירסת רש"י ובגמרא דפרק בתרא דהוריות (דף יב.) מוכח דפר הבא על כל המצות שבוקה שם במשנה שחלוקין בו כהן משוח ומרובה בגדים היינו פר דכהן גופיה מביא לכפרתו הגי' מ"ר: **וכולן** נוהגות במשוח שעבר. וכפ"ק (דף יב:) פי' לריב"א לאמר אפילו באותו יום שזה שימש הוי הפר משל ראשון א"כ אמאי נקט שעבר אפילו לא עבר נמי הוי משל ראשון: **חוץ** מפר יוה"כ. תנא פרו והוא הדין לאילו: **ומצווה** על הבתולה. לאפוקי בעולה דלאו הבא מכלל עשה עשה: **ומוזהר** על האלמנה. בלאו: **ומקריב** אונן ואינו אוכל ואינו חולק לאכול בקדשים לערב. כולה חדא מילתא היא אינו אוכל ואפילו חולק אינו כדי לאכול ומעלה הוה במה שמקריב: **כדברי** ר' יהודה. אמחזיר הרוצח לבד קאי ולספרים דגרס דברי ר' יהודה למשמע לאכולה מילתא קאי לא תיקשי מדקאמר בפרק קמא (דף יג:) ר' יהודה אומר כל היום פי' כל היום אסור להקריב אונן גזירה שמא יאכל דהתם מדרבנן והכא איירי מן התורה: **ושאל** לו. כלומר שלא ישמע אלא הנשאל: **לא** מהרהר בלבו דכתיב על פיו. ואע"ג למשמעות דקרא קאי אנשאל דכתיב על פיו יצאו וגו' מ"מ דריש הכי מדסמכיה ליה ושאל לו ולא כתיב הוא וכל בני ישראל אתו על

א) עי' בחידושי הריטב"א ועיין ח"י: ב) [צ"ל מתכמות בתוך תרומה]: *) [ע"כ שייך לדף עב ע"ב]

לא א מיי' פ"י מהל' כלי מקדש הלכה יא:
לב ב מיי' שם הל' י:
א ג מיי' פ"א מהלכות שביתת עשור הלכה ד ה סמג לאוין סט ועשין לב טוש"ע א"ח סימן תריא סעיף א:
ב ד מיי' שם פ"ג הלכה א סמג וטוש"ע שם סימן תריג סעיף י:
ג ה מיי' שם הלכה ח וסמג שם טוש"ע שם סימן תריד סעיף ג:
ד ו ז ח ט מיי' שם פ"ב הלכה א סמג לאוין שם טוש"ע שם סימן תריב סעיף א ב וסעיף ט:
ה י מיי' שם הלכה ג:
ו כ מיי' פ"ה מהלכות שבועות הלכה ה:

שֶׁלֹּא כַּסֵּדֶר. הָיָה לוֹ לִשְׁאוֹל "הֲיֵרֵד שָׁאוּל הֲיַסְגִּירוּנִי" לְפִיכָךְ הֱשִׁיבוּהוּ עַל הָרָאוּי לִשְׁאוֹל רִאשׁוֹן: וְאִם הוּצְרַךְ לִשְׁנֵיהֶן. כְּגוֹן שֶׁהָיָה הַדָּבָר נָחוּץ וְאֵין שָׁהוּת לְהַמְתִּין כְּגוֹן הַאֶרְדּוֹף הַאַשִּׂיגֶנּוּ דְּצִקְלַג: גְּזֵירַת נָבִיא חוֹזֶרֶת. כְּגוֹן שֶׁל יוֹנָה בֶּן אֲמִיתַּי: שֶׁנֶּאֱמַר בְּמִשְׁפַּט. כְּדִין, שֶׁאֵינוֹ חוֹזֵר: שֶׁמְּאִירִין אֶת דִּבְרֵיהֶם. מְפָרְשִׁי' אֶת דִּבְרֵיהֶן: כְּדַאֲמַרַן: מַשְׁלִימִין אֶת דִּבְרֵיהֶן. אֵין גְּזֵירָתָן חוֹזֶרֶת: לֹא הִשְׁלִימוּ. שֶׁאָמְרוּ עֲלֵיהֶן בִּשְׁנֵי יָמִים הָרִאשׁוֹנִים עֲלוּ וְהַצְלִיחוּ אֶלָּא עֲלוּ אֵלָיו וְנָפְלוּ: הֵם שֶׁלֹּא בִּיחֲנוּ. אוּרִים וְתוּמִּים לֹא פֵּירְשׁוּ לָהֶם בִּשְׁנֵי יָמִים הָרִאשׁוֹנִים עֲלוּ אֵלָיו אִם לָנֵצַח אִם לְהִנָּצֵחַ: בָּאַחֲרוֹנָה. פֵּירְשׁוּ לָהֶם "כִּי מָחָר אֶתְּנֶנּוּ בְיָדֶךָ": בּוֹלְטוֹת. הָאוֹתִיּוֹת בּוֹלְטוֹת כְּגוֹן עַיִ"ן מִשִּׁמְעוֹן לָמֶ"ד מִלֵּוִי הֵ"י מִיהוּדָה, לוֹמַר: עֲלֵה. וְכָל אַחַת אֵינָהּ זָזָה מִמְּקוֹמָהּ אֶלָּא בּוֹלֶטֶת בִּמְקוֹמָהּ וְהוּא מְצָרְפָן: וְהָא לֹא כְּתַב צָדִ"י. בְּכָל הַשְּׁבָטִים, וְאִם צָרִיךְ לָהּ, כְּגוֹן "וְהַצֵּל תַּצִּיל", מֵהֵיכָן בָּאָה? שֶׁהֲרֵי שָׁאַל צָדוֹק. כְּשֶׁהָיָה דָּוִד בּוֹרֵחַ מִפְּנֵי אַבְשָׁלוֹם: שֶׁנֶּאֱמַר וַיַּעַל אֶבְיָתָר עַד תֹּם כָּל הָעָם לַעֲבוֹר. וְתַנְיָא בְּסֵדֶר עוֹלָם: וְשָׁאַל בָּאוּרִים וְתוּמִּים וְלֹא עָלְתָה לוֹ וְנִסְתַּלֵּק מִן הַכְּהוּנָּה שֶׁנֶּאֱמַר וַיַּעַל אֶבְיָתָר. מִדְּקָתָנֵי דְּבָעֵי כֹּהֵן הַמְדַבֵּר בְּרוּחַ הַקּוֹדֶשׁ אַלְמָא לֹא בּוֹלְטוֹת וְלֹא מִצְטָרְפוֹת הָיוּ, דְּאִם כֵּן לָמָּה לִי רוּחַ הַקּוֹדֶשׁ? סִיּוּעֵי הֲוָה מְסַיֵּיעַ. כֹּהֵן בַּהֲדֵי אוּרִים וְתוּמִּים. הִלְכָּךְ אִם כֹּהֵן כָּשֵׁר הָיָה וְרָאוּי לִשְׁרוֹת שְׁכִינָה עָלָיו הָאוֹתִיּוֹת בּוֹלְטוֹת אוֹ מִצְטָרְפוֹת עַל יָדוֹ כְּשֶׁנִּשְׁאָלִין בּוֹ, וְאִם לָאו לֹא בּוֹלְטוֹת וְלֹא מִצְטָרְפוֹת: הוּא זֶה מֶלֶךְ. דְּהָא בִּיהוֹשֻׁעַ מִשְׁתַּעֵי קְרָא: וְכָל בְּנֵי יִשְׂרָאֵל אִתּוֹ. מִי שֶׁכָּל בְּנֵי יִשְׂרָאֵל אִתּוֹ לָצֵאת לַמִּלְחָמָה אַחֲרָיו:

[שבועות לה:] סוטה מח: ע"ש סנהדרין טז. ע"ש

הדרן עלך בא לו

יום הַכִּפּוּרִים כו'. סדר המסכתא: תחילה נקט ז' ימים קודם יום הכפורים והדר נקט ליל יום הכפורים והדר נקט סדר עבודת היום והשתא נקט הלכות היום לענין איסור והיתר: כיון

שֶׁלֹּא כַּסֵּדֶר, וְהֶחֱזִירוּ לוֹ כַּסֵּדֶר. וְכֵיוָן שֶׁיָּדַע שֶׁשָּׁאַל שֶׁלֹּא כַּסֵּדֶר – חָזַר וְשָׁאַל כַּסֵּדֶר, שֶׁנֶּאֱמַר: "הֲיַסְגִּירוּ בַעֲלֵי קְעִילָה אוֹתִי וְאֶת אֲנָשַׁי בְּיַד שָׁאוּל וַיֹּאמֶר ה' יַסְגִּירוּ". וְאִם הוּצְרַךְ הַדָּבָר לִשְׁנַיִם – מַחֲזִירִין לוֹ שְׁנַיִם, שֶׁנֶּאֱמַר: "וַיִּשְׁאַל דָּוִד בַּה' לֵאמֹר הַאֶרְדֹּף אַחֲרֵי הַגְּדוּד הַזֶּה הַאַשִּׂגֶנּוּ" "וַיֹּאמֶר (ה') לוֹ רְדֹף כִּי הַשֵּׂג תַּשִּׂיג וְהַצֵּל תַּצִּיל", וְאַף עַל פִּי שֶׁגְּזֵירַת נָבִיא חוֹזֶרֶת, גְּזֵירַת אוּרִים וְתוּמִּים – אֵינָהּ חוֹזֶרֶת, שֶׁנֶּאֱמַר: "בְּמִשְׁפַּט הָאוּרִים". לָמָּה נִקְרָא שְׁמָן אוּרִים וְתוּמִּים? אוּרִים – שֶׁמְּאִירִין אֶת דִּבְרֵיהֶן, תּוּמִּים – שֶׁמַּשְׁלִימִין אֶת דִּבְרֵיהֶן. וְאִ"ת: בְּגִבְעַת בִּנְיָמִין מִפְּנֵי מָה לֹא הִשְׁלִימוּ? *הֵם שֶׁלֹּא בִּיחֲנוּ אִם לָנֵצַח אִם לְהִנָּצֵחַ וּבָאַחֲרוֹנָה שֶׁבִּיחֲנוּ – הִסְכִּימוּ, שֶׁנֶּאֱמַר: "וּפִינְחָס בֶּן אֶלְעָזָר בֶּן אַהֲרֹן עוֹמֵד לְפָנָיו בַּיָּמִים הָהֵם לֵאמֹר הַאוֹסִף עוֹד לָצֵאת לַמִּלְחָמָה עִם בְּנֵי בִנְיָמִן אָחִי אִם אֶחְדָּל וַיֹּאמֶר ה' עֲלוּ כִּי מָחָר אֶתְּנֶנּוּ בְיָדֶךָ". כֵּיצַד נַעֲשֵׂית? רַבִּי יוֹחָנָן אוֹמֵר: [א]בּוֹלְטוֹת, רֵישׁ לָקִישׁ אוֹמֵר: מִצְטָרְפוֹת. וְהָא לָא כְּתִיב בְּהוּ צָדִ"י![א] – אָמַר רַב שְׁמוּאֵל בַּר יִצְחָק: אַבְרָהָם יִצְחָק וְיַעֲקֹב כְּתִיב שָׁם. וְהָא לָא כְּתִיב טֵי"ת! – אָמַר רַב אַחָא בַּר יַעֲקֹב: "שִׁבְטֵי יְשׁוּרוּן" כְּתִיב שָׁם. מֵיתִיבִי: [ב]כָּל כֹּהֵן שֶׁאֵינוֹ מְדַבֵּר בְּרוּחַ הַקּוֹדֶשׁ וּשְׁכִינָה שׁוֹרָה עָלָיו – אֵין שׁוֹאֲלִין בּוֹ, *שֶׁהֲרֵי שָׁאַל צָדוֹק וְעָלְתָה לוֹ, אֶבְיָתָר וְלֹא עָלְתָה לוֹ, שֶׁנֶּאֱמַר: "וַיַּעַל אֶבְיָתָר עַד תֹּם כָּל הָעָם וגו'". סִיּוּעֵי הֲוָה מְסַיֵּיעַ בַּהֲדַיְיהוּ.§ "וְאֵין שׁוֹאֲלִין אֶלָּא לַמֶּלֶךְ".§ מְנָא הָנֵי מִילֵּי? *אָמַר רַבִּי אַבָּהוּ: דְּאָמַר קְרָא: "וְלִפְנֵי אֶלְעָזָר הַכֹּהֵן יַעֲמֹד וְשָׁאַל לוֹ בְּמִשְׁפַּט הָאוּרִים וגו'" הוּא – זֶה מֶלֶךְ, "וְכָל [בְּנֵי] יִשְׂרָאֵל אִתּוֹ" – זֶה מְשׁוּחַ מִלְחָמָה, "וְכָל הָעֵדָה" – זוֹ סַנְהֶדְרִין.§

תורה אור: שמואל א כג; שם ל; במדבר כז; שופטים כ; שמואל ב טו; במדבר כז

הדרן עלך בא לו כהן גדול

יוֹם [ג]הַכִּפּוּרִים אָסוּר בַּאֲכִילָה, וּבִשְׁתִיָּה, וּבִרְחִיצָה, וּבְסִיכָה, וּבִנְעִילַת הַסַּנְדָּל, וּבְתַשְׁמִישׁ הַמִּטָּה [ד]וְהַמֶּלֶךְ וְהַכַּלָּה יִרְחֲצוּ אֶת פְּנֵיהֶם, [ה]וְהַחַיָּה תִּנְעוֹל אֶת הַסַּנְדָּל, דִּבְרֵי רַבִּי אֱלִיעֶזֶר, וַחֲכָמִים אוֹסְרִין. *[ו]הָאוֹכֵל כְּכוֹתֶבֶת הַגַּסָּה, כָּמוֹהָ וּכְגַרְעִינָתָהּ, [ז]וְהַשּׁוֹתֶה מְלֹא לוּגְמָיו – חַיָּיב. [ח]כָּל הָאוֹכָלִים מִצְטָרְפִין לְכַכּוֹתֶבֶת, וְכָל הַמַּשְׁקִין מִצְטָרְפִין *לִמְלֹא לוּגְמָיו. [ט]הָאוֹכֵל וְשׁוֹתֶה אֵין מִצְטָרְפִין.§ **גמ'** אָסוּר?! עָנוּשׁ כָּרֵת הוּא! אָמַר רַבִּי אִילָא, וְאִיתֵּימָא רַבִּי יִרְמְיָה: לֹא נִצְרְכָה אֶלָּא לַחֲצִי שִׁיעוּר. הָנִיחָא לְמַאן דְּאָמַר חֲצִי שִׁיעוּר אָסוּר מִן הַתּוֹרָה, אֶלָּא לְמַאן דְּאָמַר חֲצִי שִׁיעוּר מוּתָּר מִן הַתּוֹרָה, מַאי אִיכָּא לְמֵימַר? דְּאִיתְּמַר, חֲצִי שִׁיעוּר, רַבִּי יוֹחָנָן אָמַר: *[י]אָסוּר מִן הַתּוֹרָה, רֵישׁ לָקִישׁ אָמַר: מוּתָּר מִן הַתּוֹרָה. הָנִיחָא לְרַבִּי יוֹחָנָן, אֶלָּא לְרֵישׁ לָקִישׁ מַאי אִיכָּא לְמֵימַר? מוֹדֶה רֵישׁ לָקִישׁ שֶׁאָסוּר מִדְּרַבָּנָן. אִי הָכִי לָא נִיחַיַּיב עֲלֵיהּ קָרְבַּן שְׁבוּעָה, אַלְמָא *תְּנַן: [כ]שְׁבוּעָה שֶׁלֹּא אוֹכַל, וְאָכַל נְבֵילוֹת וּטְרֵיפוֹת שְׁקָצִים וּרְמָשִׂים – חַיָּיב, וְרַבִּי שִׁמְעוֹן פּוֹטֵר. וְהָוֵינַן בָּהּ: אַמַּאי חַיָּיב? מוּשְׁבָּע וְעוֹמֵד מֵהַר סִינַי הוּא! רַב וּשְׁמוּאֵל וְרַבִּי יוֹחָנָן דְּאָמְרִי: בְּכוֹלֵל דְּבָרִים הַמּוּתָּרִים עִם דְּבָרִים הָאֲסוּרִין. וְרֵישׁ לָקִישׁ אָמַר: אִי אַתָּה מוֹצֵא אֶלָּא בִּמְפָרֵשׁ חֲצִי שִׁיעוּר וְאַלִּיבָּא דְּרַבָּנַן, אוֹ בִּסְתָם וְאַלִּיבָּא

שבועות כא: כב: כג:

יוֹם הַכִּפּוּרִים אָסוּר בַּאֲכִילָה וּבִשְׁתִיָּה וכו'. מְפָרֵשׁ בַּגְּמָרָא דְּכָל הָנֵי אִיקְּרוּ עִינּוּי, וְגַבֵּי יוה"כ ה' עִינּוּיֵי' כְּתִיבֵי, וְהָנֵי ה' הָווּ דִּשְׁתִיָּה בִּכְלַל אֲכִילָה: מֶלֶךְ. דַּרְכּוֹ וְשִׁבְחוֹ לִהְיוֹת נָאֶה שֶׁנֶּאֱמַר (ישעיה לג) "מֶלֶךְ בְּיָפְיוֹ תֶּחֱזֶינָה עֵינֶיךָ": וְהַכַּלָּה. צְרִיכָה נוֹי עַד שֶׁתִּתְחַבֵּב עַל בַּעְלָהּ. וְכָל שְׁלֹשִׁים יוֹם לְחוּפָּתָהּ הִיא קְרוּיָה כַּלָּה: וְהַחַיָּה. יוֹלֶדֶת: תִּנְעוֹל אֶת הַסַּנְדָּל. שֶׁהַצִּנָּה קָשָׁה לָהּ: דִּבְרֵי רַבִּי אֱלִיעֶזֶר. אַכּוּלְּהוּ קָאֵי מֶלֶךְ וְכַלָּה וְחַיָּה: גמ' לַחֲצִי שִׁיעוּר. כְּגוֹן פָּחוֹת מִכּוֹתֶבֶת הַגַּסָּה שֶׁהִיא שִׁיעוּר לְיוה"כ כִּדְתְנַן מַתְנִי'. וְכִי לֹא שָׁלֵים שִׁיעוּרָא – כָּרֵת לֵיכָּא, אִיסּוּרָא אִיכָּא: חֲצִי שִׁיעוּר. כְּלוֹמַר פָּחוֹת מִכְּשִׁיעוּר אָסוּר מִן הַתּוֹרָה, לְקַמָּן בִּשְׁמַעְתָּא דָּרֵישׁ לֵיהּ מִ"כָּל חֵלֶב": שֶׁאָסוּר מִדְּרַבָּנַן. וּמַתְנִי' נַמִי מִדְּרַבָּנַן קָאָמַר: אִי הָכִי. דִּלְרֵישׁ לָקִישׁ אָסוּר מִיהָא מִדְּרַבָּנַן, לֹא נִיחַיַּיב עֲלֵיהּ קָרְבַּן שְׁבוּעָה; הַנִּשְׁבָּע שֶׁלֹּא יֹאכַל חֲצִי שִׁיעוּר מִדָּבָר אָסוּר וְאָכַל לֹא נִיחַיַּיב עֲלֵיהּ קָרְבַּן שְׁבוּעַת בִּיטּוּי, דְּהָא קַיְימָא לַן בְּמַסֶּכֶת שְׁבוּעוֹת (דף כ.): נִשְׁבַּע לְקַיֵּים אֶת הַמִּצְוָה וְלֹא קִיֵּים פָּטוּר, אוֹ נִשְׁבַּע לְבַטֵּל וְלֹא בִּטֵּל פָּטוּר: וְרַבִּי שִׁמְעוֹן פּוֹטֵר. מִקָּרְבַּן שְׁבוּעָה: מוּשְׁבָּע וְעוֹמֵד הוּא. וַהֲוָה לֵיהּ נִשְׁבַּע לְקַיֵּים אֶת הַמִּצְוָה: בְּכוֹלֵל. שְׁבוּעָה שֶׁלֹּא אוֹכַל לֹא בְּשַׂר שְׁחוּטָה וְלֹא בְּשַׂר נְבֵלָה, דְּמִגּוֹ דְּחָיְילָא אַהֶתֵּירָא חָיְילָא נַמִי אַאִיסּוּרָא. וְרַבִּי שִׁמְעוֹן פּוֹטֵר דְּלֵית לֵיהּ אִיסּוּר כּוֹלֵל וְלֹא אָמְרִינַן מִגּוֹ: וְרֵישׁ לָקִישׁ אָמַר אִי אַתָּה מוֹצֵא. שֶׁיְּהֵא חַיָּיב קָרְבַּן שְׁבוּעָה עַל הַנְּבֵילָה אִם אָכַל כַּזַּיִת שֶׁהוּא מוּשְׁבָּע עָלָיו מֵהַר סִינַי אֶלָּא בְּאוֹכֵל חֲצִי שִׁיעוּר שֶׁאֵינוֹ מוּשְׁבָּע עָלָיו מִסִּינַי וּבִשְׁבוּעָתוֹ נֶאֱסַר עָלָיו: בִּמְפָרֵשׁ. שֶׁלֹּא אוֹכַל אֲפִילּוּ חֲצִי שִׁיעוּר: וְאַלִּיבָּא דְּרַבָּנַן. דְּאָמְרֵי בִּשְׁבוּעוֹת (דף יט:) דְּהַנִּשְׁבָּע שֶׁלֹּא אוֹכַל סְתָם אוֹסֵר עַצְמוֹ בִּכְשִׁיעוּר: אוֹ בִּסְתָם. מָצֵית לְאוֹקוּמָהּ וּמִיהוּ כְּשֶׁאָכַל לֹא אָכַל אֶלָּא חֲצִי שִׁיעוּר שֶׁאֵינוֹ מוּשְׁבָּע עָלָיו מִסִּינַי וְעַל יְדֵי שְׁבוּעָה שֶׁלֹּא אוֹכַל סְתָם נֶאֱסַר בּוֹ: וְאַלִּיבָּא

[כלים פי"ז מי"ב]
[חולין לז. ועי' תוספות פסחים מד. ד"ה לענין ותוס' שבועות כא: ד"ה כר' שמעון]

הגהות הגר"א
[א] גמ' בהו צד"י. נ"ב וח' וק'. וכ"ה בירושלמי:

רבינו חננאל
נשאל בהן: כיצד שואלין השואל פניו כלפי הנשאל והנשאל כלפי השכינה. השואל אומר הארדוף אחרי הגדוד הזה האשיגנו. והנשאל אומר לו כה אמר ה' עלה והצלח. ואין שואל בקול אלא כדרך שכתוב בחנה רק שפתיה נעות וקולה לא ישמע ואין שואלין על ב' דברים כאחד. ואם שאל אין מחזירין לו אלא הראשון בלבד שנאמר ויאמר דוד ה' אלהי ישראל שמוע שמע עבדך וגו'. ואסיקנא דוד שאל שלא כסדר. וכיון שהרגיש חזר ושאל כסדר שנאמר ויאמר דוד היסגירו בעלי קעילה אותי ואת אנשי וגו'. ואם הוצרך הדבר לשנים מחזירין לו על שניהם שנאמר וישאל דוד בה' לאמר ארדוף אחרי הגדוד [האשיגנו] ויאמר לו רדוף כי השג תשיג והצל תציל. ואע"פ שגזירת נביא חוזרת גזירת אורים ותומים אינה חוזרת שלא נקראו תומים אלא מפני שמשלימים דבריהן א"כ מפני מה לא השלימו בגבעת בנימין לפי שהן לא ביחנו אם לנצוח אם לינצח. באחרונה שביחנו הסכימו על ידו שנאמר פינחס בן אלעזר בן אהרן עמד לפניו בימים ההם. כיצד נעשית. ר' יוחנן אומר האותיות היו בולטות והיו כתוב בהן אברהם יצחק ויעקב ושבטי ישורון להשלים צד"י וטי"ת שלא היו בשמות השבטים. ומותבינן עלייהו ותניא כל כהן שמדבר ברוה"ק ושכינה שורה עליו שואלין בו. ומעשה ושאל צדוק ועלתה. שאל אביתר ולא עלתה לו שנאמר ויעל אביתר כו' ומשנינן סיועי מסייע הנשאל בהדי אורים ותומים: **ירושלמי** וישאל דוד בה' לאמר הארדוף אחרי הגדוד הזה האשיגנו דוד ביקש רחמים ה' אלהי ישראל הגד נא לעבדך תדע לך שהוא כן שהרי ב' שאל והשיבוהו ג' שנאמר ויאמר לו רדוף כי השג תשיג והצל תציל. אית תנא תני הקול היה שומע שנאמר וישמע את הקול מדבר אליו ואית תנא תני הכתב היה בולט והיה כתוב בהן אברהם יצחק ויעקב כל אלה שבטי ישורון היה חקוק עליהן: ואין נשאלין אלא למלך ולב"ד ולמי שצורך הצבור בו מנ"ל ולפני אלעזר הכהן יעמוד. הוא זה המלך אתו זה משוח מלחמה וכל העדה זו סנהדרין: **הדרן עלך בא לו כהן גדול:**

יוה"כ אסור באכילה כו'. אוקימנא למתניתין קתני אסור באכילה חצי שיעור. אבל האוכל כשיעור חייב כרת. תניא בהדיא כשאמר אסור באכילה לא אמרו אלא כבחצי שיעור אבל כשיעור ענוש כרת. ואין ענוש

תוספות ישנים

על פיו יצאו וגו': **והא** לא כתיב צ'. ה"נ הוה מצי למיבעי והא לא כתיב ח' כגון כי מחר אתננו בידך יהודה בתחילה וכן הוה מצי לאקשויי והא לא כתיב קו"ף ועל זה יתרץ אברהם יצחק ויעקב כתוב שם ובירושלמי בעי לה הכי הא לא כתוב חנ"ק ומתרץ אברהם יצחק ויעקב כתוב שם: **הדרן עלך פרק בא לו**

פרק ח יום הכפורים אסור באכילה ובשתיה וברחיצה ובסיכה כו'. לכאורה משמע שכל אלו העינויים חוץ [אכילה] ושתיה מדרבנן מדליכא בהו כרת רק באכילה ושתיה כדאמרינן בגמרא וגם מדשרינן למלך [...] חטטין בראשו סך כדרכו ואינו חושש ולמי שידיו מלוכלכות בטיט ובצואה לרחוץ מיהו כל הני [...] כרת אלא באכילה ובשתיה שיש בו איבוד נשמה כדאמרינן בגמרא אע"פ שכולן הן מן [...] אסור מן התורה אלא רחיצת כל גופו וסיכת כל גופו והילכך מדרבנן לא גזור בהני והא דדרשי' [...] משבתון שבות הויא אסמכתא בעלמא אבל עיקרייהו נפקי מדדרשינן לקמן הני ה' ענויים [...] דנקט האי לישנא דחמשה עינויין כנגד מי ולא נקט מהיכא נפקא או מנא לן משמע שאותן [...] אסמכתא בעלמא ונדע דמפיק (ה') עינויין מיניה ואכילה ושתיה ועל כרחין לאו מהתוא [...] מלאמר הכא והחיה תנעול את הסנדל דברי ר' אליעזר וחכמים אוסרין על כרחין ליכא [...] דרבנן א"כ היכי שרי ר' אליעזר כיון שנעילת הסנדל אסור מה"ת ואין נ"ל דבהכי פליגי דרבנן [...] מה"ת ור' אליעזר שרי וגם אין נראה לומר דודאי נעילת מנעל אסור מה"ת אבל סנדל אינו [...] ולהכי פליגי ביה בחיה ולהכי לא נקט מנעל אלא סנדל [ועוד] (דהא) דתניא לקמן בגמרא [...] מותרין בכולן חוץ מתנעול וסנדל ומסקינן דכל מידי דאית ביה ריבתא לתינוק לא גזרי רבנן [...] איסור אלא מדרבנן דאי מדאורייתא גבי תינוק לא התמירו הוה ליה למימר אלא מדרבנן היא וגבי תינוק לא שייך גזירה כן נ"ל לדקדק מכל אלו כדפי' דחמשה העינויין אינן אלא מדרבנן.

אלא למאן דאמר מותר מן התורה מאי איכא למימר. דס"ד דאפילו מדרבנן מותר ואיידי דנקט ר' יוחנן אסור מן התורה נקט ריש לקיש מותר מן התורה: **מודה** ריש לקיש דאסור מדרבנן. ומתני' דנקט איסורא דרבנן ושבק כרת לאשמועינן דבכל דהו איכא איסורא דרבנן: **וריש** לקיש אמר אי אתה [...] דשבועות (דף כג:) מפרש דאינהו לא סבירא להו כריש לקיש דמוקמי למתני' כדברי הכל [...] דלית ליה איסור כולל כגון רבי שמעון התם מכל מקום טוב להם להעמידה כדברי כל התנאים [...] ריש לקיש מוקי לה או כרבי עקיבא או כרבנן ועוד [דכיון] דמוקי טעמא דרבי שמעון [...] לטעמיה דלית ליה איסור כולל (א"כ) דברי הכל היא חוץ מרבי שמעון דפליג עליה בהדיא [...] [לא] קאמר התם דלא מוקי ליה כוותיה משום דס"ל דחצי שיעור אסור מן התורה וכרבי [...] דכיון דליכא אלא [איסורא בעלמא] חיילא עליה שבועה כדמשמע פ"ג דשבועות (דף כב:) [...] שאמר שבועה שלא אוכל חרלן בכמה כיון דמושבע ועומד עליו דעתיה אמשהו פירוש וחיילא [...] או דילמא כו' ויש ספרים דגרסי כי מישתבע אהיתירא קא משתבע ודעתיה אמשהו וטעמא [...] איסורא בעלמא לרבי יוחנן ולא מלקות כמו שפי' קרי ליה היתירא אך מכל מקום קשה [...] למימר דלא אמר כריש לקיש ולהעמיד המשנה דהתם בחצי שיעור והא בעינן דמשכחת לאו [...] לישבע שבועה שלא אוכל ושבועה שאוכל והכא נמי דקרי ליה היתרא לענין שאינו מושבע ועומד [...] שבועה שלא (אוכל ושבועה שאוכל) מיהא לא מצי למימר דמשכחת לה לאו והן כיון שיש איסור [...]

אלא חי במפרש כו'. ורבי שמעון דפטר משום דלית ליה כל שהוא למכות לא חיילא עליה קרבן שבועה. רבי

עין משפט נר מצוה

ז א מיי' פ"י מהלכות שבועות הלכה א סמג לאוין רמח:

ח ב מיי' פ"א מהלכות שביתת עשור הלכה ה טוש"ע א"ח סימן תריא סעיף א:

ט ג מיי' פ"ב מהלכות שביתת עשור הלכה ג סמג לאוין סט טוש"ע א"ח סימן תריב סעיף ב:

י ד מיי' פ"א מהלכות מאכלות אסורות הל' יג טוש"ע י"ד סימן פ סעיף ו:

מסורת הש"ס

שבועות ל. [עס לח.] [כריתות כח.] [נדרים פ:]

וְאַלִּיבָּא דְּרַבִּי עֲקִיבָא, דְּאָמַר: אָדָם אוֹסֵר עַצְמוֹ בְּכָל שֶׁהוּא. וְכִי תֵּימָא כֵּיוָן דְּאִית לֵיהּ הֶיתֵּר מִן הַתּוֹרָה – קָא חָיֵיל קׇרְבַּן שְׁבוּעָה, וְהָתְנַן: *שְׁבוּעַת הָעֵדוּת אֵינָהּ נוֹהֶגֶת אֶלָּא בִּרְאוּיִין לְהָעִיד. וְהָוֵינַן בָּהּ: *לְמַעוֹטֵי מַאי? רַב פַּפָּא אָמַר: לְמַעוֹטֵי מֶלֶךְ, רַב אַחָא בַּר יַעֲקֹב אָמַר: [א]לְמַעוֹטֵי מְשַׂחֵק בְּקוּבְיָא. וְהָא מְשַׂחֵק בְּקוּבְיָא מִדְּאוֹרַיְיתָא מֵיחְזֵי חָזֵי, וְרַבָּנַן הוּא דִּפְסָלוּהוּ, וְלָא קָא חָיְילָא עֲלֵיהּ שְׁבוּעָה! – (ויקרא ה) שָׁאנֵי הָתָם דְּאָמַר קְרָא: °"אִם לֹא יַגִּיד" – וְהַאי לָאו בַּר הַגָּדָה הוּא כְּלָל. וְכׇל הֵיכָא(א) דְּתָנֵי עָנוּשׁ כָּרֵת לָא תָּנֵי אָסוּר? וְהָתַנְיָא: *[ב]אע"פ שֶׁאָמְרוּ אָסוּר בְּכוּלָּן, לֹא אָמְרוּ עָנוּשׁ כָּרֵת אֶלָּא עַל הָאוֹכֵל וְשׁוֹתֶה וְעוֹשֶׂה מְלָאכָה בִּלְבַד! הָכִי קָאָמַר: כְּשֶׁאָמְרוּ [ג]אָסוּר לֹא אָמְרוּ אֶלָּא בְּכַחֲצִי שִׁיעוּר, אֲבָל כְּשִׁיעוּר – עָנוּשׁ כָּרֵת, וְאַף עַל פִּי שֶׁעָנוּשׁ כָּרֵת – אֵין עָנוּשׁ כָּרֵת אֶלָּא אוֹכֵל וְשׁוֹתֶה וְעוֹשֶׂה מְלָאכָה בִּלְבַד. וְאב"א כִּי קָתָנֵי "אָסוּר" – אַשְּׁאָרָא. דְּתָנוּ רַבָּה וְרַב יוֹסֵף בִּשְׁאָר סִיפְרֵי דְּבֵי רַב: מִנַּיִין לְיוה"כ שֶׁאָסוּר בִּרְחִיצָה בְּסִיכָה וּבִנְעִילַת הַסַּנְדָּל וּבְתַשְׁמִישׁ הַמִּטָּה – ת"ל: (ס"פ טז) °"שַׁבָּתוֹן" – שְׁבוֹת. § גּוּפָא, חֲצִי שִׁיעוּר, רַבִּי יוֹחָנָן אָמַר: אָסוּר מִן הַתּוֹרָה, רֵישׁ לָקִישׁ אָמַר: מוּתָּר מִן הַתּוֹרָה. רַבִּי יוֹחָנָן אָמַר: אָסוּר מִן הַתּוֹרָה; כֵּיוָן דַּחֲזֵי לְאִיצְטְרוּפֵי – אִיסּוּרָא קָא אָכֵיל. רֵישׁ לָקִישׁ אָמַר: מוּתָּר מִן הַתּוֹרָה, אֲכִילָה אָמַר רַחֲמָנָא – וְלֵיכָּא. אֵיתִיבֵיהּ ר' יוֹחָנָן לְרֵישׁ לָקִישׁ: אֵין לִי אֶלָּא כׇּל שֶׁיֶּשְׁנוֹ בְּעוֹנֶשׁ יֶשְׁנוֹ בְּאַזְהָרָה, [ד]כּוֹי וַחֲצִי שִׁיעוּר הוֹאִיל וְאֵינוֹ בְּעוֹנֶשׁ יָכוֹל אֵינוֹ בְּאַזְהָרָה – ת"ל: (ס"פ ז) °"כׇּל חֵלֶב"! מִדְּרַבָּנַן, וּקְרָא אַסְמַכְתָּא בְּעָלְמָא. הָכִי נָמֵי מִסְתַּבְּרָא, דְּאִי סָלְקָא דַּעְתָּךְ דְּאוֹרַיְיתָא, *כּוֹי סְפֵיקָא הוּא, אִיצְטְרִיךְ קְרָא לְאַתּוֹיֵי סְפֵיקָא? אִי מִשּׁוּם הָא לָא אִירְיָא; קָסָבְרִי כּוֹי

רש"י

וְאַלִּיבָּא דר' עֲקִיבָא דְּאָמַר. בְּמַסֶּ' שְׁבוּעוֹת (דף יט:): אָדָם הַנִּשְׁבָּע שֶׁלֹּא אוֹכַל סְתָם, אוֹסֵר עַצְמוֹ בְּכָל שֶׁהוּא. דְּהָכִי תְּנַן: שְׁבוּעָה שֶׁלֹּא אוֹכַל וְאָכַל כָּל שֶׁהוּא ר' עֲקִיבָא מְחַיֵּיב וַחֲכָמִים פּוֹטְרִים. הִלְכָּךְ הָא דְּקָתָנֵי חַיָּיב אִי כְּרַבָּנַן סְבִירָא לֵיהּ – מוֹקְמִינַן לֵיהּ בִּמְפָרֵשׁ, וְאִי כְּרַבִּי עֲקִיבָא סְבִירָא לֵיהּ מוֹקְמִינַן לֵיהּ אֲפִי' בִּסְתָם. וְרַבִּי שִׁמְעוֹן פּוֹטֵר. ר' שִׁמְעוֹן לְטַעְמֵיהּ דְּאָמַר: בְּכָל שֶׁהוּא נָמֵי מוּשְׁבָּע מִסִּינַי הוּא, דְּתַנְיָא בְּמַסֶּכֶת מַכּוֹת (דף יז.) ר' שִׁמְעוֹן אוֹמֵר: כָּל שֶׁהוּא לְמַכּוֹת וְלֹא אָמְרוּ כַּזַּיִת אֶלָּא לְעִנְיַן קׇרְבָּן. וְאִי סְבִירָא לֵיהּ לְרֵישׁ לָקִישׁ דַּחֲצִי שִׁיעוּר אָסוּר מִדְּרַבָּנַן הֵיכִי מוֹקֵי לָהּ לְהָא דְּתָנֵי חַיָּיב בְּאוֹכֵל חֲצִי שִׁיעוּר? וַהֲרֵי אַף עָלָיו מוּשְׁבָּע מִשּׁוּם לָאו ד"לֹא תָסוּר" (דברים יז): וְכִי תֵּימָא כֵּיוָן דְּאִית לֵיהּ הֶיתֵּר מִן הַתּוֹרָה. אֵין זֶה מוּשְׁבָּע מִסִּינַי וְכִי מִשְׁתַּבַּע עֲלֵיהּ חָיְילָא שְׁבוּעָה וּמִיחַיֵּיב עֲלָהּ: שְׁבוּעַת הָעֵדוּת. שֶׁחִיֵּיב הַכָּתוּב עָלֶיהָ קׇרְבַּן שְׁבוּעָה שֶׁנֶּאֱמַר (ויקרא ה) "וְשָׁמְעָה קוֹל אָלָה": וְהָוֵינַן בָּהּ לְמַעוֹטֵי מַאי. דְּלָא תְּנַן בְּמַתְנִי' בְּהֶדְיָא, הָא תָּנָא לֵיהּ רֵישָׁא: נוֹהֶגֶת בַּאֲנָשִׁים וְלֹא בְּנָשִׁים בִּרְחוֹקִים וְלֹא בִּקְרוֹבִים בִּכְשֵׁרִין וְלֹא בִּפְסוּלִין: לְמַעוֹטֵי מֶלֶךְ. דִּתְנַן בֵּיהּ (סנהדרין דף יח.): לֹא מֵעִיד וְלֹא מְעִידִין אוֹתוֹ: לְמַעוֹטֵי מְשַׂחֵק בְּקוּבְיָא. בָּעֵירָבוֹן, דְּהָוֵי גַּזְלָן מִדְּרַבָּנַן וּפָסוּל לְעֵדוּת: מִדְּאוֹרַיְיתָא מֵיחְזָא חָזֵי. דְּלָא הָוֵי גַּזְלָן דְּאוֹרַיְיתָא אֶלָּא שֶׁגָּזַל מִיָּדוֹ, כְּמוֹ "וַיִּגְזֹל אֶת הַחֲנִית מִיַּד הַמִּצְרִי" (ש"ב כג) כָּךְ מְפָרֵשׁ בְּב"ק (דף עט:): אִם לֹא יַגִּיד. מַשְׁמַע מִי שֶׁהַגָּדָה שֶׁלּוֹ מוֹעֶלֶת לְבַעַל הַדִּין וְהַאי לָא מְהַנְיָא הַגָּדָה דִּידֵיהּ הוֹאִיל וְלָא מְקַבְּלִינַן לָהּ מִדְּרַבָּנַן: וְכָל הֵיכָא דַּעֲנוּשׁ כָּרֵת לָא תָּנֵי אָסוּר. דְּקַשְׁיָא לָךְ לְעֵיל: "אָסוּר"? עָנוּשׁ כָּרֵת הוּא! אִיבָּעֵית אֵימָא כִּי קָתָנֵי. מַתְנִיתִין(ב) אַשְּׁאָרָא, מִשּׁוּם רְחִיצָה וְסִיכָה דְּלֵיכָּא כָּרֵת, תָּנָא אָסוּר: שְׁאָר סִיפְרֵי. דְּלָאו תּוֹרַת כֹּהֲנִים, סֵפֶר "וַיְדַבֵּר" "וְאֵלֶּה הַדְּבָרִים": שַׁבָּתוֹן. וְגַבֵּי עִינּוּי כְּתִיב, וְכִי הֵיכִי דְּשַׁבָּתוֹן הָאָמוּר בְּשַׁבָּת אַסְמְכוּ בֵּיהּ רַבָּנַן שְׁאָר מְלָאכוֹת שֶׁלֹּא הָיוּ בַּמִּשְׁכָּן וְאֵינָהּ מְלָאכָה גְּמוּרָה ה"נ שַׁבָּתוֹן דְּגַבֵּי עִינּוּי דִּכְתִיב "שַׁבָּתוֹן הוּא לָכֶם וְעִנִּיתֶם" לְהוֹסִיף עַל עִינּוּי אֲכִילָה וּשְׁתִיָּה קָאָתֵי: אֵין לִי אֶלָּא שֶׁיֶּשְׁנוֹ בְּעוֹנֶשׁ יֶשְׁנוֹ בְּאַזְהָרָה. גַּבֵּי חֵלֶב קָאֵי דְּעוֹנְשׁוֹ וְאַזְהָרָתוֹ סְמוּכִים זֶה לָזֶה: "כָּל חֵלֶב שׁוֹר וְכֶשֶׂב וָעֵז לֹא תֹאכֵלוּ" הֲרֵי אַזְהָרָה, וּסְמִיךְ לֵיהּ "כִּי כָּל אוֹכֵל חֵלֶב מִן הַבְּהֵמָה"(ג) – הֲרֵי עוֹנֶשׁ. אֵין לִי שֶׁיְּהֵא מוּזְהָר אֶלָּא עַל כַּשִּׁיעוּר שֶׁהוּא עָנוּשׁ עָלָיו כָּרֵת, דְּגַבֵּי עוֹנֶשׁ לֹא כְּתִיב "כָּל" אַחֵלֶב אֶלָּא אָאוֹכֵל דִּכְתִיב "כִּי כָּל אוֹכֵל חֵלֶב": כּוֹי. שֶׁהוּא סָפֵק וְאֵין בּוֹ כָּרֵת וַחֲצִי שִׁיעוּר שֶׁאֵינוֹ בְּעוֹנֶשׁ, מִנַּיִין שֶׁהוּא בְּאַזְהָרָה? תַּלְמוּד לוֹמַר כָּל חֵלֶב. לֹא תֹאכֵלוּ, הָכָא כְּתִיב "כָּל" אַחֵלֶב, כְּלוֹמַר: אֲפִילוּ כָּל שֶׁהוּא: אַחַת

תוספות

כיון דחזי לאצטרופי איסורא קאכיל. תימה לי: אמאי לא קאמר מטעמא דבסמוך ד"כל חלב" לרבות חצי שיעור דהא ר' יוחנן ידע להאי ברייתא דהא בסמוך קא מותיב מינה. וי"ל דלהכי איצטריך ליה לר' יוחנן לפרושי האי טעמא, משום דאי מקרא דכל חלב הוה אמינא עיקר קרא לכוי איצטריך וחצי שיעור מדרבנן ואסמכוה אקרא אבל השתא דקאמר טעמא דחזי לאיצטרופי סברא הוא מהאי טעמא דדרשה גמורה היא(ד) לחצי שיעור:

כוי ספיקא הוא כו'. תימה: אמאי לא הכריעו בו חכמים אי חיה אי בהמה? נבדוק בקרניה שבזה ניכר אי חיה אי בהמה, כדאיתא ב"אלו טריפות" (חולין דף נט:)! וי"ל: דשמא היו טועין בסימנא דחרוקות(ה) בעינן והוא דמיבלע חירקייהו והיינו ספיקא דעיזא דכרכוז. ואפילו למאן דשרי תרבא דעיזא דכרכוז אפשר דעיזא דכרכוז מחשיב ליה מיבלע חירקייהו ובכוי איסתפקא להו:

איצטריך קרא לריבויי ספיקא. ואע"ג דאמר פ"ט דבכורות (דף נח:): עשירי ודאי ולא עשירי ספק, וכן בשילהי מסכת נזיר (דף סה:) דאמרינן: ספק בהרת קדמה ספק שער לבן קודם – טהור, ויליף לה מקרא דכתיב: "לטהרו או לטמאו" פתח הכתוב בטהרה תחילה, ולא פרכינן: איצטריך קרא למעוטי ספיקא! י"ל: דהכא פריך שפיר: איצטריך קרא [לאתויי] ספיקא דקמי שמיא גליא שהוא שוה כל שעה דהוה מצי למימר אי חיה אי בהמה, דאי חד מינייהו חיה – כולהו חיות ואי חד מינייהו בהמה – כולהו בהמות, וכן בפ"ק דשחיטת חולין (דף כג:) גבי פרט לתחילת הצהוב שבזה ושבזה פריך: אי אמרת ספיקא הוי – איצטריך קרא למעוטי ספיקא? דקמי שמיא גליא שכל שעה שוה דכל תחילת הצהוב גדולים נינהו או קטנים נינהו, אבל בספק עשירי לא הוה מצי למימר כולהו עשירי, דיש מהן שהם תשיעי ויש מהן עשירי. וכן בספק בהרת קודמת זימנין שער לבן קודם. ובס"פ "על אלו מומין" (בכורות דף מא:) דתניא: כשהוא אומר למטה "זכר" שאין תלמוד לומר – להוציא טומטום ואנדרוגינוס, ופריך: מני? אילימא ת"ק – איצטריך קרא למעוטי ספיקא? לאו מטומטום פריך שאין כולן שוין, יש מהם זכר כשיקרע ימצא זכר ויש מהם נקבה. אלא מאנדרוגינוס פריך דכולהו שוין דקמי שמיא גליא או כולהו זכרים או כולהו נקבות. והא דקאמר התם: אמר רב חסדא מחלוקת באנדרוגינוס אבל טומטום דברי הכל קדוש מספיקא דלא אתא קרא למעוטי טומטום, אע"ג דלאו קמי שמיא גליא – מכל מקום כיון דאיכא לאוקמי מיעוט לאנדרוגינוס שיש בו נקבות לא מסתבר לאוקמיה בטומטום דשמא יקרע וימצא זכר דטפי מסתבר לאוקמי באנדרוגינוס מבטומטום. ולהכי פריך: אלא מעתה בערכין יערך? אלמה תניא: "הזכר" ולא טומטום ואנדרוגינוס, והוה לן לאוקמ' קרא דהזכר רק באנדרוגינוס! ומשני: סמי מכאן טומטום. ובפרק קמא (דחגיגה דף ד.) תניא: "זכורך" ולא טומטום, ופריך: איצטריך קרא למעוטי ספיקא? יש לומר: דהתם פריך משום דבלאו קרא הוה ידעינן דמספיקא לא לייתי – דהיכי ניעביד? לסמוך? לא ליסמוך – דילמא אשה הוי וקא עביד עבודה בקדשים! לא ליסמוך – דילמא גברא הוא וקא מבטל סמיכה. ואע"ג דסמיכה לא מעכבא – מכל מקום לא מייתי קרבן לכתחילה כדי לבטל סמיכה כדאמר בפסחים בפרק "האשה" (דף פח:) גבי ה' שנתערבו עורות פסחיהן ונמצא יבלת באחת מהן כולן פטורין מלעשות פסח שני, משום דלא אפשר דלא מייתי ומתני במותר פסח משום דפסח לא בעי סמיכה ומותר פסח בעי סמיכה. והא דאמר במסכת שקלים (דף יא:) ומייתי לה בפרק "האיש מקדש" (קדושין דף נה.): בהמה שנמצאת מירושלים למגדל עדר, זכרים עולות, נקבות – זבחי שלמים, ומקריבין אותן בלא סמיכה, לפי שאין מכירין בעליהן! שאני התם דכבר הוקדשו ואין להם תקנה בע"א אם לא נקריבם בלא סמיכה. וספק מצורע דמייתי אשם בפ' "התערובות" (זבחים דף עו:) וקא מבטל סמיכה, למאן דאמר סמיכת אשם מצורע לאו דאורייתא תקוני גברא שאני. ואם תאמר: והא רב דסבר בס"פ "המפלת" (נדה דף כח.) דאנדרוגינוס ספיקא הוי, מדטמא בלובן ואודם, ומדפסיק בס"פ "הערל" (יבמות דף פג.) כרבי יוסי, דאמר: לא הכריעו בו אם זכר אם נקבה, ובריה בפני עצמה הוא, דקאמר רבי יוסי התם בברייתא – לאו דוקא, ואפילו

לי אלא כל שישנו בעונש ישנו באזהרה כו' [וקשה] דהוה ליה למימר לרבי יוחנן הלכה כרבי שמעון ולר"ל לקיש כרבנן ועוד דרבי יוחנן גופיה קאמר בגמרא פרק שלשה מינין (דף לה:) ופרק אלו עוברין (דף מג:) כל איסורים שבתורה אין היתר מצטרף לאיסור חוץ מאיסורי נזיר כו' ואי חצי שיעור לקי לירוך למה לי ואומר רבי דלאו קושיא היא דכולהו כרבנן סבירא להו מדלא שני ליה ר"ל לקיש הכא ההיא כרבי שמעון ואנא דאמרי כרבנן אלא ע"כ הכא לענין איסורא דקרא דכל חלב לא מיירי אלא באיסור בעלמא ובסוף פרק גיד הנשה (דף קג:) בעי ר' יוחנן שיעור שלם למלקות דאמרינן התם אבר מן החי שחלקו מבחוץ פטור מבפנים בתוך פיו רבי יוחנן אמר חייב הרי נהנה גרונו בכזית כו' מיהו קשה לה"ר אלחנן דמאי שנא דהכא לא יליף מכל חלב אלא איסור אזהרה בעלמא ולא מלקות ואילו בפסחים בפרק אלו עוברין (דף מג:) יליף מכל מחמצת לא תאכלו דגן גמור ע"י תערובות ומוקשה בעיניה בלאו דמאי שנא כל מחמצת לא תאכלו מכל חלב לא תאכלו ויש לחלק בדרשות כו': **דאי** סלקא דעתך דאורייתא כוי ספיקא הוא איצטריך קרא לרבויי ספיקא. נראה דהוה מצי לדייק איפכא דבשלמא אי חצי שיעור אסור מן התורה עיקר קרא לחצי שיעור מדרבנן קרא דכל חלב למאי אתא מיהו שמא יש להעמידו לדרשה אחרת:

הגהות הב"ח

(א) גמ' וכל היכא דענוש כרת לא תני כו' כצ"ל ותיבת דתני נמחק: (ב) רש"י ד"ה איבעית אימא. כי קתני מתני' אסור אשארא: (ג) ד"ה אין לי כו' כי כל אוכל חלב מן הבהמה וגו' ונכרתה הרי עונש: (ד) תוס' ד"ה כיון כו' דדרשה גמורה היא נמי לחצי שיעור: (ה) ד"ה כוי כו' בסימנא דחרוקות דבעינן והוא דמיבלע:

רבינו חננאל

ענוש אלא האוכל והשותה והעושה מלאכה בלבד וכיון דאמר חצי שיעור אסור מדרבנן אבל איסורא דאורייתא לית ביה. אקשינן עלה מהא דתנן בשבועות שבועת העדות אין נוהגת אלא בראויין להעיד והוינן בה למעוטי מאי. רב פפא אמר למעוטי מלך כדכתיב בית דוד דינו לבקר משפט. ואין עד נעשה דיין. רב אחא בר יעקב אמר למעוטי משחק בקוביא. והא משחק בקוביא מדאורייתא הוא ראוי ורבנן גזרו ביה ואע"ג דרבנן הוא דגזרו ביה לא חיילא עליה שבועת העדות. ושנינן שני עדות דכתיב בה אם לא יגיד ונשא עונו. מי שמגיד והגדתו מתקיימת הוא מוזהר בשמיעת קול אלה יצא מלך. וגם זה משחק בקוביא שאפילו מגידים אין עדותן מתקיימת לפיכך פטורין משבועת העדות: חצי שיעור. ר' יוחנן אומר אסור מן התורה. דכיון דחזו לאיצטרפי אכילה קרינא ביה. ר"ל אמר אסור מדרבנן. אכילה אמרה רחמנא וליכא. איתיביה שיכול כל שישנו בעונש [ישנו] באזהרה כוי וחצי שיעור שאינו בעונש יכול לא יהו באזהרה ת"ל כל חלב ומשני ר"ל לעולם מדרבנן [וקרא] אסמכתא

תוספות ישנים

רבי יוחנן אמר אסור מן התורה משום דחזי לאיצטרופי. מיהו עיקר טעמא דר' יוחנן דדריש ליה לקמן מקרא דכל חלב [וא"כ מלקי נמי לקי] דהכי משמע דמיירי קרא דכל חלב מדקאמר אין

קסבר

*כוי בריה בפני עצמה היא. דאי לא תימא הכי, הא דאמר רב אידי בר אבין: *אף כל לאתויי כוי.(א) כוי ספיקא הוא, איצטריך קרא לרבויי ספיקא? אלא בריה שאני. הכא נמי: בריה שאני. ת"ר: °"תענו את נפשותיכם", יכול ישב בחמה או בצנה כדי שיצטער, תלמוד לומר: °"וכל מלאכה לא תעשו". מה מלאכה – שב ואל תעשה, אף ענוי נפש – שב ואל תעשה. ואימא: היכא דיתיב בשימשא(ב) וחיים ליה – לא נימא ליה קום תוב בטולא, יתיב בטולא וקריר ליה, לא נימא ליה קום תוב בשימשא! דומיא דמלאכה, מה מלאכה – לא חלקת בה, אף ענוי – לא תחלוק בו. תניא אידך: "תענו את נפשותיכם" יכול ישב בחמה ובצנה ויצטער – ת"ל: "וכל מלאכה לא תעשו", מה מלאכה – דבר שחייבין עליו במקום אחר, אף ענוי נפש – שחייבין עליו במקום אחר. ואי זה זה – זה *פגול ונותר שהן בכרת, ולא אביא את הטבל שאינו בכרת – ת"ל: "תענו ועניתם את נפשותיכם" ריבה. אביא את הטבל שהוא במיתה, ולא אביא את הנבילה שאינה במיתה – ת"ל "תענו" "ועניתם את נפשותיכם" ריבה. אביא את הנבילה שהוא בלאו, ולא אביא את החולין שאינן בלאו – ת"ל: "תענו" "ועניתם את נפשותיכם" ריבה. אביא את החולין שאינן בקום אכול ולא אביא את התרומה שהיא בקום אכול – ת"ל: "תענו" "ועניתם את נפשותיכם" ריבה. אביא את התרומה שאינה ב"בל תותירו" ולא אביא את הקדשים שהן ב"בל תותירו" – תלמוד לומר: "תענו" "ועניתם את נפשותיכם" ריבה. ואם נפשך לומר: הרי הוא אומר: °"והאבדתי את הנפש ההיא" – ענוי שהוא אבידת הנפש, ואי זה זה – זה אכילה ושתיה. מאי "ואם נפשך לומר?" – וכי תימא: בעריות קא מישתעי קרא – הרי הוא אומר "והאבדתי(ג) הנפש" ענוי שיש בו אבידת נפש, ואי זה זה – זה אכילה ושתיה. דבי רבי ישמעאל תנא: נאמר כאן ענוי ונאמר להלן ענוי, מה להלן ענוי רעבון – אף כאן ענוי רעבון, – ונילף °מ"אם תענה את בנותי"! דנין ענוי דרבים מענוי דרבים, ואין דנין ענוי דרבים מענוי דיחיד. ונילף מענוי דמצרים, דכתיב: °"וירא את ענינו" ואמרינן: זו פרישות דרך ארץ! אלא, דנין ענוי בידי שמים מענוי בידי שמים, ואין דנין ענוי בידי שמים מענוי בידי אדם. *°"המאכילך מן במדבר למען ענותך", רבי אמי ורבי אסי; חד אמר: *אינו דומה מי שיש לו פת בסלו למי שאין לו פת בסלו, וחד אמר: אינו דומה מי שרואה ואוכל למי שאינו רואה ואוכל. אמר רב יוסף: מכאן רמז לסומין שאוכלין ואין שבעין. אמר אביי: *הלכך, מאן דאית ליה סעודתא – לא ליכלה אלא בימממא. א"ר זירא: מאי קרא – °"טוב מראה עינים מהלך נפש". אמר ר"ל: טוב מראה עינים באשה יותר מגופו של מעשה, שנאמר: "טוב מראה עינים מהלך נפש". °"כי יתן בכוס עינו יתהלך במישרים" ר' אמי ור' אסי, חד אמר: כל הנותן עינו

תורה אור: ויקרא טז; שם; שם כג; בראשית לד; דברים כו; שם ח; קהלת ו; משלי כג

רש"י

אתא קרא לרבויי ספיקא. בתמיה: אטו קמי שמיא ספיקא הוא אי בהמה הוי אי חיה הוי? הא דאמר רב אידי בר אבין. בכריתות בפרק "דם שחיטה" (דף כא.); אף כל לאתויי כוי, דקתני התם: "כל דם לא תאכלו לעוף ולבהמה" מה עוף ובהמה מיוחדים וכו': מה. מצות מלאכת(ד) שבת שב ואל תעשה הוא אף מצות עינוי שב ואל תעשה דבר המבטל ממך את העינוי הוא, ואין זו אלא כגון הני דמתניתין: לא יאכל ולא ישתה ולא ירחץ: מה מלאכה לא חלקת בה. בכל לדדיה אסורה, אף עינוי נמי שאיסורו בכל לדדיו קאמר, יצאו חמה וצנה שאם ישב הרי הוא בעינוי ואם לא ישב אינו מצווה לישב: מה מלאכה דבר שחייבין עליו במקום אחר. כרת כי הכא, כגון בשבת, אף עינוי בדבר אכילה קאמר שמצינו שחייב עליו במקום אחר כגון פיגול ונותר: ואם נפשך לומר. ואם יש בידך להשיב על זה הרי ראיה אחרת דקרא של "תענו את נפשותיכם" עינוי שהוא אבידת הנפש בתוך חלל הגוף מיירי: וכי תימא בעריות קמשתעי קרא. כלומר עינוי. דתשמיש קא משתעי קרא דתשמיש נמי אקרי עינוי כדלקמן (דף עז.) וחייבין עליו כרת במקום אחר כגון עריות: ונאמר להלן עינוי. ויענך וירעיבך (דברים ח): ונילף מואם תענה את בנותי. דמוקי ליה לקמן (שם.) אתשמיש: עינוי דרבים. יוה"כ לכל ישראל ואכילת המן לכל ישראל: עינוי בידי שמים. יום הכפורים מצות מלך היא וכן עינוי המן: ה"ג: המאכילך מן במדבר וגו' רבי אמי ורבי אסי וכו'. ולית הכא רומיא דקראי אלא קרא (ה)מפרש "המאכילך למען ענותך" – אוכל ומעונה: אין לו פת בסלו. אוכל היום ודואג על למחר: אינו רואה ואוכל. אכילת המן טועם טעם כל המינים ואינו רואה אלא מן: עינו

תוספות

ואפי' הכי ממעטא ליה רב לענין ביאת מקדש מדכתיב "מזכר ועד נקבה" זכר ודאי נקבה ודאית ולא טומטום ואנדרוגינוס. והיכי אתי קרא למעוטי ספיקא? וי"ל: דבההיא דרב תרי מיעוטי כתיבי, דהוה מצי למיכתב מזכר ועד אדם, או מנקבה ועד אדם, ואתא חד מינייהו לאנדרוגינוס וחד לטומטום. ואי אנדרוגינוס זכר הוא – אתי מזכר למעוטי ואי נקבה הוא אתי ועד נקבה למעוטי מטעם שהוא משונה ובבכורו' פרק "על אלו מומין" (דף מא:) גבי הא דממעט אנדרוגינוס מ"הזכר" יתירה דכתיב גבי עולה ופריך: מני? אי רבנן – קסברי ספיקא הוי ואיצטריך קרא למעוטי ספיקא? התם פריך שפיר דאם בא למעוטי אפי' הוא זכר מפני שהוא משונה משאר זכרים אם כן מדממעטינן ליה מ"הזכר" שמע מינה זכר הוא ולא ספיקא, אלמא לא אתא כת"ק דאמר ספיקא הוי. ולפי מה שפירש' אית ליה לרב ד"המפלת" (נדה דף כח.) שפיר ההיא דרב חסדא, דאית ליה גבי בכור דטומטום קדוש מספיקא, דחד מיעוטא כתב בבכור, ולית ליה לאוקמינן אלא באנדרוגינוס ולא בטומטום, שאם הוא זכר הוי זכר גמור. וא"ת: א"כ, מאי קא פריך התם לרב חסדא מערכין דממעטינן מערך איש ומערך אשה טומטום ואנדרוגינוס, ומשני: סמי מכאן טומטום. ומאי קושיא: התם איכא תרי קראי "הזכר ואם נקבה" הלכך ממעטי' ליה, כמו ההיא ד"המפלת"! ויש לומר: דהתם צריכי תרוייהו שפיר לאנדרוגינוס. דאי לא כתב אלא "הזכר" הוה ממעטינן ליה מערך זכר, אבל יהא בערך אשה, דלא גרע מאשה. והא דפריך מ"אם זכר אם נקבה" להוציא טומטום ואנדרוגינוס, מאי קושיא? הא גבי שלמים איכא תרי מיעוטי "אם זכר אם נקבה"! ויש לומר: דגרסינן התם: "זכר או נקבה" דכתיב בויקרא גבי שלמי צאן דמיניה דריש ליה בת"כ. אבל "אם זכר אם נקבה" דכתיב בשלמי בן בקר – דריש התם פרק "אלו קדשים" (תמורה דף יז:) לרבות ולד בעלי מומין ותמורת בעלי מומין. והשתא פריך שפיר לרב חסדא, דבהאי קרא לא כתב אלא חד מיעוט והוי או למעט כמו "כשב או עז" פרט לנדמה. ואם תאמר: הא אשכחן דכתב קרא כדי שלא נטעה, דפריך בפרק "אלו טרפות" (חולין דף סו:): מכדי אנן אקשקשת סמכינן, סנפיר דכתב רחמנא למה לי? ומשני: אי לא כתב רחמנא סנפיר הו"א מאי קשקשת [*סנפיר], ואפילו דג טמא, כתב רחמנא סנפיר עד דאיכא סנפיר וקשקשת? וי"ל: דלשון קשקשת משמע דבר שאינו שוה וחלק שהיד מקשקשת בו, וסנפיר נמי כך הוא, ונופל בו לשון קשקשת: כוי בריה בפני עצמו הוא. הלכי בריה בפני עצמו דהכא היינו שאינו ספק חיה או בהמה אבל הא דאמר רבי יוסי בפרק "אותו ואת בנו" (חולין דף פ.) כוי בריה בפני עצמו הוא, ולא הכריעו בו חכמים אי מין חיה או מין בהמה הוא היינו פירוש שהוא ספק חיה ספק בהמה, דהא שמעינן לרבי יוסי דאמר בפרק "כסוי הדם" (שם דף פד:): כוי אין שוחטין אותו ביו"ט ואם שחטו אין מכסין את דמו. ואי הוה ברי לן שהוא בריה ולא הוה לא חיה ולא בהמה יהא מותר לשחטו לכתחילה, דהא לאו בר כיסוי הוא [וע"ע תוס' כריתות כא. ד"ה כוי]:

רבינו חננאל

בעלמא. הא דרב אידי בר אבין דאמר כל לאתויי כוי מפורש בכריתות פרק דם שחיטה בבהמה ובחיה כו'. בתחלתו ואסיקנא קסבר האי תנא כוי בריה בפ"ע הוא: ת"ר תענו את נפשותיכם יכול ישב בחמה ובצנה כדי שיצטער ת"ל כל מלאכה לא תעשו מלאכה ועינוי אסרתי לה מה מלאכה שחייבין עליה ממקום אחר ואיזה זה פיגול ונותר כו'. עד אם נפשך לומר בעריות משתעי קרא. הרי הוא אומר והאבדתי את הנפש ההיא איזהו דבר שיש בו איבוד נפש הוי אומר זו אכילה ושתיה דבי ר' ישמעאל תנא כאן תענו את נפשותיכם ונאמר ויענך וירעיבך. מה להלן עינוי רעבון אף כאן ביוה"כ עינוי רעבון כתיב ביוה"כ תענו את נפשותיכם וכתיב [תהלים לה] עניתי בצום נפשי ועוד כתיב [ישעיה נח] למה צמנו ולא ראית ענינו נפשנו ולא תדע. מיכן שהצום נקרא עינוי נפש: כתיב המאכילך מן למען ענותך. פי' כיון שאינו ניתן לו המן אלא יום ביום אע"פ שעתה אוכל אכילתו עינוי הוא לו. ללמדך כל מי שאין לו פת בסלו לעולם אינו שבע כאילו בעינוי הוא וכן כל שאינו רואה מה שאוכל אינו שבע מיכן לסומים שאוכלין ואינן שביעים:

תוספות ישנים

קסבר כוי בריה בפני עצמה היא. לא הוי כמו ההיא דר' יוסי בפ' אותו ואת בנו (דף פ.) דכוי בריה בפני עצמה היא ולא הכריעו עליה חכמים כו' דההוא בריה דהתם ספיקא הוי כדפי' בפרק אותו ואת בנו בחולין ובנדה בפרק המפלת (דף כח:) וביבמות פרק הערל (דף פג.): מרבה את הפיגולין והנותרות כו'. פי' ה"ר יוסף דהני חמשה עינויים דמייתי הכא חמש פעמים תענו את נפשותיכם ריבה לאו א) היינו חמשה עינויים דאמר לקמן (דף עו.) הני חמשה עינויים כנגד מי וקאמר כנגד חמשה עינויים שבתורה אלא כולהו מלשון ועניתם קאמר לחודיה והוה מצי למימר ולמיפרך דלאו שיתא כתיבי אלא חמשה אלא דלא רצה לדקדק דעיקרייהו צריכי לדרשא דלקמן דהני ה' עינויים כנגד מי כו' ואומר רבי כי אין צריך לכך דמתמעטו ועניתם נפקי כולהו ובכי האי גוונא איכא במעילה פרק הנהנה מהקדש דמפיק מתמעטל מריבה ריבה לרבות כו'. מ"ד: איזה דבר שיש בו איבוד נשמה כו'. מדכתיב ולא כתיב היכירא: טוב מראה עינים באשה יותר כו'. הילכך צריך ליזהר מאד ממנו:

מסורת הש"ס

[חולין פ. כריתות כא.]

[שם]

[פי' לעבור עליו בשתים וקי"ל דחייבי כריתות ישנו בכלל מלקות ארבעים עיין מכות יג:]

[ע' הגי' בע"י]

[לעיל יח: וש"נ]

[לקמן עה:]

הגהות הב"ח

(א) גמ' אף כל לאתויי כוי ולאו כוי ספיקא הוא: (ב) שם ואימא היכא דיתיב בשימשא וחמים ליה: (ג) שם והאבדתי את הנפש: (ד) רש"י ד"ה מה מצות מלאכת שבת כצ"ל ותיבת שבת נמחק: (ה) ד"ה ה"ג המאכילך קא מפרש:

גליון הש"ס

גמרא עינוי שהוא אבידת הנפש. עיין נדרים דף פ ע"ב וכר"ן שם ד"ה כי רחוק:

א) לכו היינו חמשה כו' ולא כולה בלשון תענו אלא קמא לחודי' וכו' אלא לא תא לדקדק וכו' ואומר ר' כי אין צריך לפרושו למעטינו קמא נפקי כלהו וכו' וכל"ל ועי' ש"י:

הני

עֵינוֹ בְּכוֹסוֹ(א) – עֲרָיוֹת כּוּלָּן דּוֹמוֹת עָלָיו כְּמִישׁוֹר. וְחַד אָמַר: כָּל הַנּוֹתֵן עֵינוֹ בְּכוֹסוֹ – כָּל הָעוֹלָם כּוּלּוֹ דּוֹמֶה עָלָיו כְּמִישׁוֹר. *°"דְּאָגָה בְלֶב אִישׁ יַשְׁחֶנָּה" רַבִּי אַמִי וְרַבִּי אַסִי, חַד אָמַר: יַשְׂחֶנָּה מִדַּעְתּוֹ, וְחַד אָמַר: *יְשִׂיחֶנָּה לַאֲחֵרִים. °"וְנָחָשׁ עָפָר לַחְמוֹ", ר' אַמִי וְרַבִּי אַסִי; חַד אָמַר: אֲפִילּוּ אוֹכֵל כָּל מַעֲדַנֵּי עוֹלָם טוֹעֵם בָּהֶם טַעַם עָפָר. וְחַד אָמַר: אֲפִילּוּ אוֹכֵל כָּל מַעֲדַנֵּי עוֹלָם אֵין דַּעְתּוֹ מְיוּשֶּׁבֶת עָלָיו עַד שֶׁיֹּאכַל עָפָר. תַּנְיָא, אָמַר רַבִּי יוֹסֵי: בּוֹא וּרְאֵה שֶׁלֹּא כְּמִדַּת הקב"ה מִדַּת בָּשָׂר וָדָם. מִדַּת בָּשָׂר וָדָם, מַקְנִיט אֶת חֲבֵירוֹ – יוֹרֵד עִמּוֹ לְחַיָּיו. אֲבָל הקב"ה אֵינוֹ כֵּן, קִלֵּל אֶת הַנָּחָשׁ – עוֹלֶה לַגַּג מְזוֹנוֹתָיו עִמּוֹ, יוֹרֵד לְמַטָּה – מְזוֹנוֹתָיו עִמּוֹ. קִלֵּל אֶת כְּנַעַן – אוֹכֵל מַה שֶּׁרַבּוֹ אוֹכֵל, וְשׁוֹתֶה מַה שֶּׁרַבּוֹ שׁוֹתֶה. קִלֵּל אֶת הָאִשָּׁה – הַכֹּל רָצִין אַחֲרֶיהָ, קִלֵּל אֶת הָאֲדָמָה – הַכֹּל נִיזּוֹנִין הֵימֶנָּה. °"זָכַרְנוּ אֶת הַדָּגָה אֲשֶׁר נֹאכַל בְּמִצְרַיִם חִנָּם", רַב וּשְׁמוּאֵל; חַד אָמַר: דָּגִים, וְחַד אָמַר: עֲרָיוֹת. מַאן דְּאָמַר דָּגִים – דִּכְתִיב: "נֹאכַל", וּמַאן דְּאָמַר עֲרָיוֹת – דִּכְתִיב "חִנָּם". וּלְמַאן דְּאָמַר עֲרָיוֹת – הָא כְּתִיב "נֹאכַל!" – *)לִישָּׁנָא מְעַלְּיָא נָקַט, דִּכְתִיב: °"אָכְלָה וּמָחֲתָה פִיהָ וְאָמְרָה לֹא פָעַלְתִּי אָוֶן". וּלְמַאן דְּאָמַר דָּגִים, מַאי חִנָּם? דַּהֲווּ מַיְיתִין לְהוּ מֵהֶפְקֵירָא. *דְּאָמַר מָר: כְּשֶׁהָיוּ יִשְׂרָאֵל שׁוֹאֲבִין מַיִם הקב"ה מַזְמִין לָהֶם בְּתוֹךְ הַמַּיִם דָּגִים קְטַנִּים בְּכַדֵּיהֶן. בִּשְׁלָמָא לְמַאן דְּאָמַר דָּגִים, אֲבָל עֲרָיוֹת לָא פְּרִיצֵי בְּהוּ – הַיְינוּ דִּכְתַב: °"גַּן נָעוּל אֲחוֹתִי כַלָּה" [גו'] אֶלָּא לְמ"ד עֲרָיוֹת – מַאי "מַעְיָן חָתוּם"? מֵהָנָךְ דַּאֲסִירִין לָא פְּרִיצֵי בְּהוּ. בִּשְׁלָמָא לְמַאן דְּאָמַר עֲרָיוֹת הַיְינוּ דִּכְתִיב: °"וַיִּשְׁמַע מֹשֶׁה אֶת הָעָם בֹּכֶה לְמִשְׁפְּחֹתָיו" – *עַל עִסְקֵי מִשְׁפְּחוֹתָיו שֶׁנֶּאֶסְרוּ לָהֶם לִשְׁכַּב אֶצְלָם, אֶלָּא לְמַאן דְּאָמַר דָּגִים – מַאי בּוֹכֶה לְמִשְׁפְּחוֹתָיו? הָא וְהָא הֲוַאי. °"אֵת הַקִּשֻּׁאִים וְאֵת הָאֲבַטִּחִים", רַבִּי אַמִי וְרַבִּי אַסִי: חַד אָמַר: טַעַם כָּל הַמִּינִין טָעֲמוּ בַּמָּן, טַעַם חֲמֵשֶׁת הַמִּינִין הַלָּלוּ לֹא טָעֲמוּ בּוֹ. וְחַד אָמַר: טַעַם כָּל הַמִּינִין טָעֲמוּ טַעְמָן וּמַמָּשָׁן, וְהַלָּלוּ – טַעְמָן וְלֹא מַמָּשָׁן. °"(*וְהַמָּן) כִּזְרַע גַּד לָבָן (וְטַעְמוֹ)" אָמַר ר' אַסִי: עָגוֹל כְּגִידָא, וְלָבָן כְּמַרְגָּלִית. (*תַּנְיָא נַמִּי הָכִי): גַּד – שֶׁדּוֹמֶה לְזֶרַע פִּשְׁתָּן בִּגְבְעוֹלִין. אֲחֵרִים אוֹמְרִים: *גַּד – שֶׁדּוֹמֶה לְהַגָּדָה שֶׁמּוֹשֶׁכֶת לִבּוֹ שֶׁל אָדָם כַּמַּיִם. תַּנְיָא אִידָךְ: גַּד – שֶׁמַּגִּיד לָהֶם לְיִשְׂרָאֵל אִי בֶּן תִּשְׁעָה לָרִאשׁוֹן וְאִי בֶּן שִׁבְעָה לָאַחֲרוֹן. "לָבָן" – שֶׁמַּלְבִּין עֲוֹנוֹתֵיהֶן שֶׁל יִשְׂרָאֵל. תַּנְיָא, ר' יוֹסֵי אוֹמֵר: כְּשֵׁם שֶׁהַנָּבִיא הָיָה מַגִּיד לָהֶם לְיִשְׂרָאֵל מַה שֶּׁבְּחוֹרִין וּמַה שֶּׁבִּסְדָקִין, כָּךְ הַמָּן מַגִּיד לָהֶם לְיִשְׂרָאֵל מַה שֶּׁבְּחוֹרִין וּמַה שֶּׁבִּסְדָקִין. כֵּיצַד? שְׁנַיִם שֶׁבָּאוּ לִפְנֵי מֹשֶׁה לְדִין זֶה אוֹמֵר: עַבְדִּי גָּנַבְתָּ, וְזֶה אוֹמֵר: אַתָּה מְכַרְתּוֹ לִי. אָמַר לָהֶם מֹשֶׁה:(ב) לַבּוֹקֶר מִשְׁפָּט. לְמָחָר אִם נִמְצָא עוֹמְרוֹ בְּבֵית רַבּוֹ רִאשׁוֹן – בְּיָדוּעַ שֶׁזֶּה גְּנָבוֹ, אִם נִמְצָא עוֹמְרוֹ בְּבֵית רַבּוֹ שֵׁנִי בְּיָדוּעַ שֶׁזֶּה מְכָרוֹ לוֹ. וְכֵן אִישׁ וְאִשָּׁה שֶׁבָּאוּ לִפְנֵי מֹשֶׁה לְדִין. זֶה אוֹמֵר: הִיא סָרְחָה עָלַי, וְהִיא אוֹמֶרֶת: הוּא סָרַח עָלַי. אָמַר לָהֶם מֹשֶׁה:(ג) לַבֹּקֶר מִשְׁפָּט. לְמָחָר, אִם נִמְצָא עוֹמְרָהּ בְּבֵית בַּעְלָהּ – בְּיָדוּעַ שֶׁהִיא סָרְחָה עָלָיו, נִמְצָא עוֹמְרָהּ בְּבֵית אָבִיהָ – בְּיָדוּעַ שֶׁהוּא סָרַח עָלֶיהָ. כְּתִיב: °"וּבְרֶדֶת הַטַּל עַל הַמַּחֲנֶה לָיְלָה [יֵרֵד הַמָּן עָלָיו]" וּכְתִיב °"וְיָצָא הָעָם וְלָקְטוּ" וּכְתִיב: °"שָׁטוּ הָעָם וְלָקְטוּ". הָא כֵּיצַד? צַדִּיקִים יָרַד עַל פֶּתַח בָּתֵּיהֶם, בֵּינוֹנִים – יָצְאוּ וְלָקְטוּ, רְשָׁעִים שָׁטוּ וְלָקְטוּ. כְּתִיב "לֶחֶם" וּכְתִיב "עֻגוֹת" וּכְתִיב "וְטָחֲנוּ". הָא כֵּיצַד? צַדִּיקִים – לֶחֶם, בֵּינוֹנִים – עוּגוֹת, רְשָׁעִים – טָחֲנוּ בָּרֵיחַיִם. °"אוֹ דָכוּ בַּמְּדֹכָה", א"ר יְהוּדָה אָמַר רַב, וְאִיתֵּימָא ר' חָמָא בַּר' חֲנִינָא: מְלַמֵּד שֶׁיָּרַד לָהֶם לְיִשְׂרָאֵל עִם הַמָּן תַּכְשִׁיטֵי נָשִׁים, דָּבָר שֶׁנִּידּוֹךְ בִּמְדוֹכָה. °"וּבִשְּׁלוּ בַּפָּרוּר" א"ר חָמָא: מְלַמֵּד שֶׁיָּרַד לָהֶם לְיִשְׂרָאֵל עִם הַמָּן צִיקֵי קְדֵירָה. °"וְהֵם הֵבִיאוּ אֵלָיו עוֹד נְדָבָה בַּבֹּקֶר בַּבֹּקֶר" מַאי בַּבֹּקֶר בַּבֹּקֶר? א"ר שְׁמוּאֵל בַּר נַחְמָנִי א"ר יוֹנָתָן: מִדָּבָר שֶׁיָּרַד לָהֶם בַּבֹּקֶר בַּבֹּקֶר, מְלַמֵּד שֶׁיָּרְדוּ לָהֶם לְיִשְׂרָאֵל אֲבָנִים טוֹבוֹת וּמַרְגָּלִיּוֹת עִם הַמָּן.(ד) °"וְהַנְּשִׂאִים הֵבִיאוּ אֵת אַבְנֵי הַשֹּׁהַם" תָּנָא: נְשִׂיאִים מַמָּשׁ, וְכֵן הוּא אוֹמֵר: °"נְשִׂיאִים וְרוּחַ וְגֶשֶׁם אָיִן". °"וְהָיָה טַעְמוֹ כְּטַעַם לְשַׁד הַשָּׁמֶן" א"ר אַבָּהוּ:(ה) מַה שַּׁד זֶה תִּינוֹק טוֹעֵם בָּהּ כַּמָּה טְעָמִים – אַף הַמָּן כָּל זְמַן שֶׁיִּשְׂרָאֵל אוֹכְלִין אוֹתוֹ – מוֹצְאִין בּוֹ כַּמָּה טְעָמִים. א"ד: לְשַׁד מַמָּשׁ, מַה שַּׁד זֶה מִתְהַפֵּךְ לְכַמָּה גְּוָונִין – אַף הַמָּן מִתְהַפֵּךְ לְכַמָּה טְעָמִים. °"וַיֹּאמֶר מֹשֶׁה בְּתֵת ה' לָכֶם בָּעֶרֶב בָּשָׂר לֶאֱכוֹל וְלֶחֶם בַּבֹּקֶר לִשְׂבֹּעַ". תָּנָא מִשְּׁמֵיהּ דְּר' יְהוֹשֻׁעַ בֶּן קָרְחָה: בָּשָׂר שֶׁשָּׁאֲלוּ שֶׁלֹּא כַּהוֹגֶן – נִיתַּן לָהֶם שֶׁלֹּא כַּהוֹגֶן, לֶחֶם

*) [יבמות יא: וש"נ] כתובות יג. סה:

רש"י

עֵינוֹ בְּכוֹסוֹ. אוֹהֵב שִׁכְרוּת: כָּל הָעוֹלָם דּוֹמֶה עָלָיו כְּמִישׁוֹר. מָמוֹן אֲחֵרִים דּוֹמֶה לוֹ הֶיתֵּר: יְשִׂיחֶנָּה לַאֲחֵרִים. שֶׁמָּא יַשִּׂיאוּהוּ עֵצָה: (ו)דְּאָגָה. פַּחַד שֶׁדּוֹאֵג עַל הֶפְסֵד שׁוּם דָּבָר פֶּן יְבוֹאֵהוּ: יוֹרֵד עִמּוֹ לְחַיָּיו. בְּכָל דָּבָר שֶׁהוּא יָכוֹל לְהַקְנִיטוֹ וּלְהַפְסִידוֹ הוּא יוֹרֵד: עֲרָיוֹת. דְּנֶאֶסְרוּ לָהֶם בַּמִּדְבָּר וְדָגָה לְשׁוֹן תַּשְׁמִישׁ כְּמוֹ וְיִדְגּוּ לָרוֹב (בראשית מח): וּמָחֲתָה פִיהָ. מְקַנַּחַת פִּיהָ שֶׁל מַטָּה כְּמוֹ כַּאֲשֶׁר יִמְחֶה הַצַּלַּחַת (מלכים כא). כְּמִי שֶׁמְּקַנֵּחַ אֶת הַקְּעָרָה: דְּאָמַר מָר. בְּמַסֶּכֶת סוֹטָה בְּפֶרֶק קַמָּא (דף יא:): לָא פְּרִיצֵי בְּהוּ. לֹא הָיוּ פְּרוּצִים בַּעֲרָיוֹת בְּמִצְרַיִם: הָנָךְ דַּאֲסִירִין. אוֹתָן שֶׁהָיוּ נֶאֱסָרוֹת לִבְנֵי נֹחַ כְּגוֹן הָנָךְ דְּאָמְרִינַן בְּסַנְהֶדְרִין (דף נז:). עֶרְוָה שֶׁב"ד שֶׁל יִשְׂרָאֵל מְמִיתִין עָלֶיהָ בֶּן נֹחַ מוּזְהָר עָלֶיהָ וְהֵן דָּכוּ עַל הַנּוֹסָפוֹת: הַלָּלוּ לֹא טָעֲמוּ. שֶׁהֵן קָשִׁין לְעוּבָּרוֹת וּמֵינִיקוֹת כִּדְאָמְרִינַן בְּסִפְרֵי: מָשָׁל אוֹמֵר לְאִשָּׁה לֹא תֹּאכְלִי בָּצָל מִפְּנֵי הַתִּינוֹק: וְהוּא כִּזְרַע גַּד לָבָן אָמַר רַבִּי אַסִי. זֶרַע הַגַּד אֵינוֹ לָבָן אֲבָל עָגוֹל הוּא וְהָכִי קָאָמַר קְרָא וְהוּא עָגוֹל כִּזְרַע גַּד וְלָבָן כְּמַרְגָּלִית: כְּגִידָא. גַּרְעִין שֶׁל אליינדר"י: שֶׁדּוֹמֶה לְזֶרַע פִּשְׁתָּן. שֶׁגַּם הוּא עָגוֹל: שֶׁמַּלְבִּין עֲוֹנוֹתֵיהֶן. מִתּוֹךְ שֶׁהָיוּ דּוֹאֲגִים שֶׁמָּא לֹא יֵרֵד מָן לְמָחָר הָיוּ מְשַׁעְבְּדִים לִבָּם לַמָּקוֹם:(ז) אִם בֶּן תִּשְׁעָה וכו'. לְפִי שֶׁנֶּאֱמַר (שמות טז) "וַיָּמֹדּוּ בָעֹמֶר" בֵּין שֶׁלִּיקֵּט הַרְבֵּה בֵּין שֶׁלִּיקֵּט מְעַט מוֹצֵא עוֹמֶר לַגּוּלְגּוֹלֶת וְאִם נִמְצָא יָתֵר בְּבֵית הָרִאשׁוֹן בְּיָדוּעַ שֶׁבֶּן תִּשְׁעָה לָרִאשׁוֹן הוּא וְאִם בְּבֵית הָאַחֲרוֹן בְּיָדוּעַ שֶׁבֶּן הָאַחֲרוֹן הוּא: הוּא סָרַח עָלַי. וְתוֹבַעְתּוֹ כְּתוּבָּתָהּ: יָרַד הַמָּן עָלָיו. אַלְמָא בְּתוֹךְ הַמַּחֲנֶה יוֹרֵד וְכָתַב "וְיָצָא הָעָם וְלָקְטוּ" יְלִיאָה מִחוּץ לַמַּחֲנֶה מַשְׁמַע וּכְתִיב שָׁטוּ מַשְׁמַע לְמָקוֹם רָחוֹק כְּמוֹ מִשּׁוּט בָּאָרֶץ (איוב א): לֶחֶם. מַשְׁמַע אָפוּי: עוּגוֹת. מַשְׁמַע קוֹדֶם אֲפִיָּיה: תַּכְשִׁיטֵי נָשִׁים. בְּשָׂמִים שֶׁהֵן דּוֹכוֹת בִּמְדוֹכָה וּמִתְקַשְּׁטוֹת בָּהֶן לִהְיוֹת רֵיחָן עָרֵב לְבַעְלֵיהֶן: צִיקֵי קְדֵירָה. תַּבְלִין לְתַבְשִׁיל עָרֵב וּמְבוּשָּׂם: שֶׁיָּרְדוּ לָהֶן אֲבָנִים טוֹבוֹת. הֵבִיאוּ נְדָבָה מִמַּה שֶּׁמּוֹצְאִין בַּבֹּקֶר בַּבֹּקֶר כְּשֶׁיּוֹצְאִין לִלְקוֹט אֶת הַמָּן שֶׁנֶּאֱמַר וַיִּלְקְטוּ אוֹתוֹ בַּבֹּקֶר בַּבֹּקֶר: נְשִׂיאִים מַמָּשׁ. עֲנָנִים הָיוּ: שַׁד זֶה תִּינוֹק מוֹצֵא בּוֹ כָּל מִינֵי טְעָמִים. שֶׁהָאֵם אוֹכֶלֶת: לֶחֶם

רבינו חננאל

וְאסיקנא ירד להן לישראל תכשיטי נשים וציקי קדירה ואבנים טובות ומרגליות עם המן:

תוספות ישנים

עולה לגג מזונותיו עמו. יש אומר בבראשית רבה שאינו אוכל עד שמגיע למקום של קרקע בתולה לאכול: **אי** הוי בן ט' לראשון כו'. ועדיין לא גזרו שצריכות להמתין שלשה חדשים משום הבחנה כי לא הוצרכו עדיין שהמן בודק:

הגהות הב"ח

(א) גמרא עינו בכוסו כל העריות כולן דומות: (ב) שם א"ל משה דינו לבוקר משפט וכן לקמן: (ג) שם אמר להם משה דינו לבוקר משפט למחר (אם נמצא עומרה וכו' שהוא סרח עליה) תא"מ ונ"ב ס"א אם נמצא עומרה בבית בעלה בידוע שהוא סרח עליה נמצא עומרה בבית אביה בידוע שהיא סרחה עליו: (ד) שם אבנים טובות ומרגליות עם המן שנאמר והנשיאים הביאו: (ה) שם כטעם לשד השמן אמר ר' אבהו אל תקרא לשד אלא שד מה שד זה מתהפך לכמה גוונים אף המן מתהפך לכמה טעמים איכא דאמרי לשד זה דד מה דד זה תינוק טועם בה וכו' מוצאין בו כמה טעמים ויאמר משה בתת כו' כצ"ל ועל תיבת לכמה גוונין נ"ב נראה דס"ל לתלמודא הא דכתיב להט החרב המתהפכת שדרז"ל שהם מתהפכין פעמים אנשים פעמים נשים פעמים רוחות כו' לאו אמלאכי עליון לחודיה קאי אלא אף השדים שהם נקראים כרובים במקום זה נמי קאי שהם מתהפכין לכמה גוונין כו': (ו) רש"י ד"ה דאגה נ"ל קודם ד"ה ישיחנה: (ז) ד"ה אם בן תשעה כו' ואם נמצא עומר בבית ראשון כו' בידוע שבן שבעה לאחרון הוא הס"ד ומה"ד שמלבין וכו' למקום הס"ד ואח"כ מה"ד היא סרחה עלי. והרווחתי כתובתה הס"ד ואח"כ מה"ד הוא סרח עלי וכו':

מסורת הש"ס

סוטה מב: [סנהדרין ק:]

[פי' כדי שיבקשו עליו רחמים. ערוך ערך שח ו]

משלי יב; ישעיה סה; במדבר יא; משלי ל; סוטה יא:; שיר השירים ד; במדבר יא; שבת קל.; במדבר שם; שמות טז; נ"ל והוא; [נ"ל תנו רבנן כ"א בע"י]; *] מכילתא פ' בשלח; במדבר יא; שמות טז; במדבר יא; שם; שם; שמות לו; שם לה; משלי כה; במדבר יא; שמות טז

יא א מיי' פ"א מהלכות שחיטה הל' ד והל' ט טוי"ד סימן א:

רבינו חננאל

לימדה תורה ד"א שכל מי שיש לו סעודה לא ניכלה אלא *) ביממא כעין ליליא לא יאכל אדם בשר בערב שנאמר בתת ה' לכם בשר לאכול כו'. בתחלה היו ישראל דומין כתרנגולין שמנקרין באשפה עד שבא משה ותיקן להן זמן סעודה. תניא ר' אומר מה ת"ל כאשר צויתיך ואכלת מלמד שנצטוה משה על הושט ועל הקנה ועל רוב אחד בעוף ורוב שנים בבהמה ומה ת"ל שטוח שירד להן משטוחין משטוחין **) [כתיב ביוה"כ תענו את נפשותיכם וכתיב התם עניתי בצום נפשי מיכן שהצום נקרא עינוי] כתיב לחם וכתיב שמן וכתיב דבש הא כיצד לנערים לחם לזקנים שמן לתינוקות דבש. כתיב שליו וקרינן סליו לצדיקים בשלוה ולרשעים כסילוה פי' קוצים: השליו היה יורד. לרב יהודה אבי דני. לרב חסדא אבי ציבי. (רבה) [רבא] הוה מייתו ליה ההוא צײדא בכל יומא מאגמא יומא חד לא אשכח סליק ההוא צײדא לאיגרא שמע להההוא ינוקא דקאמר שמעתי ותרגז בטני וגו' אמר ש"מ נח נפשיה דרב חסדא ובשביל רבה הוה אכיל תלמידא. מחספס אמר ריש לקיש דבר שנימוח על פיסת היד. ר' יוחנן אמר מחספס חסר ו' כתיב בגימטריא רמ"ח הרי מיכן שהיה המן נבלע ברמ"ח אברים: **ת"ר** לחם אבירים אכל איש. לחם הנבלע באיברים. אבל המלאכים אינן אוכלין כלל: ואפילו דברים שתגרי האומות מוכרין להן ואוכלין אותן היה המן מפיגן ולא היו צריכין לנקביהן ומה אני מקיים ושבת וכסית את צאתך לאחר שסרחו אמר להן הקב"ה אני אמרתי תהיו לפני כמלאכים עכשיו הריני מטריחכם ג' פרסאות עד שתצאו חוץ למחנה. ואמר רבה בר בר חנה לדידי חזי לי ההוא דוכתא והוו ג' פרסי אורך וג' פרסי רוחב.

*) הדבר נראה לעין דט"ס נפל בכאן וצ"ל לא ניכלה אלא בלילה כעין יממא ולא יאכל אדם בשר אלא בערב שנאמר וכו'. **) דברי רבינו אלו אין להם שייכות הכא ומקומם לעיל דף עד ע"ב:

לחם ששאלו כהוגן – ניתן להם כהוגן, מכאן למדה תורה דרך ארץ שלא יאכל אדם בשר אלא בלילה. והאמר אביי: *האי מאן דאית ליה סעודתא – לא לאכלי' אלא ביממא! כעין יממא קא אמרינן. אמר רב אחא בר יעקב: בתחלה היו ישראל דומין כתרנגולים שמנקרין באשפה, עד שבא משה וקבע להם זמן סעודה. °"הבשר עודנו בין שניהם" וכתיב: °"עד חדש ימים". הא כיצד? בינונים – לאלתר מתו, רשעים – מצטערין והולכין עד חדש ימים. "וישטחו" אמר ריש לקיש: אל תקרי "וישטחו" אלא "וישחטו" מלמד שנתחייבו שונאיהן של ישראל שחיטה. "שטוח" תנא משמיה דרבי יהושע בן קרחה: אל תיקרי "שטוח" אלא "שחוט", מלמד שירד להם לישראל עם המן דבר שטעון שחיטה. אמר רבי: וכי מכאן אתה למד? והלא כבר נאמר: °"וימטר עליהם כעפר שאר וכחול (*הים) עוף כנף" *ותניא, [א]רבי אומר: °"וזבחת כאשר צויתיך" – מלמד שנצטוה משה על הושט ועל הקנה, על רוב אחד בעוף, ועל רוב שנים בבהמה. אלא מה תלמוד לומר "שטוח" – מלמד שירד להם משטיחין משטיחין. כתיב "לחם" וכתיב "שמן" וכתיב °"דבש". אמר רבי יוסי ברבי חנינא: לנערים – לחם, לזקנים – שמן, לתינוקות – דבש. כתיב "שליו" וקרינן, "סליו", אמר רבי חנינא: צדיקים אוכלין אותו בשלוה, רשעים אוכלין אותו ודומה להן כסילוין. א"ר חנן בר רבא: ד' מיני סליו הן, ואלו הן: שיכלי, וקיבלי, *ופסיוני, ושליו. מעליא דכולהו – שיכלי, גריעא דכולהו – שליו. והוי כציפורתא[א] ומותבינן לה בתנורא, ותפח והוה מלי תנורא, ומסקינן ליה אתליסר ריפי ואחרונה אינה נאכלת אלא ע"י תערובת. רב יהודה משתכח ליה בי דני. רב חסדא משתכח ליה בי ציבי. רבא מייתי ליה אריסיה כל יומא.[ב] יומא חד לא אייתי, אמר: מאי האי? סליק לאיגרא, שמעיה לינוקא דקאמר: °"שמעתי ותרגז בטני". אמר: שמע מניה נח נפשיה דרב חסדא, *ובדיל רבה אכיל תלמידא. כתיב: °)"ותעל שכבת הטל" וכתיב: °°)"וברדת הטל". אמר רבי יוסי ברבי חנינא: טל מלמעלה, וטל מלמטה, ודומה כמו שמונח בקופסא. "דק מחוספס" אמר ר"ל: דבר שנימוח על פיסת היד. רבי יוחנן אמר: דבר שנבלע במאתים וארבעים ושמונה אברים. מחוספס – טובא הוי! אמר רב נחמן בר יצחק "מחספס" כתיב. תנו רבנן: °"לחם אבירים אכל איש" – לחם שמלאכי השרת אוכלין אותו, דברי ר"ע. וכשנאמרו דברים לפני רבי ישמעאל אמר להם: צאו ואמרו לו לעקיבא: עקיבא טעית! וכי מלאכי השרת אוכלין לחם? והלא כבר נאמר: °"לחם לא אכלתי ומים לא שתיתי" אלא מה אני מקיים: "אבירים" – לחם שנבלע במאתים וארבעים ושמונה אברים. אלא מה אני מקיים: °*"ויתד תהיה לך על אזניך (*ויצאת שמה חוץ)" – דברים שתגרי אומות העולם מוכרין אותן להם. ר"א בן פרטא אומר: אף דברים שתגרי אומות העולם מוכרין להן – מן מפיגן, אלא מה אני מקיים: "ויתד תהיה לך על אזניך"? לאחר שסרחו, אמר הקב"ה: אני אמרתי יהיו כמלאכי השרת – עכשיו אני מטריח אותם שלש פרסאות דכתיב: °"ויחנו על הירדן מבית הישימות עד אבל השטים". ואמר רבה בר בר חנה: *לדידי חזי לי ההוא אתרא והויא תלתא פרסי. ותנא: כשנפנין – אין נפנין לא לפניהן, ולא לצדדיהן, אלא לאחוריהן, °"ועתה נפשנו יבשה אין כל" אמרו: עתיד מן זה[ג] שתיפח במעיהם, כלום יש ילוד אשה שמכנים ואינו מוציא?[א] וכשנאמרו דברים לפני ר' ישמעאל אמר להם: אל תקרי "אבירים" אלא "איברים" – דבר שנבלע במאתים וארבעים ושמונה איברים. אלא מה אני מקיים "ויתד תהיה לך על אזניך" – בדברים שבאין להם ממדינת הים. דבר אחר: "לחם אבירים אכל איש" זה

°) שמות טז °°) במדבר יא *) [בקרא הוא קודם ויתד ובע"י ובילקוט ליתא]

מסורת הש"ס: [לעיל עד:] · תהלים עח · [נ"ל ימים] · חולין כח. פה: · דברים יב · [שמות טז] · [קדושין לא. ב"ק נה.] · חבקוק ג · בע"י והיינו דאמרי אינשי בדיל וכו' · תהלים עח · דברים ט · שם כג · [עי' ברכות כה.] · במדבר לג · [עירובין נה: ע"ש] · במדבר יא

תורה אור: במדבר יא · שם

לחם ששאלו כהוגן. שאי אפשר להיות בלא לחם: ניתן להם כהוגן. בבוקר שיש שהות להכינו: בשר שאלו שלא כהוגן. מתוך כרס מלאה שהרי מקנה רב היה להם:[ד] שלא כהוגן. ירד להם עם חשיכה שעה שאינה ראויה לתקן אותו עד שעת הסעודה: כעין יממא. כאור האבוקה: וקבע להם זמן סעודה. בבקר ובערב: שירד להם דבר שטעון שחיטה. ומלמד שהשליו דבר שטעון שחיטה היה: וזבחת כאשר צויתיך. ולא מצינו בתורה ציווי הזביחה היאך, מכאן אתה למד שנמסרו לו הלכות שחיטה על פה: משטיחין. השליו היה עשוי לפניהן על הארץ משטיחין משטיחין ליטריד"ש בלע"ז: לחם יפה לבחורים ושמן לזקנים ודבש לתינוקות. כתיב שמן כטעם לשד השמן ואין זה לשון שומן אלא לשון שמן לפיכך טעמו נקוד למעלה ומ"ם שלו נקוד פתח קטן ולפי שהוא סוף פסוק נהפך השי"ן ליעקד בקמץ גדול: כסילוים. קוצים בלשון ארמי: ומותבינן לה בתנורא. כך מנהגם[ה] לגלות שפודיהם בתנור: ותפח. מרוב שומנו הוא נתפח ונעשה עב: אתליסר ריפי. זו על זו ריפי ככרות: ותחתונה אינה נאכלת. מרוב השומן הנבלע בה וכל שכן העליונות: משתכח ליה. היו נמצאות לו בין חביותיו שהיו ממליחין לו מן השמים: רב חסדא. חמוה דרבא הוה ורבו הוה: ובדיל רבה. בזכות הרב היה אוכל התלמיד: כתיב ותעל שכבת הטל. והנה על פני המדבר כשהיה הטל עולה מן הארץ לקראת החמה כדרכו היה נראה על פני המדבר[ו] דק מחספס למדנו שהיה הטל מכסה את המן עד שעה שהטל עולה לקראת החמה וכתיב ירד המן עליו אלמא טל מלמטה: קופסא. אשקרו"ן בלע"ז: נימח על פיסת היד. מחוספס נוטריקון: נבלע באיברים. אינו יוצא מן המעיים: לאחר שסרחו. שנתלוננו על כך שאמרו "בלחם הקלוקל" (במדבר כא): לא לפניהם ולא לצידיהם. שאין יודעים לאיזה צד ענניס הולכים: אלא לאחוריהם. דיודעים הם שלא יחזרו לאחוריהן ואותן שלפנים צריכין לצאת לסוף המחנה מאחור:

הגהות הב"ח

(א) גמ' גריעא דכולהו שליו והויא כציפורתא ומלאו ליה ומותבינן לה בתנורא ותפח ורבי עד דמלי תנורא ומסקין ליה ומותבינן ליה אתליסר ריפי ובתרייתא דכולהו אינה נאכלת אלא ע"י: (ב) שם מייתי ליה אריסיה כל יומא מאגמא יומא חד לא אייתי ליה אמר מאי האי: (ג) שם אמרו עתיד מן זה שיתפח במעיהם ויהרגם כלום יש ילוד אשה: (ד) רש"י ד"ה בשר כו' היה להם הס"ד ואח"כ מה"ד ניתן להם שלא כהוגן: (ה) ד"ה ומותבינן כו' מנהגם לתת שפודיהם: (ו) ד"ה כתיב כו' נראה על פני המדבר המן דק:

הגהות הגר"א

[א] גמרא (וכשנאמרו כו' עד ממדינת הים) תא"מ:

גליון הש"ס

גמ' מחספס כתיב. כעין זה לעיל לח ע"ב ובמגילה טו ע"ב שבת כח ע"ב סוכה ט ע"ב יבמות סה ע"ב הוריות ד ע"א:

תוספות ישנים

מלמד שנצטוה משה על השחיטה על כו'. הקשה ה"ר אפרים דהכא משמע יש שחיטה לעוף מן התורה אליבא דרבי ואילו בנזיר בסוף פרק הריני נזיר (דף כט.) פליגי התם ר' יוחנן וריש לקיש המדיר בנו בנזיר אי הוה מהלכה למשה מסיני או כדי לחנכו במצות וקאמר כתנאי עד מתי האיש מדיר את בנו בנזיר עד שיביא שתי שערות דברי רבי כו' וקאמר דכ"ע כדי לחנכו במצות א) ובמופלא הסמוך לאיש קמיפלגי וכיון דאית ליה לרבי כדי לחנכו במצות אין שחיטה לעוף מן התורה אית ליה מדקאמר אוכל כהן מליקה ותירץ רבי דהכי קאמר התם דכ"ע כדי לחנכו במצות ולעולם לא תיפשוט מידי מזאת הברייתא אבל ולאי מוכח מברייתא אחרת שסובר רבי דיש שחיטה לעוף מן התורה ועוד תירץ דשמא היה סבור דלא קאכיל כהן מליקה כמו חטאת העוף הבא על הספק דמפיק התם מקרא דאינה נאכלת. מ"ר: **אף** דברים שתגרי אומות העולם מוכרין להן מן מפיגן כו'. ולית ליה להאי תנא הא דאמרינן לעיל בריש מכילתין (דף ד:) ויכסהו הענן ששת ימים כדי למרק אכילה ושתיה בתוך מעיו לשומו כמלאכי השרת כי לא היה

א) נ"ל ומופלא הסמוך לאיש דרבנן וכיון כו'.

זה יהושע שירד לו מן כנגד כל ישראל, כתיב הכא: "איש" וכתיב התם: °"קח לך את יהושע בן נון איש אשר רוח בו". ואימא משה, דכתיב: °"והאיש משה ענו מאד". דנין איש מאיש, ואין דנין "איש" מ"והאיש". שאלו תלמידיו את רבי שמעון בן יוחי: מפני מה לא ירד להם לישראל מן פעם אחת בשנה? אמר להם: אמשול לכם משל: למה הדבר דומה – למלך בשר ודם שיש לו בן אחד. פסק לו מזונותיו פעם אחת בשנה, ולא היה מקביל פני אביו אלא פעם אחת בשנה. עמד ופסק מזונותיו בכל יום, והיה מקביל פני אביו כל יום. אף ישראל, מי שיש לו ארבעה וחמשה בנים היה דואג ואומר: שמא לא ירד מן למחר ונמצאו כולן מתים ברעב, נמצאו כולן מכוונים את לבם לאביהן שבשמים. דבר אחר: שהיו אוכלין אותו כשהוא חם, דבר אחר: מפני משאוי הדרך. *וכבר היה רבי טרפון ורבי ישמעאל וזקנים יושבין ועוסקין בפרשת המן והיה רבי אלעזר המודעי יושב ביניהן. נענה רבי אלעזר המודעי ואמר: מן שירד להן לישראל היה גבוה ששים אמה. אמר לו רבי טרפון: מודעי! עד מתי אתה *מגבב דברים ומביא עלינו? אמר לו: רבי, מקרא אני דורש: °"חמש עשרה אמה מלמעלה גברו המים ויכסו ההרים" וכי חמש עשרה אמה בעמק (*חמש עשרה בשפלה) חמש עשרה בהרים? וכי מיא שורי שורי קיימי? ועוד: תיבה היכי סגיא? אלא[א] נבקעו כל מעינות תהום רבה עד דאשוו מיא בהדי טורי, והדר "חמש עשרה אמה מלמעלה גברו המים". *וכי אי זה מדה מרובה, *מדה טובה או מדת פורענות? הוי אומר: מדה טובה[ב] ממדת פורענות. במדת פורענות הוא אומר: °"וארובות השמים נפתחו", במדה טובה הוא אומר: °"ויצו שחקים ממעל ודלתי שמים פתח וימטר עליהם מן לאכול ודגן שמים נתן למו".[ג] כמה ארובות יש בדלת – ארבע, ארבע, הרי כאן שמונה, ונמצא מן שירד להם לישראל גבוה ששים אמה. תניא, איסי בן יהודה אומר: מן שירד להם לישראל היה מתגבר ועולה, עד שרואין אותו כל מלכי מזרח ומערב, שנאמר: °"תערוך לפני שלחן נגד צוררי [*וגו' כוסי רויה"] אמר אביי: ש"מ – כסא דדוד לעלמא דאתי מאתן ועשרין וחד לוגא מחזיק, שנא': "כוסי רויה" – רויה בגימטריא הכי הוי. הא לא דמיא, התם – בארבעין יומין, הכא – חדא שעתא, התם לכ"ע, הכא – לישראל לחודיה, ונפיש להו טפי.[ד] – ר' אלעזר המודעי פתיחה פתיחה גמר.§ "אסור באכילה". הני חמשה ענויין כנגד מי? אמר רב חסדא: כנגד ה' ענויין שבתורה °"ובעשור" °"אך בעשור" °"שבת שבתון" °"ושבת שבתון" °"והיתה לכם". הני חמשה הוו? ואנן שיתא תנן! *שתיה בכלל אכילה היא. דאמר ריש לקיש: מנין *לשתיה שהיא בכלל אכילה – שנאמר: °"ואכלת לפני ה' אלהיך מעשר דגנך תירושך ויצהרך", תירוש חמרא הוא וקרי ליה "ואכלת". ממאי? ודילמא דאכליה על ידי אניגרון? דאמר רבה בר שמואל: *אניגרון – מיא דסילקא, אכסיגרון – מיא דכולהו שלקי! אלא אמר רב אחא בר יעקב: מהכא: °"ונתתה הכסף בכל אשר תאוה נפשך בבקר ובצאן ביין ובשכר" שכר[ה] שתיה הוא, וקרייה רחמנא "ואכלת". ממאי? ודילמא הכא נמי דאכליה על ידי אניגרון? שכר כתב, מידי דמשכר. ודילמא דבילה קעילית? *דתניא: [א]אכל דבילה קעילית ושתה דבש וחלב ונכנס למקדש חייב

(מראי מקומות בגליון: במדבר כז; שם יב; ברכות ז; שם; תהלים עח; שם כג; ס"א; במדבר כט ויקרא כג; שם שם טז שם; [נדה לב.] דברים יד; ברכות לה: [שבועות כג.]; דברים שם; נזיר ז. [שבועות כג. סנהדרין ע: כריתות יג: בכורות מה:])

רש"י

זה יהושע. שעלה עם משה עד תחומי ההר שנאמר (שמות כד) "ויקם משה ויהושע משרתו ויעל משה אל הר[א] סיני" והמתין לו יהושע שם כל מ' יום שנאמר "וישמע יהושע את קול העם ברעה" למדנו שלא היה עמהם ושם היה יורד לו מן כנגד כל ישראל: עד מתי אתה מגבב דברים ומביא עלינו. תורה אור מאין לך: חמש עשרה אמה מלמעלה. אם תאמר מלמעלה לארץ, ולא פירש בהר או בבקעה, וכי חמש עשרה בהר. וכו': תיבה היכי סגיא. היאך עלתה לראשי ההרים? אלא על כרחך מלמעל' דקרא מן *השמים הוא, והכי קאמר: על ידי גשמים גברו ט"ו אמה ומן התהום יצאו תחלה למלאות הבקעות והשפלות עד שהשוו לראשי ההרים: מרובה. רבה על חברתה מדה טובה מרובה על הרעה חמש מאות בה. שבמדה טובה נאמר (שם לד) "נוצר חסד לאלפים" ובמדת פורענות הוא אומר "על שלשים ועל רבעים" אף כאן מדת הטוב של ירידת המן רבתה על ירידת המבול: במדת פורענות הוא אומר וארובות השמים. לא ירד מבול אלא דרך שתי ארובות: ובמדה טובה הוא אומר דלתי שמים פתח. ותניא: כמה ארובות יש באורך דלת – ארבע, הרי לב' דלתות ח' ארובות ואחרי ששתי ארובות הורידו גשמים גובה ט"ו אמה, ח' ארובות הורידו מן ששים אמות שהרי אמרת מדה טובה מרובה על של פורענות וכ"ש שאינה ממועטת הימנה: הא לא דמיא. אדר' אלעזר המודעי קאי: פתיחה פתיחה גמר. מה פתיחה האמורה בארובות המבול ט"ו לב' ארובות אף פתיחה האמורה בדלתות המן ט"ו אמה לכל ב' ארובות: ובעשור. דחומש הפקודים ו"אך בעשור" דשור או כשב שבת שבתון וגו' בכולהו כתיב "תענו" "ועניתם": אניגרון. מין מאכל שנותנין בו יין. ובכמה מקומות שנינו בתוספ' אניגרון ואכסיגרון שנותנין בו יין ושמן: מיא דסילקא. מים ששלקו בהן תרדין: דכולהו שלקי. של שאר מיני ירקי: מידי דמשכר. ואין שכרות דרך אכילה: קעילית. שם מקום:

תוספות

הני חמשה ענויין בנגד מי. תימה לי: דהכא קאמר סתמא דהתלמוד דחמשה הויין ובסמוך פריך סתמא דהתלמוד ואנן שיתא תנן! וי"ל: דהא דקאמר הכא הני ה' ענויין כנגד מי – לאו סתמא דהתלמוד קאמר לה, אלא מילתיה דרב חסדא היא הכל. וכי האי גוונא איכא בריש פרק "אלו מציאות" (ב"מ דף כא.*) דמיבעיא ליה: וכמה? א"ר יצחק: קב בארבע אמות, ובתר הכי פריך: אי דרך נפילה אפילו טובא נמי כו' וא"כ מאי קמיבעיא ליה מעיקרא וכמה? לימא דרך נפילה ואפילו טובא. אלא רבי יצחק הוא דקאמר וכמה. וכה"ג יש לפרש בפרק "לא יחפור" (ב"ב דף כב:) גבי "וכמה? [א"ר ייבא]... כמלא רחב חלון"*:

ובעשור אך בעשור שבת שבתון ושבת שבתון והיתה לכם. כך היא הגירסא ברוב ספרים. ודבר תימה היא מאד, דלא מייתי להו כסדר שהם כתובים בתורה אלא לגמרי מלמטה למעלה קא מייתי להו "ובעשור" בפרשת פינחס, ואך בעשור שבת שבתון בפרשת אמור אל הכהנים, ושבת שבתון והיתה לכם באחרי מות אלא ש"והיתה לכם" כתיב ברישא. וצ"ל דלהכי מייתי "ובעשור" ברישא משום דמיניה נפקא לן לעיל (דף עד:) פירושו דעינוי, כדאמר לעיל: יכול ישב בחמה ובצנה ויצטער – ת"ל: "כל מלאכה לא תעשו" והיינו ההוא קרא ד"ובעשור" דכתיב ביה: "ועניתם את נפשותיכם כל מלאכה לא תעשו" וכיון דכתיב לבסוף קא מייתי לכולהו מלמטה למעלה. ויש ספרים שגורסין "שבת שבתון" "אך בעשור" "ובעשור" "והיתה לכם" ועל אותה גירסא אין אדם יכול ליתן טעם:

הני חמשה הוו ואנן שיתא תנן. תימה לי דבקראי נמי כתיבי שיתא, תרי באחרי מות ושלש באמור אל הכהנים וחד בפינחס! וצ"ל ד"כי כל הנפש אשר לא תעונה" לא קא חשיב דלא קחשיב אלא ליווין "תענו" "ועניתם" אבל האי דלא ליווי הוא לא קא חשיב:

(גליון התוספות: [וכו"ע] [וע"ע תוספות פסחים נג. ד"ה תתן ותוספות בכורות כט. סד"ה היכא ותוספות נזיר ל. ד"ה פשיטא ותוספות כולה לח. ד"ה ואמר רבי יוחנן]; [לקושק קא תרגום לגבבה גילי עירוך]; [עמ"ש תוספות סוטה יח. ד"ה ולעולם ול"ה מכיס])

עין משפט נר מצוה

יב א מיי' פ"א מהלכות ביאת מקדש הל' ב:

הגהות הב"ח

(א) גמ' ועוד תיבה היכי סגיא אלא מעיקרא כתיב נבקעו כל מעינות: (ב) שם הוי אומר מדה טובה מרובה ממדת פורענות: (ג) שם ודגן שמים נתן למו ותנא כמה ארובות: (ד) שם ונפיש להו טפי אלא לא דמיא המודעי: (ה) שם וכיון ובשכר שכר ויין שתיה הוא וקריה: (ו) רש"י ד"ה זה יהושע וכו' אל הר האלהים והמתין:

(גליון: ג"א ההרים; [כע"י ל"ג לה ועי' בילקוט])

רבינו חננאל

תנא כשהן נפנין לא נפנין לא [לפניהם ולא] לאחוריהן אלא לצדיהן: **ולמה** לא היה המן יורד להן פעם אחת בשנה. ואסיקנא מפני שיהו מכוונים לבם לאביהם שבשמים בכל יום. שמי שהיה לו כמה בנים היה דואג ואומר אם לא ירד המן למחר הרי אני ובני מתים ברעב. ונמצא תמיד מכוין לבו לשמים. ד"א מפני משוי הדרך. במבול כתיב וארובות השמים נפתחו. וכתיב חמש עשרה אמה מלמעלה גברו המים. וגמירי דארבע ארובות שיעור הדלת. דתנא כמה ארובות יש בדלת ארבע וכתיב במן ודלתי שמים פתח וימטר עליהם מן לאכול נמצא בב' ארובות ט"ו אמה על כל ארובה ז' אמה וחצי. ובב' דלתות ח' ארובות על כל ארובה ז' וחצי. נמצא גובהו של מן ששים אמה. ואסיקנא ר' אלעזר בג"ש גמר התם כתיב וארובות השמים נפתחו והכא כתיב ודלתי שמים פתח. מה פתיחה דהתם ז' אמות ומחצה על כל ארובה. אף פתיחה דהכא ז' אמות ומחצה על כל ארובה. תניא איסי בר יהודה אומר מן שהיה יורד לישראל היה מתגבר ועולה עד שרואין אותו מלכי מזרח ומערב. שנאמר תערוך לפני שלחן נגד צוררי וגו' ודייק אביי מהא דאיסי דאמר המן היה מתגבר ועולה בחשבון תערוך כדי שיראו אותו הכל. כסא דדוד לעלמא דאתי שיעורו כחשבון רויה רכ"א לוג: **יוה"כ** אסור באכילה ובשתיה וברחיצה ובסיכה ובנעילת הסנדל ובתשמיש המטה. אוקימנא לאכילה ושתיה חדא. והני ד' הא חמשה כנגד ה' ענויין שבתורה. חד *) בעשור וחד ובעשור ג' אך בעשור ד' שבת שבתון ה' שבת שבתון. בהני כולהו כתיב ענוי חמשה כנגד חמשה. ואסיקנא דשתיה בכלל אכילה היא שנאמר כל נפש מכם לא תאכל דם. ותוב מדכתיב ונתתה הכסף בכל אשר תאוה נפשך בבקר ובצאן וביין ובשכר

*) היינו קרא דוהיתה לכם לחוקת עולם בעשור לחודש דכתיב בפ' אחרי מות וגירסת רבינו היא המחוורת מכל הגירסאות שנמצאו כאן.

תוספות ישנים

היה צריך לכך עד שחטאו במן: **דנין** איש מאיש. והא דכתיב משה איש האלהים אין דנין אלא מאיש סתמא: **מאתן** ועשרים וחד לוגא. שהיא מדה קטנה שבכולם הכתוב בתורה דכתיב ולוג שמן: **א"כ נפיש** להו טפי. שהיה גובהו יותר מששים אמה שהרי מחנה ישראל ג' פרסאות ובמ' יום יש תתק"ס שעות וכיון דבתתק"ס שעות נפל לכל העולם כולו כמדת ט"ו אמה לב' ארובות א"כ חשוב כמה נפל לכל אחת מן השעות במהלך ג' פרסאות לח' ארובות שהעולם מהלך ה' מאות שנה וכל יום ויום יש מהלך י' פרסאות וחשו יותר מס' אמה לפי חשבון זה: **הני** חמשה עינויין כנגד מי כו'. לעיל במשנה פירש שהם מדרבנן וכן משמע נמי מדלעיל מסמך לכולהו אקרא דשבתון שבות והכא בעי כנגד מי משמע שאין להם עיקר מן התורה:

אתיא

יג א טוש"ע י"ד סימן ריז סעיף טז:
יד ב מיי' פ"ט מהלכות נדרים הלכה א סמג לאוין רמב טוש"ע י"ד סימן ריז סעיף א:

(*חַיָּיב). אֶלָּא יָלֵיף שֵׁכָר שֵׁכָר מִנָּזִיר, מַה לְּהַלָּן יַיִן – אַף כָּאן יַיִן. וְתִירוֹשׁ חַמְרָא הוּא? וְהָתַנְיָא: [א]הַנּוֹדֵר מִן הַתִּירוֹשׁ – אָסוּר בְּכָל מִינֵי מְתִיקָה, וּמוּתָּר בְּיַיִן! וְלָאו חַמְרָא הוּא? וְהָכְתִיב: "וְתִירוֹשׁ יְנוֹבֵב בְּתוּלוֹת"! דָּבָר הַבָּא מִן הַתִּירוֹשׁ יְנוֹבֵב בְּתוּלוֹת. וְהָכְתִיב: "וְתִירוֹשׁ יְקָבֶיךָ יִפְרוֹצוּ" – דָּבָר הַבָּא: מִן הַתִּירוֹשׁ יְקָבֶיךָ יִפְרוֹצוּ. וְהָא כְּתִיב: "זְנוּת וְיַיִן וְתִירוֹשׁ יִקַּח לֵב"! אֶלָּא, דְּכוּלֵּי עָלְמָא תִּירוֹשׁ חַמְרָא הוּא, [ב]וּבִנְדָרִים *הַלֵּךְ אַחַר לְשׁוֹן בְּנֵי אָדָם. וְאַמַּאי קָרֵי לֵיהּ יַיִן וְאַמַּאי קָרֵי לֵיהּ תִּירוֹשׁ? יַיִן – שֶׁמֵּבִיא יְלָלָה לָעוֹלָם, תִּירוֹשׁ – שֶׁכׇּל הַמִּתְגָּרֶה בּוֹ נַעֲשֶׂה רָשׁ. *רַב כָּהֲנָא רָמֵי: כְּתִיב תִּירֹשׁ וְקָרֵינַן תִּירוֹשׁ, זָכָה – נַעֲשֶׂה רֹאשׁ, לֹא זָכָה – נַעֲשֶׂה רָשׁ. (*וְהַיְינוּ דְּרָבָא, דְּרָבָא) רָמֵי: כְּתִיב יְשַׁמַּח וְקָרֵינַן יְשַׂמַּח, זָכָה – מְשַׂמְּחוֹ, לֹא זָכָה – מְשַׁמְּמוֹ. וְהַיְינוּ דְּאָמַר רָבָא: *חַמְרָא וְרֵיחָנֵי פַּקְחִין. רְחִיצָה וְסִיכָה מְנָא לַן דְּאִיקְּרֵי עִינּוּי? דִּכְתִיב: "לֶחֶם חֲמוּדוֹת לֹא אָכַלְתִּי וּבָשָׂר וָיַיִן לֹא בָא אֶל פִּי וְסוֹךְ לֹא סָכְתִּי". מַאי "לֶחֶם חֲמוּדוֹת לֹא אָכַלְתִּי"? אָמַר רַב יְהוּדָה בְּרֵיהּ דְּרַב שְׁמוּאֵל בַּר שִׁילַת: אֲפִילּוּ נַהֲמָא דְּחִיטֵּי דְּכַיְיתָא לָא אֲכַל. וּמְנָא לַן דְּחָשֵׁיב כְּעִינּוּי – דִּכְתִיב: "וַיֹּאמֶר אֵלַי אַל תִּירָא דָנִיֵּאל כִּי מִן הַיּוֹם הָרִאשׁוֹן אֲשֶׁר נָתַתָּ אֶת לִבְּךָ לְהָבִין וּלְהִתְעַנּוֹת לִפְנֵי אֱלֹהֶיךָ נִשְׁמְעוּ דְבָרֶיךָ וַאֲנִי בָאתִי בִּדְבָרֶיךָ" ("כִּי חֲמוּדוֹת אָתָּה"). אַשְׁכְּחַן סִיכָה, רְחִיצָה מְנָא לַן? אָמַר רַב זוּטְרָא בְּרַבִּי טוֹבִיָּה: אָמַר קְרָא: "וַתָּבֹא כַמַּיִם בְּקִרְבּוֹ וְכַשֶּׁמֶן בְּעַצְמוֹתָיו". וְאֵימָא כִּשְׁתִיָּה? – דּוּמְיָא דְּשֶׁמֶן, מַה שֶּׁמֶן מֵאַבָּרַאי – אַף מַיִם מֵאַבָּרַאי. וְהָא תַּנָּא אִיפְּכָא קָא נָסֵיב לָהּ, דִּתְנַן: *מִנַּיִן לְסִיכָה שֶׁהִיא כִּשְׁתִיָּה בְּיוֹם הַכִּפּוּרִים? אַף עַל פִּי שֶׁאֵין רְאָיָה לַדָּבָר – זֵכֶר לַדָּבָר, שֶׁנֶּאֱמַר *"וַתָּבֹא כַמַּיִם בְּקִרְבּוֹ וְכַשֶּׁמֶן בְּעַצְמוֹתָיו"! אֶלָּא אָמַר רַב אַשִׁי: רְחִיצָה מִגּוּפֵיהּ דִּקְרָא שְׁמִיעַ לֵיהּ, דִּכְתִיב: "וְסוֹךְ לֹא סָכְתִּי". מַאי "וַאֲנִי בָאתִי בִּדְבָרֶיךָ"? הַיְינוּ דִּכְתִיב: "וְשִׁבְעִים אִישׁ מִזִּקְנֵי [בֵית] יִשְׂרָאֵל וְיַאֲזַנְיָהוּ בֶן שָׁפָן עֹמֵד בְּתוֹכָם עֹמְדִים לִפְנֵיהֶם וְאִישׁ מִקְטַרְתּוֹ בְּיָדוֹ וַעֲתַר עֲנַן הַקְּטֹרֶת עֹלֶה"* "וַיִּשְׁלַח תַּבְנִית יָד וַיִּקָּחֵנִי בְּצִיצִת רֹאשִׁי וַתִּשָּׂא אֹתִי רוּחַ בֵּין הָאָרֶץ וּבֵין הַשָּׁמַיִם וַתָּבֵא אֹתִי יְרוּשָׁלְַמָה בְּמַרְאוֹת אֱלֹהִים אֶל פֶּתַח שַׁעַר הַפְּנִימִית הַפּוֹנֶה צָפוֹנָה אֲשֶׁר שָׁם

רש"י

חַיָּיב. מִשּׁוּם: שֵׁכָר אַל תֵּשְׁתְּ (ויקרא י): **אַף כָּאן יַיִן**. וּבְיַיִן אֵין שִׁכְרוּת אֶלָּא בְּשְׁתִיָּיתוֹ: **אָסוּר בְּכָל מִינֵי מְתִיקָה**. כְּפֵירוֹת חֲדָשִׁים כְּתַפּוּחִים בַּעֲנָבִים: **וּמוּתָּר בְּיַיִן**. בֶּן אַרְבָּעִים*: **וְתִירוֹשׁ יְנוֹבֵב בְּתוּלוֹת**. זֶה יַיִן טוֹב שֶׁהוּא מְשַׁכֵּר אֶת הָאָדָם לְגַלּוֹת סִתְרֵי לִבּוֹ הָאֲטוּמִים כִּבְתוּלָה: **הַבָּא מִן הַתִּירוֹשׁ**. מִן הָעֲנָבִים. וְהָכִי קָאָמַר קְרָא: הָעֲנָבִים יוֹלִיאוּ לָכֶם דָּבָר אֲשֶׁר יְנוֹבֵב בְּתוּלוֹת: **וְתִירוֹשׁ יְקָבֶיךָ יִפְרוֹצוּ**. וְכׇל יֶקֶב שֶׁבַּמִּקְרָא הוּא הַבּוֹר שֶׁלִּפְנֵי הַגַּת, וְשָׁם אֵין הָעֲנָבִים נְתוּנִים אֶלָּא הַיַּיִן: **דָּבָר הַבָּא מִתִּירוֹשׁ וכו'**. וְהָכִי קָאָמַר קְרָא: עֲנָבִים יִהְיוּ לְךָ הַמַּפְרִילִים יְקָבֶיךָ בְּיַיִן. וּלְעוֹלָם אֵין הַיַּיִן נִקְרָא תִּירוֹשׁ אֶלָּא הָעֲנָבִים: **וְהָכְתִיב יַיִן וְתִירוֹשׁ יִקַּח לֵב**. וַאֲכִילַת עֲנָבִים אֵינָהּ מְשַׁכֶּרֶת: **הַלֵּךְ אַחַר לְשׁוֹן בְּנֵי אָדָם**. וְאֵין דַּרְכָּן לִקְרוֹת אֶת הַיַּיִן תִּירוֹשׁ לְכָךְ מוּתָּר בְּיַיִן: **שֶׁמֵּבִיא יְלָלָה**. ע"י הַיַּיִן רַב הַנִּיאוּף וּפוּרְעָנוּת בָּאָה לָעוֹלָם. יַיִן לְשׁוֹן תַּאֲנִיָּה וִילָלָה: **זָכָה**. לִשְׁתּוֹת לְפִי מִדָּה: **נַעֲשֶׂה רֹאשׁ**. שֶׁמְּפַקֵּחַ לִבּוֹ בְּחׇכְמָה: **כְּתִיב יְשַׁמַּח**. בְּשִׁי"ן לְשׁוֹן שְׁמָמָה וְקָרֵינַן יַיִן יְשַׂמַּח לְשׁוֹן שִׂמְחָה: **פַּקְחִין**. מְפַקְּחוּנִי, עֲשָׂאוּנִי פִּקֵּחַ: **דְּחִיטֵּי דְּכַיְיתָא**. חִטִּים נָאוֹת וּנְקִיּוֹת כִּדְמְתַרְגְּמִינַן אֶת בִּגְדֵי עֵשָׂו הַחֲמוּדוֹת (בראשית כז) דַּכְיָיתָא: **דּוּמְיָא דְּשֶׁמֶן**. "מַיִם בְּקִרְבּוֹ" דִּכְתִיבֵי בַּקְּרָא דּוּמְיָא דִּ"כַשֶּׁמֶן בְּעַצְמוֹתָיו" מַה שֶּׁמֶן מִבַּחוּץ סָכִין אוֹתוֹ וְנִבְלָע בְּעַצְמוֹתָיו אַף מַיִם בְּקִרְבּוֹ הַנִּבְלָעוֹת דֶּרֶךְ הַחוּץ עַל יְדֵי רְחִילָה: **שֶׁהִיא כִּשְׁתִיָּה**. אַלְמָא: מַיִם דִּקְרָא שְׁתִיָּה הוּא, וְשֶׁמֶן הוּא דְּיָלֵיף מִמַּיִם וְאַתְּ יָלְפַתְּ מַיִם מִשֶּׁמֶן: **אֶלָּא אָמַר רַב אַשִׁי רְחִיצָה מִגּוּפֵיהּ דִּקְרָא**. דְּדָנִיֵּאל דְּגַבֵּי סִיכָה נָפְקָא לַן מֵרִיבּוּיָא דְּלִישָּׁנָא "וְסוֹךְ לֹא סָכְתִּי" וּמָצֵי לְמִכְתַּב וְלֹא סָכְתִּי: **וַאֲנִי בָאתִי בִּדְבָרֶיךָ**. סֵיפֵיהּ דְּהַהוּא קְרָא דִּלְעֵיל אַל תִּירָא דָנִיֵּאל וגו' וַאֲנִי בָּאתִי בִּדְבָרֶיךָ נִכְנַסְתִּי לְתוֹךְ הַפַּרְגּוֹד בִּשְׁבִילְךָ: **מַאי וַאֲנִי בָאתִי**. מָתַי נִגְרַשׁ מִתּוֹכוֹ שֶׁהוּלְרַךְ לִיכָּנֵס: לָבוּשׁ

תוספות

גמר שכר שכר מנזיר. ואם תאמר: לרבי יהודה דלא יליף גזירה שוה בברייתא פרק "אמרו לו" (כריתות דף יג:) מנא ליה דשתיה בכלל אכילה? יש לומר: מסברא כדאמרינן בפ"ג דשבועות (דף כב:): איבעית אימא קרא, איבעית אימא סברא. אבע"א סברא כדאמרי אינשי: תא ונטעום מידי, ואזלי ואכלי ושתו. א"נ נראה לי: נהי דלגבי ביאת מקדש לא יליף שכר שכר מנזיר, לחייב אפי' בשאר משכרין, הכא גבי מעשר שני הוה יליף גזירה שוה. דהתם טעמא רבה איכא דלא יליף, משום דשתוי יין גנאי הוא ליכנס שכור לפנים, דאפילו לפני מלך בשר ודם אין עושין כן – כ"ש לפני מלך מלכי המלכים הקב"ה וכיון דטעמא מש"ה הוא מה לי יין מה לי שאר משכרין. אבל בעלמא מודה דגמרינן מנזיר. תדע, דהא הכא איכא דמ"ד אכל דבילה קעילית ונכנס למקדש חייב, דהיינו רבי יהודה – מסקינן גמר שכר שכר מנזיר, אלמא דמודה רבי יהודה הכא כדפרי'. וניחא נמי הא דקשה: אדגמרת מנזיר נגמר ממקדש, אפילו שאר משכרין. אלא ודאי לא גמרינן מקדש מעלמא, ולא בעלמא גמרינן מינה. דטעמא דהתם הוי כדפרי' והא לא שייך בעלמא.* ואם תאמר: דהשתא מסקינן הכא דדבילה קעילית אין נקחת בכסף מעשר ובפרק "בכל מערבין" (עירובין דף כז:) לא משמע הכי, דדרשינן: "ביין", לרבות שלוקחין יין אגב קנקנו, "בשכר" – מלמד שלוקחין תמד משהחמיץ ומפרש התם דצריכי, דאי כתב רחמנא בשכר ה"א דבילה קעילית, [*כתב רחמנא יין ע"ג קנקנו וכ"ש דבילה קעילית] ואייתר לן בשכר לתמד משהחמיץ. וע"ק: מנלן התם למידרש כל הני דרשות, "ביין" – שלוקחין יין אגב קנקנו, "בשכר" – לתמד משהחמיץ "בבקר" – ע"ג עורו, "בצאן" – ע"ג גיזותיו, והא צריכי למידרש מינייהו כללי ופרטי, לכל הפחות תרתי מינייהו צריכי, חד בעלי חיים וחד שאינן בעלי חיים דאי כתב רחמנא יין ושכר ה"א גידולי קרקע ממש דווקא ואי כתב רחמנא בבקר ובצאן ה"א בעלי חיים אין, שאין בעלי חיים – לא, כדאמרינן בפרק קמא דקדושין (דף יז.) גבי הענקה. וי"ל: דהתם לאו מביין ושכר ובבקר ובצאן קא דריש אלא מיתורא דבי"תין, דהוה מצי למיכתב יין ושכר בקר וצאן. והשתא ניחא בשמעתא דבכלל שכר דקרא לא הוי דבילה קעילית. וא"ת: ולמה לי לרבויי התם דבילה קעילית, תיפוק ליה מכעין הפרט דהוי פרי מפרי וגידולי קרקע! וי"ל: דשמא אינה ראויה לאכילה ולא חשיבא פרי כולי האי. וא"ת: הכא, דפריך ואימא דבילה קעילית, לישני מיין אגב קנקנו (דאינה) דנקחת נפקא כדאיתא בפ' "בכל מערבין" (עירובין דף כז:)! ונראה לי דשפיר פריך דאי מיין אגב קנקנו – נימא דאינה נקחת דבילה קעילית בפני עצמה מכסף מעשר אלא בהבלעה דומיא דיין אגב קנקנו כדמשמע התם דכל הנך דמרבינן מדרש' דבי"תין אינה נקחת בעינייהו אלא בהבלעה. והכי פריך: ואימא דשכר גופיה מיירי בדבילה קעילית ותהיה נקחת בפני עצמה בלא הבלעה. וא"ת: אמאי לא גמרינן דשתיה בכלל אכילה מדכתיב "בשכר" ודרשינן מיניה תמד משהחמיץ, ואמר רחמנא "ואכלת"? וי"ל: ע"י אניגרון. אי נמי, יש לומר: "ואכלת" לא קאי אלא אגופיה, ולא אמאי דמרבינן מדרש' דבי"תין. תדע, דהא יין אגב קנקנו ובקר אגב עורו וצאן אגב גיזותיו לא שייך בהו אכילה. ואם תאמר: כי גמרינן שכר שכר מנזיר דשכר חמרא הוא, מנלן דשתיה בכלל אכילה היא, דילמא ביין קרוש הבא משעיר, להכי כתב ואכלת. וכי האי גוונא פריך בפרק קמא דסוכה (דף יב.) בגמ' דזה הכלל וכו'. ויש לומר: דילמא לא חזי לאכילה, אלא שורין אותו במים ושותין. ועוד: מאי קמ"ל קרא? ועוד: דגמרינן מנזיר, מה התם בכל מיני יין אסור, דכתיב "מכל אשר יעשה מגפן" וגו' אף שכר דהכא: **ומנלן** דחשיבא עליה כעינוי דכתיב אל תירא דניאל וגו'.

רבינו חננאל

ובשכר וגו' הא שתיה וקא קרי ליה ואכלת כו' עד אמר רבא חמרא וריחני פקחין. אכילה ושתיה מנ"ל דאיקרי ענוי שנא' עניתי בצום נפשי. רחיצה וסיכה מנ"ל דאיקרי ענוי שנאמר לחם חמודות לא אכלתי ובשר ויין לא בא אל פי וסוך לא סכתי וגו'. וכתיב מן היום הראשון אשר נתת את לבך להבין ולהתענות וגו'. ודייק רב אשי מדכתיב וסוך לא סכתי כל סיכה בין סיכת מים שהיא רחיצה בין סיכת שמן אחד זה ואחד זה לא סכתי. מאי ואני באתי בדבריך דכתיב ושבעים איש מזקני בית ישראל ויאזניהו בן שפן וגו' ואחריהם אל היכל ה' וגו'

תוספות ישנים

אתיא שכר שכר מנזיר. וא"ת למאן דמחייב באכל דבילה קעילית וחלב ונכנס למקדש ולא יליף שכר שכר מנזיר מנא לן דשתיה בכלל אכילה א) י"ל דמסברא נפקא ליה כדאמרי' בפ"ג דשבועות (דף כב:) דלענין נדר נפקא לן מסברא דאמר ליה איניש לחבריה תא וניטעום מידי ואזל ושתי ואי נמי לענין מעשר אית ליה ג"ש ולא לענין מקדש משום דרחמנא אמר להבדיל ולהורות ובכל שאר משכרין אינו יכול להבדיל ולהורות אבל הקשה ה"ר אלחנן על תירוץ אחרון זה דהא אמרינן בפ"ק דנזיר (דף ג:) רבי שמעון אומר אינו נזיר עד שיזיר מכולם שנאמר מכל אשר יעשה ורבנן דרשי מיין ושכר יזיר אפילו לא נזר אלא מאחד מהן הוי נזיר ור' שמעון יליף שכר שכר מנזיר לענין מקדש לאפוקי מדתניא אכל דבילה קעילית ושתה דבש וחלב כו' ואמאי לא קאמר דר' שמעון לענין מעשר שני יליף ולא ליתי לאפוקי מהך ברייתא אלא ש"מ לא יליף לה כלל בשום מקום כיון דלא גמר לה בחד דוכתא ואין נראה לחות דשכר דנזיר למקדש לא ילפינן אלא שכר דמעשר מפני [illegible]

[illegible]

א) לענין אכילה [illegible] ולענין נדר כדמשמע י"ל וכו' אפילו לא נזר אלא מאחד ור"ש וכו' ואמאי לא קאמר דר"ש יליף לענין מעשר וכו' דלאו לי' דשכר דנזיר הוה מופנה הו"ל למילף מקדש שכר שכר מנזיר ואמאי סבר דבשאר וכו' כצ"ל ועיין ש"ר:
ב) עי' תוס' עירובין ושבועות דשם ועיין ש"ר:

שם מושב סמל הקנאה המקנה "ויבא אותי אל חצר בית ה' הפנימית והנה פתח היכל ה' בין האולם ובין המזבח כעשרים וחמשה איש אחוריהם אל היכל ה' ופניהם קדמה והמה *משתחוים קדמה לשמש". ממשמע שנאמר: *"ופניהם קדמה" איני יודע שאחוריהם אל היכל ה'? אלא מה ת"ל: אחוריהם אל היכל ה' — מלמד שהיו פורעין עצמן, והיו מתריזין כלפי מטה. אמר לו הקב"ה למיכאל: מיכאל! סרחה אומתך. אמר לפניו: רבונו של עולם, דיו לטובים שבהם. אמר לו: אני שורף אותם ולטובים שבהם. מיד "ויאמר (*לאיש) לבוש הבדים ויאמר בוא אל בינות לגלגל אל תחת לכרוב ומלא חפניך גחלי אש מבינות לכרובים וזרוק על העיר ויבא לעיני" מיד "וישלח הכרוב את ידו מבינות לכרובים אל האש אשר בינות הכרובים וישא ויתן אל חפני לבוש הבדים ויקח ויצא". אמר רב חנא בר ביזנא אמר ר' שמעון חסידא: אילמלא לא נצטננו גחלים מידו של *כרוב לידו של גבריאל — לא נשתיירו משונאיהן של ישראל שריד ופליט. וכתיב: "והנה האיש לבוש הבדים אשר הקסת במתניו משיב דבר לאמר עשיתי כאשר צויתני". *)[א"ר יוחנן: באותה שעה הוציאו לגבריאל מאחורי הפרגוד, ומחיוהו שיתין פולסי דנורא. אמרו ליה: אי לא עבדת — לא עבדת, אי עבדת — אמאי לא עבדת כדפקדוך? ועוד: דעבדת, לית לך: *אין משיבין על הקלקלה? אייתוה לדוביאל שרא דפרסאי, ואוקמיה בחריקיה, ושמש עשרים ואחד יום. היינו דכתיב: "ושר מלכות פרס עומד לנגדי עשרים ואחד יום והנה מיכאל אחד השרים הראשונים בא לעזרני ואני נותרתי שם אצל מלכי פרס". יהבו ליה עשרין וחד מלכי, ופרוותא דמשמהיג. אמר: כתיבו לי לישראל באכרגא! כתבו ליה, כתיבו לי רבנן באכרגא! כתבו ליה. בעידנא דבעו למיחתם עמד גבריאל מאחורי הפרגוד, ואמר "שוא לכם משכימי קום מאחרי שבת אוכלי לחם העצבים כן יתן לידידו שנא". מאי כן יתן לידידו שנא? א"ר יצחק: אלו נשותיהן של תלמידי חכמים שמנדדות שינה בעולם הזה וזוכות לעולם הבא. ולא השגיחו עליו, אמר לפניו: רבש"ע! אם יהיו כל חכמי או"ה בכף מאזנים, ודניאל איש חמודות בכף שניה לא נמצא מכריע את כולם? אמר הקב"ה: מי הוא זה שמלמד זכות על בני? אמרו לפניו: רבש"ע, גבריאל. אמר להם: יבא. שנאמר: "ואני באתי בדבריך". אמר להו: ליעול. אעיילוהו. אתא אשכחיה לדוביאל דנקט ליה לאיגרתיה בידיה, בעא למרמא מיניה — בלעה. איכא דאמרי: מיכתב הוה כתיבא, מיחתם לא הוי חתמא. איכא דאמרי: אף מיחתם נמי הוה חתמא, כדבלעיה מחיק לה מיניה. היינו דבמלכותא דפרס איכא דיהיב כרגא ואיכא דלא יהיב כרגא. "ואני יוצא והנה שר יון בא" — עוי עוי וליכא דאשגח ביה.§ ואי בעית אימא: רחיצה דאיקרי ענוי מנא לן — מהכא, דכתיב: "ולאביתר הכהן אמר המלך ענתות לך על שדך כי איש מות אתה וביום הזה לא אמיתך כי נשאת [את] ארון *ה' לפני דוד אבי וכי התענית בכל אשר התענה אבי" וכתיב ביה בדוד: "כי אמרו העם רעב ועיף וצמא במדבר". "רעב" — מלחם "וצמא" — ממים. "עיף" ממאי — לאו מרחיצה? — ודילמא מנעילת הסנדל? אלא אמר ר' יצחק: מהכא, "מים קרים על נפש עיפה" — ודילמא משתיה? — מי כתיב "בנפש עיפה" "על נפש עיפה" כתיב. ונעילת הסנדל מנא לן? דכתיב: "ודוד עולה במעלה הזיתים עולה ובוכה וראש לו חפוי (*והולך) יחף". יחף ממאי — לאו מנעילת הסנדל? ודילמא מסוסיא(א) ומרטקא! אלא אמר רב נחמן בר יצחק, מהכא: "לך ופתחת השק מעל מתניך ונעלך תחלוץ מעל רגלך" וכתיב: "ויעש כן הלוך ערום ויחף". יחף ממאי? לאו מנעילת הסנדל? ואימא במנעלים המטולאים. דאי לא תימא הכי "ערום" ערום ממש? אלא — *בבגדים בלויים, הכא נמי — במנעלים המטולאים. אלא אמר רב נחמן בר יצחק, מהכא: "מנעי רגלך מיחף וגרונך מצמאה" — מנעי עצמך מן החטא כדי שלא יבא רגלך לידי יחוף. מנעי לשונך מדברים בטלים כדי שלא יבא גרונך לידי צמאה. תשמיש המטה דאיקרי ענוי מנא לן? דכתיב: "אם תענה את בנותי ואם תקח נשים"
אם

*) כל המאמר מכאן עד וליכא דאשגח ביה נשמט בכל הגמרות ונמצא רק בדפו"י ובע"י.

רש"י

לבוש הבדים. הוא גבריאל בספר דניאל: [פולסא דנורא. מקלות של אור: אי לא עבדת. כלל: לא עבדת. והיינו מצדיקים אותך לומר דוחה הוא את הדבר אולי ישוב הקב"ה מחרונו ויתרצה להם: כדפקדוך. שתהא אתה נוטל הגחלים מבינות לכרובים ואתה אמרת אל הכרוב לתתם לך: בחריקיה. במקומו: עומד לנגדי. גבריאל אמר כן לדניאל: ופרוותא דמשמהיג. נמל שקורין פור"ט: דמשמהיג. דבר מלכות בלשון פרסי, לפי שהוא מעלה שם מרגליות כדאמרינן בר"ה*: אכרגא. כסף גולגלתא: שוא לכם וכו'. כלומר: כלום הגוים האומות להיות החכמים מסורים בידם? והלא המקרא משבחן שאף נשותיהם מנדדות שינה מעיניהן. שוא לכם בעלי אומנות המשכימים ומאחרים למלאכתם, אוכלי לחם בעצב וביגיעה כן יתן הזן את העולם מזונות ופרנסה לידידו שנא — למי שנודד שינה בשבילו: באתי בדבריך. על שדברתי בך: אשכחיה לדוביאל דהוה נקט איגרתא: ואני יוצא והנה שר יון בא. וכשהגיע זמן מלכות יון לבא אלא על כרחי, שכבר נגזרה גזרה ושר יון יבא במקומי: עוי עוי. צעק וזוח גבריאל על זאת שלא ימשלו מלכי יון בישראל]: ולאביתר הכהן וגו' כי נשאת את ארון ה' לפני דוד אבי. כשהיה בורח מפני אבשלום: וכי התענית בכל אשר התענה אבי. למדנו שנקראת בריחתו של דוד מפני אבשלום עינוי. וכתיב "כי אמרו העם רעב ועיף וצמא במדבר": מים קרים על נפש עיפה. אלמא: מרחיצה מיקרי עיף ולא מנעילת הסנדל, וקרי ליה עינוי דכתיב "בכל אשר התענה אבי": מרטקא. שוט הסוס: ויעש כן. בישעיה כתיב. ישעיה לא היה רגיל במרכבת סוסים, ויחף דידיה בנעילת סנדל הוא, והוא יגלה על יחוף דדוד נמי דמנעילת הסנדל הוא: שלא יבוא רגלך לידי יחוף. בגלותך בגולה:
אס

תוספות

ואין להקשות: דילמא להתענות דקרא לאו אסיכה קאי אלא א"לחם חמודות לא אכל", שהיה מענה נפשו באכילה? וי"ל: האי לאו עינוי הוא מי שאינו אוכל לחם חמודות ואוכל לחם אחר, ואינו שותה יין ושותה משקה אחר, אלא ודאי אסיכה קאי שלא היה סך כלל:

*דתנן מניין לסיכה שהיא כשתייה דכתיב ותבא כמים בקרבו וגו'. בפרק "אמר ר' עקיבא" בשבת (דף פו.) קאמר עלה: אע"פ שאין ראיה לדבר — זכר לדבר, "ותבא כמים בקרבו". ותימה: דבפרק "בנות כותים" (נדה דף לב. ושם) מייתי ברייתא דתניא: ולא יחללו את קדשי בני ישראל לרבות את הסך כשותה. ואי בעית אימא מהכא "ותבא כמים בקרבו" וגו' והשתא קשה, דמעיקרא מייתי ראיה מדאורייתא והדר מייתי ראיה מדברי קבלה שאינו אלא זכר לדבר! וי"ל דה"ק: אפי' לא היה לנו פסוק לאסור סיכה דאורייי' הוה לן למיסרי' מדרבנן מקרא ד"ותבא". אי נמי: קרא ד"ולא יחללו" נמי אסמכתא בעלמא, דעיקרו לאו להאי דרשא אתא אלא לכדדרשינן בפרק קמא דזבחים (דף ג:): קדשים מחללין קדשים ואין חולין מחללין קדשים. ובס"פ "אלו הן הנשרפין" (סנהדרין דף פג.) ילפינן מיני' אוכל טבל דבמיתה. ופר"ת דכל עינויים דיוה"כ ליתנהו אלא מדרבנן, וקראי אסמכתא בעלמא, לבר מאכילה ושתיה דהאמר לקמן: ואם היה מלוכלך בטיט ובצואה רוחץ כדרכו ואינו חושש, מי שיש לו חטטין בראשו סך כדרכו ואינו חושש. ובמסכת כריתות בפ"ק (דף ז.) אמרינן: כהן שסך שמן של תרומה (למעים) בן בתו ישראל מתעגל בו ואינו חושש. ואי הוי דאורייתא היה אסור בכל ענין. אלא מדרבנן. ומותר אדם לסוך בחלב דלא אשכחן דאתסר סיכה כשתיה אלא ביוה"כ ובתרומה ובאיסורי הנאה, כי ההיא דפרק "כל שעה" (פסחים דף כה:): רבינא שייף לברתיה בגוהרקי דערלה וכו' עד אמר ליה שלא כדרך הנאתו קא עבידנא. וחלב חי של שור הנסקל על גבי מכתו — פטור, הא מהותך — אסור משום דאיסורי הנאה נינהו. אבל חלב דהתירי הנאה מותר, ובתרומה אסור משום דאיכא אסמכתא ד"ולא יחללו" וביוה"כ אסרו משום תענוג. אבל משום רפואה שרי, או ידיו מלוכלכות. כללא דמילתא: היכא דאינו בשביל תענוג — שרי:

מניין לסיכה שהיא כשתיה דכתיב ותבא וגו'. תימה לי: אמאי איצטריך התלמוד למיגמר סיכה מ"וסוך לא סכתי"? הא מהאי קרא נפקא מ"ותבא כמים בקרבו" וכו' ומתני' היא בשבת בפרק "אמר ר' עקיבא" (דף פו.)! ונראה לי דאצטריך, דאי לא כתיב אלא האי קרא דותבא כמים בקרבו וכו' היינו אוסרין אפי' סיכה שאינה של תענוג, כשתיה, להכי אייתי מקרא דדניאל דמשמע שלא נמנע אלא מסיכה של תענוג מדכתיב "להתענות" ואי לא כתיב אלא קרא דדניאל לא הוה אסרי' סיכה דכמה עניינין של נער שהיה מענה ומצער נפשו, ולא גמרינן מהתם דדילמא חד משאר עינויין שעשה הוה אסרינן אבל סיכה לא — קא משמע לן מקרא ד"ותבא כמים" וגו' דסיכה כשתיה. ועוד: דמקרא ד"ותבא" איצטריך לן למילף גבי תרומה דסך כשותה דבתרומה לא שייך למיגמר מקרא דדניאל:
משום

[עי' תוס' שבת פו. ד"ה אע"פ שאין וכו' וע"ע תוס' נדה לב. ד"ה וכשמן]

רבינו חננאל

אמר הקב"ה למיכאל. מיכאל סרחה אומתך אמר לפניו רבש"ע דיי הטובים שבהם. א"ל ומפני מה לא מיחו הריני שורף הכל. מיד אמר אל האיש לבוש הבדים בוא אל בינות לגלגל [וגו'] וישא ויתן אל חפני לבוש הבדים. אילו לא נצטננו הגחלים מיד הכרוב לידו של גבריאל לא נשתייר משונאי ישראל שריד ופליט. והנה האיש לבוש הבדים אשר הקסת במתניו משיב דבר לאמר עשיתי ככל אשר צויתני א"ר יוחנן באותה שעה אפיקו גבריאל לאחורי הפרגוד ומחיוה כו'. אמרו ליה אי לא עבדת שפיר ואי עבדת אמאי לא עבדת כדפקדוך. ותוב לית לך אין משיבין על הקלקלה אוקמוה לדוביאל שר פרס בדוכתיה כ"א יום. כדכתיב ושר מלכות פרס עומד לנגדי עשרים ואחד יום והנה מיכאל אחד השרים הראשונים בא לעזרני ואני נותרתי שם אצל מלכי פרס. אמר להן כתיבו לי ישראל וכולהו רבנן באכרגא כתבו ליה כי מטא למחתם פתח גבריאל ואמר שוא לכם משכימי קום וגו' ולא אשגחו ביה. אמר רבון כל העולמים אם יהיו כל חכמי אומות העולם בכף מאזנים ודניאל בכף שניה לא נמצא מכריע את כולם. אמר הקב"ה מי הוא המלמד זכות על בניי [א"ל] גבריאל [א"ל] יבא מיד בא היינו דכתיב ואני באתי בדבריך: נעילת הסנדל מנ"ל דאיקרי ענוי ופשטנא מהכא מנעי רגלך מיחף וגרונך מצמאה. איתקש יחיפה לצמאה. ובצמאה כתיב כי אמרו העם רעב ועיף וצמא במדבר. ומצאנו שאמר שלמה לאביתר כי התענית בכל אשר התענה אבי. נמצאת הצמאה שנקרית ענוי ויחיפה כיוצא בה. וזה מדרש הוא. אמר נביא לכנסת ישראל מנעי רגלך מחטא כדי שלא תבא לידי יחוף. וסור מדברים בטלים כדי שלא יבא גרונך לצמאה. מניעת תשמיש המטה מנ"ל דהוא ענוי שנאמר אם תענה את בנותי שלא תתן להן העונה שלהן. ואם תקח

תוספות ישנים

הריני שורף את הטובים שבהם. לפי שלא מיחו כדאמרינן בבמה בהמה (דף נה.) שנענשו על שהיה בידם למחות: יהבי ליה עשרים וחד מלכי. כנגד כ"א יום שעימש: ודילמא משתיה. לריך עיון דא"כ לא הוי מים קרים על נפש עיפה כמו עיף דדוד דהתם ליכא לפרושי דילמא משתיה דהא כתיב וצמא ומסתמא בחד גוונא נינהו: מאי לאו מנעילת הסנדל. וליכא למימר מסיתוא ומיטרא דהא כתיב ונעלך תחלוץ מעל רגלך ודלא כפירוש רש"י שפירש דישעיה לא היה רגיל במרכבת סוסים: שלא יבואו רגליך לידי יחוף. כהולכי גולה דגולים הולכים יחפים

מסורת הש"ס

[דף כג.] למשתחויתם
קדושין עב: סוכה נג:
[נ"ל אל האיש]
[גי' ע"י מידו של מיכאל לידו של גבריאל]
תהלים קכז
דניאל י
שם
מלכים א ב
[נ"ל ה' אלהים]
שמואל ב יז
משלי כה
ש"ב טו
ישעיה כ
שם
[ע' שבת קיז:]
ירמיה ב
בראשית לא

תורה אור: יחזקאל ח; שם י; שם; שם ט; דניאל י

[נ"ל והוא הולך]

הגהות הב"ח

(א) גמרא ודילמא מסוסיא ומטרקא אלא אמר:

גליון הש"ס

תוס' ד"ה דתנן וכו' דהאמר לקמן ואם היה מלוכלך. עי' ברבינו יונה פ"ב דברכות סי' נ' ד"ה מתני' רחץ בלילה כו':

טו א ב מיי' פ"ג מהל' שביתות עשור הלכה א ב סמג לאוין סט ועשין לב טוש"ע א"ח סימן תריג סעיף א:

טז ג ד מיי' שם הלכה ט וסמג שם טוש"ע א"ח סי' תריד סעיף ד:

יז ה מיי' שם הל' ב:

יח ו מיי' שם הלכה ו סמג לאוין סט טוש"ע א"ח סימן תריג סעיף ה וסימן תקנד סעיף יב וסימן שא סעיף ד:

יט ז טוש"ע שם סימן תריג סעיף ז:

כ ח מיי' שם הלכה ו סמג שם טוש"ע שם סעיף ח:

כא ט י מיי' שם טוש"ע שם סעיף ה' וסימן שא סעיף ד:

כב כ ש"ע שם סימן תריג סעיף ה:

רבינו חננאל

נשים שתביא עליהן צרות: ת"ר אסור לאדם לרחוץ מקצת גופו ככל גופו ואם היו ידיו מלוכלכות בטיט או בצואה רוחץ כדרכו ואינו חושש. ואסור לסוך מקצת גופו ככל גופו ואם היה חולה או שהיו לו חטטין בראשו סך כדרכו ואינו חושש. תנא דבי מנשה רשבג"א מדיחה ידה אשה במים ונותנת פת לתינוק. שמאי הזקן לא רצה להאכיל בידו אחת וגזרו עליו להאכילו בשתי ידיו. מ"ט משום שיבתא פי' רוח רעה: ת"ר ההולך להקביל פני רבו או אביו או מי שגדול ממנו עובר עד צוארו במי' ואינו חושש. רב אצל תלמיד מאי ולא איפשיטא בהדיא דהא רב אשי [אמר] דרב חייא בר אשי הוא דאזל לגביה זעירי רביה רבא שרא להו לבני עבר ימינה למעבר לנטורי פירי. תניא כוותיה שומרי פירות עוברים עד צוארם במים ואינם חוששין. רב יוסף שרא להו לבני בי רב למעבר כדי למיתא בפירקא. ושרא להו נמי למיהדר כדי שלא תהא מכשילן לעתיד לבא. כלומר אם תאסרהו לחזור לביתו לא יבא פעם אחרת. אמר רמי בר פפא לרב יהודה ולרב שמואל מהו למעבר במיא ומיתו קמי רבנן למשאל בשמעתא אמרו ליה תנינא עובר ובלבד שלא יוציא ידו מתחת חפת חלוקו ומתמהינן וכי האי גוונא בחול מי שרי והכתיב וימד אלף באמה ויעבירני במים מי אפסים. מיכן שמותר לעבור עד אפסים. וימד אלף ויעבירני במים מים ברכים מיכן שמותר לעבור עד ברכים. וימד אלף ויעבירני (במים) מי מתנים. מיכן שמותר לעבור עד מתנים. מיכן ואילך נחל אשר לא יעבור. כלומר (לא) [אם] יהיו מים למעלה ממתנים נקראין נחל אשר לא יעבר. ושנינן שני נחל משום

משום שיבתא. פרש"י: רוח רעה השורה על הידים שלא נטלן שחרית. ור"ת מפרש: דבלא נתינת פת לתינוק מותר ליטול ידיו שחרית ביום הכפורים דלא גרע ממלוכלכות בטיט ובצואה דאמרינן שרוחץ כדרכו ואינו חושש. ואין לך מלוכלך בטיט ובצואה יותר מזה שלא נטל ידיו שחרית, שאינו רשאי ליגע לפיו ולחוטמו ולאזניו ולעיניו כדאמר בפרק "שמונה שרצים" (שבת דף קח:): יד לפה תקצץ וכו' משום בת מלך. ושיבתא דהכא ענין אחר הוא[ג] ששורה על האוכל כשבא ליתן פת לתינוק בן ד' וה' שנים ומונקתו אם לא נטל ידיו באותה שעה אף על פי שכבר נטלן שחרית. ומה שהעולם אין נזהרין עכשיו בזה לפי שאין אותה רוח רעה שורה באלו המלכיות כמו שאין נזהרין על הגילוי ועל הזוגות:

"אם תְּעַנֶּה"–מִתַּשְׁמִישׁ, "וְאִם תִּקַּח"–מִצָּרוֹת. וְאֵימָא: אִידִי וְאִידִי מִצָּרוֹת! מִי כְּתִיב "אִם תִּקַּח"? "וְאִם תִּקַּח" כְּתִיב. וְאֵימָא: אִידִי וְאִידִי מִצָּרוֹת, חַד – לְצָרוֹת דִּידֵיהּ וְחַד לְצָרוֹת דְּאָתְיָין לֵיהּ מֵעָלְמָא! – דּוּמְיָא דְּ"אִם תִּקַּח", מִי כְּתִיב "אִם תִּקַּח וְאִם תְּעַנֶּה" "אִם תְּעַנֶּה וְאִם תִּקַּח" כְּתִיב. א"ל רַב פָּפָּא לְאַבַּיֵי: הָא תַּשְׁמִישׁ גּוּפֵהּ אִיקְּרֵי עִנּוּי, דִּכְתִיב: "וַיִּשְׁכַּב אוֹתָהּ וַיְעַנֶּהָ"! א"ל: הָתָם שֶׁעִינָּה מִבִּיאוֹת אֲחֵרוֹת. ת"ר: א אָסוּר לִרְחוֹץ מִקְצָת גּוּפוֹ כְּכָל גּוּפוֹ, ב וְאִם הָיָה *מְלוּכְלָךְ בְּטִיט וּבְצוֹאָה – רוֹחֵץ כְּדַרְכּוֹ וְאֵינוֹ חוֹשֵׁשׁ. ג אָסוּר לָסוּךְ מִקְצָת גּוּפוֹ כְּכָל גּוּפוֹ, ד וְאִם הָיָה חוֹלֶה אוֹ שֶׁהָיוּ לוֹ חֲטָטִין בְּרֹאשׁוֹ – סָךְ כְּדַרְכּוֹ וְאֵינוֹ חוֹשֵׁשׁ. תָּנָא *דְּבֵי מְנַשֶּׁה, רשב"ג אוֹמֵר: ה מְדִיחָה אִשָּׁה יָדָהּ אַחַת בְּמַיִם וְנוֹתֶנֶת פַּת לַתִּינוֹק, וְאֵינָהּ חוֹשֶׁשֶׁת. אָמְרוּ עָלָיו עַל שַׁמַּאי הַזָּקֵן שֶׁלֹּא רָצָה לְהַאֲכִיל בְּיָדוֹ אַחַת, וְגָזְרוּ עָלָיו לְהַאֲכִיל בִּשְׁתֵּי יָדַיִם. מ"ט? אָמַר *אַבַּיֵי: מִשּׁוּם שִׁיבְתָּא. ת"ר: *ו הַהוֹלֵךְ לְהַקְבִּיל פְּנֵי אָבִיו אוֹ פְּנֵי רַבּוֹ, אוֹ פְּנֵי מִי שֶׁגָּדוֹל מִמֶּנּוּ – עוֹבֵר עַד צַוָּארוֹ בְּמַיִם, וְאֵינוֹ חוֹשֵׁשׁ. אִיבַּעְיָא לְהוּ: ז הָרַב אֵצֶל תַּלְמִיד מַאי? ת"ש, דְּאָמַר רַב יִצְחָק בַּר בַּר חָנָה: אֲנָא חֲזִיתֵיהּ לִזְעֵירִי דְּאָזֵל לְגַבֵּי רַב חִיָּיא בַּר אַשִׁי תַּלְמִידֵיהּ. רַב אַשִׁי אָמַר: הַהוּא רַב חִיָּיא בַּר אַשִׁי הוּא דְּאָזֵל לְגַבֵּיהּ דִּזְעֵירִי רַבֵּיהּ. רָבָא שְׁרָא לִבְנֵי עֵבֶר יְמִינָא לְמֶעְבַּר בְּמַיָּא לִנְטוּרֵי פֵּירֵי. א"ל אַבַּיֵי לְרָבָא: תַּנְיָא דִּמְסַיַּיע לָךְ, ח שׁוֹמְרֵי פֵּירוֹת עוֹבְרִין עַד צַוָּארָן בַּמַּיִם וְאֵין חוֹשְׁשִׁין. רַב יוֹסֵף שְׁרָא לְהוּ לִבְנֵי בֵּי תַּרְבּוּ לְמֵיעְבַּר בְּמַיָּא לְמֵיתֵי לְפִירְקָא, לְמֵיזַל לָא שְׁרָא לְהוּ. א"ל אַבַּיֵי: א"כ אַתָּה מַכְשִׁילָן לֶעָתִיד לָבֹא. אִיכָּא דְּאָמְרִי: שְׁרָא לְהוּ לְמֵיתֵי, ט וּשְׁרָא לְהוּ לְמֵיזַל. א"ל אַבַּיֵי: בִּשְׁלָמָא לְמֵיתֵי – לְחַיֵּי, אֶלָּא לְמֵיזַל – מַאי טַעְמָא? כְּדֵי שֶׁלֹּא תְּהֵא מַכְשִׁילָן לֶעָתִיד לָבֹא. רַב יְהוּדָה וְרַב שְׁמוּאֵל בַּר רַב יְהוּדָה הֲווּ קָיְימִי אַגּוּדָּא דִּנְהַר (*פַּפָּא) אַמַּבְרָא דְּחַצְדַּד, וַהֲוָה קָאֵי רָמִי בַּר פַּפָּא מֵהַךְ גִּיסָא, רְמָא לְהוּ קָלָא, מַהוּ לְמֵיעְבַּר לְמֵיתֵי לְגַבַּיְיכוּ לְמִשְׁאַל שְׁמַעְתָּא? א"ל רַב יְהוּדָה: רַב וּשְׁמוּאֵל דְּאָמְרִי תַּרְוַויְיהוּ: י עוֹבֵר, וּבִלְבַד שֶׁלֹּא יוֹצִיא יָדוֹ מִתַּחַת חֶפֶת חֲלוּקוֹ. אִיכָּא דְּאָמְרִי, א"ל רַב שְׁמוּאֵל בַּר רַב יְהוּדָה: תְּנֵינָא, עוֹבֵר וּבִלְבַד שֶׁלֹּא יוֹצִיא יָדוֹ מִתַּחַת חֶפֶת חֲלוּקוֹ. מַתְקִיף לָהּ רַב יוֹסֵף: וּבַחוֹל כִּי הַאי גַּוְונָא מִי שָׁרֵי? וְהָכְתִיב: "וַיָּמָד *אֶלֶף בָּאַמָּה וַיַּעֲבִרֵנִי בַמַּיִם מֵי אָפְסָיִם" – מִכָּאן שֶׁמּוּתָּר לַעֲבוֹר עַד אַפְסַיִם, "וַיָּמָד אֶלֶף וַיַּעֲבִרֵנִי בַמַּיִם מַיִם בִּרְכָּיִם" – מִכָּאן שֶׁמּוּתָּר לַעֲבוֹר עַד בִּרְכַּיִם, "וַיָּמָד אֶלֶף וַיַּעֲבִרֵנִי מֵי מָתְנָיִם" – מִכָּאן שֶׁמּוּתָּר לַעֲבוֹר עַד מָתְנַיִם, מִכָּאן וְאֵילָךְ "וַיָּמָד אֶלֶף נַחַל אֲשֶׁר לֹא אוּכַל לַעֲבוֹר". אָמַר אַבַּיֵי: שָׁאנֵי כ נַחַל דִּרְדִיפֵי מַיָּא. יָכוֹל יַעֲבִירֶנּוּ בְּסִיחוּי – ת"ל: "כִּי גָאוּ הַמַּיִם מֵי שָׂחוּ" מַאי מֵי שָׂחוּ? שִׁיּוּטָא, שֶׁכֵּן קוֹרִין לְשַׁיְיטָא סַיְיחָא, יָכוֹל יַעֲבִירֶנּוּ בְּבוּרְנִי קְטַנָּה – ת"ל: "בַּל תֵּלֶךְ בּוֹ אֳנִי שַׁיִט", יָכוֹל יַעֲבִירֶנּוּ בְּבוּרְנִי גְּדוֹלָה – ת"ל: "וְצִי אַדִּיר לֹא יַעַבְרֶנּוּ" מַאי מַשְׁמַע? כִּדְמְתַרְגֵּם רַב יוֹסֵף: לָא תֵּיזִיל בֵּיהּ בִּסְפִינַת צַיָּידִין, וּבוּרְנִי רַבְּתִי לָא תְּגוּזִינֵּהּ. אָמַר ר' יְהוּדָה בֶּן פָּזִי: אַף מַלְאַךְ הַמָּוֶת אֵין לוֹ רְשׁוּת לַעֲבוֹר בְּתוֹכוֹ, כְּתִיב הָכָא: "בַּל תֵּלֶךְ בּוֹ אֳנִי שַׁיִט" וּכְתִיב הָתָם: "מִשּׁוּט בָּאָרֶץ". אָמַר ר' פִּנְחָס מִשּׁוּם רַב הוּנָא צִפּוֹרָאָה: מַעְיָן הַיּוֹצֵא מִבֵּית קָדְשֵׁי הַקֳּדָשִׁים בִּתְחִילָּה דּוֹמֶה לְקַרְנֵי חֲגָבִים, כֵּיוָן שֶׁהִגִּיעַ לְפֶתַח הֵיכָל נַעֲשֶׂה כְּחוּט שֶׁל שְׁתִי, כֵּיוָן שֶׁהִגִּיעַ לָאוּלָם נַעֲשֶׂה כְּחוּט שֶׁל עֵרֶב כֵּיוָן שֶׁהִגִּיעַ אֶל פֶּתַח עֲזָרָה נַעֲשֶׂה כְּפִי פַּךְ קָטָן. וְהַיְינוּ דִּתְנַן, *ראב"י אוֹמֵר: מַיִם מְפַכִּין

חולין קז: | [שם ע"ש] | בראשית לד | יחזקאל מז | שם | ישעיה לג | שם | איוב א

אם תְּעַנֶּה מִתַּשְׁמִישׁ. לְהַשְׁבִּית עוֹנָתָן: וְאִם תִּקַּח מִצָּרוֹת. הַשְׁבִּיעוֹ כְּמַשְׁמָעוֹ שֶׁלֹּא יוֹסִיף לָהֶן צָרוֹת: ה"ג: וְאֵימָא אִידִי וְאִידִי מִצָּרוֹת מִי כְּתִיב אִם תִּקַּח וְאִם תִּקַּח כְּתִיב וְאֵימָא אִידִי וְאִידִי מִצָּרוֹת חַד לְצָרוֹת דִּידֵיהּ וְחַד לְצָרוֹת דְּאָתְיָין לֵיהּ מֵעָלְמָא דּוּמְיָא דְּוְאִם תִּקַּח מִי כְּתִיב אִם תִּקַּח וְאִם תְּעַנֶּה אִם תְּעַנֶּה וְאִם תִּקַּח כְּתִיב. וְהָכִי פֵּירוּשָׁא: וְאֵימָא אִידִי וְאִידִי מִצָּרוֹת וה"ק: אִם תְּעַנֶּה אֶת בְּנוֹתַי לִיקַּח נָשִׁים עֲלֵיהֶן מִי כְּתִיב אִם תְּעַנֶּה אִם תִּקַּח דְּלֶיהֱוֵי אִם תִּקַּח פֵּי' דְּאִם תְּעַנֶּה "וְאִם תִּקַּח" כְּתִיב, מִילְּתָא אַחֲרִיתֵי הִיא: וְאֵימָא אִידִי וְאִידִי מִצָּרוֹת חַד לְצָרוֹת דִּידֵיהּ. שֶׁלֹּא יַעֲשֶׂה כַּלָּה וְחֻלָּפָה גְּבִירוֹת שָׁווֹת לָהֶן, וַהֲדַר אַשְׁבְּעֵיהּ: אִם תִּקַּח נָשִׁים דְּהַיְינוּ צָרוֹת דְּאָתְיָין לְהוּ לְבָתַר הָכִי מֵעָלְמָא, וְהָכִי מִסְתַּבְּרָא, דּוּמְיָא דְ"וְאִם תִּקַּח": מִי כְּתִיב אִם תִּקַּח וְאִם תְּעַנֶּה. צָרוֹת דְּעָלְמָא קָשׁוֹת לָהֶן מִן הָרִאשׁוֹנוֹת וּבְרֵישָׁא הֲוָה לֵיהּ לְאַשְׁבּוּעֵיהּ אַצָּרוֹת דְּעָלְמָא, וַהֲדַר הֲוָה לֵיהּ לְאַשְׁבּוּעֵיהּ אַצָּרוֹת דִּידֵיהּ. דְּלָא מִשְׁתַּבְעֵי אֱינִישׁ הָכִי לְהַזְהִירוֹ תְּחִילָּה עַל הַקַּל וּלְבַסּוֹף עַל הַקָּשֶׁה: מִבִּיאוֹת אֲחֵרוֹת. שֶׁהָיְתָה מִתְאַוָּה לוֹ וְלֹא בָּא עָלֶיהָ בְּעוֹנָתָהּ בַּיָּמִים שֶׁעָמְדָה אֶצְלוֹ. וַאֲנִי שָׁמַעְתִּי: שֶׁעִינָּה מִבִּיאוֹת אֲחֵרוֹת – שֶׁבָּא עָלֶיהָ שֶׁלֹּא כְּדַרְכָּהּ. וְקַשְׁיָא לִי: א"כ אֵימָא "אִם תְּעַנֶּה אֶת בְּנוֹתַי" נַמִי הָכִי אַשְׁבְּעֵיהּ שֶׁלֹּא יְעַנֶּה אוֹתָן מִבִּיאוֹת אֲחֵרוֹת. וְעוֹד: שֶׁעִינָּה בְּבִיאוֹת אֲחֵרוֹת מִיבָּעֵי לֵיהּ*: מְדִיחָה אֶת יָדָהּ. לְפִי שֶׁרוּחַ רָעָה שׁוֹרָה עַל הָאוֹכֶל הַנִּלְקָח בְּיָדַיִם שֶׁלֹּא נְטָלָן שַׁחֲרִית, וְשֵׁם הַשֵּׁד שִׁיבְתָא: שֶׁלֹּא רָצָה לְהַאֲכִיל בְּיָדוֹ אַחַת. אֲפִי' יָדוֹ אַחַת לֹא הָיָה נוֹטֵל לָתֵת פַּת לִבְנוֹ קָטָן בְּיוֹם הַכִּפּוּרִים: וְאֵינוֹ חוֹשֵׁשׁ. מִשּׁוּם רְחִיצָה: לִנְטוּרֵי פֵּירֵי. שֶׁהָיוּ לָהֶם פַּרְדֵּסִים בְּעֵבֶר הַנָּהָר: בֵּי תַרְבּוּ. שֵׁם הַכְּפָר: לְפִירְקָא. שֶׁהָיוּ דּוֹרְשִׁין בְּיוה"כ: לֶעָתִיד לָבֹא. לְשָׁנָה אַחֶרֶת לֹא יָבוֹאוּ הוֹאִיל וְלֹא הִתַּרְתָּ לַעֲבוֹר אֶת הַמַּיִם וְלַחֲזוֹר: אַמַּבְרָא דְּחַצְדַּד. מְקוֹם מַעֲבַר הַנָּהָר מוּל חַצְדַּד: מִתַּחַת חֵפֶת. שְׂפַת חֲלוּקוֹ לְהַגְבִּיהַּ שׁוּלֵי חֲלוּקוֹ עַל זְרוֹעוֹ דְּאֵינוֹ נִרְאֶה כְּמַלְבּוּשׁ אֶלָּא כְּנוֹשֵׂא עַל כְּתֵיפוֹ, וְאָמַר מָר (שבת דף קמז.): הַיּוֹצֵא בְּטַלִּית מְקוּפֶּלֶת עַל כְּתֵיפוֹ בַּשַּׁבָּת חַיָּיב חַטָּאת: כִּי הַאי גַּוְונָא. דְּקָתָנֵי לְעֵיל עַד צַוָּארוֹ בַּמַּיִם, וְהָאִיכָּא סַכָּנָה שֶׁלֹּא יִשְׁטְפוּהוּ הַמַּיִם: וַיָּמָד אֶלֶף. הַמַּלְאָךְ הֶרְאָה לִיחֶזְקֵאל נַחַל הַיּוֹצֵא מִבֵּית קה"ק תְּחִילָּתוֹ כְּחוּט וְהוֹלֵךְ וְגָדֵל, וְכָל אֶלֶף אַמָּה אוֹרֶךְ מִשֶּׁיָּצָא חוּץ לִירוּשָׁלַיִם לֹא הָיָה עָמוֹק אֶלָּא מֵי אַפְסַיִם, מֵי קַרְסוּלַיִן: וַיָּמָד אֶלֶף. שְׁנִיּוֹת וְהֶעֱמִיקוּ עַד בִּרְכַּיִם: מִכָּאן וְאֵילָךְ. קָרֵי לֵיהּ "אֲשֶׁר לֹא אוּכַל לַעֲבוֹר", אַלְמָא: אָסוּר לַעֲבוֹר לְמַעְלָה מִמָּתְנַיִם: שָׁאנֵי נַחַל. הַיּוֹצֵא מִבֵּית קה"ק שֶׁהָיוּ מֵימָיו רוֹדְפִים, הוֹלְכִים מַהֵר וְשׁוֹטְפִים: בְּסִיחוּי. בְּשַׁיִט: ת"ל כִּי גָאוּ הַמַּיִם מֵי שָׂחוּ. רְאוּיוֹת לָשׁוּט: (א)לְפֶתַח בֵּית דָּוִד. הִיא צִיּוֹן חוּץ לִירוּשָׁלַיִם: מְפַכִּין

מסורת הש"ס

גליון הש"ס

גמרא אמר אביי משום שיבתא. עיין תענית דף כ ע"ב ברש"י ד"ה מילתא דשיבתא: תום' ד"ה משום שיבתא וכו' בן ד' וה' שנים ומונקתו. בערוך איתא מבן ב' חדשים עד ז' שנים והרוח רעה אוחזת התינוק בצוארו במפרקת בגידים שאחורי הצואר ומייבשת אותם ומתמונה והולך עד שימות ומתה היא בשעה שאמו באה מבית הכסא או מנהר ומניקת לבנה לאלתר:

[נ"ל ידיו מלוכלכות כו' כן הגירסא בהרא"ש ובכל הפוסקים וכן בהרא"ש פרק אלו מגלחין סימן לז]

[תוספת' פ"ד]

[ועי' בפירש"י בחומש שכתב ויענה שלא כדרכה]

[בערוך ערך גד ז' אי' פרת]

[תוספת' סוכה פ"ג]

[מדות פ"ב מ"ו]

הגהות הב"ח

(א) רש"י בסוף העמוד ד"ה לפתח כו' נ"ל בדף שאח"ז אחר ד"ה מפכים כו': (ב) תוס' ד"ה משום כו' ושיבתא דהכא ענין אחר הוא. נ"ב ובמסכת תענית כ משמע כפירוש רש"י:

תוספות ישנים

לגמרי: סך כדרכו ואינו חושש. כיון שיש בו רפואה קצת כדתנן בפרק שמונה שרצים (דף קיא.) החושש במתניו לא יסוך בכן יין וחומץ אבל סך הוא את השמן מיהו משום שחיקת סממנין ליכא למיגזר מידי. להאכיל בידו אחת. פירוש ליטול ידו אחת להאכיל לתינוק וגזרו עליו שיאכיל בשתי ידיו משום שיבתא: משום שיבתא. אומר ר"ת נראה לו כפירוש הערוך שפירש שהוא רוח רעה שהיא חונקת התינוק כשנותנין לו לחם בלא נטילת ידים ובימי חכמים היה קשה לתינוק ועכשיו אין נזהרין בכך ולאו היינו בת מלך דשמונה שרצים (דף קט.) דהתם איירי בנטילת שחרית והכא מיירי כל שעה אפילו בחצי היום ונראה לר"ת שמותר ליטול ידיו ביוה"כ כדאמר הכא היו ידיו מלוכלכות בטיט ובצואה רוחץ כדרכו ואינו חושש ואמרינן נמי בפרק שמונה שרצים (דף קח:) דהיכא שלא נטל ידיו שחרית יד לפה תקצץ יד לעיניו תקצץ כו' ואמרינן נמי התם בת מלך היא זו ומקפדת עד ג"פ וגם יש סכנה שאי אפשר שלא יגע כל היום באחד מאלה וכן אם הסיך (מי) רגליו מותר לרחוץ ידיו משום הכון לקראת אלהיך ישראל והיינו כמו ידיו מלוכלכות בטיט ובצואה וכן פירש רבינו שמואל וריב"א מיהו היכא שהולך לקטנים ולא שפשף בידיו שאין צריך לנטילת ידים כדפרישית לא ידע ה"ר אלחנן אי חשבינן ליה כידיו מלוכלכות בטיט ומסתברא לי דיכול ליטול דכיון שמנקה עצמו שוב שייך בהו הכון והא דאמרינן לקמן (דף עח.) שורין לה מפה במים לאו היינו נטילת ידים לשחרית אלא לקרר בעלמא ולהעבירה על גבי עיניו ולקמן לא איירי אלא בהכי ולא לנטילת ידים ואם תאמר כיון דשרינן הכא לרחוץ היכא דידיו ורגליו מלוכלכות בטיט ובצואה אם כן חילקת ברחיצה ואמרינן לעיל (דף עד:) גבי עינוי דומיא דמלאכה מה מלאכה לא חילקת בה אף עינוי לא תחלוק בו וי"ל דהיכא שרוחץ בשביל טינוף אין זו רחיצה כלל דרחיצה של עונג בעינן ולמאי דפרישית לעיל (בריש פירקין) דרחיצה אינה אסורה אלא מדרבנן אתי שפיר דלא מדמי התם לענין שלא תחלוק בו אלא עינוי אכילה ומלאכה דתרווייהו דאורייתא: עובר עד צוארו במים ואינו חושש. ולא חיישינן לסחיטה כמו דאמרינן באלו קשרים (דף קיג:) גבי מהלך בדרך ופגע באמת המים כו' היכי ליעבד לינחות במיא איתווסן מאניה ואתי לידי סחיטה דמשום מצוה או לנטורי פירי שרו רבנן והתם מיירי לדבר הרשות אך קשה קצת דאין לך דבר הרשות יותר מלנטורי פירי וכי משום הפסד יש לך להתיר אלא נראה לרבי דהואיל ולא היתרת לו אלא על ידי מלבוש זכור הוא כדאמר לקמן ובלבד שלא יוציא ידו מתחת חפת חלוקו וכי האי גוונא אמרינן בפרק שני דביצה (דף יח.) גבי נדה דהואיל ולא היתרת לה אלא ע"י מלבוש זכורה היא. מ"ר. אך קשה לרבי דנהי דלא גזרינן משום סחיטה הא איכא כיבוס וליכא כדאמר בזבחים פרק דם חטאת דבגד שרייתו זהו כיבוסו ואין לומר דהכא ודבילה בבגדים של עור דשרייתו לאו היינו כיבוסו כדמוכח התם פרק דם חטאת (דף לד:) וכדתנן נמי בפרק נוטל (דף קמב:) היתה עליו לשלשת על הכר מקנחה בסמרטוט היתה של עור מניח מים עליה עד שתכלה ולא אמרינן שרייתו זהו כיבוסו זה אין לומר דהתם בגדים לאו עור נינהו ואומר רבי דהיכא דאיכא דם או דבר טינוף על הבגד התם דוקא שרייתו זהו כיבוסו דבטניפת דם מיירי התם בפרק דם חטאת אבל היכא שהבגד שחור מחמת שנלבש בו או מחמת שנשתמשו בו או שהיה לבן לגמרי ואין בו שום טינוף אלא שצריך ללבן עדיין לא אמרינן שרייתו זהו כיבוסו ונ"ע פרק דם חטאת דלא תיקשי מידי אההיא תירוצא ולפי מה שפירש בספר הישר שיש חילוק בבגדים שיש שמתכבסין מהרה ויש שצריך לטרוח בהם הרבה כעין שלנו לפי זה היינו יכולין להעמיד הך דהכא בבגדים שאינם מתלבנים מהרה כעין שלנו ועוד מצא רבי מוגה בספר הישר דלא אמרינן שרייתו זהו כיבוסו (אלא) בדבר שהוא כעין לכלוך כמו ספוג ואלונטית וקינוח ידים במפה וכמו כן זה אינו אלא דרך לכלוך שהולכין במים לבושים ואין שרייה זו דרך נקיון וליבון וגם אינו מתכוין לנקות ולהסיר הטינוף על ידי מים ופעמים שמתלכלך עוד בכך. מ"ר. ולפי זה

עין משפט נר מצוה

כג א ב טוש"ע א"ח סימן שא סעיף ד:
כד ג ד ה ו מיי' פ"ג מהל' שביתת עשור הלכה ד סמג לאוין סט טוש"ע א"ח סימן תריג סעיף ט:
כה ז מיי' שם הלכה ה טוש"ע שם בהג"ה:
כו ח טוש"ע שם סימן תקנד סעיף יד בהגה"ה:
כז ט מיי' פ"ב מהלכות בכורות הלכה יז סמג עשין ריא טוש"ע י"ד סימן שיד סעיף ג:

גמרא

תורה אור

מְפַכִּין עֲתִידִין לִהְיוֹת יוֹצְאִין מִתַּחַת מִפְתַּן הַבַּיִת. מִכָּאן וְאֵילָךְ הָיָה מִתְגַּבֵּר וְעוֹלֶה עַד שֶׁמַּגִּיעַ לְפֶתַח בֵּית דָּוִד, כֵּיוָן שֶׁמַּגִּיעַ לְפֶתַח בֵּית דָּוִד – נַעֲשֶׂה כְּנַחַל שׁוֹטֵף, שֶׁבּוֹ רוֹחֲצִין זָבִין וְזָבוֹת נִדּוֹת וְיוֹלְדוֹת, שֶׁנֶּאֱמַר: °"בַּיּוֹם הַהוּא יִהְיֶה מָקוֹר נִפְתָּח לְבֵית דָּוִד וּלְיוֹשְׁבֵי יְרוּשָׁלָם לְחַטָּאת וּלְנִדָּה" (זכריה יג). אָמַר רַב יוֹסֵף: מִכָּאן רֶמֶז לְנִדָּה שֶׁצְּרִיכָה לֵישֵׁב עַד צַוָּארָהּ בַּמַּיִם. וְלֵית הִילְכְתָא כְּוָותֵיהּ. (תֵּינַח יוֹם הַכִּפּוּרִים דְּלֵיכָּא מִנְעָל,) שַׁבָּת דְּאִיכָּא מִנְעָל מַאי? אָמַר נְחֶמְיָה חֲתָנֵיהּ דְּבֵי נְשִׂיאָה: אֲנָא חֲזֵיתֵיהּ לְרַבִּי אַמִּי וְרַבִּי אַסִּי דְּמָטוּ עוּרְקוּמָא דְּמַיָּא, אוְעַבְרוּהָ, דֶּרֶךְ מַלְבּוּשׁ. תֵּינַח מִנְעָל, סַנְדָּל מַאי אִיכָּא לְמֵימַר? אָמַר רַב רִיחוּמִי: אֲנָא חֲזֵיתֵיהּ לְרָבִינָא דְּעָבַר דֶּרֶךְ מַלְבּוּשׁ. רַב אַשִׁי אָמַר: בסַנְדָּל לְכַתְּחִלָּה לֹא. רֵישׁ גָּלוּתָא אִיקְלַע לַהַגְרוֹנְיָא לְבֵי רַב נָתָן. רַפְרַם וְכוּלְּהוּ רַבָּנַן אָתוּ לְפִירְקָא, רָבִינָא לָא אֲתָא. לְמָחָר בָּעֵי רַפְרַם לְאַפּוּקֵי לְרָבִינָא מִדַּעְתֵּיהּ דְּרֵישׁ גָּלוּתָא. אֲמַר לֵיהּ: מַאי טַעְמָא לָא אֲתָא מָר לְפִירְקָא? אֲמַר לֵיהּ: הֲוָה כָּאֵיב לִי כַּרְעַאי. אִיבָּעֵי לָךְ לְמֵיסַם מְסָאנֵי! גַּבָּא דְּכַרְעָא הֲוָה. אִיבָּעֵי לָךְ לְמִרְמָא סַנְדְּלָא. אֲמַר לֵיהּ: עוּרְקְמָא דְּמַיָּא הֲוָה בְּאוֹרְחָא. אִיבָּעֵי לָךְ לְמֶעְבְּרֵיהּ דֶּרֶךְ מַלְבּוּשׁ. אֲמַר לֵיהּ: לָא סָבַר לָהּ מָר לְהָא דְּאָמַר רַב אַשִׁי; סַנְדָּל לְכַתְּחִלָּה לָא? תָּנֵי יְהוּדָה בַּר גְּרוֹגְרוֹת: גאָסוּר לֵישֵׁב עַל גַּבֵּי טִינָא בְּיוֹם הַכִּפּוּרִים. אָמַר רַבִּי יְהוֹשֻׁעַ בֶּן לֵוִי: וּבְטִינָא מְטַפַּחַת. אָמַר אַבַּיֵי: דוּבְטוֹפֵחַ עַל מְנָת לְהַטְפִּיחַ. אָמַר רַב *יְהוּדָה: המוּתָּר לְהִצְטַנֵּן בְּפֵירוֹת. רַב יְהוּדָה מִצְטַנֵּן בְּקָרָא. (א) רַבָּה מִצְטַנֵּן בִּינוּקָא. רָבָא מִצְטַנֵּן בְּכָסָא דְּכַסְפָּא. אָמַר רַב *פַּפָּא: וכָּסָא דְּכַסְפָּא, מָלֵא – אָסוּר, חָסֵר – שָׁרֵי. דְּפַחְרָא, אִידִי וְאִידִי – אָסוּר, מִשּׁוּם דְּמִישְׁחַל שָׁחֵיל. רַב (*פַּפָּא) אָמַר: כָּסָא דְּכַסְפָּא – חָסֵר נַמִי אָסוּר, מִשּׁוּם דְּמִזְדְּרִיב. זְעֵירָא בַּר חָמָא אוּשְׁפִּיזְכְנִין דְּרַבִּי אַמִּי וְרַבִּי אַסִּי וְרַבִּי יְהוֹשֻׁעַ בֶּן לֵוִי וּדְכוּלְּהוּ רַבָּנַן דְּקֵיסָרֵי הֲוָה, אֲמַר לֵיהּ לְרַב יוֹסֵף בְּרֵיהּ דְּרַבִּי יְהוֹשֻׁעַ בֶּן לֵוִי: *בַּר אַרְיָא! תָּא אֵימָא לָךְ מִילְּתָא מְעַלְיָיתָא דַּהֲוָה עָבֵיד אֲבוּךְ, מְטַפַּחַת הָיָה לוֹ *בְּעֶרֶב יוֹם הַכִּפּוּרִים זוְשׁוֹרֶה אוֹתָהּ בַּמַּיִם וְעוֹשֶׂה אוֹתָהּ כְּמִין כֵּלִים נְגוּבִין, וּלְמָחָר מְקַנֵּחַ בָּהּ פָּנָיו יָדָיו וְרַגְלָיו. עֶרֶב תִּשְׁעָה בְּאָב שׁוֹרֶה אוֹתָהּ בַּמַּיִם, וּלְמָחָר מַעֲבִירָהּ עַל גַּבֵּי עֵינָיו. *וְכֵן[א] כִּי אֲתָא רַבָּה בַּר מָרִי אֲמַר: חבְּעֶרֶב תִּשְׁעָה בְּאָב מְבִיאִין לוֹ מְטַפַּחַת וְשׁוֹרֶה אוֹתָהּ בַּמַּיִם, וּמַנִּיחָהּ תַּחַת מְרַאֲשׁוֹתָיו, וּלְמָחָר מְקַנֵּחַ פָּנָיו יָדָיו וְרַגְלָיו. בְּעֶרֶב יוֹם הַכִּפּוּרִים מְבִיאִין לוֹ מְטַפַּחַת וְשׁוֹרֶה אוֹתָהּ בַּמַּיִם, וְעוֹשֶׂה אוֹתָהּ כְּמִין כֵּלִים נְגוּבִין, וּלְמָחָר מַעֲבִירָהּ עַל גַּבֵּי עֵינָיו. אֲמַר לֵיהּ ר' יַעֲקֹב לְרַבִּי יִרְמְיָה בַּר תַּחְלִיפָא: אִיפְּכָא אָמְרַתְּ לָן, וְאוֹתִיבְנָךְ סְחִיטָה. אָמַר רַב מְנַשְּׁיָא בַּר תַּחְלִיפָא אָמַר רַב עַמְרָם אָמַר רַבָּה בַּר בַּר חָנָה, שָׁאֲלוּ אֶת רַבִּי אֶלְעָזָר: זָקֵן וְיוֹשֵׁב בִּישִׁיבָה צָרִיךְ לִיטּוֹל רְשׁוּת לְהַתִּיר בְּכוֹרוֹת אוֹ אֵינוֹ צָרִיךְ? מַאי קָא מִיבָּעֵי לְהוּ? הָכִי קָא מִיבָּעֵי לְהוּ: כִּי הָא דְּאָמַר רַב אִידִי בַּר אָבִין: דָּבָר זֶה הִנִּיחוּ לָהֶם לְבֵי נְשִׂיאָה כְּדֵי לְהִתְגַּדֵּר בּוֹ – צָרִיךְ לִיטּוֹל רְשׁוּת, אוֹ דִּילְמָא כֵּיוָן דְּזָקֵן וְיוֹשֵׁב בִּישִׁיבָה – אֵין צָרִיךְ? עָמַד ר' צָדוֹק בֶּן חֲלוּקָה עַל רַגְלָיו וְאָמַר: אֲנִי רָאִיתִי אֶת רַבִּי יוֹסֵי בֶּן זִמְרָא, שֶׁזָּקֵן וְיוֹשֵׁב בִּישִׁיבָה הָיָה, וְעָמַד בְּמַעֲלָה מִזְּקֵנוֹ שֶׁל זֶה – וְנָטַל רְשׁוּת לְהַתִּיר בְּכוֹרוֹת. אֲמַר לֵיהּ ר' אַבָּא: לֹא כָּךְ הָיָה מַעֲשֶׂה, אֶלָּא כָּךְ הָיָה מַעֲשֶׂה: ר' יוֹסֵי בֶּן זִמְרָא כֹּהֵן הָיָה, וְהָכִי קָא מִיבַּעְיָא לֵיהּ: הֲלָכָה כְּר"מ דְּאָמַר: *הֶחָשׁוּד בְּדָבָר לֹא דָּנוֹ וְלֹא מְעִידוֹ, אוֹ דִּילְמָא הֲלָכָה כְּרַבָּן שִׁמְעוֹן בֶּן גַּמְלִיאֵל, דְּאָמַר: *נֶאֱמָן הוּא עַל שֶׁל חֲבֵירוֹ וְאֵינוֹ נֶאֱמָן עַל שֶׁל עַצְמוֹ? וּפָשַׁט לֵיהּ: טהֲלָכָה כְּרשב"ג. וְתוּ קָא מִבַּעְיָא לְהוּ: מַהוּ לָצֵאת בְּסַנְדָּל שֶׁל
שַׁעַם

רש"י

(ג) מפכין. כמין הפך הן כשמגיעין למפתן ההיכל: מכאן רמז לנדה. מדלא קרי ליה ראוי לנדה עד שמתגבר כנחל שוטף שמגיע לפתח בית דוד, רמז שצריכה לטבילת מים עמוקים שמתשב בהן עד צוארה. ואע"ג דלא רמיז קרא עד צוארה. רמיז מיהא דניהוו עמוקים עומק הראוי, וזה כראוי: התינח יום הכפורים לא גרסינן וה"ג: שבת דאיכא מנעל מאי. מי שרי לעבור במים, או דילמא חיישינן דילמא (ג) נפקי מכרעיה ואתי לאיתויינהו: ועברוה דרך מלבוש. בנעליהם עברו אותו: סנדל מאי. שאינו יכול להדקו ולקשרו יפה ברגלו כמו מנעל: איקלע להגרוניא. ושבת שם: לפירקא. לדרשא דריש גלותא: מדעתיה דריש גלותא. שלא ישנאהו: איבעי לך למירמא סנדל. שהוא רחב: על גבי טינא. שלחלוח הטיט הוי עונג קרוב לרחיצה: מטפחת. מקיאה מים: מלא אסור. שמא ישפכו מים על בשרו: משחל שחיל. פולט מים שבולע, טריסטריס"א בלע"ז: דמזדריב. מחליק ונשמט מידו וישפכו המים עליו: מטפחת. סודר כמין כלים נגובים. ואני שמעתי דה"ג: ערב יום הכפורים מביאין לו מטפחת ומקנח בה ידיו ולמחר פושטה ומעבירה על עיניו והיא לחה קצת מקינוח הידים דאתמול: איפכא אמרת לן. בתשעה באב עושה אותן כמין כלים נגובים ובערב יוה"כ לא אמרת עושה אותן כמין כלים נגובים, ואותיבנך סחיטה. לשון ששמעתי הכי קאמר: איפכא אמרת לן: ערב תשעה באב מקנח בה ידיו ולמחר פושטה וכו' וערב יום הכפורים שורה אותה במים ועושה אותה כמין כלים נגובים, ואותיבנך: סחיטה דכמין כלים נגובים עדיין יש כדי לסחוט: שאלו את רבי אלעזר. גרסינן והוא רבי אלעזר בן פדת: זקן ויושב בישיבה וכו'. אמרינן בסנהדרין (דף ה.) שאין חכם מתיר את הבכור ביחיד לראות את מומו אלא אם כן נטל רשות מן הנשיא פעם אחת. והכא מיבעיא להו דאם זקן יושב בישיבת סנהדרין הוא, מי צריך רשות' או לא? והא דנקט לה הכא, משום דבעי למימר: "ותו קמבעיא להו מהו לצאת בסנדל של שעם ביוה"כ": דבר זה. נטילת הרשות: להתגדר. לשון גדולה: למעלה מזקנו של זה. לפני זקינו של נשיא זה שבדורנו: כהנים חשודין על מומי הבכור להתיר את האסור ואף להטיל בו מום. לפי שהבכור בזמן הזה אין לו תקנה אלא אם כן יש בו מום ועל הכהן ליטפל בו משנתנוהו לו לשומרו ולזונו. דרבי מאיר ודרבן שמעון במסכת בכורות (דף לה.): ותו קמבעיא להו. קמיה דרבי אלעזר:
שעם

תוספות

מכאן רמז לנדה שצריכה לישב עד צוארה במים. שאלו מקמי רב יהודה גאון ז"ל: טבילת נדה מדאורייתא מנלן? והשיב: קל וחומר ממגעה. ור"ת פירש: דנפקא מדכתיב "במי נדה" ודרשינן במסכת עבודה זרה (דף עה:): מים שהנדה טובלת בהן. ור"י פירש מדכתיב "והדוה בנדתה" ודרשינן בפ' "במה אשה" (שבת דף סד:): בנדתה תהא, עד שתבא במים*:
הקיטע

[ועי' תוספות חגיגה יא. ד"ה לא נצרכה ותוספות יבמות מז: ד"ה במקום]

רבינו חננאל

משום דשטפי מימיו חייש דילמא ישטפוהו אבל כגון אגמים מים דליכא חששא לשטפא אפילו המים עד צוארו עובר כו': **כתיב** ביום ההוא יהיה מקור לבית דוד וליושבי ירושלים לחטאת ולנדה. אמר רב יוסף מיכן רמז לנדה שצריכה לישב עד צוארה במים ולית הלכתא כוותיה. תינח ביוה"כ דליכא מנעל עובר במים. בשבת דאיכא מנעל מאי. ואסיק' היכא דאיכא מנעל מעבר להו דרך מלבוש ושרי. פירוש כשהוא לבוש בהן ברגליו. ויש מי שאומר דרך מלבוש ואפי' שלא ברגליו. רב אשי אמר סנדל לכתחלה לא. תני ר' יהודה [בר] גרוגרות פי' שם אדם. אסור לישב ע"ג טיט ביוה"כ ואוקמא אביי בטופח ע"מ להטפיח. וכבר פירשנוה פעמים רבות. מותר להצטנן בפירות וכן בקרא וכן בינוקא בכולהו שרי אבל במני דפחרא בין מלא בין חסר אסור משום דשחלי פי' שואבין המים ומקיאין אותן בחוץ ונמצא המצטנן בהן שהמים המתקבצין רוחצין את גופו. ומני דכספא ומני מתכות משום דמזדרבי. פי' כשמנענעים הכלים ניתזין מן המים שבתוכן ונופלין על בשרו של אדם המצטנן בהן: **ירושלמי** [ר' זעירא וכו' בשם ר' יהושע] בן לוי בתענית צבור מרחיץ פניו וידיו כדרכו ובט' באב מרחיץ ידיו ומעבירן על פניו. וביוה"כ מרחיץ ידיו ומקנחן במפה ומעביר המפה על פניו. ר' יונה הוה תרי מרטוטא ויהיב לה תיתיבו היה הולך אצל רבו או מי שגדול ממנו עובר בים או בנהר ואינו חושש נטנפו רגליו מרחיצן במים ואינו חושש. הורה ר' אחא בבא מן הדרך והיו רגליו קיהות עליו מותר להרחיצן במים. אבל ומנודה המהלכין בדרך מותר בנעילת הסנדל לכשיבואו לעיר יחלוצו. וכן בט' באב וכן בתענית צבור. סיכה בין סיכה של תענוג בין סיכה שאינה של תענוג אם בשבת מותר אם ביוה"כ אסור. בט' באב ובתענית צבור של תענוג אסור שאינה של תענוג מותר. כל אלו שאמרו אסורין בנעילת הסנדל יצא לדרך נועל הגיע לכרך חולץ. אית תנא תני יוצאין באפליא ואוקימנא באפליא של בגד ביוה"כ. אית תנא תני אין יוצאין. ואוקימנא באמפליא של עור. ריב"ל נפיק לביש סליסיה ביוה"כ אומר אסטנס [אנא] חד תלמיד מן דר' מנא הורי לחד מן קריבוי דנשיא דמלביש סיליסיה דהוה אסתנס מן הדה דריב"ל: הא דריב"ל תריצנא הכי ערב יוה"כ היה מקנח ידיו ורגליו במטפחת ולמחר ביוה"כ היה מעבירה ע"ג עיניו ואינו חושש. ערב ט' באב היה שורה מטפחת ומניחה מראשותיו ובט' באב היה מקנח בה פניו ידיו ורגליו ואינו חושש: **שאלו** לר' אלעזר זקן יושב בישיבה צריך ליטול רשות להתיר בכורות אי לא כדגרסינן בסנהדרין (דף ה) א"ל ר' חייא לר' בן אחי יורד לבבל יורה יורה ידין ידין יתיר בכורות וכו' וא"ר יצחק חקולא אני ראיתי ר' יוסי בן זמרא כהן והכי קא מיבעיא ליה הלכתא כרשב"ג דאמר נאמן אדם על של חבירו ואינו נאמן על של עצמו או הלכתא כר' מאיר דאמר החשוד על דבר לא דנו ולא מעידו ופשטו ליה הלכתא כרשב"ג הואיל ותנן סתמא

מסורת הש"ס

זכריה יג

[בהרא"ש ליתא]

בהרא"ש ליתא

[נ"ל רב אשי כ"א ברא"ש וברי"ף ובכ"י]

[ברכות יב.]

[עי' נוסחת הרי"ף והרא"ש]

[ג"ז ע"ש]

בכורות לה. [סס]

הגהות הב"ח

(א) גמ' רב יהודה מצטנן בקרא רבה מצטנן בינוקא רבה מצטנן בכסא דכספא אמר רבא כסא דכספא מלא: (ב) רש"י ד"ה מפכים נ"ל קודם ד"ה לפתח: (ג) שם ד"ה התינח כו' חיישינן דילמא נפל מכרעיה:

הגהות הגר"א

[א] גמ' וכן. רשום קו עליו למחקו:

תוספות ישנים

זה היה נראה שהרוחץ בשבת בנהר מותר לרחוץ בבגדיו וליכא למיחש לליבון מיהו יש לאסור משום סחיטה דהא פרישית לעיל [ד"ה משום] דלא שרינן אלא משום מצוה או משום טעם הואיל ולא התרת לו אלא על ידי מלבוש זכור הוא והאי טעמא לא שייך הכא ועל תינוק שלכלך בגדי אמו במי רגלים שמע רבי מרדכי יעקב שהתיר להאם לקנח בגדיה כדי שתוכל להתפלל בהן מטעמא שפירשתי לעיל שמותר לקנח ידים במפה לפי שהוא דרך לכלוך ולא נראה לרבי דכיון שמתכוונת לטהר הלכלוך לרחיצה וליבון היא מתכוונת. מ"ר: **א"ל** לא סבר מר להא דאמר רב אשי סנדל לכתחילה לא. ק"ל הא רב רחומי הוא דאמר לעיל אנא חזיתיה לרבינא דעבר דרך מלבוש ושמא זה ראיה לפירוש רבי שרגיל לפרש דתרי רבינא הוו אי נמי דחוי דחי ליה רבינא אבל לא סובר כן: **יהודה** גרוגרות. כך שמו: **כסא** דכספא נמי כו'. מיכן יש ליזהר שלא לצנן עצמו בכלי חרס אע"פ שאין בו מים עכשיו משום דשחולי שחיל ולא בשום טיט שהוא טופח על מנת להטפיח לא יד ורגל וכן בחול שיש בו לחלוחית מים וכיוצא בו: **ערב** תשעה באב. בשאילתות גרס איפכא וכן פי' רש"י: **איפכא** אמרת לן. כי היה סובר שיש להחמיר בט"ב יותר מיוה"כ כדאמרי' בעלמא דדברי סופרים צריכין חיזוק יותר: **ופשטו** ליה כרשב"ג. פי' ר"ח דקי"ל כרשב"ג הואיל וסתם לן תנא כוותיה במס' נגעים (פ"ב מ"ה) כל הנגעים אדם רואה חוץ מנגעי עצמו: *)**ואמינא** ליה בתענית צבור מאי דדילמא דברי סופרים צריכין חיזוק ויש להחמיר יותר: **רבא** נפק בדיקולי. ובפירש"י כתב בדיבלי ופירש שם עשבים: **הקיטע** יוצא בקב שלו דברי ר"מ ור' יוסי אוסר. פירש"י בפרק במה אשה יוצאה (דף סו.) דלר' יוסי לאו תכשיט הוא ולא דק דלקמן מסיק רבא דבין לר"מ בין לרבי יוסי מנעל הוא וכו': **יוצא** בקב שלו. בשבת פי' דיני קב וסמוכות שלו לפירוש רש"י וה"ר יוסף ואין לי להאריך כאן: **ואם** יש לו בית קיבול כתיתין טמא. לפי שאין מיטלטל מלא וריקן אבל מה שהשוק בתוכו לא קרינן ביה מיטלטל מלא וריקן אלא השוק מיטלטל [הכלי] כדפירש"י בשבת ולא דמי לקלקלי ותבק דאמרינן בפ' במה אשה יוצאה (שבת דף סד.) דטמא היינו טעמא דמיטלטל מלא וריקן שהבהמה מיטלטלת ומתנהגת ממקום אל מקום על ידו וכן אריג כל שהוא טמא פירש רשב"ס שמיטלטל הוא מלא וריקן כמו שק דילפינן ליה מיניה בבמה אשה והיינו שיכול לקשור בו טבעת אבל אין נראה לפרש ואם יש לו בית קבול כתיתין לאו דוקא כתיתין אלא יש לו בית קיבול בעלמא קאמר והקיטע מניח שוקו בתוכו וכתיתין דנקט לאו דוקא אלא אורחא דמילתא שרגילין להניח בו דלא משמע כלל לפרושי הכי. מ"ר: **אלא** אמר רבא בין לר"מ בין לר' יוסי כו'. אע"ג דרבא לא ידע בבמה אשה יוצאה' היכי תנן אי הקיטע או אין הקיטע תנן מ"מ שוב ידע המסקנא דהתם א"נ חד מן לישני נקט: **בין** לר"מ בין לר' יוסי מנעל הוא. וא"ת מנא ליה דטעמא דכ"ע שוין ביוה"כ לאסור משום דחשיבי ליה מנעל דילמא טעמא לאסר ליה ר' יוסי משום דילמא מיפסק ואתי לאתויי ארבע אמות וי"ל שמא משמע דמחד טעמא אסרי ליה ולר"מ דשרי קב הקיטע איכו אסור אלא משום מנעל ביוה"כ ועוד דמשום ר"מ לא איצטריך למיתני לאסור דאפילו לחליצה שרי כדמוכח בפרק במה אשה וא"כ לר' יוסי הוא דאיצטריך ואי הטעם דילמא מיפסק א"כ אמאי נקט יום הכפורים שבת הוה ליה למינקט. מ"ר א): **בין** לר"מ בין לר' יוסי מנעל הוא. תימא לרבי מדאמרינן במסכת שבת סוף פ' במה אשה (דף סו.) וביבמות פ' מצות חליצה (דף קג.) דתנן חלצה במנעל שאינו שלו בסנדל של עץ או של שמאל בימין חליצתה כשירה ואמרינן סנדל של עץ מאן תנא ואמר שמואל ר"מ היא דאמר הקיטע יוצא בקב שלו משמע ר"מ ולא ר' יוסי ואילו הכא קאמר בין לר"מ בין לר' יוסי מנעל הוא ובפ' מצות חליצה (דף קב:) מדמינן בהדיא מנעל דיוה"כ למנעל חליצה ואומר רבי דלר' יוסי דחייש דילמא נפיל
ואתי

*) מכאן שייך לע"ב

א) דברי התוס' צריכים ביאור עיין ש"י:

כח א ב ג מיי' פ"ג מהל' שביתת עשור הלכה ז סמג לאוין סט טוש"ע א"ח סימן תקנד סעיף טז וסימן תריד סעיף ב:
כט ד מיי' פי"ט מהל' שבת הל' טו טוש"ע א"ח סי' שא סעיף טו:
ל ה טוש"ע שם וסימן תריד סעיף ב:
לא ו מיי' פ"ג מהלכות שביתת עשור הל' ז סמג לאוין סט טוש"ע א"ח סי' תרע"ז סעיף א:
לב ז מיי' פי"א מהל' אבל הלכה ז סמג עשין ב טוש"ע י"ד סימן שפא סעיף ו:
לג ח מיי' פ"ג מהלכות שביתת עשור הלכה ח סמג לאוין סט טוש"ע א"ח סי' תריד סעיף ד:

שַׁעַם בְּיוֹם הַכִּפּוּרִים. עָמַד רַבִּי יִצְחָק בַּר נַחְמָנִי עַל רַגְלָיו וְאָמַר: אֲנִי רָאִיתִי אֶת רַבִּי יְהוֹשֻׁעַ בֶּן לֵוִי [א]שֶׁיָּצָא בְּסַנְדָּל שֶׁל שַׁעַם בְּיוה"כ, וְאָמִינָא לֵיהּ: בְּתַעֲנִית צִבּוּר מַאי? [ב]א"ל: לָא שְׁנָא. אָמַר רַבָּה בַּר בַּר חָנָה: אֲנִי רָאִיתִי אֶת רַבִּי אֶלְעָזָר דְּמִן נִנְוֵה שֶׁיָּצָא בְּסַנְדָּל שֶׁל שַׁעַם בְּתַעֲנִית צִבּוּר, וְאָמִינָא לֵיהּ: בְּיוֹם הַכִּפּוּרִים מַאי? א"ל: לָא שְׁנָא. רַב יְהוּדָה נָפֵיק בְּדְהִיטְנֵי, אַבָּיֵי נָפֵיק בְּדְהוּצֵי, רָבָא נָפֵיק *(בְּדִיבְלֵי), רַבָּה בַּר רַב הוּנָא *[ג]כָּרֵיךְ סוּדָרָא אַכַּרְעֵיהּ וְנָפֵיק. מְתִיב רָמֵי בַּר חָמָא: *הַקִּיטֵּעַ יוֹצֵא בְּקַב שֶׁלּוֹ, דִּבְרֵי רַבִּי מֵאִיר. וְר' יוֹסֵי [ד]אוֹסֵר. וְתָנֵי עֲלָהּ: [ה]וְשָׁוִין שֶׁאָסוּר לָצֵאת בּוֹ בְּיוֹם הַכִּפּוּרִים! *אָמַר אַבָּיֵי: הָתָם דְּאִית בֵּיהּ כְּתִיתִין, וּמִשּׁוּם תַּעֲנוּג. אֲמַר לֵיהּ רָבָא: וְאִי לָאו מָנָא הוּא – כְּתִיתִין מְשַׁוֵּי לֵיהּ מָנָא?! וְעוֹד: כָּל תַּעֲנוּג דְּלָאו מִנְעָל הוּא, בְּיוה"כ מִי אָסוּר?! וְהָא רַבָּה בַּר רַב הוּנָא הֲוָה כָּרֵיךְ סוּדָרָא אַכַּרְעֵיהּ וְנָפֵיק. וְעוֹד: מִדְּקָתָנֵי סֵיפָא אִם יֵשׁ לוֹ בֵּית קִבּוּל כְּתִיתִין טָמֵא, מִכְּלָל דְּרֵישָׁא לָאו בְּדְאִית לֵיהּ כְּתִיתִין עָסְקִינַן! אֶלָּא אָמַר רָבָא: לְעוֹלָם דְּכ"ע מִנְעָל הוּא, וּבְשַׁבָּת בְּהָא פְּלִיגִי; מָר סָבַר: גָּזְרִינַן דִּילְמָא מִשְׁתַּמֵּיט וְאָתֵי לְאַתּוּיֵי ד' אַמּוֹת, וּמָר סָבַר: לָא גָּזְרִינַן. תָּנוּ רַבָּנַן: *[ו]תִּינוֹקוֹת מוּתָּרִין בְּכוּלָּן, חוּץ מִנְּעִילַת הַסַּנְדָּל. מַאי שְׁנָא נְעִילַת הַסַּנְדָּל – דְּאָמְרִי: אֱינָשֵׁי עֲבַדוּ לֵיהּ. הָנָךְ נַמִי, אָמְרִי: אֱינָשֵׁי עֲבַדוּ לֵיהּ. רְחִיצָה וְסִיכָה – אֵימַר מֵאֶתְמוֹל עָבְדִי לֵיהּ! סַנְדָּל נַמִי, אֵימַר מֵאֶתְמוֹל עָבְדִי לֵיהּ. סַנְדָּל לָא אֶפְשָׁר דְּמֵאֶתְמוֹל עָבְדִי לֵיהּ, דְּאָמַר שְׁמוּאֵל: הַאי מַאן דְּבָעֵי לְמִיטְעַם טַעְמָא דְּמִיתוּתָא – לִיסַיֵּים מְסָאנֵי וְלִיגְנֵי. וְהָא מוּתָּרִין לְכַתְּחִלָּה קָתָנֵי! אֶלָּא: הָנָךְ דְּלָאו רְבִיתַיְיהוּ – גָּזְרוּ בְּהוּ רַבָּנַן, הָנָךְ דִּרְבִיתַיְיהוּ הוּא – לָא גָּזְרוּ בְּהוּ רַבָּנַן. דְּאָמַר אַבָּיֵי, *אֲמַרָה לִי אֵם: רְבִיתֵיהּ דִּינוֹקָא – מַיָּא חֲמִימֵי וּמִשְׁחָא. גָּדֵל פּוּרְתָּא – בֵּיעֲתָא בְּכוּתָּחָא, גָּדֵל פּוּרְתָּא – תַּבּוּרֵי מָאנֵי. כִּי הָא דְּרַבָּה זָבֵין לְהוּ מָאנֵי גְּזִיזֵי דְּפַחְרָא לִבְנֵיהּ, וּמְתַבְּרִי לְהוּ.§ "הַמֶּלֶךְ וְהַכַּלָּה יִרְחֲצוּ אֶת פְּנֵיהֶם". מַתְנִי' מַנִּי – ר' חֲנַנְיָא בֶּן תְּרַדְיוֹן הִיא. דְּתַנְיָא: הַמֶּלֶךְ וְהַכַּלָּה לֹא יִרְחֲצוּ אֶת פְּנֵיהֶם. רַבִּי חֲנַנְיָא בֶּן תְּרַדְיוֹן אוֹמֵר מִשּׁוּם רַבִּי אֱלִיעֶזֶר: הַמֶּלֶךְ וְהַכַּלָּה יִרְחֲצוּ אֶת פְּנֵיהֶם. הַחַיָּה לֹא תִנְעוֹל אֶת הַסַּנְדָּל. רַבִּי חֲנַנְיָא בֶּן תְּרַדְיוֹן אוֹמֵר מִשּׁוּם ר' אֱלִיעֶזֶר: הַחַיָּה תִנְעוֹל אֶת הַסַּנְדָּל.(א) מ"ט *מֶלֶךְ – מִשּׁוּם דִּכְתִיב: °)"מֶלֶךְ בְּיָפְיוֹ תֶּחֱזֶינָה עֵינֶיךָ". כַּלָּה מַאי טַעְמָא – כְּדֵי שֶׁלֹּא תִתְגַּנֶּה עַל בַּעְלָהּ. אֲמַר לֵיהּ רַב לְר' חִיָּיא: כַּלָּה עַד כַּמָּה? אֲמַר לֵיהּ, כִּדְתַנְיָא: *[ז]אֵין מוֹנְעִין תַּכְשִׁיטִין מִן הַכַּלָּה כָּל שְׁלֹשִׁים יוֹם. הַחַיָּה תִנְעוֹל אֶת הַסַּנְדָּל – מִשּׁוּם צִינָּה. אָמַר שְׁמוּאֵל: [ח]אִם מֵחֲמַת סַכָּנַת עַקְרָב – מוּתָּר.§ "הָאוֹכֵל כְּכוֹתֶבֶת הַגַּסָּה".§ בָּעֵי רַב פַּפָּא: כְּכוֹתֶבֶת

°) ישעיה לג

[גיר' הערוך בדיקולי] | [יבמות קד.] | שבת סה: יבמות קג. | [שם קב:] | [תוספתא פ"ד ע"ש] | [קדושין לה: וש"נ] | [גיר' רי"ף ורא"ש מלך מ"ט אמר רבי אבא בר זבדא אמר רב וכו' כלה מ"ט אמר רב וכו'] | שבת ז.

שַׁעַם. מִין גּוֹמֶא שֶׁקּוֹרִין פוי"י: בְּתַעֲנִית צִבּוּר. הַנִּגְזָר עַל הַגְּשָׁמִים דִּתְנַן בְּמַסֶּכֶת תַּעֲנִית (דף יב:): אָסוּר בִּנְעִילַת הַסַּנְדָּל: בְּדְהִיטְנֵי. מִין שַׁעַם: בְּדְהוּצֵי. סַנְדָּל שֶׁל כַּפּוֹת תְּמָרִים: בְּדִיבְלֵי. שֶׁל עֲשָׂבִים: יוֹצֵא בְּקַב שֶׁלּוֹ. כַּשֶּׁפֶת. קַב = אשקל"א: וְרַבִּי יוֹסֵי אוֹסֵר.(ב) קָסָבַר לָאו מִנְעָל הוּא, הוֹאִיל וְאֵינוֹ שָׁוֶה בַּכֹּל. וַאֲפִילּוּ הָכִי שָׁוִין שֶׁאָסוּר לָצֵאת בּוֹ בְּיוֹם הַכִּפּוּרִים. אַלְמָא אַף עַל גַּב דִּלְרַבִּי יוֹסֵי לָאו מִנְעָל הוּא אֲפִי' הָכִי אָסִיר, וְהוּא הַדִּין לְשֶׁל שַׁעַם: כְּתִיתִין. חֲתִיכוֹת בְּגָדִים קְטַנּוֹת שֶׁהֵם נוֹחוֹת לוֹ לִסְמוֹךְ שׁוֹקוֹ עֲלֵיהֶם: טָמֵא. מְקַבֵּל טוּמְאָה דְּלָאו פְּשׁוּטֵי כְּלֵי עֵץ הוּא: מִנְעָל הוּא. הִלְכָּךְ בְּיוה"כ אָסוּר. אֲבָל דְּהִיטְנֵי וּדְהוּצָא לָאו מִנְעָל נִינְהוּ: מוּתָּרִין בְּכוּלָּן. בְּכָל הָנֵי דְּמַתְנִיתִין אֲכִילָה וּשְׁתִיָּה וּרְחִיצָה וְסִיכָה: אֱינָשֵׁי עֲבַדוּ לֵיהּ. גְּדוֹלִים עָשׂוּ לוֹ וְהַתּוֹרָה הִזְהִירָה גְּדוֹלִים עַל הַקְּטַנִּים שֶׁלֹּא יַעֲשׂוּ לָהֶם בַּיָּדַיִם דָּבָר הָאָסוּר. כִּדְאָמְרִינַן בְּמַסֶּכֶת יְבָמוֹת (דף קיד.): "לֹא תֹאכְלוּם" לֹא תַאֲכִילוּם לְהַזְהִיר גְּדוֹלִים עַל הַקְּטַנִּים: לֹא אֶפְשָׁר מֵאֶתְמוֹל. וַהֲלֹא יָשֵׁן כָּל הַלַּיְלָה וְהֵם בְּרַגְלָיו: הָא מוּתָּרִין לְכַתְּחִלָּה קָתָנֵי. שֶׁאִם בָּא לִימָּלֵךְ אוֹמְרִים לוֹ הַאֲכִילֵהוּ וּרְחוֹץ אוֹתוֹ, וְהַאי שַׁפִּיר יָדַע דְּהַיּוֹם עֲשָׂאוֹ לוֹ: מַיָּא חֲמִימֵי. לִרְחִיצָה: וּמִשְׁחָא. לָסוּךְ: בֵּיעֲתָא בְּכוּתָּחָא. בֵּיצִים בְּכוּתָּח: תַּבּוּרֵי מָאנֵי. לְהַפְקִיר לוֹ כֵּלִים לְשַׁבֵּר וּלְמַלְּאוֹת תַּאֲוָתוֹ: מָאנֵי גְּזִיזֵי דְּפַחְרָא. כֵּלִים סְדוּקִים שֶׁל חֶרֶס בְּדָמִים קַלִּים: אֵין מוֹנְעִין תַּכְשִׁיטִין וְכוּ'. בָּרַיְיתָא הִיא וּמַיְיתִינַן לָהּ בְּרֵישׁ "בְּתוּלָה נִישֵּׂאת" בִּכְתוּבּוֹת: הֲרֵי שֶׁהָיָה טִבְחוֹ טָבוּחַ וְיֵינוֹ מָזוּג וּמֵת אָבִיו שֶׁל חָתָן אוֹ אִמָּהּ שֶׁל כַּלָּה – מַכְנִיסִין אֶת הַמֵּת לַחֶדֶר וְאֶת הֶחָתָן וְאֶת הַכַּלָּה לַחוּפָּה וּבוֹעֵל בְּעִילַת מִצְוָה וּפוֹרֵשׁ וְאַחַר כָּךְ קוֹבְרִין אֶת הַמֵּת וְאֵין מוֹנְעִין תַּכְשִׁיטִין מִן הַכַּלָּה מֵחֲמַת הָאֵבֶל כָּל שְׁלֹשִׁים יוֹם. אַלְמָא: כָּל שְׁלֹשִׁים בָּעֵי נוֹי: אִם מֵחֲמַת סַכָּנַת עַקְרָב. מָקוֹם שֶׁיֵּשׁ לָחוּשׁ לְעַקְרַבִּים מוּתָּר כָּל אָדָם לִנְעוֹל: בְּגַרְעִינָתָהּ

הקיטע יוצא בקב שלו דברי רבי מאיר ורבי יוסי אוסר. בפרק "במה אשה" (שבת דף סו.) פרש"י: משום דלאו תכשיט הוא, ומשמע דאסר ליה משום דחשוב כמשוי ולא הוי מנעל אלא של עור אבל של עץ לא, וכן משמע בגמרא התם דקאמר דלרבי מאיר חולצה בקב הקיטע – חליצה כשירה דחשיב מנעל. ולרבי יוסי חליצה פסולה דלא חשיב מנעל. ור"ת הקשה: דהא מסקינן הכא דפליגי אי חיישינן דילמא משתמיט ואתי לאתויי ארבע אמות, אבל לכולי עלמא מנעל הוי. והא דקאמר התם דלרבי מאיר חולצין בו ולר' יוסי לא – אור"י דהיינו טעמא דרבי יוסי: דכי היכי דחייש דילמא נפיל לפי שהוא רחב מהאי טעמא נמי אין חולצת בו כדאמר בפרק "מצות חליצה" (יבמות דף קג.): נעלו הראוי לו פרט לגדול שאינו יכול להלך בו. והקשה רבינו שמשון מדתניא בפרק "מצות חליצה" חלצה בקב הקיטע חליצה כשירה, באנפליא של בגד – חליצה פסולה, ופריך: קב הקיטע מני – רבי מאיר היא, דתנן: הקיטע יוצא בקב שלו, דברי רבי מאיר, ורבי יוסי אוסר. באנפליא של בגד אתאן לרבנן, משמע אתאן לרבנן דהיינו רבי יוסי דפליג על רבי מאיר. והיכי משמע ליה דאתאן לרבי יוסי טפי מלרבי מאיר? והא הא דלא חשיב ר' יוסי קב הקיטע כמנעל – היינו משום דדרכו ליפסק וליפול, אבל אנפליא של בגד דליכא למימר הכי – דילמא אפילו רבי יוסי מודה! ותירץ ר"י: דודאי המקשה הוה ס"ד דטעמא דרבי יוסי משום הא דלא חשיב מנעל אלא של עור, דבע"א לא מיתוקמא ליה הא דקתני באנפליא של בגד חליצה פסולה דאי לרבי יוסי נמי מנעל הוי הויא – מני? לא רבי מאיר ולא רבי יוסי! ובמסקנא דאמר(ג) כולה רבי מאיר היא, וטעמא דפסיל באנפליא משום דלא מגינה מני למיהוי שפיר טעמא דרבי יוסי משום דילמא מיפסיק. וא"ת: כיון דמעיקרא ס"ד דטעמא דרבי יוסי משום דילמא מיפסיק, מאי קא משני(ד) מדסיפא רבנן רישא נמי רבנן ורישא במחופה עור, אמאי שרי? אפילו מחופה עור נמי איכא למיחש דילמא מיפסיק! וי"ל: במחופה עור דקאמר – היינו בפנים, שמתוך כך הוא מתקלר ומתיישב למדת רגלו. אי נמי, ע"י שהוא מחופה – הוא יכול לכופלו ולקושרו כדי שיעמוד בחוזק סביב רגלו:

הקיטע יוצא בקב שלו. פרש"י פרק "במה אשה" מי שנקטעה רגלו עושה לו כמין דפוס רגל וחוקק בו מעט להכניס ראש שוקו בתוכו. ולא נראה להרב פור"ת, דקשיא ליה: א"כ אמאי רבי יוסי אוסר? והא אינו יכול לילך בע"א? אע"ג דמסקינן הכא דטעמא דרבי יוסי משום דילמא מיפסיק ואתי לאיתויי – והא אי נפיל אינו יכול לזוז משם עד שיחזור וינעלנו! ועוד הקשה: דהאמר אביי בפרק "במה אשה" (שבת דף סו.) דאין טמא מדרס משום דלא סמיך עילויה ואי כפרש"י והלא אין סמך גדול מזה! ומיהו אור"י דלא קשה כולי האי, שאין אותו קב צריך לו כל כך, שהוא נשען על מקלות שבידיו כדרך החגרין ואינו נשען כלל על הקב והיינו סמוכות שלו דקתני התם יוצאין בהן בשבת לדברי הכל ולא כמו שפרש"י שעושה עור לראשי שוקיו וגורר שוקיו בקרקע כשנקטעו שתי רגליו. ומהאי טעמא נמי אתי שפיר דאביי לא חשיב ליה מדרס שאינו נשען עליו אלא קצת ופעמים הוא נשען עליו ופעמים אינו נוגע בקרקע כלל. אבל הרב פור"ת פי': מי שנקטעה רגלו עושה לו קב כמין סנדל ומניחו במקום הרגל ונראה כאלו יש לו רגל ויכול לצאת בו בשבת כמו במנעליו וכופה שוקו לאחוריו וקושר סמוכות של עץ מכף ירכו שקוריו אשקל"א וסומך בו שוקו ומהלך בה והיינו סמוכות שלו, דקתני התם: סמוכות שלו טמא מדרס ויוצאין בהן בשבת ונכנסין בהן לעזרה ואותו קב שמניח במקום פרסת רגלו אינו אלא כדי שיהו סבורין הרואים שרגל שלימה יש לו ומפני החולי אינו יכול לדרוך עליו, ואם יש באותו קב בית קיבול כתיתין טמא. כתיתין היינו גמי או מוכין או כל דבר רך שהוא נותן בקב להנאתו כדי שלא יכאב לו כשיגע רגלו בקב – טמא. איכא מאן דאמר בגמרא טמא טומאת מת ואיכא מאן דאמר טומאת מדרס לפי שהוא נשען עליו,

...ב ברגלו אבל נראה לרבי לתרץ דשמואל דקאמר הא מני ר"מ היא לאו לאפוקי ר' יוסי אתי דלדידיה נמי מנעל הוא כדאמרינן הכא אלא אתא לאפוקי מר' יוחנן בן נורי בא דמטהר בסנדל של ...מנעל אלא מעור כיון שאין רגילות לעשותו כן ואית ליה כמאן דאמר בבמה אשה מאן לא הודו לו ר' יוחנן בן נורי והיינו נמי רבה דהכא והא דלא קאמר הא מני ר"ע דפליג אר"י בן נורי במתני' ו... שם אלא סנדל של סיידין ושל קש אבל קב הקיטע סנדל של עץ הוא ועוד דניחא ליה לאוקמי מתני' כר"מ משום דסתם מתני' ר"מ אע"ג דכולהו סתמי אליבא דר' עקיבא כדאיתא בפ' הנחנקין (ס... מצות חליצה על מני א) ר' מאיר היא בין במילתיה דשמואל בין בשמעתין לעיל בחלצה בקב הקיטע כולה בבא [דקב] עד דברי ר"מ ור' יוסי אוסר לאו למימרא דר"מ היא ולא ר' יוסי אלא אגב מילתי... ...יה דרבי יוסי דמתני' בבבא זו והשתא דפריסית דלא פסיל שום תנא מנעל העץ אלא ר' יוחנן בן נורי וטעמא לפי שאין רגילין לעשותו של עץ אתי שפיר הא דמשני הכא במאי עסקינן במחופה ... בן נורי מודה שרגילות לעשותו כך וא"ת למאי דפריסית דר' יוחנן בן נורי פסול ליה לפי שאין רגילות לעשותו מעץ א"כ למה פוסל רב בפ' מצות חליצה (יבמות דף קב:) סנדל התפור בפשתן ד... כתיב והא כ"ע מכשרי סנדל של עץ לחליצה ור"י לא פסיל ליה אלא לפי שאין רגילות לעשותו מעץ וי"ל דס"ל לטעמא דר' יוחנן בן נורי דפסיל ליה משום דתחש כתיב אבל לא משמע הכי ועוד ...פור בפשתן כעין מנעלים שלנו א"כ לא פסיל ליה רב אלא אטו כולו מפשתן או משיער דלא מגין ואין פסול זה אלא מדרבנן והא דקאמר תחש כתיב אסמכתא בעלמא אבל מה"ת היה כשר לחליצה ועוד דמשמע דאם חלץ בו חליצתו כשרה מדקאמר אין חולצין בו ולא קאמר חליצתה פסולה כדמשמע בכמה דוכתי ואי בעי רב עור דוקא א"כ יפסול בשל עץ כדי להעמיד אסמכתא שלו דתחש א... ...לה כרבי יוחנן בן נורי ומתני' דיבמות דמכשרא ליה בדיעבד ובריתא דסיידין דבמה אשה יוצאה דמכשרא לכתחלה פליגי בלכתחלה ודיעבד ותרוייהו כר"מ ואי נמי מתני' דיבמות איירי אף לכתחלה ...ב אחרניתא נקט הכי ואי הוה פי' תפור בפשתן כדפר"ת שאין עור בסנדל אלא תחת הרגל וחוטין של פשתן מתוחין עליו ותופין גב הרגל איכא סברא טובא למיפסליה אפילו דיעבד ולפירושו לא ה... אלא דרשא גמורה ופסול כולו של פשתן הטעם כיון שאינו מגין וסנדל של עץ יכול להיות כשר מה"ת כיון שהוא מגין ופשתן אינו מגין וטעמא דתחש כתיב אינו אלא אסמכתא בעלמא ואין ...בי יוחנן בן נורי שאין רגילין לעשות של עץ ופסול לחליצה על מה שנהגו לחלוץ במנעל תפור מרצועות דהא רגילות הוא בטוב לתופרו ברצועות אך לכאורה משמע דהלכה כר' מאיר דמכשיר סנדל ...מות סתמא כר' מאיר ותנן סתמא גבי חליצה כוותיה. מ"ר: **בין** לר' מאיר בין לר' יוסי מנעל הוא. פירש"י והני דאמוראי דלעיל לא הוי מנעל לפי שאינו מגין וקשה דבפ' מצות חליצה מוכח ...א במלתיה דשמואל וכן בשמעתין דלעיל כולה בבא דקב עד כו':

רבינו חננאל

כוותיה כדתנן בנגעים סוף פרק ב' כל הבכורות אדם רואה חוץ משל עצמו. ותוב קא מיבעיא להו מהו לצאת בסנדל של שעם ביוה"כ. ואסיקנא ריב"ל יצא בסנדל של שעם ביוה"כ. ור' אליעזר יצא בו בתענית צבור ואמרו לו ביוה"כ מאי. ואמר להו לא שנא כלומר מותר. ואפי' ביוה"כ. רב יהודה נפיק בסנדל דהוצי. ורבה בדבילי. ורבה בר רב הונא הוה כריך סודרא אכרעיה ונפיק. ומותבינן הא דתנן בשבת פרק במה אשה יוצאה הקיטע יוצא בקב שלו דברי ר' מאיר ור' יוסי אוסר ושוין שאסור לצאת בו ביוה"כ. ושנינן לעולם זה הקב מנעל הוא ומ"ט דר' יוסי דאסר גזירה דילמא מישתמיט ואתי לאיתויי ד' אמות ברה"ר: **תנא** תינוקות מותרין בכולן חוץ מנעילת הסנדל ומנעל. ואוקימנא כל מידי דאית ליה רביתא לינוקא לא גזרו בהו רבנן. והני אחריתי לית ליה רביתא מינייהו: **המלך** והכלה ירחצו את פניהם. מלך דכתיב מלך ביפיו תחזינה עיניך. כלה שלא תתגנה על בעלה וכי דתנינן אין מונעין תכשיטין מן הכלה ל' יום. הא דתנן החיה תנעול את הסנדל אוקימנא לר' (יהודה) [חנניא] בן תרדיון אע"ג דקתני וחכמים אוסרין: כיון *) דרבא ושמואל מפרשי טעמא אמר רבא משום צינה ושמואל אמר משום סכנת עקרב מותר: **האוכל** ביוה"כ ככותבת הגסה כמוה

*) נ"ל דל"ל ואע"ג דקתני וחכמים אוסרין כיון דרבא ושמואל מפרשי טעמא דר"ח משום סכנת עקרב...

תוספות ישנים

ואתי לאיתויי דרכו הוא הרבה והגיל ליפול מן הרגל ולהוליכו בידו עביד ואמרינן נעלו פרט לגדול שאינו יכול להלך בו וא"ת והא אמרינן מצות חליצה (שם) במחופה עור ודברי הכל ומה מועיל חיפוי עור כיון שרחב הוא הרבה וי"ל כיון שמחופה עור

הגהות הב"ח

(א) גמ' החיה תנעול את הסנדל מלך מ"ט משום דכתיב: (ב) רש"י ד"ה ור' יוסי אומר קסבר לאו: (ג) תוס' ד"ה הקיטע כו' מני לא ר"מ ולא רבי יוסי ובמסקנא דקאמר רבה כולה רבי מאיר: (ד) בא"ד מאי קא משני אביי מדסיפא רבנן:

גליון הש"ס **תום'** ד"ה הקיטע וא"ת כיון דמעיקרא ס"ד. עי' מהרש"א וק"ל דמה הועילו בתירוצם דמ"מ איך אמר אביי מדסיפא רבנן הא גם לרבנן לא בעי עור ובקיטע הטעם רק דמשלף וע"כ בבגד הטעם דלאו מגין וממילא אתיא אפי' כר"מ ודילמא בבגד לא תליא כלל בדר"מ ורבנן אע"כ דאביי ס"ל דפליגי אי הוי מנעל ולטעמיה אזיל דמשמע בשמעתין דאית ביה כתיתין וצ"ע גם ק"ל על תוס' דלמסקנא גם לר' יוסי דאנפלאות בגד פסול הוא רק משום דבעי' מידי דמגין ו... ביבמות גבי סנדל שתפרה בפשתן פסול הא הוי מגין ועי' בתוס' יבמות שם וצ"ע:

בְּגַרְעִינָתָהּ אוֹ שֶׁלֹּא בְּגַרְעִינָתָהּ. וְהָא דְּקָתָנֵי מַתְנִיתִין: "וּכְגַרְעִינָתָהּ", מִיבַּעְיָא לֵיהּ הֵיכִי קָאָמַר: כָּמוֹהוּ וּכְגַרְעִינָתָהּ יַחַד, אוֹ דִּלְמָא הָכִי קָאָמַר: כָּמוֹהָ(א) כְּגַרְעִינָתָהּ: אוּשְׁלָא קָרֵי לַהּ. הִלְכָּךְ יְבֵשָׁה בִּקְלִיפָּתָהּ הוּא דְּמִקַּרְיָ' שְׂעוֹרָה: קִים לְהוּ לְרַבָּנַן וכו'. וְאַע"ג דְּכָל שִׁיעוּר אֲכִילַת אִיסּוּר בְּכַזַּיִת הִיא, הָנֵי מִילֵּי הֵיכָא דִּכְתִיבָ' אֲכִילָה, אֲבָל הָכָא "אֲשֶׁר לֹא תְעוּנֶּה" כְּתִיב, וְכָל כַּמָּה דְּלָא מִיתְבָא דַּעְתֵּיהּ עִנּוּי הוּא: נְטָלוֹ בְּמַפָּה וַאֲכָלוֹ וכו'. שְׁלֹשָׁה קוּלִּין נָהַג בּוֹ אַחַת שֶׁלֹּא נָטַל יָדָיו אֶלָּא בְּמַפָּה כָּרַךְ יָדָיו מִשּׁוּם אֲנִינוּת הַדַּעַת וְחוּץ לַסּוּכָּה אֲכָלוֹ וְלֹא בֵּירֵךְ אַחֲרָיו:
הָא

כּוֹתֶבֶת שֶׁאָמְרוּ בְּגַרְעִינָתָהּ אוֹ בְּלֹא גַּרְעִינָתָהּ? בָּעֵי רַב אַשִׁי: *עֶצֶם כִּשְׂעוֹרָה, בִּקְלִיפָּתָהּ אוֹ בְּלֹא קְלִיפָּתָהּ, בְּלַחָה אוֹ בִּיבֵשָׁה? רַב אַשִׁי לָא מִבָּעֲיָא לֵיהּ הָא דְּרַב פַּפָּא – גַּסָּה אִיתְּמַר, כָּל כַּמָּה דְּגַסָּה. רַב פַּפָּא לָא מִבָּעֲיָא לֵיהּ הָא דְּרַב אַשִׁי; לַחָה – שִׁבּוֹלֶת מִיקְּרֵי, שֶׁלֹּא בִּקְלִיפָּתָהּ – *אוּשְׁלָא מִיקְּרֵי. אָמַר (*רָבָא) [נ"ל רבה] אָמַר רַב יְהוּדָה: כּוֹתֶבֶת הַגַּסָּה שֶׁאָמְרוּ – יְתֵירָה מִכְּבֵיצָה, וְקִים לְהוּ לְרַבָּנַן דִּבְהָכִי מִיַּתְבָא דַּעְתֵּיהּ, בְּצִיר מֵהָכִי – לָא מִיַּתְבָא דַּעְתֵּיהּ. מֵיתִיבִי: *מַעֲשֶׂה וְהֵבִיאוּ לְרַבָּן יוֹחָנָן בֶּן זַכַּאי לִטְעוֹם אֶת הַתַּבְשִׁיל, וּלְרַבָּן גַּמְלִיאֵל שְׁתֵּי כּוֹתָבוֹת וּדְלִי שֶׁל מַיִם, וְאָמְרוּ: הַעֲלוּם לַסּוּכָּה, *וְתָנֵי עֲלָהּ: לֹא מִפְּנֵי שֶׁהֲלָכָה כָּךְ, אֶלָּא שֶׁרָצוּ לְהַחְמִיר עַל עַצְמָן. *וּכְשֶׁנָּתְנוּ לוֹ לְר' צָדוֹק אוֹכֶל פָּחוֹת מִכְּבֵיצָה, נְטָלוֹ בְּמַפָּה, וַאֲכָלוֹ חוּץ לַסּוּכָּה, וְלֹא בֵּירֵךְ אַחֲרָיו. [חולין קז.]
הָא

והאי דלא קתני גבי קב: אי נכנס בו לעזרה אם לאו כדקתני גבי סמיכות, יש לומר: מילתא דפשיטא היא שאין נכנסין בו לעזרה כיון דלא צריך ליה כולי האי. אי נמי, כיון דגבוה מן הקרקע ואינו מלוכלך – מילתא דפשיטא היא דנכנסים בו ולפרש"י יש ראיה להתיר למי שנכווצו גידי שוקיו לילך במקלות בשבת דהיינו סמוכות שלו דכולי עלמא יוצאין בהן בשבת. ואפי' לפי' הרב פור"ת יש ראיה להתיר דמפרש סמוכות שלו שבתי רגליו על הסמוכות ואי אפשר לו לילך בלא מקלות ואפי' הכי לא אסר להו. ועוד יש ראיה מסיפא: דקתני כסא וסמוכות שלו טמאין מדרס ואין יוצאין בהן בשבת ופירש"י מי שנכווצו גידי שוקיו או גידי ירכותיו נותן עגבותיו בקב ויושב בו וקושר הקב בגופו ויש לו שני ספסלים קטנים בשתי ידיו ונשען עליהם ונדחף בהן והספסלים לא הוצרך התנא להזכיר שהרי אינו יכול לילך בכסא בלא ספסלים ויוצאין בכל אלו בשבת. והא דקתני אין יוצאין בהן בשבת – היינו בסמוכות שלו, דהיינו סמוכות של עור או של עץ שעושה לרגליו התלויין באויר ואינן נוגעין לארץ ופעמים נסמך עליהם בקרקע גבוה ולכך אין יוצאין בהן בשבת לפי שאין צריך לו. אי נמי – זימנין דמשתלפי, לפי שאין נוגעין בארץ ואתי לאיתויינהו. אלמא דספסלים שבידיו מותר לצאת בהן, והוא הדין למקלות. וגם ר"ת התיר לאחד שכווצו גידי שוקיו לצאת במקלות לרשות הרבים:

כותבת הגסה בגרעינתה או שלא בגרעינתה. פירש"י אינו מיושב דמאי קא מיבעיא ליה אי שלא בגרעינתה קאמר והאנן כגרעינתה תנן, ואי מספקא ליה אי וכגרעינתה ממש קאמר, או דילמא או כגרעינתה כמו חלך ועשה מאמר דפרק "ר"ג" (יבמות דף נ.) דהוי פירוש חלך או עשה מאמר, ואם כן, ככותבת הגסה דרישא היינו בלא גרעינתה, מ"מ מאי מספקא ליה? תפשוט דעל כרחך וכגרעינתה קתני דבתרוייהו משערינן דאי או כגרעינתה מכדי לא שוו להדדי, דאי אפשר לצמצם שיהו שוין כותבת בלא גרעין וגרעין בלא כותבת(ב) ואם כן לימא השיעור הפחות חייב, וכ"ש אי אכל שיעורא רבה! ונראה לי לפרש: דמיבעיא ליה כותבת הגסה דקתני היא וגרעינתה דהיינו כותבת כברייתה עם הגרעין וכגרעינתה דקתני היינו פירוש ועוד גרעין אחר בלא כותבת דהוו תרי גרעינין וכותבת, או דילמא: כותבת הגסה דקתני – בלא גרעין משמע, וכגרעינתה – היינו גרעין שבאותו כותבת ותו לא. ובערוך פירש בערך כותבת בשם רב נסים גאון ז"ל גרס בגמרא דבני מערבא: א"ר יוסי זאת אומרת שהוא צריך למעך את חללה, פי': שאם לא כן ליתני כמוה וכגרעינתה וכחללה. והכין ברירא דמילתא כי הכותבת הגסה אינה דבוקה בגרעינתה אלא יש בין גרעינתה לגופה חלל, ולהכי איצטריך למיתנא ככותבת הגסה כמוה וכגרעינתה לאומרא דלא תטעי ותשער כמוה שלימה, דנפיש שיעוריה, אלא מכי אכיל כמוה וכגרעינתה בלחוד, בלא חללה, מיחייב. והיינו דאמר ר' יוסי: זאת אומרת צריך למעך חללה כדי שידבק גופה של כותבת בגרעינתה ולא ישאר בה חלל ובתר הכין משערין בה אכילה של יום הכפורים, משום הכין איצטריך כמוה וכגרעינתה למעוטי חללה, עכ"ל. והיינו דקא מיבעיא ליה הכא: בגרעינתה, דהיינו לאחר שנתמעך חללה, או שלא בגרעינתה פי': כברייתה ממש קודם שנתמעך חללה:

נטלו במפה. בפרק הישן (סוכה דף כו:) פרש"י: משום נקיות. ובתוס פי' כן, דר' צדוק כהן הוה כדמוכח בפרק מי שמתו (ברכות דף יט:) ובפרק כל פסולי המוקדשין (בכורות דף לו.) והיה אוכל על טהרת תרומה וידים שניות ופוסלין את התרומה אפילו פחות מכביצה מקבל טומאה: **ולא** בירך אחריו. סבר ליה כרבי יהודה דלקמן בשמעתא דדריש: ואכלת ושבעת אכילה שיש בה שביעה דהיינו כביצה. ונראה לר"י דהלכה כרבי מאיר דאמר בכזית, מדאמר פרק כילד מברכין (ברכות דף לח:): אמר ר' חייא בר אבא: אני ראיתי את ר' יוחנן שאכל כזית ובירך עליו תחלה וסוף. ועוד אומר בפרק "שלשה שאכלו" (שם דף מח.): לעולם אינו מוציא אחרים ידי חובתן עד שיאכל כזית דגן, ובירושלמי משמע *דכברייתה לא בעינן כזית דאפילו פרידה אחת של ענב או של רימון טעונה ברכה לפניה ולאחריה דגרסינן בירושלמי בר"פ "כילד מברכין": ר' *חייא נסב זיתא ובירך עליה לפניו ולאחריו, והוה רבי חייא בר' אבא מסתכל ביה. אמר ליה: בבלאה, מה את מסתכל בי? לית לך כל שהוא ממין שבעה טעון ברכה לפניו ולאחריו? אית ליה, למה צריכא ליה – מפני שגרעינתו ממעטתו. מה עביד ליה ר' יוחנן – משום בריה. מילתא דר' יוחנן אמרה כן: אפי' פרידה אחת של רימון שהיא טעונה ברכה לפניה ולאחריה. ובגמרא דידן איכא כי האי עובדא פרק "כילד מברכין" (שם דף לט:) דאמר רבי חייא אני ראיתי רבי יוחנן שאכל זית מליח ובירך עליו תחלה וסוף. אמר ליה רבי ירמיה לרבי זירא: היכי בירך רבי יוחנן אזית מליח, כיון דשקלתא לגרעינתה בצר ליה שיעוריה! אמר ליה: מי סברת כזית בינוני בעינן? כזית גדול בעינן, וההוא זית דאתא לקמיה דר' יוחנן זית גדול הוה דאע"ג דשקליה לגרעינתה פש ליה שיעוריה. והשתא, אי עובדא דגמרא דידן היינו ההוא עובדא דירושלמי – אם כן פליג הירושלמי אגמרא דידן. [אבל שמא שני מעשים היו והאיא דירושלמי היה זית שלם ואכלו עם הגרעין, דהוי בריה, אבל ההוא דתלמוד שלנו] לא הוה בריה דלא הוה ביה גרעין. וצ"ל: סתם זית מליח בלא גרעין הוא ולא הוה בריה ולכך הוצרך לתרץ דגדול הוה, וזית דירושלמי זית קטן מזית בינוני הוה. והרוצה להוציא עצמו מספיקא צריך שיאכל כזית אפילו מדבר שהוא בריה. ודווקא לענין ברכה של אחריו אבל לפניו מברך אפילו בפחות מכזית בכל דבר דלפניו לא בעינן שיעורא דאסור ליהנות מן העולם הזה בלא ברכה כדמשמע מהאי עובדא דרבי צדוק דלא בירך אחריו, הא לפניו בירך. ואמר בירושלמי ר"פ "כילד מברכין": כל שאומר אחריו שלש ברכות אומר לפניו "המוציא לחם מן הארץ". התיבון? הרי פחות מכזית דאין אומר אחריו ג' ברכות, מעתה לא יאמרו לפניו "המוציא" כו'? אמר רבי אחא בר יעקב: לשאר מינין נצרכא. פירוש: לא אתא לחלק בין דבר שיש בו כשיעור לדבר שאין בו כשיעור אלא אתא לחלק בין פת לשאר מיני מאכל של ה' המינין כגון מעשה קדירה שאין אומר אחריו ג' ברכות וכן כובא דארעא ופת הבאה בכיסנין כי לא קבע סעודתיה עלויה. ופת אורז שאין מברכין עליהן "המוציא" כיון דאין מברכין אחריהן ג' ברכות ואע"ג דבריש "כילד מברכין" (שם דף לה.) נפקא לן ברכה לכתחילה בק"ו מבסוף: כשהוא שבע מברך כשהוא רעב לא כל שכן מכל מקום לא שייך למימר דיו, ובמשהו מברך עליו תחלה אע"ג דלא מברך עליו בסוף דהאי קל וחומר ליתיה אלא גלוי מילתא בעלמא דברכה לפניו לאו דאורייתא כדתנן פרק "מי שמתו" (שם דף כ:): בעל קרי מברך על המזון לאחריו ואין מברך לפניו, וכן בפרק "היה קורא" (שם דף טז.) תניא: הפועלים שהיו עושין מלאכה אצל בעל הבית אוכלין פתן ואין מברכין לפניהם, אבל מברכין לאחריהן שתי ברכות. ולענין שתיה *נראה שמברכין אכזית יין לאחריו על הגפן ועל פרי הגפן, אע"ג דגבי יום הכפורים משערי' כמלא לוגמיו לא ילפינן להו מהדדי. תדע, דלענין אכילה ביום הכפורים משערין בכותבת ולענין ברכה בכזית כרבי מאיר, כדמפרש. ואיכא למאן דאמר בפרק "ערב פסחים" (פסחים דף קז.) דלענין קידוש לא בעי מלא לוגמיו הכי נמי לענין ברכה לכולי עלמא לא גמרינן מיום הכפורים. ומיהו, קצת היה נראה לדקדק דמודה רבי מאיר לענין שתיה דבעי כבילה, דלקמן דריש רבי מאיר "ואכלת" זו אכילה "ושבעת" זו שתיה, ור' יהודה דריש: אכילה שיש בה שביעה, ואיזו זו – כבילה אלמא דלשון שביעה הוי כבילה ואם כן ר' מאיר דדריש ושבעת לשתיה בעי כבילה. ושמא יש לחלק בין שביעה דאכילה לשביעה דשתיה, דשביעה דשתיה הוי פחות מכבילה. דכל הני שיעורי הוו מדרבנן כדמוכח פרק "מי שמתו" (ברכות דף כ:) דקאמר: הכא במאי עסקינן דאכל שיעורא דרבנן פי' כזית או כבילה, דמדאורייתא בעינן שביעה גמורה. והא דאמרינן בפרק "שלשה שאכלו" (שם דף מח.): שמעון בן שטח לגרמיה הוא דעביד דלהוציא אחרים עד

רבינו חננאל

וכגרעינתה חייב ושקלי וטרו ופשוט' היא

תוספות ישנים

שעם ראוי לחלוץ י"ל דהתם בקשה והכא ברך א"נ ההוא דשעם יחידאה היא כי היכי דאמרינן התם גבי מוק דאינו מגין כעץ ופסול מה"ת לחליצה לר' מאיר אי נמי ההיא דסנדל של שעם לא קאי רמי בר חמא לפרוכי עלה דלא מיתרצא במסקנא כי אתא א) רב לפלוגי בין של עץ להני דלעיל ור' יהושע בן לוי ודאי דלא כר"מ אי נמי י"ל דכל הני אמוראי דלעיל כר' יוחנן בן נורי דפסיל סנדל של עץ לחליצה ודלא כר' מאיר וקושיא דרמי בר חמא דמותיב עלייהו משני עלה אביי ולא אתא רבא לפלוגי עלה במסקנא בין קב הקיטע ובין סנדל של שעם והזמי והוצא ודיקולי אלא לסתור תירוצו של אביי ולהוכיח כי מה שמותר שעם וכל הני משום דהלכתא כר' יוחנן בן נורי ולא הוצרך לפרש כר"י בן נורי הוא דשרי דכיון דסתר שינויא דאביי שמע מיניה כרבי יוחנן בן נורי הוא דשרי ומיהו מקרי רבנן בפרק מצות חליצה משום דהיינו לא הודו לו ב) דר' עקיבא ומיתני בלשון רבים. מ"ר. אך קשה כי לפי זה משמע דהלכה כרבי יוחנן בן נורי ולעיל פר"י דהלכה כר"מ משום דסתם לן כוותיה גבי חליצה: **כל** מידי דאית ביה רביתא ליינוקא לא גזור בהו רבנן. והיינו רחיצה וסיכה דאמר ר' יוחנן (חולין דף כז:) ג) שמן וחמין שסכתני אמי בילדותי עמדו לי בזקנותי: **מתני'** מני ר' חנניה בן תרדיון היא כו'. ואיפליגו רבנן עליה דר' אליעזר: **המלך** והכלה ירחצו פניהם כו'. לאו לאיפלוגי אדרבנן אתא [אלא] אתנא קמא דמיירי אפילו לרבי אליעזר אבל [במתני'] פליגי רבנן אטולהו כמו שאמר בהדיא בירושלמי והכי קאמר דמתני' רבי חנניה בן תרדיון הוא דשרי ליה משום רבי אליעזר ות"ק דידיה אסר ליה אפי' לרבי אליעזר אבל כ"ע מודו מיהא [דלרבנן] אסור אם כן אסור לכלה לרחוץ פניה דרבי אליעזר שמותי הוא ולא סבירא לן כוותיה והא דבעי מאי טעמא דר' אליעזר קאי ואע"ג דלא מפרש מאי טעמא דרבי אליעזר משום דעליה קא מהדר וכן נראה דאין לנו לומר שחולק הירושלמי על תלמוד שלנו כיון שאנו יכולין לייסבו אבל מדבעא מיניה רב מרבי חייא עד אימת מיקריא כלה משמע שהיה שואל לענין זה אלמא הכי הלכתא ורפיא בידיה אם מותר לכלה לרחוץ פניה מהני טעמי דפרישית: (ע"כ שייך לעמוד הקודם): **כותבת** גסה שאמרו כמוה וכגרעינתה. תימה לי מאי קמיבעי ליה יותר משאר מקומות דתנן שיעור זית ובפרק כילד מברכין (ברכות דף לח:) אמרינן [כיון דשקיל] לגרעיניה כו' ופשיטא ליה שם דכגרעינתה נמי בעינן וצ"ל דמיבעיא ליה משום דקתני כמוה וכגרעינתה דמשמע ליה כמוה לבד או כגרעינתה לבד אבל גבי זית לא תנן הכי וא"ת א"כ מדלא תנן הכי אלא הכא תיפשוט דכמוה או כגרעינתה דוקא קאמר יש לומר שעל זה אומר בירושלמי צריך למעך את חללה והכי מיבעי ליה מי אמרינן כמוה או דילמא כמוה וכגרעינתה כמו בזית בעינן והא דתני ליה הכא משום דבכותבת צריך למעך חללה והאי לא שייך גבי זית וא"ת ואמאי לא בעי בעלמא גבי זיתים וגרוגרות בלחין או ביבשין י"ל דזיתים אינן אלא לחים וגרוגרת נמי אינה מתייבשת כל כך א"נ מיבעיא ליה משום דהכא דייק אי בלא גרעין קאמר בעי נמי אי ביבשה קאמר אי נמי כותבת משמע ליה לחה ד) וזית וגרוגרת לא משמע ליה אלא יבשה. כנ"ל: **ואכלו** חוץ לסוכה ולא בירך אחריו. אבל לפניו בירך ואע"ג דלאית ליה כמ"ד עד כבילה ולא סבירא לן כוותיה כמו שאפרש מ"מ בהא קיי"ל כוותיה דלפניו צריך לברך ואפילו אין בו כשיעור דטעמא לאסור ליהנות מן העולם כו' ואמרינן נמי בירושלמי דכילד מברכין כל שאומר אחריו ג' ברכות טעון לפניו המוציא מיתיבי הרי פחות מכזית דאין אומר אחריו ג' ברכות מעתה לא יאמרו לפניו המוציא א"ר יעקב בר אחא לשאר מינים נצרכה פירוש לשאר [מיני מאכל כשלא קבע סעודתיה] עלייהו שאין אומרים אחריו ג' ברכות אין אומר לפניו המוציא לחם מן הארץ כהא דקאמר בנדה (דף נב.) לאיתויי ריחני שטעונין ברכה לפניו ואין טעונין ברכה לאחריו. מ"ר. **פחות** מכבילה כו'. נראה לרבי דאין הלכה כרבי יהודה דבעי לקמן (ע"ב) ובברכות (דף מה.) שיעור כבילה לענין ברכה וכן לר' צדוק דהכא במסקנא ובסוכה אלא קיי"ל כר"מ דאמר בכזית ואע"ג דאמרי' במי שהוציאוהו (עירובין דף מו:) רבי מאיר ורבי יהודה הלכה כרבי יהודה הכא הלכה כר"מ דקים ליה לרבי יוחנן בשיטתיה דאמר בפ' כילד מברכין (ברכות דף לח:) אני ראיתי את רבי יוחנן שאכל כזית מליח ובירך עליו תחילה וסוף ואמרי' נמי התם (דף מח.) אין מוציא רבים ידי חובתן עד שיאכל כזית דגן ובמקום שנהגו (פסחים דף מט:) איכא למאן דאמר מוחלפת השיטה על האי דפריך ממשנה דלקמן על ההיא דמקום שנהגו ועד כמה חוזרין כו' ואי היינו [אומרים דמוחלפת] הך דהכא אתי שפיר דרבי יהודה אית ליה כזית ואפילו למאן דלא מחליף לה התם מ"מ ה) הכי פסקינן דלא אשכחן דפליגי דבכל

[ברכות מח.]

[גי' הערוך חושלא]

סוכה כו:

[ועיין תוספות עמוד ב' ד"ה לא מפני שהל' כן וכו' עד סוף הדיבור נראה שלא היה בגירסתם שתי תיבות הללו ותני עלה]

הגהות הב"ח

(א) רש"י ד"ה בגרעינתה כו' או דילמא ה"ק כמוה או כגרעינתה: (ב) תוס' ד"ה כותבת כו' וגרעין בלא כותבת אם כן לימא דבשיעור הפחות:

נ"ל דכברייתה

ס"א רבי יוחנן

רש"א

גליון הש"ס

גמרא ר"פ לא מיבעי ליה הא דר"א. עי' תבואת שור יו"ד סי' לב סק"ה: **שם** וקים להו לרבנן. עיין ר"ה דף יג ע"א:

[וע"ע תוספות ברכות מט: סד"ה רבי מאיר]

א) נ"ל רבה: ב) נ"ל לר"ע: ג) [ושם איתא ר' חנינא]: ד) נ"ל ויבשה: ה) נ"ל אהאי פיסקא לא אשכחן:

עין משפט נר מצוה

לד א מיי' פ"ו מהלכות סוכה הל' ו טוש"ע א"ח סי' תרלט בסעיף ב:
לה ב מיי' פ"ב מהל' שביתת עשור הלכה א סמג לאוין סט טוש"ע א"ח סי' תריב סעיף א:
[שייך לעמוד א]
לו ג מיי' פ"ה מהלכות ברכות הלכה ח סמג עשין כו טוש"ע א"ח סימן קפד סעיף ו וסי' קצו סעיף ד:

הָא כַּבֵּיצָה – בָּעֵי סוּכָּה. וְאִי סָלְקָא דַּעְתָּךְ כּוֹתֶבֶת הַגַּסָּה שֶׁאָמְרוּ יְתֵירָה מִכַּבֵּיצָה, הַשְׁתָּא שְׁתֵּי כּוֹתָבוֹת בְּלֹא גַּרְעִינָן – לֹא הָווּ כַּבֵּיצָה, כּוֹתֶבֶת הַגַּסָּה וְגַרְעִינָתָהּ מִי הָוֵי יְתֵירָה מִכַּבֵּיצָה?! אָמַר ר' יִרְמְיָה: אִין, שְׁתֵּי כּוֹתָבוֹת בְּלֹא גַּרְעִינָתָן – לֹא הָווּ כַּבֵּיצָה, כּוֹתֶבֶת הַגַּסָּה וְגַרְעִינָתָהּ – הָוֵי יְתֵירָה מִכַּבֵּיצָה. אָמַר רַב פַּפָּא: הַיְינוּ דְּאָמְרִי אֱינָשֵׁי: תְּרֵי קַבֵּי דְּתָמְרֵי, חַד קַבָּא דְּקַשְׁיָיתָא וּסְרִיחַ. רָבָא אָמַר: הָתָם הַיְינוּ טַעְמָא מִשּׁוּם דְּהָווּ לֵיהּ פֵּירֵי, [א]וּפֵירֵי לָא בָּעוּ סוּכָּה. מֵיתִיבִי, אָמַר רַבִּי: כְּשֶׁהָיִינוּ לוֹמְדִים תּוֹרָה אֵצֶל רַבִּי אֶלְעָזָר בֶּן שַׁמּוּעַ הֵבִיאוּ לְפָנֵינוּ תְּאֵנִים וַעֲנָבִים, וַאֲכַלְנוּם אֲכִילַת עֲרַאי חוּץ לַסּוּכָּה. אֲכִילַת עֲרַאי – אִין, אֲכִילַת קֶבַע – לָא! אֵימָא: אֲכַלְנוּם כַּאֲכִילַת עֲרַאי חוּץ לַסּוּכָּה. איבע"א: אֲכַלְנוּם אֲכִילַת קֶבַע, וְאָכַלְנוּ פַּת אֲכִילַת עֲרַאי בַּהֲדַיְיהוּ חוּץ לַסּוּכָּה. לֵימָא מְסַיַּיע לֵיהּ: *לְפִיכָךְ אִם הִשְׁלִים בְּמִינֵי תַּרְגִּימָא – יָצָא. וְאִי סָלְקָא דַּעְתָּךְ פֵּירֵי בָּעוּ סוּכָּה – לִיתְנֵי פֵּירוֹת! מַאי מִינֵי תַּרְגִּימָא – פֵּירוֹת. וְאִיבָּעֵית אֵימָא: בְּאַתְרָא דְּלָא שְׁכִיחִי פֵּירֵי. רַב זְבִיד אָמַר: [ב]כּוֹתֶבֶת הַגַּסָּה שֶׁאָמְרוּ חֲסֵרָה מִכַּבֵּיצָה. דִּתְנַן, *בֵּית שַׁמַּאי אוֹמְרִים: שְׂאוֹר בְּכַזַּיִת, חָמֵץ בְּכַכּוֹתֶבֶת. *וְהָוֵינַן בָּהּ: מ"ט דב"ש? נִכְתּוֹב רַחֲמָנָא חָמֵץ, וְלָא בָּעֵי שְׂאוֹר, וַאֲנָא אָמֵינָא: וּמַה חָמֵץ שֶׁאֵין חִמּוּצוֹ קָשֶׁה – אָסוּר בְּכַזַּיִת, שְׂאוֹר שֶׁחִמּוּצוֹ קָשֶׁה – לֹא כָּל שֶׁכֵּן. מִדְּפַלְגִינְהוּ רַחֲמָנָא – לִימְּדָה לָךְ: שִׁיעוּרוֹ שֶׁל זֶה לֹא כְּשִׁיעוּרוֹ שֶׁל זֶה שְׂאוֹר בְּכַזַּיִת וְחָמֵץ בְּכַכּוֹתֶבֶת. וְאִי ס"ד כּוֹתֶבֶת הַגַּסָּה שֶׁאָמְרוּ יְתֵירָה מִכַּבֵּיצָה, מִכְּדִי ב"ש אַשִּׁיעוּרָא דְּנָפֵישׁ מִכַּזַּיִת קָא מְהַדְּרִי – לִיתְנֵי כַּבֵּיצָה! וְאִי נַמִי כִּי הֲדָדֵי נִינְהוּ – נִיתְנֵי כַּבֵּיצָה! אֶלָּא לָאו שְׁמַע מִינַּהּ: כּוֹתֶבֶת פְּחוּתָה מִכַּבֵּיצָה. מִמַּאי? דִּילְמָא לְעוֹלָם אֵימָא לָךְ: כּוֹתֶבֶת הַגַּסָּה שֶׁאָמְרוּ – יְתֵירָה מִכַּבֵּיצָה, הָא סְתָמָא – כַּבֵּיצָה. וְאִי נַמִי: כִּי הֲדָדֵי נִינְהוּ(א) *וְחֲדָא מִינַּיְיהוּ נָקַט. אֶלָּא מֵהָכָא: *עַד כַּמָּה מְזַמְּנִין? [ג]עַד כַּזַּיִת, דִּבְרֵי ר' מֵאִיר. רַבִּי יְהוּדָה אוֹמֵר: עַד כַּבֵּיצָה. בְּמַאי קָא מִיפַּלְגִי? ר' מֵאִיר סָבַר: *)"וְאָכַלְתָּ" זוֹ אֲכִילָה, "וְשָׂבָעְתָּ" – זוֹ שְׁתִיָּה. וַאֲכִילָה בְּכַזַּיִת. וְר' יְהוּדָה סָבַר: °"וְאָכַלְתָּ וְשָׂבָעְתָּ" – אֲכִילָה שֶׁיֵּשׁ בָּהּ שְׂבִיעָה, וְאֵי זֶה – זֶה כַּבֵּיצָה. וְאִי ס"ד כּוֹתֶבֶת הַגַּסָּה שֶׁאָמְרוּ יְתֵירָה מִכַּבֵּיצָה – הַשְׁתָּא כַּבֵּיצָה שַׂבּוּעֵי מַשְׂבְּעָא, דַּעְתָּא לָא מִיתְּבָא?! אֶלָּא לָאו שְׁמַע מִינַּהּ: כּוֹתֶבֶת הַגַּסָּה שֶׁאָמְרוּ פְּחוּתָה מִכַּבֵּיצָה, כַּבֵּיצָה – מַשְׂבְּעָא, כַּכּוֹתֶבֶת – מִיתְּבָא דַּעְתֵּיהּ. תַּנְיָא, רַבִּי אוֹמֵר: כָּל

דברים ח

רש"י

הא כביצה בעי סוכה. אלמא שתי כותבות דאמרן לעיל לא שהלכה כן – פחותות הן מכביצה: שתי כותבות בלא גרעינן. שאכלן רבן גמליאל בסוכה ואמרו עלייהו: לא שהלכה כן: תרי קבי דתמרי. בגרעיניהון הוו קבא דקשייתא: וסריח. יש בהן קב גרעינין ויותר. אלמא: הגרעין יותר מן הכותבת וסריח לשון עודף כמו "תסרח על אחורי המשכן" (שמות כו): אם השלים. י"ד סעודות שאדם חייב לאכול בסוכה, לדברי רבי אליעזר, במסכת סוכה: תרגימא. ליפתן: שאור בכזית. לענין "בל יראה ובל ימצא": שיעורו של זה לא כשיעורו של זה. על כרחך דחמץ נפיש מכזית ולהכי כתב שאור. דאי לא כתביה וגמר מחמץ הוה אמינא דיו לבא מן הדין להיות כנדון ולא מיחייב עליה אלא בשיעורא רבה. להכי כתביה רחמנא לחיוביה אכזית דאילו בפחות מכזית ליכא למימר, דלא תהא ראייה חמורה מאכילה דסתם אכילה בכזית. על כרחך החמור בכזית והקל ביותר מכזית: מכדי בית שמאי. לא אמרו ככותבת אלא משום דבעו שיעור חמץ טפי משל שאור שהוא בכזית מדאיצטריך קרא למכתבינהו. ואם מצאו שיעור פחות מכותבת והוא יתר על כזית – היו משערין בו, ואם כביצה פחותה מכותבת ליתני כביצה ואי נמי כי הדדי נינהו לימא כביצה שהוא שגור במשנה יותר מכותבת לענין טומאת אוכלין: כותבת סתמא כביצה. ובית שמאי כותבת סתמא אמור: מזמנין. מברכין על המזון אחריו:

כל

תוספות

שיאכל כזית דגן. מכלל דאי אכל שמעון בן שטח כזית דגן שפיר עבד שהוציא המלך והמלכה אע"פ שמסתמא הם אכלו כדי שבען והוא אכל שיעורא דרבנן, והיכי אתי דרבנן ומפיק דאורייתא? כדפריך בפרק "מי שמתו" (ברכות דף כ:) גבי קטן היכי מפיק אחרים ידי חובתן – יש לומר דלא דמי, דגדול אפילו לא אכל כלל ראוי הוא להוציא אחרים ידי חובתן מדאורייתא, וכן פרש"י התם:

*לא מפני שהלכה כן כו'. אין זה במשנה, אלא גמרא פריך עלה התם בפרק "הישן" (סוכה דף כו:) ומשני לה הכי. הלכך מייתי לה הכא בהאי לישנא, כאילו שנוי כן במתניתין:

הא כביצה בעי סוכה. בפרק "הישן" (שם דף כז.) פריך מינה, לרב יוסף ואביי דאמרי: אוכלין עראי חוץ לסוכה, ומפרש רב יוסף: תרתי תלת ביעי. ואביי מפרש: כדקא טעים בר בי רב ואזיל לכלה. ומשני: לא, הא כביצה בעי נטילת ידים וברכה, ולא משתרי במפה, דחיישינן דילמא נגע, כדאמר בפר' "כל הבשר" (חולין דף קז:). ותימה: והא רבי צדוק כהן הוה, ואמר בפרק "כל הבשר" (שם): התירו מפה לאוכלי תרומה ולא התירו מפה לאוכלי טהרות! יש לומר: דלא התירו מפה °אלא לאוכלי תרומה בשעת אכילת תרומה, דזהירי ביה טפי, אבל לא התירו לאוכלי טהרות אפילו כהנים האוכלין על טהרת תרומה והכא לאו תרומה הוה*):

מיני תרגימא. בפ' "הישן" (סוכה דף כז.), גבי אם השלים י"ד סעודות שחייב אדם לאכול בסוכה במיני תרגימא יצא. פרש"י: כגון פירות וכיסנין וקפלוטות מבושלין. והכא משמע דמיני תרגימא לאו פירות נינהו. ואין ללמוד מכאן שיועילו מיני תרגימא להשלים שלש סעודות של שבת, מדאמר הכא: אם השלים במיני תרגימא יצא, דשאני התם דילפינן להו *מדכתב תלתא זימנין "היום" גבי מן שהוא במקום פת. ואפילו אי הוה אמרינן דנפיק בג' סעודות במיני תרגימא, כמו גבי סוכה – מכל מקום בפירי לא נפיק, דלא מהני נמי בסוכה:

לומר לך שיעורו של זה לא כשיעורו של זה. תימה: ונימא שאור בכזית וחמץ כגרוגרת דנפישא כדמשמע ריש פרק "המצניע" (שבת דף צא.) גבי זרק כזית תרומה לבית טמא דפריך: אי לענין שבת כגרוגרת בעינן ולא סגי בכזית וכותבת סתמא הוא כביצה או מעט פחות מכביצה, כדמשמע בשמעתא, ואילו גרוגרת הויא בציר טובא מכביצה. כדמשמע בעירובין בפרק "חלון" (דף פ:) כמו שאפרש בסמוך! ושמא יש לומר: כיון דאפיקתיה מכזית אוקמינן אשיעורא דיום הכפורים. מכאן קשה: דקאמר בסמוך דחמץ ככותבת לאו היינו ככותבת הגסה דיום הכפורים, ואפילו הכי מספקא ליה אי חמץ ככותבת הוי כביצה או לא, אמאי מספקא ליה? פשיטא דהוי כביצה, דמכדי בית שמאי אשיעורא דנפיש מכזית מהדרי – נוקמה אכגרוגרת! ויש לומר: דלא מיסתבר להו לאוקמה אכגרוגרת, משום דאית להו דרשה דר' חנן דאמר בפרק קמא דסוכה (דף ה:) ודעירובין (דף ד.): "ארץ חטה ושעורה" וגו' כל הפסוק הזה לשיעורין נאמר, ודריש תאנה דקרא להוצאת שבת כדתנן: כגרוגרת להוצאת שבת. ולא מסתבר להו לאוקמא קרא דתאנה להוצאה, ולאכילה אלא הכל להוצאה כיון דאכילה והוצאה לאו חד ענינא להכי מוקמי להו בכותבת דנפקא לן מדבש דההוא קרא דהיינו דבש תמרים בכותבת הגסה ביום הכפורים דהיינו מידי דאכילה, ומיניה נמי גמרינן חמץ בכותבת. ואפילו מאן דבעי למימר בסמוך דחמץ לאו ככותבת הגסה מכל מקום שפיר גמרינן מינה תרוייהו, דלא מסרן הכתוב אלא לחכמים. גבי יום הכפורים בגסה משערינן דבהכי מיתבא דעתיה, וגבי חמץ בכותבת בינונית ולא בגסה, שלא יהא מופלג יותר מדאי משאור. ואף על גב דפריך: נוקמה אכביצה, אף על גב דלא כתב בההוא קרא – בזה אין לחוש, דהא בכעדשה נמי לא כתב בההוא קרא. אבל בכגרוגרת לא מוקמינן דלא מוקמינן תאנה דקרא באכילה והוצאה כדפרישית. ועוד: בכביצה מוקמינן שפיר כיון דהיינו שיעור אוכל הנאכל בבת אחת, אבל בכגרוגרת ליכא טעמא כולי האי. תימה לי: אמאי לא קאמר דבהלכה למשה מסיני פליגי, דקיימא לן: שיעורין הלכה למשה מסיני, מר סבר הכי גמירי שאור בכזית וחמץ בכותבת, ומר סבר דהכי גמירי: זה וזה בכזית, והשתא לא תיקשי ליה ליתני כביצה! ויש לומר: דבפרק קמא דביצה (דף ז:) מוכחי דבקראי פליגי, דטעמא דבית שמאי לאו מכח הלכתא, דמייתי התם ברייתא דתניא: "ולא יראה לך חמץ ולא יראה לך שאור" זה הוא חילוק שבין ב"ש וב"ה, שבית שמאי אומרים שאור בכזית וכו', ומדמייתי קרא – ש"מ דמכח קראי קא דרשי, ליכתוב רחמנא שאור ולא בעי חמץ:

עונשין

*) [עי' תוס' סוכה כז. ד"ה הא כביצה ותוס' חולין קז. ד"ה מאי לאו]

רבינו חננאל

ואוקמוה דככותבת הגסה פחותה מכביצה היא ויתובי מיתבא דעתיה. אבל שבועי לא משבעה. תניא רבי אומר

תוספות ישנים

דבכל מינים של פת מברכין לאחריו בכזית ואף על פי שלענין יום הכפורים בעינן כותבת וכן פסק בשאילתות דרב אחאי גאון פרשת א) והיה עקב דהלכה כרבי מאיר בכזית וכן לענין שתיה נמי אומר רבי שיש להחמיר ולברך על היין אפילו שתה פחות ממלא לוגמיו ואע"ג דלענין יוה"כ בעינן מלא לוגמיו לענין ברכת היין לא בעינן הכי כמו שפירש לענין אכילה וגם בטעים דקידוש אמרי' בערבי פסחים (פסחים דף קז.) דבציר מרביעית סגיא ואפילו למאן דאמר דאכילה בכביצה יש לחלק בין שביעה דאכילה לשתיה. מ"ר: הא כביצה בעי סוכה ואי ס"ד כו'. תימה לי מאי קושיא מ"מ לעולם אימא לך גדולה מכביצה ולא תידוק הא כביצה בעי סוכה אלא הא כביצה בעי נטילת ידים וברכה דהכי דייקינן בסוכה פ' הישן (דף כז.) על אביי ורב יוסף דאמרי התם אכילת עראי דסוכה תרתי תלת ביעי או כדטעים דבי רב ועייל לכלה דהיינו טובא יותר מכביצה ושמא ניחא ליה ליסנא בלאו הכי. מ"ר. ונ"ע: מיני תרגימא נמי פירי נינהו. ב) אבל העיקר שאין קורא מיני תרגימא אלא מעשה קדירה ויש בו מחמשת מינים כדאמר בתוספתא (דברכות פ"ד) הביאו לפניו מיני תרגימא מברך עליו בורא מיני מזונות והיינו לפי שיש בו מה' מינים כדקאמר בכולן מברכין ולא כפירוש רשב"ם שפירש בערבי פסחים מיני פירות ובשר בלא לחם דלאו הכי הוא כמו שפי': מאי מיני תרגימא נמי פירי הוא. ואע"ג דפירי לא בעיא סוכה מ"מ יכול להשלים י"ד סעודות של סוכה במיני תרגימא ומכאן הביאו רבי' שלמה ורבינו יעקב ראיה באם השלים סעודה שלישית של שבת במיני תרגימא יצא והיינו נמי פירי מיהו נראה לפרש דגבי הפסקה של ע"ש וערב יו"ט לא סגי במיני תרגימא כיון שצריך לקדש על היין בכניסתו ג): לימרו כביצה. וקשה מ"מ אפילו כביצה פחות מכותבת נמי תיקשי לן כיון דב"ש אשיעורא דנפיש מכזית מהדרי לימרו כגרוגרות דבציר [טובא] מכותבת י"ל דכגרוגרת ליכא טעמא דיתובי דעתיה ולהכי נקט בכביצה דאיכא יתובי דעתא או בככותבת כדאמרינן הכא אבל בשאר שיעורי ליכא יתובי דעתא: ואי נמי כהדדי נינהו לימרו כביצה. הך קושיא שייכי נמי אשמעתא ולא פריך על ההיא דוקא אלא משום דאיכא פירכא אחריתי אי נמי הכא לא הוה מצי למיפרך ליתני כביצה דאשמועינן מיהא הכא דכותבת איכא יתובי דעתא וגם צריך למעך חלה כדאמר בירושלמי ולהכי פריך ליה התם דבהא לא אשמועינן מידי. נראה לי: עד כמה מזמנין עליו עד כזית רבי יהודה כו' עד ואכילה בכזית. נראה לרבי דהני קראי ליתנהו אלא אסמכתא בעלמא דמן התורה שביעה בעינן כדאמרינן בעלמא וכדאמרינן בברכות (דף כ:) והן מדקדקין בעצמן עד כזית ועד כביצה ואמרינן נמי בפרק מי שמתו (שם) גבי בן מברך לאביו ואשה מברכת לבעלה כו' עד כגון דאכל שיעורא דרבנן ואתי דרבנן ומפיק דרבנן ופירש רש"י שלא אכל [אלא] כזית ועוד נ"ל ראיה מדאמרינן לעיל נתנו לו לר' צדוק פחות מכביצה ולא בירך אחריו וה"ה פחות מכזית לר' מאיר ואי מן התורה מיירי איזה שיעור יהיה מדרבנן דהוא לא בירך כלל וא"ת מדאמר בפרק שלשה שאכלו (שם דף מח.) ינאי מלכא ומלכתא כרכו ריפתא כו' עד לאייתו ליה כסא לחמרא ואיסתי ואמר רב אבא שמעון בן שטח לגרמיה דעבד דלעולם אינו מוציא אחרים ידי חובתן עד שיאכל כזית דגן משמע הא אם אכל כזית מוציא ינאי וחבריו שאכלו הרבה והיכי מצי מפיק כיון שלא אכל אלא שיעור דרבנן ואומר רבי דודאי במי שמתו מיירי שלא אכל הקטן אלא שיעורא דרבנן ואיכא תרתי דרבנן ואין יכול להוציא הגדול שאכל הרבה אי נמי אי אכלו הקטן והגדול הרבה לא יפטרנו הקטן אבל התם מיירי שאכל הקטן הרבה והגדול לא אכל אלא כזית דכולהו אינן אלא מדרבנן אבל שמעון בן שטח שהיה גדול היה יכול להוציא אחרים [ויש שרצו לומר] דמן התורה הוי שיעורא בכזית ושיעור פחות מכזית הוי מדרבנן בבריה כגון גרגיר ענב אחד אבל פחות מכזית ומכביצה בדבר שאינו בריה א"צ לברך כלל ומביאין ראיה מהירושלמי דקאמר ר' יוחנן אכל כזית ובירך עליו תחילה וסוף ופריך עליו והלא חסר הגרעין ומתרץ שנייא זיתא שהיא בריה והתלמוד שלנו תירץ בע"א בברכות משמע מיהא מדרבנן צריך לברך אפילו פחות מכזית בבריה ואין נראה לרבי לומר כן דהא ליסנא דולא ישא פנים כו' שהן מדקדקין עצמן עד כזית ועד כביצה משמע שהוא מדרבנן כדפרישית ד):

כל

א) נ"ל יתרו ספ"נ: ב) נ"ל אבל מעיקרא סבר שאין: ג) עיין בפסחים ק"א א' תוד"ה טעימו מידי וכן יש להגיה כאן. ועי' ש"י: ד) עיין בתו"י בברכות ובתו' שלפנינו שם מבוארים הדברים יותר. ועי' ש"י:

מסורת הש"ס

סוכה כז. ע"ש
ביצה ב. עדיות פ"ד מ"א
[יבמות מח: וש"נ]
פסחים מט: ברכות מה.
*) [שם מט:]

הגהות הב"ח

(א) גמ' ואי נמי כי הדדי נינהו חדא מינייהו נקט כצ"ל:

גליון הש"ס

גמ' הא סתמא כביצה. מדברי תוס' ד"ה לומר מבואר דהיה להם הגירסא הא סתמא פחות מכביצה: תוס' ד"ה הא כביצה. אלא לאוכלי תרומה בשעת אכילת תרומה. עיין טורי אבן חגיגה כג ע"ב ד"ה צ"ל:

אכל השיעורין כולן בכזית, חוץ מטומאת אוכלין, ששינה הכתוב במשמען ושינו חכמים בשיעורן. וראיה לדבר יוה"כ. מאי שינה הכתוב במשמעו – °מ"לא תעונה", ומאי (ויקרא כג) שינו חכמים בשיעוריה – ככותבת. ומאי ראיה לדבר יוה"כ? דאי מהתם – הוה אמינא: אורחא דקרא הוא. בטומאת אוכלין כביצה מנלן? א"ר אבהו א"ר אלעזר: דאמר קרא: °"מכל (שם יא) האוכל אשר יאכל" – אוכל הבא מחמת אוכל, ואיזה זה – ביצת תרנגולת. ואימא גדי! מחוסר שחיטה, – ואימא בן פקועה! טעון קריעה. – ואימא ביצת בר יוכני! *תפסת מרובה לא תפסת, תפסת מועט – תפסת. ואימא ביעתא דציפורתא, דזוטר טובא! רבי אבהו דידיה אמר: "מכל האוכל אשר יאכל" – אוכל שאתה אוכלו בבת אחת, ושיערו חכמים: אין בית הבליעה מחזיק יותר מביצת תרנגולת, א"ר אלעזר: האוכל חלב בזמן הזה צריך שיכתוב לו שיעור, שמא יבא בית דין אחר וירבה בשיעורין. מאי ירבה בשיעורין? אי נימא (שם ד) דמחייבי קרבן אכזית קטן – והתניא: *°"אשר לא תעשינה בשגגה ואשם" השב מידיעתו – מביא קרבן על שגגתו, לא שב מידיעתו – אין מביא קרבן על שגגתו. אלא, דלא מחייבי קרבן עד דאיכא כזית גדול. ולמאי דסליק אדעתיה מעיקרא דמחייבי קרבן אכזית קטן, מאי "ירבה בשיעורין" – שמא ירבה בקרבנות מחמת שיעורין. א"ר יוחנן: *שיעורין ועונשין הלכה למשה מסיני. עונשין? מכתב כתיבי! אלא ה"ק: (*אמר רבי יוחנן,) גשיעורים של עונשין הלכה למשה מסיני. תניא נמי הכי: שיעורין של עונשין הלכה למשה מסיני, אחרים אומרים: בית דינו של יעבץ תיקנום, (שם כז) והכתיב: *°"אלה המצות" – שאין נביא רשאי לחדש דבר מעתה! אלא: שכחום וחזרו ויסדום. § "השותה מלא לוגמיו". § אמר רב יהודה אמר שמואל: דלא מלא לוגמיו ממש, אלא כל שאילו יסלקנו לצד אחד ויראה כמלא לוגמיו. והא אנן תנן מלא לוגמיו! אימא: כמלא לוגמיו. מיתיבי: כמה ישתה ויהא חייב? בש"א: רביעית, ובה"א: מלא לוגמיו. רבי יהודה אומר משום ר"א: כמלא לוגמיו, רבי יהודה בן בתירא אומר: כדי גמיעה! מי עדיפא ממתניתין, דאוקימנא כדי שיראה – הכי נמי – כדי שיראה. אי הכי היינו ר"א! איכא בינייהו מלא לוגמיו דחוק. *מתקיף לה רב הושעיא: אם כן הוה ליה מקולי ב"ש ומחומרי ב"ה! אמר ליה: כי

רש"י

כל השיעורין. האמורין באוכלין: ששינה הכתוב. לקמן קמפרש ליה: וראיה לדבר. למה שאמרתי שלפי ששינה הכתוב במשמען שינו חכמים בשיעורן, יש ראיה מיום הכפורים שאף בו שינו חכמים בשיעורן מפני ששינה בו הכתוב במשמעו: אשר לא תעונה. ולא כתיב "אשר תאכל": מאי ראיה. למה לו להביא ראיה, מאי אולמא דהאי מהאי?(א) מה פורש ביום הכפורים במשנה להודיענו שהטעם משום ששינה הכתוב הוא יותר משלא פירשו התם? בטומאה נמי חזינן דשינה הכתוב במשמעו, ושינו חכמים בשיעורא:(ב) אי מהתם. מדשינה הכתוב בטומאה – הוה אמינא: אין שם שינוי הכתוב, דאורחיה הוא למיכתב "מכל האוכל אשר יאכל" כי היכי דכתיב גבי "משקה אשר ישתה" – קא משמע לן יום הכפורים, דהתם ודאי שינה הכתוב במשמעו ושינו חכמים בשיעורן. אמור מעתה את ששינו בטומאה – נמי משום טעמא דשינה הכתוב הוא, ד"אשר יאכל" שינוי משמעו חשיב להו: מחוסר שחיטה. כשיצא מתוך האוכל שנולד בו לאו אוכל מיקרי לענין טומאה, לא הוא ולא אמו, דהא מחסרי שחיטה: ואימא בן פקועה. שנמצא בתוך בהמה שנשחטה, דקיימא לן (חולין דף עד.): שחיטת אמו מטהרתו: טעון קריעה. דתנן (שם): קורעו ומוציא את דמו: דבר יוכני. עוף גדול הוא, כדאמרינן בבכורות (דף נז:): שטבעה ביצתו ששים כרכים: זוטר טובא לא גרסינן. אלא ה"ג: ואימא כביעתא דציפרתא: רבי אבהו דידיה אמר וכו'. פירש במשמעו של מקרא פירוש אחר, שלא פירש בו ר' אלעזר רבו, ואין להשיב עליו: האוכל חלב בזמן הזה וכו'. מפרש לה ואזיל: אי נימא דמחייבי קרבן אכזית קטן. והכי קאמר: האוכל פחות מכזית בזמן הזה, יכתוב: כשיעור זה אכלתי, שמא יבנה בית המקדש בימיו, ויתחדש בית דין, ותתחדש הלכה ויאמרו שחייב קרבן על כזית קטן. ולקמן פריך: א"כ ימעט בשיעורין מבעי ליה: והתניא וכו'. כלומר: וכי אתי ב"ד ומחדש הלכה מי מחייב האי דאכל קודם שנתחדשה הלכה? והא איידנא לאו שב מידיעתו הוא, דאי נמי הוה ידע דחלב הוא – הוה אכיל ליה, דהא השתא קים לן (ברכות דף לט.) דלא חייבה תורה אלא על כזית אגורי, שהוא כזית בינוני: אשר לא תעשינה. משמע שאילו ידע לא עשה, אבל בשגגה עשה ואשם: אלא דלא מחייבי קרבן עד דאיכא כזית גדול. והכי קאמר: האוכל כזית בינוני אל יכתוב מחוייבני חטאת, אלא יכתוב: כזית בינוני אכלתי, שמא יבא בית דין ויפטרוהו מקרבן, ונמצא מביא חולין לעזרה: ה"ג: עונשין מיכתב כתיבי אלא הכי קאמר שיעורין של עונשין וכו'. שיעורי עונשין של יין הוא ענוש – הלכה למשה מסיני, באיזה שיעור הוא ענוש: יעבץ. הוא עתניאל בן קנז: כמה ישתה. מדבית הלל קפריך: הכי גרסינן: איכא בינייהו כמלא לוגמיו דחוק. לבית הלל בעינן כדי שיסלקנו לצד אחד ויראה כמלא לוגמיו בריוח, ולרבי אליעזר כמלא לוגמיו דחוק: אם כן. דלבית הלל מיחייב בכדי שיסלקנו וכו' – הוה ליה בציר מרביעית, והויא לה מקולי בית שמאי, וליתנייה במסכת עדיות גבי קולי בית שמאי, שכולן שנויות שם:

תוספות

עונשין מיכתב כתיבי. ה"ג רש"י. אבל בספרים היה כתוב: שיעורין מיכתב כתיבי. פירוש: מדר' חנן "ארץ חטה ושעורה" ואמר בפ"ק דסוכה (דף ה:) כל הפסוק הזה לשיעורין נאמר. ומשני: שיעורין של עונשין. והדין עמו דל"ג ליה, חדא: דמאי משני שיעורין של עונשין דמכל מקום אכתי תיקשי לך: שיעורין של עונשין מיכתב כתיבי. ועוד: בכל דוכתא דפריך הכי בפרק קמא דסוכה (שם) ודעירובין (ד' ד.) מייתי כל מילתא דרבי חנן והכא לא מייתי לה. ועוד: אמאי לא משני הכא כדמשני התם: קרא אסמכתא בעלמא. ועוד: ליפרוך נמי: עונשין מיכתב כתיבי! אלא שמע מינה דהכי פריך: עונשין מיכתב כתיבי, אבל משיעורא לא פריך, דסמיך אשינויא דשנינן התם*: הכי נמי כמלא לוגמיו. הא דאמר פרק "חלון" (עירובין דף עט:) המקדש, אם טעם מלא לוגמיו – יצא, ואם לאו – לא יצא. אור"ת: דהתם נמי כמלא לוגמיו, וטעם הוי דבעינן יתובי דעתא. דאי מלא לוגמיו ממש קאמר – אם כן הוי טפי מרביעית, כדמוכח הכא, כי מוקי לה כמלא לוגמיו – אז פריך אם כן הוה ליה מקולי בית שמאי, אבל מעיקרא, דקאמר מלא לוגמיו – לא קשיא ליה – א"כ היכי בעינן כולי האי? והאמר בפרק "ערבי פסחים" (פסחים דף קח:) דד' כוסות שיעורן ברביעית, וכוס של קידוש אחד מהם, וא"כ, היכי נפיק ידי קידוש? כיון דבעי טעימה מלא לוגמיו! ועוד: אי סלקא דעתך מלא לוגמיו – אם כן הוה טפי מייתובי דעתא, דייתובי דעתא הוי כמלא לוגמיו, ואמאי שיערו בכל חד וחד בדידיה? בשלמא אי הוי בכמלא לוגמיו – ניחא, כדמשני בסמוך: קים להו לרבנן דבהכי מיתבא דעתא, כל העולם טובא עוג מלך הבשן פורתא: *ושיערו חכמי' זו ביצת תרנגול'. הקשה ר"ת: דבפ' "חלון" (עירובין דף פ:) אמרינן דשתי סעודות דככר דעירוב י"ח גרוגרות הויין, ובפרק "כילד משתתפין" (שם דף פג:) תנן, רבי שמעון אומר: שתי ידות לככר משלש לקב, דהיינו שתי סעודות, שהם ה' ביצים ושליש ביצה. שהככר הוא ח' ביצים. וכרבי שמעון קיימא לן, דבכל דוכתא אמרינן כביצה לטמא טומאת אוכלין, ולרבי שמעון עולה השיעור לכביצה. אבל לשאר תנאי – אינו כן. ואכולהו תנאי קאי האי חליה לטמא טומאת אוכלין, כדמוכח סוגיא התם, וכשתחלק י"ח גרוגרות לחמש ביצים ושליש, דזה וזה שתי סעודות – תמצא לכל ביצה ג' גרוגרות ושלש שמינית של גרוגרת, דבה' ביצים ושליש ביצה יש ט"ז שליש ביצים, ועולה לכל שליש ביצה גרוגרת אחת ושמינית, וגרוגרת

[וע"ע תוס' עירובין ז: ד"ה הלכתא ובסוכה ו. ד"ה אלא הלכתא]

[שייך לעיל קודם ד"ה עונשין]

עין משפט נר מצוה

לז א מיי' פי"ד מהלכות מאכלות אסורות הל' א סמג לאוין קמו וקסט:

לח ב מיי' פ"ד מהלכות טומאת אוכלין הל' א:

לט ג מיי' פי"ד מהלכות מאכלות אסורות הלכה ב:

מ ד מיי' פ"ב מהלכות שביתת עשור הלכה א סמג לאוין סה טוש"ע או"ח סי' תריב סעיף ט:

מסורת הש"ס

[ר"ה ז: וש"נ]

חולין עד. הוריות ב. [שבת סט. שבועות כו:]

עירובין ז. סוכה ה:

[שלא תוכות הללו נראין מיותרין וכ"נ מפרש"י ד"ה ה"ג וכו' אלא הכי קאמר שיעורין וכו']

שבת קד. מגילה ב: [תמורה טז.]

[זבחים לח: חולין נב: קה. בכורות ל: ערכין כז:]

רבינו חננאל

כל איסורין שבתורה בכזית חוץ מטומאת אוכלין שהרי שינה הכתוב במשמעו. ושינו חכמים בשיעורן. וראיה לדבר יוה"כ ששינה הכתוב במשמעו. דלא כתיב לא תאכל ביוה"כ *) אלא לא תעונה. ובמקום שהיה לו לכתוב כי כל הנפש אשר לא תעונה וגו'. ושינו חכמי' בשיעורן בכותבת. ומאי ראיה לדבר יוה"כ דאי לאו יוה"כ הוה אמינא אורחיה דקרא הוא אלא למדנו דבר זה מיוה"כ ומהו ששינה הכתוב בטומאת אוכלין מדהוה ליה למיכתב כל אוכל שיבא עליו [מים] יטמא. וכתב אשר יאכל שמעינן מינה דלא שינה בו אלא להוציא מכשיעור שאר איסורין שבאכילה כגון הנותר והפיגול והנבלה וכיוצא בהן. ודייקינן [illegible] מכל האוכל אשר יאכל הבא מחמת אוכל ואיזה זה ביצת תרנגולת כו'. פי' בן פקועה כגון בהמה שנשחטה ובקעו כריסה ומצאו בתוכה ולד. כדתנן השוחט את הבהמה ומצא בה בן שמונה חי או מת או בן ט' מת קורעו ומוציא את דמו. והא דר' אבהו עדיף מדר' אלעזר דאמר אשר יאכל. אוכל שאתה יכול לאוכלו בבת אחת. ואיזה. זה ביצת תרנגולת. שיערו חכמים שאין בית הבליעה מחזקת יותר מביצת תרנגולת. א"ר אלעזר האוכל חלב בזמן הזה צריך לכתוב שיעורו שמא יבא ב"ד אחר ויאמר דלא מיחייב עד דאיכא כזית גדול: א' ר' [יוחנן] שיעורין של עונשין בכזית הלכה למשה מסיני. תניא נמי הכי שיעורין של עונשין הל"מ. אחרים אומרים בית דינו של יעבץ תקנום. ומקשה אלה המצות כתיב שאין נביא רשאי לחדש דבר מעתה. ושנינן היו הל"מ ושכחום וחזרו בית דינו של יעבץ ותקנום: השותה מלא לוגמיו חייב. אוקימנא למתני' מלא לוגמיו כל שאילו יסלקם לצד אחד ויראה כמלא לוגמיו. ואותבינן עלה כמה ישתה ויהא חייב. ב"ש אומרים רביעית ובה"א מלא לוגמיו. ושנינן תני כמלא לוגמיו. ואסיקנ'

*) נראה דל"ל דלא כתיב לא תאכל וכתיב ועניתם ובמקום שהיה לו לכתוב כי כל הנפש אשר תאכל כתיב אשר לא תעונה.

הגהות הב"ח

(א) רש"י ד"ה מאי ראיה כו' דהאי מהאי דמה פירש ביום הכפורים במשנה להודיענו יותר שהטעם משום דשינה הכתוב הוא משלא פירשו כצ"ל: (ב) ד"ה דאי מהתם כו' ושינו חכמים בשיעורו אמור כו' דאשר יאכל שינוי חשיב להו כצ"ל ותיבת משמעו נמחק:

תוספות ישנים

[illegible]

תורה אור

כי אתשיל – בעוג מלך הבשן אתשיל, דהוו ליה בית שמאי לחומרא. מתקיף לה ר' זירא: מ"ש אכילה – דכל חד וחד בככותבת, ומ"ש שתיה דכל חד וחד [א]בדידיה? א"ל אביי:(א) קים להו לרבנן בככותבת דבהכי מיתבא דעתיה, בציר מהכי – לא מיתבא. בשתיה – בדידיה מיתבא דעתיה, בדחבריה לא מיתבא דעתיה. מתקיף לה רבי זירא: וכל העולם כולו בככותבת, ועוג מלך הבשן בככותבת? א"ל אביי: קים להו לרבנן דבהכי מיתבא דעתיה, בציר מהכי – לא מיתבא דעתיה. מיהו, כולי עלמא – טובא, ועוג מלך הבשן – פורתא. מתקיף לה רבי זירא: בשר שמן – בככותבת, ולולבי גפנים בככותבת?! א"ל אביי: קים להו לרבנן דבהכי מיתבא דעתיה, בציר מהכי לא מיתבא דעתיה. מיהו, בשר שמן – טובא, לולבי גפנים – פורתא. מתקיף לה רבא: כזית בכדי אכילת פרס, וכותבת בכדי אכילת פרס? א"ל אביי: קים להו לרבנן דבהכי מיתבא דעתיה, בטפי מהכי – לא מיתבא דעתיה. מתקיף לה רבא: (*בכותבת) בכדי אכילת פרס(ב) חצי פרס בכדי אכילת פרס? א"ל רב פפא: [ב]הנח לטומאת גוויה, דלאו דאורייתא היא. ומי אמר רב פפא הכי? והכתיב: "ולא תטמאו בהם ונטמתם בם" (ויקרא יא) וא"ר פפא: מכאן שטומאת גוויה דאורייתא! מדרבנן, וקרא אסמכתא בעלמא.§ "כל האוכלין".§ א"ר פפא: [ג]אכל אומצא ומילחא – מצטרף, ואע"ג דלאו אכילה היא, כיון דאכלי אינשי – מצטרפין. אמר ריש לקיש: *[ד]ציר שעל גבי ירק מצטרף לככותבת ביוה"כ. פשיטא! מהו דתימא: משקה הוא, קמ"ל: כל אכשורי אוכלא – אוכלא הוא. אמר ריש לקיש: *[ה]האוכל *אכילה גסה ביוה"כ פטור, מ"ט "אשר לא תעונה" (שם כג) כתיב, פרט למזיק, א"ר ירמיה אמר ר"ל: [ו]זר שאכל תרומה אכילה גסה – משלם את הקרן ואינו משלם את החומש, "כי יאכל" (שם כב) – *פרט למזיק. אמר רבי ירמיה אמר רבי יוחנן: [ז]זר שכוסס

רש"י

כי איתשיל. בבי מדרשא, הך דלעיל: כמה ישתה ויהא חייב – לענין עוג מלך הבשן, כלומר: לענין אדם כענקים איתשיל, והוו להו בית שמאי לחומרא, דמחייבי ברביעית: כזית בכדי אכילת פרס. קים לן (כריתות דף יב:) בכל אותן איסורין ששיעורן בכזית, שאם שהה בין תחילת אכילת השיעור לגמר אכילתו יותר מכדי אכילת פרס – אין מצטרף עד שיאכל כל השיעור בתוך כדי שהיית סעודה, והיא אכילת חצי ככר ששיערו בו את העירוב, שהוא מזון ב' סעודות, כדתנן: *חליה לבית המנוגע, שתלה הכתוב שהייתו לטמא בגדים כשיעור אכילה: בכותבת בכדי אכילת פרס. בתמיה: יום הכפורים ששיעור אכילתו בכותבת אף הוא שיעורו, (ג) לצירוף אכילתו בכדי אכילת פרס, ואם שהה יותר מכאן אין מצטרף ופטור? והא כיון דשיעורו גדול בעי שהיי' טפי לצירוף אכילתו, והשתא קולא דפטרי ליה: בטפי מהכי. אם שהה יותר מיכן לא מייתבא דעתיה, ויוה"כ ביישוב הדעת תליא מילתא, דכתיב "אשר לא תעונה" (ויקרא כג): חצי פרס. ששיעורו לפסול את הגויה לאוכל אוכלין טמאין חצי פרס – נפסל גופו מלאכול בתרומה. וחצי פרס שיעור גדול הוא, כשתי ביצים שוחקות, כדאמרי' בעירובין (דף פג.) – ואף ביה משוינן שהיית צירופו בכדי אכילת פרס ותו לא, (ד) כיון דשיעורא רבה הוא בטפי מהכי ליצטרף: הנח לטומאת גויה דלאו דאורייתא. ואקילו רבנן בה: ולא תטמאו בהם. גבי אכילה כתיב "אל תשקצו את נפשותיכם" דהיינו אכילה "ולא תטמאו בהם" לאו זו היא אזהרת טומאה, שהרי אין ישראל מוזהרין מליטמא, דכתיב "אמור אל הכהנים" וגו' (ויקרא כא) – כהנים מוזהרין, ואין ישראל מוזהרין, אלא אזהרת אכילתן, (ה) וכתיב "ונטמתם בם" – משמע שעל ידי אכילתן תטמאו: מכאן לטומאת גויה. על ידי אוכלין טמאין דאורייתא: מדרבנן. דקרא לאו לטומאה אתא, שאין לך דבר מטמא אדם על ידי אכילה אלא נבלת עוף טהור: אלא אסמכתא בעלמא. ועיקר קרא דרשינן בפרק "אמר להם הממונה" (לעיל דף לט.): אדם מטמא עצמו מעט – מטמאין אותו הרבה: אומצא ומילחא. שעליה: אכשורי אוכלא. משקה הבא למתק את האוכל אוכלא הוא: אכילה גסה. שאכל ליל יום הכפורים על השבע, שהיה שבע מסעודה שהפסיק בה, וכל מה שאכל משחשיכה – אכילה גסה היתה, ושלא להנאה: פרט למזיק. לזה שאינו מבטל מתמו שום עינוי על ידי אכילה זו, אלא מזיק הוא את האוכלין ואת עצמו: זר שאכל תרומה. בשוגג, שחייבו הכתוב תשלומי קרן וחומש – פטור אם אכלה על השבע: פרט למזיק. את התרומה: שכוסס

תוספות

וגרוגרת גדולה מכזית, כדמוכח בר"פ "המצניע" (שבת דף צא.) כדפרשינן לעיל. וא"כ היכי אמרינן בכריתות פרק "אמרו לו" (דף יד:) גבי יש אוכל אכילה אחת, דאין בית הבליעה מחזיק יותר משני זיתים! ואור"י: דנהי דקיימא לן כר' שמעון בהא דכבילה לטמא טומאת אוכלין בשתי סעודות דעירוב לא קיימא לן כוותיה, אלא או כר' מאיר או כרבי יהודה כדמוכח התם, דרב יוסף ורבא כרבי מאיר קיימי, ואינהו נמי מודו דכביצה לטמא טומאת אוכלין כרבי שמעון דחציה לבית המנוגע וחצי חציה לפסול גויה וחצי חצי חציה לטומאת אוכלים – לאו ארבי מאיר ור' יהודה קאי אלא ארבי שמעון וארבי יוחנן קאי, שהזכירו שיעור הככר. תדע, דהא קתני התם בברייתא בגמרא כמה שיעור חצי פרס – שתי ביצי' חסר קימעא, דברי ר' יהודה. ש"מ דקאי בשיטתיה דר' שמעון דקאמר חצי חציה לפסול הגויה בשתי ביצים. ור"ת תירץ בע"א, וזה לשונו: דגרוגרות בלא גרעינין קאמר הכא, ונמעכות ונדרסות טפי ונוחים להשימן בבית הבליעה, וזיתים יש בהם גרעינין, וקשין הן ועגולין ואינן נדבקין בבית הבליעה, ולכך הוי שיעור ב' זיתים קשין כשיעור ג' גרוגרות. ועוד: דרכין ונוחין לאכול. וכותבת הגסה עדיפא מכזית וגרוגרו' ובצירא מכביצה (וכו'). ולא נהירא לר"י: דגרוגרות אין בהן גרעין, שהם תאנים שנדרסו. וההיא דכריתות (דף יד.) נמי, דאין בית הבליעה מחזיק יותר משני זיתים – בבשר איירי, דלא שייך ביה גרעין וקשה ועגולין: **וחצי פרס בכדי אכילת פרס.** תימה לריב"א: בפ"ק דשבת (דף יד.) מפרש טעמא דפסול גוויה משום דזימנין דאכיל אוכלין טמאין, ושדי משקה דתרומה לפומיה ומטמא להו. וא"כ, בכביצה ליפסל גופיה, כיון דאית בהן שיעור לטמא טומאת אוכלין! *ותירץ: כיון דגזרי משום דילמא שדי משקה תרומה לפומיה, וקים להו לרבנן דבציר מאכילת שתי ביצים אין אדם צמא לשתות. והוא בעצמו הקשה לדבריו: שותה משקין טמאין אמאי אינו טמא עד שישתה רביעית? כדאיתא פ' "קדשי מזבח" במסכת מעילה (דף יז:), הא משקה מטמא אחרים במשהו, כדמוכח בפ"ק דפסחים (דף יד.) ובברכות פרק "אלו דברים" (דף נב.)! מיהו, לפר"ת שפירש דמדאורייתא לא מטמאו אלא ברביעית, ומדרבנן הוא דגזור במשהו – ניחא, דלא רצו לגזור אלא במשקין דמטמו מדאורייתא. ור"ת פי': דשתי גזירות הוו, דמעיקרא גזר בשתי ביצים דנפסל גופיה מלאכול בתרומה, אבל מותר ליגע. וכן משמע לישנא דפסול גויה, ולאו טעמא דמפרש פ"ק דשבת (דף יד.) אלא מטעם אחרינא, כמו דאמרי, כיון דהאוכל אוכלין טמאין מותר לאכול בתרומה, אף על גב דנגעי בהדי הדדי בתוך הגוף, ואתי למימר מה לי דנגעי בגופו מה לי בחוץ, ואתי למישרי להגיע תרומה לאוכלים טמאין. וא"ת: א"כ בכביצה לגזור? ויש לומר: משום דכי אכיל כביצה אין נכנס למעיו כביצה, שא"א שלא ישאר קצת בין השיניים והחניכיים, וכיון דאפיקת' מכביצה – אוקמה אשתי ביצים. אבל משקין סגי ברביעית, שאין נשארים בין החניכיים והשיניים. ור"י הוסיף על דבריו, לפרש טעמא לשתי ביצים: כיון דאפיקתיה מכביצה – אוקמה אחצי שיעור פרס, סעודה דבית המנוגע, למר כדאית ליה ולמר כדאית ליה, כדמשמע בפרק "כילד משתתפין" (עירובין דף פג.), וההיא גזירה דשתי ביצים גזירה קדמונית היתה, קודם י"ח דבר טובא. תדע דהוה ס"ד הכא דהיא דאורייתא, דפריך מ"ונטמתם בם" – מיכן לפסול גויה מן התורה, ואי לא גזור אלא בי"ח דבר – במאי טעי? והא י"ח דבר ידועים לכל, ופשט איסורן, כדאיתא בפרק "אין מעמידין" (ע"ז דף לו.). ועוד: א"כ חסר להו מי"ח דבר לדברי המקשה, ובי"ח דבר גזרו בתר הכי: האוכל אוכל ראשון וכו' אפי' בכביצה, ומטעמא דהתם אפילו ליגע בתרומה נפסל גופו: כל

רבינו חננאל

כי איתשיל בעוג מלך הבשן איתשיל דמלא לוגמיו יתר מרביעית דהוה ליה ב"ה לקולא. ואקשינן מ"ש אכילה דכו"ע בשיעורא חדא ככותבת. ובשתיה שיעורא דכל חד וחד כמלא לוגמיו דידיה ושנינן קים להו לרבנן דבשתיה דכל חד וחד לא מייתבא דעתייהו *) מיהו לכ"ע טובא לעוג מלך הבשן פורתא. בשר שמן ככותבת מייתבא טובא לולבי גפנים ככותבת פורתא. פי' פרס חצי חלה שהיא **) כל האוכלין מצטרפין לפסול את הגויה כבחצי פרס. כלומר אם אכל מעט לחם טמא ומעט בשר טמא אם יש בשניהם שיעור חצי פרס מטמא גופו מליכל בתרומה וזו היא טומאת גויות. ועל זה התקיף רבינא אם שהה מתחילת אכילתו נותר או פיגול שאיסורן כזית ואכל מעט מעט עד שהשלימו לכזית בשיעור פרס נצטרפו כל האכילות וחייב ואם שהה יותר מזה אין מצטרפין אלא בטל המיעוט במיעוטו ואכילת אוכלין טמאין חצי פרס מעט מעט כשיעור שהיית אכילת פרס מצטרפין ומטמא הגוף ואם הוא שיהוי יותר מזה בטלו האוכלין. וכי שיעור אחד לכזית שיעור אחד לחצי פרס. ופריק לי' רב פפא הנח לטומאת גויות [דאינה] מן התורה. טומאת גויות מדרבנן היא לפיכך מקילין בה והאי קרא דכתיב אל תטמאו בהם ונטמתם בם מיכן לטומאת גויות מן התורה. טומאת גויות מדרבנן היא וקרא אסמכתא בעלמא. אמר רב פפא אומצא ומלחא דעלה מצטרפין לככותבת אע"ג דמלחא לבדה לאו מאכל הוא כיון דאורחא דאינשי מיכל אומצא במלחא מצטרף. וכ"ש שאר אוכלין שמצטרפין ואם אכל ממיני מאכל הרבה מעט מעט עד שהשלים לככותבת חייב. וכן ציר שעל ירק מצטרף מהו דתימא משקה הוא קמ"ל כל אכשורי אוכלא אוכלא הוא. אבל אכל אכילה גסה ביוה"כ דהוא מצטער ממה שאכל הרבה ומוסיף על מנהגו פטור. מ"ט אשר לא תעונה כתיב. וזה

*) נראה דחסר איזה תיבות וצ"ל לא מייתבא דעתייהו כי אם בדידהו אבל באכילה קים להו דבכותבת מייתבא דעתייהו לכ"ע מיהו לכ"ע טובא וכו'. **) נראה דחסר כאן איזה תיבות ואולי דר"ל דבככר הזה פליגי תנאי בעירובין דף פב ע"ב ע"ש.

תוספות ישנים

מיירי בשיתוף כמו שפי' שם רבינו שמואל ומיירי בשאר פירות דהוי מזון שתי סעודות שלא הוזכר שיעורן בפרק בכל מערבין כגון מעשה אילפס אבל ההיא דפרק כילד משתתפין מיירי בפת דוקא שאין צריך שיעור גדול כל כך למזון שתי סעודות: **אמר** ר' יוחנן שיעורין ועונשין הלכה למשה מסיני עונשין מיכתב כתיבי כו'. כך גרס רש"י אבל בספרים היה כתוב שיעורין מיכתב כתיבי דא"ר חנין כל הפסוק הזה לשיעורין נאמר ארץ חטה כו' ומחקו רש"י משום דקשיא ליה דהא אמרינן בעירובין (דף ד.) ובסוכה (דף ה:) דקרא דר' חנין איתו אלא אסמכתא ועוד מאי שנא דלא מייתי לה לכולה מילתא דר' חנין כמו שמביא בריש עירובין ובפרק קמא דסוכה ואני רגיל לומר דלא קשיא מידי דבברכות משמע דאיכא אמורא דאית ליה דהוו מדאורייתא לרבי חנין דקאמר התם רבי יצחק כל המוקדם בפסוק זה מוקדם לברכה ופליגא דרבי חנין דא"ר חנין כל הפסוק הזה לשיעורין נאמר כו' ואידך ותיסברא שיעורין מי כתיבי משמע דלרבי חנין מיהא הוו מן התורה והא דפריך שיעורין מיכתב כתיבי הוא הדין דהוה מצי למיפרך מעונשין אלא לרבותא נקטיה והא דלא מסיים מילתיה דר' חנין כיונא בזה מצינו בהערל (יבמות עח.) דמייתי התם מילתא דר' ינאי דרוכו ואינו מקפיד עליו כו' ואינו מביא כולה ואין רבי מודה דודאי כלי עלמא אית להו דשיעורין לא כתיבי ומ"מ קאמר בברכות דכיון דאסמכינהו אקרא אין לנו ללמוד משם שנכתבו כסדר המוקדם בפסוק מוקדם לברכה: **אם** כן הוה ליה מקולי ב"ש ומחומרי ב"ה. אבל אי הוה מלא לוגמיו ממש אז אולי ב"ש לחומרא דהוי יותר מרביעית ומיכן יש ללמוד דהא דאמרינן בפסחים פרק בתרא (דף קז.) גבי קידוש ואם טעם מלא לוגמיו יצא היינו כמלא לוגמיו דכוס של ברכה אין צריך אלא רביעית כדאמרינן בשבת בפ' המוציא (דף עו:):*) **מדרבנן** וקרא אסמכתא בעלמא. מיכן היה מביא רבינו יעקב ראיה דגזירת גוויה אין זה גזירה דהאוכל אוכל ראשון די"ח דבר דפ"ק דשבת (דף יד.) מדבעיא תלמודא למימר הכא שהיא מן התורה וגזרה די"ח דבר פשוט לכל דאינו כי אם דרבנן ועוד הארכתי בה הרבה בשבת ובפ"ק דעירובין ובפ' כילד משתתפין (דף פב:): **קמ"ל** כל אכשורי אוכלא אוכלא הוא. ואע"ג דלענין שאר דברים משקה הוא כדאמרי' בערבי פסחים (פסחים קטו.) כל שטיבולו במשקה צריך נטילת ידים פי' לפי שכל הפוסל את התרומה מטמא משקין להיות תחילה ומשמע אפי' ציר ומורייס מ"מ לענין יום הכפורים כל דבר אכילה אוכלא הוא: **האוכל** אכילה גסה ביו הכפורים פטור. והא דאמרינן בנזיר (דף כג.) ובהוריות (דף י:) גבי שני בני אדם שצלו פסחיהן אחד אכלו לשם אכילה גסה ואחד אכלו לשם מצוה זה שאכלו לשם אכילה גסה ופושעים יכשלו בם א"ל להאי רשע קרית ליה נהי דלא עביד מצוה מן המובחר מצוה מיהא עביד אלמא אכילה גסה שמה אכילה

*) ע"כ שייך לע"א.

עין משפט נר מצוה

מא א מיי' פ"ב מהל' שביתת עשור הל"ח סמג לאוין סה טוש"ע או"ח סי' תריב סעיף ט:

מב ב מיי' פ"ח מהל' אבות הטומאה הלכה [?]:

מג ג ד מיי' פ"ב מהל' שביתת עשור הלכה ז סמג לאוין סה טוש"ע או"ח סי' תריב סעיף ב:

מד ה טוש"ע שם סעיף ו:

מה ו מיי' פ"י מהל' תרומות הל' ח:

מסורת הש"ס

[עירובין פב:]

[נ"ל כזית וכ"ה הערוך בערך גויה א]

[ועי' מבואר יותר בתוס' סוטה ל. ד"ה הא וכו' ובספר הישר וכו']

חולין קכ.

[ועי' תוס' יבמות מ. ד"ה אכילה ותוס' ב"ק קי. ד"ה אכילה ותוס' נזיר כג. ד"ה פסח ותוס' פסחים קז: ד"ה דילמא]

[פסחים לב: ב"מ נט: מעילה יט.]

הגהות הב"ח

(א) גמ' אמר ליה אביי באכילה קים להו לרבנן: (ב) שם בכותבת בכדי אכילת פרס וחצי פרס בכדי: (ג) רש"י ד"ה בכותבת כו' אף הוא שיעורו לצירוף אכילתו כו' והשתא קולא הוי דפטרי ליה: (ד) ד"ה חצי פרס כו' בכדי אכילת פרס ותו לא וכיון דשיעורא: (ה) ד"ה ולא תטמאו כו' אלא אזהרת אכילתן הוא וכתיב ונטמתם:

גליון הש"ס

גמ' מדרבנן וקרא אסמכתא בעלמא. עי' חולין דף לג ע"ב תוס' ד"ה והשליש: רש"י ד"ה ולא תטמאו. כו' אין ישראל מוזהרים מליטמא. תמוה לי הא גם כהנים אין מוזהרין בפ' אמור רק בטומאת מת ולא בשרץ:

כל שטומאתו ושיעורו שוה מצטרפין. שמעתי מקשה: מאי איצטריך קרא לרבי עקיבא בפרק קמא דסנהדרין (דף ד.) לרביעית דם הבא משני מתים שמטמא באהל, ומאי טעמא דרבנן דפליגי, והא קיימא לן כל שטומאתו ושיעורו שוה מצטרפין?! ומתרצא: דמיירי ברביעית דם הבאה משני נפלים שאין לא בזה ולא בזה רביעית מתחילה, אבל שני מתים שיש בכל אחד טפי מרביעית לדברי הכל מצטרפין חצי רביעית מזה וחצי רביעית מזה. וכן שמעתי שיש להיות בתוספתא, אמנם לא מצאתי אותו: **השמר** דעשה עשה. אע"ג דרבי יוחנן אית ליה בפ' "הקומץ רבה" (מנחות דף לו:) השמר דעשה נמי לאו – הכא אליבא דריש לקיש, דהוא מרא דשמעתא, משני: שהפלפלין

שכוסס. כל דבר שהוא אוכלו שלא כדרך אכילתו קרי ליה כוסס: שזפין. פרונ"ש בלע"ז, שבלע בלא כסיסה: ראשון משלם קרן וחומש. שאף היא דרך אכילתן: ושני משלם דמי עצים לראשון. שהרי קנאן הראשון ונתחייב בתשלומיהן והן אינן ראויות עוד אלא להסקה: במחלוקת. השנויה במקום אחר, ולא דברי הכל היא אלא רבי יהושע היא: שטומאתן ושיעורן שוה. כגון שני חצאי זיתים משני מתים או משתי נבילות או שתי חצאי עדשה משני שרצים, שזמן טומאתן שוה ושיעורן שוה לטמא בשיעור אחד: טומאתו ולא שיעורו. כגון שרץ ונבילה שאיניהן טומאת ערב אבל אין שיעורן שוה לטמא שזה בכזית וזה בכעדשה: שיעורו ולא טומאתו. כגון מת ונבילה ששניהן בכזית וזה טומאת שבעה וזה טומאת ערב: **מתני'** אינו חייב אלא חטאת אחת. דחד שמא הוא, דאכילה ושתיה מחד קרא נפקי: אכל ועשה מלאכה. תרי שמות נינהו דמתרי קראי נפקי: **גמ'** אכילה בכזית. משמע והתורה לא חייבה עליו אלא ביישוב הדעת: השמר פן לא תעונה. השמר פן תבא לידי לא תעונה: א"כ נפישי להו לאוי. השמר ופן, ששניהן לא תעשה הן, ואנן לאו אחד אמרינן, שמא לא רצה להרבות בו לאוין: השמר דלאו. כגון "השמר בנגע הצרעת" (דברים כד) שלא יקוץ בהרתו: השמר דעשה. השמר שתתענה: ותנא מייתי. אזהרה בעינוי מהכא: על תוספת מלאכה. אם לא הוסיף מחול על הקודש, להפסיק מן המלאכה מבעוד יום: יהא מוזהר. בלאו: מה לעינוי וכו'. כלומר עונש דמלאכה לאו מופנה הוא, שאם באת ללמדו מעינוי יש להשיב: מלאכה הותרה מכללה אצל גבוה: חמשה קראי כתיבי במלאכה. ארבעה לאוין וכרת אחד ב"אחרי מות" וכפ' אך בעשור (שבחומש הפקודים): וחד לעונש דליליא. דאם אינו ענין לאזהרה תנהו לענין עונש: ונאמר להלן עינוי

שכוסס שעורים של תרומה – משלם את הקרן ואינו משלם את החומש. "כי יאכל" – פרט למזיק. אמר רב ששבי א"ר יוחנן: זר שבלע שזפין של תרומה, והקיאן, ואכלן אחר – ראשון משלם (את) קרן וחומש, שני אין משלם אלא דמי עצים לראשון בלבד. § "האוכל והשותה אין מצטרפין". § מאן תנא? אמר רב חסדא: במחלוקת שנויה, ור' יהושע היא. דתנן: כלל א"ר יהושע: כל שטומאתו ושיעורו שוה – מצטרף טומאתו ולא שיעורו, שיעורו ולא טומאתו, לא טומאתו ולא שיעורו – אין מצטרפין. רב נחמן אמר: אפילו תימא רבנן. עד כאן לא קא אמרי רבנן התם אלא לענין טומאה – דשם טומאה חד היא. אבל הכא – משום יתובי דעתא הוא, והאי לא מיתבא דעתיה. וכן אמר ר"ל: במחלוקת שנויה, ורבי יהושע היא. דתנן: כלל א"ר יהושע כו'. ורבי יוחנן אמר: אפילו תימא רבנן, עד כאן לא קאמרי רבנן התם אלא לענין טומאה, אבל הכא משום יתובי דעתיה – הוא והאי לא קא מיתבא דעתיה. §

מתני' אכל ושתה בהעלם אחד – אינו חייב אלא חטאת אחת. אכל ועשה מלאכה – חייב (שני) חטאות. אכל אוכלין שאינן ראוין לאכילה, ושתה משקין שאינן ראוין לשתיה,(א) ושתה ציר או מורייס – פטור. §

גמ' אמר ר"ל: מפני מה לא נאמרה אזהרה בעינוי – משום דלא אפשר. היכי נכתוב? נכתוב רחמנא "לא יאכל" – אכילה בכזית, נכתוב רחמנא "לא תעונה" – קום אכול משמע. מתקיף לה רב הושעיא: נכתוב רחמנא "השמר פן לא תעונה"! א"כ נפישי להו לאוי. מתקיף לה רב ביבי בר אביי: נכתוב רחמנא "השמר במצות עינוי"! אם כן השמר דלאו לאו, השמר דעשה – עשה. מתקיף לה רב אשי: נכתוב: אל תסור מן העינוי! קשיא. ותנא מייתי לה מהכא: "ועניתם את נפשותיכם וכל מלאכה לא תעשו" יכול יהא ענוש(ב) על תוספת מלאכה – ת"ל: "וכל הנפש אשר תעשה כל מלאכה בעצם היום הזה", על עיצומו של יום – ענוש כרת, ואינו ענוש כרת על תוספת מלאכה, יכול לא יהא ענוש כרת על תוספת מלאכה, אבל יהא ענוש כרת על תוספת עינוי – ת"ל: "כי כל הנפש אשר לא תעונה בעצם היום הזה ונכרתה", על עיצומו של יום – ענוש כרת, ואינו ענוש כרת על תוספת עינוי. יכול לא יהא בכלל עונש, אבל יהא מוזהר על תוספת מלאכה – ת"ל: "וכל מלאכה לא תעשו בעצם היום הזה" על עיצומו של יום הוא מוזהר, ואינו מוזהר על תוספת מלאכה. יכול לא יהא מוזהר על תוספת מלאכה, אבל יהא מוזהר על תוספת עינוי. ודין הוא: ומה מלאכה שנוהגת בשבתות וי"ט – אינו מוזהר עליה, עינוי שאינו נוהג בשבתות וי"ט – אינו דין שלא יהא מוזהר עליו? אבל אזהרה לעינוי של יום עצמו לא למדנו מנין. לא יאמר עונש במלאכה – דגמר מעינוי, ומה עינוי שאינו נוהג בשבתות וי"ט – ענוש כרת, מלאכה שנוהגת בשבתות וימים טובים – לא כל שכן?! למה נאמר? מופנה להקיש ולדון ממנו גזרה שוה: נאמר עונש בעינוי, ונאמר עונש במלאכה. מה מלאכה – לא ענש אלא אם כן הזהיר, אף עינוי – לא ענש אלא אם כן הזהיר. איכא למיפרך: מה לעינוי – שלא הותר מכללו, תאמר במלאכה – שהותרה מכללה! אלא: לא יאמר עונש בעינוי, דגמר ממלאכה: מה מלאכה שהותרה מכללה – ענוש כרת, עינוי שלא הותר מכללו – לא כל שכן?! למה נאמר? מופנה להקיש ולדון ממנה גזירה שוה: נאמר עונש בעינוי ונאמר עונש במלאכה, מה מלאכה – ענש והזהיר, אף עינוי – ענש והזהיר. איכא למיפרך: מה למלאכה – שכן נוהגת בשבתות וימים טובים, תאמר בעינוי – שאינו נוהג בשבתות וימים טובים! אמר רבינא: האי תנא "עצם" "עצם" גמר. מופנה, דאי לא מופנה – איכא למיפרך כדפרכינן, לאיי אפנויי מופנה.(ג) חמשה קראי כתיבי במלאכה, חד לאזהרה דיממא, וחד לאזהרה דליליא, וחד לעונש דיממא, וחד לעונש דליליא, וחד לאפנויי למגמר עינוי ממלאכה בין דיממא בין דליליא. דבי ר' ישמעאל תנא: נאמר כאן עינוי, ונאמר להלן עינוי. מה להלן – לא ענש אלא אם כן הזהיר, אף כאן לא ענש אא"כ הזהיר. רב אחא בר יעקב אמר: יליף "שבת שבתון" משבת בראשית, מה להלן – לא ענש אלא אם כן הזהיר, אף כאן – לא ענש אלא אם כן הזהיר. רב פפא אמר:
הוא

שבת שבתון הלכך קרי ליה שבת בראשית שמוקדשת ובא משתת ימי בראשית דבשבת הראשונה כתיב בו ויכלו ויקדש אותו לשון הרשב"ם ב"ב קכא ע"א ד"ה שבת בראשית:]

רבינו חננאל

אכילתו עינוי הוא. איש כי יאכל פרט למזיק כגון הכוסם שעורים של תרומה. וכן האוכל תרומה אכילה גסה משלם הקרן ואינו משלם את החומש. מ"ט איש כי יאכל כתיב פרט למזיק. א"ר יוחנן זר שבלע שזפין של תרומה והקיאן דרך בית הרעי ובא אחר ואוכלו הראשון משלם קרן וחומש והשני אינו משלם אלא דמי עצים לראשון בלבד. האוכל והשותה אין מצטרפין כלומר המאכל והמשקה אין מצטרפין. אוקימנא רב חסדא למתניתי' לר' יהושע ות"ק חולק עליו דתנן במעילה פרק ד' כלל א"ר יהושע כל שטומאתו ושיעורו שוין מצטרפין זה עם זה. שיעורו ולא טומאתו. טומאתו ולא שיעורו אין מצטרפין. וביוה"כ כיון שהאוכלין שיעורן ככותבת. והמשקין שיעורן ברביעית שיעורו של זה לא שיעורו של זה לפיכך אין מצטרפין ובר פלוגתייהו דר' יהושע חולק. וא"ר יוחנן וגם רב נחמן קאי כותיה דמתניתין דברי הכל היא ולא פליגי אלא לגבי טומאה דשם טומאה אחת היא. אבל הכא אי איכול אכילה ככותבת או שתו כרביעית מייתבא דעתיה. אבל חצי כותבת אוכלין וחצי רביעית משקין לא מייתבא דעתיה: **אכל** ככותבת ושתה כרביעית בהעלם אחד אינו חייב אלא חטאת אחת. א' ר"ל מפני מה לא נאמרה אזהרה בעינוי משום דלא אפשר היכי נכתוב לכתוב לא יאכל אכילה בכזית היא לכתוב לא תעונה אכול משמע מתקיף לה רב אשי נכתוב לא תסור מן העינוי קשיא. ותנא מייתי לה אזהרה לעינוי מהכא דתניא יכול יהא ענוש כרת על תוספת היום שמוסיפין ביוה"כ מחול על הקדש ת"ל כל מלאכה לא תעשו בעצם היום הזה. וכתיב וכל הנפש אשר לא תעונה בעצם היום הזה על עצמו של יום ענוש כרת. ואין ענוש כרת על התוספת. יכול יהא מוזהר על התוספת. ואסיקנא ד' קראי כתיבי במלאכה חד לעונש היום וחד לעונש הלילה. וחד לאזהרת היום. וחד לאזהרת הלילה. וחד לאקושי עינוי למלאכה. מה מלאכה לא ענש אלא אם כן הזהיר אף עינוי לא ענש אא"כ הזהיר.
תנא

עין משפט נר מצוה

מו א מיי' פ"י מהל' תרומות הל' ט:
מז ב מיי' פ"ד מהל' טומאת אוכלין הלכה יא:
מח ג מיי' פ"ו מהל' שגגות הלכה ה:
מט ד מיי' פ"ב מהל' שביתת עשור הל' ה סמג לאוין סט טוש"ע או"ח סי' תריב סעיף ו:
נ ה מיי' וסמג שם טוש"ע שם סעיף ט בהג"ה:

מסורת הש"ס

ב"מ דף נט: מעילה דף יז: [פסחים לב:]
[עי' תוס' מנחות סט. ד"ה דבלע כו' כתבו הטעם משום שכבר נתחללה ע"ש]
מעילה דף יז.
כריתות דף יח:
שם
[ברכות דף מט: פסחים ד' מט:]
[עירובין דף נו. מנחות דף לו:]
[נ"ל תענו את נפשותיכם וכל מלאכה לא תעשו דהך פסוק מוקדם בתורה ויקרא כג]
[נ"ל שבספר' אמור ובעשור שבחומש הפקודים]

תורה אור: ויקרא כב; במדבר כט; ויקרא כג; שם; שם

הגהות הב"ח

(א) מתני' משקין שאינן ראוין לשתיה פטור שתה ציר: (ב) גמ' יכול יהא ענוש כרת על תוספת מלאכה כו' כל מלאכה בעצם היום הזה והאבדתי את הנפש ההיא מקרב עמה על עיצומו כו' ונכרתה מעמיה על עיצומו: (ג) שם לאיי אפנויי מופנה מכדי חמשה קראי כתיבי:

גליון הש"ס

גמ' שני אין משלם אלא דמי עצים. עיין מנחות דף סט ע"א תוס' ד"ה דבלע וכתובות דף ל ע"ב בתוס' [ישנים] ד"ה ומתחייב:

[כל השבתות קרויין שבת בראשית משום דכל מועדות נמי כתיב בהן

תוספות ישנים

זר שבלע שזפין של תרומה והקיאן כו' והשני אינו משלם אלא דמי עצים בלבד. תימה לרבי דהכא משמע כשהקיאן ביטלן ולא חזו למיכל כלל אלא כמו עצים בעלמא הוו ואילו בשילהי גיד הנשה (חולין קג:) אמרינן דאכל חצי זית והקיאו וחזר ובלעו דחייב שהרי נהנה גרונו בכזית ומצינו למימר דהתם מיירי שלא בפניו כגון שלא ידע שהקיאו כדאמר בפרק בהמה המקשה (שם עא.) דנהי בפניו לא חזי שלא בפניו מיחזי חזי וה"ר חיים כהן תירץ דהכא מיירי בתרומה שנתחללה באכילת הראשון ונפקא ליה מתורת תרומה כדאמרינן בפ"ק דכריתות (דף ז.) כהן שסך שמן של תרומה בן בתו ישראל מתעגל בו ואינו חושש דכתיב ומתו בו כי יחללוהו פרט לזו שמחוללת ועומדת אכילה ואומר רבי שיש חילוק באכילות שיש אכילה גסה מאד שקץ לאכול ויש לך שאינה גסה כל כך. מ"ר: להכי פטור השני אבל בחולין מיירי גבי חלב ואין נראה לחלק בין סך בה כהן שנעשה הדבר בהיתר לבלעה זר דשמא אכתי קאי וקיימא באיסורא אבל אין נראה לרבי לאי טעמא משום חילול ישלם השני קרן לראשון לכל הפחות כמו פירות ולמה לא ישלם אלא דמי עצים ועוד דבכולה סוגיא דהכא מיירי בדברים שאינן ראוין לאכילה שקלקלום כגון אכילה גסה וכוסס שעורין על כן נראה כלפרי' וכן היה אומר רבי דטעמא משום דלא חזו לאכילה עוד משיקיא אותן. מ"ר: **חד** לעונש דיממא וחד לעונש דליליא. לא ידענא אי בעינן בכל דוכתא עונש דיממא ולילא במלאכה כגון שבתות וימים טובים וחוש"מ:

מעלה

הוא גופיה שבת איקרי, דכתיב "תשבתו שבתכם". בשלמא רב פפא לא אמר כרב אחא בר יעקב – דקרא דכתיב בגופיה עדיף. אלא רב אחא בר יעקב מאי טעמא לא אמר כרב פפא? מיבעי ליה לכדתניא:* °"ועניתם את נפשותיכם בתשעה לחודש", יכול יתחיל ויתענה בתשעה – ת"ל "בערב". אי בערב – יכול משתחשך – ת"ל "בתשעה". הא כיצד? [א]מתחיל ומתענה מבעוד יום. מכאן שמוסיפין מחול על הקודש. ואין לי אלא בכניסתו, [ב]ביציאתו מנין? ת"ל °"מערב עד ערב". ואין לי אלא יוה"כ, (*ימים טובים) מניין? ת"ל °"תשבתו". אין לי אלא (*ימים טובים, [ג]שבתות) מנין? ת"ל °"שבתכם". הא כיצד? כל מקום שנאמר שבות – (*מכאן שמוסיפין) מחול על הקודש. ותנא ד"עצם" "עצם", האי "בתשעה לחודש" מאי עביד ליה? מיבעי ליה לכדתני חייא בר רב מדיפתי. דתני חייא בר רב מדיפתי: *"ועניתם את נפשותיכם בתשעה" וכי בתשעה מתענין? והלא בעשור מתענין! אלא לומר לך: [ד]כל האוכל ושותה בתשיעי – מעלה עליו הכתוב כאילו התענה תשיעי ועשירי. § "אכל אוכלין שאין ראוין לאכילה". § *אמר רבא: כס פלפלי ביומא דכפורי – פטור, כס זנגבילא ביומא דכפורי – פטור. מיתיבי: *היה רבי מאיר אומר, ממשמע שנאמר: °"וערלתם ערלתו את פריו" איני יודע שעץ מאכל הוא? אלא מה תלמוד לומר "עץ מאכל" – עץ שטעם עצו ופריו שוה, הוי אומר – זה פלפלין. ללמדך שהפלפלין חייבין בערלה. ואין ארץ ישראל חסרה כלום, שנא': °"לא תחסר כל בה". ל"ק: [ה]הא – ברטיבתא, והא – ביבישתא. א"ל רבינא למרימר, והאמר רב נחמן: *האי [ו]הימלתא דאתי מבי הנדואי שריא, ומברכינן עליה "בורא פרי האדמה"! לא קשיא; הא – ברטיבתא, והא ביבישתא. ת"ר: [ז]אכל עלי קנים – פטור, [ח]לולבי גפנים – חייב. [ט]אלו הן לולבי גפנים? אמר רבי יצחק מגדלאה: כל שלבלבו מר"ה ועד יוה"כ. ורב כהנא אמר: כל שלשים יום. תניא כוותיה דר' יצחק מגדלאה: אכל עלי קנים – פטור, ולולבי גפנים – חייב. אלו הן לולבי גפנים – כל שלבלבו מר"ה ועד יוה"כ. § "שתה ציר או מורייס פטור". § הא חומץ – חייב. מתני' מני – רבי היא, דתניא, ר' אומר: חומץ משיב את הנפש. דרש רב גידל בר מנשה מבירי דנרש: אין הלכה כרבי. לשנה נפקי כולי עלמא, מזגו ושתו חלא, שמע רב גידל ואיקפד, אמר: אימר דאמרי אנא דיעבד, לכתחלה מי אמרי? אימר דאמרי אנא פורתא, טובא מי אמרי? אימר דאמרי אנא חי, מזוג מי אמרי?!

מתני'

תורה אור: ויקרא כג; שם; שם; שם; ויקרא יט; דברים ח

[רש"י]

עינוי. "על דבר אשר ענה את אשת רעהו" (דברים כב): היא גופה שבת איקרי. ובלאו ג"ש נמי נפקא מיניה וביה, דכיון דאיקרי שבת לענין עינוי הוה ליה כשבת לעונש ואזהרה: תשבתו שבתכם. ומ"שבת שבתון" לא גמר דאיקרי שבת, דאיצטריך ליה לרבויי כל(א) הענין כדאמר בריש פרקין (דף עד.) "שבתון" שבות. אי נמי "שבת שבתון היא" לאו יומא איקרי שבת, אלא הכי קאמר: מנוחה מרגוע היא לכם. והיכא נמי דכתיב "שבת שבתון הוא" לשון זכר, אף לשון מנוחה הוא לשון זכר, אבל יומא לא איקרי שבת. להכי נקט "תשבתו שבתכם" יתירא, דהוא גופיה איקרי שבת: מיבעיא ליה לכדתניא. לשאר ימים טובים, ולא איום כפורים קאי: ותנא דעצם. מדאיצטריך למעוטי לתוספת החול מעונש ומאזהרה, מכלל שמעינן דמוסיפין, והאי "ועניתם בתשעה" מאי עביד ליה? כל האוכל ושותה וכו'. והכי משמע קרא: "ועניתם בתשעה" כלומר התקן עצמך בתשעה(ב) שתוכל להתענות בעשרה. ומדאפקיה קרא בלשון עינוי, לומר לך: הרי הוא כאילו מתענה בתשעה: כס פלפלין. אין זה יישוב הדעת, שאין זה דרך אכילתו: מיתיבי וכו'. אלמא מאכל קרי ליה: שהפלפלין חייבין בערלה. מין אילן הוא: רטיבא. חזי למיכל: הימלתא. ליטוריג"ה, שמפטמים בשמים כתושים בדבש: מבי הנדואי. מארץ כוש: שריא. ואין בו משום בישולי גוים – שנאכל כמות שהוא חי ולא משום גיעולי גוים – דנותן טעם לפגם. ומדקאמר אין בו משום בישולי גוים – ש"מ: דרך אכילתו כשהוא חי: מר"ה עד יום הכפורים. אבל לבלבו קודם ר"ה – כבר נעשו קשים, ועץ בעלמא נינהו: משיב את הנפש. ומבטל את העינוי: מזגו. נתנו בו מים להתיש כחו: מתני'

[תוספות]

שהפלפלין חייבין בערלה. אין להקשות: כמו שחייבין בערלה חייבין נמי במעשר, וכיון שחייבין במעשר מטמא טומאת אוכלין, כדתנן בפרק בא סימן (נדה דף נ.): כל שחייב במעשר מטמא טומאת אוכלין, אלמה תניא התם: נמנו וגמרו אין מטמאין טומאת אוכלין! די"ל: הא ברטיבתא הא ביבישתא. אבל ה"ר שמעון מיינביל"א הקשה מהא דאמרי' בפ' "בכל מערבין" (עירובין דף כח.): זרע גרגיר מתעשר וכו' עד זרע גרגיר לאו חזי – שכן ראשונים שלא היה להם פלפלין שוחקין אותו ומטבלין בו את הצלי. וא"כ כל שכן פלפלין דעדיפי טפי, ואפי' יבישתא חייב במעשר, וכיון דחייב במעשר יטמא טומאת אוכלין! וי"ל: דודאי אותן פלפלין שנשחקין וגובלין אותן במים, כעין שעושין לטבל בו דבר – הנהו חזו בעינייהו לאכילה, וחייבין במעשר ומטמא טומאת אוכלין אבל אותם שלא נגבלו במים, שנטחנו ונידוקו כעפרורית בעלמא, כעין שעושין לתת לתוך הקדירה, הנהו פטורין מן המעשר, דלא חזו לאכילה הכי, ואין מטמא טומאת אוכלין. אי נמי י"ל: דזרע גרגיר אינו חייב במעשר משום הא מילתא לחוד שמטבילין בו צלי, אלא לאחר שחיקתו חזי למיכל נמי בעיניה, ומשום הכי חייב במעשר. והא דנקט התם ומטבילין בו צלי ולא נקט דאכלי ליה נמי בעיניה – משום דעיקר שחיקתו כדי לטבל בו. אבל פלפלין דאפי' בתר שחיקתן לא חזו בעינייהו, לא מחייבי. ועוד יש להקשות על ההיא מתניתין דנדה: והרי תבלין דחייבין במעשר, כדאמרינן פ"ק דחולין (דף ו.): ואם אמר לה עשי לי מעליכי חושש לשאור ותבלין שבה משום מעשר ומשום שביעית, ואין מטמא טומאת אוכלין כדמוכח ב"העור והרוטב" (שם דף קכ.) דמפרש בגמרא: מאי קיפה – פירמא. ופריך אביי: היא עצמה תטמא טומאת אוכלין! אלא מאי קיפה – תבלין. ומיהו י"ל: דחושש משום מעשר דקתני – לא קאי אלא אשאור, אבל משום שביעית קאי אתרוייהו, דאפי' אוכלי בהמה יש מהן שחייבין בשביעית, כדמוכח במס' שביעית (פ"ח משנה א). ולא נהירא, דבפרק "בכל מערבין" (עירובין דף כט.) תניא, רבי שמעון בן אלעזר אומר: עוכלא תבלין וליטרא ירק, ופי' רש"י דקאי אאין פוחתין לעני בגורן. אלמא: תבלין חייבין במעשר! וי"ל שיש מיני תבלין הרבה, יש מהן דעיקרן לטעמא עבידי – והנהו פטורין מן המעשר ואין מטמאין טומאת אוכלין, ובהנהו מיירי ב"העור והרוטב" (חולין דף קכ.). ויש מהן דחזו לאכילה בעינייהו, כגון בצל וקפלוט וכיוצא בהם, פעמים שמתבלין בהן הקדירה. וכמו שבת דבפר' "בא סימן" (נדה דף נא:) והנהו חייבין במעשר ומטמא טומאת אוכלין, ובהנהו איירי בפ"ק דחולין (דף ו.) וב"בכל מערבין" (עירובין דף כט.). ואע"ג דאמרינן עלה בפרק "בכל מערבין": משום דקתני בה תבלין ותבלין לאו בני אכילה נינהו – היינו בלא תיקון לגמרי, שצריך תיקון קצת. ולענין עירוב בעינן דחזי בשעת קניית עירוב, מידי דהוה אחטין ושעורין דאין מערבין בהן וחייבין במעשר: **הא** ברטיבתא הא ביבישתא. דיבישתא לא הויא מאכל. ומהאי טעמא נמי אמרינן ב"כיצד מברכין" (ברכות דף לו:) דזנגבילא יבישתא אינה טעונה ברכה: אלא

תוספות ישנים

ללמדך שהפלפלין חייבין בערלה. וא"ת כיון שחייבין בערלה הוא הדין במעשר ואפי' הכי אין מטמאין טומאת אוכלין כדתניא בפרק בא סימן (נדה נא:) ואם כן הא דתנן בפרק בא סימן (דף נ.) כל שחייב במעשר מטמא טומאת אוכלין אין זה אמת דהא איכא פלפלין שחייבין במעשר כדפריש ואין מטמאין טומאת אוכלין י"ל דהכא מיירי ברטיבתא כדאמרינן הכא ואינהו מטמאי טומאת אוכלין אבל ההיא דפ' בא סימן דפלפלין אין מטמאין לאכילה... אבל הקשה ה"ר שמשון מדקאמרינן בפ' בכל מערבין (עירובין כח.) זרע גרגיר מתעשר זרע וירק ...שהראשונים שלא היה להם פלפלין שוחקין אותו ומטבלין בו צלי ומהאי טעמא מתעשרין נמי פלפלין יבשין ואפילו הכי אין מטמאין טומאת אוכלין ואומר רבי דשאני זרע גרגיר ששחקוהו גם הוא ראוי לאכול בפני עצמו אבל פלפלין אין ראוין לאכול בפני עצמו אלא לטיבול בעלמא אבל קשה עוד לה"ר אליהו בר' יוסף וכללא הוא והרי תבלין שחייבין במעשר כדתניא (חולין דף ו.) הנותן לשכינתו עיסה כו' חושש לשאור ותבלין שבה משום מעשר ואפ"ה אין מטמאין טומאת אוכלין כדתניא בפרק העור והרוטב (שם קכ.) גבי מאי קיפה פירמא ומסקינן דהיינו תבלין דאין מטמאין טומאת אוכלין ואומר רבי דשני מיני תבלין יש דהא אפילו שבת אמרינן פרק בא סימן (נדה נא:) דאיכא לטעמא עבידא ואיכא דלאו לטעמא עבידא אי נמי אומר ה"ר אלחנן דמעשר קאי אשאור [ושביעית קאי] אתבלין דאפילו אוכלי בהמה חייבין בשביעית.

[עין משפט נר מצוה]

נא א מיי' פ"א מהל' שביתת עשור הל' ו סמג עשין לב טוש"ע או"ח סי' תרח סעיף א:
נב ב מיי' וסמג שם טוש"ע או"ח סי' תרכד סעיף ב:
נג ג טוש"ע או"ח סי' רסא סעיף ב:
נד ד טוש"ע או"ח סי' תרד סעיף א:
נה ה מיי' פ"ב מהל' שביתת עשור הל' ו סמג לאוין סט טוש"ע או"ח סי' תריב סעיף ח:
נו ו טוש"ע או"ח סי' רג סעיף ו:
נז ז ח ט מיי' פ"ב מהל' שביתת עשור הל' ו טוש"ע או"ח סי' תריב סעיף ז:
נח י מיי' שם טוש"ע שם ס"ע בהג"ה:

רבינו חננאל

תניא ועניתם את נפשותיכם בתשעה לחדש. יכול בתשעה ת"ל בערב. אי בערב יכול משתחשך ת"ל בתשעה. הא כיצד מתחיל להתענות מבע"י. מיכן שמוסיפין מחול על הקדש אין לי אלא שמוסיפין מחול על הקדש בכניסתו ביציאתו מנ"ל ת"ל מערב עד ערב וכן ימים טובים וכן שבת כיוצא בו דמוסיפין מחול על הקדש ופשוטה היא. והאי תנא (פריש בעצם) [דפריש עצם עצם] האי קרא ועניתם את נפשותיכם בתשעה לחדש מאי עביד ליה מיבעי ליה לכדתני חייא כו'. אכל אוכלין שאין ראוין לאכילה. שתה משקין שאין ראוין לשתיה שתה ציר או מוריים פטור. דייקינן מינה הא חומץ חייב. ורבי היא דתני חומץ משיב את הנפש. דרש גידל בר מנשה לית הלכתא כרבי. ואסיקנא הא דגידל אי *) שתה חלב חייב. דאיעבד פטור אבל לכתחלה לא. א"ר יוחנן כס פלפליא זנגבילא ביומא דכפורי פטור. אבל זנגבילא רטיבתא **) דהיא חרולתא דאתיא מבי הנדואי שריא ומברכין עליה בורא פרי האדמה. ת"ר אכל עלי גפנים פטור. לולבי גפנים שלבלבו מראש השנה אם אכלן ביוה"כ חייב כי לחין הן ואוכל הן:
*) נ"ל דל"ל הא דגידל אי שתה חי אבל מזוג חייב ולאיעבד פטור וכו':
**) נראה דל"ל זנגבילא רטיבתא חייב דהיא חרולתא וכו':

[מסורת הש"ס]

ר"ה דף ט.
[נ"ל שבתות]
[נ"ל שבתות ימים טובים וכ"א בר"ה ט. וכן ברי"ף והרא"ש]
ברכות דף לו: פסחים דף סח: ר"ה דף ט.
ברכות דף לו.
שם סוכה דף לה. וע"ש וברש"י שם ונ"ע]
ברכות דף לו: ע"ש
[ר"ה דף ט. ע"ש]

הגהות הב"ח

(א) רש"י ד"ה תשבתו כו' לרבויי כל הענויים כדאמרן בריש פרקין עד ע"א שבת שבתון כו' אי נמי: (ב) ד"ה הכל כו' התקן עצמך בתשעה כדי שתוכל להתענות:

מתני' התינוקות אין מענין אותן ביוה"כ, אבל מחנכין אותן לפני שנה ולפני שנתיים, בשביל שיהיו רגילין במצות.§ גמ' השתא בפני שתים מחנכין להו, בפני שנה מבעיא?! אמר רב חסדא: לא קשיא; הא – בחולה, הא – בבריא. א"ר הונא: בן ח' ובן ט' מחנכין אותו לשעות, בן י' ובן י"א משלימין מדרבנן, בן י"ב משלימין מדאורייתא בתינוקת. ורב נחמן אמר: [א]בן ט' בן י' מחנכין אותן לשעות, בן י"א בן י"ב – משלימין מדרבנן, בן י"ג משלימין מדאורייתא בתינוק. ור' יוחנן אמר: השלמה דרבנן ליכא, בן י' בן י"א – מחנכין אותו לשעות, בן י"ב – משלימין מדאורייתא. תנן: התינוקות אין מענין אותן ביוה"כ, אבל מחנכין אותן לפני שנה ולפני שתים. בשלמא לרב הונא ורב נחמן – לפני שנה *ולפני שתים, לפני שנה[א] לדבריהן ולפני שתים(א) לדבריהן. אלא לרבי יוחנן קשיא! אמר לך רבי יוחנן: מאי שנה או שתים – [ב]סמוך לפירקן. ת"ש, דתני רבה בר שמואל: תינוקות אין מענין אותן ביוה"כ, אבל *מחנכין אותן שנה או שתים סמוך לפירקן. בשלמא לר' יוחנן – ניחא, אלא לרב הונא ולרב נחמן, – קשיא! אמרי לך רבנן: מאי חינוך נמי דקתני – השלמה. ומי קרי לחינוך השלמה? והא תניא: [ב]אי זה חינוך? היה רגיל לאכול בשתי שעות – מאכילין אותו לשלש, בשלש – מאכילין אותו בארבע! אמר רבא בר עולא: תרי חנוכי הוו.§ מתני' עוברה שהריחה – מאכילין אותה עד שתשיב נפשה. חולה מאכילין אותו ע"פ בקיאין, ואם אין שם בקיאין – מאכילין אותו על פי עצמו, עד שיאמר די.§ גמ' ת"ר: [ג]עוברה שהריחה בשר קודש או בשר חזיר – תוחבין לה כוש ברוטב, ומניחין לה על פיה. אם נתיישבה דעתה – מוטב, ואם לאו – מאכילין אותה רוטב עצמה, ואם נתיישבה דעתה – מוטב, ואם לאו – מאכילין אותה שומן עצמו, שאין לך דבר שעומד בפני פקוח נפש [ד]חוץ מע"ז וגילוי עריות ושפיכות דמים. ע"ז מנלן? דתניא, *ר"א אומר: אם נאמר °"בכל נפשך" למה נאמר °"בכל מאדך"? ואם נאמר "בכל מאדך" למה נאמר "בכל נפשך"?(ב) אם יש לך אדם שגופו חביב עליו מממונו – לכך נאמר "בכל נפשך", ואם יש לך אדם שממונו חביב עליו מגופו לכך נאמר "ובכל מאדך". גילוי עריות ושפיכת דמים מנא לן? דתניא, *רבי אומר: °"כי כאשר יקום איש על רעהו ורצחו נפש כן הדבר הזה" וכי מה ענין למדנו מרוצח לנערה המאורסה? אלא, *)ה"ז בא ללמד ונמצא למד: מה נערה המאורסה [ה]ניתן להצילה בנפשו – [ו]אף רוצח (*כו'). מה רוצח יהרג ואל יעבור – אף נערה המאורסה – יהרג ואל יעבור. ורוצח

דברים ו / שם / שם כב

רש"י

מתני' אין מענין אותן. אין חייבין למנוע מהן מאכל: מחנכין אותן. לשעות לפני שנה שהיא סמוכה לפירקן. פירקן הוי בן שלש עשרה לנקבה וארבע עשרה לזכר, שדרך תינוקות להביא שתי שערות בשתים עשרה ויום אחד, דהיינו בתוך שנת י"ג והיא פירקה לעונשין, ותינוק בי"ג ויום אחד, נמצא שנת י"ד פרקו לעונשין, ושנת י"ג היא שנה הסמוכה לפרקו, ושנת י"ב היא שנה לפני שנה הסמוכה לפרקו: או לפני שתי שנים. שהיא לפני שתי שנים סמוך לפרקו, דהיינו שלש שנים לפני פרקן. ובגמרא פריך: השתא לפני שתים, דהיינו ג' שנים, אמרת: מחנכין, לפני שנה, דהיינו שתים, מיבעיא: גמ' בחולה. כחוש ותשוש כח: אמר רב הונא בן שמונה. לבריא שעברה שמנה ונכנסת לתשע ובתינוקת, כדמסיים מילתיה, דהוי שנת תשע ארבע שנים לפני פרקה: ובן תשע. לחולה שעברה שנת תשע ונכנסה לתוך עשר, דהיינו ג' שנים לפני פרקה, מחנכין לשעות: בן עשר. לבריאה שעברה עשר ונכנסה לאחד עשר ובן אחת עשרה לתינוקת חולה ונכנסה לי"ב משלימין מדרבנן. בן י"ב ונכנסה לי"ג משלימין מדאורייתא שהיא פירקן בתינוקת, הבריאה והחולה שוות בו: ורב נחמן אומר וכו'. לא פליג רב נחמן אדרב הונא אלא מר פירש מילי דתינוקת ומר פירש מילי דתינוק: תנן. מחנכין אותו לשעות לפני שנה דהיינו שתי שנים ולפני שתים דהיינו שלש. בשלמא לרב נחמן ולרב הונא דאמרי איכא השלמה מדרבנן כדקאמר, אע"ג דלדידהו הוי חינוך הבריא ארבע שנים – מצי לתרוצי למתני' כולה בחולה, וה"ק: מחנכין אותו לשעות שתי שנים לפני השלמת דבריהם, שהם שלש לפני השלמת דד"ת, כדקאמר הונא דשנה עשירית מחנכין את התינוקת החולה לשעות שהיא לפני שנה הסמוכה לפרק השלמת דבריהם שהיא בשנת י"ב לחולה דהיינו לפני שתים הסמוכים לפרק דאורייתא: אלא לר' יוחנן קשיא. לדידיה לא מיתוקמא מתניתין כלל, דהא אמרינן השלמה מדרבנן ליכא, דתימא מתני' חדא קתני כדאוקימנא אליבא דרב הונא ורב נחמן. ורישא בחולה וסיפא בבריא כדאוקימא רב חסדא – נמי לא תוקמא דמתני' קתני שלש לבריא ושתים לחולה, ור' יוחנן אמר שתים לבריא ואחת לחולה: אמר לך רבי יוחנן. לא תתני לפני שנה, דמשמע שתים ולפני שתים דמשמע ג' שנים, אלא אימא: מחנכין אותה שנה סמוך לפרק' בחולה ושתים לבריא: תא שמע דתנא רבה בר שמואל. שנה או שתים כר' יוחנן ולא תני לפני שנה ולפני שתים: לר' יוחנן ניחא. ומוקי לה: שנה לחולה ושתים לבריא: אלא לרב הונא ולרב נחמן קשיא. דהא חינוך לשעות הוא, ופחות שבחינוכין לשעות לדידהו ג' שנים הוי. דהא אמר רב הונא בתינוקת חולה שמחנכין אותה בעשירית, ובריאתא קתני גדול שבחינוכין שתי שנים: מאי חינוך דקתני השלמה. דדבריהם, ולדידן נמי השלמה דדבריהם שתים לבריא לפני השלמה דאורייתא, אחת לחולה: מתני' עוברה שהריחה. העובר מריח ריח תבשיל והוא מתאוה לו ואם אינה אוכלת שניהן מסוכנין: ע"פ בקיאין. אם יאמרו שני רופאים שהוא מסוכן אם אינו אוכל: גמ' כוש. פלך תוחבין לה כוש ברוטב של אותו בשר, ומוצצתו: למה נאמר בכל מאודך וכו'. יאמר החביב שבהן וכ"ש שאינו חביב: כי כאשר יקום. בנערה המאורסה כתיב: מה למדנו מרוצח לנערה המאורסה. שהוא כמשפט הרוצח כן משפט הדבר הזה: מה נערה המאורסה ניתן רשות. למציל להצילה מבעילת זו בנפשו של בועל זה להורגו עד שלא בא עליה, כדכתיב "אין מושיע לה" (דברים כב) הא יש מושיע יושיענה בכל לידי תשועה: רוצח יהרג ואל יעבור. אם אמרו לו הרוג חבירך ואם לאו אהרוג אותך – יהרג ואל יעבור עבירה זו כדמפרש לקמן: אף נערה המאורסה. אם יאמרו: בעול ארוסת חבירך או תיהרג יהרג ואל יעבור. אבל היא אינה מצווה למסור את נפשה, דהיא אינה עושה כלום, דקרקע עולם בעלמא היא, וראיה לדבר אסתר: ורוצח

תוספות

אלא לרב הונא ולרב נחמן קשיא. ולא מצי לשנויי דסמוך לפירקן והשלמת דדבריהם קאמר, דסמוך לפירקן משמע פרק דגדלות – י"ב שנים ויום אחד לתינוקת וי"ג שנים ויום אחד לתינוק: מה רוצח יהרג ואל יעבור אף נערה המאורסה יהרג ואל יעבור. פירש רש"י דלא גרס תיהרג, דאיהי לא מחייבא למימסר נפשיה דקרקע עולם היא. ובהא ניחא הא דבסוף פ' "בן סורר" (סנהדרין עד:) פריך: והא אסתר פרהסיא הואי? ואמאי לא פריך: והא ג"ע יהרג ואל יעבור אפי' בצינעא? ולמאי דלא גרס תיהרג ניחא, דלענין ג"ע ידע שפיר המקשה דמהני קרקע עולם, אבל לענין פרהסיא דטעמא משום חילול השם לא אסיק אדעתיה דמהני, ולהכי פריך: והא אסתר פרהסיא הואי. ומשני: לענין פרהסיא נמי קרקע עולם היתה, ומהני. ותדע דאיהי דלא עבדה מעשה אין לה ליהרג, דהא מרוצח ילפינן ורוצח גופיה דיהרג – היינו משום דמאי חזית דדמא דידך סומק טפי וכו' וה"מ היכא דעביד מעשה, אבל אי לא עביד מעשה כגון שרוצים להפילו על התינוק כדי להורגו ואם יעכב על ידם יהרגוהו, וכל כי

עין משפט נר מצוה

נט א ב מיי' פ"ב מהל' שביתת עשור הל' י סמג לאוין סט טוש"ע או"ח סי' תרטז סעיף ב:
ס ג מיי' פי"ד מהל' מ"א הל' יד ובפ"ב מהל' שביתת עשור הלכה ט סמג לאוין סט טוש"ע או"ח סי' תריז סעיף ב:
סא ד מיי' פ"ה מהלכו' יסודי התורה הל' ב סמג עשין ה טוש"ע י"ד סי' קנז סעיף א:
[רב אלפס כאן ובסנהד' ס"פ ח דף רעד:]
סב ה ו מיי' פ"א מהל' רוצח הל' ח והל' י סמג לאוין קסד וסמג עשין עד:

רבינו חננאל

תינוקות אין מענין אותם ביוה"כ אבל מחנכין אותן קודם שנה קודם שתים בשביל שיהיו רגילין במצות. אוקימנא בבריא קודם שתים. קודם שנה בחולה. דייקא מתני' כרב הונא ורב נחמן דאמרי מבן ח' ובן ט' מחנכין אותן לשעות. בן י' ובן י"א משלימין מדרבנן. ובן י"ב משלימין מדאורייתא בתינוקות ובתינוק בן ט' ובן י' מחנכין אותן לשעות. בן י"א ובן י"ב משלימין אותן מדרבנן. והא דתני רבה בר שמואל מחנכין אותן שנה או שנתים סמוך לפרקן משני חינוך זה השלמה מדרבנן היא ודכוותייהו קי"ל דבתראי אינון. ואע"ג דר' יוחנן [ס"ל] דהשלמה מדרבנן ליכא אלא שנה לחולה ושתים לבריא מחנכין אותן לשעות ובפירקן משלימין מדאורייתא. ואקשינן עליה ממתניתין ושני ליה כיון דהני מחמרי ואינון בתראי קי"ל כוותייהו. ותרי חינוכי הוו דתניא איזהו חינוך היה רגיל לוכל בב' שעות מאכילין אותו בשלש. בשלש מאכילין אותו בארבע והשלמה נמי דמדרבנן חינוך קרי ליה: עוברה שהריחה מאכילין אותה עד שתיישב נפשה. ת"ר עוברה שהריחה בשר קדש או בשר חזיר תוחבין לה כוש ברוטב. נתיישבה דעתה מוטב ואם לאו מאכילין אותה רוטב עצמה. לא נתיישבה מאכילין אותה איסור עצמו. שאין לך דבר שעומד לפני פקוח נפש חוץ מע"ז וג"ע וש"ד ופשוטה היא:

תוספות ישנים

בן שמונה בן תשע מחנכין ובתינוקת. ק"ל דאמרי' בנזיר פרק מי שאמר הריני נזיר מגלח (דף כח:) גמרא האיש מדיר את בנו בנזיר כדר"ל דאמר כדי לחנכו במצות בנו אין בתו לא דבתו אין חייב לחנכה וי"ל דהתם לא איירי אלא דוקא לענין נזירות אבל ודאי לענין שאר מצות חייב לחנכה וא"ת הא דאמרינן בכל דוכתא קטן אוכל נבילות אין ב"ד מצווין להפרישו השתא חנוכי מחנכינן אפרושי מאיסורא מיבעי ואומר ה"ר אליעזר ממיץ דחינוך לא שייך אלא שיעשה מצוה ולא פרושי מאיסורא והא (דמוזהרין) [דקרינן] הכא [חינוך] במה שמענין אותו ביוה"כ אין זה אפרושי מאיסורא שמפרישין אותו מלאכול אלא הוא חינוך שמחנכין אותו במצות ועניתם את נפשותיכם ור' אומר דחינוך לא שייך אלא באב אבל באדם אחר לא שייך ביה חינוך הלכך נמי אין נזהרין להפרישו ומעשה דהילני המלכה שישבה היא ושבעה בניה בסוכה שמא הוה להם אב ותנכס בכך ואפילו לא היה להם אב היתה מתנכס למצוה בעלמא. מ"ר: חוץ מע"ז וגילוי עריות ושפיכות דמים. הקשה רבינו יצחק ורבינו יעקב על הא דאמרינן בריש כתובות (דף ג:) גבי נגועות שהיו מוסרות עצמן לפני שאסורות לבעליהן ולדרוש להו דאונס שרי ומה מועיל כי אונס שרי ואינה אסורה לבעלה מ"מ יש לה למסור נפשה כדאמרי' הכא ואומר ר"ת דבעכו"ם לא שייך גילוי עריות דהא רחמנא אפקריה לזרעיה דעובד כוכבים וכבהמה דמי כדאמריו בנשאין על האנוסה (יבמות נח.) ומביא ראיה מדאמרינן פ' בן סורר (סנהדרין עד:) והא אסתר פרהסיא הואי ולא פריך והרי אסתר גילוי עריות היכא ומה"ע התיר רבינו יעקב בעכו"ם אחד שבא על בת ישראל תחת בעלה והמירה דתה ונשאה העכו"ם וחזרו ונתגיירו שניהם והתיר רבינו יעקב לעכו"ם שנתגייר לישאנה ואמר משום דרחמנא אפקריה לזרעיה דעובד כוכבים ואינו אוסרתה לישראל בעלה ולא שייך בה כשם שאסורה לבעל כך אסורה לבועל והקשה לו ה"ר יצחק בר' מרדכי על זה דהא קא מתרץ דלא דרשינן להו דאונס שרי משום פרוצות שהיו נבעלות ברצון והיו אסורות לבעליהן ואיך יאסרו ע"י ביאת עכו"ם ועוד דאמרי' בפ' שני דכתובות (דף כו:) האשה שנחבשה בידי עכו"ם ע"י נפשות אסורה לבעלה ואמרי' נמי בפ"ק דמגילה (דף טו.) וכאשר אבדתי אבדתי כאשר אבדתי מבית אבי כך אבדתי ממך שעד עכשיו באונס ועתה ברצון וגם נכרי פוסל לכהונה אע"ג דבהמה לא פסלה כדנפקא לן בהבא על יבמתו (יבמות נט:) ובכמה דוכתי דאין זנות לבהמה ש"מ מכל הני דביאת עכו"ם אוסרת והא דאמרינן דרחמנא אפקריה לזרעיה דעכו"ם היינו דוקא לענין קורבה כדאמרינן בפרק נושאין (שם נח.) דאפילו הם תאומים דמטיפה אחת הוו חשיבי כעכו"ם ועל שהתיר לעכו"ם שנתגייר לישא אשתו קשה לרבי מדתנן בסוטה פרק ארוסה ושומרת יבם (דף כז.) ע"י כל העריות מקנין וקאמר התם (דף כו.) לאתי לרבויי אפילו עכו"ם מיהו אומר רבי דל"ע דאי הוה מהני כאן טעמא דגר שנתגייר כקטן שנולד דמי ואין זה הבועל שנתארסה לו אע"פ שאינו [illegible]

הגהות הב"ח

(א) גמ' לפני שנה לדבריהן ולפני שתים לדברי תורה אלא לר' יוחנן קשיא: (ב) שם למה נאמר בכל נפשך אלא לומר לך אם יש לך אדם:

גליון הש"ס

גמ' השלמה דרבנן ליכא. עיין כתובות דף נ ע"א תוס' ד"ה וכת תריסר:

הגהות הגר"א

[א] גמ' לפני שנה לדבריהן ולפני שתים לדבריהן. נ"ב פי' דלפ"ז הפי' דמתני' אבל מחנכין אותן לפני שנה וכו' אינו קאי על התחלת זמן של חינוך אלא קאי על המשכת זמן דעד לפני שנה של חיוב דאורייתא מחנכין ואותו השנה משלימין מדבריהן וזה לחולה ולפני שנתים פי' ג"כ לפני חיוב דאורייתא מחנכין ואותן השתי שנים משלימין לדבריהן וזה לבריא: [ב] שם סמוך לפרקן. פי' דמאי דקתני במשנה שנה כו' אהתחלת זמן קאי ולא תתני לפני כו' אלא אימא מחנכין שנה סמוך לפרקן שהוא י"א לחולה ושנתים סמוך לפרקן שהן עשר ואחד עשר לבריא ומשם ואילך משלימין מדאורייתא:

מסורת הש"ס

ולפני שתים ניחא כצ"ל
[תוספ' פ"ד]
[ברכות סא:] סנהדרין עד. פסחים דף כה.
[פסחים שם: סנהדרין שם. ודף עג.]
*) [פסחים כה: ושם נסמן]
[נ"ל ניתן להצילו בנפשו כ"א בכל המקומות]

וְרוֹצֵחַ גּוּפֵיהּ מְנָא לָן? ^א^סְבָרָא הִיא. *דְּהַהוּא דַּאֲתָא לְקַמֵּיהּ (*דְּרָבָא), אֲמַר לֵיהּ: אֲמַר לִי מָרִי דוּרָאִי: קְטַלֵיהּ לִפְלָנְיָא, וְאִי לָא קָטֵילְנָא לָךְ. א"ל: נִקְטְלָךְ וְלָא תִּקְטוֹל. מַאי חָזֵית דְּדָמָא דִּידָךְ סוּמָּק טְפֵי? דִּילְמָא דָּמָא דְּהַהוּא גַּבְרָא סוּמָּק טְפֵי. ^ב^הַהִיא עוּבָּרָה דְּאָרְחָא, אָתוּ לְקַמֵּיהּ דְּרַבִּי, אֲמַר לְהוּ: זִילוּ לְחוֹשׁוּ לָהּ דְּיוֹמָא דְכִיפּוּרֵי הוּא. לְחוֹשׁוּ לָהּ וְאִילְחִישָׁא. קְרֵי עֲלֵיהּ °"בְּטֶרֶם אֶצָּרְךָ בַבֶּטֶן יְדַעְתִּיךָ" וגו'. נְפַק מִינָּהּ רַבִּי יוֹחָנָן. הַהִיא עוּבָּרָה דְּאָרְחָא, אָתוּ לְקַמֵּיהּ דְּרַבִּי חֲנִינָא, אֲמַר לְהוּ: לְחוֹשׁוּ לָהּ, וְלָא אִילְחִישָׁא. קְרֵי עֲלֵיהּ:

זורו

ירמיה א

תורה אור

וְרוֹצֵחַ גּוּפֵיהּ מְנָלַן. דְּיֵהָרֵג וְאַל יַעֲבוֹר: מָרֵי דוּרָאִי. שִׁלְטוֹן שֶׁל כְּפָר שֶׁאֲנִי דָר שָׁם: מַאי חָזֵית דְּדָמָא דִּידָךְ סוּמָּק טְפֵי. כְּלוֹמַר מַאי דַּעְתִּיךְ לְמִשְׁרֵי מִילְּתָא מִשּׁוּם "וָחַי בָּהֶם" וְלֹא שֶׁיָּמוּת בָּהֶם, טַעְמוֹ שֶׁל דָּבָר לְפִי שֶׁחֲבִיבָה נַפְשָׁן שֶׁל יִשְׂרָאֵל לִפְנֵי הַמָּקוֹם יוֹתֵר מִן הַמִּצְוֹת. אָמַר הקב"ה: תִּבָּטֵל הַמִּצְוָה וְיִחְיֶה זֶה. אֲבָל עַכְשָׁיו, שֶׁיֵּשׁ כָּאן יִשְׂרָאֵל נֶהֱרָג וְהַמִּצְוָה בְּטֵילָה לָמָּה יִיטַב בְּעֵינֵי הַמָּקוֹם לַעֲבוֹר עַל מִצְוָתוֹ? לָמָּה יִהְיֶה דָּמְךָ חָבִיב עָלָיו יוֹתֵר מִדַּם חֲבֵירְךָ יִשְׂרָאֵל? הַהִיא עוּבָּרָה דְּאָרְחָא. שֶׁהֵרִיחָה וְיוֹם הַכִּפּוּרִים הָיָה: לְחוֹשׁוּ לָהּ. בְּאָזְנָהּ שֶׁיּוה"כ הוּא הַיּוֹם, אוּלַי תּוּכַל לְהִתְאַפֵּק: וְאִלְחִישָׁה. קִיבְּלָה אֶת הַלְּחִישָׁה שֶׁפָּסַק הָעוּבָּר מִתַּאֲוָתוֹ:

זורו

כי האי גוונא – אין לו ליהרג, דאדרבה נימא מאי חזית דדמא דידיה סומק טפי דילמא דמא דידי סומק טפי. ועוד: דהיקישא דקרא ברוצח שהורג בידים כתיב "כאשר יקום איש על רעהו ורצחו נפש" וגו' ורבא דפליג בפ' "בן סורר ומורה" (סנהדרין דף עד:) אשינויא דקרקע עולם, ומשני: הנאת עצמו שאני. פירוש: כשאונסין את האדם לעבור בדבר שיש לו הנאה לעצמו ליכא חילול השם, לא פליג אלא לענין פרהסיא דלא מהני קרקע עולם. אבל לענין גילוי עריות מודה דמהני קרקע עולם. אי נמי: אפילו לענין פרהסיא לא פליג, אלא מוסיף עוד טעם שני. ויש מפרשים דלהכי לא פריך התם: והא אסתר גילוי עריות הואי, משום דלא מיתהניא מעבירה, שהטיל בה זוהמא, כדמשני גבי יעל בפרק רביעי דנזיר (דף כג:). ובפרק "מצות חליצה" (יבמות דף קג:) כי פריך והא קמתהניא מעבירה. ומפרש כך: וכיון דמיתהניא היה לה ליהרג משום גילוי עריות! ומשני: טובתן של רשעים רעה היא אצל צדיקים. ולא נהירא: חדא לענין דלא מיחייבא למימסר נפשה לא מהני האי דלא מתהניא דבלאו הנאה נמי איכא איסור ערוה אע"ג דאמרינן פרק "המניח" (ב"ק דף לב.) "ונכרתו הנפשות העושות" הנאה לתרוייהו אית להו °מכל מקום בלא הנאה נמי מיחייבא כגון שלא כדרכה אע"ג דמיקרי עינוי. ועוד: דאי אפשר שלא תיהנה קצת. ועוד: אם נתכוונה להציל עצמה – במה הכתוב משבחה? והלא לצורך עצמה עשתה! ועוד: פשיטא דלא היה חפץ להורגה, כי היה בורח על נפשו. ואדרבה, היה צריך שתטמינהו שלא ימצאוהו הרודפים והיא שידלתו בדברים עד שבא עליה כדי להתיש כחו כמו שמוכיח בענין. אלא יש לומר: משום דקאמרינן לעיל מינה גדולה עבירה לשמה ממצוה שלא לשמה דכתיב "מנשים באהל תבורך" מאן נינהו מנשים באהל – שרה רבקה רחל ולאה. פי': שהאמהות נתכוונו להבנות מבעליהן, ופריך: אמאי הכתוב משבחה טפי מנשים באהל? והא קא מיתהניא מעבירה! ומשני: לא הוה לה הנאה כולי האי דלערה היה גדול מהנאתה, דטובתן של רשעים רעה היא אצל צדיקים. ואף על גב דבפרק "מצות חליצה" (יבמות דף קג.) פריך נמי הכי אף על פי שאין לשם גדולה עבירה לשמה כו' י"ל: אההיא דנזיר קא סמיך וכמו שפירש רש"י דגרס יהרג כן גורס בשאלתות בפר' וארא* והקשה השאלתות מהא דאמר רבא בריש פרק "הבא על יבמתו" (שם דף נג:): אין אונס בערוה לפי שאין קישוי אלא לדעת ואם כן אונס בדידיה מי איכא? דקאמר אף גילוי עריות יהרג ואל יעבור והא לאו אונס הוא אלא רצון כיון דאין קישוי אלא לדעת! ותירץ: משכחת לה להתרפאות, כי ההיא דסוף פרק "בן סורר ומורה" (סנהדרין דף עה.) באדם אחד שנתן עיניו באשה אחת והעלה לבו טינא אחריה וכו' עד ימות ואל תיבעל בו, ולשון יהרג לא משמע כפי' דהוה ליה למימר: ימות ואל יעבור. ור"י פירש דההוא דרבא מיירי שהגוים מדביקין אותו בערוה ואינו יכול לישמט מזה אלא אם כן יהרגוהו ועל זה קאמר דאין טענת אונס לומר דאין עושה מעשה אלא אחרים עושים בו מעשה כמו קרקע עולם. וס"ד אמינא דיעבור ואל יהרג, קמ"ל כיון שיודע בעצמו שאם ידביקוהו אי אפשר שלא יתקשה, הקישוי דקא עביד – חשיב כעושה מעשה, אע"ג דעל ידי אונס בא לו. ואע"ג דאיכא למ"ד המשמש מת בעריות חייב, ואפילו הכי כשמדביקין אותו ומשמש מת פטור, כיון דאנוס א"כ מה לי משמש באבר מת מה לי בקישוי? י"ל: רבא לטעמיה דאמר בפרק שני דשבועות (דף יח.): המשמש מת פטור. ועוד י"ל: שהיה לו לפרוש בהנאה מועטת, ופירש בהנאה מרובה. כדאמר גבי משמש עם הטהורה ואמרה לו נטמאתי, בפ"ב דשבועות (ג"ז שם.) ופירש באבר חי – חייב, אפי' למאן דאמר המשמש מת חייב משום דהיה לו לפרוש בהנאה מועטת ופירש בהנאה מרובה. הכא נמי, אם הדביקוהו ושמש מת, או אם נתקשה לאשתו בהיתר והדביקוהו – פטור. אבל אם הדביקוהו ושוב נתקשה חייב. והשתא, למאי דפרישי', גרס "יהרג". ואי נמי גרס: אף נערה המאורסה תיהרג – ניחא, ונוקמה כגון דעבדה מעשה, שמאנסין אותה להביא הערוה עליה. והא דפריך בכתובות (דף ג:): ולידרוש להו דאונס שרי אע"ג דגילוי עריות יהרג ואל יעבור – התם נמי קרקע עולם הוו. ורבינו תם היה מפרש בההיא דכתובות ודאסתר דלא מיחייבא למימסר נפשה בביאת גוי, שאין ביאתו ביאה ולא מיחייבא מיתה בביאתו. דרחמנא אפקריה לזרעיה דגוי כדכתיב: "אשר בשר חמורים בשרם וזרמת סוסים זרמתם" והוי כביאת בהמה בעלמא. ומתוך כך התיר לבת ישראל שהמירה דתה ונשאת לגוי וחזרה בתשובה והגוי נתגייר – לקיימה. דאע"ג דאמר כשם שאסורה לבעל כך אסורה לבועל, הני מילי בביאת ישראל אבל גוי לא. ולא נהירא לר"י בר מאיר: דכיון דנאסרת לבעלה בביאת גוי כדקאמר בכתובות (שם): איכא פרוצות כו', וכן בפרק שני דכתובות (דף כו:): האשה שנחבשה בידי גוי על ידי נפשות אסורה לבעלה וכן באסתר "וכאשר אבדתי אבדתי". אלמא: לגבי לאוסרה על בעלה לא חשיבא כביאת בהמה הכי נמי יש לאוסרה על הבועל. וכן לפסול לכהונה פנויה שנבעלה לגוי אע"ג דנבעלה לבהמה כשירה לכהונה בפרק "הבא על יבמתו" (יבמות דף נט:) אלמא לא חשיבא כבהמה ודוקא לענין חייס אמר בפ' "נושאין" (שם דף נח.) דרחמנא אפקריה לזרעיה דגוי ובפ' "ארוסה" (סוטה דף כו:) אמרינן דמקנין ע"י גוי ופוסל בתרומה, ופריך: פשיטא! "ונסתרה והיא נטמאה" אמר רחמנא, אחד לבעל ואחד לבועל ואחד לתרומה! מהו דתימא: כי אמרינן "ונסתרה והיא נטמאה" הני מילי היכא דבהך ביאה אסירא ליה, קא משמע לן. אלמא דאפי' גבי גוי שייך נטמאה לאסור לבעלה, והוא הדין לבועל! וליכא למידק איפכא מהתם מדקאמר דס"ד אמינא כיון דבלאו האי ביאה אסירא ליה לא מיתסרא עליה דבעל, מכלל דגוי גופיה לא צריך קרא לאוסרה על ידי אותה ביאה וא"כ גר מותר ע"י ביאה שבעל בהיותו גוי דאי אסור הוה מיתוקם קרא שפיר אפילו בגוי ומיתסרא עליה בהאי ביאה לכשיתגייר דבלאו הך ביאה (לא) הוה מיתסרא עליה היינו בהיותו גוי שהיא אסורה ליבעל לגוי. ותימה: כיון דאיכא איסור מיתה בביאת גוי למה לא גירש מרדכי את אסתר בשעה שבאתה להצלת כלל ישראל? וי"ל: היה ירא פן יודע הדבר למלך ויתפרסם על ידי גט שהיתה אשתו. דאי לא תימא הכי – למה לא גירשה כדי שלא תאסר עליו ביאותה ויחזירנה אח"כ? דמחזיר גרושתו לא מיתסרא בביאת זנות כדמוכח בסוטה פרק "היה מביא" (דף יח:) שלא היה מתנה עמה מאחר שתתגרש. וא"ת: הא דקאמר במס' ע"ז פ' "ר' ישמעאל" (דף נד.) גבי נעבד באונס דאסור דמפרש כגון שאנסוהו גוים והשתחוה לבהמה דידיה, ופריך עלה: אונס רחמנא פטריה דכתיב "ולנערה לא תעשה דבר" ומאי קושיא? הא קרא בקרקע עולם דוקא איירי, אבל עושה מעשה חייב למסור עצמו ומשתחוה לע"ז עושה מעשה הוא, דבכפפו גוים לפני ע"ז ליכא לאוקומיה דא"כ לאו מידי עבד ואין זה משתחוה, ואפילו נראה כמשתחוה, כעין שוחה ונוטל מעותיו בפני ע"ז – אינו. ועוד: דאם כן אין כאן אדם אוסר דבר שהוא שלו אלא הגוים הכופפים קומתו הם האוסרים בהמתו לע"ז, אם היתה נאסרת בכך. וי"ל: דהכי פירושו, אונס רחמנא פטריה ממיתה וכיון דפטריה ממיתת בית דין אע"ג דמיחייב למסור עצמו – לא חשיב נעבד ליאסר בהך עבודה, ושפיר יליף מהאי קרא דפטור ממיתה באונס אפילו בעושה מעשה, אע"ג דנערה לא עבדה מידי דהא איתקש בהאי קרא נערה המאורסה לרוצח, מה רוצח יהרג ואל יעבור – בעשיית מעשה, אף נערה יהרג הבועל או תיהרג היא בעשיית מעשה. ובהאי קאמר קרא ולנערה, שבעשיית מעשה עבדה בדיעבד מחמת אונס – לא תעשה דבר. והוא הדין משתחוה לע"ז כדי שלא יהרגוהו איכא למילף מיניה לפוטרו בדיעבד אפי' בעשיית מעשה, וקסבר רבי זירא: כיון דבדיעבד מיפטר העובד – לא מיתסר נעבד בהא עבודה אע"פ שלא באונס מיתה היה חייב לאביי, אע"ג דלא קבליה באלוה ורבה דקבליה באלוה שהשתחוה בפירוש לשם קבלת אלהות – אע"פ שאין פיו ולבו שוין שבפיו מפרש שעובד לשם אלהות ולבו לאביו שבשמים. ורבא מהדר ליה לרבי זירא דחשיב שפיר נעבד אע"ג דפטור ממיתה. °ועוד י"ל: דמשמע ליה לענין מיתת ב"ד דאין חילוק בין עביד מעשה ללא עביד מעשה דהא אשה ברצון חייבת אף על גב דהויא קרקע עולם, וכשפטר התם אונס ממיתת בית דין, כדכתיב "ולנערה לא תעשה דבר" – לא שנא עביד מעשה ול"ש לא עביד מעשה:

הא

סג א מיי' פ"ה מהל' יסודי התורה הל' ז סמג עשין ה:
סד ב מיי' פ"ב מהלכות שביתת עשור הל' ט סמג לאוין סט טור וש"ע א"ח סי' תריז סעיף ב:

[בסנהדרין אי' דרבה]

פסחים כה. סנהדרין עד.

[סי' מב]

רבינו חננאל

עוברה דארחא ואתיא לקמיה דרבי ולחשו לה באודנא ואילחישא. וקרו עליה טרם תצא מרחם הקדשתיך ונפק מינה ר' יוחנן. ואחרת לא אילחישא וקרו עליה

תוספות ישנים

שהוא לא אנסה לבא עליה אלא היא הסיתתו להתיש כחו ועוד מה היה מתרץ טובתן של רשעים כו' וכי בשביל כך לא היה לה למסור עצמה אלא הכי פי' התם דאמאי משתבח בה קרא דכתיב תבורך מנשים יעל ואמרי' בנזיר ובהוריות כעין נשים דהיינו שרה רבקה רחל ולאה ודרשינן נמי התם גדולה עבירה לשמה ממצוה שלא לשמה והא הכא נמי עבירה שלא לשמה היא שנהנית מעביר' ומשני טובתן של רשעים כו' ולא נהנית כלל ואע"ג דבפרק מצות חליצה לא מייתי התם הך דגדולה עבירה לשמה ממצוה שלא לשמה מכל מקום עלה קאי ובשמעתין גרסינן גבי נערה יהרג ואל יעבור כדפריש רש"י ואי גרסינן תהרג כגון דעבדא איהי מעשה. מ"ר:

גליון הש"ס

תוס' ד"ה מה רוצח וכו' מ"מ בלא הנאה נמי מיחייבא כגון שלא כדרכה. עיין קדושין דף כב ע"ב ובתוס' שם. ובסנהדרין דף נח ע"ב ברש"י ד"ה שלא כדרכה: בסה"ד ועוד י"ל דמשמע ליה דלענין מיתת ב"ד אין חילוק. לא זכיתי להבין דבריהם הקדושים דמה בכך דלדין מיתה אין חילוק הא מ"מ מכח דלא עבדא מעשה הדין דמותרת ותעבור ולא תהרג אם עשתה בהיתר וברשות ב"ד פשיטא דא"ח מיתה. ואיהו דיהרג ואל יעבור ר"ל דאם עבר ח"מ. ובאמת גם בדידה אלו היה הדין דתהרג ואל תעבור היתה חייבת מיתה אף דלא עבדא מעשה אבל טעם פטור דידה כיון דכך הדין דתעבור ואל תהרג ועשתה בהיתר. וה' יאיר עיני:

תורה אור

"זורו רשעים מרחם" (תהלים נח), נפק מינה שבתאי אצר פירי. § "חולה מאכילין אותו על פי בקיאין". § אמר ר' ינאי: חולה אומר "צריך", ורופא אומר "אינו צריך" – שומעין לחולה, מ"ט – "לב יודע מרת נפשו" (משלי יד). פשיטא! מהו דתימא: רופא קים ליה טפי, קמ"ל. רופא אומר "צריך" וחולה אומר "אינו צריך" – שומעין לרופא. מ"ט – תונבא הוא דנקיט ליה. תנן: חולה מאכילין אותו ע"פ בקיאין. ע"פ בקיאין – אין, ע"פ עצמו – לא. ע"פ בקיאין – אין, על פי בקי אחד – לא! הכא במאי עסקינן – דאמר לא צריכנא. וליספו ליה ע"פ בקי! לא צריכא, דאיכא אחרינא בהדיה, דאמר: לא צריך. מאכילין אותו ע"פ בקיאין. פשיטא! ספק נפשות הוא, *וספק נפשות להקל! לא צריכא דאיכא תרי אחריני בהדיה, דאמרי: לא צריך. ואע"ג דאמר *רב ספרא: תרי כמאה, ומאה כתרי – ה"מ לענין עדות, אבל לענין אומדנא – בתר דעות אזלינן. *)וה"מ – לענין אומדנא דממונא, אבל הכא – ספק נפשות הוא. והא מדקתני סיפא: ואם אין שם בקיאין – מאכילין אותו על פי עצמו, מכלל דרישא דאמר "צריך"! חסורי מיחסרא והכי קתני: בד"א – דאמר לא צריך אני, אבל אמר צריך אני – אין שם בקיאין תרי אלא חד דאמר לא צריך – מאכילין אותו על פי עצמו. מר בר רב אשי אמר: כל היכא דאמר "צריך אני" אפי' איכא מאה דאמרי "לא צריך" – לדידיה שמעינן, שנאמר: "לב יודע מרת נפשו". תנן: אם אין שם בקיאין – מאכילין אותו ע"פ עצמו. טעמא – דליכא בקיאין, הא איכא בקיאין – לא! ה"ק: בד"א – דאמר לא צריך אני, אבל אמר צריך אני – אין שם בקיאין כלל מאכילין אותו ע"פ עצמו, שנאמר: "לב יודע מרת נפשו". §

מתני' מי שאחזו בולמוס – מאכילין אותו אפי' דברים טמאים, עד שיאורו עיניו. מי שנשכו כלב שוטה – אין מאכילין אותו מחצר כבד שלו, ור' מתיא בן חרש מתיר. ועוד אמר ר' מתיא בן חרש: החושש בגרונו מטילין לו סם בתוך פיו בשבת, מפני שהוא ספק נפשות, וכל ספק נפשות דוחה את השבת. *מי שנפלה עליו מפולת, ספק הוא שם ספק אינו שם, ספק חי ספק מת, ספק גוי ספק ישראל – מפקחין עליו את הגל. מצאוהו חי – מפקחין, ואם מת – יניחוהו. §

גמ' ת"ר: *מניין היו יודעין שהאירו עיניו? משיבחין בין טוב לרע. אמר אביי: ובטעמא. ת"ר: *מי שאחזו בולמוס – מאכילין אותו הקל הקל, טבל ונבילה – מאכילין אותו נבילה, טבל ושביעית – שביעית. טבל ותרומה – תנאי היא, דתניא: מאכילין אותו טבל, ואין מאכילין אותו תרומה. בן תימא אומר: תרומה ולא טבל. אמר רבה: היכא דאפשר בחולין – דכולי עלמא לא פליגי דמתקנינן ליה ומספינן ליה. כי פליגי – בדלא אפשר בחולין, מר סבר: טבל חמור, ומר סבר: תרומה חמורה, מר סבר: טבל חמור, אבל תרומה – חזיא לכהן. ומר סבר: תרומה חמורה, אבל טבל – אפשר לתקוניה.

אפשר

*) [נ"ל ה"מ וכן איתא ברי"ף והרא"ש]

רש"י

זורו רשעים מרחם. נעשו זרים ונתנכרו לאביהם שבשמים: אצר פירי. להפקיע שערים ותניא (ב"ב דף צ:): אין אוצרין פירות בארץ ישראל, וכל דבר שהוא חיי נפש, לפי שמפקיעין את השערים: תונבא. שטות אסטורדישו"ן,* מחמת חוליו: על פי בקיאין. תרי. ע"פ בקי – לא, וע"פ עצמו לא. תיובתא דר' ינאי בתרוייהו: הכא במאי עסקינן. דאמר חולה "לא צריך" ואשמועינן מתני' דשומעין לרופאין: וניספו ליה על פי בקי. דהא באחד נמי אמר ר' ינאי דשומעין לרופא: ואע"ג דאמר רב ספרא. דהא דאמור רבנן תרי כמאה ומאה כתרי – לענין עדות הוא דאמור אבל לענין אומדנא בתר דעות אזלינן. אשמעי' במתני' דכי אמרינן זיל בתר דעות באומדנא דממונא כגון בשומא ששמין לבעל חוב, אבל באומדנא דחולה, אף על גב דרופא אמרי לא צריך כיון דאיכא תרי דאמרי צריך – ספק נפשות להקל: מכלל דרישא דאמר צריך. ואפ"ה קתני מתני' ע"פ בקיאין אין ע"פ עצמו לא: במה דברים אמורים. דמאכילין אותו ע"פ בקיאין: כלומר: דבעינן בקיאין, דאמר "לא צריך" ואמרי בקיאין "צריך" מאכילין אותו. אבל אמר צריך אני, אם אין שם בקיאין תרי דאמרי לא צריך אלא חד מאכילין אותו ע"פ עצמו כר' ינאי דאמר שומעין לחולה: מר בר רב אשי אמר. הך סיפא לא תפרש הכי, דמשמע דהיכא דאמר "צריך אני" ואיכא תרי דאמרי "לא צריך" לא ציתינן ליה. הא לא אמרי' דהיכא דאמר צריך אני ואפי' איכא מאה דאמרי לא צריך ציתינן ליה. מאי טעמא "לב יודע מרת נפשו": הכי גר': תנן אם אין שם בקיאין מאכילין אותו על פי עצמו טעמא דליכא בקיאין הא איכא בקיאין לא הכי קאמר במה דברים אמורים דאמר לא צריך אבל אמר צריך אני אין שם בקיאין כלל מאכילין אותו וכו'. אין שם בקיאין, כלומר אין בקיאותן כלום: **מתני'** מי שאחזו בולמוס. חולי האוחז מחמת רעבון, עיניו כהות והוא מסוכן למות, וכשמאכילתו חוזרת בידוע שנתרפא: כלב שוטה. מפרש בגמ': אין מאכילין מחצר כבד שלו. ואע"פ שנוהגין הרופאים ברפואה זו אינה רפואה גמורה להתיר לו איסור *בהמה טמאה על כך: ור' מתיא בן חרש מתיר. קסבר רפואה גמורה היא: **גמ'** אמר אביי ובטעמא. משיודע להבחין בין טעם תבשיל יפה לטעם תבשיל רע: מאכילין אותו הקל הקל. אם אין לנו דברים מותרים כדי צרכו ויש לפנינו מיני איסורין מאכילין אותו הקל הקל שבהם: טבל ושביעית מאכילין אותו שביעית. לאחר זמן הביעור, שהטבל במיתה בידי שמים והשביעית בעשה: בדאפשר בחולין. שיש די בחולין של טבל זה להאכילו לאחר שיינטל תרומתו: דכולי עלמא לא פליגי דמתקנינן ליה ומספינן ליה. חולין, ואין מאכילין אותו לא טבל ולא תרומה: כי פליגי דלא אפשר בחולין. אלא אם כן אוכל את כולו, וקאמר: מאכילין אותו הטבל כמות שהוא ולא יפרישו ממנו תרומתו להאכילו תרומה לעצמה וחולין לעצמן. ובן תימא אומר: מוטב שיפרישו תרומתו ויאכילוהו כל אחד לעצמו ולא יאכילוהו טבל כמות שהוא: מר סבר טבל חמור. שאפי' לכהנים אינו ראוי: ומר סבר תרומה חמורה. שאין לה היתר, אבל טבל אפשר דמתקן להו, וחולין יהו ראוין לכל אדם:

אפשר

תוספות

הא מדקתני סיפא אם אין שם בקיאין מאכילין אותו ע"פ עצמו מכלל דרישא דאמר צריך. והכי קאמר: כל כמה דמצינו לאהדורי אבקיאין – מהדרינן ולא סמכי' אחולה גופיה אלא היכא דליכא בקיאין כלל, וכ"ש היכא דרופא בקי אומר אינו צריך וחולה אומר צריך, דלא סמכינן עליה להכחיש הבקי:

מר בר רב אשי אמר כל היכא דאמר צריך אני. פלוגתא דרבוותא הוא אי הלכתא כמר בר רב אשי אי לא. בסדר תנאים ואמוראים כתב: הלכתא כמר בר רב אשי בכולי התלמוד לבר ממיפך שבועה ואודיתא. מיפך שבועה בפרק "שבועת הדיינין" (שבועות דף מח.) ואודיתא – בסוף פרק "זה בורר" (סנהדרין דף כט:). ור"ת כתב דהלכתא כוותיה בכוליה התלמוד בר ממיפך שבועה וסיוורי, חוורי – גבי לומת הגידין שילהי פרק "בהמה המקשה" (חולין דף עו:), וסימניך: הפך לבן. ורב האי ורבינו גרשום ז"ל פסקו הלכתא כוותיה (*בר) במיפך שבועה ואודיתא, ובכולי התלמוד, לא*:

הכי

[ועי' תוס' סנהדרין כט: ד"ה מר ותוס' שבועות מח. ד"ה ולמר ותוס' חולין עו: ד"ה מר ותוס' כתובות פה: ד"ה והוא ודף נג. ד"ה אלמנה]

עין משפט נר מצוה

סה א מיי' פ"ב מהלכות שביתת עשור הלכה ח סמג לאוין סט טוש"ע או"ח סי' תריח סעיף א:
סו ב טוש"ע שם סעיף ב:
סז ג שם סעיף ד:
סח ד שם סעיף א:
סט ה מיי' פי"ד מהל' מאכלות אסורות הל' טז ופ"ב מהל' שביתת עשור הל' ט סמג לאוין סט טוש"ע או"ח סי' תריח סעיף ט:
ע ו מיי' פ"ב מהלכות שבת הלכה ח סמג לאוין סה טוש"ע או"ח סי' שכח סעיף י:
עא ז מיי' שם הל' יח טוש"ע או"ח סי' שכט סעיף ג:
עב ח מיי' פי"ד מהל' מאכלות אסורות הל' טז טוש"ע או"ח סי' תריח סעיף ט:
עג ט י כ ל מיי' שם הל' יז:

מסורת הש"ס

ובערוך פי' כעין טרידת דעת בעלמא
[שבת קכט. וש"נ]
[תמורה כז: ובשבועות מב. אמר הכי ר"ה בריה דר"י לרב פפא]
ערכין ז:
[תוספ' פ"ד]
[שם]
עיין ספ"ח דכלאים

רבינו חננאל

זורו רשעים מרחם נפק מינה שבתא אוצר פירי: ירושלמי בתחלה תוחבין לה ברוטב אם שבה נפשה הרי יפה ואם לאו נותנין לה מגופו של איסור ב' עוברות באו לפני ר' טרפון שלח תרין תלמידין ואמרו להו יומא דין צומא רבא אמרין לחדא *) ושדיך (וקריין). וקרין עלוי מבטן אמי אלי אתה. אמרין לאחריתי ולא שדיך וקרין עלוי זורו רשעים מרחם: חולה מאכילין אותו ע"פ בקיאין. אין שם בקיאין מאכילין אותו ע"פ עצמו עד שיאמר דיי. א"ר ינאי חולה אמר צריך. רופא אומר אינו צריך מאכילין אותו ע"פ עצמו מ"ט לב יודע מרת נפשו. רופא אומר צריך חולה אומר איני צריך שומעין לרופא. מ"ט תונבא נקיט ליה. וספק נפשות להקל. תנן חולה מאכילין אותו כו' ואע"ג דאמר רב ספרא תרי כמאה ומאה כתרי ה"מ לענין עדות אבל לענין אומדנא בתר דעות אזלינן ה"מ לממונא אבל הכא ספק נפשות להקל. מר בר רב אשי אמר כל היכא דאמר חולה (איני) צריך אני אפי' ק' אומרים אינו צריך לחולה שומעין כדכתיב לב יודע מרת נפשו. ומקשה ליה ממתני' דקתני מאכילין אותו ע"פ בקיאין. מתריץ הכי קתני בד"א בדלא אמר חולה צריך אני. אבל אם אמר חולה צריך אני. אין שם בקיאין כלומר אין משגיחין לבקיאין אלא מאכילין אותו ע"פ עצמו. מ"ט [לב] יודע מרת נפשו: מי שאחזו בולמוס. פי' בולמוס בלשון יון גרונו של שור. כלומר זה החולי אולי אוכל הרבה כלחוך השור מאכילין אותו אפי' דבר טמא עד שיאורו עיניו. מנא יודעין שהאירו עיניו כדי שיכיר בין טוב לרע. אמר אביי ובטעמ'. ת"ר מי שאחזו בולמוס מאכילין אותו הקל הקל טבל ונבלה מאכילין אותו נבלה. [נבלה] ושביעית נבלה טבל ושביעית שביעית טבל ותרומה תנאי היא דתניא מאכילין אותו טבל ולא תרומה. בן תימא אומר תרומה ולא טבל ואוקימנא כי פליגי בדלא אפשר לתקוני. אבל בדאפשר לתקוני כ"ע מתקנין וספינן ליה.

*) וכ"ה בערוך ערך שדך וישכו המים תרגום ירושלמי ושדכו מיא ע"ש.

תוספות ישנים

חולה אמר צריך כו'. וכגון שירא להיות מסוכן דאם לא כן אין מאכילין אותו ולא דמי להיתה צריכה לנר שחבירתה מדלקת לה את הנר ומוקמינן לה בפרק מפנין (שבת קכח:) בסומא ומשמע שמדליקין לה בסתם ואפילו אינה אומרת כן דהתם נמי קים להו לרבנן דבייתובי דעתא דהדלקת נר דילה איכא פקוח נפש ונועל דלת דלקמן דאמרינן שובר דלת ומוציאו איכא נמי פקוח נפש לתינוק אבל במאכיל לחולה בעינן שיאמר או הוא או בקיאין שצריך מחמת שרואה סכנה פן יכביד עליו חוליו ויש ספרים שכתוב בהן בהא מילתא דרבי ינאי פשיטא ספק נפשות להקל מהו דתימא האי דקאמר חולה אגב תונביה וכל הני דאמרי צריכין אנו דמחללין עליהן השבת כולהו מיירי דמחמת דאגת סכנה אומר כן. מ"ר. וגם נראה לי דבדברים ידועין כגון נמחין וכיוצא בו יש הרבה אנשים שבקיאין בכך ואין נראה דרופא ובקי בכך בעינן: **מר** בר רב אשי אמר כל היכא דאמר צריך אני כו'. וכוותיה קיימא לן דהוא בתרא ועוד קיימא לן כוותיה בכולי תלמודא לבר ממיפך שבועתא ואודיתא כמו שכתוב בתשובת הגאונים כמו שפי' בשבועות:

עד א מיי' פ"ב מהלכות שבת הלכה ו טוש"ע א"ח סי' שכח סעיף ו:

רבינו חננאל

נימא כתנאי מי שנשכו נחש קורין אותו רופא ממקום למקום וקורעין לו תרנגולת וגוזזין לו כרישין ומאכילין אותו ואין צריך לעשר דברי רבי ר' אלעזר ב"ר שמעון אומר לא יאכל עד שיעשר ומסקנא ה"מ במעשר ירק דהוא מדרבנן. אבל מעשר דאורייתא דברי הכל עד שיעשר: **ת"ר** מי שאחזו בולמוס מאכילין אותו דבש וכל מיני מתיקה שכל מיני מתיקה מאירין את העינים כו'. אמר אביי לא שנו אלא אחר אכילה אבל קודם אכילה מיגרר גריר שנא' וימצאו איש מצרי בשדה ויקראו אותו אל דוד ויתנו לו לחם [לאכול] וישקוהו מים ויתנו לו פלח דבלה ושני צמוקין ויאכל ותשב רוחו אליו. ר' יוחנן אחזיה בולמוס ורץ למזרחה של תאנה ואכל כו' וקרא והחכמה תחיה בעליה. ר' יוסי אחזיה בולמוס וקיפח הרועה כלומר אכל כל מה שהיה לו: ירושלמי רב הונא עשרים וארבעה עשרונות שאכל לרעבון אכלן ר' יהודה קיפח את כל העיר. ר' מאיר הוה דאיק בשמא כו' ואיקלעו בגברא רשמיה כידור. ובההוא דהוה שמיה [בלה] וכו': **מי** שנשכו כלב שוטה אין מאכילין אותו מחצר כבד שלו ור' מתיא בן חרש מתיר: **ת"ר** ה' דברים נאמרו בכלב שוטה פי' פתוח כו'. ממאי הוי רב אמר נשים כשפניות משחקות בו שמואל אמר רוח חזית שורה עליו וכשהורגין אותו אין

גליון הש"ס

גמ' פשיטא טלטול מדרבנן. וכן הוא יבמות דף לג ע"א ולע"ג:

[לשון דתנן נ"ע דאין זה משנה לכך נ"ל דתניא]

[בכ"י ליתא]

אֶפְשָׁר בְּחוּלִּין פְּשִׁיטָא. דְּמַתְקְנִינַן לֵיהּ: **לָא צְרִיכָא בְּשַׁבָּת.** שֶׁאֲפִי' הוּא שַׁבָּת שֶׁאָסוּר לְהַפְרִישׁ תְּרוּמָה וּמַעֲשֵׂר יַפְרִישׁוּהָ וְלֹא יַאֲכִילוּהוּ טְבָלִים: **בְּעָצִיץ שֶׁאֵינוֹ נָקוּב.** דְּטֶבֶל שֶׁלּוֹ מִדְּרַבָּנַן, וּשְׁבוּת דְּהַפְרָשַׁת מַעַשְׂרוֹת בְּשַׁבָּת דְּרַבָּנַן, אַשְׁמוֹעִינַן שֶׁיִּדְחֶה הַשְּׁבוּת וְלֹא יַאֲכִילוּהוּ טֶבֶל דְּרַבָּנַן, דְּאָתוּ לְמִשְׁרֵי נַמִּי טֶבֶל דְּאוֹרַיְיתָא כִּי הַאי גַּוְונָא: **לֵימָא תַּנָּאֵי הִיא.** הַךְ דְּרַבָּה דְּאָמַר בִּדְאֶפְשָׁר בְּחוּלִּין מַתְקְנִינַן לֵיהּ וְדָחֵינַן שְׁבוּת דְּהַפְרָשַׁת תְּרוּמָה בְּשַׁבָּת מִקַּמֵּי אֲכִילַת טֶבֶל דְּעָצִיץ שֶׁאֵינוֹ נָקוּב דְּרַבָּנַן: **קוֹרִין לוֹ רוֹפֵא.** בְּשַׁבָּת: **וְקוֹרְעִין לוֹ תַּרְנְגוֹלֶת.** לָתֵת עַל הַמַּכָּה, שֶׁזּוּ הִיא רְפוּאָתוֹ: **וְגוֹזְזִין לוֹ כְּרֵישִׁין.** מִן הַמְחוּבָּר לְהַאֲכִילוֹ: **כְּרֵישִׁין.** כַּרְתִּי: **לֵימָא.** הָא דְּרַבָּה, ר' אֶלְעָזָר בְּר' שִׁמְעוֹן הִיא דְּאָמַר: מַפְרִישִׁין לוֹ תְּרוּמָה בְּשַׁבָּת וְאַל יַאֲכִילוּהוּ טֶבֶל דְּרַבָּנַן, כְּגוֹן יָרָק. **וְלֹא רַבִּי.** דְּאִי רַבִּי, הָאָמַר אֵין צָרִיךְ לְעַשֵּׂר: **עַד כָּאן לָא קָאָמַר רַבִּי אֶלָּא לְעִנְיַן מַעֲשַׂר יָרָק דְּרַבָּנַן.** דְּלָא מִיחַלַּף בְּטֶבֶל דְּאוֹרַיְיתָא. אֲבָל דָּגָן דְּאוֹרַיְיתָא הוּא אֲפִי' רַבִּי מוֹדֶה דְּאַף בְּעָצִיץ שֶׁאֵינוֹ נָקוּב מַעֲשֵׂר דְּמִיחַלַּף בִּדְאוֹרַיְיתָא: **רְאוּ נָא כִּי אוֹרוּ עֵינַי.** בִּיהוֹנָתָן כְּתִיב: **הָכִי גָּרְ':** מַאי אֵין רְאָיָה לַדָּבָר דְּהָתָם לָאו בּוּלְמוּס אֲחָזֵיהּ: **מִגְּרַר גָּרִיר.** מַמְשִׁיךְ אֶת הַלֵּב לְתַאֲוַת רְעָבוֹן: **וַיֹּאכַל.** לֶחֶם, וְהָדַר וַיִּתְּנוּ לוֹ פֶּלַח דְּבֵלָה: **אַלְיָה.** בָּשָׂר שָׁמֵן מְאֹד: **לְמִזְרָחָהּ שֶׁל תְּאֵנָה.** שֶׁהַשֶּׁמֶשׁ מַכָּה שָׁם מִן הַבֹּקֶר עַד חֲלוֹת הַיּוֹם, וְהַשֶּׁמֶשׁ מְמַתֵּק אֶת הַפְּרִי: **וּמִמֶּגֶד.** לְשׁוֹן מַעֲדַנִּים: **קַפְּחֵיהּ.** כְּפָאוֹ וְנָטַל כָּבְרוֹ הֵימֶנּוּ: **אַהַדְרוּהוּ בְּלָגֵי וְצָעֵי.** סִבְּבוּהוּ בְּנֵי הָעִיר וְהִקִּיפוּהוּ לְגִינִין שֶׁל דְּבַשׁ וּמְתִיקָה וּקְעָרוֹת שֶׁל תַּבְשִׁילִין: **דָּיֵיק בִּשְׁמָא.** בִּשְׁמוֹ שֶׁל בַּעַל הַבַּיִת אִם נָאֶה אִם כָּעוּר: **אַשְׁלִימוּ לֵיהּ כִּיסַיְיהוּ.** עֶרֶב שַׁבָּת הָיָה וְהִפְקִידוּ אֶצְלוֹ כִּיסָם: **דְּבֵי שִׁמְשֵׁי.** שֶׁל עַרְבֵי שַׁבָּתוֹת: **לֵית בְּהוּ מַמָּשָׁא.** מִתּוֹךְ שֶׁאָדָם בִּמְנוּחָה מְהַרְהֵר וְרוֹאֶה חֲלוֹמוֹת וּמִתְכַּוֵּין הָיָה לְדָחוֹתוֹ שֶׁלֹּא יֵלֵךְ וְיִטְּלֶנּוּ: **חֲזוּ טְלָפְחֵי אַשְׂפָּמֵיהּ.** רָאוּ עֲדָשִׁים עַל שְׂפָמוֹ: **יְהַבוּ סִימָנָא לִדְבֵיתְהוּ.** בַּעֲלֵיךְ אָמַר שֶׁתִּתְּנִי לָנוּ כִּיסֵינוּ, וְזֶה לָךְ סִימָן שֶׁאֲכַלְתֶּם הַיּוֹם עֲדָשִׁים: **מַיִם רִאשׁוֹנִים הֶאֱכִילוּ בְּשַׂר חֲזִיר.** פּוּנְדָּק יִשְׂרָאֵל הָיָה מוֹכֵר לְיִשְׂרָאֵל דְּבָרִים הַמּוּתָּרִים וּמַאֲכִילָם וּמוֹכֵר לַגּוֹיִם בְּשַׂר חֲזִיר מְבוּשָּׁל. בָּא יִשְׂרָאֵל לַפּוּנְדָּק וְרָאָהוּ שֶׁלֹּא נָטַל יָדָיו כְּשֶׁהֵסֵב לֶאֱכוֹל, וְנָתַן לְפָנָיו בְּשַׂר חֲזִיר: **מַיִם אַחֲרוֹנִים הָרְגוּ אֶת הַנֶּפֶשׁ.** זוֹ הִיא אִשְׁתּוֹ שֶׁל זֶה שֶׁאִילּוּ נָטַל מַיִם אַחֲרוֹנִים דֶּרֶךְ הַנּוֹטְלִים יָדַיִם לְקַנֵּחַ אֶת שְׂפָמָם בְּיָדַיִם טוֹפְחוֹת, וְלֹא הָיוּ עֲדָשִׁים נִרְאִין: **וְאָזְנָיו סְרוּחוֹת.** גְּדוֹלוֹת וּכְפוּלוֹת לְמַטָּן: **מְשַׂחֲקוֹת בּוֹ.** מַרְאוֹת בּוֹ כְּשָׁפֵיהֶם לִשְׂחוֹק: לְמִקְטְלֵיהּ

תורה אור

אֶפְשָׁר בְּחוּלִּין פְּשִׁיטָא!(א) – לָא צְרִיכָא בַּשַּׁבָּת. – בַּשַּׁבָּת נַמִּי פְּשִׁיטָא, טִלְטוּל מִדְּרַבָּנַן הוּא! – הָכָא בְּמַאי עָסְקִינַן – בְּעָצִיץ שֶׁאֵינוֹ נָקוּב, דְּרַבָּנַן. מָר סָבַר: טֶבֶל חָמוּר, וּמָר סָבַר תְּרוּמָה חֲמוּרָה. לֵימָא תַּנָּאֵי הִיא, דְּתַנְיָא: א מִי שֶׁנְּשָׁכוֹ נָחָשׁ קוֹרִין לוֹ רוֹפֵא מִמָּקוֹם לְמָקוֹם, וּמְקָרְעִין לוֹ אֶת הַתַּרְנְגוֹלֶת, וְגוֹזְזִין לוֹ אֶת הַכְּרֵישִׁין, וּמַאֲכִילִין אוֹתוֹ וְאֵין צָרִיךְ לְעַשֵּׂר, דִּבְרֵי רַבִּי. ר' אֶלְעָזָר בְּר' שִׁמְעוֹן אוֹמֵר: לֹא יֹאכַל עַד שֶׁיְּעַשֵּׂר. נֵימָא ר' אֶלְעָזָר בְּר' שִׁמְעוֹן הִיא, וְלֹא רַבִּי! אֲפִי' תֵּימָא רַבִּי, עַד כָּאן לָא קָאָמַר רַבִּי הָתָם – אֶלָּא לְעִנְיַן מַעֲשַׂר יָרָק דְּרַבָּנַן, אֲבָל בְּמַעֲשַׂר דָּגָן דְּטֶבֶל דְּאוֹרַיְיתָא הוּא – אֲפִי' רַבִּי מוֹדֶה דְּאִי שָׁרֵית לֵיהּ בְּעָצִיץ שֶׁאֵינוֹ נָקוּב אָתֵי לְמֵיכַל בְּעָצִיץ שֶׁהוּא נָקוּב. ת"ר: מִי שֶׁאֲחָזוֹ בּוּלְמוֹס מַאֲכִילִין אוֹתוֹ דְּבַשׁ וְכָל מִינֵי מְתִיקָה, שֶׁהַדְּבַשׁ וְכָל מִינֵי מְתִיקָה מְאִירִין מְאוֹר עֵינָיו שֶׁל אָדָם. וְאע"פ שֶׁאֵין רְאָיָה לַדָּבָר, זֵכֶר לַדָּבָר – "רְאוּ נָא כִּי אוֹרוּ עֵינַי כִּי טָעַמְתִּי מְעַט דְּבַשׁ הַזֶּה". וּמַאי אע"פ שֶׁאֵין רְאָיָה לַדָּבָר – דְּהָתָם לָאו בּוּלְמוֹס אַחֲזֵיהּ. אָמַר אַבָּיֵי: לֹא שָׁנוּ אֶלָּא לְאַחַר אֲכִילָה, ש"א יד

אֲבָל קוֹדֶם אֲכִילָה – מִגְרַר גָּרֵיר, דִּכְתִיב: "וַיִּמְצְאוּ אִישׁ מִצְרִי בַּשָּׂדֶה וַיִּקְחוּ אוֹתוֹ אֶל דָּוִד וַיִּתְּנוּ לוֹ לֶחֶם וַיֹּאכַל ש"א ל
וַיַּשְׁקֻהוּ מָיִם וַיִּתְּנוּ לוֹ פֶלַח דְּבֵלָה וּשְׁנֵי צִמֻּקִים וַיֹּאכַל וַתָּשָׁב רוּחוֹ אֵלָיו כִּי לֹא אָכַל לֶחֶם וְלֹא שָׁתָה מַיִם שְׁלֹשָׁה
יָמִים וּשְׁלֹשָׁה לֵילוֹת". אָמַר ר"נ אָמַר שְׁמוּאֵל: מִי שֶׁאֲחָזוֹ בּוּלְמוֹס מַאֲכִילִין אוֹתוֹ אַלְיָה בִּדְבַשׁ. רַב הוּנָא בְּרֵיהּ דְּרַב
יְהוֹשֻׁעַ אָמַר: אַף סוֹלֶת נְקִיָּה בִּדְבַשׁ. רַב פָּפָּא אָמַר: אֲפִי' קִמְחֵי דְשַׂעֲרֵי בְּדִיבְשָׁא. אָמַר ר' יוֹחָנָן: פַּעַם אַחַת אֲחָזַנִי
בּוּלְמוֹס, וְרַצְתִּי לְמִזְרָחָהּ שֶׁל תְּאֵנָה, וְקִיַּימְתִּי בְּעַצְמִי: "הַחָכְמָה תְּחַיֶּה בְעָלֶיהָ". דְּתָנֵי רַב יוֹסֵף: הָרוֹצֶה לִטְעוֹם טַעַם קהלת ז
תְּאֵנָה – יִפְנֶה לְמִזְרָחָהּ, שֶׁנֶּאֱמַר: "וּמִמֶּגֶד תְּבוּאוֹת שָׁמֶשׁ". ר' יְהוּדָה וְר' יוֹסֵי הֲווּ קָא אָזְלִי בְּאוֹרְחָא, אַחֲזֵיהּ בּוּלְמוֹס לְר' דברים לג
יְהוּדָה – קַפְּחֵיהּ לְרוֹעֶה, אַכְלֵיהּ לְרִיפְתָּא. א"ל ר' יוֹסֵי: קִפַּחְתָּ אֶת הָרוֹעֶה! כִּי מְטוּ לְמָתָא אַחֲזֵיהּ בּוּלְמוֹס לְר' יוֹסֵי,
אַהַדְרוּהוּ בְּלָגֵי וְצָעֵי. א"ל ר' יְהוּדָה: אֲנִי קִפַּחְתִּי אֶת הָרוֹעֶה וְאַתָּה קִפַּחְתָּ אֶת הָעִיר כּוּלָּהּ. וְתוּ, ר"מ וְר' יְהוּדָה וְר'
יוֹסֵי הֲווּ קָא אָזְלִי בְּאוֹרְחָא, ר' מֵאִיר הֲוָה דָּיֵיק בִּשְׁמָא ר' יְהוּדָה וְר' יוֹסֵי לָא הֲווּ דָּיְיקוּ בִּשְׁמָא. כִּי מְטוּ לְהַהוּא
דּוּכְתָּא בְּעוֹ אוּשְׁפִּיזָא, יְהַבוּ לְהוּ. אָמְרוּ לוֹ: מַה שְּׁמֶךָ? אָמַר לְהוּ: כִּידוֹר. אָמַר: ש"מ אָדָם רָשָׁע הוּא, שֶׁנֶּאֱמַר: "כִּי דוֹר שם לב
תַּהְפֻּכֹת הֵמָּה". ר' יְהוּדָה וְר' יוֹסֵי אַשְׁלִימוּ לֵיהּ כִּיסַיְיהוּ ר"מ לָא אַשְׁלִים לֵיהּ כִּיסֵיהּ. אֲזַל(ב) אוֹתְבֵיהּ בֵּי קִבְרֵיהּ
דַּאֲבוּהּ אִתְחֲזִי לֵיהּ בְּחֶלְמֵיהּ: תָּא שְׁקֵיל כִּיסָא דְּמַנַּח אַרֵישָׁא דְּהַהוּא גַּבְרָא. לְמָחָר אֲמַר לְהוּ: הָכִי אִתְחֲזִי לִי בְּחֶלְמַאי!
אָמְרִי לֵיהּ: חֶלְמָא דְּבֵי שִׁמְשֵׁי לֵית בְּהוּ מַמָּשָׁא. אֲזַל ר"מ, וּנְטַרֵיהּ כּוּלֵּי יוֹמָא וְאַיְיתֵיהּ. לְמָחָר אָמְרוּ לוֹ: הַב לַן כִּיסַן!
אֲמַר לְהוּ: לֹא הָיוּ דְּבָרִים מֵעוֹלָם. אֲמַר לְהוּ ר"מ: אַמַּאי לָא דַּיְיקִיתוּ בִּשְׁמָא? אָמְרוּ לֵיהּ: אַמַּאי לָא אָמַרְתְּ לַן מָר? אֲמַר
לְהוּ: אֵימַר דַּאֲמַרִי אֲנָא חֲשָׁשָׁא, אַחְזוּקֵי מִי אֲמַרִי? מְשַׁכוּהוּ וְעַיְילוּהוּ לַחֲנוּתָא,(ג) חֲזוּ טְלָפְחֵי אַשְׂפָּמֵיהּ, אֲזַלוּ וִיהַבוּ
סִימָנָא לִדְבֵיתְהוּ, וּשְׁקַלוּהוּ לְכִיסַיְיהוּ וְאַיְיתוּ. אֲזַל אִיהוּ וְקַטְלֵיהּ לְאִיתְּתֵיהּ. הַיְינוּ (*דִּתְנַן): *מַיִם[א] רִאשׁוֹנִים הֶאֱכִילוּ חולין קו. ע"ש נ"ע
בְּשַׂר חֲזִיר, מַיִם אַחֲרוֹנִים הָרְגוּ אֶת הַנֶּפֶשׁ. וּלְבַסּוֹף הֲווּ דָּיְיקִי בִּשְׁמָא, כִּי מְטוּ לְהַהוּא בֵּיתָא דִּשְׁמֵיהּ בָּלָה – לָא עַיְילוּ
לְגַבֵּיהּ. אָמְרִי: שְׁמַע מִינַּהּ רָשָׁע הוּא, דִּכְתִיב: "וָאֹמַר לַבָּלָה נִאוּפִים" *(כְּמוֹ: "אַחֲרֵי בְלֹתִי הָיְתָה לִּי עֶדְנָה", כְּלוֹמַר: יחזקאל כג בראשית יח
זְקֵנָה בְּנִאוּפִים).§ מִי שֶׁנְּשָׁכוֹ כֶּלֶב שׁוֹטֶה וכו'.§ ת"ר: חֲמִשָּׁה דְּבָרִים נֶאֶמְרוּ בְּכֶלֶב שׁוֹטֶה: פִּיו פָּתוּחַ וְרִירוֹ נוֹטֵף,
וְאָזְנָיו סְרוּחוֹת, וּזְנָבוֹ(ד) מוּנָּח עַל יַרְכוֹתָיו וּמְהַלֵּךְ בְּצִידֵּי דְרָכִים וְיֵ"א אַף נוֹבֵחַ וְאֵין קוֹלוֹ נִשְׁמָע, מִמַּאי הָוֵי?
רַב אָמַר: נָשִׁים כַּשְּׁפָנִיּוֹת מְשַׂחֲקוֹת בּוֹ, וּשְׁמוּאֵל אָמַר: רוּחַ רָעָה שׁוֹרָה עָלָיו. מַאי בֵּינַיְיהוּ? אִיכָּא בֵּינַיְיהוּ, לְמִקְטְלֵיהּ

הגהות הב"ח

(א) גמ' אפשר בחולין פשיטא. נ"ב פי' הא דקאמר היכא דאפשר בחולין דכ"ע לא פליגי פריך ליה הא פשיטא ומאי אתא לאשמועינן: (ב) שם ר"מ לא אשלים ליה כיסיה אזיל ר"מ אותביה בכלא וקבריה בי קברי דאבוה דההוא גברא ברישיה. אתחזי ליה בחלמיה כו' ולמחר כו' אמר ליה הכי כו' אמר ליה חלמא כו': (ג) שם משכוהו ועיילוהו לחנותא אשקיוה חמרא חזו טלפחי אשפמיה: (ד) שם ואזניו סרוחות וזנבו מונחת לו בין ירכותיו ומהלך:

הגהות מהר"ב רנשבורג

א] גמ' מים ראשונים האכילו בשר חזיר. נ"ב עיין פרש"י ועיין בדברי הב"י בי"ד ס"ס קי"ז:

למקטליה בדבר הנזרק. תניא כוותיה דשמואל: כשהורגין אותו אין הורגין אותו אלא בדבר הנזרק. דחייף ביה – מסתכן, דנכית ליה – מיית. דחייף ביה מסתכן, מאי תקנתיה? נישלח מאניה(א) וניהדרהיט. רב הונא בריה דרב יהושע חף ביה חד מינייהו בשוקא, שלחינהו למאניה ורהיט. אמר: קיימתי בעצמי °"החכמה תחיה בעליה". דנכית ליה מיית, מאי תקנתיה? אמר אביי: ניתי משכא דאפא דדיכרא, וניכתוב עליה: אנא פלניא בר פלניתא אמשכא דאפא דיכרא כתיבנא עלך כנתי כנתי קלירוס. ואמרי לה: קנדי קנדי קלורוס יה יה ה' צבאות, אמן אמן סלה. ונשלחינהו למאניה ולקברינהו בי קברי(ב) עד תריסר ירחי שתא, ונפקינהו ונקלינהו בתנורא, ונבדרינהו לקטמיה אפרשת דרכים. והנך תריסר ירחי שתא, כי שתי מיא – לא לישתי אלא בגובתא דנחשא, דילמא חזי בבואה דשידא וליסתכן. כי הא *דאבא בר מרתא, הוא אבא בר מניומי, עבדא ליה אימיה גובתא דדהבא(ג): "ועוד אמר ר' מתיא". § א"ר יוחנן חש *בצפידנא, אזל גבה דההיא מטרוניתא, עבדא ליה מלתא חמשא ומעלי שבתא. אמר לה: בשבת מאי? אמרה ליה: לא צריכת. אי מצטריכנא מאי? אמרה ליה: אישתבע לי(ד) דלא מגלית. אישתבע: לאלהא דישראל לא מגלינא. נפק דרשה בפירקא. והא אישתבע לה! לאלהא דישראל לא מגלינא, הא לעמו ישראל מגלינא. והא איכא חילול השם! דמגלי לה מעיקרא. מאי עבדא ליה? אמר רב אחא בריה דרב אמי: מי שאור שמן זית, ומלח. רב יימר אמר: שאור גופיה, שמן זית ומלח. רב אשי אמר: משחא דגדפא דאווזא. אמר אביי: אנא עבדי לכולהו, ולא איתסאי, עד דאמר לי ההוא טייעא: אייתי קשייתא דזיתא דלא מלו תילתא וקלינהו בנורא אמרא חדתא, ואדביק בככי דריה. עבדי הכי ואיתסאי. ממאי הוה? מחמימי חמימי דחיטי ומשיורי כסא דהרסנא. ומאי סימניה? כד רמי מידי בככיה ואתא דמא מבי דרי. רבי יוחנן כי חש בצפידנא עבד הכי בשבתא, ואיתסי. ורבי יוחנן היכי עביד הכי? אמר ר"נ בר יצחק: שאני צפידנא, הואיל ומתחיל בפה וגומר בבני מעיים. אמר ליה רב חייא בר אבא לר' יוחנן: כמאן – כר' מתיא בן חרש, דאמר: החושש בפיו מטילין לו סם בשבת? א"ל: שאני אומר: בזו, ולא באחרת. לימא מסייע ליה: מי שאחזו ירקון – מאכילין אותו בשר חמור, מי שנשכו כלב שוטה – מאכילין אותו מחצר כבד שלו, והחושש בפיו – מטילין לו סם בשבת, דברי ר' מתיא בן חרש. וחכ"א: באילו אין בהם משום רפואה. באלו למעוטי מאי(ה) – מאי לאו למעוטי סם? לא, למעוטי מקיזין דם לסרונכי. ה"נ מסתברא, דתניא: שלשה דברים א"ר ישמעאל בר' יוסי ששמע משום רבי מתיא בן חרש: מקיזין דם לסרונכי בשבת, ומי שנשכו כלב שוטה מאכילין אותו מחצר כבד שלו, והחושש בפיו מטילין לו סם בשבת. וחכ"א: באילו אין בהן משום רפואה. באילו למעוטי מאי(ו) – מאי לאו אתרתי בתרייתא, ולמעוטי דרישא? לא, אתרתי דרישא קמייתא, ולמעוטי דסיפא.

תא

רש"י

למקטליה בדבר הנזרק. למ"ד רוח רעה שורה עליו לא יקרב אצלו להרגו בידים אלא זורק בו חץ או סכין והורגו: דחייף ביה. המתחכך בו: דנכית ליה. שהכלב נושכו: נישלח למאניה. יפשיט בגדיו: משכא דאפא. הוא הצבוע, ובלע"ז פוטוי"ש: דאפא דיכרא. צבוע זכר: בגובתא דנחשא. על ידי קנה של נחשת: דילמא חזי לבבואיה דשד. שקפץ מן הכלב עליו ומסתכן: צפידנא. חולי השינים והחניכים. ומתחיל בפה וגומר בבני מעיים, ומסוכן הוא: מטרוניתא. נכרית היתה: עבדא ליה רפואה חמשא ומעלי שבתא. יום ה' בשבת וע"ש: והאיכא חילול השם. שהיא סבורה שעבר על שבועתו: דמגלי לה מעיקרא. מהיא שעתא גלי לה: לא נשבעתי לך כי כך אמרתי: משחא דגדפא דאווזא. שומן מוח עצם קטן שבראש כנף העוף שקורין כניי"ל סכה אותו על לדעיו: קשייתא דזיתי. גרעיני זיתים: דלא מלו תילתא. שלא הביאו שליש: אמרא חדתא. על מר חדש שקורין פוסוי"ר: ודביק בככי דדריה. הדבק בשורת השינים: ממאי הוי. על ידי מה בא החולי הזה: מחמימי חמימי דחיטי. האוכל פת חמה יותר מדאי: כסא דהרסנא. דגים מטוגנים עם הקמח בשמן שלהן: שיורי. שעבר עליו הלילה: מאי סימניה. של אותו חולי: כד רמי מידי בככיה. כשנותן כלום בשיניו זב הדם משורת שיניו: ורבי יוחנן היכי עביד הכי וכו'. לא גרסינן לה הכא אלא במסכת ע"ז(ז): כמאן עביד ר' יוחנן. לתת סם בשבת בשביל חולי השינים דקאמר לה אי מצריכנא מאי: שאני אומר בזו. מודים לו חכמים שהיא רפואה *לו בכלב שוטה במחצר כבד שלו: ירקון. חולי שפניו מוריקות: הכי גרסינן: וחכמים אומרים באלו אין בהן משום רפואה באלו למעוטי מאי לאו למעוטי סם. והכי קאמרי ליה: בשתים הראשונות אין זו רפואה גמורה לעבור עליהן דבר תורה ולמעוטי סם דיש בו משום רפואה: לא למעוטי מקיזין דם לסרונכי: בשבת. לעולם אכולי הנך פליגי ומאי באלו – משום דשמעוה לר' מתיא דאמר הכתי אחריתי: לסרונכי. חולי ששמו אשטרנגליו"ן הוא בו"ן מלנ"ט ובההיא מודה ליה: ה"ג: הכי נמי מסתברא דתניא שלשה דברים אמר רבי אלעזר בן עזריה משום ר' מתיא בן חרש מקיזין דם לסרונכי בשבת ומי שנשכו כלב שוטה מאכילין אותו מחצר כבד שלו והחושש בפיו מטילין לו סם בשבת וחכמים אומרים באלו אין בהם משום רפואה באלו למעוטי מאי לאו אתרתי בתרייתא ולמעוטי דרישא לא אתרתי דרישא ולמעוטי דסיפא:

תא

תוספות

הכי נמי מסתברא שלשה דברים כו'. ריב"א ל"ג: הכי נמי מסתברא, אלא הכי גריס: תא שמע שלשה דברים, משום דמאי אולמיה דהא מהא דאייתי כבר? ונראה לי דשפיר מייתי דברייתא קמייתא לא מיתני בה מקיז דם לסרונכי, ולהכי הוי דוחק הא דמוקמינן למעוטי מקיז דם לסרונכי מה שלא הוזכר בה, אבל מהא מייתי שפיר מאי לאו באלו אתרתי דסיפא דסליק מינה קאי, ולמעוטי מקיז דם לסרונכי דקא תני רישא. ואי (שמא) משום דבכל דוכתא נשאר הכי נמי מסתברא, בשביל זה אין למוחקו, דבפרק קמא דקידושין (כו:) גבי מעשה(ח) במדוני אחד) יש הכי נמי [*מסתברא] שאינו נשאר. ובפרק "הזהב" (בבא מציעא דף מו:*) יש [ג"כ] "הכי נמי מסתברא" שאינו נשאר, בשמעתא ד"מטבע אין נעשה חליפין" לפירוש רש"י*:

אלא

עין משפט נר מצוה

עה א מיי' פ"ב מהל' שבת הלכה ה סמג לאוין סה טוש"ע או"ח סי' שכח סעיף ג:

רש"א

[ושם ד"ה ופרי]

[ועי' תוס' זבחים יג. ד"ה ליקא נמי]

רבינו חננאל

הורגין אלא בדבר הנזרק ותניא כוותיה דשמואל. ועוד א"ר מתיא בן חרש החושש בפיו מטילין לו סם בשבת מפני שהוא ספק נפשות וכל ספק נפשות דוחה את השבת ר' יוחנן חש בצפרינא פי' כאב השינים עבדא ליה ההיא מטרוניתא סמא יום חמישי וע"ש. א"ל בשבת מאי אמרה לי' לא צריכת ואי איצטריכנא מאי א"ל אישתבע לי דלא מגלית אישתבע לה אלהי ישראל לא מגלינא והוה נקיט בליביה בשעת שבועתו דלעמו ישראל מגלינא ובתר דאודעה ליה. אודעה הוא דלא הות ליך שבועתי אלא דלא מגלינא לאלהי ישראל אבל מגלינא לעמו ישראל. א"ל ר' חייא בר אבא לר' יוחנן כמאן כר' מתיא בן חרש דשרי להטיל סם בפיו בשבת. א"ל ר' יוחנן בהחושש בפיו מטילין לו סם בשבת דברי הכל היא ולא באחרת שחולקין. נימא מסייעא ליה לר' יוחנן הא דתניא מי שאחזו ירקון מאכילין אותו בשר חמור מי שנשכו כלב מאכילין אותו מחצר כבד שלו והחושש בפיו מטילין לו סם בשבת דברי ר' מתיא בן חרש וחכ"א באלו אין בהן משום רפואה באלו לאו למעוטי סם דסם אית ביה רפואה ודחי לא למעוטי הזקת הדם לסרונכי ולא עמדה

מסורת הש"ס

קהלת ז

ב"ב, ע"ז

[נ"ל ולא]

[שבת קכח. יבמות קכ. גיטין לז: מו"ק כז:]

הגהות הב"ח

(א) גמ' מאי תקנתיה נישלח מאניה ונשדינהו קמיה ונירהיט וכי הא דרב הונא בריה דר"י כו' שלחינהו למאניה ושדי קמיה ורהיט אמר: (ב) שם ולקברינהו בי קיברי בפרשת דרכים עד תריסר ירחי שתא לבתר הכי נפקינהו ונקלינהו: (ג) שם גובתא דדהבא ואתסי ועוד: (ד) שם אי מצטריכנא מאי אמרה ליה אישתבע לי לאלהא דישראל דלא מגלית אישתבע לה לאלהא דישראל לא מגלינא גליא ליה נפק דרשה כו' לאלהא דישראל הוא דלא מגלינא הא לעמא ישראל מגלינא: (ה) שם למעוטי מאי לאו כצ"ל ותי' מאי נמחק: (ו) שם לא אתרתי קמייתא כצ"ל ותי' דרישא נמחק: (ז) רש"י ד"ה ור' יוחנן כו' במסכת ע"ז. נ"ב ע"ש דף כח ע"א: (ח) תום' ד"ה ה"נ וכו' מעשי במרוני אחד יש ה"נ מסתברא שאינו נשאר במסקנא ובפ' הזהב נמי יש ה"נ מסתברא:

עין משפט נר מצוה

עו א מיי' פ"ב מהלכות שבת הלכה ב סמג לאוין סה טוש"ע או"ח סי' שכח סעיף יא:
עז ב מיי' שם הלכה ג וסמג שם טוש"ע שם סעיף יב:
עח ג מיי' שם הלכה טז יז וסמג שם טוש"ע שם סעיף יג:
עט ד ה ו מיי' שם הל' כ כא וסמג שם טוש"ע שם סי' שכט סעיף ב:
פ ז מיי' פט"ו מהלכות איסורי ביאה הלכה כו טוש"ע אה"ע סי' ד סעיף לג:

תוספות

אלא בגדולי ישראל. ואפי' היכא דאפשר בגוי – מצוה בישראל, שמא יתעצל הגוי ולא יעשה, ויבא לידי סכנה: **מכבין** ומפסיקין בפני הדליקה. תימה לי: דהוה ליה זו ואין צריך לומר זו, כיון דאפי' לכבויי שרי – כ"ש להפסיק! וי"ל: אפי' לאתויי כלים דרך רשות הרבים ולהפסיק בהן. דס"ד אמינא: דווקא לכבויי שרי, אבל כולי האי להביא כלים דרך רשות הרבים מלאים מים, דאיכא תרתי: הוצאה והכנסה וגרם כיבוי. ועוד, ס"ד אמינא: כיבוי שרי טפי – שהוא ברור יותר שיציל, אבל להביא כלים – דילמא קודם שיביאם תעבור הדליקה, ונמצא שחילל שבת שלא לצורך – קמ"ל: **הא** דפרוש כולהו הא דפרוש מקצתייהו. נראה לפרש: דפרוש כולהו לחצר אחרת ויצאו גם משם, ולא נשאר בהם עד אחד שנפלה עליו מפולת. דאי פרוש לחצר אחרת ולא יצאו משם – מה לי חצר זו מה לי חצר אחרת? הא דפרוש מקצתייהו, שלא פירש מכאן לאותה חצר אחרת אלא אחד:

ולפקח

רש"י

ת"ש דתני רב יוסף עוברה שהריחה וכו' ומי שנשכו וכו' והחושש בפיו וכו' וחכ"א בזו. אנו מודים, ולא באחרת: בזו אהייא אי נימא אעוברה פשיטא. וכי עוברה שהריחה ר' מתיא קתני לה? סתמא היא: אלא לאו אסם. קיימי. דאילו אחצר כבד תנן פלוגתא במתני', ש"מ דבסם מודו: לא ספק שבת זו בלבד. לא שיהא ספק הנפשות לשבת זו, אלא אפילו אין הספק לשבת זו, דפשיטא לן דהיום לא ימות, אלא ספק שאם לא יעשו לו היום – שמא ימות לשבת הבאה: והיכי דמי כגון דאמדוה. רופאים לעשות לו הרפואה שמנה ימים: להברותו. רחילה, שמא יבריא מאליו: על פי נשים. אם נשים או כותים אומרים צריך – אין מחללין על פיהן: אבל מצטרפין לדעת אחרת. כגון: שנים אומרים צריך, ושלשה אומרים אין צריך, ואשה או כותי אומרים צריך – מצטרפין למהוי פלגא ופלגא[א] וספק נפשות להקל: פקוח. דשקומברנ"ש בלע"ז, בכל דבר שצריך לו לנפש להעביר סכנת מות: ואע"ג דצייד כוורי. עמו. כל הני אע"ג דקאמר הכא משנה יתירה דייק, דקתני: ואינו צריך ליטול רשות, למה ליה דתני הכא? הא תני ליה והזריז ה"ז משובח! אלא הא אתא לאשמועינן, שאפי' הוא צריך לדבר: עוקר חוליא. כדי להשפיל שפת הבור, ויהא נוח ליכנס: ננעלה דלת. והתינוק נבעת: למתבר' בשיפי. נסרים שצריך להם, לישנא אחרינא: בשיפי – קיסמין להדלקה: ומפסיקין מפני הדליקה. בכלים של מתכת או של חרס מלאים מים, ובדליקה שיש בה סכנת נפשות קאמר: דקא מכיך מכובי. משפיל ומניע הגחלים לגלות עליהם לערב: דאדהכי והכי. אם ילך לבית דין לישאל – אזיל ליה לאיבוד: משביש ליה. מפחדו, ומקרקש לו אגוזים: דאפילו לחצר אחרת. דליקה בחצר זו, ונפשות בחצר אחרת, והם חולים או קטנים: לא הלכו בפיקוח נפש אחר הרוב. דאם ספק גוי או ספק ישראל – מפקחין, ואע"ג דרובא גוים הוו התם: אי נימא תשעה ישראל וחד גוי. ונפל' מפולת על אחד מהן ואין ידוע אם ישראל אם גוי הוא: אלא דאיכא תשעה גוים וחד ישראל. ואשמועינן, דאף על גב דרובא גוים – חיישינן שמא ישראל הוא, ומפקחין – הא נמי פשיטא, דקי"ל: כל קבוע כמחצה על מחצה דמי. דנפקא לן בסנהדרין* ובכתובות* מ"וארב לו" – פרט לזורק אבן לגו: לא צריכא דפרוש לחצר אחרת. ושם נפלה על האחד מפולת, דבכל דוכתא אמרינן: כל דפריש – מרובא פריש במידי דניידי, והכא לא אמרי' הכי, ואע"ג דבפרישתן כולהו ניידי:

גמרא

תא שמע, דתני רבה בר שמואל: עוברה שהריחה – מאכילין אותה עד שתשוב נפשה, ומי שנשכו כלב שוטה – מאכילין אותו מחצר כבד שלו, והחושש בפיו – מטילין לו סם בשבת, דברי ר"א בר' יוסי שאמר משום ר' מתיא בן חרש. וחכמים אומרים: בזו ולא באחרת. בזו אהייא? אילימא אעוברה – פשיטא! עוברה מי איכא למאן דאמר דלא?! אלא לאו – אסם, שמע מינה. רב אשי אמר: מתני' נמי דיקא "ועוד אמר רבי מתיא בן חרש החושש בפיו מטילין לו סם בשבת" ולא פליגי רבנן עליה. ואם איתא דפליגי רבנן עליה – ליערבינהו וליתנינהו, וליפלגו רבנן בסיפא – ש"מ.§ "מפני שספק נפשות הוא וכו'".§ ל"ל תו למימר וכל ספק נפשות דוחה את השבת? אמר רב יהודה אמר *רב: [א]לא ספק שבת זו בלבד אמרו, אלא אפילו ספק שבת אחרת. היכי דמי? כגון דאמדוה לתמניא יומי, ויומא קמא שבתא. מהו דתימא: ליעכב עד לאורתא כי היכי דלא ניחול עליה תרי שבתא, קמ"ל. תניא נמי הכי: *מחמין חמין לחולה בשבת בין להשקותו בין להברותו. ולא שבת זו בלבד אמרו אלא לשבת אחרת. ואין אומרים: נמתין לו שמא יבריא, אלא מחמין לו מיד, מפני שספק נפשות דוחה את השבת ולא ספק שבת זו אלא אפי' ספק שבת אחרת. [ב]ואין עושין דברים הללו לא ע"י גוים ולא ע"י[א] כותיים, אלא ע"י גדולי ישראל. ואין אומרין יעשו דברים הללו *לא ע"פ נשים ולא ע"פ כותיים, אבל מצטרפין לדעת אחרת. ת"ר: [ג]מפקחין פקוח נפש בשבת והזריז ה"ז משובח, ואין צריך ליטול רשות מב"ד. הא כיצד? ראה תינוק שנפל לים – פורש מצודה ומעלהו. והזריז ה"ז משובח ואין צריך ליטול רשות מב"ד – ואע"ג דקא צייד כוורי. ראה תינוק שנפל לבור – עוקר חוליא ומעלהו. והזריז ה"ז משובח ואין צריך ליטול רשות מב"ד – אע"ג דמתקן דרגא. ראה שננעלה דלת בפני תינוק – שוברה ומוציאו, והזריז ה"ז משובח ואין צריך ליטול רשות מב"ד – ואע"ג דקא מיכוין למיתבר בשיפי מכבין ומפסיקין מפני הדליקה בשבת והזריז ה"ז משובח ואין צריך ליטול רשות מב"ד – ואע"ג דקא ממכיך מכובי. וצריכא, דאי אשמועינן ים – משום דאדהכי והכי אזל ליה, אבל בור דקא יתיב – אימא לא, צריכא. ואי אשמועינן בור – משום דקא מיבעית, אבל ננעלה דלת – אפשר דיתיב בהאי גיסא ומשביש ליה באמגוזי, צריכא.§ "מכבין ומפסיקין".§ למה לי? *דאפי' לחצר אחרת. אמר רב יוסף אמר רב יהודה אמר שמואל: [ד]לא הלכו בפקוח נפש אחר הרוב.*) היכי דמי? אי נימא דאיכא תשעה ישראל וגוי אחד ביניהו – רובא ישראל נינהו! (*אלא) פלגא ופלגא – *)ספק נפשות להקל. אלא דאיכא תשעה גוים וישראל אחד – הא נמי פשיטא, דהוה ליה קבוע, וכל קבוע כמחצה על מחצה דמי! [ה]לא צריכא דפרוש לחצר אחרת, מהו דתימא: *כל דפריש – מרובא פריש, קמ"ל דלא הלכו בפקוח נפש אחר הרוב. איני? והאמר ר' אסי א"ר יוחנן: תשעה גוים וישראל אחד, באותה חצר – מפקחין, בחצר אחרת – אין מפקחין! לא קשיא, הא – דפרוש כולהו, הא – [ו]דפרוש מקצתייהו. ומי אמר שמואל הכי? והתנן: *מצא בה תינוק מושלך, אם רוב גוים – גוי, ואם רוב ישראל – ישראל, מחצה על מחצה – ישראל. ואמר רב: לא שנו אלא להחיותו, אבל [ז]ליוחסו – לא, ושמואל

הא דפרוש כולהו. הואיל ואיתחזק ישראל בהאי חצר שנפלה בו מפולת – מפקחין, ואע"ג דניידי (ליה) לא אזלינן בתר רובא: הא דפרוש מקצתייהו. ולא ידעינן אי הוה ישראל בהאי חצר, אזלינן בתר רובא, הואיל ולא איתחזק: והא תנן תינוק מושלך. משנה היא בסדר טהרות, בעיר שישראל וכותים דרים בה: לא שנו. דאם רוב ישראל מחזקינן ליה לישראל אלא להחיותו: אבל לייחסו. כגון אם נקבה היא שיהא כהן מותר בה – לא. ואפי' ליכא למיחש לאסופי, כגון הנך דאמרי' במס' קידושין (דף עג:): תלי בדיקולא, תלי פיתקא, רמי תומרא, משלטי הדמיה – חיישינן שמא כותית היא, וגיורת אסורה לכהונה. ואע"ג דרוב ישראל – מעלה עשו ביוחסין, דבעינן תרי רובי, כדאמרי' בכתובות בפ"ק (דף טו.):

ושמואל

מסורת הש"ס

[גיר' הרי"ף והרא"ש שמואל]
[תוספתא שבת פט"ז]
[עיין שינוי נוסחאות בהרא"ש וכב"י]
[גי' רי"ף ורא"ש א"ר אלעזר לא נצרכ' אלא לחצר אחרת]
*) [כ"ק מד: סנהדרין עט. כתובות טו.]
**) [שבת קכט. וש"נ]
[דף עט.]
כתובות טו: מכשירין פ"ב מ"ז
[נ"ל אי נמי וכן איתא בכתובות וכב"ק ובסנהד']
[יבמות עז: כתובות טו. זבחים עג.]

הגהות הגר"א

[א] ולא ע"י קטנים אלא כו' כצ"ל:

תוספות ישנים

לא צריכא דפרוש לחצר אחרת כו'. כלומר שפירשו כולם לחצר אחרת:

הגהות הב"ח

(א) רש"י ד"ה אבל כו'. מצטרפין למהוי פלגא ופלגא. נ"ב וקשה הרי בדף פג. מבואר דבספק נפשות לא אזלינן בתר רוב דעות רק מאכילין אותו מיד. א"כ למה לי להצטרף דעת אשה או כותי דהרי כשנים אומרים צריך אף ג' אומרים לא צריך אזלינן להקל ע"כ נ"ל כדאיתא בגמ' כשנים אומרים אינו צריך וא' אומר צריך לצריך הצטרפות אשה שאומרת ג"כ צריך והו"ל פלגא ופלגא אבל כשנים אומרים צריך אז אין צריך הצטרפות אף אם ג' אומרים אין צריך וכן פסק בטור או"ח סי' תרי"ח כשנים אומרים צריך אז אף ק' אומרים אינו צריך לא אזלינן בתר רוב דעות אבל כשנים אומרים צריך וא' אומר אינו צריך אזלינן בתר רוב דעות גם בהרא"ש ז"ל כתב דרש"י ז"ל לא סבירא ליה לאוקימתא דלעיל בגמרא אבל מ"מ לפוסקים דס"ל לאוקימתא דלעיל נ"ל כמו שכתבתי:

רבינו חננאל

ואסיקנא אלא למעוטי סם. אמר רב אשי ממתניתין נמי שמעת לה מדלא קתני מי שנשכו כלב שוטה אין מאכילין אותו מחצר כבד שלו. והחושש בפיו אין מטילין לו סם בשבת. ור' מתיא בן חרש מתיר בשניהם אלא במי שנשכו כלב שוטה פליגי ובהא לא פליגי. ש"מ במטילין לו סם בשבת לא פליגי ש"מ. וכל ספק נפשות דוחה את השבת. תניא מחמין לו חמין לחולה בשבת בין להשקותו בין להברותו ואין אומרים נמתין היום שמא יבריא ולא נחלל את השבת. אלא מחמין לו מיד. וספקו דוחה את השבת ולא ספק שבת זו אלא ספק שבת אחרת. ואין אומרים יעשו דברים הללו ע"י נכרים ולא ע"י קטנים אלא ע"י גדולי ישראל. ואין עושין דברים הללו לא ע"י נשים וע"י כותים אבל מצטרפין לדעת אחרת. ת"ר מפקחין פקוח נפש בשבת והזריז הרי זה משובח וא"צ ליטול רשות מב"ד. כיצד ראה תינוק נפל לים פורס מיד מצודה ומעלהו [דאע"ג] דצייד כוורי. ומי שראה תינוק נפל לבור עוקר חוליא מיד בשבת ומעלהו. ואע"ג דקא עביד דרגא וכן מי שראה שננעל דלת בפני תינוק שוברה ומוציא התינוק. אע"ג דשקיל לה בשופינא. מכבין ומפסיקין מפני הדליקה בשבת. ובכל אלו כולן הזריז ה"ז משובח וא"צ ליטול רשות מב"ד: **ירושלמי** תני הזריז משובח והנשאל והשואל*) ה"ז שופך דמים. ר' חייה בש"ר יוחנן מבוי שכולו כותים וישראל אחד דר בתוכו נפלה בתוכו מפולת מפקחין עליו בשבת [בשביל] ישר' [שיש] שם עד כמה

*) בירושלמי לפנינו הגי' והנשאל ה"ז מגונה והשואל ה"ז שופך דמים וכ"ה בהגהת מיימון בפ"ב משבת ועי' בתה"ד סי' נח.

וּשְׁמוּאֵל אָמַר: לְפַקֵּחַ עָלָיו אֶת הַגַּל. כִּי אִיתְּמַר דִּשְׁמוּאֵל – אַרֵישָׁא אִיתְּמַר: אִם רוֹב גּוֹיִם – גּוֹי, אָמַר שְׁמוּאֵל: [א]וּלְעִנְיַן פִּקּוּחַ נֶפֶשׁ אֵינוֹ כֵּן. אִם רוֹב גּוֹיִם גּוֹי לְמַאי הִילְכְתָא? אָמַר רַב פַּפָּא: [ב]לְהַאֲכִילוֹ נְבֵלוֹת. אִם רוֹב יִשְׂרָאֵל – יִשְׂרָאֵל, לְמַאי הִילְכְתָא – [ג]לְהַחֲזִיר לוֹ אֲבֵידָתוֹ. מֶחֱצָה עַל מֶחֱצָה – יִשְׂרָאֵל, לְמַאי הִילְכְתָא? אָמַר רֵישׁ לָקִישׁ: [ד]לִנְזָקִין, הֵיכִי דָּמֵי? אִי נֵימָא דִּנְגַחֵיהּ תּוֹרָא דִּידַן לְתוֹרָא דִּידֵיהּ – נַיְיתֵי רְאָיָה וְנִשְׁקוֹל! לָא צְרִיכָא, דִּנְגַחֵיהּ תּוֹרָא דִּידֵיהּ לְתוֹרָא דִּידַן, פַּלְגָא – יָהֵיב לֵיהּ, אִידַּךְ פַּלְגָא – נֵימָא לֵיהּ: אַיְיתִי רְאָיָה דְּלָאו יִשְׂרָאֵל אֲנָא, וּשְׁקוֹל. § "מִי שֶׁנָּפַל עָלָיו מַפּוֹלֶת וְכוּ'". § מַאי קָאָמַר? לָא מִיבַּעְיָא קָאָמַר: לָא מִיבַּעְיָא סָפֵק הוּא שָׁם סָפֵק אֵינוֹ שָׁם, דְּאִי אִיתֵיהּ חַי הוּא – דִּמְפַקְּחִין, אֶלָּא אֲפִילּוּ סָפֵק חַי סָפֵק מֵת – מְפַקְּחִין, וְלָא מִיבַּעְיָא סָפֵק חַי סָפֵק מֵת דְּיִשְׂרָאֵל, אֶלָּא אֲפִילּוּ סָפֵק גּוֹי סָפֵק יִשְׂרָאֵל – מְפַקְּחִין. § "מְצָאוּהוּ חַי מְפַקְּחִין". § מְצָאוּהוּ חַי פְּשִׁיטָא! לָא צְרִיכָא, [ה]דַּאֲפִי' לְחַיֵּי שָׁעָה. § "וְאִם מֵת יַנִּיחוּהוּ". § הָא נַמִי פְּשִׁיטָא! לָא צְרִיכָא[א] לְרַ' יְהוּדָה בֶּן לָקִישׁ. דְּתַנְיָא: *אֵין מַצִּילִין אֶת הַמֵּת מִפְּנֵי הַדְּלֵיקָה, אָמַר רַבִּי יְהוּדָה בֶּן לָקִישׁ: [ו]שָׁמַעְתִּי שֶׁמַּצִּילִין אֶת הַמֵּת מִפְּנֵי הַדְּלֵיקָה. וַאֲפִילּוּ רַבִּי יְהוּדָה בֶּן לָקִישׁ לָא קָאָמַר אֶלָּא *מִתּוֹךְ שֶׁאָדָם בָּהוּל עַל מֵתוֹ, אִי לָא שָׁרֵית לֵיהּ – אָתֵי לְכַבּוּיֵי. אֲבָל הָכָא, אִי לָא שָׁרֵית לֵיהּ – מַאי אִית לֵיהּ לְמֶעְבַּד? תָּנוּ רַבָּנַן: עַד הֵיכָן הוּא בּוֹדֵק? [ז]עַד חוֹטְמוֹ, וְיֵשׁ אוֹמְרִים: עַד לִבּוֹ. בָּדַק וּמָצָא עֶלְיוֹנִים מֵתִים – לֹא יֹאמַר: כְּבָר מֵתוּ הַתַּחְתּוֹנִים. מַעֲשֶׂה הָיָה, וּמָצְאוּ עֶלְיוֹנִים מֵתִים וְתַחְתּוֹנִים חַיִּים. נֵימָא הָנֵי תַּנָּאֵי כִּי הָנֵי תַּנָּאֵי, דְּתַנְיָא: *מֵהֵיכָן הַוָּלָד נוֹצָר – מֵרֹאשׁוֹ, שֶׁנֶּאֱמַר: °"מִמְּעֵי אִמִּי אַתָּה גוֹזִי" וְאוֹמֵר: °"גָּזִּי נִזְרֵךְ וְהַשְׁלִיכִי". אַבָּא שָׁאוּל אוֹמֵר: מִטִּיבּוּרוֹ, וּמְשַׁלֵּחַ שָׁרָשָׁיו אֵילָךְ וְאֵילָךְ. אֲפִילּוּ תֵּימָא אַבָּא שָׁאוּל, עַד כָּאן לָא קָא אָמַר אַבָּא שָׁאוּל הָתָם – אֶלָּא לְעִנְיַן יְצִירָה, דְּכֹל מִידֵּי מִמְּצִיעָתֵיהּ מִיתְצַר. אֲבָל לְעִנְיַן פִּקּוּחַ נֶפֶשׁ – אֲפִי' אַבָּא שָׁאוּל מוֹדֵי דְּעִיקַּר חִיּוּתָא בְּאַפֵּיהּ הוּא, דִּכְתִיב: °"כֹּל אֲשֶׁר נִשְׁמַת רוּחַ חַיִּים בְּאַפָּיו". אָמַר רַב פַּפָּא: מַחֲלוֹקֶת מִמַּטָּה לְמַעְלָה, אֲבָל מִמַּעְלָה לְמַטָּה, כֵּיוָן דִּבְדַק לֵיהּ עַד חוֹטְמוֹ – שׁוּב אֵינוֹ צָרִיךְ, דִּכְתִיב: "כֹּל אֲשֶׁר נִשְׁמַת רוּחַ חַיִּים בְּאַפָּיו". *וּכְבָר הָיָה ר' יִשְׁמָעֵאל וְרַבִּי עֲקִיבָא וְרַבִּי אֶלְעָזָר בֶּן עֲזַרְיָה מְהַלְּכִין בַּדֶּרֶךְ, וְלֵוִי *הַסַּדָּר וְרַבִּי יִשְׁמָעֵאל בְּנוֹ שֶׁל רַבִּי אֶלְעָזָר בֶּן עֲזַרְיָה מְהַלְּכִין אַחֲרֵיהֶן. נִשְׁאֲלָה שְׁאֵלָה זוֹ בִּפְנֵיהֶם: מִנַּיִין לְפִקּוּחַ נֶפֶשׁ שֶׁדּוֹחֶה אֶת הַשַּׁבָּת? נַעֲנָה ר' יִשְׁמָעֵאל וְאָמַר: °"אִם בַּמַּחְתֶּרֶת יִמָּצֵא הַגַּנָּב". וּמַה זֶּה שֶׁסָּפֵק עַל מָמוֹן בָּא סָפֵק עַל נְפָשׁוֹת בָּא, *וּשְׁפִיכוּת דָּמִים מְטַמֵּא אֶת הָאָרֶץ וְגוֹרֵם לַשְּׁכִינָה שֶׁתִּסְתַּלֵּק מִיִּשְׂרָאֵל – נִיתַּן לְהַצִּילוֹ בְּנַפְשׁוֹ, ק"ו לְפִקּוּחַ נֶפֶשׁ שֶׁדּוֹחֶה אֶת הַשַּׁבָּת. נַעֲנָה ר"ע וְאָמַר: °"וְכִי יָזִד אִישׁ עַל רֵעֵהוּ וגו' מֵעִם מִזְבְּחִי תִּקָּחֶנּוּ לָמוּת". מֵעִם מִזְבְּחִי – וְלֹא מֵעַל מִזְבְּחִי. וְאָמַר רַבָּה בַּר בַּר חָנָה אָמַר רַבִּי יוֹחָנָן: לֹא שָׁנוּ אֶלָּא לְהָמִית, אֲבָל

(תהלים עא; ירמיה ז; בראשית ז; שמות כב; שם כא)

רש"י

וּשְׁמוּאֵל אָמַר לְפַקֵּחַ עָלָיו אֶת הַגַּל. קָאָמַר, דְּאִם רוֹב יִשְׂרָאֵל,[ג] אֲבָל בְּמֶחֱצָה עַל מֶחֱצָה, לֹא, וְכ"ש בְּרוֹב גּוֹיִם: אֵינוֹ כֵּן. דְּקָאָמַר אֲפִילּוּ בְּרוֹב גּוֹיִם מְפַקְּחִין: לְמַאי הִילְכְתָא. הָוֵי גּוֹי אַלִּיבָּא דִּשְׁמוּאֵל, כֵּיוָן דְּקָאָמַר מְפַקְּחִין עָלָיו – כָּל שֶׁכֵּן דִּמְצֻוֶּה לְהַחֲיוֹתוֹ, וּלְמַאי הִילְכְתָא הָוֵי גּוֹי? לְהַאֲכִילוֹ נְבֵילוֹת. עַד שֶׁיִּגְדַּל, וִיקַבֵּל עָלָיו גֵּירוּת: אִם רוֹב יִשְׂרָאֵל יִשְׂרָאֵל לְמַאי הִילְכְתָא. הָוֵי יִשְׂרָאֵל בְּרוֹב יִשְׂרָאֵל טְפֵי מִמֶּחֱצָה עַל מֶחֱצָה, [ג]אִי שֶׁלֹּא לְהַאֲכִילוֹ נְבֵילוֹת – בְּמֶחֱצָה עַל מֶחֱצָה לָא סָפֵינַן לֵיהּ: לִנְזָקִין. שׁוֹר שֶׁל יִשְׂרָאֵל שֶׁנָּגַח שֶׁל גּוֹי פָּטוּר, וְשׁוֹר שֶׁל גּוֹי שֶׁנָּגַח שֶׁל יִשְׂרָאֵל, בֵּין תָּם בֵּין מוּעָד – מְשַׁלֵּם נֶזֶק שָׁלֵם. וְשֶׁל יִשְׂרָאֵל שֶׁנָּגַח שֶׁל יִשְׂרָאֵל, תָּם – מְשַׁלֵּם חֲצִי נֶזֶק, מוּעָד – מְשַׁלֵּם נֶזֶק שָׁלֵם: אִי נֵימָא דִּנְגַחֵיהּ תּוֹרָא דִּידַן לְתוֹרָא דִּידֵיהּ. וְקָאָמְרִינַן דִּמְחַיְּיבִינַן לֵיהּ לְשַׁלּוּמֵי: נַיְיתֵי רְאָיָה. דְּיִשְׂרָאֵל הוּא, וְנִשְׁקוֹל. וְכָל זְמַן שֶׁלֹּא טָבַל בְּבֵית דִּין לְשֵׁם גֵּירוּת – לָא מָצֵינַן[ד] לְיִשְׂרָאֵל לְחַיּוּבֵי לְשַׁלּוּמֵי: פַּלְגָא. מְשַׁלֵּם כְּיִשְׂרָאֵל, אִידָּךְ פַּלְגָא סָפֵק הוּא, וְזֶה תּוֹבְעוֹ נֶזֶק שָׁלֵם כְּדִין גּוֹי אָמַר לֵיהּ אַיְיתֵי רְאָיָה דְּלָאו יִשְׂרָאֵל אֲנָא וּשְׁקוֹל: מַאי קָאָמַר. כָּל הָנֵי סְפֵיקֵי דְּקָתָנֵי, מַאי אָתוּ לְאַשְׁמוּעִינַן? שֶׁמַּצִּילִין אֶת הַמֵּת. לְחָצֵר הַמְעוֹרֶבֶת, דְּלֵיכָּא אִיסּוּר אֶלָּא טִלְטוּל: אֲבָל הָכָא. כִּי לָא שָׁרֵית לֵיהּ לְפַקּוֹחֵי, מַאי אִית לֵיהּ לְמֵיעֲבַד, דְּתֶיהֱוֵי אִיסּוּרָא דְּאוֹרַיְיתָא דְּנִשְׁרֵי הָא מִקַּמֵּי הַךְ: עַד הֵיכָן הוּא בּוֹדֵק. אִם דּוֹמֶה לְמֵת שֶׁאֵינוֹ מֵזִיז אֵיבָרָיו, עַד הֵיכָן הוּא מְפַקֵּחַ לָדַעַת הָאֱמֶת? עַד חוֹטְמוֹ. וְאִם אֵין חִיּוּת בְּחוֹטְמוֹ, שֶׁאֵינוֹ מוֹצִיא רוּחַ – וַדַּאי מֵת, וְיַנִּיחוּהוּ: הָכִי גָּרְסִינַן: אָמַר רַב פַּפָּא מַחֲלוֹקֶת מִלְּמַטָּה לְמַעְלָה. מַחֲלוֹקֶת דְּהָנָךְ תַּנָּאֵי, דְּמָר אָמַר: עַד לִבּוֹ, וּמָר אָמַר: עַד חוֹטְמוֹ, מִלְּמַטָּה לְמַעְלָה שֶׁמְּוֹצְאוֹ דֶּרֶךְ מַרְגְּלוֹתָיו תְּחִלָּה, וּבוֹדֵק וְהוֹלֵךְ כְּלַפֵּי רֹאשׁוֹ. דְּמָר אָמַר: בְּלִבּוֹ יֵשׁ לְהַבְחִין, אִם יֵשׁ בּוֹ חִיּוּת, שֶׁנִּשְׁמָתוֹ דּוֹפֶקֶת שָׁם, וּמָר אָמַר: עַד חוֹטְמוֹ, דְּזִימְנִין דְּאֵין חִיּוּת נִיכָּר בְּלִבּוֹ, וְנִיכָּר בְּחוֹטְמוֹ:[ה] גָּזִּי נִזְרֵךְ. וְנֵזֶר הוּא שְׂעַר הָרֹאשׁ: אֲפִילּוּ תֵּימָא אַבָּא שָׁאוּל. נַמִי סְבִירָא לֵיהּ עַד חוֹטְמוֹ: וְלֵוִי הַסַּדָּר לֹא פוֹרַשׁ לִי מַהוּ: וּשְׁפִיכוּת דָּמִים. שֶׁהוּתַּר לְבַעַל בַּיִת לִשְׁפּוֹךְ דָּמוֹ שֶׁל זֶה לְהַצָּלַת סָפֵק נַפְשׁוֹ, עֲבֵירָה חֲמוּרָה הִיא, שֶׁמְּטַמְּאָה אֶת הָאָרֶץ כִּדְכְתִיב (במדבר לה) "וְלֹא תְטַמֵּא אֶת הָאָרֶץ" גַּבֵּי פָּרָשַׁת רוֹצְחִין: וְגוֹרֵם לַשְּׁכִינָה שֶׁתִּסְתַּלֵּק. כִּדְכְתִיב (שם) "אֲשֶׁר אֲנִי שׁוֹכֵן בְּתוֹכָהּ", הָא אִם תְּטַמְּאוּהוּ – אֵינִי שׁוֹכֵן, וְגַבֵּי רוֹצֵחַ כְּתִיב: מֵעִם מִזְבְּחִי. אִם כֹּהֵן הוּא שֶׁבָּא לַעֲבוֹד עֲבוֹדָה: וְלֹא מֵעַל מִזְבְּחִי. אִם הִתְחִיל בַּעֲבוֹדָה, אֵין מַפְסִיק לָבֹא לִידּוֹן, אֶלָּא מַשְׁלִים עֲבוֹדָתוֹ: אֲבָל

תוספות

וּלְפַקֵּחַ הגל אינו כן. אומר ר"י דהיינו טעמא דאין הולכין בפקוח נפש אחר הרוב, משום דכתיב (ויקרא יח): "וחי בהם" ולא שימות בהם, שלא יוכל לבוא בשום ענין לידי מיתת ישראל:

לְהַאֲכִילוֹ נבילות. לא הוה מצי למימר שלא להחיותו, משום דאפילו מחלה על מחלה אינו חייב להחיותו – דדוקא ברוב ישראל אמרינן לא שנו אלא להחיותו:

לְהַחֲזִיר לו אבידתו. הא דלא קאמר להחיותו, כדקאמר רב לעיל – פירש רש"י דלשמואל איצטריך, דסבירא ליה דאפילו לפקח את הגל בשבת אין הולכין אחר הרוב, כל שכן להחיותו. ואע"ג דסבירא ליה לשמואל (ב"ב דף כג:): אין הולכין בממון אחר הרוב – הני מילי היכא דאתי לידיה ברשות בעלים, כמו מוכר שור לחבירו ונמצא נגחן, אבל הכא דלא אתא לידיה ברשות בעלים – אזלינן בתר רובא. *ובכתובות סוף פ"ק (דף טו:) פירש דרבותא נקט, אפילו להחזיר לו אבידה, דאיכא עבירה גדולה, כדאמרי' (סנהדרין דף עו:): המחזיר אבידה לגוי עליו הכתוב אומר "למען ספות הרוה את הצמאה" וגו' – ואפי' הכי מחזירין היכא דאיכא רוב ישראל, וכל שכן להחיותו, דליכא עבירה כולי האי, דמפרנסין עניי גוים עם עניי ישראל מפני דרכי שלום [גיטין סא.]:

לְהַחֲזִיר לו אבידה. אבל מחצה על מחצה – לא, דאמר ליה: אייתי ראיה דישראל את ואחזיר לך:

לָא צריכא דנגחיה תורא דידיה לתורא דידן. תימה לי: דהוה מצי למימר כולהו לנזקין, אם רוב ישראל – ישראל, דנגחיה תורא דידן לתורה דידיה, מחצה על מחצה ישראל דנגחיה תורא דידיה לתורא דידן – ולא משלם אלא פלגא, אם רוב גוים גוי – משלם נזק שלם, אלא ניחא למימר חידוש בכל חד:

אַבָּא שאול אומר מטיבורו. הקשה רבינו תם: דבפרק "המפלת" (נדה דף כה.) תניא: איזהו שפיר מרוקם? אבא שאול אומר: תחילת ברייתו מראשו. ועוד הקשה: דהא התם משמע דלא איירי אלא בגודל האיברים ובקוטן, כדקא מסיים עלה: שתי עיניו כשני טיפין של זבוב וכו'. להכי גרס ר"ת: תחילת ברייתו כרשון, פירוש: יוס שנגמר תחילת צורתו הוי כל גופו גדול כסלעם, כדמתרגמינן רשונא, וכן פירש בערוך [ערך רשון]: עם

עין משפט נר מצוה

פא א ב ג ד מיי' פט"ו מהל' איסורי ביאה הל' כו טוש"ע אה"ע סי' ד' סעיף לד:

פב ה מיי' פ"ב מהלכות שבת הלכה יח סמג לאוין סה טוש"ע או"ח סי' שכט סעיף ד:

פג ו מיי' פכ"ו מהל' שבת הל' כא סמג לאוין סה טוש"ע או"ח סי' שיא סעיף א:

פד ז מיי' פ"ב מהלכות שבת הל"ט טוש"ע או"ח סי' שכט סעיף ד:

רבינו חננאל

[כמה]. איכא [פלוגתא] באמוראין חד אמר עד חוטמו וחד אמר עד טבורו. אמר שמואל לא הילכו בפקוח נפש אחר הרוב כו' הא דרב *) דאמר את הגל כו' כבר פירשנוהו **) בבבא קמא: מי שנפלה עליו מפולת ספק הוא שם ספק אינו שם ספק חי ספק מת ספק כותי ספק ישראל מפקחין עליו. מצאוהו חי מפקחין עליו מצאוהו מת יניחוהו. אוקימנא אפי' לר' יהודה בן לקיש דאמר שמעתי שמצילין את המת מפני הדליקה הכא מודה שאם מצאו (חי) [מת] יניחהו ופשוטה היא: ת"ר עד היכן בודק עד טבורו. וי"א עד חוטמו. בדק ומצא עליונים מתים לא יאמר שכבר מתו התחתונים. מעשה היה ובדקו ומצאו עליונים מתים ותחתונים חיים. אמר רב פפא מחלוקת כשבדק ממטה למעלה. שלא יאמר כיון שאין חיותא בטבורו כבר מת אלא צריך לבדוק עד חוטמו אבל אם בדק ממעלה למטה כיון שבדק בחוטמו ואין לו חיותא תוב לא צריך שנאמר כל אשר נשמת רוח חיים באפיו. מניין לפיקוח נפש שדוחה את השבת כו'.

*) אולי צ"ל הא דרב דאמר ל"ש אלא כו' ודשמואל דאמר לפקח עליו את הגל כבר פירשנוהו וכו'.

**) אולי צ"ל בפ"ק דכתובות דף טו.

[בערוך ערך סרד ר' איתא ולוי הסרד פי' גאון יש אומרים שהי' עושה בגדי שרד לפיכך נקרא סרד או שהיה עושה כלי שרד כגון מגודות]

[גיטין סא.] [ב"ב דף כג:] [מנחות, סוטה, כתובות] [שבת מג: ותוספתא שבת פי"ז] [שבת מג: קיז:] [סוטה מה.] [מכלתא פ' כי תשא] [שבת לג. וע"ש]

תוספות ישנים

אמר רב פפא להאכילו נבילות. וה"נ הוה מצי למינקט א) לענין להחיותו אי במחלה מצוה להחיותו אבל גבי רוב ישראל לא הוה מצי למינקט להחיותו כיון דאפילו במחלה על מחלה חייב להחיותו אם כן לא היה זה שום חידוש ואם ...

הגהות הב"ח

(א) גמ' לא צריכא אלא לר' יהודה בן לקיש: (ב) רש"י ד"ה ושמואל כו' דאם רוב כו' על מחלה דאי שלא להאכילו וכו' יהודה בן לקיש: (ג) ד"ה אם רוב כו' רוב ישראל ישראל אבל על מחלה נמי לא ספינן: (ד) ד"ה נייתי כו' לשם גירות לא מצינן לחיוביה לישראל לשלומי: (ה) ד"ה גזי נזרך וד"ה אפילו תימא נ"ל קודם ד"ה הכי גרסינן:

גליון הש"ס

רש"י ד"ה ולוי הסדר. לא פורש לי. ...

עין משפט נר מצוה

פה [א] ג מיי' פ"א מהלכות תשובה הלכה ג:

פו ב ג מיי' שם פ"ד הלכה א:

פז ד ה מיי' שם פ"ב הלכה ט:

פח ו מיי' פ"ג מהלכות שגגות הלכה ט:

[ועי' תוס' שבועות יג. ד"ה בעומד]

תוספות

עם התשובה אין בפני עצמה לא נימא דלא כרבי. תימה לי: דהוה מצי לשנויי: מיתה ויוה"כ מכפרות עם התשובה – על כל עבירות שבתורה, אבל בלא תשובה – יש עבירות שאין מכפרות עליהן, כגון: פורק עול ומגלה פנים ומיפר ברית. ויש לומר: דשפיר טפי משני, אי נמי, י"ל: דומיא דסיפא, דקתני: ועל החמורות הוא תולה עד שיבא יוה"כ ויכפר, דההיא בכל עבירה איירי, דאינה מכפרת בלא יוה"כ – ה"נ רישא*:

חוץ מפורק עול. בסוף פ"ק דשבועות (דף יג.) נפקא ליה מקרא "כי דבר ה' בזה" – זה הפורק עול ומגלה פנים בתורה, "ואת מצותו הפר" – זה המפר ברית בשר, "הכרת תכרת" – הכרת לפני יום הכפורים, "תכרת" – לאחר יוה"כ. יכול אפילו עשה תשובה – ת"ל: "עונה בה" לא אמרתי אלא בזמן שעונה בה. והקשה הרב רבי יעקב מאורליינ"ש ז"ל: אמאי

גמרא

אבל להחיות – אפילו מעל מזבחי. ומה זה, שספק יש ממש בדבריו ספק אין ממש בדבריו, ועבודה דוחה שבת – קל וחומר לפקוח נפש שדוחה את השבת. נענה רבי אלעזר ואמר: ומה *מילה, שהיא אחד ממאתים וארבעים ושמונה איברים שבאדם – דוחה את השבת, קל וחומר לכל גופו – שדוחה את השבת. רבי יוסי בר' יהודה אומר: °"את שבתותי תשמורו" (שמות לא) יכול לכל – ת"ל: *"אך" – חלק. רבי יונתן בן יוסף אומר: °"כי קודש היא לכם" (שם) – היא מסורה בידכם, ולא אתם מסורים בידה. ר' שמעון בן מנסיא אומר: °"ושמרו בני ישראל את השבת" (שם) *אמרה תורה: חלל עליו שבת אחת, כדי שישמור שבתות הרבה. א"ר יהודה אמר שמואל: אי הואי התם הוה אמינא: דידי עדיפא מדידהו, *°"וחי בהם" (ויקרא יח) – ולא שימות בהם. אמר רבא: *לכולהו אית להו פירכא, בר מדשמואל דלית ליה פירכא. דר' ישמעאל – דילמא כדרבא, *דאמר רבא: מאי טעמא דמחתרת – חזקה אין אדם מעמיד עצמו על ממונו, והאי מידע ידע דקאי לאפיה, ואמר: אי קאי לאפאי – קטילנא ליה והתורה אמרה: בא להרגך – השכם להרגו. ואשכחן ודאי, ספק מנלן? דר' עקיבא נמי, דילמא כדאביי. דאמר אביי: *מסרינן ליה זוגא דרבנן, לידע אם(א) ממש בדבריו. ואשכחן ודאי, ספק מנא לן? וכולהו אשכחן ודאי, ספק מנא לן? ודשמואל(ב) ודאי לית ליה פירכא. אמר רבינא ואיתימא רב נחמן בר יצחק: *טבא חדא פלפלתא חריפא ממלא צנא דקרי.§ **מתני'** חטאת ואשם ודאי – מכפרין. [א]מיתה ויוה"כ – מכפרין עם התשובה. תשובה מכפרת על עבירות קלות, על עשה ועל לא תעשה, ועל החמורות *הוא תולה עד שיבא יוה"כ ויכפר. [ב]האומר "אחטא ואשוב", "אחטא ואשוב" – אין מספיקין בידו לעשות תשובה, [ג]"אחטא ויוה"כ מכפר" – אין יוה"כ מכפר. [ד]עבירות שבין אדם למקום – יוה"כ מכפר, [ה]עבירות שבין אדם לחבירו – אין יוה"כ מכפר, עד שירצה את חבירו. *דרש ר' אלעזר בן עזריה: °"מכל חטאתיכם לפני ה' תטהרו" (ויקרא טז) עבירות שבין אדם למקום – יוה"כ מכפר, עבירות שבין אדם לחבירו – אין יוה"כ מכפר, עד שירצה את חבירו. אמר רבי עקיבא: אשריכם ישראל, לפני מי אתם מטהרין, *מי מטהר אתכם – אביכם שבשמים, שנאמר: °"וזרקתי עליכם מים טהורים וטהרתם" (יחזקאל לו) ואומר: °"מקוה ישראל (*ה')" (ירמיה יז) מה מקוה מטהר את הטמאים – אף הקב"ה מטהר את ישראל.§ **גמ'** אשם ודאי – אין, אשם תלוי לא? והא כפרה כתיבא ביה! הנך מכפרי כפרה גמורה, אשם תלוי אינו מכפר כפרה גמורה. אי נמי: הנך – אין אחר מכפר כפרתן, אשם תלוי – אחר מכפר כפרתן. דתנן: (כריתות כה.) [ו]*חייבי חטאות ואשמות ודאין שעבר עליהן יוה"כ – חייבין, אשמות תלוין – פטורין.§ "מיתה ויוה"כ מכפרין עם התשובה".§ עם התשובה – אין, בפני עצמן – לא, נימא דלא כרבי. דתניא, *) רבי אומר: על כל עבירות שבתורה, בין עשה תשובה בין לא עשה תשובה, יום הכפורים מכפר, חוץ (*מפורק עול) ומגלה פנים בתורה ומיפר ברית בשר, שאם עשה תשובה – יוה"כ מכפר, ואם לא עשה תשובה אין יוה"כ מכפר! – אפילו תימא רבי, תשובה בעיא יוה"כ – יוה"כ לא בעיא תשובה.§ "תשובה מכפרת על עבירות קלות על עשה ועל לא תעשה".§ השתא על לא תעשה מכפרת, על עשה מיבעיא?! אמר רב יהודה, הכי קאמר: על עשה ועל לא תעשה שניתק לעשה. ועל לא תעשה גמור לא? ורמינהו: *אלו הן קלות – עשה ולא תעשה,

חוץ

*) [לקמן פז:] שבועות יג. כריתות ז.

סנהדרין עד. ע"ז כז: נד.

[גי' רא"ש תשובה תולה]

[נ"ל את זו דרש וכן אי' במשנה שבמשניות]

גי' ירושלמי ומי

[בקרא וכן במשנה שבמשניות ליתא וע' תי"ט בירמיה י"ד כתוב בלא מלת ה' אולם שם יז כתוב מלת ה' כמו שהוא לפנינו וכ"ה בירושלמי וברי"ף ובע"י]

[בשאלתות פרש' הברכה סימן קסז איתא מהלועג על חבירו]

[שבועו' לט. תוספת' פ"ד]

רש"י

אבל להחיות. כגון שיודע ללמד זכות על אדם שנדון בב"ד ליהרג: ועבודה. חמורה, שדוחה את השבת, מפסיקה להצלת נפש: ומה מילה. שהיא תיקון אחד מאיבריו של אדם – דוחה את השבת, לפי שחייבין עליה כרת לאחר זמן. כך שנויה בתוספתא דשבת:(ג) יכול לכל. אפי' לפיקוח נפש: ושמרו בני ישראל את השבת. כדי לעשות שבתות אחרות, יזהרו בשבת זו בקיום שמירת שבתות הרבה: אין אדם מעמיד את עצמו. מלהציל את ממונו מיד גנב. והאי גנב דאתי במחתרת, מידע ידע דקאי בעל הבית באפיה, ואדעתא דהכי אתא, דמימר אמר: כי קאי לאפאי – קטילנא ליה, ואין זה ספק נפשות אלא ודאי נפשות, והתורה אמרה לו כאן: אחרי שבא להורגך – השכם להורגו: דאמר אביי. בסנהדרין (דף מג.) על היוצא ליסקל, ואמר: יש לי זכות ללמד על עצמי, דקתני התם: מחזירין אותו אפילו ארבע וחמש פעמים, ובלבד שיהא ממש בדבריו, והוינן בה: מנא ידעי? ואמר אביי: מסרינן ליה זוגא דרבנן, שמלוין אותו עד בית הסקילה, ואם אמר: יש לי ללמד זכות על עצמי – ישמעו אלו, אם יש ממש בדבריו אם לאו. והכי נמי גבי כהן העובד איכא למימר נמי, דהכי עבדי ליה: ואשכחן. מהכא דאוודאי פיקוח נפש מחללין, אבל ספק לא שמעינן מיניה. וכולהו נמי, כגון "אך" – חלק, איכא למימר: דוודאי פיקוח נפש קא ממעט ולא ספק. וכן, ולא אתם מסורין בידה למות(ד) – ודאי, וכן חלל עליו כדי שישמור ודאי שבתות הרבה: דשמואל לית ליה פירכא. אשר יעשה האדם המצות שיחיה בהם ודאי, ולא שיבא בעשייתם לידי ספק מיתה – אלמא: מחללין על הספק: חדא פלפלתא. גרעין אחד: **מתני'** חטאת ואשם ודאי. יש אשם גזילות ומעילות, ויש אשם שהוא תלוי, הבא על שגגת ספק כרת, ובגמ' פריך: והא ביה נמי כפרה כתיבא! חטאת ואשם ודאי מכפרין. ומשמעה תשובה איכא, שאם לא היה מתחרט – לא היה מביא קרבנו(ה): **גמ'** הא כפרה כתיב ביה. "וכפר עליו הכהן על שגגתו אשר שגג" (ויקרא ה) באשם תלוי כתיב: אשם תלוי אינו מכפר כפרה גמורה. אלא תולה להגן עליו מן היסורין, עד שיודע לו שוודאי חטא ויביא חטאת, הכי ילפי' לה בכריתות (דף כו:): פטורין. דיום הכפורים מכפר עליהן, וטעמא מפרש בכריתות (דף כה:): חוץ מפורק עול. כופר בהקב"ה: מגלה פנים בתורה. דורש את התורה לגנאי, כגון מנשה *שהיה דורש בהגדות של דופי, לא היה לו למשה לכתוב אלא "ותמנע היתה פלגש" וגו': ומיפר ברית בשר. מילה, ובמסכת שבועות* יליף לה מקראי: דף יג.

חוץ

תורה אור

שבת קלב.

[פסחים ה. וש"נ]

[שבת קנז:]

[חגיגה י. וש"נ]

סנהדרין עב.

[סנהדרין מג.]

חגיגה י. מגילה ז.

[סנהדרין צט:]

הגהות הב"ח

(א) גמ' זוגא דרבנן לידע אם יש ממש בדבריו: (ב) שם ודשמואל לית ליה פירכא כצ"ל ותי' ודאי נמחק: (ג) רש"י ד"ה ומה מילה וכו' בתוספתא דשבת בפ' טז וע"ש: (ד) רש"י ד"ה ואשכחן כו' מסורין בידה למות וכן חלל עליו כצ"ל ותיבת ודאי נמחק: (ה) ד"ה חטאת כו' מביא קרבן הס"ד ואח"כ מה"ד מכל חטאתיכם לפני ה' תטהרו ולא חטאתיכם שבין זה לזה:

הגהות מהר"ב רנשבורג

א] בתו"י ד"ה תשובה וכו' ואלו הכא קאמר עם התשובה אע"פ שאינה עיקר וכו'. נ"ב עיין בזה באורך בהגהת מיימוני פ"ג מהל' ת"ת אות ב:

רבינו חננאל

אסיקנא כשמואל דאמר אשר יעשה אותם האדם וחי ולא שימות בהן. מניין *) לפקוח נפש שהיא אחד מאבריו כו'. פי' מצאנו שהמל התינוק מצילו מן המיתה. מאליעזר בנו של משה רבינו שנא' ויהי בדרך במלון ויפגשהו ה' ויבקש המיתו. ויבקש המיתו לתינוק מפני שנתעצלה אמו ולא מלה אותו וכיון שהרגישה מלה אותו וקראתו חתן דמים. והצילו מן המיתה שנא' וירף ממנו. פי' וירף חולי המות מאתו מן התינוק. אז אמרה חתן דמים אתה לי בדמי המילה. *ואמרינן תו למולו ואפי' בשבת כדי לפדותו מן המיתה וכתיב וערל זכר אשר לא ימול את בשר ערלתו ונכרתה מלמד שהקטן נתפש בעון האב והגדול בעון עצמו ושניהם בחיוב מיתה. זה טעם של ר' אלעזר בן עזריה: **מתני'** ואשם ודאי מכפרין אבל אשם תלוי אע"ג דכתיבא ביה כפרה אינו מכפר כפרה גמורה דלכי מתידע ליה בעי איתויי קרבן אחר. אי נמי כדתנן חייבי חטאות ואשמות ודאין שעבר עליהן יוה"כ חייבין. חייבי אשמות תלוין פטורין. מיתה ויוה"כ מכפרין עם התשובה מתניתא דלא כרבי דתניא רבי אומר כל עבירות שבתורה בין עשה תשובה בין לא עשה תשובה יוה"כ מכפר חוץ מפורק עול והמגלה פנים בתורה והמפר בריתו של אאע"ה שאם עשה תשובה יוה"כ מכפר. ואם לא אין יוה"כ מכפר. ושנינן אפי' תימא רבי הכי קתני תשובה צריכא יוה"כ. אבל יוה"כ מכפר אפי' בלא תשובה. כדתנן תשובה מכפרת על עבירות קלות

*) נראה דצ"ל מנין לפיקוח נפש שדוחה את השבת ומה מילה שהוא אחד מאבריו וכו'. *) ואמרה תורה כצ"ל.

תוספות ישנים

תשובה בעיא יום הכפורים יום הכפורים לא בעי תשובה. ואם תאמר הכא משמע דיום הכפורים עיקר ואפילו הכי קאמר עם תשובה וקשה מכאן על מה שרגיל רבינו יעקב לומר דתלמוד תורה טפל לגבי דרך ארץ מדקתני (באבות פ"ב מ"ב) יפה תלמוד תורה עם דרך ארץ אלמא דרך ארץ עיקר כדדייקינן ביבמות פרק החולץ (דף לח:) גבי שומרת יבם שנפלו לה נכסים דיורשי האב עיקר ומיירי בנכסי מלוג מדקתני יחלקו יורשי בעל עם יורשי האב אלמא יורשי האב עיקר ואילו הכא קאמר עם התשובה אע"פ שאינה עיקר א] י"ל דהכי קאמר עם התשובה שעשה כבר צריך יוה"כ ואינו בא לומר שצריך שניהם אי נמי משום מיתה דבהדיא תנא עם התשובה דתשובה עיקר גבי מיתה ועוד יש לומר דלרבי נמי צריך תשובה לכפרה גמורה אע"ג דמהני יום הכפורים למעט מכרת מ"מ כפרה גמורה בלא תשובה ליכא דאל"כ למה חרב הבית בשביל עונותינו כיון שיום הכפורים מכפר חוץ מג' דברים דפורק עול וכו' ועוד מקשי' על פירוש ר"ת מדכתיב ראה חיים עם אשה וגו' וחיים עיקר וי"ל דחיים דקרא הא דרשינן ליה בפרק קמא דקדושין (דף ל:) שאין זה אלא אומנות והכי קאמר כשם שחייב להשיאו אשה כך חייב אביו ללמדו אומנות ואי תורה היא [כשם שחייב ללמדו תורה כך חייב ללמדו אומנות] א"כ א) הוה עיקר החיים דאין זה אלא אומנות. מ"ר. אבל לא היה נראה לה"ר אלחנן לומר כי תורה אינה עיקר דהא קאמר בתר הכי וכל תורה שאין עמה מלאכה אדרבה תידוק איפכא מבתרייתא ואמרי' נמי בפרק כילד מברכין (דף לה:) ראשונים עשו תורתן קבע ומלאכתן עראי כו' ותנן (אבות פ"ו מ"ח) במ"ח דברים תורה ניקנית במיעוט דרך ארץ כו' והא דיוקא דהחולץ אינו ראיה דלא דייק אלא מדתני יחלקו יורשי הבעל עם יורשי האב ולא קתני יחלקו סתמא דייקינן מדקא משני בלשונו לשנות יחלקו יורשי הבעל עם יורשי האב ש"מ דיורשי האב הוו עיקר ולא ידעתי מנ"ל דהא אם היה מאריך בלשונו יחלקו יורשי הבעל ויורשי האב לא הוה דייקי מידי וא"כ על כרחין מלשון עם דייק ולי נראה כי היה לו לומר יחלקו יורשי הבעל ויורשי האב ועם ייתור לשון הוא לדקדק כן אבל כי תני יפה תלמוד תורה עם דרך ארץ (דהוה משמע) אין זה יתור לשון כי לא היה לו לשנות יפה תלמוד תורה ודרך ארץ דהוה משמע או זה או זה קאמר וכן נראה עיקר:

חוץ מלא תשא. קא סלקא דעתך משום דכתיב "לא ינקה": וכל דדמי ליה. לא תעשה גמור: לפי שנאמר בחורב תשובה ונקה. לאחר מעשה העגל, כשעלה משה להתפלל עליהן, ולקמן מפרש לה: יכול אף לא תשא. ינקה בתשובה: אי אפשר לומר נקה שכבר נאמר לא ינקה. דכתיב "נקה לא ינקה" גבי הדדי: חלוקי כפרה. שחלוקין בכפרתן זה כך וזה כך: אמר לו. שלש הן החלוקין, שיש עבירה שהיא צריכה לזה ואינה צריכה לזה אבל תשובה אינה מן החלוקין, שהיא צריכה לכולן: שובו בנים. ומיד ארפא. למדת שיש עבירה שמכפרת בתשובה לבדה: כי ביום הזה יכפר. למדת שיש עבירה שצריכה יוה"כ: ופקדתי בשבט פשעם. למדת שיש עבירה שצריכה יסורין. ומסתברא, הקל לקלה והחמור לחמורה: חילול השם. חוטא ומחטיא אחרים: באזני ה' צבאות. אמר הנביא: באזני אמר הקב"ה אם יכופר העון עד תמותון. למדנו שיש עבירה שאין לה כפרה אלא במיתה: ולא יהיבנא דמי לאלתר. וכשאני מאחר לפרוע הוא אומר שאני גזלן, ולמד ממני להיות מזלזל בגזל: באתרא דלא תבעי. שאין דרך הטבח לילך ולתבוע הקפותיו, ועל הלוקח להביא לו מעותיו לביתו: ומתא מחסיא. מקומו של רבינא: יהיב זוזא להאי וזוזא להאי. שמא לא ידע חבירו שנתתיו לו, ויש כאן חילול השם: ועביד חושבנא. וחוזרין ונותנין לו בשר כנגד מה שנטלו: כגון אנא דמסגינא וכו'. ואין הכל יודעין שנחלשתי בגרסתי, ולמדין הימני להבטל מתלמוד תורה: מחמת שמועתו. מחמת שם רע היוצא עליו: שרא ליה מריה. ימחול יוצרו על מעשיו: מתאהב על ידך. לחבירך: קורא. מקרא: ושונה. משנה: ומשמש תלמידי חכמים. ללמוד (*תורה), היא יישוב טעמי המשניות מה טעמן ומהיכן למדו: באמור להם עם ה' אלה. את זו קרא הכתוב חילול השם, כשאדם חשוב עובר עבירה ופורענות באה עליו, והכל אומרים: מה הועילו לו? ראה החסידים והחכמים רעה באה עליהם, שנאמר "ויחללו את שם קדשי" במה חללוהו באמור עליהם הגוים שגלו ביניהן "ראו עם ה' אלה" ולא יכול להצילם שלא יגלו, נמצא שם שמים מתחלל וכבודו מתמעט: דמעיקרא שובבים אתם. כשתעשו תשובה מעלה(ו) עליכם כאילו תחילת החטא על ידי נערות ושטות שובבות: וכתיב ארפא. משמע: מכאן ואילך, כבעל מום שנתרפא, שמקלת שמו עליו: כאן מאהבה. השב מאהבה נעקר עונו מתחלתו(ז): כתיב שובו בנים. אלמא בעלי תשובה קרויין בנים: וכתיב כי אנכי בעלתי בכם. אלמא: עבדים מיקרו: כאן מאהבה ומיראה. קרויין בנים: כאן על ידי יסורין. שלא שבו עד שנתייסרו ביסורין – קרויין עבדים ואית דגרסי: כתיב "שובו אלי ואשובה"(ח) וכתיב "כי אנכי בעלתי בכם". כתיב "ואשובה אליכם" – לאחר תשובה, וכתיב "כי אנכי בעלתי בכם" – כבר, קודם שתשובו. כאן מאהבה או מיראה קא אמר "כי אנכי בעלתי בכם": לא

[שבועות לט.] [אבות דר"נ פכ"ט תוספתא פ"ד] [שבועות יב: זבחים ז:] [נ"ל תלמוד] [בע"י איתא היכי דמי וכן גרס הרי"ף אבל ברב אלפס אי' בגירסא אחרת ע"ש] [נ"ל ברבי] [נ"ל ברבי] [נ"ל כי] [גירסת הילקוט וכן בע"י ר' יוחנן אמר עד ולא עד בכלל ומי אר"י הכי והאמר ר' גדולה תשובה שדוחה את ל"ת שבתורה שנאמר וכו' הא קשיא הא ביחיד הא בצבור]

תורה אור

שמות כ חוץ מ"לא תשא" – "לא תשא" וכל דדמי ליה. ת"ש, ר' יהודה אומר: כל שהוא מ"לא תשא" ולמטה – תשובה מכפרת, מ"לא תשא" ולמעלה – תשובה תולה, ויוה"כ מכפר! "לא תשא" וכל דדמי ליה. ת"ש: לפי שנאמר בחורב תשובה "ונקה", יכול
שם לד אף "לא תשא" עמהן – ת"ל: "לא ינקה". יכול אף שאר חייבי לאוין כן – ת"ל: "את שמו" – שמו הוא דאינו מנקה, אבל מנקה שאר חייבי לאוין! תנאי היא, דתניא: על מה תשובה מכפרת – על עשה ועל לא תעשה שניתק לעשה, ועל מה תשובה תולה ויוה"כ מכפר – על כריתות ועל מיתות בית דין, ועל לא תעשה גמור. אמר מר: לפי שנאמר בחורב(א) "ונקה", מנא לן? דתניא, *ר' אלעזר אומר: אי אפשר לומר "נקה" שכבר נאמר "לא ינקה", ואי אפשר לומר "לא ינקה" שכבר נאמר "נקה". הא כיצד? מנקה הוא לשבין, ואינו מנקה לשאינן שבין. שאל ר' מתיא בן חרש את ר' אלעזר בן עזריה ברומי: *שמעת ארבע' חלוקי כפרה שהיה רבי ישמעאל דורש? אמר: שלשה הן, ותשובה עם כל אחד ואחד.* אעבר על עשה ושב – אינו זז משם עד שמוחלין לו, שנאמר:
ירמיה ג "שובו בנים שובבים". בעבר על לא תעשה ועשה תשובה – תשובה תולה, ויוה"כ מכפר
ויקרא טז שנאמר: "כי ביום הזה יכפר עליכם מכל חטאתיכם". געבר על כריתות ומיתות בית דין ועשה תשובה – תשובה ויוה"כ תולין, ויסורין
תהלים פט ממרקין, שנאמר: "ופקדתי בשבט פשעם ובנגעים עונם" דאבל מי שיש חילול השם בידו – אין(ב) לו כח בתשובה לתלות, ולא ביוה"כ לכפר, ולא ביסורין למרק. אלא כולן
ישעיה כב תולין, ומיתה ממרקת, שנאמר: "ונגלה באזני ה' צבאות אם יכופר העון הזה לכם עד תמותון". היכי דמי חילול השם? אמר רב: כגון אנא. האי שקילנא בישרא מטבחא ולא יהיבנא דמי לאלתר. אמר אביי: לא שנו אלא באתרא דלא תבעי, אבל באתרא דתבעי – לית לן בה. אמר רבינא: ומתא מחסיא אתרא דתבעי הוא. אביי כדשקיל בישרא מתרי שותפי יהיב זוזא להאי וזוזא להאי, והדר מקרב להו גבי הדדי, ועביד חושבנא. רבי יוחנן אמר: כגון אנא דמסגינא ארבע אמות בלא תורה ובלא תפילין. יצחק דבי ר' ינאי אמר: כל שחביריו מתביישין מחמת שמועתו (*היינו חילול השם). אמר רב נחמן בר יצחק: כגון דקא אמרי אינשי "שרא
דברים ו ליה מריה לפלניא". אביי אמר: כדתניא, "ואהבת את ה' אלהיך" – שיהא שם שמים מתאהב על ידך, שיהא קורא ושונה ומשמש ת"ח, ויהא משאו ומתנו(ג) *בנחת עם הבריות, מה הבריות אומרות עליו – אשרי אביו שלמדו תורה, אשרי רבו שלמדו תורה. אוי להם לבריות שלא למדו תורה, פלוני שלמדו תורה – ראו כמה
ישעיה מט נאים דרכיו, כמה מתוקנים מעשיו, עליו הכתוב אומר: "ויאמר לי עבדי אתה ישראל אשר בך אתפאר". אבל מי שקורא ושונה ומשמש ת"ח ואין משאו ומתנו באמונה, ואין דבורו בנחת עם הבריות, מה הבריות אומרות עליו – אוי לו לפלוני שלמד תורה, אוי לו לאביו שלמדו תורה, אוי לו לרבו שלמדו תורה, פלוני שלמד תורה – ראו כמה מקולקלין מעשיו וכמה מכוערין דרכיו! ועליו הכתוב אומר:
יחזקאל לו "באמור להם עם ה' אלה ומארצו יצאו". א"ר חמא (*בר) חנינא: גדולה תשובה
הושע יד שמביאה(ד) רפואות לעולם, שנא': "ארפא משובתם אוהבם נדבה". ר' חמא (*בר)
ירמיה ג חנינא רמי, כתיב: "שובו בנים שובבים" דמעיקרא שובבים אתם, וכתיב: "ארפא משובותיכם"! לא קשיא; כאן – מאהבה, כאן – מיראה,(ה) רב יהודה רמי, כתיב: "שובו
שם בנים שובבים ארפא משובותיכם" וכתיב: "(*הנה) אנכי בעלתי בכם ולקחתי אתכם אחד מעיר ושנים ממשפחה"! – ל"ק, כאן – מאהבה או מיראה, כאן – ע"י יסורין. אמר רבי
הושע יד לוי: גדולה תשובה שמגעת עד כסא הכבוד, שנא' "שובה ישראל עד ה' אלהיך"*

אמר

פט א ב ג ד מיי' פ"א מהל' תשובה הל"ד:
צ ה ו מיי' פ"ה מהל' יסודי התורה הל' יא:

אמאי לא חשיב להו בהדי ל"ו כריתות, בפרק קמא דכריתות (דף ב.)? ותירץ ר"י: דרבנן דפליגי אדרבי לא דרשי קרא הכי, אלא בפרק "ארבע מיתות" (סנהדרין דף סד:) דרשי ליה ר' ישמעאל ורבי עקיבא לדרשא אחרינא, ואליבא דרבי לא מצי למיחשבינהו, דהתם קאמר: מנינא למה לי – לומר שאם עשאן כולן בהעלם אחד חייב על כל אחת ואחת. ולדידיה לא מיחייב חטאת אלא במילתא שחייבין על זדונו לאו וכרת כדקאמר רבי בפרק קמא דיבמות (דף ט.) נאמר כאן "עליה" פי' "ונודעה החטאת אשר חטאו עליה" ונאמר להלן "עליה – בחייה" מה להלן – דבר שחייבין על זדונו כרת, אף כאן. ומינה: מה להלן שיש בו לאו – אף כאן. לאפוקי הני, נהי דאיתרבו לכרת – לאו לית בהו. אבל לרבנן לא מצינן לשנויי הכי, דלדידהו לא בעי לאו, כיון דגמרי מ"תורה אחת יהיה לכם" – הוקשה כל התורה כולה לעבודה זרה, מה ע"ז דבר שחייבין על זדונו כרת וכו', אבל לאו לא בעינן, אף על גב דע"ז איכא לאו, דהא בע"ז איכא נמי סקילה – ואפילו הכי מחייבי חטאת אפילו היכא דליכא סקילה, דלא מקשינן אלא לענין כרת דכתיב בההוא ענינא, דכתיב: "הכרת תכרת", הכי נמי לאו לא בעינן לענין חטאת. תדע, דבפרק "אלו הן הלוקין" (מכות דף יג:) ממעט פסח ומילה מחטאת משום דדומיא דע"ז בעינן, מה ע"ז – שב ואל תעשה, לאפוקי הני דקום ועשה נינהו, ואי בעינן לאו לענין חטאת – נימא: מה ע"ז שיש בה לאו – לאפוקי הני, אפילו אי הוו שב ואל תעשה לא מיחייב, כיון דלא כתיב בהו לאו: והאמר

תוספות ישנים

ועשה תשובה מוחלין לו מיד. והיינו הא דאמרי' בחגיגה (דף ה.) העושה דבר ומתחרט בו מוחלין לו מיד ובמצות עשה מוחלין לו מחילה גמורה כדאמרי' הכא אבל בשאר עבירות אע"פ שאין מוחלין לו מקילין לו מדינו מקצת:

רבינו חננאל

קלות על עשה ועל ל"ת שניתק לעשה. אבל על ל"ת גמור לא. דעל החמורות תולה התשובה עד שיבא יוה"כ ויכפר. ורמינהי אלו הן קלות שהתשובה מכפרת על עשה ועל ל"ת. חוץ מלא תשא. ופרקינן לא תשא וכל דדמי ליה. כלומר כל שהוא לאו גמור ת"ש אלו הן החמורות כריתות ומיתות ב"ד ולא תשא עמהן כו'. ת"ש ר' יהודה אומר כל שהוא מלא תשא ולמטה תשובה מכפרת. מלא תשא ולמעלה תולה ויוה"כ מכפר. ושנינן לא תשא וכל דדמי ליה דהוא לאו גמור. ת"ש לפי שנאמר בחורב נושא עון ופשע וחטאה ונקה עוד נאמר לא ינקה. ופשטניה לקרא מנקה הוא לשבים ואינו מנקה לשאינן שבים. ותניא לפי שנאמר בחורב תשובה מדכתיב בה ונקה *) יכול על כל חייבי לאוין אע"פ שישוב לא ינקה לו. ת"ל קרא אחרינא כי לא ינקה ה' את אשר ישא את שמו לשוא. הך דכתיב לא ינקה [אינו אלא] בלא תשא את שמו בלבד. הא כל שאר לאוין התשובה מכפרת. הנה בכל לאוין התשובה מכפרת בלא יוה"כ. ודחינן תנאי היא דתניא על מה תשובה מכפרת על עשה ועל ל"ת שניתק. לעשה. על מה תשובה תולה ויוה"כ מכפר על כריתות ומיתות ב"ד ועל ל"ת גמור. שאל ר' מתיא בן חרש את ר' אלעזר בן עזריה ברומי שמעת ד' חלוקי כפרה שהיה ר' ישמעאל דורש א"ל ג' הן ותשובה עם כל אחת. עבר על עשה ושב אינו זז משם עד שמוחלין לו שנאמר ארפא משובתם וגו'. עבר על ל"ת ושב תשובה תולה ויוה"כ מכפר שנאמר כי ביום הזה יכפר עליכם. עבר על כריתות ומיתות ב"ד ושב תשובה ויוה"כ תולין ויסורין ממרקין שנאמר ופקדתי בשבט פשעם ובנגעים עונם. אבל מי שיש בידו חלול השם אין כח לא לתשובה לתלות ולא ליוה"כ לכפר ולא ליסורין למרק אבל כולן תולין ומיתה ממרקת. שנאמר ונגלה באזני ה' צבאות אם יכופר העון הזה לכם עד תמותון. היכי דמי חלול השם. רב אמר כגון אנא אי שקילנא מבי טבחא בישרא באתרא דלא תבעי דאתו למימר אנא חזיתיה לרב דשקיל בשרא בלא דמי. היינו חלול השם. ר' יוחנן אמר כגון אנא אי מסגינא ד' אמות בלא תורה ובלא תפל' **) ויש אומרים כל שחביריו בושין משמועתו. דאמרי שרא ליה מריה לפלניא. נמצאו עונשין של דברים הללו גדול מעונש כריתות ומיתות ב"ד: תניא ואהבת את ה' אלהיך עשה שיהא ש"ש נאהב על ידך שיהיה אדם קורא ושונה ביראה ומשמש ת"ח ונושא ונותן בשוק בצדק עם הבריות. מה הכל אומרים אשרי פלוני שלמד תורה אשרי הוריו ורבו שלמדו כמה נאים מעשיו ודרכיו עליו הכתוב אומר ישראל אשר בך אתפאר. אבל הקורא ושונה ודרכיו מכוערים כו' עליו הכתוב אומר באמור להם עם ה' (הם) [אלה] ומארצו יצאו. גדולה תשובה שמביאה רפואה לעולם שנא' ארפא משובתם ואסיקנא שובו בנים שובבים ארפא משובותיכם תשובה (מיראה) [מאהבה] ארפא משובתם אוהבם נדבה תשובה (מאהבה) [מיראה] שובו אלי ואשובה אליכם

הגהות הב"ח (א) גמ' לפי שנא' בחורב תשובה ונקה: (ב) שם אבל מי שיש חילול השם בידו אין כח לא בתשובה כו' כצ"ל ותיבת לו נמחק: (ג) שם ויהא משאו ומתנו באמונה ודבורו בנחת עם הבריות מה הבריו' אומרות עליו אשרי לפלוני שלמד תורה אשרי אביו שלמדו תורה: (ד) שם גדולה תשובה שמביאה רפואה לעולם: (ה) שם כאן מאהבה כאן מיראה (רב יהודה רמי) תיבת אלו מוקפות ונכתב בלשון ר"י אמר רב יהודה רמי: (ו) רש"י ד"ה דמעיקרא כו' מעלה אני עליכם כאלו כו' ושטות שובבים כצ"ל: (ז) ד"ה כאן כו' עונו מתחלתו כאן מיראה ארפא הס"ד: (ח) ד"ה כאן ע"י כו' שובו אלי ואשובה אליכם וכתיב כי:

*) חסר כאן ונ"ל יכול אף לא תשא עמהן ת"ל לא ינקה יכול אף על כל חייבי לאוין כן אע"פ שישוב לא ינקה ת"ל את שמו אלא שיקוב כו' **) עי' ירושלמי ברכות פ"ב ה"ג ותראה דגי' רבינו תפלה בל"י מדויק יותר:

צא א מיי' פ"ב מהלכות תשובה הלכה א סמג לאוין עז:
צב ב מיי' שם הלכה ה:
צג ג מיי' שם פ"ג הל"ה:
צד ד מיי' פ"ב מהלכות תשובה הל' ח סמג עשין טז טוש"ע או"ח סי' תרז סעיף ד:
צה ה מיי' פ"ו מהלכות דעות הלכה ח:

גליון הש"ס

גמ' יחיד שעשה תשובה מוחלין לכל העולם. הרמ"ע מפאנו במאמר חיקור דין ח"א פ"ד כתב פירוש חלקם בברית האלה להיות ערבים זה לזה הוא הנמחל בזכותו עכ"ל:

לא תעשה שבתורה. "לא יוכל בעלה הראשון" וגו': **כי כשלת בעונך.** עונך יחשב כמכשול שהיא שגגה: **עליהם (חיו) [הוא] יחיה.** על כל מה שעשה, ואף על העבירות: **מתפייס הימנו.** מקבל הימנו פיוסים: **ונשלמה פרים שפתינו.** במקום פרים: **נדבה.** מקובלת ברצון יותר מחובה: **ארפא משובתם**[ט]. **מן היחיד: שבא דבר עבירה לידו**[י]. שנכשל בה כבר: **באותה אשה באותו מקום.** שעבר שם[כ] העבירה, ואותו פרק. מתוך שדומה מכל וכל לזמן שנכשל בו כבר – יצרו מתגבר עליו, ואומר לו: ראה פלונית, ואותו מקום, ואותו פרק הוא – קום עשה מה שעשית כבר: **כסוי חטאה.** שלא נתגלה עונו: **בחטא מפורסם.** טוב לו שיודה ויתבייש, ולא יכפור בו: **בחטא שאינו מפורסם.** לא יגלה חטאו. וכבוד השם הוא, שכל מה שאדם חוטא בפרהסיא מיעוט כבוד שמים הוא: **עבירות שבין אדם לחבירו.** יגלה לרבים, שיבקשו ממנו שימחול לו: **וחטאתי נגדי תמיד.** איני סבור שכפרת לי, והרי הוא תמיד כאילו הוא נגדי עומד: **וצריך לפרט את החטא.** כשהוא מתודה אומר: חטא פלוני חטאתי: **כדר' ינאי.** לא הזכיר העון אלא למעטו, ולומר: אתה גרמת להם. משל *לאדם שהיה לו בן נאה ומאכילו ומשקהו ותולה לו כיס של דינרין בצוארו, והושיבו בפתח זונות, מה יעשה שלא יחטא? הכי גרס בספרי: **משה אמר יכתב סורחני שנאמר יען לא האמנתם בי.** בכל מקום שנכתב מיתתו שם נכתב סרחונו. אלמא: ניחא למכתביה זמנין טובא: **לשתי נשים.** שלוקות: אחת קלקלה. זנתה. והתרו בה למלקות. כך, דור המדבר מתו במדבר שהאמינו למרגלים. (*משה) מת במדבר על "שמעו נא המורים". אמר: יכתב סורחני, שלא יאמרו אף אני קלקלתי כמותם: **פגי שביעית.** תאנים שלא בישלו כל צרכן. ורחמנא אמר "והיתה שבת הארץ לכם לאכלה" (ויקרא כה) לאכלה ולא להפסד: **מפרסמין את החנפין.** שהן רשעים ומראין עצמן כצדיקים, אם יש מכיר במעשיו – מצוה לפרסמו מפני חילול השם. שבני אדם למידין ממעשיו, שסבורין עליו שהוא צדיק. ועוד, כשבא עליו פורענות בני אדם אומרים: מה הועיל לו זכותו: **שנאמר ובשוב צדיק מצדקו.** סיפיה דקרא "ונתתי מכשול לפניו" – אני ממציא לידו חטא גלוי לכל שיכשל בו, וידעו את מעשיו: **המוחלטין.** רשעים גמורין: **שלות רשעים סופה תקלה.** מתוך שלותם הם יושבין ומהרהרין בעבירות: **והרשות.** הרבנות: **מקברת בעליה.** שנאמר (שמות א) "וימת יוסף תחילה", ואח"כ כל אחיו*: **ולואי שתהא יציאה.** ממנה בלא חטא כביאה: **נפיק לדינא.** להיות דן דין: **בצבו**

תורה אור

(א)אמר ר' יוחנן: גדולה תשובה שדוחה את לא תעשה שבתורה, שנאמר: °"לאמר הן ישלח איש את אשתו והלכה מאתו והיתה לאיש אחר הישוב אליה עוד הלא חנוף תחנף הארץ ההיא ואת זנית רעים רבים ושוב אלי נאם ה'". א"ר יונתן: גדולה תשובה (*שמקרבת) את הגאולה, שנאמר: °"ובא לציון גואל ולשבי פשע ביעקב". מה טעם "ובא לציון גואל" – משום ד"שבי פשע ביעקב". אמר ריש לקיש: גדולה תשובה, שזדונות נעשות לו כשגגות, שנאמר: °"שובה ישראל עד ה' אלהיך כי כשלת בעונך". הא עון מזיד הוא, וקא קרי ליה מכשול. איני?! והאמר ריש לקיש: גדולה תשובה שזדונות נעשות לו כזכיות, שנאמר: °"ובשוב רשע מרשעתו ועשה משפט וצדקה עליהם (*חיה) יחיה"! לא קשיא; כאן – מאהבה, כאן – מיראה. אמר ר' שמואל בר נחמני אמר ר' יונתן: גדולה תשובה שמארכת (ב)שנותיו של אדם, שנאמר: °"ובשוב רשע מרשעתו (*חיו) יחיה". אמר ר' יצחק, אמרי במערבא משמיה דרבה בר מרי: בא וראה שלא כמדת הקדוש ברוך הוא מדת בשר ודם. מדת בשר ודם, מקניט את חבירו(ג) בדברים – ספק מתפייס הימנו ספק אין מתפייס הימנו, וא"ת מתפייס(ד) בדברים ספק מתפייס ספק אין מתפייס בדברים. אבל הקב"ה, אדם עובר עבירה בסתר – מתפייס ממנו בדברים, שנאמר: °"קחו עמכם דברים ושובו אל ה'", ולא עוד אלא שמחזיק לו טובה, שנאמר: "וקח טוב", ולא עוד אלא שמעלה עליו הכתוב כאילו הקריב פרים, שנאמר: °"ונשלמה פרים שפתינו". שמא תאמר פרי חובה – ת"ל: °"ארפא משובתם אוהבם נדבה". תניא, *היה ר"מ אומר: גדולה תשובה, שבשביל יחיד שעשה תשובה מוחלין(ה) לכל העולם כולו, שנא' "ארפא משובתם אוהבם נדבה כי שב אפי ממנו". "מהם" לא נאמר, אלא "ממנו". אהיכי דמי בעל תשובה? אמר רב יהודה: *כגון שבאת לידו דבר עבירה פעם ראשונה ושניה(ו) וניצל הימנה, מחוי רב יהודה: באותה אשה, באותו פרק, באותו מקום. א"ר יהודה: רב רמי, כתיב: °"אשרי נשוי פשע כסוי חטאה" וכתיב: °"מכסה פשעיו לא יצליח"! לא קשיא: הא בחטא מפורסם, הא – בחטא שאינו מפורסם. רב זוטרא בר טוביה אמר רב נחמן: כאן – בעבירות שבין אדם לחבירו, בכאן – בעבירות שבין אדם למקום. תניא, ר' יוסי בר יהודה אומר: אדם געובר עבירה פעם ראשונה – מוחלין לו, שניה – מוחלין לו, שלישית – מוחלין לו, רביעית – אין מוחלין לו, שנאמר: °"כה אמר ה' על שלשה פשעי ישראל ועל ארבעה לא אשיבנו" (*ונאמר): °"הן כל אלה יפעל אל פעמים שלש עם גבר". מאי "ואומר"? וכי תימא: הני מילי – בציבור, אבל ביחיד – לא, ת"ש "הן כל אלה יפעל אל פעמים שלש עם גבר". (*מכאן ואילך אין מוחלין לו, שנאמר: "על שלשה פשעי ישראל ועל ארבעה לא אשיבנו)". ת"ר: *עבירות שהתודה עליהן יוה"כ זה – לא יתודה עליהן יום הכפורים אחר, ואם שנה בהן – צריך להתודות יוה"כ אחר, ואם לא שנה בהן וחזר והתודה עליהן – עליו הכתוב אומר: °"ככלב שב על(ז) קיאו כסיל שונה באולתו". *רבי אליעזר בן יעקב אומר: דכ"ש שהוא משובח, שנאמר: °"כי פשעי אני אדע וחטאתי נגדי תמיד". אלא מה אני מקיים "ככלב שב על קיאו וגו'" – כדרב הונא, דאמר רב הונא: כיון *שעבר אדם עבירה ושנה בה – הותרה לו. הותרה לו סלקא דעתך?! אלא אימא: נעשית לו כהיתר. *וצריך לפרוט את החטא, שנאמר: °"אנא חטא העם הזה חטאה גדולה ויעשו להם אלהי זהב" דברי ר' יהודה בן בבא. רבי עקיבא אומר:(ז) "אשרי נשוי פשע כסוי חטאה". אלא מהו שאמר משה: "ויעשו להם אלהי זהב" – כדר' ינאי. דאמר ר' ינאי: *אמר משה לפני הקדוש ברוך הוא: רבש"ע, כסף וזהב שהרבית להם לישראל עד שאמרו די – גרם להם שיעשו אלהי זהב. שני פרנסים טובים עמדו להם לישראל, משה ודוד. משה אמר: יכתב סורחני, שנאמר: °"יען לא האמנתם בי להקדישני". דוד אמר: *"אל יכתב סורחני, שנאמר: "אשרי נשוי פשע כסוי חטאה". משל דמשה ודוד למה הדבר דומה? לשתי נשים שלקו בבית דין, אחת קלקלה ואחת אכלה פגי שביעית, אמרה להן אותה שאכלה פגי שביעית: בבקשה מכם, הודיעו על מה היא *לוקה, שלא יאמרו על מה שזו לוקה זו לוקה. הביאו פגי שביעית ותלו בצוארה, והיו מכריזין לפניה ואומרין: על עסקי שביעית היא לוקה. *המפרסמין את החנפין מפני חילול השם, שנאמר: °"ובשוב צדיק מצדקו ועשה עול ונתתי מכשול לפניו". תשובת המוחלטין מעכבת הפורענות, ואע"פ שנחתם עליו גזר דין של פורענות. שלות רשעים סופה תקלה, והרשות מקברת את בעליה, ערום נכנס לה וערום יצא ממנה, ולואי שתהא יציאה כביאה. *)רב כי הוה נפיק למידן דינא אמר הכי: בצבו נפשיה לקטלא נפיק, וצבו ביתיה לית הוא עביד, וריקן לביתיה אזיל, ולואי שתהא ביאה(ח) כיציאה. **)רבא כי הוה נפיק לדינא אמר הכי: בצבו

ירמיה ג | ישעיה נט | הושע יד | יחזקאל לג | שם יח | הושע יד | שם שם | שם | תהלים לב | משלי כח | עמוס ב | איוב לג | משלי כו | תהלים נא | שמות לב | במדבר כ | יחזקאל ג

[נ"ל ומשה] [בילקוט ובע"י אית' שמביאה] [נ"ל הוא] [סוטה יג:] [נ"ל הוא] [קדושין לט: ע"ש] [בהלכ"ג סימן י"ז ובע"י ליתא' לכל זה ועי' ברב אלפס לאו בנוסחא אחרת] [תוספתא פ"ד] [מ"ק כז: סוטה כב. ערכין ל: קדושין כ. מ] [עי' סנהדרין קז.] [תוספתא' פ"ד]

[כל זה איתא בברכות לב.] | בע"י הביא זאת בשם מימרא אמר מר זוטרא בר טובי' אמר רב | תהלים לב | [נ"ל ואומר] | [תוספתא פ"ד] | משלי כו | בע"י רבי אלעזר בר יהודה | שמות לב | [תוספתא פ"ד] | ברכות לב. [סנהדרין קב.] | במדבר כ | [היינו מכות מרדות מדרבנן וכ"כ הריב"ש סי' פז וע"ש]

א) בקרא בלי י' ובנ"ך. *) סנהדרין ז: **) [הך דרבא ליתא בסנהדרין וכן בע"י דהכא ליתא]

הגהות הב"ח

(א) גמ' א"ר יוחנן כו' נ"ב ס"א ר' יונתן אמר עד הלום עד בכלל ומי א"ר יוחנן

הכי והא אמר ר' יוחנן גדולה תשובה וכו' אלי נאם ה' לא קשיא הא ביחיד הא בצבור א"ר יוסי הגלילי גדולה תשובה גאולה שנאמר ובא לציון וגו' מאי טעמא ובא לציון גואל משום ולשבי פשע ביעקב אמר ר' יונתן גדולה תשובה לעולם שנאמר שמרו משפט ועשו צדקה כי קרובה ישועתי לבא ולדקתי להגלות אמר ריש לקיש כו': (ב) שם גדולה ימיו ושנותיו של אדם: (ג) שם מקניט את חבירו ספק מתפייס כו' כצ"ל ותיבת בדברים נמחק: (ד) שם ואת' ספק מתפייס ממנו בדברים וכו' אבל מדת הקב"ה אינו כן אדם שעבר כו': (ה) שם יחיד שעשה תשובה מוחלין כולו: (ו) שם פעם ראשונה ושניה ופירש הימנה מחוי רב יהודה באותה אשה ובאותו פרק ובאותו מקום כצ"ל: (ז) אין צריך שנאמר אשרי נשוי פשע: (ח) שם ולואי שתהא ביאה כיציאה וכי הוה חזי אמבואה אבתריה אמר כו' כי הוה נפיק כו' עד ולואי שתהא ביאה כיציאה נמחק: (ט) רש"י ד"ה ארפא משובתם של רבים לפי שתב אפי מ שבא וכו' לידו אותה העבירה שנכשל בה כבר: (כ) ד"ה באותה אשה כו' שעבר שם כבר העבירה ובאותו פרק ש בה כבר כו':

רבינו חננאל

אליכם כי אנכי בעלתי בכם תשובה מיסורין. גדולה תשובה שאפילו הגיע חטאתו עד כסא הכבוד התשובה מכפרת. שנאמר שובה ישראל עד ה' אלהיך. גדולה תשובה שדוחה את לא תעשה שבתורה והוא המגרש אשתו ונישאת לאחר כו' ואסיקנא לא קשיא הא ביחיד הא בצבור. כלומר אין זה הדין בצבור אלא ביחיד. גדולה תשובה שמקרבת הגאולה ועונותיו נעשין לו כזכיות ומארכת ימיו שנאמר ובשוב רשע מדרכו וחיה. תניא אדם מקניט חבירו ספק מתפיים לו ספק אין מתפיים לו אבל הקב"ה ודאי מתפיים לו אפילו בדברים שנאמר קחו עמכם דברים ושובו אל ה' ולא עוד אלא שמחזיק לו טובה שנאמר וקח טוב ולא עוד אלא שמעלה עליו הכתוב כאילו הקריב קרבן שנאמר ונשלמה פרים שפתינו. היכי דמי בעל תשובה אמר רב כל שבא לידו עבירה פעם א' וב' וניצל הימנה. מחוי ר' יהודה באותו מקום באותה אשה או כיוצא בה ובאותה פרק. בעבירות שבין אדם להקב"ה אשרי נשוי פשע כסוי חטאה. בין אדם לחבירו מכסה פשעיו לא יצלח וי"א כאן בחטא מפורסם וכאן בחטא שאינו מפורסם. תניא ר' יוסי ב"ר יהודה אומר עבר אדם עבירה פעם ראשונה ושנייה ושלישית מוחלין לו אם ישוב רביעית אין מוחלין לו שנאמר על שלשה פשעי ישראל ועל ארבעה לא אשיבנו ולא תימא בצבור אלא אפילו ביחיד שנאמר הן כל אלה יפעל אל פעמים שלש עם גבר. עבירות שבין אדם למקום אם יתודה עליהן יוה"כ זה אינו צריך עוד להתודות עליהן ואם חוזר ומתודה עליהן עליו הכתוב אומר כסיל שונה באולתו. ר' אליעזר אומר הרי הוא משובח שנאמר וחטאתי נגדי תמיד אלא מהו מקיים כסיל שונה באולתו כדרב הונא דאמר כיון שעבר אדם עבירה ושנה בה הותרה לו ונעשית לו כהיתר. וצריך לפרוט את החטא שנאמר ויעשו להם אלהי זהב. ר"ע אומר א"צ שנאמר כסוי חטאה. אלא מה אני מקיים ויעשו להם אלהי זהב כו': **ב'** פרנסים טובים עמדו להם לישראל משה אמר יכתב סורחני שנאמר יען לא האמנתם בי להקדישני ואם אין מחני נא מספרך וגו' ודוד אמר [אל] יכתב סורחני שנאמר אשרי

תוספות ישנים

וצריך לפרט את החטא. וע"י כך תיקנו בתפלות של יום הכפורים על חטא שחטאנו לפניך באונס וחבריו: גזר דין של יחיד נקרע כדאמרינן בראש השנה (דף יח.) אי נמי ר' יצחק היא דאמר יפה צעקה לאדם בין קודם גזר דין בין לאחר גזר דין:
תשובת רשעים מוחלטין מעכבת. אף אחר שנחתם גזר דין מיהו מ"מ סופו לבא לידי תקלה שאין

תורה אור

בִּצְבוּ נַפְשֵׁיהּ לִקְטָלָא נָפֵיק. וּצְבוּ בֵּיתֵיהּ לֵית הוּא עָבֵיד, וְרֵיקָן לְבֵיתֵיהּ אָזֵיל, וּלְוַאי שֶׁתְּהֵא בִּיאָה כִּיצִיאָה. *וְכִי הֲוֵי חָזֵי אַמְבוּהָא אֲבַתְרֵיהּ אָמַר: °"אִם יַעֲלֶה לַשָּׁמַיִם שִׂיאוֹ וְרֹאשׁוֹ לָעָב יַגִּיעַ כְּגֶלְלוֹ לָנֶצַח יֹאבֵד רוֹאָיו יֹאמְרוּ אַיּוֹ". *רַב זוּטְרָא כִּי הֲווּ מְכַתְּפִי לֵיהּ בְּשַׁבְּתָא דְרִיגְלָא הֲוָה אָמַר: °"כִּי לֹא לְעוֹלָם חֹסֶן וְאִם נֵזֶר לְדוֹר וָדוֹר". °"שְׂאֵת פְּנֵי רָשָׁע לֹא טוֹב" – לֹא טוֹב לָהֶם לָרְשָׁעִים שֶׁנּוֹשְׂאִין לָהֶם פָּנִים בָּעוֹלָם הַזֶּה, לֹא טוֹב לוֹ לְאַחְאָב(א) שֶׁנָּשְׂאוּ לוֹ פָּנִים בְּעוה"ז שֶׁנֶּאֱמַר: °"יַעַן כִּי נִכְנַע (*אַחְאָב מִלְּפָנַי) לֹא אָבִיא הָרָעָה בְּיָמָיו". *°"לְהַטּוֹת צַדִּיק בַּמִּשְׁפָּט" – טוֹב לָהֶם לַצַּדִּיקִים שֶׁאֵין נוֹשְׂאִין לָהֶם פָּנִים בְּעוה"ז, טוֹב לוֹ לְמֹשֶׁה שֶׁלֹּא נָשְׂאוּ לוֹ פָּנִים בְּעוה"ז, שֶׁנֶּאֱמַר: °"יַעַן לֹא הֶאֱמַנְתֶּם בִּי לְהַקְדִּישֵׁנִי" *הָא אִילּוּ הֶאֱמַנְתֶּם בִּי – עֲדַיִין לֹא הִגִּיעַ זְמַנְּכֶם לִיפָּטֵר מִן הָעוֹלָם. אַשְׁרֵיהֶם לַצַּדִּיקִים, לֹא דַּיָּין שֶׁהֵן זוֹכִין אֶלָּא שֶׁמְּזַכִּין לִבְנֵיהֶם וְלִבְנֵי בְנֵיהֶם עַד סוֹף כָּל הַדּוֹרוֹת. שֶׁכַּמָּה בָּנִים הָיוּ לוֹ לְאַהֲרֹן שֶׁרְאוּיִין לִישָּׂרֵף כְּנָדָב וַאֲבִיהוּא, שֶׁנֶּאֱמַר: °"הַנּוֹתָרִים" אֶלָּא שֶׁעָמַד לָהֶם זְכוּת אֲבִיהֶם. אוֹי לָהֶם לָרְשָׁעִים, לֹא דַּיָּין שֶׁמְּחַיְּיבִין עַצְמָן אֶלָּא שֶׁמְּחַיְּיבִין לִבְנֵיהֶם וְלִבְנֵי בְנֵיהֶם עַד סוֹף כָּל הַדּוֹרוֹת. הַרְבֵּה בָּנִים הָיוּ לוֹ לִכְנַעַן שֶׁרְאוּיִין לִיסָּמֵךְ, כְּטָבִי, עַבְדּוֹ שֶׁל רַבָּן גַּמְלִיאֵל, אֶלָּא שֶׁחוֹבַת אֲבִיהֶם גָּרְמָה לָהֶן. *כָּל הַמְזַכֶּה אֶת הָרַבִּים – אֵין חֵטְא בָּא עַל יָדוֹ, [א]וְכָל הַמַּחֲטִיא אֶת הָרַבִּים – כִּמְעַט אֵין מַסְפִּיקִין בְּיָדוֹ לַעֲשׂוֹת תְּשׁוּבָה. כָּל הַמְזַכֶּה אֶת הָרַבִּים אֵין חֵטְא בָּא עַל יָדוֹ, מ"ט – *כְּדֵי שֶׁלֹּא יְהֵא הוּא בְּגֵיהִנָּם וְתַלְמִידָיו בְּגַן עֵדֶן, שֶׁנֶּאֱמַר °"כִּי לֹא תַעֲזֹב נַפְשִׁי לִשְׁאוֹל לֹא תִתֵּן חֲסִידְךָ לִרְאוֹת שָׁחַת". וְכָל הַמַּחֲטִיא אֶת הָרַבִּים אֵין מַסְפִּיקִין בְּיָדוֹ לַעֲשׂוֹת תְּשׁוּבָה – שֶׁלֹּא יְהֵא הוּא בְּגַן עֵדֶן וְתַלְמִידָיו בְּגֵיהִנָּם, שֶׁנֶּאֱמַר: °"אָדָם עָשֻׁק בְּדַם נָפֶשׁ עַד בּוֹר יָנוּס אַל יִתְמְכוּ בוֹ". § "הָאוֹמֵר אֶחֱטָא וְאָשׁוּב אֶחֱטָא וְאָשׁוּב". § לָמָּה לִי לְמֵימַר "אֶחֱטָא וְאָשׁוּב אֶחֱטָא וְאָשׁוּב" תְּרֵי זִימְנֵי? כִּדְרַב הוּנָא אָמַר רַב, דְּאָמַר רַב הוּנָא אָמַר רַב: *כֵּיוָן שֶׁעָבַר אָדָם עֲבֵירָה וְשָׁנָה בָּהּ – הוּתְּרָה לוֹ. הוּתְּרָה לוֹ סָלְקָא דַעְתָּךְ?! אֶלָּא: נַעֲשֵׂית לוֹ כְּהֶיתֵּר. § "אֶחֱטָא וְיוֹם הַכִּפּוּרִים מְכַפֵּר" – אֵין יוֹם הַכִּפּוּרִים מְכַפֵּר". § לֵימָא מַתְנִי' דְּלָא כְּרַבִּי – דְּתַנְיָא, *רַבִּי אוֹמֵר: עַל כָּל עֲבֵירוֹת שֶׁבַּתּוֹרָה, בֵּין עָשָׂה תְּשׁוּבָה בֵּין לֹא עָשָׂה תְּשׁוּבָה יוה"כ מְכַפֵּר! – אֲפִילּוּ תֵּימָא רַבִּי, אַגַּב שָׁאנֵי. § "עֲבֵירוֹת שֶׁבֵּין אָדָם לַמָּקוֹם וכו'". § רָמֵי לֵיהּ רַב יוֹסֵף בַּר חָבוּ לְרַבִּי אַבָּהוּ:(ב) עֲבֵירוֹת שֶׁבֵּין אָדָם לַחֲבֵירוֹ אֵין יוה"כ מְכַפֵּר? וְהָא כְּתִיב: °"אִם יֶחֱטָא אִישׁ לְאִישׁ וּפִלְלוֹ אֱלֹהִים"! מַאן אֱלֹהִים – דַּיָּינָא. – אִי הָכִי אֵימָא סֵיפָא: "וְאִם לַה' יֶחֱטָא אִישׁ מִי יִתְפַּלֶּל לוֹ"? הָכִי קָאָמַר: אִם יֶחֱטָא אִישׁ לְאִישׁ וּפִלְלוֹ – אֱלֹהִים יִמְחוֹל לוֹ, וְאִם לַה' יֶחֱטָא אִישׁ – מִי יִתְפַּלֶּל בַּעֲדוֹ, תְּשׁוּבָה וּמַעֲשִׂים טוֹבִים. *אָמַר ר' יִצְחָק: [ב]כָּל הַמַּקְנִיט אֶת חֲבֵירוֹ, אֲפִילּוּ בִּדְבָרִים – צָרִיךְ לְפַיְּיסוֹ, שֶׁנֶּאֱמַר: °"בְּנִי אִם עָרַבְתָּ לְרֵעֶךָ תָּקַעְתָּ לַזָּר כַּפֶּיךָ נוֹקַשְׁתָּ בְאִמְרֵי פִיךָ עֲשֵׂה זֹאת אֵפוֹא בְּנִי וְהִנָּצֵל כִּי בָאתָ בְכַף רֵעֶךָ לֵךְ הִתְרַפֵּס וּרְהַב רֵעֶיךָ". *אִם מָמוֹן(ג) יֵשׁ בְּיָדְךָ – הַתֵּר לוֹ פִּסַּת יָד, וְאִם לָאו – הַרְבֵּה עָלָיו רֵיעִים. (*וְאָמַר) רַב חִסְדָּא: [ג]וְצָרִיךְ לְפַיְּיסוֹ בְּשָׁלֹשׁ שׁוּרוֹת שֶׁל שְׁלֹשָׁה בְּנֵי אָדָם, שֶׁנֶּאֱמַר: °"יָשֹׁר עַל אֲנָשִׁים וַיֹּאמֶר חָטָאתִי וְיָשָׁר הֶעֱוֵיתִי וְלֹא שָׁוָה לִי". (*וְאָמַר) ר' יוֹסֵי בַּר חֲנִינָא: [ד]כָּל הַמְבַקֵּשׁ מָטוּ מֵחֲבֵירוֹ אַל יְבַקֵּשׁ מִמֶּנּוּ יוֹתֵר מִשָּׁלֹשׁ פְּעָמִים, שֶׁנֶּאֱמַר: °"אָנָּא שָׂא נָא וְעַתָּה שָׂא נָא" [ה]וְאִם מֵת – מֵבִיא עֲשָׂרָה בְּנֵי אָדָם, וּמַעֲמִידָן עַל קִבְרוֹ, וְאוֹמֵר: חָטָאתִי לַה' אֱלֹהֵי יִשְׂרָאֵל וְלִפְלוֹנִי שֶׁחָבַלְתִּי בּוֹ. ר' יִרְמְיָה הֲוָה לֵיהּ מִילְּתָא לְר' אַבָּא בַּהֲדֵיהּ, אֲזַל(ד) אִיתִיב אַדַּשָּׁא דְּר' אַבָּא. בַּהֲדֵי דְּשַׁדְיָא אַמְתֵיהּ מַיָּא מְטָא זַרְזִיפֵי דְמַיָּא אַרֵישָׁא. אֲמַר: עֲשָׂאוּנִי כָּאַשְׁפָּה, קְרָא אַנַּפְשֵׁיהּ: °"מֵאַשְׁפֹּת יָרִים אֶבְיוֹן". *שְׁמַע ר' אַבָּא וְנָפֵיק לְאַפֵּיהּ, אֲמַר לֵיהּ: הַשְׁתָּא צְרִיכְנָא לְמִיפַּק אַדַּעְתָּךְ, דִּכְתִיב: "לֵךְ הִתְרַפֵּס וּרְהַב רֵעֶיךָ". ר' זֵירָא, כִּי הֲוָה לֵיהּ מִילְּתָא בַּהֲדֵי אִינִישׁ הֲוָה חָלֵיף וְתָנֵי לְקַמֵּיהּ וּמַמְצִיא לֵיהּ, כִּי הֵיכִי דְּנֵיתֵי וְנֵיפּוֹק לֵיהּ מִדַּעְתֵּיהּ. רַב הֲוָה לֵיהּ מִילְּתָא בַּהֲדֵי הַהוּא טַבָּחָא – לָא אֲתָא לְקַמֵּיהּ. בְּמַעֲלֵי יוֹמָא דְכִפּוּרֵי אֲמַר אִיהוּ: אֵיזִיל אֲנָא לְפַיּוֹסֵי לֵיהּ. פְּגַע בֵּיהּ רַב הוּנָא; אֲמַר לֵיהּ – לְהֵיכָא קָא אָזֵיל מָר? אֲמַר לֵיהּ לְפַיּוֹסֵי לִפְלַנְיָא. אֲמַר: אָזֵיל *)אַבָּא לְמִיקְטַל נַפְשָׁא. אֲזַל וְקָם עִילָּוֵיהּ, הֲוָה יָתֵיב וְקָא פָּלֵי רֵישָׁא, דְּלֵי עֵינֵיהּ וַחֲזְיֵיהּ, אֲמַר לֵיהּ: אַבָּא אַתְּ! זִיל, לֵית לִי מִילְּתָא בַּהֲדָךְ! בַּהֲדֵי דְּקָא פָּלֵי רֵישָׁא אִישְׁתְּמִיט גַּרְמָא, וּמַחְיֵיהּ בְּקוֹעֵיהּ, וּקְטָלֵיהּ. רַב הֲוָה פָּסֵיק סִידְרָא קַמֵּיהּ דְּרַבִּי, עָיֵיל

אֲתָא

*) עי' תוס' חולין לח: ד"ה אילטריך

בִּצְבוּ נַפְשֵׁיהּ. בִּרְצוֹן עַצְמוֹ: לִקְטָלָא אָזֵיל. לִישָּׂא עוֹנֶשׁ חֵטְא, שֶׁמָּא יִשְׁגֶּה בַּדִּין, וְעַל עַצְמוֹ אָמַר כֵּן: וּצְבוּ בֵּיתֵיהּ לֵית הוּא עָבֵיד. בְּכָל זֶה לֹא יַעֲשֶׂה צוֹרְכֵי בֵּיתוֹ, וְלֹא יִשְׂתַּכֵּר כְּלוּם בַּדָּבָר: וּלְוַאי שֶׁתְּהֵא בִּיאָה. שֶׁיָּשׁוּב וְיִכָּנֵס לְבֵיתוֹ בְּלֹא חֵטְא כִּיצִיאָה: אַמְבוּהָא. גְּדוּדֵי בְּנֵי אָדָם הוֹלְכִין אַחֲרָיו לִכְבוֹדוֹ: אִם יַעֲלֶה לַשָּׁמַיִם שִׂיאוֹ וגו' סוֹפוֹ כְּגֶלְלוֹ לָנֶצַח יֹאבֵד. וְכָל זֶה אָמַר שֶׁלֹּא תָּזוּחַ דַּעְתּוֹ: מְכַתְּפִי לֵיהּ. זָקֵן הָיָה, וְנוֹשְׂאִין אוֹתוֹ בַּאֲלֻנְקִי בִּכְתֵפֵיהֶם בְּבֵית הַמִּדְרָשׁ, שֶׁלֹּא לְהַטְרִיחַ אֶת הַצִּבּוּר לָקוּם מִפָּנָיו: שֶׁנֶּאֱמַר הַנּוֹתָרִים. אַלְמָא: אַף הֵן הָיוּ רְאוּיִין לִישָּׂרֵף וְנוֹתְרוּ: אֵין חֵטְא בָּא עַל יָדוֹ. הקב"ה מַדְחֶה מִפָּנָיו אֶת הָעֲבֵירָה, שֶׁלֹּא תָּבֹא לְיָדוֹ: כִּי לֹא תַעֲזוֹב נַפְשִׁי. לָמַדְנוּ שֶׁהקב"ה מוֹנֵעַ אֶת הַחֵטְא מִלְּהַכְשִׁילוֹ: עָשׁוּק בְּדַם נָפֶשׁ. מְחוּיָּב בַּנֶּפֶשׁ שֶׁאָבְדָה עַל יָדוֹ: אַל יִתְמְכוּ בוֹ. שֶׁלֹּא יִפּוֹל, אֶלָּא מַנִּיחִין אוֹתוֹ וְיִפּוֹל בְּבוֹר בַּגֵּיהִנֹּם: כִּדְרַב הוּנָא. דְּכֵיוָן דְּחָטָא תְּרֵי זִימְנֵי – שׁוּב אֵין מַסְפִּיקִין בְּיָדוֹ לַעֲשׂוֹת תְּשׁוּבָה, לְפִי שֶׁהָעֲבֵירָה דּוֹמָה עָלָיו הֶיתֵּר: לֵימָא דְּלָא כְּרַבִּי. דְּאָמַר לְעֵיל אֲפִי' לֹא עָשָׂה תְּשׁוּבָה מְכַפֵּר: אַגַּב שָׁאנֵי. מֵאַחַר שֶׁעָלָיו הוּא סוֹמֵךְ לַחֲטוֹא – אֵינוֹ מְכַפֵּר: וְהָכְתִיב וּפִלְלוֹ אֱלֹהִים. וְקָא סָלְקָא דַּעְתָּךְ "וּפִלְלוֹ" – לְשׁוֹן תְּפִלָּה וּפִיּוּס הוּא, שֶׁהקב"ה מְפַלְּלוֹ וּמְפַיְּיסוֹ וּמְכַפֵּר לוֹ: מַאן אֱלֹהִים דַּיָּין. וְהַאי "וּפִלְלוֹ" – לְשׁוֹן "וְנָתַן בִּפְלִלִים" (שמות כא) – הַדַּיָּין יִשְׁפּוֹט בֵּינֵיהֶם: אִי הָכִי. דְּפִלְלוֹ דִּקְרָא לְשׁוֹן מִשְׁפָּט נִינְהוּ, אֵימָא סֵיפָא: מִי יִתְפַּלֶּל לוֹ, מִי יִשְׁפְּטֶנּוּ בִּשְׁבִיל הַמָּקוֹם, וְכִי אֵין שְׁלוּחִין הַרְבֵּה לַמָּקוֹם לִיפָּרַע הֵימֶנּוּ? הָכִי קָאָמַר. הָכִי נַמִי דְּפִילּוּל דִּקְרָא לְשׁוֹן פִּיּוּס הוּא, וְהָכִי קָאָמַר: אִם יֶחֱטָא אִישׁ לְאִישׁ וּפִלְלוֹ לַחֲבֵירוֹ, וְרִיצָּהוּ, הָאֱלֹהִים יִמְחוֹל לוֹ: וְאִם לַה' יֶחֱטָא אִישׁ מִי יִתְפַּלֶּל בַּעֲדוֹ. אִם אֵינוֹ שָׁב מֵעֲבֵירוֹת שֶׁבְּיָדוֹ. כָּךְ הָיָה עֵלִי הַכֹּהֵן מוֹכִיחַ אֶת בָּנָיו שֶׁיָּשׁוּבוּ מֵרָעָתָם: בְּנִי אִם עָרַבְתָּ לְרֵעֶךָ תָּקַעְתָּ לַזָּר כַּפֶּיךָ. בִּשְׁבִיל זָר, לְעָרְבוֹ בְּמָמוֹן. אוֹ אִם נוֹקַשְׁתָּ בְּאִמְרֵי פִיךָ שֶׁהִקְנַטְתּוֹ בִּדְבָרִים – עֲשֵׂה זֹאת וְהִנָּצֵל, כִּי בָאתָ בְּכַף רֵעֶךָ עַל עִסְקֵי מָמוֹן: לֵךְ הִתְרַפֵּס. יָד וּפְרַע לוֹ. וְעַל מוֹקֵשׁ אִמְרֵי פִיךָ, אִם הִקְנַטְתּוֹ – רְהַב רֵעֶיךָ, הַרְבֵּה רֵעִים לְבַקֵּשׁ הֵימֶנּוּ מְחִילָה. רֵעֶיךָ בָּתְרָא דִּקְרָא מָלֵא כְּתִיב, לְפִי שֶׁהוּא לְשׁוֹן רַבִּים: בְּשָׁלֹשׁ שׁוּרוֹת. שָׁלֹשׁ פְּעָמִים יְפַיְּיסוּהוּ בִּשְׁלֹשָׁה אֲנָשִׁים בְּכָל פַּעַם, שֶׁנֶּאֱמַר "יָשֹׁר" – לְשׁוֹן שׁוּרָה וְאֵין שׁוּרָה פְּחוּתָה מִשְּׁלֹשָׁה בְּנֵי אָדָם*: חָטָאתִי. הֲרֵי פַּעַם אַחַת, "וְיָשָׁר הֶעֱוֵיתִי" – הֲרֵי שְׁתַּיִם, "וְלֹא שָׁוָה לִי" – הֲרֵי שְׁלֹשָׁה: אָנָּא שָׂא נָא וְעַתָּה שָׂא נָא. אֵין נָא אֶלָּא לְשׁוֹן בַּקָּשָׁה: הֲוָה לֵיהּ מִילְּתָא לְר' אַבָּא בַּהֲדֵיהּ. ר' אַבָּא הָיָה לוֹ לְהִתְרַעֵם עַל ר' יִרְמְיָה, שֶׁחָטָא לוֹ, אָזַל ר' יִרְמְיָה אֵיתִיב אַדַּשָּׁא דְּר' אַבָּא: זַרְזִיפֵי דְמַיָּא. הַתָּזַת טִיפֵּי שׁוֹפְכִין, שֶׁהָיְתָה הַשִּׁפְחָה שׁוֹפֶכֶת, וְזַרְזִיפֵי – טִיפִּין, וְדוֹמֶה לוֹ "כִּרְבִיבִים זַרְזִיף אָרֶץ" בְּסֵפֶר תְּהִלִּים (עב): מַמְצִיא נַפְשֵׁיהּ. לִפְנֵי מִי שֶׁחָטָא לוֹ, אוּלַי יְבַקֵּשׁ מִמֶּנּוּ מְחִילָה וְיִמְחוֹל לוֹ: חָלֵיף וְתָנֵי. עוֹבֵר וְשׁוֹנֶה וּמְשַׁלֵּשׁ פְּעָמִים רַבּוֹת: בַּהֲדֵי טַבָּחָא. הַטַּבָּח חָטָא לוֹ: קָאָזֵיל אַבָּא. רַבֵּיהּ: לְמִקְטַל נַפְשֵׁיהּ. עַכְשָׁיו הוּא מַעֲנִישׁוֹ לָמוּת: תַּבַר רֵישָׁא. מְשַׁבֵּר עַצְמוֹת רֹאשׁ שֶׁל בְּהֵמָה: בְּקוֹעֵיהּ. בְּגַרְגַּרְתּוֹ: סִידְרָא. פָּרָשַׁת מִקְרָא שֶׁל נְבִיאִים אוֹ שֶׁל כְּתוּבִים:

חֲטָא

מסורת הש"ס: [עי' סנהדרין ז: דרב אמר להך מלתא] [עי' סנהדרין שם איתא מר זוטרא חסידא] איוב כ; משלי כז; שם יח; מלכים א כא; משלי יח; [נ"ל מפני]; במדבר כ; ויקרא י; שבת נה:; [תוספתא פ"ד]; תהלים טז; משלי כח; [לעיל פו: ע"ש וש"נ]; [לעיל פה: וש"נ]; שמואל א ב; משלי ו; [ב"מ קטו. ב"ב קעג:]; [נ"ל אמר]; איוב לג; [נ"ל אמר]; בראשית נ; תהלים קיג [ושמואל א ב]; עי' בע"י; [ביצה יד:]; [בע"י הביא גם כאן מלת טוב לדרוש לפניו ולאחריו]; [אבות פ"ה מי"ח תוספ' פ"ד סוטה מז. סנהדרין קז: עי' תוס' יבמות קט: ד"ה מהו דתימא]; [ברי"ף וברא"ש הרבה שנוים במימרות אלה:]

עין משפט נר מצוה

צו א מיי' פ"ד מהלכות תשובה הלכה א:

צז ב ג ד מיי' פ"ב מהל' תשובה הלכה ט סמג עשין טז טוש"ע או"ח סי' תרו סעיף א:

צח ה מיי' שם הלי"ד טוש"ע שם סעיף ב:

רבינו חננאל

נשוי פשע כסוי חטאה משל לב' נשים שקלקלו כו': **מפרסמין** את החנפים מפני חלול השם שנאמר ובשוב צדיק מצדקתו ועשה עול ונתתי מכשול לפניו כדי לפרסמו: תשובת המוחלטין מעכבת [את הפורענות] אפילו לאחר שנחתם גז"ד. שלות רשעים סופה תקלה והרשות מקברת בעליה ערום נכנס לה וערום יוצא ממנה. ולואי שתהא יציאה מן העולם כביאה לעולם בלא עון. רב כד הוה נפיק לדינא אמר הכי ברעות נפשי לקטלא אזיל וצבו ביתי' לינא עביד וריקן לביתי' עייל ולואי שתהא ביאה בבית כיציאה מבית בלא עון: **שאת** פני רשע לא טוב אינו טוב לאחאב שנשאו לו פנים בעוה"ז שנאמר הראית כי נכנע אחאב מפני אוי להם לרשעים שחבין לבניהם ולבני בניהם כו'. להטות צדיק במשפט טוב לצדיקים שאין נושאין להם פנים בעוה"ז. יען לא האמנתם בי להקדישני הא האמנתם בי עדיין שלא הגיע זמנכם להפטר אשריהם לצדיקים שזוכין לעצמן ולבניהם ולבני בניהם. הרבה בנים היו לו לאהרן שראויין להשרף כנדב ואביהוא שנאמר הנותרים אלא זכות אבות הגינה בעדיהן. כל המחטיא את הרבים אין מספיקין בידו לעשות תשובה כדי שלא יהא בג"ע ותלמידיו בגיהנם שנאמר אדם עשוק בדם נפש עד בור ינוס אל יתמכו בו. כל המזכה את הרבים אין חטא בא על ידו שלא יהא הוא בגיהנם ותלמידו בג"ע. שנאמר כי לא תעזוב נפשי לשאול לא תתן חסידך לראות שחת: **האומר** אחטא ואשוב אחטא ואשוב אין מספיקין בידו לעשות תשובה אחטא ואשוב תרי זימני ש"מ הא דרב הונא דאמר כל העובר עבירה ושנה בה נעשית לו כהיתר אין מספיקין בידו לשוב. אחטא ויוה"כ. פירוש האומר אחטא כי יוה"כ מכפר. אפי' לר' דאמר יוה"כ מכפר אפילו לא עשה תשובה כל כי האי גוונא אין יוה"כ מכפר. עבירות שבין אדם למקום יוה"כ מכפר עם התשובה שנאמר ואם לה' יחטא איש מי יתפלל לו. תשובה ומעשים טובים. אבל ריבות שבין אדם לחבירו אין יוה"כ מכפר עד שירצה את חברו. שנאמר אם יחטא איש לאיש ופללו וגו' כלומר ריצהו אלהים ימחול לו. א"ר יצחק המקניט את חבירו אפילו בדברים צריך לפייסו וכל שכן אם יש לו תביעת ממון שנאמר בני אם ערבת לרעך תקעת לזר כפיך אם ממון ערבת לו לך התרפס כלומר לך התר פיסת ידך ושלם לו. ואם

לאו

הגהות הב"ח

(א) גמ' לא טוב לו לאחאב שנשא הקב"ה לו פנים כו' טוב להם לצדיקים שאין נושא להם הקב"ה פנים בעוה"ז טוב לו למשה ולאהרן שלא נשא הקב"ה להם פנים כו' לא הגיע זמנכם ליפטר כו' שהן זוכין לעצמן אלא שמזכין כו' כל הדורות הרבה בנים היו לו: (ב) שם רב יוסף בר חבו לר' אבהו תנן עבירות כו' אין יוה"כ מכפר עד שירצה את חבירו והא כתיב כו' מי יתפלל לו אלא הכי קאמר: (ג) שם אם ממון יש לו בידך התר: (ד) שם מילתא לר' אבא בהדיה אזל ויתיב אדשא דר' אבא (בהדי דשדיא אמתיה מיא) תא"מ ונ"ב ס"א נפקא אמתיה ושדיא לה כנושא מיא אקיקלתה מטו כו' ונפיק לאפיה (אמר ליה השתא צריכנא למיפק מדעתך דכתיב) תא"מ ונ"ב ס"א אדהכי הדר ר' ירמיה אפיה ואתא בתריה א"ל לא צריכת השתא עלי רמו דכתיב כו':

תוספות ישנים

כל המזכה את הרבים אין חטא בא על ידו. ואע"ג שאחר למד לר' מאיר ויצא לתרבות רעה (חגיגה טו:) ואמרינן נמי ביבמות פרק ב"ש (דף קט:) גבי תוקע עצמו בדבר הלכה ל"ל דאזיל וגמר לאחריני ואזלי ועבדי מ"ד אית ליה אגרא לדידיה קמ"ל התם מיירי שמתחלה רע הוא כגון אחר שהיה רע מתחלתו כדאמרי' (בחגיגה טו:) ספרי מינין היו נושרין מחיקו ואמרינן התם כל עמר דנחית ליורה סליק כו' אבל היכא כהוא טוב מתחלתו שוב אין חטא בא על ידו: **השתא** עילאי רמי דכתיב לך התרפס וגו'. שמעתא בייסתיך שיון דשדו מיא אריסך ובייסתיך ומתחלה חטא לו רבי ירמיה: **קאזיל** אבא למיקטל נפשא. תימה לר' לפי' הערוך שפירש כי רב היה שמו אבא כדאמרי' מאן ריש סדרא בבבל אבא אריכא ובני בבל קראוהו רב מפני כבודו כמו ר' יהודה נשיא שקראוהו רבי ומשום הכי היה מקפיד ר' יוחנן בחולין (דף קלז:) על שקראוהו אבא אריכא בשמו ושמואל חבירו היה והיה קוראו אבא כמו שמצינו בכמה מקומות אמר אבא הכי אבל רב הונא דהכא שהיה תלמידו גמור היאך היה קוראו בשמו והא אמרינן (בסנהדרין ק.) מפני מה נענש גיחזי מפני שקרא את רבו בשמו ויש לומר דשמא היה אבא דרך כבוד כמו אבי אבי רכב ישראל. מ"ר. [ועי' תוספות חולין לח. ד"ה אילטריך]:

אָתָא ר' חִיָּיא – הֲדַר לְרֵישָׁא, עָיֵיל בַּר קַפָּרָא – הֲדַר לְרֵישָׁא. אָתָא ר"ש בְּרַבִּי – הֲדַר לְרֵישָׁא. אָתָא ר' חֲנִינָא (*בַּר) חָמָא, אֲמַר: כּוּלֵּי הַאי נֶהְדַּר וְנֵיזֵיל? לָא הֲדַר. אִיקְפִּיד ר' חֲנִינָא, אֲזַל רַב לְגַבֵּיהּ תְּלֵיסַר מַעֲלֵי יוֹמֵי דְּכִפּוּרֵי, וְלָא אִיפַּיַּים. – וְהֵיכִי עָבֵיד הָכִי? וְהָאָמַר ר' יוֹסֵי בַּר חֲנִינָא: כָּל הַמְבַקֵּשׁ מָטוּ מֵחֲבֵירוֹ אַל יְבַקֵּשׁ מִמֶּנּוּ יוֹתֵר מִשָּׁלֹשׁ פְּעָמִים! ^א רַב שָׁאנֵי. וְר' חֲנִינָא הֵיכִי עָבֵיד הָכִי? *וְהָאָמַר רָבָא: כָּל הַמַּעֲבִיר עַל מִדּוֹתָיו – מַעֲבִירִין לוֹ עַל כָּל פְּשָׁעָיו! אֶלָּא, ר' חֲנִינָא חֶלְמָא חָזֵי לֵיהּ לְרַב דִּזְקָפוּהוּ בְּדִיקְלָא, וּגְמִירִי דְּכָל דִּזְקָפוּהוּ בְּדִיקְלָא רֵישָׁא הָוֵי. אֲמַר:(א) שְׁמַע מִינָּהּ בָּעֵי לְמֶעֱבַד רָשׁוּתָא. וְלָא אִיפַּיַּים, כִּי הֵיכִי דְּלֵיזֵיל וְלִגְמַר אוֹרַיְיתָא בְּבָבֶל. [תוספ' פ"ד] ת"ר: *מִצְוַת וִידּוּי עֶרֶב יוה"כ עִם חֲשֵׁכָה. אֲבָל אָמְרוּ חֲכָמִים: ^ב יִתְוַדֶּה קוֹדֶם שֶׁיֹּאכַל וְיִשְׁתֶּה, שֶׁמָּא תִּטָּרֵף דַּעְתּוֹ בַּסְּעוּדָה. ^ג וְאע"פ שֶׁהִתְוַדָּה קוֹדֶם שֶׁאָכַל וְשָׁתָה – מִתְוַדֶּה לְאַחַר שֶׁיֹּאכַל וְיִשְׁתֶּה, שֶׁמָּא אֵירַע דְּבַר קַלְקָלָה בַּסְּעוּדָה. ^ד וְאַף עַל פִּי שֶׁהִתְוַדָּה עַרְבִית – יִתְוַדֶּה שַׁחֲרִית, שַׁחֲרִית – יִתְוַדֶּה בְּמוּסָף, בְּמוּסָף – יִתְוַדֶּה בְּמִנְחָה, בְּמִנְחָה – יִתְוַדֶּה בִּנְעִילָה. ^ה וְהֵיכָן אוֹמְרוֹ? יָחִיד אַחַר תְּפִלָּתוֹ, וּשְׁלִיחַ צִבּוּר אוֹמְרוֹ בָּאֶמְצַע. מַאי אֲמַר? אָמַר רַב: "אַתָּה יוֹדֵעַ רָזֵי עוֹלָם". וּשְׁמוּאֵל אָמַר: "מִמַּעֲמַקֵּי הַלֵּב". וְלֵוִי אָמַר: "וּבְתוֹרָתְךָ כָּתוּב לֵאמֹר". ר' יוֹחָנָן אָמַר: "רִבּוֹן הָעוֹלָמִים". ר' יְהוּדָה אָמַר: "כִּי עֲוֹנוֹתֵינוּ רַבּוּ מִלְּמְנוֹת וְחַטֹּאתֵינוּ עָצְמוּ מִסַּפֵּר". רַב הַמְנוּנָא אָמַר: *"אֱלֹהַי, עַד שֶׁלֹּא נוֹצַרְתִּי אֵינִי כְדַאי עַכְשָׁיו שֶׁנּוֹצַרְתִּי כְּאִילּוּ לֹא נוֹצַרְתִּי עָפָר אֲנִי בְּחַיַּי ק"ו בְּמִיתָתִי הֲרֵי אֲנִי לְפָנֶיךָ כִּכְלִי מָלֵא בּוּשָׁה וּכְלִימָּה יְהִי רָצוֹן מִלְּפָנֶיךָ שֶׁלֹּא אֶחֱטָא וּמַה שֶּׁחָטָאתִי מְרוֹק בְּרַחֲמֶיךָ אֲבָל לֹא ע"י יִסּוּרִין". [ברכות יז.] וְהַיְינוּ וִידּוּיָא דְּרָבָא כּוּלֵּהּ שַׁתָּא. *וּדְרַב הַמְנוּנָא זוּטָא בְּיוֹמָא דְּכִפּוּרֵי. אָמַר *מָר זוּטְרָא: לָא אֲמַרַן אֶלָּא דְּלָא אֲמַר "אֲבָל אֲנַחְנוּ חָטָאנוּ". אֲבָל אֲמַר "אֲבָל אֲנַחְנוּ חָטָאנוּ" – תּוּ לָא צָרִיךְ. דְּאָמַר בַּר הַמְדוּדֵי: הֲוָה קָאֵימְנָא קַמֵּיהּ דִּשְׁמוּאֵל, וַהֲוָה יָתֵיב, וְכִי מְטָא שְׁלִיחָא דְּצִבּוּרָא וַאֲמַר "אֲבָל אֲנַחְנוּ חָטָאנוּ" קָם מֵיקַם. אֲמַר, שְׁמַע מִינָּהּ: ^ו עִיקַּר וִידּוּי הַאי הוּא. תְּנַן הָתָם: *בִּשְׁלֹשָׁה פְּרָקִים בַּשָּׁנָה כֹּהֲנִים נוֹשְׂאִין אֶת כַּפֵּיהֶן אַרְבָּעָה פְּעָמִים בַּיּוֹם, בְּשַׁחֲרִית בְּמוּסָף בְּמִנְחָה וּבִנְעִילַת שְׁעָרִים. וְאֵלּוּ הֵן שְׁלֹשָׁה פְּרָקִים: בְּתַעֲנִיּוֹת, וּבְמַעֲמָדוֹת, וּבְיוֹם הַכִּפּוּרִים. מַאי נְעִילַת שְׁעָרִים? רַב אָמַר: צְלוֹתָא יְתֵירְתָא, וּשְׁמוּאֵל אָמַר: "מָה אָנוּ מֶה חַיֵּינוּ". מֵיתִיבִי: *אוֹר יוה"כ ^ז מִתְפַּלֵּל שֶׁבַע וּמִתְוַדֶּה, בְּשַׁחֲרִית מִתְפַּלֵּל שֶׁבַע וּמִתְוַדֶּה, בְּמוּסָף מִתְפַּלֵּל שֶׁבַע וּמִתְוַדֶּה, [א] בְּמִנְחָה מִתְפַּלֵּל שֶׁבַע וּמִתְוַדֶּה, בִּנְעִילָה מִתְפַּלֵּל שֶׁבַע וּמִתְוַדֶּה!(ב)[א] – *תַּנָּאֵי הִיא, [א] דְּתַנְיָא: יוֹם הַכִּפּוּרִים עִם חֲשֵׁיכָה מִתְפַּלֵּל שֶׁבַע וּמִתְוַדֶּה וְחוֹתֵם בְּוִידּוּי, דִּבְרֵי ר"מ, וַחֲכָמִים אוֹמְרִים: מִתְפַּלֵּל שֶׁבַע, וְאִם רָצָה לַחְתּוֹם בְּוִידּוּי – חוֹתֵם. תְּיוּבְתָּא דִּשְׁמוּאֵל! תְּיוּבְתָּא. עוּלָּא בַּר רַב נָחֵית קַמֵּיהּ דְּרָבָא, פְּתַח בְּ"אַתָּה בְחַרְתָּנוּ" וְסַיֵּים בְּ"מָה אָנוּ מֶה חַיֵּינוּ" וְשַׁבְּחֵיהּ. *רַב (ג)הוּנָא בְּרֵיהּ דְּרַב נָתָן אָמַר: וְיָחִיד אוֹמְרָהּ אַחַר תְּפִלָּתוֹ. אָמַר רַב: ^ח תְּפִלַּת נְעִילָה פּוֹטֶרֶת אֶת שֶׁל עַרְבִית. רַב לְטַעְמֵיהּ, דְּאָמַר: צְלוֹתָא יְתֵירָה הִיא, וְכֵיוָן דְּצַלֵּי לֵיהּ – תּוּ לָא צָרִיךְ. וּמִי אָמַר רַב הָכִי? וְהָאָמַר רַב: הֲלָכָה ^ט כְּדִבְרֵי הָאוֹמֵר תְּפִלַּת *עַרְבִית רְשׁוּת! לְדִבְרֵי הָאוֹמֵר חוֹבָה קָאָמַר. מֵיתִיבִי: *)אוֹר יוֹם הַכִּפּוּרִים מִתְפַּלֵּל שֶׁבַע וּמִתְוַדֶּה, שַׁחֲרִית שֶׁבַע וּמִתְוַדֶּה, מוּסָף שֶׁבַע וּמִתְוַדֶּה, *בִּנְעִילָה מִתְפַּלֵּל שֶׁבַע וּמִתְוַדֶּה, עַרְבִית מִתְפַּלֵּל שֶׁבַע מֵעֵין שְׁמוֹנֶה עֶשְׂרֵה. רַבִּי חֲנִינָא בֶּן גַּמְלִיאֵל מִשּׁוּם אֲבוֹתָיו מִתְפַּלֵּל שְׁמוֹנֶה עֶשְׂרֵה שְׁלֵימוֹת, מִפְּנֵי

*) [פסחים ג. נדה ח:]

רש"י

אתא ר' חייא. וגם הוא היה חפץ לפסוק עמו, וחזר בשבילו לראש הפרשה: רב שאני. מחמיר היה לעצמו: חלמא חזא ליה לרב. ראה חלום על רב שתלאוהו בדקל, והוא סימן נשיאות ראש וגדולה. ור' חנינא ראש ישיבה היה, כדאמר רבי (כתובות דף קג:) בשעת פטירתו: חנינא בר חמא ישב בראש. וכשראה חלום זה על רב דאג למות, לפי שאין מלכות נוגעת בחברתה. אמר: אדחייה מהכא, ויברח לבבל מפני, ושם יהיה ראש, ולא נדחין למות בשבילו: עם חשיכה. לאחר אכילה, משקיבל עליו יוה"כ: שמא תטרף דעתו. מחמת שכרות: דבר קלקלה. של חטא: ממעמקי הלב. תפלה היא: בתורתך כתוב. כי ביום הזה יכפר: רבון העולמים. "כי לא על צדקותינו וכו'": בתענית. של גשמים: ובמעמדות. ארבעה ימים בכל שבת שאנשי משמר ישראל מתכנסין בעריהן ומתענין, וקורין במעשה בראשית. כדאמרינן במס' תענית (דף כו.) והתם מקשינן: ותעניות ומעמדות מי אית בהו מוסף? ומשנינן הכי קאמר: כהנים נושאין את כפיהן כל זמן שמתפללין, ואפי' במנחה. לפי ששלשה פרקים הללו תעניות הם, ואין שכרות במנחה. אבל שאר ימות השנה – אין נשיאות כפים במנחה, ויש מהן ארבע פעמים ביום: צלותא יתירתא. מתפלל שבע כשאר התפלות: ושמואל אמר מה אנו ומה חיינו. אומר, ואינו מתפלל: אור יום הכפורים. ליל יום הכפורים: וחותם בוידוי. גרס בתוספתא אינו חותם "מקדש ישראל" אלא "האל הסולחן". וחכמים אומרים: כל מקום שזקוק לשבע, אף בשאר התפלות אם רצה לחתום בוידוי – חותם, כך שמעתי. אבל לא גרס לה בתוספתא הכי, אלא: וחכמים אומרים מתפלל שבע, ואם רצה לחתום בוידוי – חותם. ואנעילה קיימי. קתני מיהת נעילה מתפלל שבע ומתודה, תיובתא דשמואל תיובתא: נחית קמיה דרבא. בנעילה. ולשון נעילה פליגי(ד) אמוראי בברכות ירושלמי, חד אמר: נעילת שערי שמים, וחד אמר: נעילת שערי עזרה: וכיון דצלי. משחשיכה, תו לא צריך: והא אמר רב. במס' ברכות* תפלת ערבית רשות, ומאי פוטרת דקאמר? לדברי האומר חובה קאמר. דזו פוטרתה: מיתיבי וכו'. קתני נעילה וקתני ערבית: שבע מעין שמונה עשרה. ג' ראשונות וג' אחרונות כתיקנן, ואומר "הביננו" באמצע, שיש בה מעין שלש עשרה ברכות. והיא תפלה קצרה שתיקנו לעוברי דרכים. ולמוצאי יוה"כ התירו לאמרה, מפני הטורח: תנאי

תוספות

והאמר רב תפלת ערבית רשות. תימה: לרב דאמר תפלת ערבית רשות, האמר פרק "תפלת השחר" (ברכות דף כו.): טעה ולא התפלל ערבית – מתפלל שחרית שתים. ואמר נמי התם בסוף פרק "תפלת השחר" (שם דף ל:): טעה ולא הזכיר של ראש חודש בלילה – אין מחזירין אותו, לפי שאין מקדשין את החודש בלילה. הא לאו הכי – מחזירין. ואמאי? תיפוק ליה דתפלת ערבית רשות! ואומר ר"י: נהי דרשות היא – אין לבטלה בחנם, אם לא מפני שום מצוה עוברת, או שרא המייניה, דפ"ק דשבת (דף ט:) דלא מטרחינן ליה. וכן עלה על מטתו דירושלמי, דאין מטריחין אותו שירד. תדע, כיון דיעקב אבינו תיקנה – לא תיקנה לבטלה. ועוד: כיון דכנגד אברים ופדרים היא, שמעלן ומקטירן כל הלילה, נהי דלא מעכבי כפרה – מ"מ מצוה להקטיר, תפלת ערבית נמי מצוה. ותימה: מאי פריך הכא והאמר רב תפלת ערבית רשות, והאמרינן דבחנם אין לבטלה! וי"ל: דאין זה בחנם, דבליל יוה"כ מצוה לטרוח ולהכין צורכי סעודה, דהוי כעין יו"ט. כדאמרי' במדרש: דבמוצאי יוה"כ בת קול יוצאת ואומרת "לך אכול בשמחה לחמך". וכמו שפירשנו, שאין לבטלה בחנם אפי' למ"ד תפלת ערבית רשות, הכי משמע בירושלמי ד"תפלת השחר" דלמ"ד תפלת ערבית חובה – אין תפלת נעילה פוטרתה, ולמ"ד רשות – תפלת נעילה פוטרתה. משמע: אבל בחנם – אין לבטלה, ואע"פ שחולק על התלמוד שלנו בזה, דבגמרא דידן משמע דרב לדברי האומר חובה קאמר, אבל למ"ד רשות לא בעיא תפלה לפוטרה – מ"מ במה שאנו יכולין להשוותם יש לנו להשוותם. [נ"ל וכה"ג] *וכה"ג פי', גבי אין מקדשין את החודש בלילה, אע"ג דתפלת ערבית רשות כיון דשוויה עליה חובה – שפיר דמי. ולהכי צריך להיות טעמא דאין מקדשין החודש בלילה. ואין נראה לר"י, דהאמר בפ"ק דשבת* למ"ד תפלת ערבית רשות מכי שרא המייניה לא מטרחינן ליה. הא אי לא שרא המייני' – מטרחינן ליה, אע"פ שלא התפלל כלל. וכי תימא: כיון שהתפלל בשאר לילות שויא עליה חובה – א"כ אמאי איצטריך לשנויי הכא דרב לדברי האומר חובה קאמר? לימא דאפי' לדידיה, דס"ל רשות, כיון דשויא עליה חובה בשאר לילות – חובה היא עילויה, ובעיא תפלה למיפטריה, על כן נראה כדפרישית:

מתפלל שבע מעין שמונה עשרה ברכות. פירש רשב"ס טעמא משום דכיון דאכתי הוא בתענית – חשוב כיוה"כ, להכי מתפלל שבע ולפי שכבר פנה היום וחול הוי – להכי מתפלל מעין י"ח: מפני

עין משפט נר מצוה

צט א מיי' פ"ב מהלכות תשובה הלכה ט טוש"ע או"ח סי' תרו סעיף א:

ק ב מיי' שם הלכה ז טוש"ע או"ח סי' תרז סעיף א:

קא ג ד מיי' שם:

קב ה מיי' שם טוש"ע שם סעיף א בהג"ה:

קג ו מיי' שם הלכה ה טוש"ע שם סעיף ג בהג"ה:

קד ז מיי' פ"א מהלכות תפלה הלכה ח ופ"ב שם הלכה ז טור או"ח מסי' תריט עד סי' תרכב:

קה ח (מיי' פ"א שם טוש"ע או"ח סי' תרכב סעיף א):

קו ט מיי' פ"א מהלכות תפלה הל' ו ופ"ג הל' ו ופ"ט הלכה ט סמג עשין יט טור או"ח סימן רלה רלו רלז:

הגהות הגר"א

[א] גמ' (תנאי היא דתניא יוהכ"פ עם חשיכה מתפלל שבע ומתודה) תא"מ:

הגהות מהר"י לנדא

א] גמ' במנחה מתפלל שבע ומתודה (דתניא) [יוה"כ] כו' כצ"ל ועי' מהרש"א [דלגירסתו קשה הייתו נעילה הייתו יוה"כ ע"ש]:

הגהות מהר"ב רנשבורג

[א] גמרא תנאי היא דתניא. צריך להיות והא תניא [ועי' ר"ח]:

[ברכות דף יז.]

[דף ט: ושם]

גיר' רי"ף ורא"ש אמר רב המדודי לא שנו וכו' ואמר רב המדודי הוי קאימנא וכו' אמר ש"מ עיקר וידוי מעומד הוא

רבינו חננאל

לאו [אלא] נוקשת באמרי פיך והקנמתו. ורהב רעיך. הרבה עליו רעים ופיוסים. אמר רב חסדא ובשלש שורות של שלשה בני אדם שנאמר ישור על אנשים ויאמר חטאתי ויישר העויתי וגו'. ואר"י בר' חנינה המבקש מחילה מחבירו אינו חייב יותר מג' פעמים שנא' אנא שא נא פשע אחיך וחטאתם וגו' ועתה שא נא לפשע עבדי אלהי אביך וכו' ואם מת צריך להוליך י' בנ"א על קברו ויאמר חטאתי לה' אלהי ישראל ולפלוני זה שחבלתיו: **ירושלמי** שעיר המשתלח מכפר ביוה"כ מיד. ואם אין שעיר יוה"כ מכפר עם חשיכה. ואוקמוה כגון שאבד ונתנו דעתן להביא אחר ולא מצאו. ר' יוסי בן יוסי בעי ואין הק' רואה את הנולד ויכפר מיד. שמואל אמר הדין דחטי על חבריה צריך מימר ליה סרחית עלך אין קבליה הא יאות ואי לא מייתי בני נש ומפיים ליה קומייהו כדכתיב ישור על אנשים יעשה שורה של אנשים ויאמר חטאתי ויישר העויתי וגו' ואם עשה כן עליו הכתוב אומר פדה נפשו מעבור בשחת וחיתו באור תראה. ואי מת צריך מיזל מיפייסיה בקבריה ומימר ליה סרחית עלך: ר' ירמיה הוה ליה לר' אבא מלתא בהדיה אזיל יתיב אדשא נפקא אמתיה למישרא עפר בקלילתא. א' עשאוני כאשפה תוב לא מחייבנא. קם למיזל נפק רבא בתריה חזייה ר' ירמיה א"ל קום ארוכתיך עלי רמיא לפיוסך שנאמר לך התרפס ורהב רעיך. ר' זירא כי הוה לאיניש בהדיה מלתא הוה חליף ואתי קמיה כי היכי דנשתעי בהדיה. רב הוה ליה מלתא בהדיה ההוא טבחא כולי שתא לא אתא לגביה במעלי דכפורי אמר רב אזיל אנא למפייסיה כו'. ר' חנינא איקפד עליה דרב משום דאמר קמיה דר' כד על ר' חנינא כמה נהדר וניזיל ואזל רב לגבי' דרב חנינא י"ג מעלי יומי דכפורי ולא איפיים ליה. והיכי עביד רב הכי והאמר ריב"ח כל המבקש מטו מחבירו אל יבקש יותר מג' פעמים ושנינן הנ"מ אדם עם חבירו. אבל תלמיד בהדיה רב שאני. כלומר ר' חנינא רבו של רב היה. ור' חנינא היכי עביד. לית ליה הא (דרבה) [דרבא] דאמר כל המעביר על מדותיו מעבירין לו על כל פשעיו. [אלא] ר' חנינא חזא לחלמא דזקפיה לרב וא' אידחייה לבבל דליגמר אורייתא התם. ת"ר מצות ודוי עיו"כ עם חשיכה אבל אמרו חכמים קודם שיאכל וישתה שמא תטרף דעתו עליו בסעודה ואע"פ שהתודה קודם אכילה ושתיה יתודה לאחר הסעודה. ואע"פ שהתודה ערבית יתודה שחרית ויתודה במוסף [ויתודה במנחה] ויתודה בנעילה. והיכן או' יחיד או' אחר תפלתו וש"ץ אומרה באמצע. מאי היא. רב אמר אתה יודע רזי עולם ושמואל אמר אתה יודע עומקן של לב ולוי

מסורת הש"ס

[נ"ל בר']

ר"ה יז. מגילה כח. לעיל כג.

[תוספ' פ"ד]

הגהות הב"ח

(א) גמ' ריקא הוי אמר (ס"מ בעי למעבד וכו' ויליגמר אורייתא בבבל) תא"מ וז"ב ס"ח דלדחייה ולא נדחין וכן משמע מפירש"י: (ב) שם בנעילה מתפלל שבע ומתודה יום הכפורים עם חשיכה מתפלל כו' כצ"ל והתיבות תנאי הוא דתניא נמחק: (ג) שם ושבחיה. רב נתן אבוה דרב הונא בריה דרב נתן נתן קמיה דרב פפא פתח בותה בחרתנו וסיים במה אנו ושבחיה רב אמר אחת בריה דרבא ויחיד אומרה אחר תפלתו: (ד) רש"י ד"ה נחית כו' פליגי בה אמוראי:

[דף כז: לפי גיר' ס"ח הנדפס עם כלל הגליון]

תענית כו:

פסחי' ג. נדה ח:

[עיין מהרש"א]

[ברי"ף דף רכח. וכן בהרא"ש סימן כ' איתא בנוסח' אחרת]

ברכות כז:

[במנח' מתפלל שבע ומתודה בנעיל' וכו' כ"א בפסחים ובנדה]

תוספות ישנים

וחכ"א צריך שיתודה קודם אכילה כו'. ובתוספתא (פ"ד) גרס שיתודה אחר אכילה ושתיה ואע"ג שהתודה אחר אכילה ושתיה יתודה ערבית כו' ווידוי יתירא זה לא מצינו אותו בתלמוד ושמא טעות סופר הוא לשם ובה"ג גרס כן אבל אמרו חכמים מתודה קודם אכילה ושתיה שמא יארע דבר קלקלה בסעודה ואע"פ שהתודה קודם אכילה ושתיה יתודה אחר אכילה ושתיה שמא תטרף דעתו עליו ואף על פי שהתודה ערבית כו' ונראה כי הגירסא שם הוא בשיבוש וצ"ע באחרות: **וסיים** במה אנו. והיינו תפלת אתה נותן יד לפושעים וכך אנו נוהגים: **והאמר** רב תפלת ערבית רשות. תימה מה בכך דמ"מ אין לו לבטלה בחנם כמו שרבי רגיל לפרש בפרק

מִפְּנֵי שֶׁצָּרִיךְ לוֹמַר הַבְדָּלָה בְּחוֹנֵן הַדָּעַת. תַּנָּאֵי הִיא, דְּתַנְיָא: *[א]כָּל חַיָּיבֵי טְבִילוֹת טוֹבְלִין כְּדַרְכָּן בְּיוֹם הַכִּפּוּרִים. נִדָּה וְיוֹלֶדֶת טוֹבְלוֹת כְּדַרְכָּן בְּלֵילֵי יוה"כ. בַּעַל קֶרִי טוֹבֵל וְהוֹלֵךְ עַד הַמִּנְחָה. רַבִּי יוֹסֵי אוֹמֵר: כָּל הַיּוֹם כּוּלּוֹ. וּרְמִינְהוּ: *הַזָּב וְהַזָּבָה הַמְּצוֹרָע וְהַמְּצוֹרַעַת וּבוֹעֵל נִדָּה וּטְמֵא מֵת – טוֹבְלִין כְּדַרְכָּן בְּיוה"כ. נִדָּה וְיוֹלֶדֶת טוֹבְלוֹת כְּדַרְכָּן בְּלֵילֵי יוה"כ. בַּעַל קֶרִי טוֹבֵל וְהוֹלֵךְ כָּל הַיּוֹם כּוּלּוֹ. ר' יוֹסֵי אוֹמֵר: מִן הַמִּנְחָה וּלְמַעְלָה אֵין יָכוֹל לִטְבּוֹל. לָא קַשְׁיָא, הָא – דְּצַלֵּי תְּפִלַּת נְעִילָה, הָא – דְּלָא צַלֵּי. אִי דְּצַלֵּי – מַאי טַעְמַיְיהוּ דְּרַבָּנַן? קָא סָבְרִי רַבָּנַן: טְבִילָה בִּזְמַנָּהּ מִצְוָה. מִכְּלָל דְּר' יוֹסֵי סָבַר לָאו מִצְוָה? וְהָתַנְיָא: *[ב]הֲרֵי שֶׁהָיָה שֵׁם כָּתוּב עַל בְּשָׂרוֹ ה"ז לֹא יִרְחַץ וְלֹא יָסוּךְ וְלֹא יַעֲמוֹד בִּמְקוֹם הַטִּנּוֹפֶת, נִזְדַּמְּנָה לוֹ טְבִילַת מִצְוָה – כּוֹרֵךְ עָלָיו גֶּמִי וְיוֹרֵד וְטוֹבֵל. רַבִּי יוֹסֵי אוֹמֵר: יוֹרֵד וְטוֹבֵל כְּדַרְכּוֹ, וּבִלְבַד שֶׁלֹּא יְשַׁפְשֵׁף. וְקי"ל דִּבְטְבִילָה בִּזְמַנָּהּ מִצְוָה פְּלִיגִי! הַהִיא רַבִּי יוֹסֵי בַּר יְהוּדָה הִיא. דְּתַנְיָא, *ר' יוֹסֵי בַּר יְהוּדָה אוֹמֵר: דַּיָּהּ לַטְּבִילָה שֶׁתְּהֵא בָּאַחֲרוֹנָה. [ג]ת"ר: הָרוֹאֶה קֶרִי בְּיוֹם הַכִּפּוּרִים – יוֹרֵד וְטוֹבֵל, וְלָעֶרֶב יְשַׁפְשֵׁף. לָעֶרֶב? מַאי דַּהֲוָה הֲוָה! אֶלָּא אֵימָא: מִבָּעֶרֶב יְשַׁפְשֵׁף, (קָא סָבַר מִצְוָה לְשַׁפְשֵׁף). *תָּנֵי תַּנָּא קַמֵּיהּ דְּרַב נַחְמָן: הָרוֹאֶה קֶרִי בְּיוה"כ – עֲוֹנוֹתָיו מְחוּלִין לוֹ. – וְהָתַנְיָא: עֲוֹנוֹתָיו סְדוּרִין! *מַאי סְדוּרִין – סְדוּרִין לִימָּחֵל. תָּנָא דְּבֵי רַבִּי יִשְׁמָעֵאל: [ד]הָרוֹאֶה קֶרִי בְּיוה"כ – יִדְאַג כָּל הַשָּׁנָה כּוּלָּהּ, וְאִם עָלְתָה לוֹ שָׁנָה – מוּבְטָח לוֹ שֶׁהוּא בֶּן הָעוֹלָם הַבָּא. אָמַר רַב נַחְמָן בַּר יִצְחָק: תֵּדַע, שֶׁכָּל הָעוֹלָם כּוּלּוֹ רָעֵב וְהוּא שָׂבֵעַ. כִּי אֲתָא רַב דִּימִי אֲמַר: מַפִּישׁ חַיֵּי, סַגֵּי וּמַסְגֵּי.§

[ברכות כב.]

הדרן עלך יום הכפורים וסליקא לה מסכת יומא

רש"י

תַּנָּאֵי הִיא. אִי פָּטְרָה נְעִילָה אֶת שֶׁל עַרְבִית אִי לָא: הָכִי גָּרְסִינַן בְּתוֹסֶפְתָּא: כָּל חַיָּיבֵי טְבִילוֹת טוֹבְלִין כְּדַרְכָּן בְּיוֹם הַכִּפּוּרִים הַנִּדָּה וְיוֹלֶדֶת טוֹבְלוֹת כְּדַרְכָּן בְּלֵילֵי יוה"כ: בַּעַל קֶרִי. שֶׁאָסוּר בְּדִבְרֵי תּוֹרָה, כִּדְקַיְימָא לָן *(ב"ק דף פב.): עֶזְרָא תִּיקֵּן טְבִילָה לְבַעֲלֵי קְרָיִין: טוֹבֵל וְהוֹלֵךְ עַד הַמִּנְחָה. אִם אֵירַע לוֹ קֶרִי קוֹדֶם לָכֵן – טוֹבֵל כְּדֵי שֶׁיּוּכַל לְהִתְפַּלֵּל תְּפִלַּת הַמִּנְחָה. אֲבָל רָאָה קֶרִי מִן הַמִּנְחָה וּלְמַעְלָה – אֵין מוּתָּר לִטְבּוֹל, אֶלָּא יַמְתִּין עַד שֶׁתֶּחְשַׁךְ, וְיִטְבּוֹל. דִּסְבִירָא לְהוּ לְרַבָּנַן דִּתְפִלַּת נְעִילָה בַּלַּיְלָה, וְלִדִידְהוּ פּוֹטֶרֶת אֶת שֶׁל עַרְבִית כִּדְרַב, וְהָא דְּקָתָנֵי אֵינָהּ פּוֹטֶרֶת – ר' יוֹסֵי הִיא, דְּאָמַר: כָּל הַיּוֹם מוּתָּר לִטְבּוֹל, וַאֲפִילּוּ רָאָה קֶרִי לְאַחַר תְּפִלַּת הַמִּנְחָה – טוֹבֵל בַּיּוֹם, כְּדֵי לְהִתְפַּלֵּל תְּפִלַּת נְעִילָה, אַלְמָא קָסָבַר: תְּפִלַּת נְעִילָה אֵין זְמַנָּהּ בַּלַּיְלָה, וּלְדִידֵיהּ אֵינָהּ פּוֹטֶרֶת אֶת שֶׁל עַרְבִית: ה"ג בְּתוֹסֶפְתָּא: הַזָּב וְהַזָּבָה וְהַמְּצוֹרָע וְהַמְּצוֹרַעַת וּבוֹעֵל נִדָּה וּטְמֵא מֵת טוֹבְלִין כְּדַרְכָּן בְּיוה"כ נִדָּה וְיוֹלֶדֶת טוֹבְלוֹת כְּדַרְכָּן בְּלֵילֵי יוֹם הַכִּפּוּרִים. בַּעַל קֶרִי טוֹבֵל וְהוֹלֵךְ כָּל הַיּוֹם כּוּלּוֹ. ר' יוֹסֵי אוֹמֵר מִן הַמִּנְחָה וּלְמַעְלָה אֵין יָכוֹל לִטְבּוֹל. קַשְׁיָא דְּרַבִּי יוֹסֵי אַדְּרַבִּי יוֹסֵי, וְרַבָּנַן אַדְּרַבָּנַן: לָא קַשְׁיָא. הָא דְּאָמַר ר' יוֹסֵי הָכָא מִן הַמִּנְחָה וּלְמַעְלָה אֵין יָכוֹל לִטְבּוֹל: בִּדְצַלֵּי תְּפִלַּת נְעִילָה. בַּיּוֹם, קוֹדֶם שֶׁרָאָה קֶרִי. וְהָא דְּאָמְרִינַן לְעֵיל כָּל הַיּוֹם – בִּדְלָא צַלֵּי תְּפִלַּת נְעִילָה כְּשֶׁרָאָה הַקֶּרִי: אִי דְּצַלֵּי מַאי[(א)] טַעְמָא דְּרַבָּנַן. דְּמַתְנִיתָא בַּתְרַיְיתָא, דְּאָמְרֵי כָּל הַיּוֹם: קָא סָבְרֵי טְבִילָה בִּזְמַנָּהּ מִצְוָה. וּזְמַנָּהּ בַּיּוֹם הוּא, דִּכְתִיב (דברים כג) "וְהָיָה לִפְנוֹת עֶרֶב יִרְחַץ" – הִלְכָּךְ דְּאִיכָּא רְחִילָה דְּיוֹם הַכִּפּוּרִים וְלָאו הַיְינוּ הַךְ רַבָּנַן דִּלְעֵיל, וְתַרְתֵּי פְּלוּגְתָּא נִינְהוּ: בְּמַתְנִי' קַמַּיְיתָא פְּלִיגִי בִּזְמַן תְּפִלַּת נְעִילָה, דִּלְרַבָּנַן בַּלַּיְלָה וּלְר' יוֹסֵי בַּיּוֹם. וְרַבָּנַן דְּהָתָם סְבִירָא לְהוּ טְבִילָה בִּזְמַנָּהּ לָאו מִצְוָה דְּתִדְחֶה יוֹם הַכִּפּוּרִים. וּבְמַתְנִיתָא בַּתְרַיְיתָא פְּלִיגִי בִּטְבִילָה בִּזְמַנָּהּ מִצְוָה: לֹא יִרְחוֹץ. שֶׁלֹּא יִמְחוֹק אֶת הַשֵּׁם: כּוֹרֵךְ עָלָיו גֶּמִי. לְהָגֵן עָלָיו מִשֶּׁטֶף הַמַּיִם: וְקַיְימָא לָן. בְּמַסֶּכֶת שַׁבָּת,[(ב)] דִּבִטְבִילָה בִּזְמַנָּהּ מִצְוָה פְּלִיגִי. דִּלְרַבָּנַן טְבִילָה בִּזְמַנָּהּ לָאו מִצְוָה, וְאִם אֵין לוֹ גֶּמִי – יַמְתִּין עַד לְמָחָר וְיִבַקְּשֶׁנּוּ: הַהִיא. דְּאָמְרִי' לְעֵיל ר' יוֹסֵי אוֹמֵר מִן הַמִּנְחָה וּלְמַעְלָה לֹא יִטְבּוֹל עַד שֶׁתֶּחְשַׁךְ, דִּטְבִילָה בִּזְמַנָּהּ לָאו מִצְוָה – ר' יוֹסֵי בַּר יְהוּדָה הִיא: דַּיָּהּ לִטְבִילָה שֶׁתְּהֵא בָּאַחֲרוֹנָה. בָּרַיְיתָא הִיא דְּמַיְיתִינַן לָהּ בְּמַסֶּכֶת נִדָּה בַּגְּמָרָא דְּ"הַמַּפֶּלֶת" (דף כט:) הָאִשָּׁה שֶׁיָּלְדָה מְלֵאָה וּבָאת רֵיקָנִית, וְהֵבִיאָה לְפָנֵינוּ שְׁלֹשָׁה שָׁבוּעִים טְהוֹרִים, וַעֲשָׂרָה שָׁבוּעִים אֶחָד טָמֵא וְאֶחָד טָהוֹר – מְשַׁמֶּשֶׁת אוֹר לִשְׁלֹשִׁים וְחָמֵשׁ, וּמַטְבִּילִין אוֹתָהּ תִּשְׁעִים וְחָמֵשׁ טְבִילוֹת, דִּבְרֵי ב"ש. וב"ה אוֹמְרִים: שְׁלֹשִׁים וְחָמֵשׁ. וְכוּלְּהוּ מְפָרֵשׁ לְהוּ הָתָם, וְטַעְמָא מִשּׁוּם טְבִילָה בִּזְמַנָּהּ מִצְוָה. רַבִּי יוֹסֵי בַּר יְהוּדָה אוֹמֵר: דַּיָּהּ לִטְבִילָה שֶׁתְּהֵא בָּאַחֲרוֹנָה. דִּטְבִילָה בִּזְמַנָּהּ לָאו מִצְוָה. וְר' יוֹסֵי דִּגְמִי הוּא ר' יוֹסֵי בֶּן חֲלַפְתָּא: וְלָעֶרֶב יְשַׁפְשֵׁף. מִשּׁוּם חֲלִילָה: לָעֶרֶב ס"ד. מִכִּי טָבֵיל וְסָלֵיק מַאי מְהַנֵּי לֵיהּ שִׁפְשׁוּף? חֲלִילָה דַּהֲוַאי – הֲוַאי: אֵימָא מִבָּעֶרֶב. דְּאֶתְמוֹל יְשַׁפְשֵׁף כָּל אָדָם עַצְמוֹ בְּחַמִּין, שֶׁאִם יִרְאֶה קֶרִי לְמָחָר – יָכוֹל לִטְבּוֹל בְּלֹא חֲלִילָה: הָרוֹאֶה קֶרִי בְּיוה"כ. וְלֹא בְּמִתְכַּוֵּין: עֲוֹנוֹתָיו מְחוּלִין. סִימָן טוֹב הוּא זֶה "יִרְאֶה זֶרַע וְיַאֲרִיךְ יָמִים": יִדְאַג כָּל הַשָּׁנָה כּוּלָּהּ. שֶׁמָּא לֹא קִיבְּלוּ תַּעֲנִיתוֹ, וְהִשְׂבִּיעוּהוּ כַּמָּה שֶׁבְּיָדָם לְהַשְׂבִּיעוֹ, כְּעֶבֶד הַמּוֹזֵג כּוֹס לְרַבּוֹ וְשָׁפַךְ לוֹ קִיתוֹן עַל פָּנָיו: וְאִם עָלְתָה לוֹ שָׁנָה. שֶׁלֹּא מֵת, מוּבְטָח לוֹ שֶׁמַּעֲשִׂים טוֹבִים יֵשׁ בְּיָדוֹ שֶׁהֵגִינוּ עָלָיו, וּבֶן עוֹלָם הַבָּא הוּא: תֵּדַע שֶׁהֲרֵי כָּל הָעוֹלָם רָעֵב. מְתַשְׁמִישׁ, וְהוּא שָׂבֵעַ וְלֹא נִתְאַוָּה בְּזֹאת, וְשֶׁלֹּא מִדַּעְתּוֹ הִשְׂבִּיעוּהוּ, וְאעפ"כ עָלְתָה לוֹ שָׁנָה – יֵשׁ לָדַעַת שֶׁצַּדִּיק גָּמוּר הוּא: מַפִּישׁ חַיֵּי. זֶה שֶׁרָאָה קֶרִי בְּיוֹם הַכִּפּוּרִים: סַגֵּי וּמַסְגֵּי. בְּבָנִים וּבְנֵי בָנִים, שֶׁכָּךְ הַסִּימָן "יִרְאֶה זֶרַע יַאֲרִיךְ יָמִים" [ישעיה נג]:

תוספות

מפני שצריך לומר הבדלה בחונן הדעת. הקשה רבינו יעקב מאורליינ"ש: ונכלליה מכלל, כדאמרי' ב"תפלת השחר" (ברכות דף כט.): כל השנה כולה מתפלל "הביננו" חוץ ממוצאי שבת, שצריך לומר הבדלה בחונן הדעת. ופריך: ונכלליה מכלל! קשיא. ותירץ ר"י: דהתם, דכל השנה מתפלל "הביננו" – משום הבדלה לא היה לו לשנות הסדר, כיון דאפשר לכוללו. אבל הכא, דסבירא ליה דכל השנה מתפלל שמונה עשרה שלימות – בטעם כל דהו אין לשנות הסדר. ולהכי במוצאי שבת מתפלל שמונה עשרה שלימות, מפני שצריך לומר הבדלה בחונן הדעת:

אי דצלי מאי טעמא דרבנן. תימה לי: אי מוקמינן נמי בדלא צלי – תיקשי לך מאי טעמא דרבנן, הא לעיל אמרי רבנן דרבי יוסי דוקא עד המנחה, אע"ג דלא צלי, ואם כן תיקשי דרבנן אדרבנן! ולפי המסקנא דמוקמינן להא כרבי יוסי בר' יהודה – ניחא, שאין להקשות מדרבנן דרבי יוסי בר יהודה לרבנן דרבי יוסי בן חלפתא. אבל למאי דס"ד השתא דתרוייהו רבי יוסי בן חלפתא, תקשי דרבנן אדרבנן! ונראה לי: אי אמרת בשלמא אידי ואידי דלא צלי – אז לא תיקשי לך דרבנן אדרבנן, דאיכא למימר תפלת נעילה נתקנה כך להתפלל אותה או ביום מן המנחה ולמעלה או בלילה כמו שירצה. והא דקאמרי' לעיל עד המנחה ותו לא – כשדעתו להתפלל אותה בלילה. והא דאמר הכא כל היום – כשהוא רוצה להתפלל ביום, כדי שיהא מזומן לסעודה בתחלת הלילה, ואע"פ שיכול להמתין עד הלילה ולהתפלל – התירו לו לטבול ביום הכפורים ולהתפלל, כי לא אסרו אלא רחיצה של תענוג, אבל בשביל תפלה וגם כדי שיהא מזומן לסעודה בתחלת הלילה – מותר לטבול ולהתפלל אותה ביום. אבל כיון דמוקמינן לה בדצלי – מאי טעמא דרבנן?

קסברי טבילה בזמנה מצוה. תימה לי: הה"מ לאקשויי מדרבנן דלעיל אדרבנן דהכא, דלעיל אמרי אע"ג דלא צלי אינו טובל מן המנחה ולמעלה, והכא אמרי אפי' צלי כבר טובל! וי"ל: דאיכא למימר דההיא דלעיל דקאמר עד המנחה – ה"פ: בשביל התפלה אינו צריך לטבול אלא עד המנחה, ואתא לאשמועינן דתפלת נעילה בלילה, מיהו משום טבילה בזמנה מצוה יש לו לטבול. ונפקא מינה היכא דאניס ולא מצי טביל ביום – לא יבטל בזה תפלת נעילה. ולר' יוסי, אי לא מצי טביל ביום – לא יתפלל כלל תפלת נעילה:

מכלל דרבי יוסי סבר טבילה בזמנה לאו מצוה. הא דלא פריך נמי מדרבנן דסברי מצוה, וברייתא דמייתי סבירא להו לאו מצוה! י"ל: דלעיל אמרי מצוה ואין לעבור זמנה במזיד ובמתכוין, ולהכי סבירא להו דטובל מן המנחה ולמעלה. אבל במה שהן אומרים שיש להן לחזור אחר גמי – בזה לא תדחה בודאי הטבילה. ועוד, מפני כבוד השם. אבל מר' יוסי פריך מכל שכן:

מפיש חיי סגי ומסגי. ורמז לדבר: "יראה זרע יאריך ימים":

הדרן עלך יום הכפורים וסליקא לה מסכת יומא

עין משפט נר מצוה

קז א מיי' פ"א מהלכות מקואות הלכה ו ופ"ג מהל' שביתת עשור הלכה ב ג ופ"ד מהל' א"ב הל' ו סמג עשין רמג טוש"ע או"ח סי' תקנד סעיף ח וסימן תריג סעיף יא יב וטור ש"ע י"ד סי' קצז סעיף ג וסי' שפא סעיף ה:

קח ב מיי' פ"ו מהלכות יסודי התורה הל' ו סמג לאוין ו:

קט ג (מיי' פ"ג מהלכות שביתת עשור הל"ג טוש"ע או"ח סי' תריג סעיף יא):

קי ד טוש"ע או"ח סי' תרטו סעיף ב:

רבינו חננאל

ולוי אמר ובתורתך כתוב לאמר ור' יוחנן אמר רבון כל העולמים ורב אמר רבו עונותינו מלמנות. ורב המנונא אמר אלהי עד שלא נוצרתי איני כדאי כו' והיינו וידויא דרבה כוליה שתא וידויא דרב המנונא זוטי ביומא דכפורי. אמר מר זוטרא לא אמרן אלא דלא אמר אבל אנחנו חטאנו אבל אמר אנחנו חטאנו תוב אינו צריך. א' בר המדורי הוה קאימנא קמיה דמר שמואל והוה יתיב כיון שהגיע ש"ץ לאבל אנחנו חטאנו קם אכרעיה עמנא ש"מ עיקר וידוי הדין הוא. תנן התם בשלשה פרקים בשנה הכהנים נושאין את כפיהם ד' פעמים ביום בשחרית במוסף ובמנחה ובנעילה בתעניות ובמעמדות וביוה"כ. מאי נעילה רב אמר צלותא יתירא מעין תפלתו של יום ושמואל אמר מה אנו ומותבינן לשמואל מהא דתניא אור יוה"כ מתפלל שבע ומתודה וכן שחרית וכן מוסף וכן במנחה וכן בנעילה מתפלל שבע. ומשני שמואל תנאי היא דתניא יוה"כ עם חשכה מתפלל שבע ומתודה דברי ר' מאיר וחכ"א אין זקוק לשבע ואם בא לחתום בוידוי חותם. וקי"ל כותיה דרב דאיסורא היא. עולא בר רב נחת קמיה דרבה פתח באתה בחרתנו וסיים במה אנו ושבחיה. כי האי תנא דאמר אם בא לחתום בוידוי חותם. ויחיד אומרה אחר תפלתו. אמר רב תפלת נעילה פוטרת של ערבית לדברי האומר תפלת ערבית חובה. מ"ט צלותא יתירא היא. וכיון דצלי תוב לא צריך לצלויי תפלת ערבית. ומותבינן עליה אור של יוה"כ מתפלל שבע ומתודה וכן בשחרית וכן במוסף וכן במנחה וכן בנעילה מתפלל שבע ומתודה בערבית מתפלל שבע מעין שמונה עשרה. ר' חנינא בן גמליאל אומר משום אבותיו מתפלל י"ח שלמות. מפני שצריך למימר הבדלה בחונן הדעת ומשני תנאי היא דתניא כל חייבי טבילות טבילתן בלילה. בעל קרי טובל והולך עד המנחה. ר' יוסי אומר כל היום. פי' ת"ק דתני עד המנחה קסבר אין שם תפלת ערבית. ור' יוסי דתני כל היום קסבר צריך עדיין להתפלל תפלת ערבית. איני דר' יוסי כל היום אמר והתנינן הזב והזבה והמצורע והמצורעת ובועל נדה וטמא

תוספות ישנים

בפ"ק דשבת (דף ט:) אלא אם כן דוחקתו שום מצוה עוברת או שרא המייניה לאכול דהו לא מטרחינן עליה תדע שהרי יעקב אבינו תקנה וגם כנגד הקטרת אברים ופדרים היא שהן כל הלילה כדאמרי' בפ' תפלת השחר (ברכות דף כו:) וכמו שכן דלא מעכבי כפרה [אי נמי] מ"מ מצוה בעלמא יש בהן כמו כן תפלת ערבית מצוה יש בה וא"כ שפיר קאמר הכא דפוטרתו אף לדברי האומר רשות כיון שצריך להתפלל ואומר רבי דהכא נמי אינו צריך להתפלל שהרי יש לו לעסוק בתקון צרכי סעודה למוצאי יום הכפורים שהוא יום טוב כדאמרי' במדרש שבת קול יוצאת ואומרת לך אכול בשמחה לחמך וכמו שפירשתי שאין לו לבטל תפלת ערבית בחנם כן משמע בירושלמי בפרק תפלת השחר דקאמר למ"ד תפלת ערבית חובה אין תפלת נעילה פוטרת אותה למ"ד רשות פוטרת משמע הא בלא כלום לא יפטור ואע"פ שחולק על תלמוד שלנו בכאן אין לנו להכחישו במה שאינו חולק על תלמוד שלנו והא דתניא בפרק תפלת השחר (שם) שכח ולא התפלל ערבית מתפלל שחרית שתים אתיא שפיר כמאן דאמר תפלת ערבית רשות כי בחנם אין לו לבטלה וניחא נמי הא דאמרינן פרק תפלת השחר (דף ל:) טעה ולא הזכיר ראש חודש אין מחזירין אותו לפי שאין בית דין מקדשין את החודש בלילה הא לאו הכי מחזירין אותו כי בחנם אין לו לבטלה אבל ה"ג פי' דכיון דהתפלל אותה שויה עליה חובה והלכך אי לאו טעמא לפי שאין ב"ד כו' מחזירין אותו ואין נראה לרבי דהא אמרי' בפ"ק דשבת (דף ט:) למ"ד תפלת ערבית רשות הני בבלאי כיון דשרא סו' הא לא שרא מטרחינן ליה אע"ג דלא התפלל כלל וכי תימה כיון דהתפלל בשאר לילות שויה עליה חובה אם כן למה הוצרך לתרץ בשמעתין דלדברי האומר רשות קאמר אפילו לדברי האומר חובה ניחא כיון דשויה עליה חובה בשאר לילות על כן נראה כך כדפרשינן. מ"ר: *) שצריך לומר הבדלה בחונן הדעת. הקשה ה"ר יעקב דאורליינ"ש ונכלליה כדאמרי' בברכות פרק (אין עומדין) [תפלת השחר (דף כט:)] כל השנה כולה מתפלל אדם הבינו חוץ ממוצאי שבת ופריך ונכלליה כו' ואומר רבי דהתם כיון שכל השנה רגיל בהבינו אין לו לשנות סידרו

*) ע"כ שייך לדף פ"ז ע"ב

מסורת הש"ס

(ברכות כב:)

[לעיל ו. ע"ש]

שבת קכא. לעיל ו: [תוספתא פ"ד ע"ש]

שבת קכ: לעיל ח.

[שבת קכא. נדה כט:]

בע"י איתא לדברי תנא קמי' דרב נחמן עם תנא דבי ר' ישמעאל בחילוף

הגהות הב"ח

(א) רש"י ד"ה אי דצלי מאי טעמייהו דרבנן: (ב) ד"ה וקיימא לן כמס' שבת. נ"ב כפ' כל כתבי סוף דף קכ:

גליון הש"ס

רש"י ד"ה לערב ישפשף משום חלילה. עי' מג"א סי' שו ס"ק ו:

ר"ח

וטמא מת טבילתן ביום. נדה ויולדת טבילתן בלילה. בעל קרי טובל והולך כל היום כולו ר' יוסי אומר מן המנחה ולמעלה שוב אינו צריך. ושנינן הא דתני כל היום בדלא צלי עדיין. והא דתני מן המנחה אינו צריך בדצלי ואקשינן ואי צלי מ"ט דרבנן דתני כל היום ושנינן משום דקסברי טבילה בזמנה מצוה ואקשי' מכלל דר' יוסי סבר טבילה בזמנה לאו מצוה היא. והתניא מי שהיה שם כתוב על בשרו הרי זה לא ירחץ ולא יסוך ולא יעמוד במקום הטנופת נזדמנה לו (טבילה) טבילת מצוה כורך עליו גמי או סמרטוט וטובל דמצוה לשפשף ואי איכא גמי כולי עלמא לא פליגי דכורך גמי ואח"כ טובל כי פליגי להדורי ואיתויי ר' יוסי סבר טבילה בזמנה מצוה ולא שבקינן מצוה ומהדרינן אגמי. ורבנן סברי טבילה בזמנה לאו מצוה היא ומהדר עד דמשכח גמי. ושנינן האי דתני מן המנחה ולמעלה אינו צריך לטבול דטבילה בזמנה לאו מצוה היא ר' יוסי בר' יהודה היא דתני בענין טועה שאמר [הת"ק] מטבילין צ"ה טבילות. אמר הוא דייה לטבילה שתהא באחרונה: ת"ר הרואה קרי ביוה"כ יורד וטובל ועודנו השכבת זרע לח. ואם מבערב ישפשף. פי' אם ראה קרי הלילה ויבש ש"ז על בשרו צריך לשפשף בשרו שלא ישאר על גופו. תנא דבי ר' ישמעאל הרואה קרי ביוה"כ עונותיו סדורין לימחל וידאג כל השנה אם ניצל אותה שנה מובטח לו שהוא בן העוה"ב מפיש חיי סגי ומסגי: **הדרן עלך יום הכפורים**

בתלמוד א"י במסכת ברכות בתחלת פרק תפלת השחר ובתעניות פ"ג בג' פרקים הכהנים נושאים את כפיהם ד' פעמים ביום. אימתי תפלת נעילה רב אמר בנעילת שערי שמים ר' יוחנן אמר בנעילת שערי היכל. מתניתין מסייען לר' יוחנן בשלשה פרקים הכהנים נושאין את כפיהם ד' פעמים ביום. בשחרית במוסף במנחה בנעילת שערים. אית לך מימר נעילת שערי שמים [ביום]. אחוה דאמיה דרב אדא דהוה צייר גולתיה דרב בצומא רבא. א"ל רב כד תחמי שמשא בריש דקלי את יהיב לי גולתי דנצלי תפלת נעילה. מחלפא שיטתיה דרב תמן א' בנעילת שערי שמים והכא מצלי בנעילת שערי היכל. א"ר מתניא ע"י דהוה רב מאריך בצלותיה סגין הוה מגיע לנעילת שערי שמים ש"מ דכד הוי שמשא בריש דקלי היא עת נעילת שערי היכל. וסלקא שמעתא דאשאין נעילה פוטרת של ערב. ויוה"כ שחל להיות בשבת מזכיר של שבת בנעילה וכן ראש חודש שחל להיות בתענית מזכיר של ר"ח בנעילה. וכן שבת שחלה להיות בחנוכה מזכיר של חנוכה במוסף וכן ר"ח שחל להיות בחנוכה מזכיר של חנוכה במוסף. ר"ח שחל להיות בתענית היאך (קורין בר"ח) [מזכיר של ר"ח] א"ר בא מה מצינו בכ"מ אומרה ברכה רביעית. אף הכא אומרה ברכה רביעית. וכן נפק עובדא (בהדה דרבה) [כהדא דר' אבא] ר' ור' חייא בר חייא בר אבא הוו מפקדי לאמורייהו אכריזו קמי צבורא מאן דמצלי יצלי דרמשא עד יומא קיים. א"ר חנינא משכני ר' ישמעאל בר' יוסי אצל פונדקי אחד ואמר לי כן התפלל אבי של שבת בע"ש. א"ר אמי ר' יוחנן פליג לא הוה צריך מפלגא על הדא שכן מוסיפין מחול על הקדש. ועוד סלקין חברייא מן ערב לצפורי ואמרי כבר שבת ר' חנינא בן דוסא בעירנו. ווידא אמרה דא דאמר ר' חנינא משכני ר' ישמעאל בר' יוסי אצל פונדקי אחד ואמר לי כאן התפלל אבי של מ"ש בשבת אף עליה לא הוה צריך מפלגא דר' מפקד אבדן אמוריה אכריז קדמיהון מאן דמצלי יצלי דרמשא עד יומא קיים: **בר** המדידי בר מיחם דודי דאבא שהן חסידותי. אמר רב אסי אין משיחין על כוס של ברכה כי שקיל ליה לאלתר מברך. בר קמצר לא רצה ללמד על מעשה הכתב. מאי מעשה הכתב כן שהיה נוטל ה' קולמסין בה' אצבעותיו ואם היתה תיבה של ה' אותיות כותבה בבת אחת:

סליקא לה מסכת יומא. שבח לבתר יהא והוה קמא. ברוך נותן ליעף עצמה.
תתרומם שם יושב רומא. יהא שמיה רבא לעלמי עלמא:

תוספות ישנים

סידרו בשביל מוצאי שבת אלא ליכלליה אבל הכא רגיל כל השנה להתפלל י"ח ולכך מתפלל גם עתה ולא ליכלליה ותנא קמא מיקל עליו לפי שיש לו להכין סעודה למוצאי יום הכפורים שהוא יו"ט כדפרישית לעיל מ"ר:

בועלי נדות וטמאי מתים טובלין כדרכן ביום הכפורים. וא"ת מה מועיל טבילת טמא מת ביוה"כ כיון שצריך הזאה ויש לומר דמיירי שהזה עליו קטן או עבד והזה וכטבילה שאחר הזאה מיירי הכא אי נמי כגון שהזה מערב יוה"כ דכפ' שלשה מינין (דף מד:) מוכח דאם הזה בשביעי יכול לטבול בשמיני גבי תגלחת טומאה ואם תאמר הא מסקינן דטבילה בזמנה מצוה להאי תנא ואי בשמיני אין זה טבילה בזמנה יש לומר דמכל מקום לא אמרי' טבילה בזמנה מצוה אלא לחיוב דבעל קרי אבל פשיטא אפילו [שלא] בזמנו יכול לטבול דהא רבי יוסי דאמר לקמן דמן המנחה ולמעלה לא יטבול משום דסבר טבילה בזמנה לאו מצוה היא ומודה הוא דזב וזבה וטמא מת וכן בעל קרי יכולין לטבול אם ירצו לטהרות דלא פליג בזה עליה דת"ק אלא שסובר דאין בעל קרי חייב לטבול דלאו מצוה היא ות"ק סבר דבעל קרי חייב לטבול דמצוה היא וכן משמע מתוך דבריהם דפליגי בהכי בהדיא אבל אפילו שלא בזמנה יכול לטבול לכו"ע אפילו ביוה"כ וא"כ מייר שפיר בהזה מעיוה"כ. מ"ר. ולא כמו שפי' בספר הישר בבילה דלמאי דקי"ל טבילה בזמנה לאו מצוה אסור לטבול ביוה"כ דלהאי טעמא לא מיתוקם למאי דפרשינן ומיהו בדין טבילה דיוה"כ בזמן הזה אם היא מותרת פי' בשבת (דף קכא.) גם בבילה (דף יח:): **ה"ג** רבי יוסי אומר מן המנחה ולמעלה לא יטבול. פירוש אינו צריך לטבול אבל לא גרסינן אינו יכול לטבול דהא אע"ג דהיינו רבי יוסי ברבי יהודה דאית ליה טבילה בזמנה לאו מצוה מ"מ יכול הוא לטבול כדפרישית וכן בברייתא קמייתא נמי דקתני בה מן המנחה ולמעלה לא יטבול פי' דתפלת נעילה לא יתפלל עד הלילה וא"כ אית ליה תפלה בזמנה לאו מצוה אפילו הכי קאמר כל חייבי טבילות טובלין כדרכן ביום הכפורים אלא ה"ג לא יטבול כלומר אינו חייב לטבול דטבילה בזמנה לאו מצוה היא. מ"ר: **לא** ירחץ. פרש"י שלא ימחוק את השם ולא עיין בשבת בפרק כל כתבי הקודש (שבת דף קכ:) דמסקינן טעמא משום דאסור לעמוד בפני השם ערום: **מכלל** דר' יוסי סבר לא אמרי' טבילה בזמנה מצוה. ומסקינן דהיינו ר' יוסי בר' יהודה וא"ת א"כ לא משכחת תנא אליבא דרב דאמר תפלת נעילה בלילה דלעולם אימא לך שהוא ביום והא דקאמר ת"ק טובל והולך עד המנחה אבל משם ואילך לא יטבול היינו בצלי ואית ליה טבילה בזמנה לאו מצוה ורבי יוסי לטעמיה דהוא ר' יוסי בן חלפתא דאית ליה טבילה בזמנה מצוה ולכך טובל כל היום כולו ואע"ג דצלי ובין למר ובין למר הויא תפלת נעילה ביום דוקא ואומר רבי דודאי אין לו הוכחה כל כך אם לא שיסבור רב דכי היכי דגרס בברייתא בתרייתא דלעיל ר' יוסי בר' יהודה [כן גרס בברייתא קמייתא דלעיל רבי יוסי בר' יהודה] וא"כ קשיא דרבי יוסי ברבי יהודה אדרבי יוסי ברבי יהודה ועל כרחיה יתרץ הא בדלא צלי והא בדלא צלי דברייתא קמייתא בדלא צלי ואפ"ה קאמר ת"ק עד המנחה ש"מ דהיינו טעמא דאית ליה כרב דתפלת נעילה בלילה. מ"ר. ונכון היה בטוב ליזהר להתפלל לכתחלה נעילה ביום ואם התפלל בלילה יצא ידי חובתו כרב: **אלא** אימא מבערב ישפשף. תימה לי מכאן למה שרגיל רבינו יעקב לפרש דנדה אינה צריכה לחוף כל גופה כלל כי אם ראשה כמו שפירש בנדה ובחולין דהא על כרחין הא דקאמר הכא מבערב ישפשף מיירי שפשוף כל גופו מדלא נקט יחוף וכן פרש"י דכשפשוף כל גופו בחמין מיירי ושמא נראה דאיירי הכא באדם שיודע שנתעסק בנבע או בשום לכלוך ויראה פן יצטרך למחר לטבול מחמת קרי אבל אם הוא נקי אין צריך לחפיפה אבל בשם רבינו יצחק אלפס מצאתי כתוב מבערב ישפשף אם ראה קרי מבערב יש לחוש שמא נתייבש על בשרו ישפשף היום ביוה"כ פן יחוץ אבל אם ראה עכשיו הוא לח ואין צריך שפשוף אבל לפרש"י קשה לי מה לו להזכיר שפשוף על טבילה זו יותר מכל שאר טבילות ששונה במשנה ובברייתא על כן נראה פי' רבינו יצחק אלפס עיקר ועוד קשה לי כיון דמבערב קאי אשפשוף למה יש לו לשפשף וכי יש לו לידע שיראה קרי למחר דבברייתא קתני הרואה קרי ביום הכפורים: **כל** העולם כולו רעב והוא שבע. סימן טוב הוא לו שירחמו עליו מן השמים: **תמו נשלמו תוספות ישנים ממסכת יומא**

Koren Talmud Bavli

THE NOÉ EDITION

YOMA

Steinsaltz Center

KOREN

תלמוד בבלי

KOREN TALMUD BAVLI

THE NOÉ EDITION

יומא

YOMA

Daf 68b through Daf 88a

COMMENTARY BY

Rabbi Adin Even-Israel Steinsaltz

EDITOR-IN-CHIEF

Rabbi Dr Tzvi Hersh Weinreb

SENIOR CONTENT EDITOR

Rabbi Dr Shalom Z Berger

EXECUTIVE EDITOR

Rabbi Joshua Schreier

STEINSALTZ CENTER

KOREN PUBLISHERS JERUSALEM

Supported by the Matanel Foundation

Koren Talmud Bavli, The Noe Edition
Vol. 6d: Tractate Yoma, Daf 68b through Daf 88a
Paperback, ISBN, 978-965-7765-48-7

First Hebrew/English paperback edition, 2021

Koren Publishers Jerusalem Ltd.
PO Box 4044, Jerusalem 91040, ISRAEL
PO Box 8531, New Milford, CT 06776, USA
www.korenpub.com

Steinsaltz Center

Steinsaltz Center is the parent organization of institutions established by Rabbi Adin Even-Israel Steinsaltz

PO Box 45187, Jerusalem 91450 ISRAEL
Telephone: +972 2 646 0900, Fax +972 2 624 9454
www.steinsaltz-center.org

This book was published in cooperation with the Israel Institute for Talmudic Publications.

הִנֵּה יָמִים בָּאִים, נְאֻם אֲדֹנָי יֱהוִה, וְהִשְׁלַחְתִּי רָעָב בָּאָרֶץ,
לֹא־רָעָב לַלֶּחֶם וְלֹא־צָמָא לַמַּיִם, כִּי אִם־לִשְׁמֹעַ אֵת דִּבְרֵי יהוה.

Behold, days are coming – says the Lord God – I will send a hunger to the land, not a hunger for bread nor a thirst for water, but to hear the words of the Lord. (AMOS 8:11)

The Noé edition of the Koren Talmud Bavli
with the commentary of Rabbi Adin Even-Israel Steinsaltz
is dedicated to all those who open its covers
to quench their thirst for Jewish Knowledge,
in our generation of Torah renaissance.

This beautiful edition is for the young, the aged,
the novice and the savant alike,
as it unites the depth of Torah knowledge
with the best of academic scholarship.

Within its exquisite and vibrant pages,
words become worlds.

It will claim its place in the library of classics,
in the bookcases of the Beit Midrash,
the classrooms of our schools,
and in the offices of professionals and business people
who carve out precious time to grapple with its timeless wisdom.

For the Student and the Scholar

DEDICATED BY LEO AND SUE NOÉ

Steinsaltz Center

Executive Director, Steinsaltz Center
Rabbi Meni Even-Israel

Managing Editor
Rabbi Jason Rappoport

Editors
Rabbi Joshua Amaru, *Coordinating Editor*
Menucha Chwat
Rabbi Yoel Domb
Rabbi Yonatan Shai Freedman
Raphael Friedman
Nechama Greenberg
Rabbi Alan Haber
Rabbi David Hojda
Rabbi Dov Karoll
Rabbi Tzvi Chaim Kaye
Rabbi Adin Krohn
Catriel Lev
Sholom Licht
Elisha Loewenstern
Adina Luber
Rabbi Avishai Magence, *Content Curator*
Sally Mayer
Sarit Nagus
Yedidya Naveh
Rabbi Eli Ozarowski
Rabbi David Sedley
Shira Shmidman
Rabbi Michael Siev
Avi Steinhart
Rabbi David Strauss
Rabbi Abe Y. Weschler
Rabbi Binyamin Zimmerman

Senior Content Editor
Rabbi Dr. Shalom Z. Berger

Copy Editors
Aliza Israel, *Coordinator*
Bracha Hermon
Ita Olesker
Debbie Ismailoff
Shira Finson
Ilana Sobel
Deena Nataf

Language Consultants
Dr. Stephanie E. Binder, *Greek & Latin*
Rabbi Yaakov Hoffman, *Arabic*
Dr. Shai Secunda, *Persian*
Shira Shmidman, *Aramaic*

KOREN

Design & Typesetting
Raphaël Freeman, *Design & Typography*
Dena Landowne Bailey, *Typesetting*
Rina Ben Gal, *Typesetting*
Tani Bayer, *Jacket Design*

Images
Eliahu Misgav, *Illustration*
Yehudit Cohen, *Image Acquisition*

Introduction by the Publisher

The Talmud has sustained and inspired Jews for thousands of years. Throughout Jewish history, an elite cadre of scholars has absorbed its learning and passed it on to succeeding generations. The Talmud has been the fundamental text of our people.

Beginning in the 1960s, Rabbi Adin Even-Israel Steinsaltz שליט״א created a revolution in the history of Talmud study. His translation of the Talmud, first into modern Hebrew and then into other languages, as well the practical learning aids he added to the text, have enabled millions of people around the world to access and master the complexity and context of the world of Talmud.

It is thus a privilege to present the *Koren Talmud Bavli*, an English translation of the talmudic text with the brilliant elucidation of Rabbi Steinsaltz. The depth and breadth of his knowledge are unique in our time. His rootedness in the tradition and his reach into the world beyond it are inspirational.

Working with Rabbi Steinsaltz on this remarkable project has been not only an honor, but a great pleasure. Never shy to express an opinion, with wisdom and humor, Rabbi Steinsaltz sparkles in conversation, demonstrating his knowledge (both sacred and worldly), sharing his wide-ranging interests, and, above all, radiating his passion. I am grateful for the unique opportunity to work closely with him, and I wish him many more years of writing and teaching.

Our intentions in publishing this new edition of the Talmud are threefold. First, we seek to fully clarify the talmudic page to the reader – textually, intellectually, and graphically. Second, we seek to utilize today's most sophisticated technologies, both in print and electronic formats, to provide the reader with a comprehensive set of study tools. And third, we seek to help readers advance in their process of Talmud study.

To achieve these goals, the *Koren Talmud Bavli* is unique in a number of ways:

- The classic *tzurat hadaf* of Vilna, used by scholars since the 1800s, has been reset for great clarity, and opens from the Hebrew "front" of the book. Full *nikkud* has been added to both the talmudic text and Rashi's commentary, allowing for a more fluent reading with the correct pronunciation; the commentaries of *Tosafot* have been punctuated. Upon the advice of many English-speaking teachers of Talmud, we have separated these core pages from the translation, thereby enabling the advanced student to approach the text without the distraction of the translation. This also reduces the number of volumes in the set. At the bottom of each *daf*, there is a reference to the corresponding English pages. In addition, the Vilna edition was read against other manuscripts and older print editions, so that texts which had been removed by non-Jewish censors have been restored to their rightful place.

- The English translation, which starts on the English "front" of the book, reproduces the *menukad* Talmud text alongside the English translation (in bold) and commentary and explanation (in a lighter font). The Hebrew and Aramaic text is presented in logical paragraphs. This allows for a fluent reading of the text for the non-Hebrew or non-Aramaic reader. It also allows for the Hebrew reader to refer easily to the text alongside. Where the original text features dialogue or poetry, the English text is laid out in a manner appropriate to the genre. Each page refers to the relevant *daf*.

- Critical contextual tools surround the text and translation: personality notes, providing short biographies of the Sages; language notes, explaining foreign terms borrowed from Greek, Latin, Persian, or Arabic; and background notes, giving information essential to the understanding of the text, including history, geography, botany, archaeology, zoology, astronomy, and aspects of daily life in the talmudic era.
- Halakhic summaries provide references to the authoritative legal decisions made over the centuries by the rabbis. They explain the reasons behind each halakhic decision as well as the ruling's close connection to the Talmud and its various interpreters.
- Photographs, drawings, and other illustrations have been added throughout the text – in full color in the Standard and Electronic editions, and in black and white in the Daf Yomi edition – to visually elucidate the text.

This is not an exhaustive list of features of this edition, it merely presents an overview for the English-speaking reader who may not be familiar with the "total approach" to Talmud pioneered by Rabbi Steinsaltz.

Several professionals have helped bring this vast collaborative project to fruition. My many colleagues are noted on the Acknowledgments page, and the leadership of this project has been exceptional.

RABBI MENACHEM EVEN-ISRAEL, DIRECTOR OF THE STEINSALTZ CENTER, was the driving force behind this enterprise. With enthusiasm and energy, he formed the happy alliance with Koren and established close relationships among all involved in the work.

RABBI DR. TZVI HERSH WEINREB שליט״א, EDITOR-IN-CHIEF, brought to this project his profound knowledge of Torah, intellectual literacy of Talmud, and erudition of Western literature. It is to him that the text owes its very high standard, both in form and content, and the logical manner in which the beauty of the Talmud is presented.

RABBI JOSHUA SCHREIER, EXECUTIVE EDITOR, assembled an outstanding group of scholars, translators, editors, and proofreaders, whose standards and discipline enabled this project to proceed in a timely and highly professional manner.

RABBI MEIR HANEGBI, EDITOR OF THE HEBREW EDITION OF THE STEINSALTZ TALMUD, lent his invaluable assistance throughout the work process, supervising the reproduction of the Vilna pages.

RAPHAËL FREEMAN, EXECUTIVE EDITOR OF KOREN, created this Talmud's unique typographic design which, true to the Koren approach, is both elegant and user friendly.

It has been an enriching experience for all of us at Koren Publishers Jerusalem to work with the Steinsaltz Center to develop and produce the *Koren Talmud Bavli*. We pray that this publication will be a source of great learning and, ultimately, greater *avodat Hashem* for all Jews.

Matthew Miller, Publisher
Koren Publishers Jerusalem
Jerusalem 5772

Contents

For the vocalized Vilna Shas layout, please open as a Hebrew book.

Introduction to **Perek VII**

And Moses said unto the congregation: This is the thing which the Lord commanded to be done.

(Leviticus 8:5)

And Aaron shall come into the Tent of Meeting, and shall put off the linen garments, which he put on when he went into the Sanctuary, and shall leave them there. And he shall bathe his flesh in water in a holy place, and put on his other garments, and he shall exit and make his burnt-offering and the burnt-offering of the people, and make atonement for himself and for the people.

(Leviticus 16:23–24)

And on the tenth day of this seventh month you shall have a holy convocation; and you shall afflict your souls; you shall do no manner of work. And you shall sacrifice a burnt-offering to the Lord of pleasing odor: One young bull, one ram, seven unblemished year-old lambs shall be unto you. And their meal-offering, fine flour mingled with oil, three-tenth parts for the bull, two-tenth parts for the one ram. A several-tenth part for every lamb of the seven lambs. One goat for a sin-offering besides the sin-offering of atonement and the daily burnt-offering, and its meal-offering, and their libations.

(Numbers 29:7–11)

And the goat shall bear upon him all their iniquities unto a land which is cut off; and he shall let go the goat in the wilderness.

(Leviticus 16:22)

The order of the day involves not only the sacrifice of the various offerings but also the High Priest's public reading of the Torah from the relevant passages describing the order of the day. The notion that in addition to bringing the offerings, the details as to how they are brought should also be publically announced is foreshadowed by the inauguration of the Tabernacle, when Moses not only performed the various rites involved but was also required to explain them to the people. The details of the High Priest's Torah reading and associated issues are discussed in this chapter.

Despite the detailed presentation in the Torah of the order of the day, there are some points that remain unclear. There are two sets of offerings that must be brought on Yom Kippur: Those detailed in the chapter in Leviticus that delineates the unique rites of the day, and also the daily and additional offerings, due on each Festival, which are described in the book of Numbers. At what point in the day the daily and additional offerings are sacrificed is not explicitly stated in the Torah. The chapter begins to organize the details to present a complete picture.

In addition, the precise order of the sacrifices as described in the verses in Leviticus is not absolutely clear. Tradition teaches that despite the order of the verses, which suggest otherwise, after entering the Holy of Holies and performing the primary rites of the day there, the High Priest would leave and perform the other parts of the sacrificial order, returning to the Holy of Holies only at a later point. If so, it must be clarified at what point those offerings, which are not associated with the Holy of Holies, are sacrificed.

The High Priest changes his garments many times throughout the day, both at the beginning and end of the day, when he changes his personal garments for the priestly vestments, and throughout the day, when he changes from the

white to the golden garments and vice versa. This raises various questions concerning the priestly vestments: To what extent are priests allowed to derive benefit from the priestly vestments? How are the priestly vestments fashioned? What are the differences between the dress of the common priest and that of the High Priest? Are the garments of the High Priest uniquely worn by him, or may the priest anointed for war or a previous High Priest also wear them? The chapter also discusses the unique function of the *Urim VeTummim* and when and how it is consulted.

מתני׳ בָּא לוֹ כֹּהֵן גָּדוֹל לִקְרוֹת, אִם רָצָה לִקְרוֹת בְּבִגְדֵי בוּץ – קוֹרֵא, וְאִם לָאו – קוֹרֵא בְּאִצְטְלִית לָבָן מִשֶּׁלּוֹ.

MISHNA **The High Priest came to read**[N] the Torah. **If he wished to read** the Torah while still dressed **in the fine linen garments,**[NH] i.e., the priestly vestments he wore during the previous service, **he may read** wearing them; **and if not he** is permitted to **read in a white robe of his own,** which is not a priestly vestment.

חַזַּן הַכְּנֶסֶת נוֹטֵל סֵפֶר תּוֹרָה וְנוֹתְנוֹ לְרֹאשׁ הַכְּנֶסֶת, וְרֹאשׁ הַכְּנֶסֶת נוֹתְנוֹ לַסְּגָן, וְהַסְּגָן נוֹתְנוֹ לְכֹהֵן גָּדוֹל, וְכֹהֵן גָּדוֹל עוֹמֵד וּמְקַבֵּל וְקוֹרֵא ״אַחֲרֵי מוֹת״ וְ״אַךְ בֶּעָשׂוֹר״, וְגוֹלֵל סֵפֶר תּוֹרָה וּמַנִּיחוֹ בְּחֵיקוֹ, וְאוֹמֵר: יוֹתֵר מִמַּה שֶּׁקָּרָאתִי לִפְנֵיכֶם כָּתוּב כָּאן, ״וּבֶעָשׂוֹר״ שֶׁבְּחוּמַּשׁ הַפְּקוּדִים קוֹרֵא עַל פֶּה.

The synagogue attendant takes a Torah scroll and gives it to the head of the synagogue[B] that stood on the Temple Mount; **and the head of the synagogue gives it to the deputy** High Priest, **and the Deputy gives it to the High Priest, and the High Priest stands and receives** the scroll from his hands. **And he reads** from the scroll the Torah portion beginning with the verse: **"After the death"** (Leviticus 16:1) **and** the portion beginning with the verse: **"But on the tenth"** (Leviticus 23:26), **and furls the Torah scroll and places it on his bosom and says: More than what I have read before you is written here.** The Torah portion beginning with the verse: **"And on the tenth," from the book of Numbers** (29:7),[N] **he** then **reads by heart.**[H]

וּמְבָרֵךְ עָלֶיהָ שְׁמוֹנֶה בְּרָכוֹת: עַל הַתּוֹרָה, וְעַל הָעֲבוֹדָה, וְעַל הַהוֹדָאָה, וְעַל מְחִילַת הֶעָוֹן, וְעַל הַמִּקְדָּשׁ בִּפְנֵי עַצְמוֹ, וְעַל יִשְׂרָאֵל בִּפְנֵי עַצְמָן, וְעַל יְרוּשָׁלַיִם בִּפְנֵי עַצְמָהּ, וְעַל הַכֹּהֲנִים בִּפְנֵי עַצְמָן, וְעַל שְׁאָר הַתְּפִלָּה.

And he recites after the reading the following **eight blessings:**[HN]
Concerning the Torah: Who has given us the Torah of truth;
and concerning the Temple **service:** Find favor in Your people Israel and accept the service in Your most holy House... for You alone do we serve with reverence;
and concerning thanksgiving: We give thanks to You;
and concerning pardon of iniquity: Pardon our iniquities on this Yom Kippur;
and concerning the Temple in and of itself, which concludes: Blessed…Who chose the Temple;
and concerning the Jewish People in and of itself, which concludes: Blessed…Who chose Israel;
and concerning Jerusalem in and of itself, which concludes: Blessed…Who chose Jerusalem;
and concerning the priests in and of themselves, which concludes: Blessed…Who chose the priests;
and concerning the rest of the prayer, which concludes: Blessed…Who listens to prayer.

הָרוֹאֶה כֹּהֵן גָּדוֹל כְּשֶׁהוּא קוֹרֵא – אֵינוֹ רוֹאֶה פַּר וְשָׂעִיר הַנִּשְׂרָפִין, וְהָרוֹאֶה פַּר וְשָׂעִיר הַנִּשְׂרָפִין – אֵינוֹ רוֹאֶה כֹּהֵן גָּדוֹל כְּשֶׁהוּא קוֹרֵא. וְלֹא מִפְּנֵי שֶׁאֵינוֹ רַשַּׁאי, אֶלָּא שֶׁהָיְתָה דֶּרֶךְ רְחוֹקָה, וּמְלֶאכֶת שְׁנֵיהֶן שָׁוָה כְּאַחַת.

The mishna comments: **One who sees the High Priest**[N] **reading** the Torah **does not see the bull and goat that are burned; and one who sees the bull and goat that are burned does not see the High Priest reading** the Torah. The Mishna explains: **And this is not** due to the fact **that one is not permitted** to see both, **but because there was a distant path** between them, **and the performance of both of them** is undertaken **simultaneously.**

BACKGROUND

Head of the synagogue – רֹאשׁ הַכְּנֶסֶת: In the period of the Mishna and the Talmud, the individual appointed over synagogue matters was called the head of the synagogue, or ἀρχισυνάγωγος, *archisynogogos*, in Greek. The title *ḥazan* was used for the attendant of a synagogue, who often also lived there, especially if that synagogue was situated outside the city limits. The synagogue adjacent to the Temple was located on the Temple Mount and was a designated place of prayer for those who came to the Temple to sacrifice offerings or to watch the sacrificial service. The officials of this synagogue held a certain importance and were considered second in rank to the deputy High Priest.

NOTES

The High Priest came to read – בָּא לוֹ כֹּהֵן גָּדוֹל לִקְרוֹת: The Jerusalem Talmud presents the verse: "And he did that which the Lord commanded Moses to do" (Leviticus 16:34) as the basis of the obligation to read the Torah as part of the day's service. It is insufficient to merely perform the day's service; the biblical passages describing it are also read.

Fine linen garments – בִּגְדֵי בוּץ: The High Priest is permitted to wear the linen garments for the Torah reading only because he is already wearing them. He would not, however, be permitted to change into the golden garments; doing so would require immersion and sanctification beforehand, which must be followed immediately by performing a service. As the Gemara explains, the reading of the Torah is not considered a service in its own right (*Tosafot Yeshanim*).

The book of Numbers – חוּמַּשׁ הַפְּקוּדִים: In Talmudic literature, the fourth book of the Torah is usually referred to as Numbers [*Pekudim*] due to the two censuses of the Jewish People recorded within. Sometimes it is also referred to by its first word: *Vayedabber*. The title *Bamidbar*, which is commonly used nowadays, was introduced only at a relatively late stage.

Eight blessings – שְׁמוֹנָה בְּרָכוֹת: The mishna appears to actually list nine blessings. This discrepancy is due to the different versions that exist of the text of the mishna. In many versions, the blessing concerning Jerusalem is omitted, leaving eight blessings. Indeed, the blessing concerning Jerusalem is absent from the *baraita* cited by the Gemara, which also lists the blessing. Other texts of the mishna omit the phrase: In and of itself, following the blessing concerning the Jewish People and place it immediately before the blessing concerning the rest of the prayer. Accordingly the Jewish People and the rest of prayer are mentioned together in a single blessing, and as such there are only eight blessings (see *Melekhet Shlomo*).

One who sees the High Priest, etc. – הָרוֹאֶה כֹּהֵן גָּדוֹל וכו׳: The principle behind this halakha is that it is permitted to neglect one mitzva in order to be involved in a different mitzva, in this case, to neglect the reading of the Torah in order to see the bull and goat that are burned. This is not considered a violation of the principle that one may not pass over an opportunity to fulfill a mitzva, since that principle applies only when one is already engaged with that mitzva and been committed to it (Rambam's Commentary on the Mishna; *Me'iri*). The novelty of the mishna's statement lies in the fact that the two events were performed simultaneously despite that had the two events been performed at different times, the crowds for each event would have been far greater, which would be a fulfillment of: "The king's glory is in the multitude of people" (Proverbs 14:28). Nevertheless, this reason was not compelling enough to alter the day's schedule (Rabbeinu Yehonatan).

HALAKHA

If he wished to read in the fine linen garments – אִם רָצָה לִקְרוֹא בְּבִגְדֵי בוּץ: This Torah reading is not a sacred Temple service. Therefore, the High Priest may decide if he wishes to recite the reading in his own mundane clothes or in the white priestly vestments (Rambam *Sefer Avoda, Hilkhot Avodat Yom HaKippurim* 3:9).

Order of the reading – סֵדֶר הַקְּרִיאָה: The synagogue attendant at the Temple takes the Torah scroll and gives it to the head of the synagogue, who gives it to the deputy High Priest. The Deputy gives it to the High Priest, who stands and reads the Torah portion: "After the death," and then the portion: "But on the tenth." He furls the Torah and says: More than what I have read before you is written here, and then he recites by heart verses concerning Yom Kippur that are taken from the book of Numbers (Rambam *Sefer Avoda, Hilkhot Avodat Yom HaKippurim* 3:10).

He recites…eight blessings – וּמְבָרֵךְ...שְׁמוֹנָה בְּרָכוֹת: The High Priest recites blessings before and after the Torah reading as usual. After the regular blessing concerning the Torah he adds an additional seven blessings (Rambam *Sefer Avoda, Hilkhot Avodat Yom HaKippurim* 3:11).

גמ׳ מִדְּקָתָנֵי ״בְּאִצְטְלִית לָבָן מִשֶּׁלּוֹ״ – מִכְּלָל דִּקְרִיאָה לָאו עֲבוֹדָה הִיא.

GEMARA From the fact **that it is taught** in the mishna that the High Priest is permitted to read **in a white robe of his own,** one may derive **by inference** that the **reading** of the Torah **is not** classified as **a service,** which would have required that he wear priestly vestments.

וְקָתָנֵי: ״אִם רָצָה לִקְרוֹת בְּבִגְדֵי בוּץ – קוֹרֵא״. שָׁמְעַתְּ מִינָּהּ: בִּגְדֵי כְהוּנָּה נִיתְּנוּ לֵיהָנוֹת בָּהֶן! דִּילְמָא שָׁאנֵי קְרִיאָה, דְּצוֹרֶךְ עֲבוֹדָה הִיא,

But the mishna also **teaches: If he wished to read** the Torah while still dressed **in the fine linen garments, he** may **read** wearing them. This is true even though they are consecrated as priestly vestments and the reading of the Torah is not a sacred service. Therefore, the Gemara suggests: **Learn from this** that **it is permitted to derive benefit from priestly vestments,**[N] i.e., even when not engaged in performing a service, a priest may derive benefit from the priestly vestments, for example, by wearing them for his own needs. If so, this would settle a long-standing unresolved dilemma concerning this issue. The Gemara rejects this suggestion: A proof may not be adduced from here because **perhaps reading** from the Torah **is different,** since **it is for the purpose of** the **service;** therefore, even though it is not a true service in its own right, it is nevertheless permitted for the High Priest to continue wearing the priestly vestments.

דְּאִיבַּעְיָא לָן: בִּגְדֵי כְהוּנָּה נִיתְּנוּ לֵיהָנוֹת בָּהֶן, אוֹ לֹא נִיתְּנוּ לֵיהָנוֹת בָּהֶן?

As the dilemma was raised before us: Is it permitted to derive benefit from priestly vestments, or is it not permitted to derive benefit from priestly vestments?

תָּא שְׁמַע: לֹא הָיוּ יְשֵׁנִים בְּבִגְדֵי קוֹדֶשׁ. שֵׁינָה הוּא דְּלָא, הָא מֵיכַל – אָכְלִי. דִּילְמָא שָׁאנֵי אֲכִילָה, דְּצוֹרֶךְ עֲבוֹדָה הִיא, כִּדְתַנְיָא: ״וְאָכְלוּ אוֹתָם אֲשֶׁר כּוּפַּר בָּהֶם״ מְלַמֵּד שֶׁהַכֹּהֲנִים אוֹכְלִים וּבְעָלִים מִתְכַּפְּרִין.

Come and **hear** a resolution to this dilemma based on a mishna: The priests **would not sleep in** the **sacred vestments** out of concern they might pass wind while sleeping.[H] One may infer: **It is** specifically **sleep which is not** permitted, **but they may eat** while wearing the priestly vestments, even though eating is not a service. This should prove that it is permitted to derive personal benefit from wearing priestly vestments. The Gemara rejects this proof: A proof may not be adduced from here because **perhaps eating is different,** since **it is for the purpose of** the Temple **service. As it was taught** in a *baraita* that the verse states: **"And they shall eat those things with which atonement was made"** (Exodus 29:33), which **teaches that the priests eat** the meat of the offerings **and the owners** of those offerings thereby **achieve atonement.**

שֵׁינָה הוּא – דְּלָא, הָא הִלּוּכֵי – מְהַלְּכִי! בְּדִין הוּא דְּהִלּוּכֵי נַמִי לָא,

The Gemara suggests making a different inference from that mishna cited above: One may infer that **it is** specifically **sleep which is not** permitted, **but they may walk** while wearing the sacred vestments even when not engaged in a service. This should prove that it is permitted to derive benefit from wearing priestly vestments. The Gemara rejects this proof: It is incorrect to make this inference since **by right** the mishna should have stated that **walking** in priestly vestments **is also not** permitted.

NOTES

To derive benefit from priestly vestments – בִּגְדֵי כְהוּנָּה...לֵיהָנוֹת בָּהֶן: If there were an absolute prohibition against deriving any benefit from the priestly vestments, then upon completing a service the priests would be required to immediately strip themselves of their garments so as not to transgress the prohibition. This is an unfair expectation; as the Gemara in tractate *Kiddushin* states: The Torah was not given to the ministering angels. It is therefore certainly permitted for the priests to continue wearing their priestly vestments upon completion of a service. Since that is permitted, the Gemara considers the possibility that the Torah did not prohibit deriving benefit at all.

HALAKHA

Sleeping in sacred vestments – שֵׁינָה בְּבִגְדֵי הַקּוֹדֶשׁ: The priests who spent the night in the Temple did not sleep in the priestly vestments; rather, they folded them and placed them next to their heads. This ruling is in accordance with Rav Pappa's understanding cited later in the Gemara (Rambam *Sefer Avoda*, *Hilkhot Beit HaBeḥira* 8:6).

וְסֵיפָא אִיצְטְרִיכָא לֵיהּ: פּוֹשְׁטִין וּמְקַפְּלִין וּמַנִּיחִין תַּחַת רָאשֵׁיהֶם.

That mishna's teaching highlighting the prohibition to sleep in priestly vestments **is needed for the latter clause** of that mishna, which states: **They remove** their priestly vestments **and fold them and place them under their heads.** Since they are allowed to sleep on them, it must be emphasized that they may not sleep while wearing them.

פּוֹשְׁטִין וּמְקַפְּלִין וּמַנִּיחִין אוֹתָן תַּחַת רָאשֵׁיהֶן. שָׁמְעַתְּ מִינָּהּ: בִּגְדֵי כְהוּנָּה נִיתְּנוּ לֵיהָנוֹת בָּהֶן! אָמַר רַב פַּפָּא: לָא תֵּימָא תַּחַת רָאשֵׁיהֶן, אֶלָּא אֵימָא: כְּנֶגֶד רָאשֵׁיהֶן. אָמַר רַב מְשַׁרְשִׁיָּא, שָׁמְעַתְּ מִינָּהּ: תְּפִילִּין מִן הַצַּד שַׁפִּיר דָּמֵי.

The Gemara considers resolving the dilemma from the latter clause: **They remove** their priestly vestments **and fold them and place them under their heads.** The Gemara suggests: **Learn from this** that **it is permitted to derive benefit from priestly vestments. Rav Pappa said: Do not say** that the mishna means they may actually place the vestments **under their heads** as a pillow; **rather, say** that the mishna permits the vestments to be placed only **next to their heads. Rav Mesharshiyya said:** Given this understanding of that mishna, one can **learn from here** that one who places **phylacteries to the side** of his head when he sleeps has done **well;** there is no concern that he will turn over in his sleep and lie upon them.

הָכִי נַמִּי מִסְתַּבְּרָא דִּכְנֶגֶד רָאשֵׁיהֶן, דְּאִי סָלְקָא דַּעְתָּךְ תַּחַת רָאשֵׁיהֶן – וְתֵיפּוֹק לִי מִשּׁוּם כִּלְאַיִם, דְּהָא אִיכָּא אַבְנֵט! וּנְהִי נַמִּי דְּנִיתְּנוּ לֵיהָנוֹת בָּהֶן – הָא מִתְהֲנֵי מִכִּלְאַיִם!

So too, it is reasonable to say **that** the mishna permits the vestments to be placed only **next to their heads** and not under their heads; **as, if it could enter your mind** to say that the mishna permits the vestments to be placed **under their heads, and I would derive** that it is prohibited **due to** the fact the priestly vestments contain a forbidden mixture of **diverse kinds,**[N] as among them **there is** the **belt,** which is woven from a mixture of wool and linen. **And even if** it is assumed **that it is permitted to derive benefit from** priestly vestments, it would still be prohibited to lie upon them because by doing so the priests would be **deriving benefit from** a garment made of **diverse kinds.**

הָנִיחָא לְמַאן דְּאָמַר: אַבְנֵטוֹ שֶׁל כֹּהֵן גָּדוֹל זֶה הוּא אַבְנֵטוֹ שֶׁל כֹּהֵן הֶדְיוֹט, אֶלָּא לְמַאן דְּאָמַר: אַבְנֵטוֹ שֶׁל כֹּהֵן גָּדוֹל לֹא זֶה הוּא אַבְנֵטוֹ שֶׁל כֹּהֵן הֶדְיוֹט – מַאי אִיכָּא לְמֵימַר?

The Gemara elaborates on the preceding argument: If one claims that the mishna permits priests to sleep upon their vestments, **it works out well according to the one who said: The belt of the High Priest** worn on Yom Kippur, which does not contain diverse kinds, **is the same as the belt of a common priest.** According to this view, the common priest's belt does not contain diverse kinds, and therefore it may be permitted for a priest to sleep upon it. **However, according to the one who said** that **the High Priest's belt** on Yom Kippur **is not the same as the belt of a common priest,** and that the belt of the common priest is made of diverse kinds, **what is there to say?** How could the mishna possibly permit priests to sleep upon their vestments?

וְכִי תֵּימָא: כִּלְאַיִם בִּלְבִישָׁה וְהַעֲלָאָה הוּא דְּאָסוּר, בְּהַצָּעָה שָׁרֵי – וְהָתַנְיָא: "לֹא יַעֲלֶה עָלֶיךָ" – אֲבָל אַתָּה מוּתָּר לְהַצִּיעוֹ תַּחְתֶּיךָ, אֲבָל אָמְרוּ חֲכָמִים: אָסוּר לַעֲשׂוֹת כֵּן, שֶׁמָּא תִּיכָּרֵךְ נִימָא אַחַת עַל בְּשָׂרוֹ.

And if you say that with regard to the prohibition of **diverse kinds** only **wearing** or **placing** the garment **upon oneself is prohibited, but spreading them out** and lying upon them on **is permitted,** and as such it should be permitted for the priests to sleep upon their vestments, this is incorrect. As, **wasn't it taught** in a *baraita* that the verse states: **"Neither shall there come upon you** a garment of diverse kinds" (Leviticus 19:19), which implies: **But you are permitted to spread it beneath you** to lie upon. This is true according to Torah law, **but the Sages said: It is prohibited to do so, lest a fiber wrap upon his flesh,** which would lead to the transgression of the Torah prohibition.

וְכִי תֵּימָא: דְּמַפְסִיק לֵיהּ מִידֵּי בֵּינֵי בֵּינֵי – וְהָאָמַר רַבִּי שִׁמְעוֹן בֶּן פַּזִּי אָמַר רַבִּי יְהוֹשֻׁעַ בֶּן לֵוִי אָמַר רַבִּי מִשּׁוּם קְהִלָּא קַדִּישָׁא שֶׁבִּירוּשָׁלַיִם: אֲפִילּוּ עֶשֶׂר מַצָּעוֹת זוֹ עַל גַּב זוֹ, וְכִלְאַיִם תַּחְתֵּיהֶן – אָסוּר לִישַׁן עֲלֵיהֶן. אֶלָּא לָאו שְׁמַע מִינָּהּ: כְּנֶגֶד רָאשֵׁיהֶן, שְׁמַע מִינָּהּ.

And if you say that a priest could still avoid the prohibition of diverse kinds by **placing a separation between** himself and the belt containing diverse kinds, **didn't Rabbi Shimon ben Pazi say** that **Rabbi Yehoshua ben Levi said** that Rabbi Yehuda HaNasi **said in the name of the holy community in Jerusalem: Even** if there are **ten mattresses** piled **one atop the other and** a garment of **diverse kinds**[H] is placed **underneath them** all, **it is prohibited to sleep upon them?** This is because the rabbinic decree is applied equally to all cases irrespective of whether the original concern exists. Therefore, there can be no way for the priests to sleep upon the vestments without transgressing the prohibition of diverse kinds. **Rather,** must one **not conclude from** the preceding discussion that the mishna permits the vestments to be placed only **next to their heads?** The Gemara concludes: **Learn from it** that this is indeed so.

NOTES

And I would derive that it is prohibited due to diverse kinds – וְתֵיפּוֹק לִי מִשּׁוּם כִּלְאַיִם: Why does the Gemara take for granted that the violation of the prohibtion against wearing diverse kinds applies, as opposed to the prohibition against misuse of consecrated property? Some suggest that the Gemara did not consider this challenge because it is possible to entirely avoid this prohibition by consecrating the priestly vestments under the condition that the priests be permitted to derive benefit from them (*Tosafot Yeshanim*). The issue is debated at length by the later commentaries, who discuss whether and to what extent the priestly vestments have the status of sacred vessels, such that they would be subject to the prohibition of misuse of consecrated property.

HALAKHA

Ten mattresses…and diverse kinds – עֶשֶׂר מַצָּעוֹת...וְכִלְאַיִם: According to Torah law it is permitted to sit on mattresses made of diverse kinds. However, by rabbinic law it is prohibited to sit upon a garment made of diverse kinds, even if there are ten mattresses in between. This *halakha* applies to a soft garment, but it is permitted to sleep upon a stiff garment if it does not touch one's skin. This is permitted only when it is placed on something hard, such that there is no concern that it will fold over and cover part of one's skin. Therefore, it would be prohibited to sit on a stiff garment which lay on a soft bed. Some authorities say that these *halakhot* apply only in cases of diverse kinds prohibited by Torah law, but would be permitted for mixtures of diverse kinds prohibited by rabbinic law. However, it is certainly prohibited to do so *ab initio* (*Shulḥan Arukh, Yoreh De'a* 301:1, and in the comment of the Rema).

רַב אַשִׁי אָמַר: לְעוֹלָם תַּחַת רָאשֵׁיהֶן, – וְהָא קָא מִתְהֲנֵי מִכִּלְאַיִם! בִּגְדֵי כְהוּנָּה קָשִׁין הֵן, כִּי הָא דְּאָמַר רַב הוּנָא בְּרֵיהּ דְּרַבִּי יְהוֹשֻׁעַ: הַאי נַמְטָא גַּמְדָּא דְּנֶרֶשׁ – שַׁרְיָא.

Rav Ashi said: Actually, the mishna may be understood as permitting the vestments to be placed **under their heads.** One should not object that by doing so the priests would be **deriving benefit from** a garment made of **diverse kinds** because **priestly vestments,** and specifically the belt, **are stiff,** and therefore the prohibition of diverse kinds does not apply to them. This is **in accordance with that** which **Rav Huna, son of Rabbi Yehoshua, said: This stiff felt** [*namta*],[LB] made of diverse kinds,[NH] that is produced **in** the city of **Neresh, is permitted,** since a stiff object does not wrap around the body to provide warmth, and therefore the person wearing is not considered to have derived benefit from it.

תָּא שְׁמַע: בִּגְדֵי כְהוּנָּה, הַיּוֹצֵא בָּהֶן לַמְּדִינָה – אָסוּר, וּבַמִּקְדָּשׁ, בֵּין בִּשְׁעַת עֲבוֹדָה בֵּין שֶׁלֹּא בִּשְׁעַת עֲבוֹדָה – מוּתָּר, מִפְּנֵי שֶׁבִּגְדֵי כְהוּנָּה נִיתְּנוּ לֵיהָנוֹת בָּהֶן, שְׁמַע מִינַּהּ.

Since the mishna's intention is uncertain, it cannot provide a clear proof for the dilemma of whether it is permitted to derive benefit from priestly vestments. The Gemara therefore suggests another proof: **Come and hear** an explicit *baraita* concerning this issue: With regard to **priestly vestments, it is prohibited to go out to the country,** i.e., outside the Temple, while **wearing them, but in the Temple it is permitted** for the priests to wear them, **whether during the** Temple **service or not during the service, due to** the fact **that it is permitted to derive benefit from priestly vestments.**[H] **Learn from this** that it is indeed permitted.

וּבַמְּדִינָה לָא? וְהָתַנְיָא: בְּעֶשְׂרִים וַחֲמִשָּׁה [בְּטֵבֵת] יוֹם הַר גְּרִזִים [הוּא], דְּלָא לְמִסְפַּד.

§ The *baraita* taught that the priestly vestments may not be worn outside the Temple. The Gemara challenges this: Is it really **not** permitted to wear priestly vestments **in the country? Wasn't it taught** in another *baraita*, in *Megillat Ta'anit*:[B] **The twenty-fifth of Tevet** is known as **the day of Mount Gerizim,**[B] which was established as a joyful day, and therefore **eulogizing** is **not** permitted.

יוֹם שֶׁבִּקְּשׁוּ כּוּתִיִּים אֶת בֵּית אֱלֹהֵינוּ מֵאֲלֶכְּסַנְדְּרוֹס מוֹקְדוֹן לְהַחְרִיבוֹ וּנְתָנוֹ לָהֶם. בָּאוּ וְהוֹדִיעוּ אֶת שִׁמְעוֹן הַצַּדִּיק. מָה עָשָׂה? לָבַשׁ בִּגְדֵי כְהוּנָּה, וְנִתְעַטֵּף בְּבִגְדֵי כְהוּנָּה, וּמִיַּקִּירֵי יִשְׂרָאֵל עִמּוֹ, וַאֲבוּקוֹת שֶׁל אוּר בִּידֵיהֶן, וְכׇל הַלַּיְלָה הַלָּלוּ הוֹלְכִים מִצַּד זֶה וְהַלָּלוּ הוֹלְכִים מִצַּד זֶה עַד שֶׁעָלָה עַמּוּד הַשַּׁחַר.

What occurred on that date? It was on that **day that the Samaritans** [*kutim*] **requested the House of our Lord from Alexander the Macedonian in order to destroy it, and he gave it to them,** i.e., he gave them permission to destroy it. People **came and informed** the High Priest, **Shimon HaTzaddik,** of what had transpired. **What did he do? He donned the priestly vestments and wrapped himself in the priestly vestments. And the nobles of the Jewish People** were **with him,** with **torches of fire in their hands. And all that night, these,** the representatives of the Jewish people, **approached from this side, and those,** the armies of Alexander and the Samaritans, **approached from that side, until dawn,** when they finally saw one another.

NOTES

Stiff felt of diverse kinds – כִּלְאַיִם שֶׁל נַמְטָא גַּמְדָּא לְבַד: Rashi implies that the reason stiff garments of diverse kinds are permitted is because it is impossible to be warmed by wearing stiff material. Therefore, even if one wears them, it is not considered a normal act of wearing and is therefore excluded from the prohibition (but see *Tosafot* and *Tosafot Yeshanim*, who disagree; see also Halakha notes).

HALAKHA

Stiff felt of diverse kinds – כִּלְאַיִם שֶׁל נַמְטָא גַּמְדָּא לְבַד: It is permitted to lie upon stiff garments made from diverse kinds, and it is even permitted to wear stiff felt made from diverse kinds. Nevertheless, some are careful to avoid even such garments (*Shulḥan Arukh, Yoreh De'a* 301:2).

It is permitted to derive benefit from priestly vestments – בִּגְדֵי כְהוּנָּה נִיתְּנוּ לֵיהָנוֹת בָּהֶם: It is permitted to derive benefit from priestly vestments, and therefore priests would wear them the entire day that they served in the Temple, even when not on duty. This is in accordance with the conclusion of the Gemara here. The Rambam rules that the belt provided an exception to this rule because it was made of diverse kinds. It was therefore only permitted to be worn while engaged in a service. However, the Ra'avad argues that it is permitted for a priest to wear the belt even when he is not engaged in a service (Rambam *Sefer Avoda, Hilkhot Kelei HaMikdash* 5:11–12).

LANGUAGE

Felt [*namta*] – נַמְטָא: From the Middle Iranian namat, related to Middle Persian namad, meaning mat or thick blanket. In modern Persian the word means felt.

BACKGROUND

Stiff felt – נַמְטָא גַּמְדָּא: Felt is made from various types of fibers, such as wool or cotton. When treated with heat, moisture and pressure, the fibers are mixed to create a single entity that is not woven but bound together. Wool fibers are especially good for making felt because one can easily mix them with a certain amount of other materials, including linen. Such a mixture would be considered diverse kinds. The felt is sometimes shrunken to make it more close-knit and sturdy, and this is what the Gemara refers to here.

Megillat Ta'anit – מְגִילַּת תַּעֲנִית: *Megillat Ta'anit* is a chronicle which enumerates various days throughout the year on which the Jewish People experienced victories and salvations. The dates were designated as joyous days and the Sages decreed that it was forbidden to observe a fast day on them. Consequently, *Megillat Ta'anit*, which means literally: The scroll of fast days, lists the days on which one may not fast. Composed mainly during the Second Temple period, the chronicle is one of the earliest halakhic texts, and significantly predates the writing of the Mishna. Following the destruction of the Second Temple, the chronicle was annulled, i.e., the days were no longer observed and it was permitted to observe fast days on those dates.

Mount Gerizim – הַר גְּרִזִּים: The Samaritans, also known as the Cutheans, built a shrine there during the early Second Temple period and directed their prayers there instead of to Jerusalem. Members of this sect, which still exists in very small numbers, live chiefly on the mountain slopes and in adjacent Shechem. They still perform the sacrifice of the Paschal lamb according to their interpretation of the verses. The ceremony attracts many tourists.

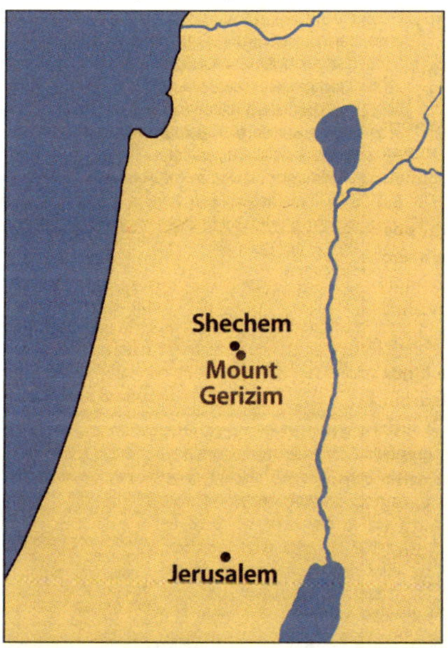

Map showing location of Mount Gerizim

Mount Gerizim

כֵּיוָן שֶׁעָלָה עַמּוּד הַשַּׁחַר אָמַר לָהֶם: מִי הַלָּלוּ? אָמְרוּ לוֹ: יְהוּדִים שֶׁמָּרְדוּ בְּךָ. כֵּיוָן שֶׁהִגִּיעַ לְאַנְטִיפַּטְרֵס זָרְחָה חַמָּה, וּפָגְעוּ זֶה בָּזֶה. כֵּיוָן שֶׁרָאָה לְשִׁמְעוֹן הַצַּדִּיק, יָרַד מִמֶּרְכַּבְתּוֹ וְהִשְׁתַּחֲוָה לְפָנָיו. אָמְרוּ לוֹ: מֶלֶךְ גָּדוֹל כְּמוֹתְךָ יִשְׁתַּחֲוֶה לִיהוּדִי זֶה?! אָמַר לָהֶם: דְּמוּת דְּיוֹקְנוֹ שֶׁל זֶה מְנַצַּחַת לְפָנַי בְּבֵית מִלְחַמְתִּי.

When dawn arrived, Alexander **said to** the Samaritans: **Who are these** people coming to meet us? **They said to him:** These are the **Jews who rebelled against you. When he reached Antipatris,**[B] **the sun shone and** the two camps **met each other.** When Alexander **saw Shimon HaTzaddik, he descended from his chariot and bowed before him.** His escorts **said to him:** Should **an important king such as you bow to this Jew?** He said **to them:** I do so because **the image of this man's face**[N] **is victorious before me on my battlefields,** i.e., when I fight I see his image going before me as a sign of victory, and therefore I know that he has supreme sanctity.[B]

אָמַר לָהֶם: לָמָּה בָּאתֶם? אָמְרוּ: אֶפְשָׁר בַּיִת שֶׁמִּתְפַּלְּלִים בּוֹ עָלֶיךָ וְעַל מַלְכוּתְךָ שֶׁלֹּא תֵּחָרֵב יַתְעוּךָ גּוֹיִם לְהַחֲרִיבוֹ?! אָמַר לָהֶם: מִי הַלָּלוּ? אָמְרוּ לוֹ: כּוּתִיִּים הַלָּלוּ שֶׁעוֹמְדִים לְפָנֶיךָ. אָמַר לָהֶם: הֲרֵי הֵם מְסוּרִין בִּידֵיכֶם.

He said to the representatives of the Jewish people: **Why have you come? They said** to him: **Is it possible that** the Temple, the **house in which we pray for you and for your kingdom not to be destroyed, gentiles will** try to **mislead you into destroying it,** and we would remain silent and not tell you? **He said to them: Who are these** people who want to destroy it? The Jews **said to him:** They are **these Samaritans who stand before you. He said to them:** If so, **they are delivered into your hands** to deal with them as you please.

מִיָּד נְקָבוּם בְּעִקְבֵיהֶם וּתְלָאוּם בְּזַנְבֵי סוּסֵיהֶם, וְהָיוּ מְגָרְרִין אוֹתָן עַל הַקּוֹצִים וְעַל הַבַּרְקָנִים עַד שֶׁהִגִּיעוּ לְהַר גְּרִיזִים. כֵּיוָן שֶׁהִגִּיעוּ לְהַר גְּרִיזִים חֲרָשׁוּהוּ, וּזְרָעוּהוּ כַּרְשִׁינִין. כְּדֶרֶךְ שֶׁבִּקְּשׁוּ לַעֲשׂוֹת לְבֵית אֱלֹהֵינוּ. וְאוֹתוֹ הַיּוֹם עֲשָׂאוּהוּ יוֹם טוֹב.

Immediately, they stabbed the Samaritans **in their heels and hung them from their horses' tails and continued to drag them over the thorns and thistles until they reached Mount Gerizim. When they arrived at Mount Gerizim,** where the Samaritans had their temple, **they plowed it over and seeded** the area **with leeks,** a symbol of total destruction. This was **just as they had sought to do to the House of our Lord. And they made that day a festival** to celebrate the salvation of the Temple and the defeat of the Samaritans.

אִי בָּעֵית אֵימָא – רְאוּיִין לְבִגְדֵי כְּהוּנָּה, וְאִי בָּעֵית אֵימָא – ״עֵת לַעֲשׂוֹת לַה׳ הֵפֵרוּ תּוֹרָתֶךָ״.

It is apparent from the *baraita* that Shimon HaTzaddik wore the priestly vestments even outside the Temple. This would seem to be in contravention of the ruling of the other *baraita* prohibiting this. The Gemara resolves the contradiction: **If you wish, say** Shimon HaTzaddik did not wear a set of genuine, sanctified priestly vestments; rather, he wore garments that were **fitting to be priestly vestments** in that they were made of the same material and design. **And if you wish, say** instead that he indeed wore a set of genuine priestly vestments, but in times of great need, such as when one seeks to prevent the destruction of the Temple, it is permitted to violate the *halakha*, as indicated by the verse: **"It is time to act for the Lord, they have nullified your Torah"** (Psalms 119:126).

״חַזַּן הַכְּנֶסֶת נוֹטֵל סֵפֶר תּוֹרָה״. שְׁמַע מִינַּהּ: חוֹלְקִין כָּבוֹד לְתַלְמִיד בִּמְקוֹם הָרַב! אָמַר אַבַּיֵי: כּוּלָּהּ מִשּׁוּם כְּבוֹדוֹ דְּכֹהֵן גָּדוֹל הִיא.

§ It was taught in the mishna: **The synagogue attendant takes a Torah scroll**[N] and gives it to the head of the synagogue, who gives it to the deputy High Priest, who gives it to the High Priest. The Gemara suggests: **Learn from here that honor may be given to a student in the presence of the teacher.** Although the High Priest is considered everyone's teacher and master, honor was nevertheless extended to other individuals without fear of impugning the High Priest's honor. **Abaye said:** A proof may not be adduced from here because **the entire process is for the honor of the High Priest.** The passing of the Torah scroll to people of increasing importance demonstrates that the High Priest is considered the most important of all those present.[H]

״וְכֹהֵן גָּדוֹל עוֹמֵד״. מִכְּלָל שֶׁהוּא יוֹשֵׁב? וְהָא אֲנַן תְּנַן:

§ It was further taught in the mishna: **The High Priest stands** and receives the scroll from the Deputy. **By inference,** until that point **he** had been **sitting. But didn't we learn** in a mishna:

HALAKHA

Honoring a student – חֲלוּקַת כָּבוֹד לְתַלְמִיד: A student may not be honored in the presence of his teacher, unless his teacher honors him too. However, if the teacher is honored by the respect shown to his pupil, it is permitted. This ruling is based on the Gemara here (*Shakh*; *Shulḥan Arukh, Yoreh De'a* 242:21).

BACKGROUND

Antipatris – אַנְטִיפַּטְרִיס: This city in Eretz Yisrael was founded by Herod and named in honor of his father. Its location was apparently next to the Rosh HaAyin springs, at the crossroads to Jerusalem, Caesarea, and Jaffa. Although the city was built in the time of Herod, it was constructed at the site of an older town. For generations it was considered to be the border of the Judea.

Antipatris

The meeting of the High Priest and Alexander – פְּגִישַׁת הַכֹּהֵן הַגָּדוֹל וְאָלֶכְּסַנְדֶּר: The description of the meeting between Alexander and the High Priest is cited by Josephus with some variation. Although Greek sources do not refer to the episode, it seems that this meeting did in fact occur, as described in the Talmud, at the location of the future city of Antipatris. This location was on the main road south, toward Egypt, on which Alexander traveled. According to Josephus the meeting was connected to the High Priest's reluctance to violate his pledge of allegiance to the Persian king. The Persians were at war with Alexander, and the situation provided a pretext for the enemies of the Jewish people, primarily the Samaritans, to turn the Greeks against them.

NOTES

The image of this man's face – דְּמוּת דְּיוֹקְנוֹ שֶׁל זֶה: This miracle was performed for Alexander in order to provide the circumstances which ultimately saved the Jewish people from danger and the Temple from destruction (*Iyyun Ya'akov*).

Takes a Torah scroll – נוֹטֵל סֵפֶר תּוֹרָה: Generally, the *halakha* is that out of deference to the honor of a Torah scroll, it should not be brought to the location of the person who needs to read it; rather, that person should exert himself to come to the location of the Torah scroll. Therefore, in the Jerusalem Talmud the question is raised as to why it was permitted in this case for the Torah scroll to be brought from the synagogue to the Temple courtyard so that the High Priest could read from it there. It is explained that this was permitted because honoring the High Priest, who represents the Torah, is considered an act of honoring the Torah itself. For a similar reason it was also permitted to bring a Torah scroll to the Exilarch, who was a scion of the Davidic dynasty.

אֵין יְשִׁיבָה בָּעֲזָרָה אֶלָּא לְמַלְכֵי בֵית דָּוִד בִּלְבַד, שֶׁנֶּאֱמַר: ״וַיָּבֹא הַמֶּלֶךְ דָּוִד וַיֵּשֶׁב לִפְנֵי ה׳״! כִּדְאָמַר רַב חִסְדָּא: בְּעֶזְרַת נָשִׁים, הָכָא נַמִּי – בְּעֶזְרַת נָשִׁים.

Sitting in the Temple **courtyard is** permitted **only for kings of the House of David, as it is stated: "Then King David went in and sat before the Lord"** (I Chronicles 17:16)? How, then, could the High Priest have been sitting? The Gemara explains: **As Rav Ḥisda said** in a similar context: This took place not in the Israelite courtyard, where the prohibition against sitting applies, but **in the women's courtyard. Here, too,** the reading was **in the women's courtyard,** where it is permitted to sit.[H]

וְהֵיכָא אִיתְּמַר דְּרַב חִסְדָּא – אַהָא. מֵיתִיבִי דְּתַנְיָא: הֵיכָן קוֹרִין בּוֹ – בָּעֲזָרָה, רַבִּי אֱלִיעֶזֶר בֶּן יַעֲקֹב אוֹמֵר: בְּהַר הַבַּיִת, שֶׁנֶּאֱמַר ״וַיִּקְרָא בוֹ לִפְנֵי הָרְחוֹב אֲשֶׁר לִפְנֵי שַׁעַר הַמַּיִם״. וְאָמַר רַב חִסְדָּא – בְּעֶזְרַת נָשִׁים.

§ The Gemara clarifies: **And where was** this statement **of Rav Ḥisda** originally **stated?** It was stated **in relation to the following:** The Sages **raised an objection** based on that **which was taught** in a *baraita*: **Where did they read** the Torah scroll in fulfillment of the mitzva of assembly, in which the Torah is publicly read on the *Sukkot* following the Sabbatical Year? It was read **in the** Temple **courtyard. Rabbi Eliezer ben Ya'akov says:** It is read **on the Temple Mount, as it is stated** concerning the public reading performed by Ezra: **"And he read from it before the wide road that was before the Gate of the Water"** (Nehemiah 8:3). **And Rav Ḥisda said:** The courtyard referred to by the first *tanna* is **the women's courtyard.**

״וַיְבָרֶךְ עֶזְרָא אֶת ה׳ הָאֱלֹהִים הַגָּדוֹל״ מַאי ״גָּדוֹל״? אָמַר רַב יוֹסֵף אָמַר רַב: שֶׁגִּדְּלוֹ בַּשֵּׁם הַמְפוֹרָשׁ. רַב גִּידֵּל אָמַר: ״בָּרוּךְ ה׳ אֱלֹהֵי יִשְׂרָאֵל מִן הָעוֹלָם וְעַד הָעוֹלָם״.

Apropos the verse in Nehemiah, the Gemara interprets an adjacent verse homiletically. It is stated: **"And Ezra blessed the Lord, the great God"** (Nehemiah 8:6). The Gemara asks: **What is** the meaning of **"great"** here?[N] **Rav Yosef said** that **Rav said:** It means **that he ascribed greatness to Him by** enunciating God's **explicit name. Rav Giddel said:** He established that one should say at the conclusion of every blessing: **"Blessed be the Lord, God of Israel, from eternity to eternity"** (I Chronicles 16:36).

אֲמַר לֵיהּ אַבָּיֵי לְרַב דִּימִי: וְדִילְמָא שֶׁגִּידְּלוֹ בַּשֵּׁם הַמְפוֹרָשׁ? אֲמַר לֵיהּ: אֵין אוֹמְרִים שֵׁם הַמְפוֹרָשׁ בַּגְּבוּלִים.

Abaye said to Rav Dimi: Why does Rav Giddel interpret it this way? **Perhaps** the meaning of "great" is **that he ascribed greatness to Him by** enunciating God's **explicit name?** Rav Dimi **said to him: The explicit name may not be enunciated in the provinces,** i.e., outside the Temple courtyard.

וְלֹא? וְהָכְתִיב: ״וַיַּעֲמוֹד עֶזְרָא הַסּוֹפֵר עַל מִגְדַּל עֵץ אֲשֶׁר עָשׂוּ לַדָּבָר״ וְאָמַר רַב גִּידֵּל: שֶׁגִּדְּלוֹ בַּשֵּׁם הַמְפוֹרָשׁ! הוֹרָאַת שָׁעָה הָיְתָה.

The Gemara asks: **And** is this really **not** permitted? **Isn't it written: "And Ezra the Scribe stood upon a pulpit of wood, which they had made for the purpose…** and Ezra blessed the Lord, the great God" (Nehemiah 8:4–6); **and Rav Giddel said:** "Great" in this verse means **that he ascribed greatness to Him by** enunciating God's **explicit name.** Since this event took place outside the Temple (see Nehemiah 8:3), it suggests that God's explicit name may indeed be enunciated outside the Temple. The Gemara answers: That cannot be proven from here because the permission to use God's explicit name in that context **was a provisional edict** issued in exigent circumstances, since the people had uniquely come together in a prayerful commitment to God.

״וַיִּזְעֲקוּ אֶל ה׳ אֱלֹהִים בְּקוֹל גָּדוֹל״ מַאי אֲמוּר? אָמַר רַב וְאִיתֵּימָא רַבִּי יוֹחָנָן: בַּיָּיא, בַּיָּיא! הַיְינוּ הַאי דְּאַחְרְבֵיהּ לְמִקְדְּשָׁא, וְקַלְּיֵהּ לְהֵיכְלֵיהּ, וְקַטְלִינְהוּ לְכוּלְּהוּ צַדִּיקֵי, וְאַגְלִינְהוּ לְיִשְׂרָאֵל מֵאַרְעֲהוֹן, וַעֲדַיִין מְרַקֵּד בֵּינָן. כְּלוּם יְהַבְתֵּיהּ לָן אֶלָּא לְקַבּוֹלֵי בֵּיהּ אַגְרָא – לָא אִיהוּ בָּעֵינַן. וְלָא אַגְרֵיהּ בָּעֵינַן.

The Gemara recounts the event described in the verses: The verse states: **And they cried with a loud voice to the Lord** their **God** (Nehemiah 9:4). **What was said? Rav said, and some say** it was **Rabbi Yoḥanan** who said: **Woe, woe. It is this,** i.e., the evil inclination for idol worship, **that destroyed the Temple, and burned its Sanctuary, and murdered all the righteous ones, and caused the Jewish people to be exiled from their land. And it still dances among us,** i.e., it still affects us. **Didn't You gave it to us for solely for the purpose of** our **receiving reward** for overcoming it. **We do not want it, and we do not want its reward.** We are prepared to forgo the potential rewards for overcoming the evil inclination as long as it departs from us.

נְפַל לְהוּ פִּיתְקָא מֵרְקִיעָא, דַּהֲוָה כְּתַב בָּהּ ״אֱמֶת״.

In response to their prayer **a note fell to them from the heavens upon which was written: Truth,** indicating that God accepted their request.

HALAKHA

Sitting in the courtyard – **יְשִׁיבָה בָּעֲזָרָה**: It is prohibited for any person other than the kings of the House of David to sit anywhere in the Israelite courtyard (Rambam *Sefer Avoda, Hilkhot Beit HaBeḥira* 7:6).

NOTES

What is the meaning of great here – **מַאי גָּדוֹל**: Since the use of this term does not appear as part of a prayer or praise, but within the narrative describing the event, it is unlikely that it is simply a praise of God. Rather, it must allude to something additional that occurred that day.

אָמַר רַב חֲנִינָא, שְׁמַע מִינָּהּ: חוֹתָמוֹ שֶׁל הַקָּדוֹשׁ בָּרוּךְ הוּא ״אֱמֶת״.

The Gemara makes a parenthetical observation. **Rav Ḥanina said: Learn from this** that **the seal of the Holy One, Blessed be He, is truth.**

אוֹתִיבוּ בְּתַעֲנִיתָא תְּלָתָא יוֹמִין וּתְלָתָא לֵילְוָותָא, מְסָרוּהוּ נִיהֲלַיְהוּ. נְפַק אֲתָא כִּי גוּרְיָא דְנוּרָא מִבֵּית קׇדְשֵׁי הַקֳּדָשִׁים. אֲמַר לְהוּ נָבִיא לְיִשְׂרָאֵל: הַיְינוּ יִצְרָא דַעֲבוֹדָה זָרָה, שֶׁנֶּאֱמַר ״וַיֹּאמֶר זֹאת הָרִשְׁעָה״.

In response to the indication of divine acceptance, **they observed a fast for three days and three nights, and He delivered** the evil inclination **to them. A form of a fiery lion cub came forth from the chamber of the Holy of Holies.** Zechariah **the prophet said to the Jewish people: This is the** evil **inclination for idol worship, as it is stated** in the verse that refers to this event: **"And he said: This is the evil one"** (Zechariah 5:8). The use of the word "this" indicates that the evil inclination was perceived in a physical form.

בַּהֲדֵי דְּתָפְסוּהּ לֵיהּ אִשְׁתְּמִיט בִּינִיתָא מִמַּזְיֵיא, וּרְמָא קָלָא, וַאֲזַל קָלֵיהּ אַרְבַּע מְאָה פַּרְסֵי. אָמְרוּ: הֵיכִי נַעֲבֵיד? דִּילְמָא חַס וְשָׁלוֹם מְרַחֲמֵי עֲלֵיהּ מִן שְׁמַיָּא. אֲמַר לְהוּ נָבִיא: שַׁדְיוּהוּ בְּדוּדָא דַּאֲבָרָא, וְחַפְיוּהוּ לְפוּמֵיהּ בַּאֲבָרָא, דַּאֲבָרָא מִשְׁאַב שָׁאֵיב קָלָא, שֶׁנֶּאֱמַר ״וַיֹּאמֶר זֹאת הָרִשְׁעָה וַיַּשְׁלֵךְ אוֹתָהּ אֶל תּוֹךְ הָאֵיפָה וַיַּשְׁלֵךְ אֶת אֶבֶן הָעוֹפֶרֶת אֶל פִּיהָ״.

When they caught hold of it one of its hairs fell, and it let out a shriek of pain **that was heard for four hundred parasangs. They said: What** should **we do to kill it? Perhaps, Heaven forfend, they will have mercy upon him from Heaven,** since it cries out so much. **The prophet said to them: Throw it into a container made of lead and seal the opening with lead, since lead absorbs sound. As it is stated: "And he said: This is the evil one. And he cast it down into the midst of the measure, and he cast a stone of lead upon its opening"** (Zechariah 5:8). They followed this advice and were freed of the evil inclination for idol worship.

אָמְרוּ: הוֹאִיל וְעֵת רָצוֹן הוּא נִבְעֵי רַחֲמֵי אַיִּצְרָא דַעֲבֵירָה. בָּעוּ רַחֲמֵי וְאִמְּסַר בִּידַיְיהוּ.

When they saw that the evil inclination for idol worship was delivered into their hands as they requested, the Sages **said: Since it is an auspicious time, let us pray also concerning the** evil **inclination for sin** in the area of sexual relationships. **They prayed,** and **it was** also **delivered into their hands.**

אֲמַר לְהוּ: חֲזוּ דְּאִי קָטְלִיתוּ לֵיהּ לְהַהוּא – כָּלְיָא עָלְמָא. חֲבָשׁוּהוּ תְּלָתָא יוֹמֵי, וּבָעוּ בֵּיעֲתָא בַּת יוֹמָא בְּכׇל אֶרֶץ יִשְׂרָאֵל וְלָא אִשְׁתְּכַח. אָמְרִי: הֵיכִי נַעֲבֵיד? נִקְטְלֵיהּ – כָּלְיָא עָלְמָא! נִיבָּעֵי רַחֲמֵי אַפַּלְגָּא – פַּלְגָּא בִּרְקִיעָא לָא יָהֲבִי. כַּחֲלִינְהוּ לְעֵינֵיהּ, וְשַׁבְקוּהוּ. וְאַהֲנִי דְּלָא מִיגְּרֵי בֵּיהּ לְאִינִישׁ בִּקְרִיבְתָּהּ.

Zechariah the prophet **said to them: See** and understand **that if you kill** this evil inclination **the world will be destroyed** because as a result there will also no longer be any desire to procreate. They followed his warning, and instead of killing the evil inclination **they imprisoned it for three days.** At that time, people **searched for a fresh egg throughout all of Eretz Yisrael and could not find** one. Since the inclination to reproduce was quashed, the chickens stopped laying eggs. **They said: What** should **we do? If we kill it, the world will be destroyed. If we pray for half,** i.e., that only half its power be annulled, nothing will be achieved because **Heaven does not grant half** gifts, only whole gifts. What did they do? **They gouged** out **its eyes,** effectively limiting its power, **and set it free. And** this was **effective** to the extent **that a person is no** longer **aroused to** commit incest with **his** close **relatives.**[N]

בְּמַעְרְבָא מַתְנוּ הָכִי: רַב גִּידֵּל אָמַר: ״גָּדוֹל״ שֶׁגִּדְּלוֹ בַּשֵּׁם הַמְפוֹרָשׁ, וְרַב מַתְּנָא אָמַר: ״הָאֵל הַגָּדוֹל הַגִּבּוֹר וְהַנּוֹרָא״.

The Gemara returns to its discussion of the verse in Nehemiah cited above: **In the West,** i.e., Eretz Yisrael, **they taught** the debate concerning the verse "the Lord, the great God" **as follows: Rav Giddel said: "Great" means that he ascribed greatness to Him by** enunciating God's **explicit name. And Rav Mattana said:** They reinserted the following appellations of God into their prayers: **"The great, the mighty, and the awesome God"** (Nehemiah 9:32).

וְהָא דְּרַב מַתְּנָא מַטְיָא לִדְרַבִּי יְהוֹשֻׁעַ בֶּן לֵוִי, דְּאָמַר רַבִּי יְהוֹשֻׁעַ בֶּן לֵוִי: לָמָּה נִקְרָא שְׁמָן אַנְשֵׁי כְּנֶסֶת הַגְּדוֹלָה – שֶׁהֶחֱזִירוּ עֲטָרָה לְיוֹשְׁנָהּ. אֲתָא מֹשֶׁה אֲמַר: ״הָאֵל הַגָּדוֹל הַגִּבּוֹר וְהַנּוֹרָא״, אֲתָא יִרְמְיָה וַאֲמַר: גּוֹיִם מְקַרְקְרִין בְּהֵיכָלוֹ, אַיֵּה נוֹרְאוֹתָיו? לֹא אָמַר נוֹרָא. אֲתָא דָּנִיֵּאל, אֲמַר: גּוֹיִם מִשְׁתַּעְבְּדִים בְּבָנָיו, אַיֵּה גְּבוּרוֹתָיו? לֹא אָמַר גִּבּוֹר.

The Gemara comments: **This** interpretation that **Rav Mattana** said **leans to,** i.e., is consonant with, the exposition **of Rabbi Yehoshua ben Levi. As Rabbi Yehoshua ben Levi said: Why are** the Sages of those generations **called the members of the Great Assembly?** It is **because they returned the crown** of the Holy One, Blessed be He, **to its former** glory. How so? **Moses came** and **said** in his prayer: **"The great, the mighty, and the awesome**[N] **God"** (Deuteronomy 10:17). **Jeremiah** the prophet **came and said: Gentiles,** i.e., the minions of Nebuchadnezzar, **are carousing in His sanctuary; where is His awesomeness?** Therefore, **he did not say awesome** in his prayer: "The great God, the mighty Lord of Hosts, is His name" (Jeremiah 32:18). **Daniel came** and **said: Gentiles are enslaving His children; where is His might?** Therefore **he did not say mighty** in his prayer: "The great and awesome God" (Daniel 9:4).

NOTES

Killing the evil inclination – הֲרִיגַת יֵצֶר הָרַע: Some explain that the Gemara's description alludes to the measures taken by the members of the Great Assembly to curb the sinful activity that was widespread during the First Temple era. Through the public teaching of Torah they succeeded in increasing the people's knowledge and commitment to the Torah, which was effective in weaning them away from their desire for idolatry. Nevertheless, this was not enough to eliminate the people's sexual passions. However, through several decrees governing the modesty of women in the home, they did succeed in reducing the desire to sin with close relatives (*Ya'arot Devash*).

The great, the mighty, and the awesome – הַגָּדוֹל הַגִּבּוֹר וְהַנּוֹרָא: Jeremiah, who witnessed the destruction of the Temple, did not feel it appropriate to describe God as awesome. Daniel, who lived after the destruction and saw the enslavement of the Jewish people, ceased to describe God as mighty (Maharsha).

אָתוּ אִינְהוּ וַאֲמַרוּ: אַדְּרַבָּה, זוֹ הִיא גְּבוּרַת גְּבוּרָתוֹ שֶׁכּוֹבֵשׁ אֶת יִצְרוֹ, שֶׁנּוֹתֵן אֶרֶךְ אַפַּיִם לָרְשָׁעִים. וְאֵלּוּ הֵן נוֹרְאוֹתָיו – שֶׁאִלְמָלֵא מוֹרָאוֹ שֶׁל הַקָּדוֹשׁ בָּרוּךְ הוּא הֵיאַךְ אוּמָּה אַחַת יְכוֹלָה לְהִתְקַיֵּים בֵּין הָאוּמּוֹת?

The members of the Great Assembly **came and said: On the contrary, this is the might of His might,**[N] i.e., this is the fullest expression of it, **that He conquers His inclination** in **that He exercises patience toward the wicked.** God's anger is flared by the gentile nations' enslavement of His people, yet He expresses tremendous might by suppressing His anger and holding back from punishing them immediately. Therefore, it is still appropriate to refer to God as mighty. **And these** acts also express **His awesomeness: Were it not for the awesomeness of the Holy One, Blessed be He, how could one people,** i.e., the Jewish people, who are alone and hated by the gentile nations, **survive among the nations?**

וְרַבָּנַן הֵיכִי עָבְדִי הָכִי וְעָקְרִי תַּקַּנְתָּא דְּתַקִּין מֹשֶׁה! אָמַר רַבִּי אֶלְעָזָר: מִתּוֹךְ שֶׁיּוֹדְעִין בְּהַקָּדוֹשׁ בָּרוּךְ הוּא שֶׁאֲמִתִּי הוּא, לְפִיכָךְ לֹא כִּיזְּבוּ בּוֹ.

The Gemara asks: **And the Rabbis,** i.e., Jeremiah and Daniel, **how could they do this and uproot an ordinance instituted by Moses,** the greatest teacher, who instituted the mention of these attributes in prayer? **Rabbi Elazar said:** They did so **because they knew of the Holy One Blessed be He, that He is truthful** and hates a lie. **Consequently, they did not speak falsely about Him.** Since they did not perceive His attributes of might and awesomeness, they did not refer to them; therefore, they cannot be criticized for doing so.

"וְקוֹרֵא אַחֲרֵי מוֹת וְאַךְ בֶּעָשׂוֹר". וּרְמִינְהִי: מְדַלְּגִין בַּנָּבִיא וְאֵין מְדַלְּגִין בַּתּוֹרָה!

§ It was taught in the mishna: **And he reads** from the scroll the Torah portion beginning with the verse: **"After the death"** (Leviticus 16:1), **and** the portion beginning with the verse: **"But on the tenth"** (Leviticus 23:26). Although both of these portions appear in the book of Leviticus, they are not adjacent to one another. Perforce, the High Priest skipped the sections in between the two portions. The Gemara **raises a contradiction:** It is taught in a mishna in tractate *Megilla*: **One** may **skip** sections when reading the *haftara* **in the Prophets, but one** may **not skip** sections when reading **in the Torah.**[NH]

לָא קַשְׁיָא; כָּאן – בִּכְדֵי שֶׁיַּפְסִיק הַתּוּרְגְּמָן. כָּאן – בִּכְדֵי שֶׁלֹּא יַפְסִיק הַתּוּרְגְּמָן.

The Gemara answers: **This is not difficult: There,** in the mishna in tractate *Megilla* that teaches that one may not skip, the intention is that one should not skip if the sections are so far apart from one another that the delay caused by doing so will be **of such length that the translator**[B] who recites the Aramaic translation **will conclude** his translation before the next section is reached. In that case, the community would have to remain in silence while waiting for the next section to be reached, which is considered disrespectful of the community's honor. **Here,** in the case of the mishna, where it is permitted to skip, the delay caused is **of such** short **length that the translator will** still **not conclude** his translation before the new section is reached.

וְהָא עֲלַהּ קָתָנֵי: – מְדַלְּגִין בַּנָּבִיא וְאֵין מְדַלְּגִין בַּתּוֹרָה, וְעַד כַּמָּה מְדַלֵּג – בִּכְדֵי שֶׁלֹּא יַפְסִיק הַתּוּרְגְּמָן. הָא בַּתּוֹרָה – כְּלָל כְּלָל לֹא!

The Gemara challenges this resolution: **But it was taught concerning this** statement in the continuation of that mishna: **One** may **skip** sections when reading **in the Prophets, and one** may **not skip** sections when reading **in the Torah. And how much** may **one skip?** One may skip **when the** section skipped is **of** such short **length that** when the furling of the scroll is completed **the translator will** still **not have concluded** his translation. The *baraita* implies that the qualification for the length of the section that may be skipped applies only to reading the Prophets, **but** when reading **the Torah,** one may **not** skip **at all.** The Gemara's resolution is therefore refuted.

אָמַר אַבַּיֵי: לָא קַשְׁיָא, כָּאן – בְּעִנְיָן אֶחָד, כָּאן – בִּשְׁנֵי עִנְיָנִין.

The Gemara offers a different resolution. **Abaye said: This is not difficult. Here,** in the case of the mishna here, where it is permitted to skip, it is referring to when both sections **pertain to a single topic,** and therefore the listeners will be unaware that sections were skipped. **There,** in the mishna in tractate *Megilla*, which teaches that one may not skip, it is referring to when the two sections **pertain to two** different **topics.**

וְהָתַנְיָא: מְדַלְּגִין בַּתּוֹרָה בְּעִנְיָן אֶחָד, וּבַנָּבִיא בִּשְׁנֵי עִנְיָנִין, כָּאן וְכָאן בִּכְדֵי שֶׁלֹּא יַפְסִיק הַתּוּרְגְּמָן, וְאֵין מְדַלְּגִין מִנָּבִיא לְנָבִיא, וּבְנָבִיא שֶׁל שְׁנֵים עָשָׂר מְדַלְּגִין.

As it was taught in a *baraita*: **One** may **skip** sections when reading **in the Torah** when both sections read **pertain to one topic, and in the Prophets** one may skip from one section to another even if they **pertain to two** different **topics.** Both **here and there,** one may skip only **when** the section skipped is **of such** short **length that** when furling is completed **the translator will** still **not have concluded** his translation. But **one** may **not skip from one** book of the **Prophets to another** book of the **Prophets** even if both pertain to the same topic, and even if the gap between them is short. However, **among the** books of the **Twelve Prophets one may skip,** as the twelve are considered one book for these purposes.

NOTES

This is the might of His might – זוֹ הִיא גְּבוּרַת גְּבוּרָתוֹ: Just as with regard to a person it is said: Who is mighty? One who conquers his inclination (*Avot* 4:1); so too, the same idea may be said of God. God's might is manifested not only by fighting the Jewish people's wars. His decision to restrain Himself and refrain from immediately punishing those who attack His people is itself an illustration of His might.

One may not skip sections in the Torah – אֵין מְדַלְּגִים בַּתּוֹרָה: Since the Torah contains numerous mitzvot containing a great deal of technical information, if one skips material he may cause it to be hard to understand, and he runs the risk of confusing people. The Prophets, on the other hand, contain primarily words of rebuke and consolation. Therefore, even if some sections are skipped, the message of the material may still be appreciated (*Me'iri*).

HALAKHA

Skipping passages during reading – דִּלּוּג בַּקְּרִיאָה: It is permitted to skip material when reading from the Prophets, but not when reading from the Torah. Nevertheless, this is prohibited only when switching from one topic to another; it is permitted to skip to a new passage within the same topic. That is the case provided the reader does not skip from the end of the book to its beginning but follows the book's sequence. With regard to the Prophets it is permitted to skip only within a single book, with the Twelve Prophets considered as one book. When skipping while reading from the Prophets, care must be taken to do so only if the resulting delay is short enough that the translator does not end up waiting in silence for the reader to continue reading. Nowadays, when the *haftara* is not read from a scroll but from a book, there is no prohibition against skipping passages during the recitation (*Mishna Berura*; *Shulḥan Arukh, Oraḥ Ḥayyim* 144:1).

BACKGROUND

The translator – הַתּוּרְגְּמָן: Already during the period of the Mishna, the accepted custom was to read from the Bible in the original Hebrew and to accompany each verse with an oral Aramaic translation. The reader and the translator alternated for the duration of the reading. Although this custom continued throughout the period of the Talmud and even later, most communities abandoned the custom when Aramaic fell into disuse. Today, only Yemenite congregations maintain this custom, with some translating the Torah into both Aramaic and Arabic.

וּבִלְבַד שֶׁלֹּא יְדַלֵּג מִסּוֹף הַסֵּפֶר לִתְחִילָּתוֹ.

All this is **provided that he does not skip from the end of the book to its beginning,** since then it would be clear to everyone that he is skipping text.

״וְגוֹלֵל סֵפֶר תּוֹרָה״ וכו׳. וְכׇל כָּךְ לָמָּה – כְּדֵי שֶׁלֹּא לְהוֹצִיא לַעַז עַל סֵפֶר תּוֹרָה.

§ It was taught in the mishna: The High Priest **furls the Torah scroll** and places it on his bosom and says: More than what I have read before you is written here. The Gemara comments: **And why** must he say **all this?**[N] It is **so as not to cast aspersions on the Torah scroll,** because people might think that the portion he read by heart is not written there.

״וּבֶעָשׂוֹר שֶׁל חוּמַּשׁ הַפְּקוּדִים קוֹרֵא עַל פֶּה״. אַמַּאי? נִגְלוֹל וְנִיקְרֵי! אָמַר רַב הוּנָא בְּרֵיהּ דְּרַב יְהוֹשֻׁעַ אָמַר רַב שֵׁשֶׁת: לְפִי שֶׁאֵין גּוֹלְלִין סֵפֶר תּוֹרָה בְּצִיבּוּר, מִפְּנֵי כְּבוֹד צִיבּוּר.

§ It was further taught in the mishna: The Torah portion beginning with the verse: **"And on the tenth," from the book of Numbers** (29:7), **he reads by heart.** The Gemara asks: **Why** does he read it by heart? **Let him furl** the scroll to that portion **and read it** from the text. **Rav Huna, son of Rav Yehoshua, said** that **Rav Sheshet said:** It is **because one may not furl a Torah scroll in public, out of respect for the community.** It is inappropriate to make the community wait until they have reached the next section.[H]

וְנַיְיתֵי אַחֲרִינָא וְנִקְרֵי! רַב הוּנָא בַּר יְהוּדָה אָמַר: מִשּׁוּם פְּגָמוֹ שֶׁל רִאשׁוֹן. וְרֵישׁ לָקִישׁ אָמַר: מִשּׁוּם בְּרָכָה שֶׁאֵינָהּ צְרִיכָה.

But why not **let another** Torah scroll **be brought** that has previously been furled to that portion **and read** from it? **Rav Huna bar Yehuda said:** People might mistakenly think the second scroll was brought **due to a flaw** that was found **in the first** one.[H] **And Reish Lakish said** a different reason: A second scroll should not be brought **due to** the fact that doing do will cause an **unnecessary blessing**[N] to be recited; before reading from a new scroll the High Priest would have to repeat the blessings required upon reading from the Torah. Therefore, it is preferable that he read by heart.

וּמִי חָיְישִׁינַן לִפְגָמָא? וְהָאָמַר רַבִּי יִצְחָק נַפָּחָא: רֹאשׁ חוֹדֶשׁ טֵבֵת שֶׁחָל לִהְיוֹת בְּשַׁבָּת מְבִיאִין שָׁלֹשׁ תּוֹרוֹת, וְקוֹרִין אַחַת בְּעִנְיָנוֹ שֶׁל יוֹם, וְאַחַת שֶׁל רֹאשׁ חוֹדֶשׁ, וְאַחַת שֶׁל חֲנוּכָּה!

The Gemara questions Rav Huna bar Yehuda's answer: **Are we** really **concerned** that people will think the first scroll had **a flaw? Didn't Rabbi Yitzḥak Nappaḥa say:** When **the New Moon of Tevet,** which always occurs during Hanukkah, **occurs on Shabbat,**[H] **one brings** and reads from **three Torah** scrolls. **One reads** from **one** scroll **the topic of the day,** i.e., the weekly portion; **and** from **one** scroll the portion **of the New Moon; and** from **one** scroll a passage related to Hanukkah. It is apparent from the statement of Rabbi Yitzḥak Nappaḥa that many Torah scrolls may be used, and there is no concern that people will mistakenly think one or more had a flaw.

תְּלָתָא גַּבְרֵי בִּתְלָתָא סִפְרֵי – לֵיכָּא פְּגָמָא, חַד גַּבְרָא בִּתְרֵי סִפְרֵי – אִיכָּא פְּגָמָא.

The Gemara explains: When **three men** read **from three scrolls** there is **no** concern that people will think there was **a flaw,** since people assume that it is befitting for each individual to receive his own scroll. But when **one man** reads **from two scrolls, there is** a concern that people will think there is **a flaw,** and they will not realize that this was done only to avoid forcing the community to wait while the scroll was furled.

NOTES

And why all this – וְכׇל כָּךְ לָמָּה: Rashi explains that the question is why the High Priest was required to make this statement at all. Others suggest that the question is why he placed the scroll in his bosom while making the statement. According to this understanding, the fact that he continued to hold onto the scroll demonstrated that no flaw had been found within (*Siaḥ Yitzḥak*).

An unnecessary blessing – בְּרָכָה שֶׁאֵינָהּ צְרִיכָה: Strictly speaking, if a second scroll is brought, the blessing may and should be recited. However, since it is possible to organize matters in such a way that one would avoid having to recite an additional blessing, if this blessing is nevertheless recited it is considered to be an unnecessary blessing (see *Tosafot Yeshanim* and Ritva).

HALAKHA

Furling a Torah scroll in public – גְּלִילַת סֵפֶר תּוֹרָה בְּצִיבּוּר: A Torah scroll is not rolled before a waiting congregation, out of respect for the assembly, in accordance with the Gemara here. If there is only one Torah scroll from which two different passages must be read, it is rolled despite the delay caused to the congregation (Ritva; *Mordekhai*). In that situation the people understand and forgive the slight to their honor (*Mishna Berura*; *Shulḥan Arukh, Oraḥ Ḥayyim* 144:3).

Due to a flaw in the first one – מִשּׁוּם פְּגָמוֹ שֶׁל רִאשׁוֹן: One person may not read from two Torah scrolls, lest people say that the first scroll was flawed (*Shulḥan Arukh Oraḥ Ḥayyim* 144:4).

The New Moon of Tevet…on Shabbat – רֹאשׁ חוֹדֶשׁ טֵבֵת...בְּשַׁבָּת: When the New Moon of Tevet occurs on Shabbat three Torah scrolls are taken out. Six people read from the weekly portion from the first scroll, the seventh person reads from the portion of the New Moon from the second scroll, and then an additional person reads a portion related to Hanukkah from the third scroll (*Shulḥan Arukh, Oraḥ Ḥayyim* 684:3).

"וּמְבָרֵךְ עָלֶיהָ שְׁמוֹנֶה בְּרָכוֹת". תָּנוּ רַבָּנַן: עַל הַתּוֹרָה – כְּדֶרֶךְ שֶׁמְּבָרְכִים בְּבֵית הַכְּנֶסֶת, עַל הָעֲבוֹדָה, וְעַל הַהוֹדָאָה, וְעַל מְחִילַת הֶעָוֹן כְּתִיקְנָהּ, וְעַל הַמִּקְדָּשׁ בִּפְנֵי עַצְמוֹ, וְעַל הַכֹּהֲנִים בִּפְנֵי עַצְמָן, וְעַל יִשְׂרָאֵל בִּפְנֵי עַצְמָן, וְעַל שְׁאָר תְּפִלָּה.

§ It was taught in the mishna: **And** the High Priest **recites eight blessings**[N] after the reading.[H] **The Sages taught** in a *baraita* that these are the eight blessings:

The blessing **concerning the Torah** is recited **in the** usual **way one recites a blessing in the synagogue:** Who gives the Torah;

The three blessings: **concerning the** Temple **service, concerning thanksgiving, and concerning pardon of iniquity,** are all recited **according to their established forms** in the prayers;

The blessing **concerning the Temple in and of itself;**

The blessing **concerning the priests in and of themselves;**

The blessing **concerning the Jewish people in and of itself;**

The blessing **concerning the rest of the prayer.**

תָּנוּ רַבָּנַן: וּשְׁאָר הַתְּפִלָּה: רִנָּה תְּחִינָּה בַּקָּשָׁה מִלְּפָנֶיךָ עַל עַמְּךָ יִשְׂרָאֵל שֶׁצְּרִיכִין לְהִוָּשַׁעַ, וְחוֹתֵם בְּשׁוֹמֵעַ תְּפִלָּה. וְאַחַר כָּךְ כׇּל אֶחָד וְאֶחָד מֵבִיא סֵפֶר תּוֹרָה מִבֵּיתוֹ, וְקוֹרֵא בּוֹ כְּדֵי לְהַרְאוֹת חֲזוּתוֹ לָרַבִּים.

The Sages taught in another *baraita*: **And** the blessing **concerning the rest of the prayer** reads: **Song, supplication, petition before You for Your people Israel, who need to be saved. And he** adds an additional supplication and **concludes** the blessing **with: The One Who hears prayer. And after** the High Priest concludes his reading, **each and every** person present **brings a Torah scroll from his house,** although in fact each person had already brought one on Yom Kippur eve, **and reads from it** for himself **in order to show its** beautiful **appearance to the community.** This is considered beautification of the mitzva.

"הָרוֹאֶה כֹּהֵן גָּדוֹל כו׳ לֹא מִפְּנֵי שֶׁאֵינוֹ רַשַּׁאי". פְּשִׁיטָא! מַהוּ דְּתֵימָא – כִּדְרֵישׁ לָקִישׁ. דְּאָמַר רֵישׁ לָקִישׁ: אֵין מַעֲבִירִין עַל הַמִּצְוֹת.

§ It was taught in the mishna: **One who sees the High Priest** reading the Torah does not see the bull and goat that are burned, and vice versa. This is **not because one is not permitted** to see both but because there is a distance between them and they are performed simultaneously. The Gemara comments: It is **obvious** that this is not due to a prohibition; what possible reason could there be to prohibit this? The Gemara answers: This was taught explicitly **lest you say that** it is prohibited **in accordance with** the statement of **Reish Lakish, as Reish Lakish said: One does not pass over** the opportunity to perform **mitzvot,** even if it is in order to perform a different mitzva.

וּמַאי מִצְוָה – "בְּרׇב עָם הַדְרַת מֶלֶךְ", קָא מַשְׁמַע לָן.

The Gemara clarifies why this principle might have applied here. **And what mitzva** is there in hearing the reading of the High Priest? It is a fulfillment of the principle expressed in the verse: **"The king's glory is in the multitude of people"** (Proverbs 14:28). Having a large assembly involved in a mitzva gives honor to God. Therefore, the mishna **teaches us** that the problem with seeing both events was only a practical one.

מתני׳ אִם בְּבִגְדֵי בוּץ קוֹרֵא, קִידֵּשׁ יָדָיו וְרַגְלָיו, פָּשַׁט, יָרַד וְטָבַל, עָלָה וְנִסְתַּפֵּג, וְהֵבִיאוּ לוֹ בִּגְדֵי זָהָב, וְלָבַשׁ, וְקִידֵּשׁ יָדָיו וְרַגְלָיו,

MISHNA If the High Priest **read** the Torah **in** sacred white **fine linen garments, he** then **sanctified his hands and feet** as he did each time before removing the priestly vestments. He then **removed** the linen garments, **descended** to the ritual bath, **and immersed.** Afterward he **ascended and dried himself** with a towel, **and they brought him** the **golden garments** of the High Priesthood, **and he dressed** in them **and sanctified his hands and feet.**

NOTES

Eight blessings – שְׁמוֹנֶה בְּרָכוֹת: There are many versions of and explanations for these eight blessings. Some explain that the eight blessings include those recited both before and after the Torah reading. As such, in order to arrive at a total of eight blessings, they do not count the blessing concerning Jerusalem at all and consider the blessings concerning the Jewish people and the rest of the prayer as a single blessing (Rabbi Ovadya Bartenura).

The Ḥibbur HaTeshuva counts ten blessings. He holds that the list of eight blessings does not include the blessings before and after the Torah reading, as they are not unique to Yom Kippur. According to this opinion, the blessings concerning Jerusalem and concerning the Jewish people are counted as two distinct blessings.

With regard to the blessing concerning the Temple service, Rashi explains that it is essentially the prayer that begins the blessing of Temple service in the Amida prayer: Find favor. However, in this context the conclusion was changed to: That we may serve You alone with reverence, similar to the version that exists in some prayer books today. The author of the *Me'iri* claims that the blessing concluded: Who has chosen the service of Israel, His people.

With regard to the blessing for forgiveness, many commentators suggest it concluded: Forgive our sins...blessed are You, God, Who forgives and grants atonement for the sins of Israel, His people; King over all the world."

For the blessing concerning the Temple, some have the following text: Let it be Your will...to raise Your Temple eternally for Your children, and find it acceptable and make the presence of Your divine manifestation be constant there... He Who dwells in the Temple. For the blessing concerning the Jewish people, they have: Let it be Your will...that You protect Your people the house of Israel and help them as You have chosen them...He Who chooses Israel His people.

For the blessing concerning the priests they have: Let it be Your will...that You protect the children of Aaron, the priests of Your sacred people, and help them as You have chosen them to stand and serve before You...He Who chooses the priests (Rabbi Yosef ibn Naḥmi'esh). However, some suggest this blessing ends with the words: Blessed is He Who chose the descendants of Aaron" (Ḥibbur *HaTeshuva*).

HALAKHA

Eight blessings of the High Priest – שְׁמוֹנָה בְּרָכוֹת שֶׁל כֹּהֵן גָּדוֹל: The Rambam explains that after the High Priest finishes reading from the Torah, he recites eight blessings: The final blessing over the Torah: Who has given us the Torah of truth; the blessing concerning the Temple service: Find favor in Your people Israel and accept the service in Your most holy House…for You alone do we serve with reverence; the blessing concerning thanksgiving: We give thanks to You; the blessing concerning pardon of iniquity: Pardon us, which concludes with: He Who pardons the iniquity of Israel, His people, with compassion; a blessing that the Temple should stand upon its foundation, which concludes with: He Who dwells in Zion; one for the redemption of the Jewish people, which concludes with: Who chose the Jewish People; and a blessing that God should find the service of the priests acceptable, which concludes with: Who sanctifies the priests. The High Priest then recites a general prayer of praise and request, and concludes it with: God, save Your people Israel…He Who hears prayer.

Some early commentators understood the Gemara in other ways and therefore came to different conclusions with regard to which blessings were said (Rambam *Sefer Avoda, Hilkhot Avodat Yom HaKippurim* 4:11).

וְיָצָא וְעָשָׂה אֶת אֵילוֹ וְאֶת אֵיל הָעָם, וְאֶת שִׁבְעַת כְּבָשִׂים תְּמִימִים בְּנֵי שָׁנָה, דִּבְרֵי רַבִּי אֱלִיעֶזֶר, רַבִּי עֲקִיבָא אוֹמֵר: עִם תָּמִיד שֶׁל שַׁחַר הָיוּ קְרֵבִין, וּפַר הָעוֹלָה וְשָׂעִיר הַנַּעֲשֶׂה בַּחוּץ הָיוּ קְרֵבִין עִם תָּמִיד שֶׁל בֵּין הָעַרְבַּיִם.

The mishna addresses those offerings whose sacrifice has still not been mentioned. The verses in Leviticus, chapter 16, detail the special offerings of the atonement service of Yom Kippur. Of those offerings, the ram of the High Priest and the ram of the people have still not been addressed. In addition to this, the additional offerings of Yom Kippur detailed in Numbers, chapter 29, have not yet been discussed. These include seven one-year-old lambs and a bull to be brought as a burnt-offering and a goat to be brought as a sin-offering. The mishna continues: **He emerged and offered his ram and the ram of the people and the seven unblemished year-old lambs** mandated to be offered that day. This is **the statement of Rabbi Eliezer. Rabbi Akiva says:** Those offerings were not sacrificed at this point; **rather,** they were sacrificed **with the daily morning offering; and the bull** of the Yom Kippur **burnt-offering; and the goat whose** services **are performed outside** of the Sanctuary, i.e., in the Temple courtyard, **were sacrificed with the daily afternoon offering.**[N]

קִדֵּשׁ יָדָיו וְרַגְלָיו וּפָשַׁט, וְיָרַד וְטָבַל, וְעָלָה וְנִסְתַּפֵּג,

After sacrificing these offerings, **he sanctified his hands and feet and removed** the golden garments, **and he descended** into the ritual bath **and immersed and ascended and dried himself.**

הֵבִיאוּ לוֹ בִּגְדֵי לָבָן וְלָבַשׁ, וְקִדֵּשׁ יָדָיו וְרַגְלָיו, נִכְנַס לְהוֹצִיא אֶת הַכַּף וְאֶת הַמַּחְתָּה. קִדֵּשׁ יָדָיו וְרַגְלָיו, וּפָשַׁט וְיָרַד וְטָבַל, עָלָה וְנִסְתַּפֵּג,

They brought him the white garments again, **and he dressed** in them **and sanctified his hands and feet.** Afterward **he entered** the Holy of Holies **to take out the** incense **spoon and the coal pan,** which he had brought there earlier. **He** again **sanctified his hands and feet and removed** the white garments **and descended** to the ritual bath **and immersed and ascended and dried himself** with a towel.

הֵבִיאוּ לוֹ בִּגְדֵי זָהָב וְלָבַשׁ וְקִדֵּשׁ יָדָיו וְרַגְלָיו, וְנִכְנַס לְהַקְטִיר קְטוֹרֶת שֶׁל בֵּין הָעַרְבַּיִם, וּלְהֵטִיב אֶת הַנֵּרוֹת. וְקִדֵּשׁ יָדָיו וְרַגְלָיו וּפָשַׁט, וְיָרַד וְטָבַל עָלָה וְנִסְתַּפֵּג,

They brought him the **golden garments, and he dressed** in them **and sanctified his hands and feet and entered** the Sanctuary **to burn the afternoon incense and to remove** the ashes from **the lamps,**[B] which signified the end of the day's service. **And he sanctified his hands and feet and removed** the golden garments, **and he descended** to the ritual bath **and immersed and ascended and dried himself.**

הֵבִיאוּ לוֹ בִּגְדֵי עַצְמוֹ וְלָבַשׁ. וּמְלַוִּין אוֹתוֹ עַד בֵּיתוֹ, וְיוֹם טוֹב הָיָה עוֹשֶׂה לְאוֹהֲבָיו בְּשָׁעָה שֶׁיָּצָא בְּשָׁלוֹם מִן הַקּוֹדֶשׁ.

They then **brought him his own clothing and he dressed,** since the service was complete and Yom Kippur was over; and the people **escort him to his house** in deference to him. **And** the High Priest **would make a feast**[N] **for his loved ones** and his friends **when he emerged in peace**[N] **from the Sanctuary.**

גמ׳ אִיבַּעְיָא לְהוּ: הֵיכִי קָאָמַר? עִם תָּמִיד שֶׁל שַׁחַר הָיוּ קְרֵבִין, וּפַר הָעוֹלָה וְשָׂעִיר הַנַּעֲשֶׂה בַּחוּץ עִם תָּמִיד שֶׁל בֵּין הָעַרְבַּיִם,

GEMARA It was taught in the mishna: Rabbi Akiva said the seven lambs were sacrificed with the daily morning offering; and the bull of the Yom Kippur burnt-offering; and the goat whose services are performed outside of the Sanctuary, i.e., in the Temple courtyard, with the daily afternoon offering. It is unclear whether the middle clause concerning the bull should be read as a continuation of the first clause, or as relating to the latter clause. The Gemara seeks to clarify this ambiguity. **A dilemma was raised before** the Sages: **What is** Rabbi Akiva **saying?** Does he mean to say the seven lambs **were sacrificed with the daily morning offering,** whereas **the bull** of the Yom Kippur **burnt-offering and the goat whose** services **are performed outside were sacrificed with the daily afternoon offering?**

אוֹ דִּילְמָא הָכִי קָאָמַר: עִם תָּמִיד שֶׁל שַׁחַר הָיוּ קְרֵבִין וּפַר הָעוֹלָה בַּהֲדַיְיהוּ, וְשָׂעִיר הַנַּעֲשֶׂה בַּחוּץ – עִם תָּמִיד שֶׁל בֵּין הָעַרְבַּיִם,

Or perhaps this is what he is saying: The seven lambs **were sacrificed with the daily morning offering** and **the bull** of the Yom Kippur **burnt-offering together with them,** whereas **the goat whose** services **are performed outside,** i.e., in the Temple courtyard, was sacrificed **with the daily afternoon offering.**

וְתוּ: פַּר הָעוֹלָה לְרַבִּי אֱלִיעֶזֶר דְּשַׁיְּירֵיהּ, אֵימַת עָבֵיד לֵיהּ?

And furthermore, another dilemma: With regard to **the bull** of the Yom Kippur **burnt-offering,** according **to Rabbi Eliezer's** opinion: Since **he omitted** mention of **it,** it must be clarified **when** the High Priest **performs** its sacrifice. Is it sacrificed at this point in the day, or at another time?

NOTES

The opinions of Rabbi Eliezer and Rabbi Akiva – שִׁיטַת רַבִּי אֱלִיעֶזֶר וְרַבִּי עֲקִיבָא: Some commentaries suggest that Rabbi Akiva's statement here is to be read as a parenthetical comment within the statement of Rabbi Eliezer, highlighting the major point of dispute between the two opinions. As such, the continuation of the mishna should be read as a continuation of Rabbi Eliezer's statement. Accordingly, the statements of both Rabbi Eliezer and Rabbi Akiva in the mishna strongly parallel their statements as recorded in the *baraita* and *Tosefta* that are quoted by the Gemara (Rav Shmuel Strashun; see *Toledot Yitzḥak*).

In the Jerusalem Talmud a third opinion on the matter is cited, namely that of the Rabbis. They disagree with both Rabbi Eliezer and Rabbi Akiva and hold that all of the offerings are sacrificed together with the afternoon daily offering.

And he would make a feast – וְיוֹם טוֹב הָיָה עוֹשֶׂה: Some explain that he made this feast the day after Yom Kippur, which is why some refer to the day after Yom Kippur as *Simḥat Kohen*, the Priest's Joy (see Rabbeinu Yehonatan and *Me'iri*).

When he emerged in peace – שֶׁיָּצָא בְּשָׁלוֹם: This was a cause for celebration. The service had been completed with neither the High Priest being disqualified nor any harm befalling him while inside the Holy of Holies (Rabbeinu Yehonatan).

BACKGROUND

And to remove the ashes from the lamps – וּלְהֵטִיב אֶת הַנֵּרוֹת:

Priest removing the ashes from the lamps

NOTES

Order of the service – **סֵדֶר הָעֲבוֹדָה**: There are many different opinions concerning the exact order of all the services on Yom Kippur. See the Halakha note for the opinion of the Rambam. It would appear that *Tosafot* concur with this view. Rabbeinu Yehonatan, Rabbi Zeraḥya HaLevi, and the author of the *Me'iri* all rule that the daily afternoon offering was sacrificed only at the fifth immersion. It is stated in The Jerusalem Talmud that the High Priest first sacrifices all the sin-offerings, including those of the additional offerings of the day, and afterward he sacrifices all the burnt-offerings.

HALAKHA

Conclusion of the day's service – **סִיּוּם עֲבוֹדַת הַיּוֹם**: After the High Priest reads from the Torah and recites his blessings, he removes his white garments and immerses and dons the golden garments. He sanctifies his hands and feet and sacrifices the goat for a sin-offering which is the Festival's additional offering, and his ram and the people's ram. He burns the sacrificial parts of the bull and the goat and sacrifices the daily afternoon offering. He undresses and immerses and dons the white garments and sanctifies himself. He then removes the spoon and coal pan from the Holy of Holies. He immerses and dons the golden garments and sanctifies himself and burns the incense of the afternoon. He sanctifies his hands and feet, takes off the golden garments and dons his own clothing. He leaves for his home accompanied by the people, who escort him (Rambam *Sefer Avoda, Hilkhot Avodat Yom HaKippurim* 4:2).

וְתוּ: בֵּין לְרַבִּי אֱלִיעֶזֶר בֵּין לְרַבִּי עֲקִיבָא אֵימוּרֵי חַטָּאת אֵימַת עָבֵיד לְהוּ?

And furthermore, another dilemma: According to **both Rabbi Eliezer's** opinion **and** according to **Rabbi Akiva's** opinion, since neither of them mentioned the **portions of the sin-offering** to be consumed on the altar, it must be clarified **when** the High Priest **performs their** service and places them on the altar.

אָמַר רָבָא: לָא מַשְׁכַּחַתְּ לָהּ מַתַּקַנְתָּא אֶלָּא אוֹ לְרַבִּי אֱלִיעֶזֶר דְּתָנָא בִּדְבֵי שְׁמוּאֵל, אוֹ לְרַבִּי עֲקִיבָא כִּדְתוֹסֶפְתָּא.

Rava said: You will only find it properly explained either according **to the** opinion of **Rabbi Eliezer as taught by the school** of **Shmuel, or** according **to** the opinion of **Rabbi Akiva** as taught **in the** ***Tosefta*****.**

דְּתָנָא דְּבֵי שְׁמוּאֵל, רַבִּי אֱלִיעֶזֶר אוֹמֵר: יָצָא וְעָשָׂה אֵילוֹ וְאֵיל הָעָם וְאֵימוּרֵי חַטָּאת, אֲבָל פַּר הָעוֹלָה וְשִׁבְעַת כְּבָשִׂים וְשָׂעִיר הַנַּעֲשֶׂה בַּחוּץ – עִם תָּמִיד שֶׁל בֵּין הָעַרְבַּיִם.

The school of Shmuel taught that **Rabbi Eliezer says: He came out and offered his ram and the ram of the people and the portions of the sin-offering** to be consumed on the altar. **But the bull** of the Yom Kippur **burnt-offering and the seven lambs and the goat whose** services **are performed outside** were sacrificed **with the daily afternoon offering.**

רַבִּי עֲקִיבָא דְּתוֹסֶפְתָּא מַאי הִיא – דְּתַנְיָא, רַבִּי עֲקִיבָא אוֹמֵר: פַּר הָעוֹלָה וְשִׁבְעַת כְּבָשִׂים עִם תָּמִיד שֶׁל שַׁחַר הָיוּ קְרֵבִין, שֶׁנֶּאֱמַר: ״מִלְּבַד עוֹלַת הַבֹּקֶר אֲשֶׁר לְעוֹלַת הַתָּמִיד״. וְאַחַר כָּךְ עֲבוֹדַת הַיּוֹם

What is **Rabbi Akiva's** opinion as taught in the ***Tosefta*****? As it was taught** that **Rabbi Akiva says: The bull** of the Yom Kippur **burnt-offering and the seven lambs were sacrificed with the daily morning offering, as it is stated** with regard to the additional offerings of other Festivals: **"Besides the morning burnt-offering which is the daily burnt-offering** you shall sacrifice these" (Numbers 28:23), indicating that the additional offerings of the day should be sacrificed together with the daily offering. **And afterward the service of the day,** which is unique to Yom Kippur, is performed.[NH]

Perek **VII**
Daf **70** Amud **b**

NOTES

Besides the sin-offering of atonement – **מִלְּבַד חַטַּאת הַכִּפּוּרִים**: This phrase is superfluous, because it is obvious that one sin offering cannot be substituted for the other. The Gemara therefore explains that it teaches an additional matter, either regarding the timing of the offering or regarding the nature of its atonement (Ritva).

For what this one atones, that one atones – **מַה שֶּׁזֶּה מְכַפֵּר זֶה מְכַפֵּר**: Both offerings atone for unwitting violations of the ritual purity of the Temple, e.g., if one entered the Temple while ritually impure. There are several circumstances in which such a violation can occur. With regard to a person who was initially aware of his impurity but then forgot and entered the Temple, if he becomes aware of the violation he brings a sliding-scale sin-offering. If he was originally aware of his impurity but then forgot and entered the Temple and did not later become aware of the violation, he achieves atonement through the inner sin-offering of Yom Kippur, i.e., the sin-offering whose blood was sprinkled inside the Holy of Holies. If he was originally unaware of his impurity and entered the Temple but then learned of his impurity, the outer goat of Yom Kippur, i.e., the sin-offering whose blood was sprinkled upon the altar in the Temple courtyard, atones for his transgression (see *Me'iri*).

וְאַחַר כָּךְ שָׂעִיר הַנַּעֲשֶׂה בַּחוּץ, שֶׁנֶּאֱמַר: ״שְׂעִיר עִזִּים אֶחָד חַטָּאת מִלְּבַד חַטַּאת הַכִּפּוּרִים״, וְאַחַר כָּךְ אֵילוֹ וְאֵיל הָעָם, וְאַחַר כָּךְ אֵימוּרֵי חַטָּאת, וְאַחַר כָּךְ תָּמִיד שֶׁל בֵּין הָעַרְבַּיִם.

And afterward, the **goat whose** services **are performed outside** is sacrificed, **as it is stated: "One goat for a sin-offering besides the sin-offering of atonement**[N] and the daily burnt-offering, and its meal-offering, and their libations" (Numbers 29:11), indicating that the goat sin-offering is sacrificed after the other offerings of the day. **And afterward** he offers **his ram and the ram of the people, and afterward** he places upon the altar the **portions of the sin-offering** to be consumed on the altar, **and afterward he sacrifices the daily afternoon offering.**

מַאי טַעְמָא דְּרַבִּי אֱלִיעֶזֶר? עָבֵיד כְּדִכְתִיב. עָבֵיד בְּרֵישָׁא דְּתוֹרַת כֹּהֲנִים, וַהֲדַר עָבֵיד דְּחוּמַּשׁ הַפְּקוּדִים.

What is the reason for the opinion **of Rabbi Eliezer?** The High Priest **acts in accordance with** the order in which **it is written** in the Torah: **First he performs** the services described in **Leviticus, and afterward he performs** the additional offerings mentioned in **the book of Numbers.**

וְרַבִּי עֲקִיבָא – כִּדְקָתָנֵי טַעְמָא: ״מִלְּבַד עוֹלַת הַבֹּקֶר אֲשֶׁר לְעוֹלַת הַתָּמִיד״ אַלְמָא: מוּסָפִין עִם תָּמִיד שֶׁל שַׁחַר עָבֵיד לְהוּ.

And what is **Rabbi Akiva's** reasoning? His **reasoning** is **that** as the *Tosefta* **teaches** that the verse states: **"Besides the morning burnt-offering which is the daily burnt-offering** you shall sacrifice these" (Numbers 28:23), **it is apparent** that the sacrifice of the **additional offerings** should be **performed** together **with the daily morning offering.**

וְרַבִּי אֱלִיעֶזֶר, הַאי ״מִלְּבַד חַטַּאת הַכִּפּוּרִים״ מַאי עָבֵיד לֵיהּ? הַהוּא מִיבְּעֵי לֵיהּ: עַל מַה שֶּׁזֶּה מְכַפֵּר זֶה מְכַפֵּר.

The Gemara asks: **And Rabbi Eliezer, what does he do with this** verse: **"Besides the sin-offering of atonement,"** which was the basis for Rabbi Akiva's opinion? **That** verse **is necessary for him** to derive from it that **for what this one,** the goat sin-offering whose blood is sprinkled inside the Holy of Holies, **atones, that one,** the goat sin-offering of the additional offerings whose services are performed in the Temple courtyard, also **atones.**[N]

רַבִּי יְהוּדָה אוֹמֵר מִשְּׁמוֹ: אֶחָד קָרֵב עִם תָּמִיד שֶׁל שַׁחַר, וְשִׁשָּׁה עִם תָּמִיד שֶׁל בֵּין הָעַרְבַּיִם. רַבִּי אֶלְעָזָר בְּרַבִּי שִׁמְעוֹן אוֹמֵר מִשְּׁמוֹ: שִׁשָּׁה קְרֵבִין עִם תָּמִיד שֶׁל שַׁחַר, וְאֶחָד עִם תָּמִיד שֶׁל בֵּין הָעַרְבַּיִם.

§ The *Tosefta* cited above, which recorded the opinion of Rabbi Akiva, also records additional versions of his view: **Rabbi Yehuda says in the name of** Rabbi Akiva: **One** of the seven lambs **is sacrificed with the daily morning offering, and** the other **six** are sacrificed **with the daily afternoon offering. Rabbi Elazar, son of Rabbi Shimon, says in the name of** Rabbi Akiva: **Six are sacrificed with the daily morning offering and one with the daily afternoon offering.**

מַאי טַעְמַיְיהוּ דְּרַבָּנַן? תְּרֵי קְרָאֵי כְּתִיבִי; כְּתִיב: ״מִלְּבַד עוֹלַת הַבֹּקֶר״ וּכְתִיב: ״וְיָצָא וְעָשָׂה אֶת עֹלָתוֹ״. הִלְכָּךְ, עָבֵיד מִנַּיְיהוּ הָכָא, וּמִנַּיְיהוּ הָכָא.

What is the rationale of the Rabbis, i.e., Rabbi Yehuda and Rabbi Elazar, son of Rabbi Shimon, who divide the sacrifice of the seven lambs into two parts? **Two verses are written** that suggest different times at which the additional offerings are sacrificed: **It is written** with regard to the additional offerings: **"Besides the morning burnt-offering** which is the daily burnt-offering you shall sacrifice these" (Numbers 28:23), implying that the additional offerings are sacrificed in the morning. **But it is also written** that upon concluding the service of the day: **"And he shall exit and make his burnt-offering**[N] and the burnt-offering of the people" (Leviticus 16:24). As the phrase: "The burnt-offering of the people," is referring to the additional offerings, this verse implies that the additional offerings are sacrificed in the afternoon. **Therefore,** in order to fulfill both verses, **he performs** the sacrifice of **some of them here,** in the morning, **and some of them there,** in the afternoon.

בְּמַאי קָא מִיפַּלְגִי? רַבִּי יְהוּדָה סָבַר: עָבֵיד חַד, כִּדְכְתִיב: ״מִלְּבַד עוֹלַת הַבֹּקֶר״, וַהֲדַר עָבֵיד עֲבוֹדַת הַיּוֹם, דִּילְמָא חוּלְשָׁא חָלֵישׁ כֹּהֵן גָּדוֹל.

With regard to what do Rabbi Yehuda and Rabbi Elazar **disagree? Rabbi Yehuda holds** that the High Priest **performs** the sacrifice of **one** lamb in the morning, **as it is written: "Besides the morning burnt-offering," and then he performs the service of the day** before he proceeds to sacrifice the other six lambs. Initially, only the minimum possible number of lambs is sacrificed **lest the High Priest become weak** by doing more. He might then be unable to complete the service of the day, which cannot be performed by anyone else and without which atonement cannot be achieved.

וְרַבִּי אֶלְעָזָר בְּרַבִּי שִׁמְעוֹן סָבַר: כֵּיוָן דְּאַתְחִיל – עָבֵיד שִׁשָּׁה, דִּילְמָא פָּשַׁע דִּלְגַבֵּי עֲבוֹדַת הַיּוֹם זָרִיז הוּא.

And Rabbi Elazar, son of Rabbi Shimon, holds: Since he has begun to sacrifice the lambs **he performs** the sacrifice of **six** of them, leaving over only one until the afternoon. He sacrifices the maximum possible number of lambs now **lest he be negligent**[N] later and fail to sacrifice so many at the close of the day. There is no concern that by doing so he might become weak and be unable to perform the service of the day, because **with regard to the service of the day,** the High Priest is **diligent** and will always muster the energy needed.

דְּכוּלֵּי עָלְמָא מִיהַת חַד אַיִל הוּא, כְּמַאן – כְּרַבִּי. דְּתַנְיָא: רַבִּי אוֹמֵר: אַיִל אֶחָד הָאָמוּר כָּאן, הוּא הָאָמוּר בְּחוּמַּשׁ הַפְּקוּדִים. רַבִּי אֶלְעָזָר בְּרַבִּי שִׁמְעוֹן אוֹמֵר: שְׁנֵי אֵילִים הֵן, אֶחָד הָאָמוּר כָּאן, וְאֶחָד הָאָמוּר בְּחוּמַּשׁ הַפְּקוּדִים.

The Gemara notes: Despite their disagreements, **everyone** agrees, **however,** that **there is** only **one ram** for the people. **In accordance with whose** opinion is this? It is **in accordance with** the opinion of **Rabbi** Yehuda HaNasi. **As it was taught** in a *baraita* that **Rabbi** Yehuda HaNasi **says:** Only one ram for the people is sacrificed, as **the one stated here** in Leviticus: "With this shall Aaron come into the Sanctuary: With a young bull for a sin-offering, and a ram for a burnt-offering" (Leviticus 16:3), **is the same one** that is **stated in the Book of Numbers:** "And you shall sacrifice a burnt-offering to the Lord of pleasing odor: One young bull, one ram, seven unblemished year-old lambs shall be unto you" (Numbers 29:8). **Rabbi Elazar, son of Rabbi Shimon, says: There are two rams** for the people: **One that is stated here** in Leviticus, which is part of the service of the day, **and one stated in the Book of Numbers,** which is part of the day's additional offerings.

מַאי טַעְמָא דְּרַבִּי? דִּכְתִיב ״אֶחָד״. וְרַבִּי אֶלְעָזָר בְּרַבִּי שִׁמְעוֹן: מַאי ״אֶחָד״ – מְיוּחָד שֶׁבְּעֶדְרוֹ.

What is the rationale of Rabbi Yehuda HaNasi? **As it is written:** "One," implying one ram, not two. **And** according to **Rabbi Elazar, son of Rabbi Shimon, what** is the meaning of **"one"?** "One" indicates that the ram used should be the **unique one,** i.e., the best, **of its flock.**

NOTES

And he shall exit and make his burnt-offering – וְיָצָא וְעָשָׂה אֶת עֹלָתוֹ: In addition, it is apparently also derived from here that all the other burnt-offerings are also sacrificed with these burnt-offerings (Rabbi Yehuda Bakhrakh).

Lest he be negligent – דִּילְמָא פָּשַׁע: There is no suggestion here that the High Priest will purposely disregard his duties or forget to perform them, as is usually implied by this phrase. Such a concern would be misplaced when dealing with the High Priest. Rather, the concern is that he may lack the necessary strength to complete everything. Therefore, due to the importance of the unique Yom Kippur service, it is given priority over the additional offerings, which might ultimately, due to his weakness, not be brought at all (*Siaḥ Yitzḥak*).

NOTES

Your choice vows – מִבְחַר נִדְרֵיךָ: Certainly it is prohibited to sacrifice an animal with a blemish or another explicitly stated disqualification. Similarly, some animals, such as old or filthy animals, are considered inappropriate for use. The Gemara here teaches that even an animal that is otherwise fit to be used should be rejected if there is a superior specimen in the flock (see *Me'iri*).

וְרַבִּי – נָפְקָא לֵיהּ מִ״מִּבְחַר נִדְרֵיךָ״. וְרַבִּי אֶלְעָזָר בְּרַבִּי שִׁמְעוֹן: חַד בְּחוֹבָה וְחַד בִּנְדָבָה, וּצְרִיכִי.

And from where does **Rabbi** Yehuda HaNasi derive the requirement that the ram be of the best stock? **He derives it from** the verse: **"Your choice vows"** (Deuteronomy 12:11),[N] which teaches that all offerings must be from the choicest animals. **And** according to **Rabbi Elazar, son of Rabbi Shimon,** why is this additional verse necessary? **One** verse refers to **obligatory** offerings, **and** the other **one** refers to **free-will** offerings. **And** both **are necessary** because the requirement in one case cannot be learned from the other. It is reasonable that a free-will offering must be from the choicest animal since it is a voluntary gift; and it is also reasonable that an obligatory offering should be the choicest, since an obligation must be fulfilled in the finest possible way.

״קִידֵּשׁ יָדָיו וְרַגְלָיו״. תָּנוּ רַבָּנַן: ״וּבָא אַהֲרֹן אֶל אֹהֶל מוֹעֵד״, לָמָּה הוּא בָּא – לְהוֹצִיא אֶת הַכַּף וְאֶת הַמַּחְתָּה,

§ It was taught in the mishna: The High Priest **sanctified his hands and feet** and entered the Holy of Holies to take out the incense spoon and the coal pan. The Gemara cites a related *baraita*. The **Sages taught:** The verse states: **"And Aaron shall come into the Tent of Meeting"** (Leviticus 16:23), which is taken to mean that he enters the Holy of Holies. **Why does he come?** He comes in order **to take out the** incense **spoon and the coal pan**

Perek **VII**
Daf **71** Amud **a**

NOTES

The whole portion is written in order – שֶׁכָּל הַפָּרָשָׁה כּוּלָּהּ נֶאֶמְרָה עַל הַסֵּדֶר: If indeed the High Priest reenters the Holy of Holies only later, why does the Torah mention his entry at this point, out of sequence? The Vilna Gaon explains that according to the *Sifra*, Aaron, the first High Priest, was permitted to enter the Holy of Holies throughout the year provided he observed the order of the service described in Leviticus, chapter 16. When the order of the verses is followed, it emerges that Aaron was able to enter the Holy of Holies with just three immersions. This was true throughout the year. However, on Yom Kippur itself, in order to achieve the requisite number of five immersions, the reentry had to be delayed, as described by the Gemara (*Ḥokhmat Adam*).

HALAKHA

Five immersions and ten sanctifications – חָמֵשׁ טְבִילוֹת וַעֲשָׂרָה קִידּוּשִׁין: The oral tradition teaches that on Yom Kippur the High Priest performs five immersions and sanctifies his hands and feet ten times. The mishna details their order and position within the service (Rambam *Sefer Avoda, Hilkhot Avodat Yom HaKippurim* 2:2).

שֶׁכָּל הַפָּרָשָׁה כּוּלָּהּ נֶאֶמְרָה עַל הַסֵּדֶר, חוּץ מִפָּסוּק זֶה.

as the whole portion of the service of the day detailed in Leviticus **is written in this order,**[N] and the service must be performed in that order, **except for this verse,** which is stated out of order and is performed only later. The verse detailing his reentry (Leviticus 16:23) is written before the verse detailing the sacrifice of the rams (Leviticus 16:24), but in fact the reentry occurs only after the sacrifice of the rams.

מַאי טַעְמָא? אָמַר רַב חִסְדָּא: גְּמִירִי חָמֵשׁ טְבִילוֹת וַעֲשָׂרָה קִידּוּשִׁין טוֹבֵל כֹּהֵן גָּדוֹל וּמְקַדֵּשׁ בּוֹ בַּיּוֹם,

The Gemara asks: **What is the reason** to assume this verse is written out of order? **Rav Ḥisda said: They learned** as a tradition that the High Priest performs **five immersions and ten sanctifications**[H] of his hands and feet when he changes clothing **on that day.** Each time the High Priest changes between the white and golden garments, he sanctifies his hands and feet, immerses, dresses in the new set of garments and then once again sanctifies his hands and feet.

וְאִי אָמְרַתְּ כְּסִדְרָן כְּתִיבִי – לֹא מַשְׁכַּחַתְּ לָהּ אֶלָּא שָׁלֹשׁ טְבִילוֹת וְשִׁשָּׁה קִידּוּשִׁין.

And if you say that the verses, including this one, are **written in order, you find only three immersions and six sanctifications.** Read in order, the verses indicate only three changes of garments, which involve three immersions and six sanctifications. In order to arrive at the requisite numbers of five immersions and ten sanctifications one must assume that the High Priest's reentry into the Holy of Holies takes place at a later time, after he has already changed into the golden garments. This would require him to change into the white garments and then back into the golden garments, providing an additional two immersions and four sanctifications.

מַתְקִיף לָהּ רַבִּי זֵירָא: וְדִילְמָא מַפְסִיק לֵיהּ בְּשָׂעִיר הַנַּעֲשֶׂה בַּחוּץ!

Rabbi Zeira strongly objects to this: But perhaps the order of the verses in Leviticus can be maintained, and the requisite number of immersions and sanctifications still achieved, if **he interrupts** the service performed in the white garments **with the goat** whose services **are performed outside** of the Sanctuary, i.e., in the Temple courtyard, and are performed in the golden garments. The sacrifice of the goat is not mentioned in Leviticus but only in Numbers. Therefore, it could be inserted into the service of the day without compromising the order of the verses in Leviticus. The change into the golden garments and then back into the white garments would contribute an additional two immersions and four sanctifications, thus arriving at the requisite numbers.

אָמַר אַבַּיֵי אָמַר קְרָא, ״וְיָצָא וְעָשָׂה אֶת עוֹלָתוֹ״ מִיְּצִיאָה רִאשׁוֹנָה עָבֵיד אֵילוֹ וְאֵיל הָעָם.

Abaye said: It is clear that the verse detailing the reentry must be out of order, since **the verse states: "And he shall exit and make his burnt-offering** and the burnt-offering of the people" (Leviticus 16:24). This is the first exit stated in the verses and implies that immediately **following** his **first exit** from the Holy of Holies, **he performs** the sacrifice of **his ram and the ram of the people** without any other interruption. If so, the reentry must occur only afterward.

רָבָא אָמַר אָמַר קְרָא, ״וּפָשַׁט אֶת בִּגְדֵי הַבַּד״ שֶׁאֵין תַּלְמוּד לוֹמַר ״אֲשֶׁר לָבַשׁ״, כְּלוּם אָדָם פּוֹשֵׁט אֶלָּא מַה שֶּׁלּוֹבֵשׁ?! אֶלָּא מַה תַּלְמוּד לוֹמַר ״אֲשֶׁר לָבַשׁ״ – שֶׁלָּבַשׁ כְּבָר.

Rava said a different proof. **The verse states:** "And Aaron shall come into the Tent of Meeting **and he shall remove the linen garments**[N] which he wore when he went into the Sanctuary" (Leviticus 16:23). Now, **the verse does not** need to **state "which he wore,"** as this is obvious; **can one remove** anything other **than what he is wearing? Rather, what** is the meaning when **the verse states "which he wore"?** It is referring to **those** garments **which he had already worn** previously, removed, and then worn again. It is therefore apparent that this verse occurs at a point when he had already changed out of the white garments and into the golden garments. Perforce, then, it must be out of order.

מַתְקִיף לָהּ רַבָּה בַּר רַב שֵׁילָא: וְאֵימָא דְּמַפְסִיק לֵיהּ בְּשָׂעִיר הַנַּעֲשֶׂה בַּחוּץ! הָכְתִיב ״וְיָצָא וְעָשָׂה״.

Rabba bar Rav Sheila strongly objects to this: Say that the order of the verses can be maintained, and the requisite number of immersions and sanctifications achieved, if **he interrupts** the services performed in the white garments **with the goat** whose services **are performed outside** and are performed in the golden garments. This would provide the additional two immersions and four sanctifications required. The Gemara answers: **Isn't it written: "And he shall exit and make his burnt-offering** and the burnt-offering of the people" (Leviticus 16:24), which implies that immediately following his first exit he performs the sacrifice of his ram and the ram of the people and the reentry to the Holy of Holies occurs only later.

וְכָל הַפָּרָשָׁה כּוּלָּהּ נֶאֶמְרָה עַל הַסֵּדֶר?! וְהָא קְרָאֵי כְּתִיבִי: ״וְאֵת חֵלֶב הַחַטָּאת יַקְטִיר הַמִּזְבֵּחָה״, וַהֲדַר: ״וְאֵת פַּר הַחַטָּאת וְאֵת שְׂעִיר הַחַטָּאת״. וְאִילּוּ אֲנַן תְּנַן: הָרוֹאֶה אֶת כֹּהֵן גָּדוֹל כְּשֶׁהוּא קוֹרֵא אֵינוֹ רוֹאֶה פַּר וְשָׂעִיר הַנִּשְׂרָפִין, וְאִילּוּ אֵמוּרֵי חַטָּאת בָּתַר הָכִי מַקְטִיר לְהוּ!

The Gemara questions the premise of the *baraita*: **Is the entire passage** really **written in order? But** among **the verses it is written: "And he shall burn the fat of the sin-offering upon the altar"** (Leviticus 16:25), **and then** in a later verse it is written: **"And the bull of the sin-offering, and the goat of the sin-offering,** whose blood was brought to make atonement in the Sanctuary, shall be carried outside the camp; and they shall burn..." (Leviticus 16:27). **Yet we learned** in the mishna: **One who sees the High Priest reading** the Torah **does not see the bull and goat that are burned,** which are referred to in verse 27, **while** according to all opinions concerning the order of the day, **the portions of the sin-offering** to be consumed on the altar, which are mentioned in verse 25, **are burned** only **afterward.** Therefore, it is apparent that these verses are also in order.

אֵימָא: חוּץ מִפָּסוּק זֶה וְאֵילָךְ.

The Gemara answers: **Say** that the intent of the *baraita* is that the verses are in order **except for this verse and onward.**

וּמַאי חֲזֵית דִּמְשַׁבַּשְׁתְּ קְרָאֵי? שַׁבֵּישׁ מַתְנִיתָא!

The Gemara asks: **And what did you see that you** preferred to **rearrange** the order of **the verses?** Instead, rearrange the order in **the mishna.**

אָמַר אַבַּיֵי, אָמַר קְרָא: ״וְהַמְשַׁלֵּחַ״ ״וְהַשּׂוֹרֵף״, מַה מְשַׁלֵּחַ – דְּמֵעִיקָּרָא, אַף שׂוֹרֵף דְּמֵעִיקָּרָא.

Abaye said: It is clear that the verse detailing the burning of the remains of the bull is out of order, since **the verse states: "And the one who sends** the goat to Azazel" (Leviticus 16:26), and then states: **"And the one who burns** them" (Leviticus 16:28). The repeated use of the phrase "And the one who…" indicates that **just as the one who sends** the goat to Azazel does so **earlier,** before the portions of the sin-offering are placed on the altar to be consumed, **so too,** the **one who burns** the remains of the bull and goat does so **earlier,** even though the verse detailing this burning is written after the verse detailing the burning of the portions of the sin-offering.

אַדְּרַבָּה, מַה שׂוֹרֵף דְּהַשְׁתָּא, אַף מְשַׁלֵּחַ דְּהַשְׁתָּא!

The Gemara rejects this: **On the contrary,** one could make the opposite claim: **Just as the one who burns** the remains of the bull and goat does so **now, so too,** the **one who sends** the goat to Azazel does so only **now,** after the other sacrifices.

NOTES

And he shall remove the linen garments – וּפָשַׁט אֶת בִּגְדֵי הַבַּד: The Gemara previously derived from this verse the obligation of the High Priest to sanctify his hands and feet when dressing and undressing. How, then, can the Gemara here derive something additional from this verse? Some explain that the first derivation was based on the juxtaposition of this verse to the next: "And he shall remove…and put on," whereas this derivation is based on the superfluous phrase within the verse (*Tosafot Yeshanim*; Ritva).

״וְהַמְשַׁלֵּחַ״ – דְּמֵעִיקָּרָא מַשְׁמַע. רָבָא אָמַר: אָמַר קְרָא ״יָעֳמַד חַי״ עַד מָתַי יְהֵא זָקוּק לַעֲמוֹד חַי – עַד שְׁעַת כַּפָּרָה, וְאֵימָתַי שְׁעַת כַּפָּרָה – בִּשְׁעַת מַתַּן דָּמִים וְתוּ לָא.

The Gemara explains a difficulty with this: The phrasing of: **"And the one who sends" implies that it was** performed **earlier.** Alternatively, **Rava said:** Sending the goat away definitely took place earlier, as **the verse states:** "But the goat on which the lot fell for Azazel **shall be stood alive** before the Lord, to make atonement over him" (Leviticus 16:10). This teaches: **How long must it stand alive?** It must do so **until the moment of atonement. And when is the moment of atonement?** It is **at the moment of the presenting of the blood,** but **no later.** At that point it is already sent away.

אָתֵי מְשַׁלֵּחַ, מְצָאוֹ בַּשּׁוּק לְכֹהֵן גָּדוֹל, אוֹמֵר לוֹ: אִישִׁי כֹּהֵן גָּדוֹל! עָשִׂינוּ שְׁלִיחוּתְךָ. מְצָאוֹ בְּבֵיתוֹ, אוֹמֵר לוֹ: מְחַיֵּה חַיִּים, עָשִׂינוּ שְׁלִיחוּתוֹ.

§ The Gemara describes the eventual meeting between the High Priest and the one who sends the goat to Azazel: When the **one who sends** the goat **comes** on the day following Yom Kippur, if **he finds the High Priest in the market,** which is a public place, **he says to him: My Master, High Priest, we performed your mission,** i.e., we fulfilled the mitzva of sending the goat to Azazel. He refers to the sending as the High Priest's mission as a public display of respect. But if **he finds him in his house, he says to him: The One Who grants life to the living,** God,**we performed His mission.**[N]

אָמַר רַבָּה: כִּי מִיפַּטְרֵי רַבָּנַן מֵהֲדָדֵי בְּפוּמְבְּדִיתָא אָמְרִי הָכִי: מְחַיֶּה חַיִּים יִתֵּן לְךָ חַיִּים אֲרוּכִּים וְטוֹבִים וּמְתוּקָּנִין.

Apropos the phrase: The One Who grants life to the living, **Rabba said: When the Sages take leave from one another in Pumbedita, they say as follows: May the One Who grants life to the living grant you a long, good, and established life.**

״אֶתְהַלֵּךְ לִפְנֵי ה׳ בְּאַרְצוֹת הַחַיִּים״ – אָמַר רַב יְהוּדָה: זֶה מְקוֹם שְׁוָוקִים.

Further apropos the phrase: The One Who grants life to the living, the Gemara explains a verse using a similar phrase and then additional verses. With regard to the verse: **"I shall walk before the Lord in the lands of the living"** (Psalms 116:9),[N] **Rav Yehuda said: This is the place of markets,** where food and needs can be readily obtained. King David, who wandered from place to place, prayed to always find ready sustenance.

״כִּי אוֹרֶךְ יָמִים וּשְׁנוֹת חַיִּים וְשָׁלוֹם יוֹסִיפוּ לָךְ״. וְכִי יֵשׁ שָׁנִים שֶׁל חַיִּים וְיֵשׁ שָׁנִים שֶׁאֵינָן שֶׁל חַיִּים? אָמַר רַבִּי אֶלְעָזָר: אֵלּוּ שְׁנוֹתָיו שֶׁל אָדָם, הַמִּתְהַפְּכוֹת עָלָיו מֵרָעָה לְטוֹבָה.

The verse states: **"For length of days, and years of life, and peace, will they add to you"** (Proverbs 3:2). The Gemara asks: **Are there years of life and years that are not of life?** The Gemara explains: **Rabbi Elazar said:** "Years of life" refers to good years. As such, **these** additional years of life referred to in the verse are the **years of a person's life which are transformed for him from bad to good.**

״אֲלֵיכֶם אִישִׁים אֶקְרָא״ אָמַר רַבִּי בֶּרֶכְיָה: אֵלּוּ תַּלְמִידֵי חֲכָמִים, שֶׁדּוֹמִין לְנָשִׁים וְעוֹשִׂין גְּבוּרָה כַּאֲנָשִׁים. וְאָמַר רַבִּי בֶּרֶכְיָה: הָרוֹצֶה לְנַסֵּךְ יַיִן עַל גַּבֵּי הַמִּזְבֵּחַ – יְמַלֵּא גְּרוֹנָם שֶׁל תַּלְמִידֵי חֲכָמִים יַיִן, שֶׁנֶּאֱמַר ״אֲלֵיכֶם אִישִׁים אֶקְרָא״.

The verse states: **"To you men [*ishim*] do I call,** and my voice is to the sons of men" (Proverbs 8:4). **Rabbi Berekhya said:** The word *ishim*, although it means men, is similar to the term *isha*, woman. It may therefore be taken to refer to **these Torah scholars, who are similar to women**[N] in that they are physically weak and are not engaged in many activities that other men are, **but** nevertheless, **they act mightily like men** when engaged in Torah study. **And Rabbi Berekhya said** further about that same verse: Nowadays **one who wishes to pour libations of wine over the altar should fill the throats of Torah scholars with wine, as it is stated: "To you men [*ishim*] do I call."** The use of the phrase *ishim*, which is similar to *isheh*, used for the altar's fire, suggests that scholars may be compared to the fire of the altar.

וְאָמַר רַבִּי בֶּרֶכְיָה: אִם רוֹאֶה אָדָם שֶׁתּוֹרָה פּוֹסֶקֶת מִזַּרְעוֹ – יִשָּׂא בַּת תַּלְמִיד חָכָם, שֶׁנֶּאֱמַר: ״אִם יַזְקִין בָּאָרֶץ שָׁרְשׁוֹ וּבֶעָפָר יָמוּת גִּזְעוֹ,

And Rabbi Berekhya said: If a person sees that Torah is ceasing[N] **from his children,** and they are not becoming Torah scholars like himself, **he should marry the daughter of a Torah scholar.** This will ensure that his children from her will be raised with Torah, **as it is stated: "Though its root will grow old in the earth, and its trunk will die in the ground,**

NOTES

The One Who grants life to the living, we performed His mission – מְחַיֵּה חַיִּים עָשִׂינוּ שְׁלִיחוּתוֹ: The commentaries discuss why this particular description of God was used in this context. The Maharsha suggests that the sender contrasts his own actions with those of God: We have fulfilled His mission to kill the living, i.e., killing the goat sent to Azazel, while God, in contrast, sustains the lives of the Jewish people so they do not die. Others note the midrash that states that the person who escorted the goat would die that same year. The sender therefore uses this appellation of God as a prayer that God should grant him life in this world or the next (*Li Lishua*; Rav Shmuel Strashun; Rabbi Yoshiya Pinto). Rabbi Elyakim interprets the phrase entirely differently. He explains that the title: Who grants life to the living, refers to the High Priest, since his prayer gives life to the nation. However, since this can easily be misunderstood, it is inappropriate to utter such an expression in public.

In the lands of the living – בְּאַרְצוֹת הַחַיִּים: King David prayed to always walk before the Lord and avoid sin, even when walking in the marketplaces, which are places of temptation and distraction (*Me'iri*; Rav Ya'akov Emden).

Who are similar to women – שֶׁדּוֹמִין לְנָשִׁים: Another explanation for the comparison is that like women, scholars stay at home and go out to the streets only infrequently (*Me'iri*).

Torah is ceasing – תּוֹרָה פּוֹסֶקֶת: The Gemara describes a situation where one's ancestors were great Torah scholars but his sons are not (*Petaḥ Einayim*).

מֵרֵיחַ מַיִם יַפְרִיחַ וְעָשָׂה קָצִיר כְּמוֹ נָטַע״.

from the scent of water[N] **it will blossom and put forth branches like a plant"** (Job 14:8–9). If the figurative trunk of one's family is drying up through lack of Torah, he should plant himself in a place of water, i.e., a family of scholars, water being a metaphor for Torah. This will ensure that his children will blossom into Torah scholars.

״וְיוֹם טוֹב הָיָה עוֹשֶׂה לְאוֹהֲבָיו״. תָּנוּ רַבָּנַן: מַעֲשֶׂה בְּכֹהֵן גָּדוֹל אֶחָד שֶׁיָּצָא מִבֵּית הַמִּקְדָּשׁ, וְהָווּ אָזְלִי כּוּלֵּי עָלְמָא בָּתְרֵיהּ. כֵּיוָן דַּחֲזַיוּנְהוּ לִשְׁמַעְיָה וְאַבְטַלְיוֹן – שַׁבְקוּהוּ לְדִידֵיהּ וְאָזְלִי בָּתַר שְׁמַעְיָה וְאַבְטַלְיוֹן.

§ It was taught in the mishna: The people escort the High Priest to his house. **And he would make a feast for his loved ones. The Sages taught** in a *baraita*: **There was an incident involving one High Priest who exited the Holy Temple and everyone followed him. When they saw Shemaya and Avtalyon,** the heads of the Sanhedrin, walking along, in deference to them **they left** the High Priest **by himself and walked after Shemaya and Avtalyon.**[N]

לְסוֹף אָתוּ שְׁמַעְיָה וְאַבְטַלְיוֹן לְאִיפְטוּרֵי מִינֵּיהּ דְּכֹהֵן גָּדוֹל. אָמַר לָהֶן: יֵיתוּן בְּנֵי עַמְמִין לִשְׁלָם! אֲמַרוּ לֵיהּ: יֵיתוּן בְּנֵי עַמְמִין לִשְׁלָם – דְּעָבְדִין עוֹבָדָא דְּאַהֲרֹן, וְלָא יֵיתֵי בַּר אַהֲרֹן לִשְׁלָם – דְּלָא עָבֵיד עוֹבָדָא דְּאַהֲרֹן.

Eventually, Shemaya and Avtalyon came to take leave of the High Priest before returning to their homes. Envious of the attention they received, **he** angrily **said to them: Let the descendants of the** gentile **nations come in peace.**[N] Shemaya and Avtalyon descended from converts, and he scornfully drew attention to that fact. **They said to him: Let the descendants of the** gentile **nations come in peace, who perform the acts of Aaron,** who loved and pursued peace; **and let not a descendant of Aaron come in peace, who does not perform the acts of Aaron** and who speaks condescendingly to descendants of converts.

מתני׳ כֹּהֵן גָּדוֹל מְשַׁמֵּשׁ בִּשְׁמוֹנָה כֵּלִים וְהַהֶדְיוֹט בְּאַרְבָּעָה: בִּכְתוֹנֶת, וּמִכְנָסַיִם, וּמִצְנֶפֶת, וְאַבְנֵט. מוֹסִיף עָלָיו כֹּהֵן גָּדוֹל חֹשֶׁן, וְאֵפוֹד, וּמְעִיל וְצִיץ. בְּאֵלּוּ נִשְׁאָלִין בְּאוּרִים וְתוּמִּים, וְאֵין נִשְׁאָלִין אֶלָּא לְמֶלֶךְ, וּלְאַב בֵּית דִּין, וּלְמִי שֶׁהַצִּיבּוּר צָרִיךְ בּוֹ.

MISHNA Throughout the year **the High Priest serves in eight garments, and the common priest** serves **in four: In a tunic and trousers and a mitre**[N] **and a belt. The High Priest adds** another four garments **beyond** those worn by the common priest: **A breastplate, and an ephod, and a robe, and a frontplate.**[H] When dressed **in these** eight garments, the High Priest may **be consulted for** the decision of the *Urim VeTummim*. **And he may be consulted** for the decision of the *Urim VeTummim* **only on behalf of the king, or on behalf of the president of the court, or on behalf of one whom the community needs.** Individual inquiries are not posed to the *Urim VeTummim*.[H]

גמ׳ תָּנוּ רַבָּנַן: דְּבָרִים שֶׁנֶּאֱמַר בָּהֶן ״שֵׁשׁ״ – חוּטָן כָּפוּל שִׁשָּׁה, ״מָשְׁזָר״ – שְׁמוֹנָה, מְעִיל – שְׁנֵים עָשָׂר, פָּרוֹכֶת – עֶשְׂרִים וְאַרְבָּעָה. חוֹשֶׁן וְאֵפוֹד – עֶשְׂרִים וּשְׁמוֹנָה.

GEMARA The Sages taught in a *baraita*: With regard to those **items** of the priestly vestments about which **it is stated** they must be made with **linen** [*shesh*], **their threads** are spun **six-fold,** as suggested by the use of the term *shesh*, which also means six. When the Torah states that certain items are **twined,**[H] it means their threads are spun **eight-fold.** Threads used to weave the **robe** were spun from **twelve** strands. The threads of the **curtain** were spun from **twenty-four** strands. The threads used to weave the **breastplate and ephod** were spun from **twenty-eight** strands.

חוּטָן כָּפוּל שִׁשָּׁה מְנָא לָן? דְּאָמַר קְרָא ״וַיַּעֲשׂוּ אֶת הַכָּתְנֹת שֵׁשׁ וְאֵת הַמִּצְנֶפֶת שֵׁשׁ וְאֶת פַּאֲרֵי הַמִּגְבָּעֹת שֵׁשׁ וְאֶת מִכְנְסֵי הַבָּד שֵׁשׁ מָשְׁזָר״. חֲמִשָּׁה קְרָאֵי כְּתִיבִי: חַד – לְגוּפֵיהּ, דְּכִיתָּנָא נִיהֲווּ. וְחַד – שֶׁיְּהֵא חוּטָן כָּפוּל שִׁשָּׁה, וְחַד – שֶׁיְּהִיוּ שְׁזוּרִין, וְחַד – לִשְׁאָר בְּגָדִים שֶׁלֹּא נֶאֱמַר בָּהֶן שֵׁשׁ, וְחַד – לְעַכֵּב.

The Gemara asks: That **the threads** made from *shesh* are spun **six-fold, from where do we** derive this? **The verse states: "And they made the tunics of linen** [*shesh*] of woven work for Aaron and for his sons. **And the mitre of linen, and the adorning mitres of linen, and the linen** [*bad*] **trousers of twined linen"** (Exodus 39:27–28). **Five mentions** of the word linen **are written;** four times as "*shesh*" and an additional instance of "*bad*," both meaning linen. **One** mention is stated **for that** *halakha* **itself,** to teach **that they should be** made **of linen. And one** mention is written to teach **that the threads should be** spun **six-fold,** *shesh* being interpreted as six. **And one** mention teaches that the six strands **should be spun together** into one. **And one** mention teaches that this also applies **to the other garments,** even though the term *shesh* **is not stated** with regard to them. **And one** mention teaches that this requirement is **indispensable** and that garments not made this way are invalid.

NOTES

From the scent of water – מֵרֵיחַ מַיִם: The inference is made from the precise use of the phrase "from the scent of water." Water is a metaphor for Torah. Therefore, the scent of water refers not to the Torah itself, but to something necessarily connected to it, namely the daughter of a Torah scholar (Rav Ya'akov Emden).

Walked after Shemaya and Avtalyon – אָזְלִי בָּתַר שְׁמַעְיָה וְאַבְטַלְיוֹן: The deference they showed to Shemaya and Avtalyon was in accordance with the *halakha* that the honor of a Torah scholar takes precedence even over the honor of a High Priest, unless the High Priest is himself a Torah scholar.

Let the descendants of the gentile nations come in peace – יֵיתוּן בְּנֵי עַמְמִין לִשְׁלָם: The Ritva notes that he did not explicitly mention that they were descendants of gentiles. The phrase descendants of the nations could also refer to the Jewish people, as used in the book of Judges: "After you, Benjamin, among your nations" (Judges 5:14). Still, his intentions were clear.

The common priest…and a mitre – הַהֶדְיוֹט...וּמִצְנֶפֶת: In contrast to the mishna, the Torah uses different terms for the headgear of a common priest and a High Priest. That of a common priest is referred to as a *migba'at* (Exodus 28:40), and that of the High Priest is referred to as a *mitznefet* (Exodus 28:4). Whether there was any distinction between the two is a matter of debate. According to some, both were made from identical scarves, sixteen cubits long, wrapped around the head, but they differed in the way they were wrapped. The common priest's headpiece was wrapped to form a conic hat-like shape, whereas the High Priest's was wrapped around the head like a bandage, similar to a turban (Rambam; Ramban; *Me'iri*).

Others suggest that the two mitres were totally distinct. They explain the High Priest's mitre as above; however, they suggest that the common priest did not wear a scarf but a fully constructed hat (Ra'avad).

HALAKHA

Priestly garments – בִּגְדֵי כְּהוּנָּה: A common priest serves in four garments: Tunic, trousers, mitre, and belt. These garments are made of white linen, except the belt, which is made of linen and wool, and their thread is six-fold. The High Priest wears the four garments of a common priest plus four additional garments: Robe, ephod, breastplate, and frontplate (Rambam *Sefer Avoda, Hilkhot Kelei HaMikdash* 8:1–2).

For whom is the ***Urim VeTummim*** **consulted – לְמִי נִשְׁאָלִים בְּאוּרִים וְתוּמִּים:** The *Urim VeTummim* is consulted on behalf of a king, or on behalf of the president of the court, or on behalf of one whom the community needs. It is not consulted for laypeople (Rambam *Sefer Avoda, Hilkhot Kelei HaMikdash* 10:12).

Items about which it is stated linen…twined – דְּבָרִים שֶׁנֶּאֱמַר בָּהֶם ״שֵׁשׁ״, ״מָשְׁזָר״: Every place in the Torah where it says linen, it means a six-fold thread, and where it says twined, it means an eight-fold thread (Rambam *Sefer Avoda, Hilkhot Kelei HaMikdash* 8:12).

NOTES

Bad – **בַּד**: According to *Tosafot*, the Gemara relies on the assumption that unless otherwise stated, all garments mentioned in the Torah are made from either wool or linen. Therefore, it is sufficient to establish that one of the weaves mentioned refers to linen in order to confirm that all the others do as well.

מַאי מַשְׁמַע דְּהַאי שֵׁשׁ כִּיתָּנָא הוּא? אָמַר רַבִּי יוֹסֵי בְּרַבִּי חֲנִינָא: דְּאָמַר קְרָא ״בַּד״ – דָּבָר הָעוֹלֶה מִן הַקַּרְקַע בַּד בַּד. וְאֵימָא עַמְרָא! עַמְרָא אִיפְּצוּלֵי מִיפַּצְלָא. כִּיתָּנָא נַמִּי אִיפְּצוּלֵי מִפַּצֵּיל! כִּיתָּנָא אַגַּב לְקוֹתֵיהּ מִפַּצֵּיל.

The Gemara asks: **From where** may it **be inferred that this** term *shesh* means **linen? Rabbi Yosei, son of Rabbi Ḥanina, said: As the verse** also **states: "*Bad*,"**[N] and uses it interchangeably with *shesh*. And *bad* refers to **something which sprouts from the ground stalk by stalk** [***bad bad***], each one by itself. This is a fitting description of flax,[B] the plant used to produce linen, as opposed to other plants, such as cotton, whose fibers grow meshed together. The Gemara asks: **And say** that it refers to **wool,** since when it grows from the animal, each hair grows separately. The Gemara answers: **Wool splits,** with each hair dividing into several hairs, so it does not fully fit the description of sprouting stalk by stalk. The Gemara asks: But **flax also splits** into individual hairs. The Gemara answers: **Flax,** unlike wool, **splits** only **when beaten.**

רָבִינָא אָמַר מֵהָכָא: ״פַּאֲרֵי פִשְׁתִּים יִהְיוּ עַל רֹאשָׁם וּמִכְנְסֵי פִשְׁתִּים יִהְיוּ עַל מָתְנֵיהֶם״.

Ravina said: We have a proof for the matter **from here:** The verse states: **"They shall have linen** [*pishtim*] **mitres upon their heads, and linen trousers upon their loins"** (Ezekiel 44:18). The term *pishtim* used in Ezekiel certainly refers to linen; therefore, it is clear that the terms *shesh* and *bad*, used in the Torah for the same garments, also refer to linen.

אֲמַר לֵיהּ רַב אַשִׁי: הָא מִקַּמֵּי דְּאָתֵי יְחֶזְקֵאל מַאן אֲמָרָהּ? וּלְטַעְמִיךְ, הָא דְּאָמַר רַב חִסְדָּא: דָּבָר זֶה מִתּוֹרַת מֹשֶׁה רַבֵּינוּ לֹא לָמַדְנוּ, מִדִּבְרֵי יְחֶזְקֵאל בֶּן בּוּזִי לָמַדְנוּ: ״כׇּל בֶּן נֵכָר עֶרֶל לֵב וְעֶרֶל בָּשָׂר לֹא יָבֹא אֶל מִקְדָּשִׁי״ הָא מִקַּמֵּי דְּאָתֵי יְחֶזְקֵאל מַאן אֲמָרָהּ? אֶלָּא: גְּמָרָא גְּמִירִי לָהּ, וַאֲתָא יְחֶזְקֵאל וְאַסְמְכָהּ אַקְּרָא. הָכָא נַמִּי, גְּמָרָא גְּמִירִי לָהּ, וַאֲתָא יְחֶזְקֵאל וְאַסְמְכָהּ אַקְּרָא.

Rav Ashi said to him: But before Ezekiel came, who said this *halakha*? How was it known? Ravina retorted: **And according to your reasoning,** the same question could be asked with regard to **that which Rav Ḥisda said** concerning the disqualification of an uncircumcised priest from serving in the Temple: **This matter we did not learn from the Torah of Moses our teacher,** as it is not written explicitly in the Torah; rather, **we learned it from the words of Ezekiel ben Buzi,** as the verse states: **"No foreigner, uncircumcised of heart or uncircumcised of flesh, shall enter into My sanctuary"** (Ezekiel 44:9). One could ask here as well: **Before Ezekiel came, who said** this *halakha*? **Rather,** perforce, **they learned it as a tradition and** then **Ezekiel came and supported it with a verse. Here, too, they learned it as a tradition and** then **Ezekiel came and supported it with a verse.**

BACKGROUND

Flax – כִּיתָּנָא: Flax, or *Linum usiatissinium*, is an annual plant 30–100 cm tall with thin branches and sky-blue flowers. Oil can be extracted from the flax seeds and used for various purposes. Flax is among the ancient domesticated plants and its cultivation was widespread in ancient Egypt. Nowadays flax is grown mainly in areas with a mild climate. The plant's fibers, found in its stem, are used to prepare flax threads, or linen. The fibers are located mainly in the outer layer of the stalk and are composed mostly of cellulose. After the stems have been dried, the fibers are removed in a long process that includes soaking the stems until they are decomposed. The stems are then dried and beaten, after which special combs are employed to separate the fibers from the chaff.

Flax flower

Dried flax

Traditional drying of flax

Flax fibers

״מָשְׁזָר״ – שְׁמוֹנָה, מְנָא לָן? דִּכְתִיב: ״וַיַּעֲשׂוּ עַל שׁוּלֵי הַמְּעִיל רִמּוֹנֵי תְּכֵלֶת וְאַרְגָּמָן וְתוֹלַעַת שָׁנִי מָשְׁזָר״ וְיָלֵיף ״מָשְׁזָר״ ״מָשְׁזָר״ מִפָּרוֹכֶת, מַה לְּהַלָּן עֶשְׂרִים וְאַרְבָּעָה – אַף כָּאן עֶשְׂרִים וְאַרְבָּעָה דַּהֲוָה כָּל חַד וְחַד תְּמָנֵי.

The Gemara continues to explain the *baraita*. That the use of the term **twined** implies that the thread should be spun from **eight** strands, **from where do we** derive this? **As it is written: "And they made upon the skirts of the robe pomegranates of sky-blue, and purple, and scarlet, twined"** (Exodus 39:24); **and derive** a verbal analogy from the term **"twined"** used in this verse and the term **"twined" from** the verse about **the curtain: Just as there,** with regard to the curtain, there are **twenty-four** strands, as will be explained, **so too here,** there are **twenty-four** strands in total. And since each pomegranate is made of three colors, sky-blue, purple, and scarlet, it must be **that each one of them was** spun from **eight** strands.

וְנֵילַף מֵחֹשֶׁן וְאֵפוֹד, מַה לְּהַלָּן עֶשְׂרִים וּשְׁמוֹנָה אַף כָּאן עֶשְׂרִים וּשְׁמוֹנָה! דָּנִין דָּבָר שֶׁלֹּא נֶאֱמַר בּוֹ זָהָב מִדָּבָר שֶׁלֹּא נֶאֱמַר בּוֹ זָהָב, לְאַפּוֹקֵי חֹשֶׁן וְאֵפוֹד שֶׁנֶּאֱמַר בָּהֶן זָהָב. אַדְּרַבָּה, דָּנִין בֶּגֶד מִבֶּגֶד, לְאַפּוֹקֵי פָּרוֹכֶת, דְּאֹהֶל הוּא!

The Gemara challenges this derivation: **Let us derive** the number of strands instead **from the breastplate and ephod** and say: **Just as there,** with regard to the breastplate and ephod, there are **twenty-eight** strands, **so too,** here there are **twenty-eight** strands. The Gemara answers: It is preferable to **derive** the *halakhot* of **an item,** i.e., the pomegranates, **with regard to which** the use of **gold** threads **is not stated, from** the *halakhot* of **an item,** i.e., the curtain, **with regard to which** the use of **gold** threads **is** also **not stated.** This would come **to exclude** the possibility of deriving them from the **breastplate and ephod, with regard to which** the use of **gold** threads **is stated.** The Gemara asks: **On the contrary,** it should be preferable to **derive** the *halakhot* of one **garment from** another **garment,** i.e., the *halakhot* of the robe from the *halakhot* of the breastplate and ephod. This would come **to exclude** the possibility of deriving them from the **curtain, which is a tent,** i.e., part of the Temple building, and not a garment. The Gemara accepts that the derivation is flawed.

אֶלָּא: דָּנִין מֵאַבְנֵט, וְדָנִין בֶּגֶד וְדָבָר שֶׁלֹּא נֶאֱמַר בּוֹ זָהָב, מִבֶּגֶד וְדָבָר שֶׁלֹּא נֶאֱמַר בּוֹ זָהָב, וְאֵין דָּנִין דָּבָר שֶׁאֵין בּוֹ זָהָב מִדָּבָר שֶׁיֵּשׁ בּוֹ זָהָב.

Rather, the need for thread of eight strands **is derived from the belt,** which had twenty-four threads in total, **and a garment and an item with regard to which** the use of **gold** thread **is not stated,** i.e., the pomegranates, **are derived** from **a garment and an item with regard to which** the use of **gold** thread **is not stated. And an item with no gold,** such as the pomegranates and robe, **is not derived from an item that has gold in it,** such as the breastplate and ephod.

רַב מָרִי אָמַר: ״תַּעֲשֶׂנּוּ״ כְּתִיב, ״תַּעֲשֶׂנּוּ״ – לָזֶה וְלֹא לְאַחֵר.

Rav Mari said another reason not to derive the number of strands in a pomegranate from the breastplate and ephod: "Like the work of the ephod **you shall make it"** (Exodus 28:15) **is written** with regard to the breastplate to indicate that **you shall make it,** i.e., the breastplate, like the ephod, which indicates that **for this,** i.e., the breastplate, you shall use thread of twenty-eight strands, **and not for anything else.**

רַב אַשִׁי אָמַר: ״וְעָשִׂיתָ״ כְּתִיב, שֶׁיִּהְיוּ כָּל עֲשִׂיּוֹת שָׁווֹת, וְהֵיכִי נַעֲבִיד? נַעֲבִיד תְּלָתָא דַּעֲשָׂרָה עֲשָׂרָה – הָווּ לְהוּ תְּלָתִין, נַעֲבִיד תְּרֵי דְּתִשְׁעָה תִּשְׁעָה וְחַד דַּעֲשָׂרָה – אָמַר קְרָא: ״וְעָשִׂיתָ״ שֶׁיִּהְיוּ כָּל עֲשִׂיּוֹתָיו שָׁווֹת.

Rav Ashi said another reason that there could not be twenty-eight strands in a pomegranate: **"And you shall make** pomegranates of sky-blue, and of purple, and of scarlet" (Exodus 28:33) **is written** to indicate **that all the makings of it must be equal,** i.e., that each color thread should be made from the same number of strands. However, if there are twenty-eight strands in total, the three threads, each of a different color, cannot be made with an equal number of strands, as **how should we do** it? **Let us make three** colored threads **of ten strands each;** then **they are thirty** strands in total, which is too many. **Let us make two** colored threads **of nine** strands **and one of ten; but the verse states: "And you shall make,"** to indicate **that all the makings of it must be equal.** Perforce, the threads used for the pomegranates and the robe must be derived from an item woven from threads of a number of strands divisible by three, such as the curtain.

מְעִיל שְׁנֵים עָשָׂר מְנָא לָן? דִּכְתִיב: ״וְעָשִׂיתָ אֶת מְעִיל הָאֵפוֹד

The Gemara continues to explain the *baraita*: That the **robe** must be woven from threads spun from **twelve** strands,[H] **from where do we** derive this? **As it is written: "And you shall make the robe of the ephod**

HALAKHA

The robe from twelve strands – **מְעִיל שְׁנֵים עָשָׂר**: The High Priest's robe was made entirely of sky-blue thread and its threads were twelve-fold (Rambam *Sefer Avoda, Hilkhot Kelei HaMikdash* 9:3).

HALAKHA

The curtain was made of twenty-four strands – פָּרוֹכֶת עֶשְׂרִים וְאַרְבָּעָה: The curtain was made of four threads: White, sky-blue, purple, and scarlet. Each of these was a six-fold thread, yielding a count of twenty-four strands all together (Rambam *Sefer Avoda, Hilkhot Kelei HaMikdash* 7:16).

Each thread of the breastplate and ephod was made of twenty-eight strands – חוֹשֶׁן וְאֵפוֹד עֶשְׂרִים וּשְׁמוֹנָה: The ephod and the breastplate were made of five types of threads. There were four six-fold colored threads: Sky-blue, purple, scarlet, and white, plus a gold thread, yielding a count of twenty-eight threads (Rambam *Sefer Avoda, Hilkhot Kelei HaMikdash* 9:5).

NOTES

There would be eight – הָווּ לְהוּ תְּמַנְיָא: The Gemara does not explain why a thread of eight may not be made. Perhaps Rav Ashi accepts Rav Aḥa bar Ya'akov's interpretation of "cords," which teaches there are at least four strands. As a rule, it is always assumed that the smallest quantity possible is indicated. Were one willing to accept the possibility that a multiple of four is included, there is no reason to make a distinction between eight, twelve, or even one hundred. Therefore, in this case, one should limit it to four strands (see *Tosafot* and Maharsha).

כְּלִיל תְּכֵלֶת״ וְיָלֵיף תְּכֵלֶת תְּכֵלֶת מִפָּרוֹכֶת, מַה לְּהַלָּן שִׁשָּׁה – אַף כָּאן שִׁשָּׁה.

spun of sky-blue" (Exodus 28:31). **And derive** a verbal analogy from the term **"sky-blue"** used here and the same term **"sky-blue" from** the verse about **the curtain: Just as there,** with regard to the curtain, there are **six** strands, **so too here,** there are **six** strands. Then, since the Torah also says the threads are spun, i.e., each strand is made of two thinner strands spun together, each thread must contain twelve strands.

וְנֵילַף מִשּׁוּלָיו וְרִמּוֹנָיו, מַה לְּהַלָּן שְׁמוֹנָה – אַף כָּאן שְׁמוֹנָה! דָּנִין כְּלִי מִכְּלִי, וְאֵין דָּנִין כְּלִי מִתַּכְשִׁיט כְּלִי.

The Gemara suggests: **Let us derive** the number of strands in the robe **from its hem and pomegranates: Just as there,** each thread is spun from **eight** strands, **so too here,** the threads should be spun from **eight** strands. The Gemara rejects this: It is preferable to **derive** the *halakhot* **of a utensil,** i.e., the robe, **from** the *halakhot* of another **utensil,** i.e., the curtain, **and** one should **not derive** the *halakhot* **of a utensil from** the *halakhot* of something that is merely **an ornament of a utensil,** i.e., the pomegranates of the robe.

אַדְּרַבָּה, דָּנִין גּוּפוֹ מִגּוּפוֹ, וְאֵין דָּנִין גּוּפוֹ מֵעָלְמָא! הַיְינוּ דְּאָמְרִינַן: לִשְׁאָר בְּגָדִים, שֶׁלֹּא נֶאֱמַר בָּהֶן שֵׁשׁ.

The Gemara asks: **On the contrary,** it is preferable to **derive** the *halakhot* of **an object from that object itself,** i.e., to assume that the *halakhot* of the robe and its pomegranates are similar; **and** one should **not derive** the *halakhot* of an **object from elsewhere.** The Gemara explains: **This is** precisely **what we said** in the *baraita*: One of the five mentions of *shesh* in the verse is to teach that the requirement that threads be made from six strands applies also **to other garments about which** *shesh* **is not** explicitly **stated,** such as the robe.

״פָּרֹכֶת עֶשְׂרִים וְאַרְבָּעָה״ אַרְבָּעָה דְּשִׁיתָּא שִׁיתָּא – לָא דִּינָא וְלָא דַּיָּינָא.

The *baraita* further states: Each thread of the **curtain** was made of **twenty-four** strands.[H] The Gemara explains: With regard to each thread being composed of **four** colored threads: White, purple, scarlet, and sky-blue, and **each one** of them being composed **of six** strands, **there is neither judgment nor judge,** i.e., it is absolutely clear that this is how the threads of the curtain are produced.

״חוֹשֶׁן וְאֵפוֹד עֶשְׂרִים וּשְׁמוֹנָה״ מְנָא לַן? דִּכְתִיב: ״וְעָשִׂיתָ חֹשֶׁן מִשְׁפָּט מַעֲשֵׂה חוֹשֵׁב כְּמַעֲשֵׂה אֵפוֹד תַּעֲשֶׂנּוּ זָהָב תְּכֵלֶת וְאַרְגָּמָן וְתוֹלַעַת שָׁנִי וְשֵׁשׁ מָשְׁזָר״, אַרְבָּעָה דְּשִׁיתָּא שִׁיתָּא – עֶשְׂרִין וְאַרְבָּעָה, זָהָב אַרְבָּעָה – הָא עֶשְׂרִין וּתְמַנְיָא.

The *baraita* further states: Each thread of the **breastplate and ephod** was made of **twenty-eight** strands.[H] **From where do we** derive this? **As it is written: "And you shall make a breastplate of judgment, the work of the skilled craftsman; like the work of the ephod you shall make it: Of gold, sky-blue, and purple, and scarlet, and fine twined linen"** (Exodus 28:15). There are **four** colored threads, **each** composed **of six** strands, which makes **twenty-four.** In addition, **gold** is spun together with each of the **four** colors, giving the total of **twenty-eight.**

וְאֵימָא זָהָב נַמִי שִׁשָּׁה! אָמַר רַב אַחָא בַּר יַעֲקֹב, אָמַר קְרָא: ״וְקִצֵּץ פְּתִילִים״, ״פְּתִיל״ ״פְּתִילִים״ הֲרֵי כָּאן אַרְבָּעָה.

But couldn't one **say** the **gold** should be made as a thread of **six** strands, like the other colors? **Rav Aḥa bar Ya'akov said** that **the verse states:** "And they beat the gold into thin plates, **and cut it into cords,** to work it into the sky-blue, and into the purple, and into the scarlet, and into the fine linen, the work of a skilled craftsman" (Exodus 39:3). **"Cord"** implies a strand that is doubled over and can be twisted into a cord; **"cords"** is in the plural, meaning at least two of these. **Accordingly, there are four** strands **here.**

רַב אַשִׁי אָמַר, אָמַר קְרָא: ״לַעֲשׂוֹת בְּתוֹךְ הַתְּכֵלֶת וּבְתוֹךְ הָאַרְגָּמָן״. הֵיכִי נַעֲבֵיד? נַעֲבֵיד אַרְבָּעָה דִּתְרֵי תְּרֵי – הָווּ לְהוּ תְּמַנְיָא, נַעֲבֵיד תְּרֵי דִּתְרֵי תְּרֵי, וּתְרֵי דְּחַד חַד – ״וְעָשִׂיתָ״ שֶׁיִּהְיוּ כׇּל עֲשִׂיּוֹתָיו שָׁווֹת.

Rav Ashi said: This can be seen from that fact that **the verse states** with regard to the gold strands: **"To work it into the sky-blue, and into the purple"** (Exodus 39:3), indicating that the gold strands should be combined with the other colors. **What should we do?** If **we make four** gold threads **of two** strands **each** and combine each one with each of the colors, then **there would be eight.**[N] **If we make two** gold threads **of two** strands **each, and two** gold threads **of one** strand **each,** it says: **"And you shall make,"** indicating **that all its makings should be the same.** Perforce, one strand of gold should be combined with each of the colors, producing a total of twenty-eight strands.

אָמַר רַחֲבָא אָמַר רַב יְהוּדָה: הַמְקָרֵעַ בִּגְדֵי כְהוּנָּה – לוֹקֶה, שֶׁנֶּאֱמַר: "לֹא יִקָּרֵעַ". מַתְקִיף לָהּ רַב אַחָא בַּר יַעֲקֹב: וְדִילְמָא הָכִי קָאָמַר רַחֲמָנָא: נַעֲבִיד לֵיהּ שָׂפָה כִּי הֵיכִי דְּלָא נִיקְּרַע! מִי כְּתִיב "שֶׁלֹּא יִקָּרֵעַ"?

§ The Gemara discusses various *halakhot* concerning the priestly vestments and other sacred vessels: **Raḥava said that Rav Yehuda said: One who** intentionally **tears** any of the **priestly vestments**[NH] transgresses a prohibition and **is flogged, as it is stated** concerning the robe: "It shall have a hem of woven work around the opening of it, like the opening of a coat of mail, and **it shall not be torn**" (Exodus 28:32). Just as it is prohibited to tear the opening of the robe, so too, it is prohibited to tear any of the priestly vestments. **Rav Aḥa bar Ya'akov strongly objects to this: But perhaps this is what the Merciful One is saying** in the Torah: **An opening should be made in order that it not tear.** In other words, the Torah was giving an explanation, not a prohibition. The Gemara rejects this: **Is it written: In order that it not be torn?**[N] Clearly, the intention of the verse is to state a prohibition.

אָמַר רַבִּי אֶלְעָזָר: הַמֵּזִיחַ חוֹשֶׁן מֵעַל הָאֵפוֹד, וְהַמֵּסִיר בַּדֵּי אָרוֹן – לוֹקֶה, שֶׁנֶּאֱמַר: "לֹא יִזַּח" וְ"לֹא יָסוּרוּ". מַתְקִיף לָהּ רַב אַחָא בַּר יַעֲקֹב: וְדִילְמָא כִּי קָאָמַר רַחֲמָנָא – חַדְקִינְהוּ וְעַבְדִינְהוּ שַׁפִּיר כְּדֵי שֶׁלֹּא יִזַּח וְלֹא יָסוּרוּ! מִי כְּתִיב "שֶׁלֹּא יִזַּח" וְ"שֶׁלֹּא יָסוּרוּ"?

Rabbi Elazar said: One who detaches the breastplate from upon the ephod[H] **or one who removes the staves of the Ark**[H] from their rings transgresses a Torah prohibition and **is flogged, as it is stated:** "And the breastplate **shall not be detached** from the ephod"[N] (Exodus 28:28),and it is also stated: "The staves shall be in the rings of the Ark; **they shall not be removed** from it" (Exodus 25:15).[N] **Rav Aḥa bar Ya'akov strongly objects to this:** But **perhaps when the Merciful One said** this in the Torah, the intention was **to strengthen them and make them fast so that** the breastplate **not become detached** from the ephod **and** the staves **not be removed.** He suggests that the Torah was giving an explanation, not a prohibition. The Gemara rejects this: **Is it written: In order that it not become detached, and: In order that they not be removed?** Clearly, the intention of the verse is to state a prohibition.

רַבִּי יוֹסֵי בְּרַבִּי חֲנִינָא רָמֵי, כְּתִיב: "בְּטַבְּעוֹת הָאָרוֹן יִהְיוּ הַבַּדִּים לֹא יָסוּרוּ מִמֶּנּוּ", וּכְתִיב: "וְהוּבָא אֶת בַּדָּיו בַּטַּבָּעוֹת". הָא כֵּיצַד? מִתְפָּרְקִין וְאֵין נִשְׁמָטִין.

Rabbi Yosei, son of Rabbi Ḥanina, raised a contradiction. In one verse **it is written: "The staves shall be in the rings of the Ark; they shall not be removed from it"** (Exodus 25:15), implying the staves should remain there permanently. But in another verse **it is written: "And its staves shall be put into the rings"** (Exodus 27:7), implying that when the Ark is used the staves are inserted, which suggests that they do not remain there permanently. **How is this** contradiction resolved? The staves **could be removed** from their position, i.e., they were loosened, but **did not come out.**[N] The staves were wider at their ends and thinner in the middle. Therefore, once they had been forced into the rings, although they could be shifted, they would not be removed entirely.

תַּנְיָא נַמִּי הָכִי: "בְּטַבְּעוֹת הָאָרוֹן יִהְיוּ הַבַּדִּים". יָכוֹל לֹא יִהְיוּ זָזִין מִמְּקוֹמָן – תַּלְמוּד לוֹמַר "וְהוּבָא אֶת בַּדָּיו בַּטַּבָּעוֹת", אִי "וְהוּבָא אֶת בַּדָּיו" יָכוֹל יִהְיוּ נִכְנָסִין וְיוֹצְאִין – תַּלְמוּד לוֹמַר: "בְּטַבְּעוֹת הָאָרוֹן יִהְיוּ הַבַּדִּים", הָא כֵּיצַד? מִתְפָּרְקִין וְאֵין נִשְׁמָטִין.

That was also taught in a *baraita*. The verse states: **"The staves shall be in the rings of the Ark;** they shall not be removed from it" (Exodus 25:15). One **might** have thought that **they should not move from their place** at all; therefore; **the verse states: "And its staves shall be put into the rings"** (Exodus 27:7). **If** it had stated: **And its staves shall be put,** one **might** have thought that **they are inserted and removed** entirely; therefore, **the verse states: "The staves shall be in the rings of the Ark;** they shall not be removed from it" (Exodus 25:15). **How is this? They could be removed** from their position, but **did not come out.**

HALAKHA

One who tears priestly vestments – הַמְקָרֵעַ בִּגְדֵי כְהוּנָּה: One who tears the opening of either the priestly robe or any other priestly garment in a destructive way is flogged (Rambam *Sefer Avoda, Hilkhot Kelei HaMikdash* 9:3).

One who detaches the breastplate from upon the ephod – הַמֵּזִיחַ חוֹשֶׁן מֵעַל הָאֵפוֹד: One who detaches the breastplate from the ephod in a destructive way is flogged (Rambam *Sefer Avoda, Hilkhot Kelei HaMikdash* 9:10).

One who removes the staves of the Ark – הַמֵּסִיר בַּדֵּי אָרוֹן: One who removes a stave from the rings of the Ark is flogged (Rambam *Sefer Avoda, Hilkhot Kelei HaMikdash* 9:10).

NOTES

One who tears priestly vestments – הַמְקָרֵעַ בִּגְדֵי כְהוּנָּה: In order for people to treat the priestly vestments with due care and honor, the Torah prohibited tearing them (*Sefer HaḤinukh*). According to some halakhic authorities, there is a distinction between the robe and the other garments. One who tears the opening of the robe violates the prohibition even if he tears for constructive purposes, whereas one is liable for tearing the other garments only if he does so in a destructive manner (see *Yad David, Mishne LaMelekh*, and *Minḥat Ḥinukh*).

Is it written: In order that it not be torn – מִי כְּתִיב "שֶׁלֹּא יִקָּרֵעַ": The author of the *Korban Ḥagiga* notes that normally the Gemara does not explain explanatory clauses in the Torah as a distinct commandment. For example, the phrase: "And his heart shall not be led astray" (Deuteronomy 17:17) is understood as an explanation for the *halakhot* restricting a king from marrying numerous wives. Why, then, is this case different? Some commentaries suggest that since the details of the Temple vessels and priestly vestments appear twice in the Torah, once when commanding how to construct them and once when describing their actual construction, and the explanatory clauses appear both times, it is therefore unlikely that these clauses come only to explain and not to add a new *halakha* (*Be'er Avraham*).

Prohibition of detaching the breastplate – אִיסּוּר הֲזָחַת חוֹשֶׁן: Part of the glory and beauty of the Temple was that each item had its specific place within the Temple. This was also true of the priestly vestments. The prohibition to detach the breastplate is an expression of this idea (*Sefer HaḤinukh*).

Prohibition of removing the staves – אִיסּוּר הֲסָרַת הַבַּדִּים: Some suggest that the reason the staves had to remain in position was for times when it was necessary to transport the Ark quickly to a different location. Were the staves not permanently in place, in the rush to move the Ark, the staves might not be inserted properly and the Ark might fall. Another explanation claims that the staves were not merely functional but part of structure of the Ark itself. As such, they had to always remain as part of the Ark (*Sefer HaḤinukh*).

They could be removed but did not come out – מִתְפָּרְקִין וְאֵין נִשְׁמָטִין: According to Rashi, the staves were made in such a way that they could be removed only with great effort. *Tosafot* maintain that the staves' design allowed them to be removed with ease; nevertheless, the Levites were cautioned to move them only to transport the Ark, but never to remove them.

אָמַר רַבִּי חָמָא בְּרַבִּי חֲנִינָא: מַאי דִּכְתִיב: "עֲצֵי שִׁטִּים עוֹמְדִים", שֶׁעוֹמְדִים דֶּרֶךְ גְּדִילָתָן. דָּבָר אַחֵר: "עוֹמְדִים" – שֶׁמַּעֲמִידִין אֶת צִפּוּיָין, דָּבָר אַחֵר: "עוֹמְדִים", שֶׁמָּא תֹּאמַר אָבַד סִבְרָן וּבָטֵל סִכּוּיָין – תַּלְמוּד לוֹמַר: "עוֹמְדִים" – שֶׁעוֹמְדִין לְעוֹלָם וּלְעוֹלְמִים.

The Gemara cites other statements concerning the ark. **Rabbi Ḥama, son of Rabbi Ḥanina, said: What is** the meaning of that **which is written:** "And you shall make the boards for the Tabernacle of **acacia wood,**[B] **standing**" (Exodus 26:15)? This verse teaches **that** the boards of wood used for the Tabernacle should **stand in the** same **direction in which they grew** from the ground as a tree. **Alternatively, "standing"** means **that they supported their** gold **plating**[N] and prevented it from falling. **Alternatively, "standing"** is written to hint at the following: **Perhaps you will say** that now that the Tabernacle is no longer in use, **their hope is lost and their chance is abandoned,** and after being stored away the boards will no longer return to use. Therefore, **the verse states "standing"** to indicate **that they stand forever and ever.**

אָמַר רַבִּי חָמָא בַּר חֲנִינָא, מַאי דִּכְתִיב: "אֶת בִּגְדֵי הַשְּׂרָד לְשָׁרֵת בַּקֹּדֶשׁ".

§ The Gemara returns to its discussion of the priestly vestments: **Rabbi Ḥama bar Ḥanina said: What is** the meaning of that **which is written: "The plaited [*serad*] garments, for serving in the Sanctuary"** (Exodus 35:19)? Why does the verse refer to the priestly vestments as "*serad* garments"?

Perek **VII**
Daf **72** Amud **b**

אִלְמָלֵא בִּגְדֵי כְהוּנָּה לֹא נִשְׁתַּיֵּיר מִשּׂוֹנְאֵיהֶן שֶׁל יִשְׂרָאֵל שָׂרִיד וּפָלִיט.

He offers a homiletic interpretation: **Were it not for the priestly vestments,**[N] which provide atonement for the Jewish people, **there would not remain a remnant [*sarid*] or survivor from the haters of the Jewish people,** a euphemism used to refer to the Jewish people themselves. Due to the atonement provided by the priestly vestments, a remnant [*sarid*] of the Jewish people does survive.

רַבִּי שְׁמוּאֵל בַּר נַחְמָנִי אָמַר, דְּבֵי רַבִּי שִׁמְעוֹן תָּנָא: בְּגָדִים שֶׁגּוֹרְדִין אוֹתָן כִּבְרִיָּיתָן מִכְּלֵיהֶן, וּמַשְׁרִידִין מֵהֶן כְּלוּם, מַאי הִיא? רֵישׁ לָקִישׁ אָמַר: אֵלּוּ מַעֲשֵׂה מַחַט.

Another interpretation: **Rabbi Shmuel bar Naḥmani said** that **the school of Rabbi Shimon taught:** The priestly vestments are referred to as "*serad* garments" because they are **garments that are woven in their completed form upon the loom,** as opposed to weaving the material and then cutting and sewing pieces of the material together to create the required form, **and** then just **a small part of them remains [*masridin*]** which is not completed upon the loom. **What is** the remnant, the part that was not woven? **Reish Lakish said: This is the needle-work** required to complete the garment.

מֵיתִיבִי: בִּגְדֵי כְהוּנָּה אֵין עוֹשִׂין אוֹתָן מַעֲשֵׂה מַחַט אֶלָּא מַעֲשֵׂה אוֹרֵג, שֶׁנֶּאֱמַר: "מַעֲשֵׂה אוֹרֵג"! – אָמַר אַבָּיֵי: לֹא נִצְרְכָה אֶלָּא לְבֵית יָד שֶׁלָּהֶם. כִּדְתַנְיָא: בֵּית יָד שֶׁל בִּגְדֵי כְהוּנָּה נֶאֱרֶגֶת בִּפְנֵי עַצְמָהּ וְנִדְבֶּקֶת עִם הַבֶּגֶד, וּמַגַּעַת עַד פִּיסַּת הַיָּד.

The Gemara **raises an objection to this** from a *baraita*: **Priestly vestments** should **not be made through needle-work but** though **woven work, as it is stated: "Woven work"** (Exodus 28:32). The Gemara answers that **Abaye said:** Reish Lakish's statement **is necessary only for,** i.e., refers only to, **the sleeves. As it was taught** in a *baraita*: **A sleeve** made for the **priestly vestments**[H] **is woven separately and** then **attached to the garment** by sewing, **and** the sleeve is made to **reach as far as the palm of the hand.**[H] However, the main body of the garment must indeed be made exclusively though weaving.

BACKGROUND

Acacia wood – עֲצֵי שִׁטִּים: According to some scholars, the type of acacia wood mentioned here is from the *Faidherbia albida*, also known as the Ana tree. It can reach a height of 30 m and straight boards can be created from it.

Ana tree

NOTES

They supported their plating – שֶׁמַּעֲמִידִים אֶת צִפּוּיָין: This meant that nails were not needed to hold the gold plating to the boards (Rabbi Elyakim; see Rashi and *Tosafot*).

NOTES

Priestly vestments – בִּגְדֵי כְּהוּנָּה: The Ramban explains that the *serad* garments are the priestly vestments, as it would appear from the Gemara here. Indeed, in the Jerusalem Talmud there is a lengthy discussion about the atonement properties of the priestly garments, explaining which sin is atoned for by which garment. Rashi, however, explains that the *serad* garments were not priestly vestments at all; rather, they were the coverings for the Temple utensils.

HALAKHA

A sleeve made for the priestly vestments – בֵּית יָד שֶׁל בִּגְדֵי כְהוּנָּה: The tunic of the priestly vestments, both for a common priest and a High Priest, is woven separately from the sleeves. The latter are later sewn to the body of the tunic (Rambam *Sefer Avoda, Hilkhot Kelei HaMikdash* 8:16).

Length of the sleeve – אוֹרֶךְ בֵּית הַיָּד: The sleeve of the priestly tunic reached as far as the palm of the hand (Rambam *Sefer Avoda, Hilkhot Kelei HaMikdash* 8:17).

אָמַר רָחֲבָה אָמַר רַב יְהוּדָה: שָׁלֹשׁ אֲרוֹנוֹת עָשָׂה בְּצַלְאֵל, אֶמְצָעִי שֶׁל עֵץ תִּשְׁעָה, פְּנִימִי שֶׁל זָהָב שְׁמוֹנָה, חִיצוֹן עֲשָׂרָה וּמַשֶּׁהוּ.

§ The Gemara cites statements concerning other Temple vessels: **Raḥava said** that **Rav Yehuda said:** The Torah states that the Ark should be made of wood with gold plating inside and out (Exodus 25:10–11). In order to achieve this **Bezalel made three arks: A middle one** made **of wood,** whose height was **nine** handbreadths; **an inner one** made **of gold,** whose height was **eight** handbreadths; and an **outer one** of gold, whose height was **ten** handbreadths **and a bit.** These arks were nested.

וְהָתַנְיָא: אַחַד עָשָׂר וּמַשֶּׁהוּ! לָא קַשְׁיָא: הָא – כְּמַאן דְּאָמַר יֵשׁ בְּעָבְיוֹ טֶפַח, הָא כְּמַאן דְּאָמַר אֵין בְּעָבְיוֹ טֶפַח. וּמַאי מַשֶּׁהוּ – זֵיר.

The Gemara asks: **But wasn't it taught** in a *baraita* that the outer ark was **eleven** handbreadths **and a bit?** The Gemara explains: **This is not difficult: This** statement in the *baraita* **is in accordance with the one who said** that **the thickness** of the gold plating **was one handbreadth.** According to this opinion, the outer ark's base took up one handbreadth of its height, ten handbreadths were then needed to contain the middle ark within it, and then a bit more was needed so it could also contain the Ark's cover. **That** statement of Rav Yehuda **is in accordance with the one who said** that **the thickness** of the gold plating **was not one handbreadth** but was a plate of gold of negligible thickness. According to this opinion, the outer ark needed to be only ten handbreadths and a bit and could still contain the outer ark and have room for the cover. **And what is** this additional **bit?** It is the ornamental **crown** on the edge of the outer ark.

אֲמַר רַבִּי יוֹחָנָן: שְׁלֹשָׁה זֵירִים הֵן; שֶׁל מִזְבֵּחַ וְשֶׁל אָרוֹן וְשֶׁל שֻׁלְחָן. שֶׁל מִזְבֵּחַ – זָכָה אַהֲרֹן וּנְטָלוֹ, שֶׁל שֻׁלְחָן – זָכָה דָּוִד וּנְטָלוֹ, שֶׁל אָרוֹן – עֲדַיִין מוּנָּח הוּא, כָּל הָרוֹצֶה לִיקַּח – יָבֹא וְיִקַּח, שֶׁמָּא תֹּאמַר פָּחוּת הוּא, תַּלְמוּד לוֹמַר: ״בִּי מְלָכִים יִמְלוֹכוּ״.

Rabbi Yoḥanan said: There were **three crowns** on the sacred vessels in the Temple: The crown **of the altar, and of the Ark, and of the table.** The regal appearance they provided symbolized power and authority: The crown **of the altar** symbolized the crown of priesthood; **Aaron was deserving and took it,** and the priesthood continues exclusively through his descendants. The crown **of the table** symbolized the abundance and blessing associated with the crown of kingship; **David was deserving and took it** for himself and his descendants after him. The crown **of the Ark** symbolized the crown of Torah; **it is still sitting** and waiting to be acquired, **and anyone who wishes to take** it may **come and take** it and be crowned with the crown of Torah. **Perhaps you will say it is inferior**[N] to the other two crowns and that is why nobody has taken it; therefore, **the verse states** about the wisdom of Torah: **"Through me kings will reign"** (Proverbs 8:15), indicating that the strength of the other crowns is derived from the crown of Torah, which is greater than them all.

רַבִּי יוֹחָנָן רָמֵי: כְּתִיב ״זָר״ וְקָרֵינַן ״זֵיר״, זָכָה – נַעֲשֵׂית לוֹ זֵיר, לֹא זָכָה – זָרָה הֵימֶנּוּ.

§ The Gemara presents a number of statements based on the idea that the Ark symbolizes the Torah: **Rabbi Yoḥanan raised a contradiction:** According to the way the word crown **is written** in the Torah (Exodus 25:11), without vowels, it should be pronounced ***zar***, meaning strange, **but** according to the traditional vocalization **we read** it as ***zeir***, meaning crown. These two ways of understanding the word appear to contradict each other. Rabbi Yoḥanan explains: The two understandings apply to two different situations: If one **is deserving** by performing mitzvot, **it becomes a crown [*zeir*] for him;** but if one **is not deserving,** the Torah **will be a stranger [*zara*] to him** and he will forget his studies.

רַבִּי יוֹחָנָן רָמֵי: כְּתִיב ״וְעָשִׂיתָ לְּךָ אֲרוֹן עֵץ״ וּכְתִיב ״וְעָשׂוּ אֲרוֹן עֲצֵי שִׁטִּים״ – מִכָּאן לְתַלְמִיד חָכָם שֶׁבְּנֵי עִירוֹ מְצֻוִּין לַעֲשׂוֹת לוֹ מְלַאכְתּוֹ.

Rabbi Yoḥanan raised a contradiction: It is written: "And you shall make for yourself a wooden Ark" (Deuteronomy 10:1), implying that Moses alone was commanded to construct the Ark; **and it is written: "And they shall make an Ark of acacia wood"** (Exodus 25:10), implying that the Jewish people were all commanded to be involved in its construction. The apparent resolution to this contradiction is that although only Moses actually constructed the Ark, everyone was required to support the endeavor. So too, **from here** it is derived with regard **to a Torah scholar that the members of his town should perform his work for him** to support him and allow him to focus on his studies, since it is also the town's responsibility to enable him to study.

NOTES

Perhaps you will say it is inferior – שֶׁמָּא תֹּאמַר פָּחוּת הוּא: This superiority of the crown of Torah is alluded to by the subtle difference in the descriptions of the crowns of the different vessels. For the other sacred vessels, the Torah simply states: "You shall make a crown" (Exodus 25:25 and 30:3), whereas for the Ark the Torah specifies: "You shall make a crown upon it," (Exodus 25:11). This suggests that the crown of the Ark, which symbolizes Torah, was raised above the rest (*Tosafot Yeshanim*).

״מִבַּיִת וּמִחוּץ תְּצַפֶּנּוּ״ אָמַר רָבָא: כׇּל תַּלְמִיד חָכָם שֶׁאֵין תּוֹכוֹ כְּבָרוֹ – אֵינוֹ תַּלְמִיד חָכָם.

The verse states concerning the Ark: **“From within and from without you shall cover it”** (Exodus 25:11). **Rava said:** This alludes to the idea that **any Torah scholar whose inside is not like his outside,** i.e., whose outward expression of righteousness is insincere, **is not** to be considered **a Torah scholar.**

אָמַר אַבַּיֵי וְאִיתֵּימָא רַבָּה בַּר עוּלָּא: נִקְרָא נִתְעָב, שֶׁנֶּאֱמַר: ״אַף כִּי נִתְעָב וְנֶאֱלָח אִישׁ שׁוֹתֶה כַמַּיִם עַוְלָה״.

Abaye said, and some say it was **Rabba bar Ulla** who said: Not only is such a person not to be considered a Torah scholar, but he is **called loathsome, as it is stated: “What then of one loathsome and foul, man who drinks iniquity like water”** (Job 15:16).[N] Although he drinks the Torah like water, since he sins, his Torah is considered iniquitous and this makes him loathsome and foul.

אָמַר רַבִּי שְׁמוּאֵל בַּר נַחְמָנִי אָמַר רַבִּי יוֹנָתָן, מַאי דִּכְתִיב: ״לָמָּה זֶּה מְחִיר בְּיַד כְּסִיל לִקְנוֹת חׇכְמָה וְלֶב אָיִן״ – אוֹי לָהֶם לְשׂוֹנְאֵיהֶן שֶׁל תַּלְמִידֵי חֲכָמִים שֶׁעוֹסְקִין בַּתּוֹרָה, וְאֵין בָּהֶן יִרְאַת שָׁמַיִם.

Rabbi Shmuel bar Naḥmani said that **Rabbi Yonatan said: What is** the meaning of that **which is written: “Why is there a price in the hand of a fool to buy wisdom, as he has no heart?”** (Proverbs 17:16)? This expresses the following sentiment: **Woe to them, haters of Torah scholars,** a euphemism for the Torah scholars themselves, **who immerse themselves in Torah and have no fear of Heaven.** They are fools; they try to acquire the wisdom of Torah, but since they have no fear of Heaven in their hearts they lack the ability to do so.

מַכְרִיז רַבִּי יַנַּאי: חֲבָל עַל דְּלֵית לֵיהּ דַּרְתָּא, וְתַרְעָא לְדַרְתֵּיהּ עָבֵיד.

Rabbi Yannai declared that the situation may be expressed by the following sentiment: **Pity** him **who has no courtyard but** senselessly **makes a gate for his courtyard.** Fear of Heaven is like the courtyard, and the study of Torah is the gate that provides entrance to the courtyard. The study of Torah is purposeful only if it leads to fear of Heaven.

אֲמַר לְהוּ רָבָא לְרַבָּנַן: בְּמָטוּתָא מִינַּיְיכוּ, לָא תֵּירְתוּן תַּרְתֵּי גֵּיהִנָּם.

Rava said to the Sages in the study hall: **I beg of you, do not inherit Gehenna twice.**[N] By studying Torah without the accompanying fear of Heaven, not only are you undeserving of the World-to-Come, but even in this world you experience Gehenna, as you spend all your time in study and fail to benefit from worldly pleasure.

אָמַר רַבִּי יְהוֹשֻׁעַ בֶּן לֵוִי, מַאי דִּכְתִיב: ״וְזֹאת הַתּוֹרָה אֲשֶׁר שָׂם מֹשֶׁה״ זָכָה – נַעֲשֵׂית לוֹ סַם חַיִּים, לֹא זָכָה – נַעֲשֵׂית לוֹ סַם מִיתָה. וְהַיְינוּ דְּאָמַר רָבָא: דְּאוּמָּן לַהּ – סַמָּא דְּחַיָּיא, דְּלָא אוּמָּן לַהּ – סַמָּא דְּמוֹתָא.

Rabbi Yehoshua ben Levi said: What is the meaning of that **which is written: “And this is the Torah which Moses put** [*sam*] before the children of Israel” (Deuteronomy 4:44)? The word *sam* is written with the letter *sin* and means put; it is phonetically similar to the word *sam* written with the letter *samekh*, meaning a drug. This use of this word therefore alludes to the following: If one **is deserving,** the Torah **becomes a potion** [*sam*] **of life for him.** If one **is not deserving,** the Torah **becomes a potion of death for him. And this** idea **is what Rava said: For one who is skillful** in his study of Torah and immerses himself in it with love, it is **a potion of life;** but **for one who is not skillful** in his studies, **it is a potion of death.**

אָמַר רַבִּי שְׁמוּאֵל בַּר נַחְמָנִי, רַבִּי יוֹנָתָן רָמֵי: כְּתִיב ״פִּקּוּדֵי ה׳ יְשָׁרִים מְשַׂמְּחֵי לֵב״ וּכְתִיב ״אִמְרַת ה׳ צְרוּפָה״, זָכָה – מְשַׂמַּחְתּוֹ, לֹא זָכָה – צוֹרַפְתּוֹ. רֵישׁ לָקִישׁ אָמַר: מִגּוּפֵיהּ דִּקְרָא נָפְקָא, זָכָה – צוֹרַפְתּוֹ לְחַיִּים, לֹא זָכָה – צוֹרַפְתּוֹ לְמִיתָה.

Rabbi Shmuel bar Naḥmani said that **Rabbi Yonatan raised a contradiction: It was written: “The precepts of the Lord are upright, gladdening the heart”** (Psalms 19:9), but it is also written: **“The word of the Lord is refining”** (Psalms 18:31), which implies that the study of Torah can be a distressing process by which a person is refined like metal smelted in a smith’s fire. He reconciles these verses as follows: For one who **is deserving,** the Torah **gladdens him;** for one who **is not deserving,** it **refines him. Reish Lakish said:** This lesson **emerges from that** second **verse itself:** For one who **is deserving,** the Torah **refines him for life;** for one who **is not deserving, it refines him for death.**

״יִרְאַת ה׳ טְהוֹרָה עוֹמֶדֶת לָעַד״ אָמַר רַבִּי חֲנִינָא: זֶה הַלּוֹמֵד תּוֹרָה בְּטׇהֳרָה. מַאי הִיא – נוֹשֵׂא אִשָּׁה וְאַחַר כָּךְ לוֹמֵד תּוֹרָה.

The verse states: **“Fear of the Lord is pure, it stands forever”** (Psalms 19:10). **Rabbi Ḥanina said: This** is referring to **one who studies Torah in purity;** for such a person the Torah will remain with him forever. **What is this;** what does it mean to study in purity? **One** first **marries a woman and afterward studies Torah.** Since he is married, his heart will not be occupied with thoughts of sin, which could lead him to become impure.

״עֵדוּת ה׳ נֶאֱמָנָה״ אָמַר רַבִּי חִיָּיא בַּר אַבָּא: נֶאֱמָנָה הִיא לְהָעִיד בְּלוֹמְדֶיהָ.

In the same Psalm the verse states: **“The testimony of God is faithful”** (Psalms 19:8). **Rabbi Ḥiyya bar Abba said:** This alludes to the fact that the Torah **is faithful to testify about those who study it**[N] and those who do not.

NOTES

Drinks iniquity like water – שׁוֹתֶה כַמַּיִם עַוְלָה: The metaphor of drinking water illustrates well the image of a Torah scholar who learns Torah without his studies being discernible in his actions. In the same way, when a person has drunk water, there is still no change in his external appearance (Rabbi Elyakim).

Gehenna twice – תַּרְתֵּי גֵּיהִנָּם: Others explain that a Torah scholar who does not fulfill the commandments is punished more severely than others. Additionally, he is punished for the Torah he learned without the associated fear of Heaven; it would have been better had he not studied, as indicated by the verse: “God says to the wicked: Who are you to recite My laws?” (Psalms 50:16). Therefore, in the World-to-Come he receives punishment in Gehenna that is twice as severe (Rav Ya’akov Emden).

To testify about those who study it – לְהָעִיד בְּלוֹמְדֶיהָ: Some explain this as a reference to the ultimate day of judgment, when the Torah itself will act as a witness to testify on behalf of those who were faithful to it. Others suggest that this means that the Torah will publicize the righteousness of those who were faithful to it (Ritva).

"מַעֲשֵׂה רוֹקֵם" "מַעֲשֵׂה חוֹשֵׁב" אָמַר רַבִּי אֶלְעָזָר: שֶׁרוֹקְמִין בִּמְקוֹם שֶׁחוֹשְׁבִין.

The Gemara returns to its discussion concerning the sacred vessels: The verse states with regard to the covers for the Tabernacle that they are **"work of an embroiderer"** (Exodus 26:36), and it also states they are **"work of a designer"** (Exodus 26:31). How can both descriptions be reconciled? **Rabbi Elazar said: They embroidered the place where they had designed.** They first marked a design on the material in paint, and then they embroidered it.

תָּנָא מִשְּׁמֵיהּ דְּרַבִּי נְחֶמְיָה: רוֹקֵם - מַעֲשֵׂה מַחַט, לְפִיכָךְ פַּרְצוּף אֶחָד. חוֹשֵׁב - מַעֲשֵׂה אוֹרֵג, לְפִיכָךְ שְׁנֵי פַּרְצוּפוֹת.

A Sage **taught in the name of Rabbi Neḥemya:** "Work of an **embroiderer"** refers to **needlework,** which **therefore** produces only **one face.** The design is made with a needle passing back and forth from both sides of the curtain, and consequently an identical parallel image, or one face, is formed on both sides. "Work of a **designer"** refers to **woven work,** which **therefore** produces **two faces.** Although formed together, the two sides of the material were not identical; for example, sometimes an eagle appeared on one side while a lion was on the other side.[H]

"בְּאֵלּוּ נִשְׁאָלִין בְּאוּרִים וְתוּמִּים". כִּי אֲתָא רַב דִּימִי אָמַר: בְּגָדִים שֶׁכֹּהֵן גָּדוֹל מְשַׁמֵּשׁ בָּהֶן מְשׁוּחַ מִלְחָמָה מְשַׁמֵּשׁ בָּהֶן, שֶׁנֶּאֱמַר: "וּבִגְדֵי הַקֹּדֶשׁ אֲשֶׁר לְאַהֲרֹן יִהְיוּ לְבָנָיו אַחֲרָיו" - לְמִי שֶׁבָּא בִּגְדוּלָּה אַחֲרָיו.

§ It was taught in the mishna: When dressed **in these** eight garments, the High Priest may **be consulted for** the decision of the *Urim VeTummim.* **When Rav Dimi came** from Eretz Yisrael to Babylonia, he **said:** The **garments in which the High Priest serves** are also worn when the **priest anointed for war serves.** This priest is appointed to recite words of encouragement to the nation before it goes out to war (see Deuteronomy 20:2). **As it is stated: "And the sacred garments of Aaron shall be for his sons after him"** (Exodus 29:29), which is taken to refer **to the one who comes after him in greatness,** meaning the priest whose rank is one lower than the High Priest, i.e., the priest anointed for war.

מְתִיב רַב אַדָּא בַּר אַהֲבָה, וְאָמְרִי לַהּ כְּדִי: יָכוֹל יְהֵא בְּנוֹ שֶׁל מְשׁוּחַ מִלְחָמָה מְשַׁמֵּשׁ תַּחְתָּיו, כְּדֶרֶךְ שֶׁבְּנוֹ שֶׁל כֹּהֵן גָּדוֹל מְשַׁמֵּשׁ תַּחְתָּיו

Rav Adda bar Ahava raised an objection, and some say it unattributed: It is taught in a *baraita*: One **might** have thought that **the son of the priest anointed for war serves in his place,** i.e., he inherits the position, **in the same way that the son of a High Priest serves in his place** if he is fit for the job;[H]

HALAKHA

Work of an embroiderer and work of a designer – מַעֲשֵׂה רוֹקֵם וּמַעֲשֵׂה חוֹשֵׁב: Whenever the Torah uses the phrase: "Work of a designer," it indicates that the images are woven and are visible on only one side of the fabric. The phrase: "Work of an embroiderer" means that the images should look the same from either side of the fabric. This is in accordance with the statement of Rabbi Neḥemya (see *Kesef Mishne*; Rambam *Sefer Avoda, Hilkhot Kelei HaMikdash* 8:15).

The succession of the priest anointed for war – יְרֻשַּׁת מְשׁוּחַ מִלְחָמָה: A priest anointed for war does not bequeath his position to his son. The son, however, may be appointed to the position on his own merits (Rambam *Sefer Avoda, Hilkhot Kelei HaMikdash* 4:21).

Perek **VII**
Daf **73** Amud **a**

תַּלְמוּד לוֹמַר: "שִׁבְעַת יָמִים יִלְבָּשָׁם הַכֹּהֵן תַּחְתָּיו מִבָּנָיו אֲשֶׁר יָבֹא אֶל אֹהֶל מוֹעֵד" - מִי שֶׁרָאוּי לָבֹא אֶל אֹהֶל מוֹעֵד. וְאִם אִיתָא, מִיחֲזָא חֲזֵי!

therefore, **the verse states: "Seven days shall he wear them, the one who serves in his stead from among his sons, who comes into the Tent of Meeting** to serve in the Sanctuary" (Exodus 29:30). The verse describes a son serving in the place of his father, indicating that the position is inherited. The conclusion of the verse implies that the rule that a son inherits his father's position applies only to a High Priest **who is fit to enter the Tent of Meeting,** but not to the priest anointed for war. Based on this *baraita*, the following challenge is posed: **And if it is so,** since the priest anointed for war also serves wearing the same garments as the High Priest, **he is also fit** to enter the Tent of Meeting and should bequeath his position to his son.

אָמַר רַב נַחְמָן בַּר יִצְחָק, הָכִי קָאָמַר: כׇּל שֶׁעִיקַּר מְשִׁיחָתוֹ לְאֹהֶל מוֹעֵד, יָצָא זֶה שֶׁעִיקַּר מְשִׁיחָתוֹ לְמִלְחָמָה.

Rav Naḥman bar Yitzḥak said that **this is what** the *baraita* **is saying:** The rule that a son inherits his father's position applies to **anyone for whom the primary purpose of his anointment** is to come and serve in the **Tent of Meeting.** That **excludes this** priest **for whom the primary purpose of his anointment is for war.**

מֵיתִיבִי: מְשׁוּחַ מִלְחָמָה אֵינוֹ מְשַׁמֵּשׁ לֹא בְּאַרְבָּעָה כְּכֹהֵן הֶדְיוֹט, לֹא בִּשְׁמוֹנָה כְּכֹהֵן גָּדוֹל!

The Gemara **raises an objection** to Rav Dimi's claim: It was taught in a *baraita* that **the priest anointed for war serves neither in four** garments, **like a common** priest, **nor in eight** garments, **like a High Priest.**

NOTES

Due to the principle: One elevates in sanctity and one does not downgrade – מִשּׁוּם מַעֲלִין בַּקֹּדֶשׁ וְלֹא מוֹרִידִין: *Tosafot Yeshanim* note that if the priest anointed for war remains in his position, then the reason he may not serve in four garments is that since by Torah law he should be serving in eight garments, it is prohibited for him to serve in fewer. Why does the Gemara suggest a different reason? They explain that the Gemara refers to a case where the priest was forced to step down from his position, e.g., because he became sick or elderly and could no longer go out to the battlefields and consequently another priest was appointed in his place. Since he no longer serves, there is no longer any prohibition for him to wear fewer than eight garments. However, because he retains the personal sanctity of a priest anointed for war, to now only wear four garments would be an infraction of the principle that one should not downgrade in matters of sanctity.

The bull brought for all the mitzvot – פַּר הַבָּא עַל כָּל הַמִּצְוֹת: According to Rashi and other commentators, the bull brought for all the mitzvot is the same as the bull of an anointed priest. The bull sacrificed as a sin-offering for the congregation is not mentioned here because essentially it is an offering of the community, not of the High Priest. As such, in the event that there was no High Priest, a common priest would sacrifice it (see *Tosafot Yeshanim* and Ritva).

אֲמַר לֵיהּ אַבָּיֵי: אֶלָּא זָר מְשַׁוֵּית לֵיהּ? אֶלָּא כְּכֹהֵן גָּדוֹל – מִשּׁוּם אֵיבָה, כְּכֹהֵן הֶדְיוֹט – מִשּׁוּם מַעֲלִין בַּקֹּדֶשׁ וְלֹא מוֹרִידִין.

Abaye said to him: Would **you make him like a non-priest?** If he dresses like neither a High Priest nor a common priest, then effectively he is like a non-priest, but that is certainly not true. **Rather,** the meaning of the *baraita* is that the priest anointed for war does not dress **like a High Priest due to** the **animosity** that could be caused between him and the High Priest if they both wore similar garments. Therefore, although according to Torah law the priest anointed for war should dress like a High Priest, the Sages decreed that he should not, out of concern that animosity might result. And he does not dress **like a common priest, due to** the principle: **One elevates** to a higher level **in** matters of **sanctity and one does not downgrade.**[N] Since the priest anointed for war attained the level of sanctity of a High Priest, he may not now be demoted to serve as an ordinary priest and dress accordingly.

אֲמַר לֵיהּ רַב אַדָּא בַּר אַבָּא לְרָבָא: וְהַאי תַּנָּא דְּלֵית לֵיהּ אֵיבָה, וְלָא קָא מְשַׁמֵּשׁ,

Rav Adda bar Abba said to Rava: But there is **this** ***tanna*** of the following *baraita* **who does not** accept the concern of **animosity** as a reason to prevent one from wearing similar garments, and yet even according to him the priest anointed for war **does not serve** wearing the eight garments. Clearly, there must be a different reason.

דְּתַנְיָא: דְּבָרִים שֶׁבֵּין כֹּהֵן גָּדוֹל לְכֹהֵן הֶדְיוֹט: פַּר כֹּהֵן מָשִׁיחַ, וּפַר הַבָּא עַל כָּל הַמִּצְוֹת, וּפַר יוֹם הַכִּפּוּרִים, וַעֲשִׂירִית הָאֵיפָה.

As it was taught in a *baraita*: **The matters in which** there are differences **between a High Priest and a common** priest are as follows:

The bull of the anointed priest, also called **the bull brought for all the mitzvot,**[N] which is brought for unwittingly deciding and following an erroneous halakhic ruling in a case for which one would be liable to receive the penalty of *karet* had he committed it intentionally;

And the bull of Yom Kippur;

And the tenth of an ephah that the High Priest offers each day. Only the High Priest brings the above offerings.

לֹא פּוֹרֵעַ וְלֹא פּוֹרֵם, אֲבָל פּוֹרֵם הוּא מִלְּמַטָּה, וְהַהֶדְיוֹט מִלְמַעְלָה, וְאֵין מִטַּמֵּא לִקְרוֹבָיו, וּמְצֻוֶּה עַל הַבְּתוּלָה, וּמוּזְהָר עַל הָאַלְמָנָה, וּמַחֲזִיר אֶת הָרוֹצֵחַ,

In addition, when in mourning, a High Priest **does not let** his hair **grow wild, nor does he rend** his clothing in the way other mourners do. **But he does rend** his clothing **from below,** in a place that is not noticeable, while **the common** priest rends **from above** in the normal manner.

And he may **not become ritually impure** in the event of the death of **his close relatives,** but a common priest may.

And he is commanded to marry a **virgin, and he is prohibited from** marrying a **widow,** in contrast to a common priest who is prohibited to marry only a divorcee.

And his death **allows the return of the** accidental **killer** from the city of refuge.

וּמַקְרִיב אוֹנֵן וְאֵינוֹ אוֹכֵל, וְאֵינוֹ חוֹלֵק, וְנוֹטֵל חֵלֶק בָּרֹאשׁ, וּמַקְרִיב חֵלֶק בָּרֹאשׁ, וּמְשַׁמֵּשׁ בִּשְׁמֹנָה כֵּלִים, וּפָטוּר עַל טוּמְאַת מִקְדָּשׁ וְקָדָשָׁיו, וְכָל עֲבוֹדוֹת יוֹם הַכִּפּוּרִים אֵינָן כְּשֵׁירוֹת אֶלָּא בּוֹ.

And he sacrifices offerings even when he is **an acute mourner,** i.e., on the first day of his mourning, **but he may not eat** from the offerings on that day **and he may not take a portion** from them.

And he takes his **portion first** from any offering of his choice.

And he has the **first** right **to sacrifice** any offering he wants.

And he serves wearing **eight garments.**

And he is exempt from bringing an offering for unwittingly causing **ritual impurity to the Temple and its sacred objects.**

And all parts of the **Yom Kippur service are valid only** when performed **by him.**

וְכוּלָּן נוֹהֲגוֹת בִּמְרוּבֶּה בְגָדִים, חוּץ מִפַּר הַבָּא עַל כָּל הַמִּצְוֹת.

And all these *halakhot* unique to the High Priest are not limited to one who was consecrated with anointing oil, but **apply** also to a High Priest **of many garments.** During the Second Temple period, when the oil used for anointing was no longer available for anointing High Priests, the High Priests were consecrated by virtue of wearing the eight garments. This is true **except** with regard to **the bull brought for all the mitzvot,** which is brought only by a High Priest consecrated with anointing oil.

וְכוּלָּן נוֹהֲגוֹת בִּמְשׁוּחַ שֶׁעָבַר חוּץ מִפַּר יוֹם הַכִּפּוּרִים וַעֲשִׂירִית הָאֵיפָה.

And all these *halakhot* **apply to a former High Priest** who had been consecrated to substitute for a High Priest who had become disqualified. If the disqualification of the original High Priest is removed, he may return to his position. Although the substitute no longer serves as a High Priest, he retains the sanctity of a High Priest and the *halakhot* of the High Priest continue to apply to him. This is true **except** with regard to the sacrifice of **the bull on Yom Kippur and** the sacrifice of **the tenth of an ephah** each day.

וְכוּלָּן אֵין נוֹהֲגוֹת בִּמְשׁוּחַ מִלְחָמָה, חוּץ מֵחֲמִשָּׁה דְּבָרִים הָאֲמוּרִין בַּפָּרָשָׁה: לֹא פּוֹרֵעַ, וְלֹא פּוֹרֵם, וְלֹא מִטַּמֵּא לִקְרוֹבָיו, וּמְצוּוֶּה עַל הַבְּתוּלָה, וּמוּזְהָר עַל הָאַלְמָנָה, וּמַחֲזִיר אֶת הָרוֹצֵחַ כְּדִבְרֵי רַבִּי יְהוּדָה, וַחֲכָמִים אוֹמְרִים: אֵינוֹ מַחֲזִיר.

And none of them applies to the priest anointed for war, except for the five items stated explicitly **in the passage** about the High Priest (Leviticus 21:10–15):

When in mourning, he **does not let** his hair **grow wild nor does he rend** his clothing in the way regular mourners do.

And he may **not become ritually impure** in the event of the death of **his close relatives.**

And he is commanded to marry **a virgin, and he is prohibited from** marrying **a widow.**

And his death **allows the return of the** accidental **killer** from the city of refuge, **in accordance with the statement of Rabbi Yehuda** in tractate *Makkot* (11a). **And the Rabbis say:** His death **does not allow the return** of the accidental killer from the city of refuge.

כִּי לֵית לֵיהּ אֵיבָה – בִּדְכְוָותֵיהּ, בִּדְזוּטַר מִינֵּיהּ – אִית לֵיהּ.

The *baraita* teaches that a former High Priest also wears the eight garments of the High Priest. It is therefore apparent that the *tanna* of the *baraita* is not concerned about animosity which could be caused if the High Priest and the former High Priest wear similar garments. Despite this, the *baraita* agrees that the priest anointed for war does not wear the eight garments. This suggests that the reason for this is not out of concern that animosity might result. The Gemara rejects this proof: **When** the High Priest **has no animosity** toward someone else wearing the same garments, it is only **where** that person **is similar to him,** such as a former High Priest who held the same rank. But toward someone **inferior to him** who wears the same garments, such as the priest anointed for war, **he does** feel animosity.[N]

יְתֵיב רַבִּי אַבָּהוּ וְקָאָמַר לָהּ לְהָא שְׁמַעְתָּא מִשְּׁמֵיהּ דְּרַבִּי יוֹחָנָן. אַהַדְרִינְהוּ רַבִּי אַמִי וְרַבִּי אַסִי לְאַפַּיְיהוּ. אִיכָּא דְּאָמְרִי רַבִּי חִיָּיא בַּר אַבָּא אֲמָרָהּ וְאַהַדְרִינְהוּ רַבִּי אַמִי וְרַבִּי אַסִי לְאַפַּיְיהוּ.

The Gemara relates: **Rabbi Abbahu was sitting** before the Sages **and saying this** ***halakha*** of Rav Dimi, that the priest anointed for war serves in the same garments as the High Priest, **in the name of Rabbi Yoḥanan. Rabbi Ami and Rabbi Asi turned their faces** away[N] to show that they disagreed. **Some say** it was not Rabbi Abbahu but **Rabbi Ḥiyya bar Abba** who **said it, and** it was away from him that **Rabbi Ami and Rabbi Asi turned their faces.**

מַתְקִיף לָהּ רַב פַּפָּא: בִּשְׁלָמָא רַבִּי אַבָּהוּ – מִשּׁוּם יְקָרָא דְּבֵי קֵיסָר, אֶלָּא לְרַבִּי חִיָּיא בַּר אַבָּא נֵימְרוּ לֵיהּ מֵימַר: לֹא אָמַר רַבִּי יוֹחָנָן הָכִי!

Rav Pappa strongly objects to the alternative account: **Granted,** if you say that **Rabbi Abbahu** reported the *halakha*, it is understandable that Rabbi Ami and Rabbi Asi did not state outright that they disagreed with him **due to the honor of the house of** the **caesar,**[N] as Rabbi Abbahu was close to the government (see *Ḥagiga* 14a). **But** if the alternative account were true, then **they should have said outright to Rabbi Ḥiyya bar Abba** that they held that **Rabbi Yoḥanan did not say this,** since there would have been no reason not to have done so. Therefore, Rav Pappa claimed this account must be incorrect.

כִּי אֲתָא רָבִין אֲמַר: נִשְׁאָל אִיתְּמַר. תַּנְיָא נַמִי הָכִי: בְּגָדִים שֶׁכֹּהֵן גָּדוֹל מְשַׁמֵּשׁ בָּהֶן – מְשׁוּחַ מִלְחָמָה נִשְׁאָל בָּהֶן.

The Gemara cites an opinion that conflicts with that of Rav Dimi: **When Ravin came** from Eretz Yisrael to Babylonia he **said:** The teaching that the priest anointed for war wears the eight garments of the High Priest **was stated** only with regard to **being consulted** for the decision of the *Urim VeTummim*. To be consulted he must wear all eight garments; however, he never serves in them. **That was also taught** in a *baraita*: **The garments in which the High Priest serves** are also worn when the **priest anointed for war is consulted** for the decision of the *Urim VeTummim*.[H]

NOTES

Toward someone inferior to him he does feel animosity – בִּדְזוּטַר מִינֵּיהּ אִית לֵיהּ: This observation is noted in several places in the Gemara. One feels animosity only toward someone who is less deserving and who nevertheless receives equal or preferable status.

Turned their faces away – אַהַדְרִינְהוּ...לְאַפַּיְיהוּ: The Sages would all sit facing the Sage who was currently expounding the *halakha*. When they wished to respond or show they disagreed, they would turn their faces toward the students who sat behind them.

The honor of the house of the caesar – יְקָרָא דְּבֵי קֵיסָר: Great respect was shown to the ruling government, even a non-Jewish one. For that reason, anyone who was close to the authorities was also treated with honor.

HALAKHA

The garments of the priest anointed for war – בִּגְדֵי מְשׁוּחַ מִלְחָמָה: When the priest anointed for war serves in the Temple, he serves in the four garments of a common priest. This is in accordance with the opinion of Ravin (Rambam *Sefer Avoda, Hilkhot Kelei HaMikdash* 4:21).

תָּנוּ רַבָּנַן: כֵּיצַד שׁוֹאֲלִין? הַשּׁוֹאֵל פָּנָיו כְּלַפֵּי נִשְׁאָל, וְהַנִּשְׁאָל פָּנָיו כְּלַפֵּי שְׁכִינָה.

§ **The Sages taught: How does one consult** the *Urim VeTummim*?[H] **The one asking** stands with **his face toward the one who is asked,** i.e., the High Priest or the priest anointed for war. **And the one who is asked,** the High Priest, turns **his face toward the Divine Presence,**[N] i.e., the *Urim VeTummim*, in which the explicit name of God is found, by tilting his head downward toward it.

הַשּׁוֹאֵל אוֹמֵר: "אֶרְדּוֹף אַחֲרֵי הַגְּדוּד הַזֶּה" וְהַנִּשְׁאָל אוֹמֵר: כֹּה אָמַר ה׳ עֲלֵה וְהַצְלַח. רַבִּי יְהוּדָה אוֹמֵר: אֵין צָרִיךְ לוֹמַר "כֹּה אָמַר ה׳" אֶלָּא "עֲלֵה וְהַצְלַח",

The one who asks says his question, e.g.: **"Shall I pursue after this troop?"** (I Samuel 30:8). **And the one who is asked** answers him according to the response he receives and **says,** for example: **Thus says God: Go up and succeed. Rabbi Yehuda says: He need not say** the words: **Thus says God; rather,** it is sufficient to relay the content of the response and say: **Go up and succeed,** since he is obviously only repeating what he was told.

אֵין שׁוֹאֲלִין בְּקוֹל – שֶׁנֶּאֱמַר: "וְשָׁאַל לוֹ", לֹא מְהַרְהֵר בְּלִבּוֹ שֶׁנֶּאֱמַר: "וְשָׁאַל לוֹ לִפְנֵי ה׳". אֶלָּא כְּדֶרֶךְ שֶׁאָמְרָה חַנָּה בִּתְפִלָּתָהּ, שֶׁנֶּאֱמַר: "וְחַנָּה הִיא מְדַבֶּרֶת עַל לִבָּהּ".

One does not ask in a loud **voice, as it is stated:** "And he shall stand before Elazar the priest, **who shall inquire for him**[N] by the judgment of the *Urim*" (Numbers 27:21), which implies that the inquiry is to be audible only to the person asking. **And he should not think** his question **in his heart** but should enunciate it, **as it is stated: "And…who shall inquire for him** by the judgment of the *Urim* **before God"** (Numbers 27:21),[N] and immediately afterward it states: "By his mouth" (Numbers 27:21). **Rather,** how shall he inquire? He should do so **akin to the way that Hannah spoke in her prayer, as it is stated: "Now Hannah spoke in her heart;** only her lips moved, but her voice could not be heard" (I Samuel 1:13), which indicates she did enunciate the words but spoke so quietly that no one else could hear.

אֵין שׁוֹאֲלִין שְׁנֵי דְּבָרִים כְּאֶחָד, וְאִם שָׁאַל – אֵין מַחֲזִירִין אֶלָּא אֶחָד, וְאֵין מַחֲזִירִין לוֹ אֶלָּא רִאשׁוֹן, שֶׁנֶּאֱמַר: "הֲיַסְגִּירוּנִי בַעֲלֵי קְעִילָה בְיָדוֹ הֲיֵרֵד שָׁאוּל וגו׳ וַיֹּאמֶר ה׳ יֵרֵד". וְהָא אָמְרַתְּ אֵין מַחֲזִירִין אֶלָּא רִאשׁוֹן! דָּוִד שָׁאַל

One does not ask about **two matters simultaneously;** rather, one asks one question, and after he is answered he asks a second question. **And** even **if he asks** about two matters simultaneously, **he is answered only** with regard to **one** of them, **and he is answered only** with regard to **the first** question. **As it is stated** with regard to King David that he asked two questions simultaneously: **"Will the men of Keilah deliver me into his hand? Will Saul come down?"** (I Samuel 23:11). And he was answered with regard to only one: **"And God said: He will come down."** (I Samuel 23:11). The Gemara asks: **But didn't you say** that if one asks two questions, he is **answered only** with regard to the **first** question? Yet the verse states that David received an answer for his second question, not the first. The Gemara answers: **David asked** the questions

HALAKHA

How does one consult the *Urim VeTummim* – כֵּיצַד שׁוֹאֲלִים בְּאוּרִים וְתוּמִּים: The priest stands facing the Ark, and the person who is asking stands behind the priest, facing him. The person who is asking states what he wishes to ask; he does not ask in a loud voice nor does he merely think the question in his head. Rather, he uses a soft voice, like one who prays alone. The Divine Spirit moves the priest, and he looks at the breastplate and sees a prophecy in the letters raised on it. The priest answers: Do this, or: Do not do that. One may not ask two questions together; however if one does, he is answered with regard to the first question alone (Rambam *Sefer Avoda, Hilkhot Kelei HaMikdash* 10:11).

NOTES

Toward the Divine Presence – כְּלַפֵּי שְׁכִינָה: Rashi understands the Divine Presence as a reference to the *Urim VeTummim*. However, the Rambam understands it as a reference to the Ark (see Halakha note).

And he shall inquire for him – וְשָׁאַל לוֹ: The phrase "for him" is apparently superfluous here. It comes to emphasize that no one else should hear his question.

And he shall inquire for him before God – וְשָׁאַל לוֹ לִפְנֵי ה׳: If the verse had stated that the question is put to God, one might have concluded that thought alone is indeed sufficient, as God knows one's thoughts. However, the phrase "before God" indicates that he must turn to God only while his words are still audible (Maharsha).

Perek **VII**
Daf **73** Amud **b**

שֶׁלֹּא כְּסֵדֶר, וְהֶחֱזִירוּ לוֹ כְּסֵדֶר. וְכֵיוָן שֶׁיָּדַע שֶׁשָּׁאַל שֶׁלֹּא כְּסֵדֶר – חָזַר וְשָׁאַל כְּסֵדֶר, שֶׁנֶּאֱמַר: "הֲיַסְגִּירוּ בַּעֲלֵי קְעִילָה אוֹתִי וְאֶת אֲנָשַׁי בְּיַד שָׁאוּל וַיֹּאמֶר ה׳ יַסְגִּירוּ".

out of order and he was answered in order.[N] He should have asked first whether Saul would come down, and afterward what the people of Keilah would do. **And once he realized that he had asked out of order he went back and asked in order, as it is stated** immediately afterward: **"Will the men of Keilah deliver me and my men into the hand of Saul? And God said: They will deliver you"** (I Samuel 23:12).

וְאִם הוּצְרַךְ הַדָּבָר לִשְׁנַיִם – מַחֲזִירִין לוֹ שְׁנַיִם, שֶׁנֶּאֱמַר: "וַיִּשְׁאַל דָּוִד בַּה׳ לֵאמֹר הַאֶרְדּוֹף אַחֲרֵי הַגְּדוּד הַזֶּה הַאַשִּׂיגֶנּוּ" "וַיֹּאמֶר (ה׳) לוֹ רְדוֹף כִּי הַשֵּׂג תַּשִּׂיג וְהַצֵּל תַּצִּיל",

But if the matter is urgent and **requires** asking **two** questions simultaneously, there being no time to follow the standard protocol, one may ask both questions simultaneously and **he is answered** with regard to the **two** questions together, **as it is stated: "And David asked of God, saying: Shall I pursue after this troop? Will I overtake them? And He answered him: Pursue, for you will surely overtake them, and will surely rescue"** (I Samuel 30:8).

NOTES

He was answered in order – הֶחֱזִירוּ לוֹ כְּסֵדֶר: The statement that one is answered with regard to the first question first means that one is first answered with regard to the logically first question, even if he asked it second (Ritva). In the Jerusalem Talmud a different explanation is cited, based on this verse: If one asks two questions he is answered only, if at all, with regard to the second question.

וְאַף עַל פִּי שֶׁגְּזֵירַת נָבִיא חוֹזֶרֶת, גְּזֵירַת אוּרִים וְתוּמִּים – אֵינָהּ חוֹזֶרֶת, שֶׁנֶּאֱמַר: ״בְּמִשְׁפַּט הָאוּרִים״.

The Gemara notes the reliability of the *Urim VeTummim*: **Even though a decree of a prophet can be retracted,** as sometimes a dire prophecy is stated as a warning and does not come true, a **decree of the *Urim VeTummim* cannot be retracted.**[N] **As it is stated: "By the judgment of the *Urim*"** (Numbers 27:21). The use of the term judgment suggests that the decree is as final as a judicial decision.

לָמָּה נִקְרָא שְׁמָן אוּרִים וְתוּמִּים? אוּרִים – שֶׁמְּאִירִין אֶת דִּבְרֵיהֶן, תּוּמִּים – שֶׁמַּשְׁלִימִין אֶת דִּבְרֵיהֶן.

Why is it called *Urim VeTummim*? *Urim*, which is based on the word *or*, light, is so called because **it illuminates** and explains **its words. *Tummim*,** which is based on the word *tam*, completed, is because **it fulfills its words,** which always come true.

וְאִם תֹּאמַר: בְּגִבְעַת בִּנְיָמִין מִפְּנֵי מָה לֹא הִשְׁלִימוּ?

And if you say: In the battles following the incidents in **Gibeah of Benjamin** (Judges 19–20), **why did** the *Urim VeTummim* **not fulfill** its words? The Jewish People consulted the *Urim VeTummim* three times with regard to their decision to attack the tribe of Benjamin, and each time they were instructed to go to battle. However, the first two times they were defeated and only on the third attempt were they successful. Is this not proof that the *Urim VeTummim* does not always fulfill its words?

הֵם שֶׁלֹּא בִּיחֲנוּ אִם לְנַצֵּחַ אִם לְהִנָּצֵחַ וּבָאַחֲרוֹנָה שֶׁבִּיחֲנוּ – הִסְכִּימוּ, שֶׁנֶּאֱמַר: ״וּפִינְחָס בֶּן אֶלְעָזָר בֶּן אַהֲרֹן עוֹמֵד לְפָנָיו בַּיָּמִים הָהֵם לֵאמֹר הַאוֹסִיף עוֹד לָצֵאת לַמִּלְחָמָה עִם בְּנֵי בִנְיָמִן אָחִי אִם אֶחְדָּל וַיֹּאמֶר ה׳ עֲלוּ כִּי מָחָר אֶתְּנֶנּוּ בְיָדֶךָ״.

The Gemara answers: The first two times **they did not check** with the *Urim VeTummim* **whether they would be victorious or be defeated** but only inquired how and whether they should go to battle. Had they asked, they indeed would have been told that they would not succeed. **But on the last time, when they did check** and inquire whether they would be successful, the *Urim VeTummim* **agreed** with them that they should go to battle and that they would succeed, **as it is stated: "And Pinehas, the son of Elazar, the son of Aaron, stood before it in those days, saying: Shall I yet again go out to battle against the children of Benjamin my brother, or shall I cease? And God said: Go up, for tomorrow I will deliver him into your hand"** (Judges 20:28).

כֵּיצַד נַעֲשֵׂית? רַבִּי יוֹחָנָן אוֹמֵר: בּוֹלְטוֹת, רֵישׁ לָקִישׁ אוֹמֵר: מִצְטָרְפוֹת.

How is it done?[N] How does the *Urim VeTummim* provide an answer? The names of the twelve tribes were engraved upon the stones of the breastplate. These letters allowed for the answer to be received. **Rabbi Yoḥanan says:** The letters of the answer **protrude,** and the priest then combines those letters to form words in order to ascertain the message. **Reish Lakish says:** The letters rearrange themselves and **join**[N] together to form words.

וְהָא לָא כְּתִיב בְּהוּ צד״י! אָמַר רַב שְׁמוּאֵל בַּר יִצְחָק: אַבְרָהָם יִצְחָק וְיַעֲקֹב כְּתִיב שָׁם. וְהָא לָא כְּתִיב טי״ת! אָמַר רַב אַחָא בַּר יַעֲקֹב: ״שִׁבְטֵי יְשׁוּרוּן״ כְּתִיב שָׁם.

The Gemara asks: How was it possible to receive an answer to every question? **But** the letter ***tzadi* is not written**[N] within the names of the twelve tribes engraved on the breastplate's stones. **Rav Shmuel bar Yitzḥak said:** The names **Abraham, Isaac, and Jacob were** also **written there.** The name *Yitzḥak*, Isaac, contains the letter *tzadi*. The Gemara asks again: **But surely** the letter ***tet* was not written** on the breastplate, since it is not found in the names of the Patriarchs nor in the names of the twelve tribes. **Rav Aḥa bar Ya'akov said: *Shivtei Yeshurun*,** the tribes of Jeshurun, **was** also **written there.** The word *shivtei*, tribes, contains the letter *tet*. In this way the entire alphabet was represented.[H]

NOTES

A decree of the *Urim VeTummim* cannot be retracted – גְּזֵירַת אוּרִים וְתוּמִּים אֵינָהּ חוֹזֶרֶת: The words of a prophet are stated before the fact and not necessarily in a moment of emergency. As one has the opportunity to consider and repent, the statements of prophets sometimes serve as warnings. In the case of the *Urim VeTummim*, on the other hand, there is no chance to affect the outcome, and therefore the answer given is precisely what will happen (*Me'iri*).

How is it done – כֵּיצַד נַעֲשֵׂית: The Ritva explains (see also the commentary of the Ramban to Exodus 28:30) that the *Urim VeTummim* was pieces of parchment on which God's sacred names were written. These were inserted into the folds of the breastplate, and they would cause the letters to light up. In the Jerusalem Talmud, an opinion is cited that the priest would hear the answer out loud.

Protrude…join – בּוֹלְטוֹת...מִצְטָרְפוֹת: Rashi assumes that Rabbi Yoḥanan and Reish Lakish debate whether the letters remained in place and the priest had to decipher the message, or whether the letters would themselves form the answer. However, the Ritva assumes they do not disagree. Rather, first the letters would protrude, and then afterward they would rearrange themselves to form the words of the answer.

But *tzadi* is not written – וְהָא לָא כְּתִיב בְּהוּ צד״י: Later commentaries ask why the Gemara does not ask about earlier letters in the alphabet, such as *ḥet*; this question is also raised in the Jerusalem Talmud. Apparently, the Gemara's question is based on the message cited above from the book of Samuel, which included the letter *tzadi*. The Gemara's answer explains where the letters *ḥet* and *kuf* came from; therefore, the Gemara proceeds to ask only about the letter *tet*.

HALAKHA

What was written on the breastplate – מַה כָּתוּב בַּחוֹשֶׁן: The names of the twelve tribes are written on the breastplate, along with the names Abraham, Isaac, and Jacob written above the name Reuben, and *Shivtei Yah*, the tribes of God, written below the name Benjamin, so that all the letters of the alphabet are represented (Rambam *Sefer Avoda, Hilkhot Kelei HaMikdash* 9:7). The *Kesef Mishne* questions the source of Rambam's phrase *Shivtei Yah*, since the Gemara here has *Shivtei Yeshurun* and the Jerusalem Talmud has *Shivtei Yisrael*, the tribes of Israel. The *Kesef Mishne* writes that perhaps the Rambam thought that it made no difference what the second word was, since the phrase was necessary only for the *tet* in the word *Shivtei*. Therefore, he chose a term that appears in the Bible (see Psalms 122:4).

NOTES

Any priest who does not speak with Divine Spirit – **כָּל כֹּהֵן שֶׁאֵינוֹ מְדַבֵּר בְּרוּחַ הַקֹּדֶשׁ**: See II Samuel 15, which recounts that upon his flight from Absalom, David wished to consult with the *Urim VeTummim*. He first asked Ebiathar to consult it, but he was not answered. David therefore removed him from the High Priesthood. Zadok was then installed in his place, and when he consulted the *Urim VeTummim* he was answered. The verse: "Zadok the priest who saw" (II Samuel 15:27), alludes to Zadok's divine inspiration (see Rashi).

מֵיתִיבִי: כָּל כֹּהֵן שֶׁאֵינוֹ מְדַבֵּר בְּרוּחַ הַקּוֹדֶשׁ וּשְׁכִינָה שׁוֹרָה עָלָיו – אֵין שׁוֹאֲלִין בּוֹ, שֶׁהֲרֵי שָׁאַל צָדוֹק וְעָלְתָה לוֹ, אֶבְיָתָר וְלֹא עָלְתָה לוֹ, שֶׁנֶּאֱמַר: "וַיַּעַל אֶבְיָתָר עַד תֹּם כָּל הָעָם" וגו׳.

The Gemara **raises an objection** from a *baraita*: **Any priest who does not speak with Divine Spirit**[N] **and upon whom the Divine Presence does not rest is not consulted** to inquire of the *Urim VeTummim*. **As Zadok inquired** of the *Urim VeTummim* **and it was effective for him,** and he received an answer; but **Ebiathar** inquired **and it was not effective for him,** and he did not receive an answer. **As it is stated: "But Ebiathar went up until all the people had finished"** (II Samuel 15:24), which is taken to mean that he was removed from the High Priesthood since the Divine Spirit had departed from him.

סִיּוּעֵי הֲוָה מְסַיֵּיעַ בַּהֲדַיְיהוּ.

The Gemara asks: If it is true that the letters of the breastplate protrude or even join together to form the answer, why does the High Priest need the Divine Spirit and Divine Presence to be with him? And if he has the Divine Spirit and Divine Presence with him, why does he need the *Urim VeTummim*? The Gemara answers: The Divine Spirit **assisted the** *Urim VeTummim*. In other words, the letters formed the answer only if the High Priest himself was worthy, but his divine inspiration was not great enough to provide an answer without them.

"וְאֵין שׁוֹאֲלִין אֶלָּא לְמֶלֶךְ". מְנָא הָנֵי מִילֵּי? אָמַר רַבִּי אַבָּהוּ: דְּאָמַר קְרָא: "וְלִפְנֵי אֶלְעָזָר הַכֹּהֵן יַעֲמֹד וְשָׁאַל לוֹ בְּמִשְׁפַּט הָאוּרִים" וגו׳ הוּא – זֶה מֶלֶךְ, "וְכָל [בְּנֵי] יִשְׂרָאֵל אִתּוֹ" – זֶה מְשׁוּחַ מִלְחָמָה, "וְכָל הָעֵדָה" – זוֹ סַנְהֶדְרִין.

§ It was taught in the mishna: **And** the High Priest **may be consulted** for the decision of the *Urim VeTummim* **only on behalf of the king,** or on behalf of the president of the court, or on behalf of one whom the community needs. **From where are these matters** derived? **Rabbi Abbahu said** that **the verse states: "And he shall stand before Elazar the priest, who shall inquire for him by the judgment of the** ***Urim*** before God; by his mouth they shall go out, and by his mouth they shall come in, both he and all the children of Israel with him, even all the congregation" (Numbers 27:21). Each phrase describes a different circumstance in which the *Urim VeTummim* may be consulted: **"He"; this is** a reference **to a king,** as "he" refers to Joshua, who had the status of a king. **"All the children of Israel with him"; this is** a reference to **the priest anointed for war,** as all of the Jewish people follow him to war according to his instruction. **"Even all the congregation"; this is** a reference to **the Sanhedrin,** who are the heads of the Jewish people.

הדרן עלך בא לו כהן גדול

Summary of **Perek VII**

The chapter discussed the High Priest's public reading of the Torah. Since he reads from different places within the Torah, he must furl the Torah during the reading. The Gemara expands on this issue and discusses in what circumstances one may or may not skip over sections during the public reading of the Torah and the Prophets.

The chapter also focused on issues concerning the priestly vestments. The Gemara discusses whether the priests may derive benefit from them. It concludes that while in the Temple they may wear them and use them even when they are not engaged in the Temple service, they are not permitted to do so outside the Temple confines.

The precise order of the day is not fully explained either by the Torah or even by the Mishna. The Gemara draws on various sources to clarify the day's schedule. According to the Gemara's conclusion, following the daily morning offering, the bull and seven lambs of the additional offering of Yom Kippur are sacrificed. Then the High Priest begins the special Yom Kippur service which he performs in the white garments. He then changes back into the golden garments and completes the sacrifice of the remaining offerings of the day. Then, in the white garments, he reenters the Holy of Holies to retrieve the items he had left there earlier. He then leaves, and in the golden garments completes the day with the sacrifice of the daily afternoon offering. Upon the safe and full completion of the day's service, the High Priest returns to his home, accompanied by the people. He makes a party and rejoices with his friends to celebrate the successful completion of his mission.

Continuing its focus on the priestly vestments, the chapter discussed their creation: What materials are used, how the threads are spun, and many other pertinent *halakhot*. In addition, the Gemara considers some of the *halakhot* of the *Urim VeTummim* and how it is to be consulted. This includes the question of who may wear it in order for it to be consulted.

Introduction to **Perek VIII**

There are essentially two mitzvot of Yom Kippur that are relevant to all of the Jewish people: Refraining from forbidden labor and afflicting oneself. The concept of refraining from forbidden labor is well known from the laws of Shabbat and the Festivals. The verses in the Torah teach that those labors that are forbidden on Shabbat are the same ones that are forbidden on Yom Kippur. These can be defined as planned, thoughtful, creative work.

However, the mitzva to afflict oneself is unique to Yom Kippur. This chapter focuses primarily on the mitzva to afflict oneself: What is the definition of affliction? Is the required affliction passive or active? Who is included in the mitzva to afflict oneself? Is there an obligation for parents to educate their children in this mitzva? What about ill and weak people whose lives might be endangered by the mitzva of afflicting oneself? Are they obligated to fast under all conditions and situations? Perhaps there are exceptions because of the danger to their lives and well-being. Indeed, this question may be asked about all the mitzvot in the Torah. However, with respect to the mitzva of afflicting oneself, it is not merely a peripheral question but fundamental to the nature of the day. Therefore, this chapter is the place for clarification of the details of the mitzva and the laws of saving lives.

Another aspect of Yom Kippur is atonement from sin. This chapter investigates the parameters of that atonement: Is it always effective, unlimited, and unconditional? Or perhaps the atonement of Yom Kippur depends on one's actions or situation.

This chapter deals primarily with these issues and related topics.

מתני׳ יוֹם הַכִּפּוּרִים אָסוּר בַּאֲכִילָה, וּבִשְׁתִיָּה, וּבִרְחִיצָה, וּבְסִיכָה, וּבִנְעִילַת הַסַּנְדָּל, וּבְתַשְׁמִישׁ הַמִּטָּה. וְהַמֶּלֶךְ וְהַכַּלָּה יִרְחֲצוּ אֶת פְּנֵיהֶם, וְהֶחָיָה תִּנְעוֹל אֶת הַסַּנְדָּל, דִּבְרֵי רַבִּי אֱלִיעֶזֶר, וַחֲכָמִים אוֹסְרִין.

MISHNA On **Yom Kippur,** the day on which there is a mitzva by Torah law to afflict oneself,[NH] it is **prohibited** to engage **in eating and in drinking, and in bathing,**[N] **and in smearing** oil on one's body, **and in wearing shoes,**[N] **and in conjugal relations.** However, **the king,** in deference to his eminence, and a new **bride** within thirty days of her marriage, who wishes to look especially attractive at the beginning of her relationship with her husband, may **wash their faces**[H] on Yom Kippur. **A woman after childbirth,** who is suffering, may **wear shoes** because going barefoot causes her pain. This is **the statement of Rabbi Eliezer. The Rabbis prohibit** these activities for a king, a new bride, and a woman after childbirth.

הָאוֹכֵל כְּכוֹתֶבֶת הַגַּסָּה, כָּמוֹהָ וּכְגַרְעִינָתָהּ, וְהַשּׁוֹתֶה מְלֹא לוּגְמָיו – חַיָּיב. כׇּל הָאוֹכָלִים מִצְטָרְפִין לְכַכּוֹתֶבֶת, וְכׇל הַמַּשְׁקִין מִצְטָרְפִין לִמְלֹא לוּגְמָיו. הָאוֹכֵל וְשׁוֹתֶה אֵין מִצְטָרְפִין.

The mishna elaborates: **One who eats a large date-bulk** of food, equivalent to a date **and its pit,**[H] **or who drinks a cheekful** of liquid on Yom Kippur is **liable**[H] to receive the punishment of *karet* for failing to fulfill the mitzva to afflict oneself on Yom Kippur. **All foods** that one eats **join** together to constitute **a date-bulk; and all liquids** that one drinks **join** together to constitute **a cheekful.** However, if **one eats and drinks,** the food and beverage **do not join** together[N] to constitute a measure that determines liability, as each is measured separately.

גמ׳ אָסוּר?! עָנוּשׁ כָּרֵת הוּא! אָמַר רַבִּי אִילָא, וְאִיתֵּימָא רַבִּי יִרְמְיָה: לֹא נִצְרְכָה אֶלָּא לַחֲצִי שִׁיעוּר.

GEMARA The Gemara expresses surprise at the mishna's terminology, which states that it is prohibited to eat and drink on Yom Kippur. Why does the mishna use the word **prohibited,** which indicates that these activities are only sinful? **It is,** after all, **punishable by *karet*** if he eats, and the mishna should have used the more accurate word liable. **Rabbi Ila said, and some say** that **Rabbi Yirmeya said:** This term is **needed only for a half-measure,**[H] meaning that if one eats less than the amount that incurs the punishment of *karet*, he still violates a prohibition.

הָנִיחָא לְמַאן דְּאָמַר חֲצִי שִׁיעוּר אָסוּר מִן הַתּוֹרָה, אֶלָּא לְמַאן דְּאָמַר חֲצִי שִׁיעוּר מוּתָּר מִן הַתּוֹרָה, מַאי אִיכָּא לְמֵימַר? דְּאִיתְּמַר, חֲצִי שִׁיעוּר,

The Gemara asks: This explanation **works out well according to the one who said** that **a half-measure is prohibited by Torah** law even though it does not incur a punishment. **But according to the one who says** that **a half-measure is permitted by Torah** law, and that it is the Sages who prohibit eating less than a full measure, **what is** there **to say** about the terminology, **as it was stated** that *amora'im* debated the nature of **a half-measure** of a forbidden substance?

NOTES

Five methods of affliction – חֲמִשָּׁה עִינּוּיִים: There are five methods of affliction required on Yom Kippur. Eating and drinking count as one. The medieval commentaries disagree on whether all are mandated by Torah law (Rambam), or if only eating and drinking are Torah prohibitions and the rest are rabbinic (*Tosefot Yom Tov*; Rosh; see Rabbeinu Nissim).

Bathing – רְחִיצָה: Because bathing is usually done with water, a separate prohibition against smearing with oil had to be specified. Some authorities distinguish between bathing, which is prohibited for any purpose, and smearing oil on oneself, which is prohibited only for pleasure (see Rav Shmuel Strashun).

Wearing shoes [*ne'ilat hasandal*] – נְעִילַת הַסַּנְדָּל: Although the use of footwear was not yet universal during the time of the Mishna, it was more common in urban areas and sandals were the common form of footwear. By the time of the Gemara, shoes became commonplace and it was considered unusual to walk around barefoot. The Hebrew word *sandal* does not refer only to open footwear; wearing any kind of leather shoe is prohibited.

Ancient sandal found at Masada

If one eats and drinks, the food and beverage do not join together – הָאוֹכֵל וְהַשּׁוֹתֶה אֵין מִצְטָרְפִים: Commentaries ask why the mishna does not simply say that food and beverages do not combine (see *Tosefet Yom HaKippurim*). Some suggest that even according to the opinion that food and drinks do combine with regard to other *halakhot*, the issue is one's frame of mind with regard to Yom Kippur. For this reason, the question is presented from his perspective (see *Siaḥ Yitzḥak* and *Tosefet Yom HaKippurim*).

HALAKHA

Prohibitions for the sake of affliction on Yom Kippur – אִיסּוּרִים מִשּׁוּם עִינּוּי בְּיוֹם הַכִּפּוּרִים: On Yom Kippur, it is prohibited to eat or drink, bathe or smear oneself with oil, wear leather shoes, or engage in conjugal relations. One is liable to receive *karet* only for eating or drinking (*Shulḥan Arukh, Oraḥ Ḥayyim* 611:1).

The king and a bride may wash their faces – הַמֶּלֶךְ וְהַכַּלָּה יִרְחֲצוּ אֶת פְּנֵיהֶם: The king may wash his face on Yom Kippur, in deference to his status, to allow people to see his beauty. The *halakha* is in accordance with the opinion of Rabbi Eliezer, as the Gemara rules according to his opinion (*Hagahot Maimoniyot*; Rambam *Sefer Zemanim, Hilkhot Shevitat Asor* 3:1). A bride is allowed to wash her face if Yom Kippur is within thirty days after her wedding. This leniency is not observed in modern times, as the entire community spends the day in the synagogue, where the husband does not see his bride (*Mishna Berura*; *Shulḥan Arukh, Oraḥ Ḥayyim* 613:10).

The measure of food that determines liability for eating on Yom Kippur – שִׁיעוּר אֲכִילָה בְּיוֹם הַכִּפּוּרִים: One who eats on Yom Kippur an amount of food equal to the volume of a large date, which is slightly smaller than an egg-bulk, is liable. All types of food are combined to reach this measure, as stated in the mishna (*Shulḥan Arukh, Oraḥ Ḥayyim* 612:1).

The measure of liquid that determines liability for drinking on Yom Kippur – שִׁיעוּר שְׁתִיָּה בְּיוֹם הַכִּפּוּרִים: One who drinks a cheekful of beverage on Yom Kippur is liable. All types of drink can be combined to reach this measure (*Shulḥan Arukh, Oraḥ Ḥayyim* 612:9).

Half-measure – חֲצִי שִׁיעוּר: If one ate or drank less than a full measure on Yom Kippur he is not liable to receive *karet*, although such an act is prohibited by Torah law. One who eats or drinks a half-measure receives lashes by rabbinic decree. This ruling follows Rabbi Yoḥanan, in his dispute with Reish Lakish (Rambam *Sefer Zemanim, Hilkhot Shevitat Asor* 2:3).

NOTES

Tereifa – טְרֵיפָה: Generally speaking, a *tereifa* is an animal that is suffering from a condition that will cause it to die within twelve months. It is prohibited by the Torah to eat an animal that has been injured or is stricken with a disease of this nature, although the actual source for this prohibition is a matter of dispute. Some authorities cite Exodus 22:30: "You shall not eat any flesh that is torn of beasts in the field," while others suggest Deuteronomy 14:21: "You shall not eat of any thing that died of itself." According to the *Minḥat Ḥinukh* and others, both verses together serve as the source for the prohibition.

HALAKHA

He was already sworn and obligated at Mount Sinai – מוּשְׁבָּע וְעוֹמֵד מֵהַר סִינַי הוּא: One who swears not to eat and then eats foods prohibited by the Torah is exempt from the punishment incurred for breaking an oath. If one swears not to eat any amount of food from a *neveila* or a *tereifa* and eats less than an olive-bulk, he is liable with regard to his oath because the oath that took effect at Mount Sinai did not apply to less than an olive-bulk (Rambam *Sefer Hafla'a, Hilkhot Shevuot* 5:7, and in the comments of the *Kesef Mishne* and *Leḥem Mishne*).

רַבִּי יוֹחָנָן אָמַר: אָסוּר מִן הַתּוֹרָה, רֵישׁ לָקִישׁ אָמַר: מוּתָּר מִן הַתּוֹרָה. הָנִיחָא לְרַבִּי יוֹחָנָן, אֶלָּא לְרֵישׁ לָקִישׁ מַאי אִיכָּא לְמֵימַר? מוֹדֶה רֵישׁ לָקִישׁ שֶׁאָסוּר מִדְּרַבָּנַן.

Rabbi Yoḥanan said: It is **prohibited by Torah** law, and the Torah prohibits even a minute amount of forbidden substance. **Reish Lakish said:** It is **permitted by Torah** law. **This** explanation works out **well** according **to** the opinion of **Rabbi Yoḥanan. However,** according to the opinion of **Reish Lakish, what can be said?** The Gemara answers: **Reish Lakish concedes that** a half-measure is **prohibited** by **rabbinic** law. If so, Reish Lakish, too, will say that eating or drinking a half-measure is prohibited on Yom Kippur, by rabbinic law.

אִי הָכִי לָא נִיחַיַּיב עֲלֵיהּ קָרְבַּן שְׁבוּעָה, אַלְמָּא תְּנַן: שְׁבוּעָה שֶׁלֹּא אוֹכַל, וְאָכַל נְבֵילוֹת וּטְרֵיפוֹת שְׁקָצִים וּרְמָשִׂים – חַיָּיב, וְרַבִּי שִׁמְעוֹן פּוֹטֵר.

The Gemara asks: **If so,** if according to Reish Lakish there is a rabbinic prohibition to eat a half-measure, **one should not be liable to bring an offering** for breaking **an oath** to eat a half-measure of forbidden foods. **Why,** then, did we **learn** in a mishna otherwise: He who swore the following oath, **an oath that I will not eat, and** then **ate** unslaughtered **animal carcasses,** ***tereifot*,**[N] **reptiles, or creeping animals,** he is **liable** to bring an offering for violating his oath. **Rabbi Shimon exempts** him.

וְהָוֵינַן בָּהּ: אַמַּאי חַיָּיב? מוּשְׁבָּע וְעוֹמֵד מֵהַר סִינַי הוּא! רַב וּשְׁמוּאֵל וְרַבִּי יוֹחָנָן דְּאָמְרִי: בְּכוֹלֵל דְּבָרִים הַמּוּתָּרִים עִם דְּבָרִים הָאֲסוּרִין.

And we discussed it: Why should he **be liable** for breaking an oath? **He was already sworn and obligated at Mount Sinai,**[H] along with the rest of the Jewish people, not to eat these things. According to *halakha*, an oath does not take effect if it contradicts a previously existing oath. The second oath to not eat has no effect in terms of eating forbidden foods, so why should one be liable for breaking it? **Rav, and Shmuel, and Rabbi Yoḥanan say** with regard to this: Here we are dealing with a case where one **includes permitted foods with forbidden foods.** This means that had one sworn only not to eat unslaughtered animal carcasses or *tereifot* and then ate them, he would not be liable for breaking the oath because he was already sworn not to eat those foods. However, if one swore not to eat at all, his oath takes effect on permitted foods. Consequently, if he eats any food he is liable.

וְרֵישׁ לָקִישׁ אָמַר: אִי אַתָּה מוֹצֵא אֶלָּא בִּמְפָרֵשׁ חֲצִי שִׁיעוּר וְאַלִּיבָּא דְּרַבָּנַן, אוֹ בִּסְתָם,

And Reish Lakish said: The only application of this mishna **you will find is** in a case where one **explicitly** says that he will not eat **a half-measure, and** this is **in accordance with** the opinion of **the Rabbis.** They say that when one swears that he will not eat, he prohibits himself only from eating a whole measure of food. If he eats a half-measure, he has not violated a prohibition. Therefore, in order for a half-measure to be prohibited, he needs to specify this in his oath. Or, you find it in the case of one who makes **no specification** at all of a half-measure,

Perek **VIII**
Daf **74** Amud **a**

NOTES

An oath of testimony – שְׁבוּעַת הָעֵדוּת: The laws of an oath of testimony are mentioned in the Torah (Leviticus 5:1) and are explored in depth in tractate *Shevuot*. If a litigant finds witnesses who are capable of testifying on his behalf and has them swear that they will testify, they must bring a particular type of sin-offering if they do not then testify. This issue is considered a detail of monetary law, and the oath takes effect only with regard to one who is eligible to give testimony.

To exclude a king – לְמַעוֹטֵי מֶלֶךְ: The Sages debate whether the freedom that a king has from testifying is a Torah exemption to preserve his honor or a rabbinic exemption relating to the kings of the northern kingdom of Israel, who did not observe Torah law (see *Tosefet Yom HaKippurim*; *Gevurat Ari*). In practice, a king does not take the oath of testimony.

וְאַלִּיבָּא דְּרַבִּי עֲקִיבָא, דְּאָמַר: אָדָם אוֹסֵר עַצְמוֹ בְּכָל שֶׁהוּא.

and the mishna is **in accordance with** the opinion of **Rabbi Akiva,** who **said: A man prohibits himself from any amount.** If a man swears that he will not eat, he thereby prohibits himself from eating even the smallest amount of food. Therefore, Reish Lakish himself maintains that eating a half-measure does not constitute a prohibition.

וְכִי תֵּימָא כֵּיוָן דְּאִית לֵיהּ הֶיתֵּר מִן הַתּוֹרָה – קָא חָיֵיל קָרְבַּן שְׁבוּעָה, וְהָתְנַן: שְׁבוּעַת הָעֵדוּת אֵינָהּ נוֹהֶגֶת אֶלָּא בִּרְאוּיִין לְהָעִיד. וְהָוֵינַן בָּהּ: לְמַעוֹטֵי מַאי? רַב פַּפָּא אָמַר: לְמַעוֹטֵי מֶלֶךְ,

And if you say: Perhaps Reish Lakish **maintains** that **since** a half-measure **is permitted by Torah** law, despite the fact that it is prohibited by rabbinic law, one is **liable** to **bring an offering** for violating **an oath,** then there is the following problem: **Didn't we learn** in a mishna: **An oath of testimony**[N] where one is sworn to give testimony on something that he saw or knew, **applies only to those who are eligible to give testimony.** If one who is ineligible to testify swears an oath to give testimony, the oath is invalid even if he does not testify. **And we discussed it:** The statement: Those who are eligible to give testimony, comes **to exclude what?** After all, it was already said that the oath does not apply to women, relatives, and other disqualified people. **Rav Pappa said:** It comes **to exclude a king.**[N] A king is not disqualified from giving testimony, but he does not testify before a court, due to the requirement to give respect to a king.

רַב אַחָא בַּר יַעֲקֹב אָמַר: לְמַעוֹטֵי מְשַׂחֵק בְּקוּבְיָא. וְהָא מְשַׂחֵק בְּקוּבְיָא מִדְּאוֹרַיְיתָא מִיחְזֵי חָזֵי, וְרַבָּנַן הוּא דִּפְסָלוּהוּ, וְלָא קָא חָיְילָא עֲלֵיהּ שְׁבוּעָה!

Rav Aḥa bar Ya'akov said: It comes **to exclude one who plays with dice,**[NH] whom the Sages disqualified from giving testimony. **But surely one who plays with dice is eligible by Torah law** to give testimony, **and** it is **the Sages** who **disqualified him.** Despite this, **an oath of testimony does not apply to him** by Torah law, even though the prohibition on his testifying is rabbinic.

שָׁאנֵי הָתָם דְּאָמַר קְרָא: ״אִם לֹא יַגִּיד״ – וְהַאי לָאו בַּר הַגָּדָה הוּא כְּלָל.

The Gemara rejects this by distinguishing between the two cases: **It is different there,** in the case of testimony, where **the verse states: "If he does not utter it,"** then he shall bear his iniquity" (Leviticus 5:1), i.e., a man who can testify but doesn't do so should be punished. **But this person cannot ever give testimony** since the court will not accept his testimony. The Torah makes liability for an oath of testimony contingent on one's ability to testify. Therefore, an oath of testimony would not apply to someone unable to testify. However, one who takes an oath not to eat is liable if he breaks that oath, notwithstanding the rabbinic prohibition against eating less than a measure of forbidden food. Consequently, this rejection does not stand, and the first explanation remains.

וְכׇל הֵיכָא דְּתָנֵי עָנוּשׁ כָּרֵת לָא תָּנֵי אָסוּר? וְהָתַנְיָא: אַף עַל פִּי שֶׁאָמְרוּ אָסוּר בְּכוּלָּן, לֹא אָמְרוּ עָנוּשׁ כָּרֵת אֶלָּא עַל הָאוֹכֵל וְשׁוֹתֶה וְעוֹשֶׂה מְלָאכָה בִּלְבַד! הָכִי קָאָמַר: כְּשֶׁאָמְרוּ אָסוּר לֹא אָמְרוּ אֶלָּא בְּכַחֲצִי שִׁיעוּר, אֲבָל כְּשִׁיעוּר – עָנוּשׁ כָּרֵת, וְאַף עַל פִּי שֶׁעָנוּשׁ כָּרֵת – אֵין עָנוּשׁ כָּרֵת אֶלָּא אוֹכֵל וְשׁוֹתֶה וְעוֹשֶׂה מְלָאכָה בִּלְבַד.

§ The Gemara's initial assumption is that the mishna's use of the word prohibited is referring to a transgression not punishable by *karet*. The Gemara asks: **And anywhere that it teaches** that transgressing is **punishable by *karet*,** does it never **teach** using the word **prohibited? Was it not taught** in a *baraita*: **Although they said** the word **prohibited with all of the** five Yom Kippur afflictions, **they said** that the **punishment of *karet***[H] applies **only to one who eats, or drinks, or performs** prohibited **labor.** This means that the word prohibit is used with transgressions punishable by *karet* as well. The Gemara rejects this. **This is** what the *baraita* **is saying: When they said** that those five activities are **prohibited, they said that only** with regard to **a half-measure; but** a full **measure is punishable by *karet*. And although** a violation **is punishable by *karet*, it is punishable by *karet* only** if one **eats, or drinks, or performs** prohibited **labor;** these **alone** are the cases where *karet* is incurred.

וְאִי בָּעֵית אֵימָא כִּי קָתָנֵי ״אָסוּר״ – אַשְּׁאָרָא. דְּתָנוּ רַבָּה וְרַב יוֹסֵף בִּשְׁאָר סִיפְרֵי דְּבֵי רַב: מִנַּיִן לְיוֹם הַכִּפּוּרִים שֶׁאָסוּר בִּרְחִיצָה בְּסִיכָה וּבִנְעִילַת הַסַּנְדָּל וּבְתַשְׁמִישׁ הַמִּטָּה – תַּלְמוּד לוֹמַר: ״שַׁבָּתוֹן״ – שְׁבוֹת.

And if you wish, say instead that **when it is taught** in the mishna using the language of **prohibited,** it is referring to **the other** transgressions, which do not incur *karet*. **As Rabba and Rav Yosef taught this in other books of Rav's school,** i.e., the *Sifrei*, the halakhic midrash on Numbers and Deuteronomy: **From where** is it derived **that** it is **prohibited** to engage **in bathing, and in smearing** oil on one's body, **and in wearing shoes, and in having relations on Yom Kippur? The verse states: "*Shabbaton*"** (Leviticus 16:31), meaning **resting** and refraining from certain activities. Therefore, the word prohibit is used with these activities, but they are not punishable by *karet*.

NOTES

One who plays with dice – **מְשַׂחֵק בְּקוּבְיָא:** Dice games were accompanied by gambling throughout the Roman Empire. Tractate *Sanhedrin* lists dice players among those whom the Sages prohibit from giving testimony. There are different opinions with regard to the rationale for this *halakha*. According to some, the winnings from playing dice are not acquired in a legal manner because the other players do not expect to lose when they place their bets. Therefore, one who takes money in this fashion is considered a robber by rabbinic decree. Even according to those who say that money won through gambling is not considered stolen, gambling is nonetheless considered despicable behavior.

Fresco of dice players, found in Pompeii

Ancient Roman dice. The basic design has not changed significantly over the years.

HALAKHA

One who plays with dice – **מְשַׂחֵק בְּקוּבְיָה:** If individuals take an oath to testify despite being ineligible to do so, e.g., they are relatives, one is a king, or one or both are disqualified for some reason, their oath is invalid, but they are not obligated to bring an offering. This is so even if their disqualification is rabbinic, e.g., because they gamble. This ruling in accordance with Rav Aḥa Bar Ya'akov (*Kesef Mishne*, Rambam *Sefer Hafla'a*, *Hilkhot Shevuot* 10:1).

***Karet* on Yom Kippur** – **כָּרֵת בְּיוֹם הַכִּפּוּרִים:** There are five activities prohibited on Yom Kippur due to the mitzva to afflict oneself, in addition to the prohibition of performing labor. However, only eating, drinking, and performing prohibited labor incur the punishment of *karet* (*Shulhan Arukh*, *Oraḥ Ḥayyim* 611:1).

גּוּפָא, חֲצִי שִׁיעוּר, רַבִּי יוֹחָנָן אָמַר: אָסוּר מִן הַתּוֹרָה, רֵישׁ לָקִישׁ אָמַר: מוּתָּר מִן הַתּוֹרָה. רַבִּי יוֹחָנָן אָמַר: אָסוּר מִן הַתּוֹרָה; כֵּיוָן דַּחֲזֵי לְאִיצְטָרוּפֵי – אִיסּוּרָא קָא אָכֵיל. רֵישׁ לָקִישׁ אָמַר: מוּתָּר מִן הַתּוֹרָה, אֲכִילָה אָמַר רַחֲמָנָא – וְלֵיכָּא.

§ Apropos the dispute between Rabbi Yoḥanan and Reish Lakish, the Gemara deals with the matter **itself:** What is the law with regard to **a half-measure? Rabbi Yoḥanan said: It is prohibited by Torah** law. **Reish Lakish said: It is permitted by Torah** law. The Gemara elaborates: **Rabbi Yoḥanan said it is prohibited by Torah** law **because it is fit to combine**[N] with another half-measure. If one continues to eat more, he will eat a whole measure, which is punishable by Torah law. Therefore, even when he eats the first half-measure **he is eating forbidden** food. **Reish Lakish said it is permitted by Torah** law. His reason is as follows: With regard to all forbidden foods, **the Merciful One states** in the Torah: **"Eat,"** for example in the verse: "You shall eat neither fat nor blood" (Leviticus 3:17). Eating is defined as consuming a minimum of an olive-bulk, **and there is no** prohibition if one eats less than an olive-bulk.

אֵיתִיבֵיהּ רַבִּי יוֹחָנָן לְרֵישׁ לָקִישׁ: אֵין לִי אֶלָּא כׇּל שֶׁיֶּשְׁנוֹ בְּעוֹנֶשׁ יֶשְׁנוֹ בְּאַזְהָרָה, כּוֹי וַחֲצִי שִׁיעוּר הוֹאִיל וְאֵינוֹ בְּעוֹנֶשׁ יָכוֹל אֵינוֹ בְּאַזְהָרָה – תַּלְמוּד לוֹמַר: "כׇּל חֵלֶב"! מִדְּרַבָּנַן, וּקְרָא אַסְמַכְתָּא בְּעָלְמָא.

Rabbi Yoḥanan raised an objection to the opinion of **Reish Lakish** from what was taught in a *baraita* with regard to the prohibition of forbidden fat: **I have** derived **only** that **anything that is included in the punishment** of *karet* **is included in the prohibition.** However, one **might** have thought that **there is no prohibition** to eat fat of **a** *koy*,[NHB] **or a half-measure** of forbidden fat, **since there is no punishment** for those. Therefore, **the verse states: "All fat"** (Leviticus 7:23), indicating that there is a prohibition to eat any kind of fat, including fat of uncertain status and a half-measure of fat. Therefore, a half-measure of fat is prohibited by Torah law. Reish Lakish rejects this argument: This prohibition is **rabbinic, and the verse** brought as a proof is **a mere support.**[N] It cannot be claimed that there is such a prohibition by Torah law.

הָכִי נַמִי מִסְתַּבְּרָא, דְּאִי סָלְקָא דַּעְתָּךְ דְּאוֹרָיְיתָא, כּוֹי סְפֵיקָא הוּא, אִיצְטְרִיךְ קְרָא לְאַתּוֹיֵי סְפֵיקָא? אִי מִשּׁוּם הָא לָא אִירְיָא; קָסָבְרִי

The Gemara comments: **So too, it is reasonable** to say that the *baraita* cites only the verse as a support and not as a source to prove the prohibition. **For if it could enter your mind** that this teaching constitutes a prohibition **by Torah law,** there is **uncertainty** whether **a** *koy* is a wild beast or a domestic animal. Is **a verse necessary to include an uncertainty?**[N] There is no doubt before God and therefore no purpose in writing a case of doubt in the Torah. Consequently, the *baraita* cites the verse only as a support. The Gemara answers: **If that is the reason, there is no** conclusive **argument.** The Sages of the *baraita* might **have thought**

NOTES

Because it is fit to combine – כֵּיוָן דַּחֲזֵי לְאִיצְטָרוּפֵי: Rabbi Yoḥanan's reasoning can be explained as follows: It is necessary to say that a half-measure of a forbidden food is itself prohibited. Otherwise, it could be said that one who eats a half-measure and then another half-measure has not eaten forbidden food, since each half measure was permitted. *Tosafot Yeshanim* claim that Rabbi Yoḥanan derives his ruling from the words "all fat" (Leviticus 7:23). According to Rabbi Yoḥanan, this verse prohibits a half-measure, and the reason given here is only an explanation of the mandate in the Torah.

***Koy* – כּוֹי:** There is uncertainty whether a *koy* is a wild beast, a domestic animal, a hybrid of both, or a species whose true nature has never been determined. Questions concerning the issue of uncertainty arise in the laws that differentiate between domestic and wild animals. For example, may its fat be eaten; must its blood be covered; and, consequently, may it be slaughtered on a Festival?

A mere support – אַסְמַכְתָּא בְּעָלְמָא: Occasionally a halakhic midrash provides support for a rabbinic law rather than interpreting a verse in order to reveal a Torah law. In such a case, the midrash is called an *asmakhta*, a support. This term indicates that the law does not originate from the Torah.

A verse to include an uncertainty – קְרָא לְאַתּוֹיֵי סְפֵיקָא: The Torah teaches straightforward *halakha* and does not address cases of uncertainty. Although there are legal principles that govern uncertain situations, the uncertainty arises in the interpretation of the Torah, not in the Torah itself, and the Torah does not resolve these questions. This issue relates to the following question: There is a principle that in cases of uncertainty pertaining to Torah law, the ruling is stringent. Is this principle a Torah law or rabbinic law?

HALAKHA

***Koy* – כּוֹי:** An animal born to a domestic animal and a permitted wild beast is called a *koy*. Eating its fat is prohibited but is not punishable by lashes (*Shulḥan Arukh*, *Yoreh De'a* 80:6).

BACKGROUND

***Koy* – כּוֹי:** Many problems arise in trying to identify the *koy*. It is mentioned numerous times in the Mishna and the Gemara, not because it is a common animal, but rather because it is useful in discussions that explore the parameters and limits of the laws of domestic animals versus wild animals. As early as the mishnaic period, the Sages disagreed on the identification of the *koy*. Some maintain that it is a hybrid born to a deer or another kosher wild animal and a goat.

According to many researchers, the *koy* is identified as the water buffalo. There are allusions to this identification in some medieval rabbinic sources. Others reject this idea and claim that water buffalo did not live in Eretz Yisrael during the time of the Mishna, when the *koy* was first mentioned. Others maintain that the *koy* is the mouflon, a subspecies of wild sheep, though there are a number of opinions as to the specific subspecies of mouflon it may be. There is also uncertainty with regard to both the origin of the term *koy* and its proper vocalization.

Water buffalo

Mouflon

כּוֹי בְּרִיָּה בִּפְנֵי עַצְמָהּ הִיא. דְּאִי לָא תֵּימָא הָכִי, הָא דְּאָמַר רַב אִידִי בַּר אָבִין: אַף כָּל לְאַתּוֹיֵי כּוֹי. כּוֹי סְפֵיקָא הוּא, אִיצְטְרִיךְ קְרָא לְרַבּוֹיֵי סְפֵיקָא? אֶלָּא בְּרִיָּה שָׁאנֵי. הָכָא נַמִי: בְּרִיָּה שָׁאנֵי.

that a ***koy* is its own species,** and the uncertainty pertains not only to whether it is a wild or domestic animal, but also to whether it even can fit into one of those two categories. **For if you do not say so** and maintain that it might be its own species, how can we understand that which **Rav Idi bar Avin said,** that **also** the word **"all"** stated in the verse: "All blood you may not eat, whether of birds or of beasts" (Leviticus 7:26), comes **to include** the ***koy*.**[N] Now, if you say that the ***koy* is case of uncertainty, is a verse necessary to include an uncertainty? Rather,** the *koy* is obviously its own **species,** and therefore **it is different** and needs a special verse to include it. **Here too,** in the case of the forbidden fat, we could say that the *koy* is its own **species,** and therefore it **is different.** Consequently, Reish Lakish's opinion cannot be rejected.

תָּנוּ רַבָּנַן: "תְּעַנּוּ אֶת נַפְשׁוֹתֵיכֶם", יָכוֹל יֵשֵׁב בַּחַמָּה אוֹ בַּצִּנָּה כְּדֵי שֶׁיִּצְטַעֵר, תַּלְמוּד לוֹמַר: "וְכָל מְלָאכָה לֹא תַעֲשׂוּ". מַה מְּלָאכָה – שֵׁב וְאַל תַּעֲשֶׂה, אַף עִנּוּי נֶפֶשׁ – שֵׁב וְאַל תַּעֲשֶׂה.

§ After clarifying the wording of the mishna, the Gemara brings a halakhic midrash to analyze the mishna's laws. **The Sages taught:** The verse states: "And this shall be a statute to you forever: In the seventh month on the tenth day of the month **you shall afflict your souls"** (Leviticus 16:29). I **might** have thought that one should **sit in the sun**[N] **or in the cold to suffer** and afflict his soul; therefore **the** continuation of **the verse states: "And you shall not do any labor,** the home-born, or the stranger that lives among you" (Leviticus 16:29). This teaches that **just as** prohibited **labor is** a mitzva that requires one to **sit and do nothing,** as one is commanded to refrain from action, **so too, affliction** of one's **soul is also** a mitzva requiring one to **sit and do nothing.** One is not commanded to be proactive in order to afflict his soul. Rather, one must refrain from specified actions such as eating and drinking.

וְאֵימָא: הֵיכָא דְּיָתֵיב בְּשִׁימְשָׁא וְחָיֵים לֵיהּ – לָא נֵימָא לֵיהּ קוּם תּוּב בְּטוּלָּא, יָתֵיב בְּטוּלָּא וְקָרִיר לֵיהּ, לָא נֵימָא לֵיהּ קוּם תּוּב בְּשִׁימְשָׁא! דּוּמְיָא דִּמְלָאכָה, מַה מְּלָאכָה – לֹא חִלַּקְתָּ בָּהּ, אַף עִנּוּי – לֹא תַּחֲלוֹק בּוֹ.

The Gemara asks: **And say that** it means that **when** one **sits in the sun and it is** too **hot for him, we do not say to him: Get up and sit in the shade.** Or, if one **sits in the shade and it is** too **cold for him, we do not say to him: Get up and sit in the sun.** These are also cases of affliction involving sitting and doing nothing. The Gemara rejects this: It must be **similar** to the prohibition of **labor. Just as** with regard to prohibited **labor you did not distinguish** between situations, since the prohibition is independent of one's personal circumstance, **so too, you do not distinguish** with regard to **affliction,** which is not affected by one's circumstance.

תַּנְיָא אִידָךְ: "תְּעַנּוּ אֶת נַפְשׁוֹתֵיכֶם" יָכוֹל יֵשֵׁב בַּחַמָּה וּבַצִּנָּה וְיִצְטַעֵר – תַּלְמוּד לוֹמַר: "וְכָל מְלָאכָה לֹא תַעֲשׂוּ", מַה מְּלָאכָה – דָּבָר שֶׁחַיָּיבִין עָלָיו בְּמָקוֹם אַחֵר, אַף עִנּוּי נֶפֶשׁ – שֶׁחַיָּיבִין עָלָיו בְּמָקוֹם אַחֵר. וְאֵי זֶה זֶה – זֶה פִּגּוּל וְנוֹתָר.

It was taught in **another** *baraita* that as the verse states: **"You shall afflict your souls"** (Leviticus 16:29),[N] **I might** have thought that **one** must **sit in the sun or the cold and be uncomfortable;** therefore, **the** continuation of **the verse states: "And you shall not do any labor"** (Leviticus 16:29). **Just as** prohibited **labor is something** that **incurs** ***karet*** **in other circumstances,** like Shabbat, **so too, affliction** relates to acts that **in other circumstances incur** ***karet*. And what is that** circumstance? **That is** referring to ***piggul*** and ***notar*,** which lead to *karet* if eaten, and which therefore may not be eaten on Yom Kippur.

NOTES

Also the word all comes to include the *koy* – אַף כָּל לְאַתּוֹיֵי כּוֹי: This explanation of this verse includes more than the previous explanation. With regard to the prohibition of eating blood, there is no distinction between a wild or domestic animal. Consequently, if the *koy* is either a wild or a domestic animal, the Torah has no need to specifically include it because it certainly belongs to a category of animal whose blood is forbidden. This shows that the *koy* is in a unique class, which is neither wild nor domestic (*Tosefot Rid*).

I might have thought that one should sit in the sun – יָכוֹל יֵשֵׁב בַּחַמָּה: It could have been thought that there is a positive mitzva to actively cause affliction to oneself, rather than merely suffer through abstinence from specific activities (*Tosefet Yom HaKippurim*).

Afflict your souls – תְּעַנּוּ אֶת נַפְשׁוֹתֵיכֶם: Commentaries on the *Sifra* explain that the main source of this teaching is the phrase "your souls," which comes to include actions that afflict the soul and whose avoidance causes loss. Therefore, this phrase must refer to affliction through refraining from eating and drinking. This is similar to the teaching of Rabbi Yishmael (Ra'avad; Rosh).

אָבִיא פִּגּוּל וְנוֹתָר שֶׁהֵן בְּכָרֵת, וְלֹא אָבִיא אֶת הַטֶּבֶל שֶׁאֵינוֹ בְּכָרֵת – תַּלְמוּד לוֹמַר: "תְּעַנּוּ" "וְעִנִּיתֶם אֶת נַפְשׁוֹתֵיכֶם" רִיבָּה.

The *baraita* continues: **I will include** the categories of ***piggul* and *notar*,**[N] **for which** one is punished **with *karet*** if eaten during the year, **but I will not include untithed produce, which does not** cause one to incur the punishment **of *karet*** if eaten. Therefore, **the verse states: "You shall afflict"** (Leviticus 16:29), and it also states: **"And you shall afflict your souls"** (Leviticus 16:31). The Torah comes to **include** another affliction of a serious eating prohibition, i.e. untithed produce.[N]

אָבִיא הַטֶּבֶל שֶׁהוּא בְּמִיתָה, וְלֹא אָבִיא אֶת הַנְּבֵילָה שֶׁאֵינָהּ בְּמִיתָה – תַּלְמוּד לוֹמַר "תְּעַנּוּ" "וְעִנִּיתֶם אֶת נַפְשׁוֹתֵיכֶם" רִיבָּה.

The *baraita* continues: **I will include untithed produce,** for which one receives **death** at the hand of Heaven; **but I will not include an** unslaughtered **animal carcass,** which, although it is prohibited for consumption, one who eats it **is not** punishable by **death** at the hands of Heaven. Therefore, **the verse states "you shall afflict"** and also **"and you shall afflict your souls."** The Torah **includes** foods that are associated with a prohibition even if one who eats them is not punishable by death.

אָבִיא אֶת הַנְּבֵילָה שֶׁהוּא בְּלָאו, וְלֹא אָבִיא אֶת הַחוּלִּין שֶׁאֵינָן בְּלָאו – תַּלְמוּד לוֹמַר: "תְּעַנּוּ" "וְעִנִּיתֶם אֶת נַפְשׁוֹתֵיכֶם" רִיבָּה.

The *baraita* continues: **I will include an** unslaughtered **animal carcass, which** is prohibited by **a negative mitzva, but I will not include non-sacred,** regular food, **which is not** prohibited by a **negative mitzva.** Therefore, **the verse states** both **"you shall afflict"** and **"and you shall afflict your souls."** Although non-sacred food is not prohibited in general, the Torah **includes** it in the prohibition of eating on Yom Kippur.

אָבִיא הַחוּלִּין שֶׁאֵינָן בְּקוּם אֱכוֹל וְלֹא אָבִיא אֶת הַתְּרוּמָה שֶׁהִיא בְּקוּם אֱכוֹל – תַּלְמוּד לוֹמַר: "תְּעַנּוּ" "וְעִנִּיתֶם אֶת נַפְשׁוֹתֵיכֶם" רִיבָּה. אָבִיא אֶת הַתְּרוּמָה שֶׁאֵינָהּ בְּ"בַל תּוֹתִירוּ" וְלֹא אָבִיא אֶת הַקֳּדָשִׁים שֶׁהֵן בְּ"בַל תּוֹתִירוּ" – תַּלְמוּד לוֹמַר: "תְּעַנּוּ" "וְעִנִּיתֶם אֶת נַפְשׁוֹתֵיכֶם" רִיבָּה.

The *baraita* continues: **I will include non-sacred food, which is not** associated with any positive mitzva to **arise** and **eat,** i.e., there is no obligation to eat non-sacred food; **but I will not include *teruma*, which** one is required to **arise** and **eat,** as priests are commanded to eat *teruma*. Therefore, **the verse states "you shall afflict"** and **"and you shall afflict your souls."** The Torah **includes** *teruma* as well in the foods one is prohibited to eat on Yom Kippur. **I will include *teruma*, which is not** subject to the command: **"You shall not leave over"** (Leviticus 22:30), since *teruma* need not be consumed within a specific time, **but I will not include sacred food,** which is subject to the command **"you shall not leave over"**; it is prohibited to leave the meat uneaten after a certain amount of time. Therefore, **the verse states "you shall afflict"** and **"and you shall afflict your souls,"** to **include** the category of sacred food in the prohibition of eating on Yom Kippur. Consequently, the Gemara has demonstrated that it is prohibited to eat any type of food on Yom Kippur.

וְאִם נַפְשָׁךְ לוֹמַר: הֲרֵי הוּא אוֹמֵר: "וְהַאֲבַדְתִּי אֶת הַנֶּפֶשׁ הַהִיא" – עִנּוּי שֶׁהוּא אֲבֵידַת הַנֶּפֶשׁ, וְאֵי זֶה זֶה – זֶה אֲכִילָה וּשְׁתִיָּה.

And if it is your wish to say something to challenge this reasoning, the Gemara brings an additional proof: **Surely,** the verse **states** with regard to one who violates Yom Kippur: **"I will destroy that soul** from among his people" (Leviticus 23:30). Therefore, **affliction** is something **that destroys a soul. And what is that? That is** refraining from **eating and drinking,** since someone who does not eat and drink at all will die. The Torah is not referring to other afflictions that do not lead to death. These are the words of the *baraita*.

NOTES

I will include *piggul* and *notar* – אָבִיא פִּגּוּל וְנוֹתָר: *Tosefet Yom HaKippurim* and the Maharshal ask: What is the point of this discussion, as in any case eating these substances incurs the penalty of *karet*? It does not make sense to impose a second punishment of *karet* on top of that for eating the food on Yom Kippur. Some commentaries suggest that the individual might nevertheless be liable to receive the additional punishment of lashes, which is imposed for most sins that incur *karet*. Alternatively, one who unwittingly eats these foods on Yom Kippur would have to bring two sin-offerings (Rav Shmuel Strashun).

In addition, a practical difference with regard to the nature of the sin is the measure that determines liability. If one eats an olive-bulk of *piggul* or *notar*, he is liable for transgressing the prohibition of eating those items. He is not liable for eating on Yom Kippur until he has consumed a date-bulk (*Siah Yitzḥak*).

Learning from the word afflict and the phrase you shall afflict – דֶּרֶךְ הַלִּימּוּד תְּעַנּוּ וְעִנִּיתֶם: Commentaries point out that the Torah first states "afflict your souls" (Leviticus 16:29) and then repeats five times the mitzva to afflict oneself on Yom Kippur (Leviticus 16:31, 23:27, 23:29, 23:32; Numbers 29:7). These repetitions emphasize that the prohibition of eating on Yom Kippur extends to all types of food, whether the food is prohibited, non-sacred, or required eating (*Tosefet Yom HaKippurim*).

מַאי ״וְאִם נַפְשְׁךָ לוֹמַר״? וְכִי תֵּימָא: בַּעֲרָיוֹת קָא מִישְׁתָּעֵי קְרָא – הֲרֵי הוּא אוֹמֵר ״וְהַאֲבַדְתִּי הַנֶּפֶשׁ״ עִנּוּי שֶׁיֵּשׁ בּוֹ אֲבֵידַת נֶפֶשׁ, וְאֵי זֶה זֶה – זֶה אֲכִילָה וּשְׁתִיָּה.

The Gemara explains: **What is meant by: And if it is your wish to say?** What flaw did the first proof have? The Gemara explains: **And if you say the verse is discussing** relations with **those with whom relations are forbidden,** avoidance of which is also called affliction, and it is not discussing eating and drinking, **the verse states: I will destroy that soul,**[N] meaning **an affliction that can cause death. And what is that? That is** refraining from **eating and drinking.**

דְּבֵי רַבִּי יִשְׁמָעֵאל תָּנָא: נֶאֱמַר כָּאן עִנּוּי וְנֶאֱמַר לְהַלָּן עִנּוּי, מָה לְהַלָּן עִנּוּי רְעָבוֹן – אַף כָּאן עִנּוּי רְעָבוֹן.

The school of Rabbi Yishmael taught the following concerning the nature of Yom Kippur: The word **affliction is stated here** with regard to Yom Kippur, **and** the word **affliction is stated further on** in a different place, concerning the Jews in the desert: "And He afflicted you and caused you to hunger" (Deuteronomy 8:3). **Just as further on** the meaning of **affliction** is **hunger, so too, here,** the meaning of the word **affliction** is **hunger.**

וְנֵילַף מֵ״אִם תְּעַנֶּה אֶת בְּנוֹתַי״! דָּנִין עִנּוּי דְּרַבִּים מֵעִנּוּי דְּרַבִּים, וְאֵין דָּנִין עִנּוּי דְּרַבִּים מֵעִנּוּי דְּיָחִיד.

The Gemara asks: **And let us derive it** not from the verse that indicates affliction of hunger but from the verse where Laban warns Jacob: **"If you shall afflict my daughters"** (Genesis 31:50), which is referring not to hunger but to marital relations. The Gemara answers: **We derive affliction** commanded to **the public** on Yom Kippur **from affliction** relating to **the public,** i.e., the Jewish people in the desert, **and we do not derive affliction of the public from affliction of an individual,** as in the case of Jacob's wives.

וְנֵילַף מֵעִנּוּי דְּמִצְרַיִם, דִּכְתִיב: ״וַיַּרְא אֶת עָנְיֵנוּ״ וְאָמְרִינַן: זוֹ פְּרִישׁוּת דֶּרֶךְ אֶרֶץ! אֶלָּא, דָּנִין עִנּוּי בִּידֵי שָׁמַיִם מֵעִנּוּי בִּידֵי שָׁמַיִם, וְאֵין דָּנִין עִנּוּי בִּידֵי שָׁמַיִם מֵעִנּוּי בִּידֵי אָדָם.

The Gemara continues to challenge the view of Rabbi Yishmael: **And let us derive** it **from affliction** stated with regard to **Egypt, as it is written: "And He saw our affliction"** (Deuteronomy 26:7). **We say that** this verse is referring to **abstinence from conjugal relations.** The Egyptians prevented the Jewish people from having relations. This affliction is an example of public affliction that is not abstention from eating or drinking. **Rather,** the prohibition to eat or drink on Yom Kippur should not be learned as stated previously, but as follows: **We derive affliction by the hand of God from affliction by the hand of God,** i.e., affliction caused directly by God or through His mitzvot; **and we do not derive affliction by the hand of God from affliction by the hand of man.**

״הַמַּאֲכִלְךָ מָן בַּמִּדְבָּר לְמַעַן עַנֹּתְךָ״, רַבִּי אַמִּי וְרַבִּי אַסִּי; חַד אָמַר: אֵינוֹ דּוֹמֶה מִי שֶׁיֵּשׁ לוֹ פַּת בְּסַלּוֹ לְמִי שֶׁאֵין לוֹ פַּת בְּסַלּוֹ, וְחַד אָמַר: אֵינוֹ דּוֹמֶה מִי שֶׁרוֹאֶה וְאוֹכֵל לְמִי שֶׁאֵינוֹ רוֹאֶה וְאוֹכֵל.

§ Apropos the verse: "And he afflicted you and caused you to hunger, and fed you with manna" (Deuteronomy 8:3), the Gemara expounds related verses. The Torah states: **"Who feeds you manna in the desert** which your fathers did not know, **in order to afflict you"** (Deuteronomy 8:16). What affliction was there in eating the manna? **Rabbi Ami and Rabbi Asi** disagreed on the matter. **One said: There is no comparison between one who has bread in his basket and one who does not have bread in his basket.** The affliction in eating the manna lay in there being no leftover food for the next day. Each day the people worried that they might not have any food to eat the next day. **And one said: There is no comparison between one who sees** the food **and eats** it **and one who does not see** the food **and eats** it. Though the manna could taste like anything, it always looked the same and did not look as it tasted. Being unable to see the food that they tasted was an affliction.

אָמַר רַב יוֹסֵף: מִכָּאן רֶמֶז לְסוּמִין שֶׁאוֹכְלִין וְאֵין שְׂבֵעִין. אָמַר אַבַּיֵי: הִלְכָּךְ, מַאן דְּאִית לֵיהּ סְעוּדְתָּא – לָא לֵיכְלַהּ אֶלָּא בִּימָמָא. אָמַר רַבִּי זֵירָא: מַאי קְרָא? ״טוֹב מַרְאֵה עֵינַיִם מֵהֲלָךְ נָפֶשׁ״. אָמַר רֵישׁ לָקִישׁ: טוֹב מַרְאֵה עֵינַיִם בְּאִשָּׁה יוֹתֵר מִגּוּפוֹ שֶׁל מַעֲשֶׂה, שֶׁנֶּאֱמַר: ״טוֹב מַרְאֵה עֵינַיִם מֵהֲלָךְ נָפֶשׁ״.

Rav Yosef said: From here there is an **allusion** to the idea **that blind** people **eat but are not** fully **satisfied** when they eat because they cannot see their food. Seeing the food contributes to the enjoyment of eating. **Abaye said: Therefore,** from what we have just learned, **one who has a meal should eat it only during daytime,** when there is light to see the food that is being eaten. **Rabbi Zeira said: What is the verse** that alludes to this? **"Better is the seeing of the eyes**[N] **than the wandering of the desire"** (Ecclesiastes 6:9). On the same verse, **Reish Lakish said: The sight of a woman is better than the actual act** of relations, **as it is stated: "Better is the seeing of the eyes than the wandering of the desire."**

״כִּי יִתֵּן בַּכּוֹס עֵינוֹ יִתְהַלֵּךְ בְּמֵישָׁרִים״ רַבִּי אַמִּי וְרַבִּי אַסִּי, חַד אָמַר: כׇּל הַנּוֹתֵן

§ Apropos the dispute between Rabbi Ami and Rabbi Asi, the Gemara continues with another dispute they had with regard to the correct interpretation of a verse. It is stated: "Do not look upon the wine when it is red, **when it gives its color in the cup, when it glides down smoothly** [*bemeisharim*]" (Proverbs 23:31). **Rabbi Ami and Rabbi Asi** disagreed. **One said: Whoever casts**

NOTES

I will destroy that soul – וְהַאֲבַדְתִּי הַנֶּפֶשׁ: This teaching is derived from the language of the verse. Since the Torah does not use the term *karet*, but rather speaks of the destruction of the soul, it alludes to the type of affliction, i.e. starvation (*Tosafot Yeshanim*). Although this phrase is stated with regard to prohibited labor, a verbal analogy extends it to all the laws of Yom Kippur (*Ohel Moshe*).

Better is the seeing of the eyes – טוֹב מַרְאֵה עֵינַיִם: Reish Lakish's statement teaches that one should avoid even looking at nakedness because it has an aspect of inappropriate sexual relations (*Tosefet Yom HaKippurim*; see *Sefer Mitzvot Gadol*).

עֵינוֹ בְּכוֹסוֹ – עֲרָיוֹת כּוּלָּן דּוֹמוֹת עָלָיו כְּמִישׁוֹר. וְחַד אָמַר: כָּל הַנּוֹתֵן עֵינוֹ בְּכוֹסוֹ – כָּל הָעוֹלָם כּוּלּוֹ דּוֹמֶה עָלָיו כְּמִישׁוֹר.

his eye on his cup, i.e., is habitually drunk, all the prohibitions of **those with whom relations are forbidden seem to him like level** [*mishor*] ground.[N] He is unaware of the pitfalls of sin and continues walking along a twisted and dangerous path. **And one said: Whoever casts his eye on his cup,**[N] **the whole world seems to him like level** [*mishor*] **ground.**[N] Not only is such a person unconcerned by forbidden sexual relations, but all other prohibitions, e.g., monetary prohibitions, also seem permitted in his eyes.

״דְּאָגָה בְלֶב אִישׁ יַשְׁחֶנָּה״ רַבִּי אַמִי וְרַבִּי אַסִי, חַד אָמַר: יַשְׁחֶנָּה מִדַּעְתּוֹ, וְחַד אָמַר: יְשִׂיחֶנָּה לַאֲחֵרִים.

§ The Gemara explains another verse in Proverbs: **"If there is care in a man's heart, let him quash it** [*yashḥena*]" (Proverbs 12:25). **Rabbi Ami and Rabbi Asi** dispute the verse's meaning. **One said: He should forcefully push it** [*yasḥena*] **out of his mind.** One who worries should banish his concerns from his thoughts. **And one said:** It means **he should tell** [*yesiḥena*] **others his** concerns, which will lower his anxiety.

״וְנָחָשׁ עָפָר לַחְמוֹ״, רַבִּי אַמִי וְרַבִּי אַסִי; חַד אָמַר: אֲפִילּוּ אוֹכֵל כָּל מַעֲדַנֵּי עוֹלָם טוֹעֵם בָּהֶם טַעַם עָפָר. וְחַד אָמַר: אֲפִילּוּ אוֹכֵל כָּל מַעֲדַנֵּי עוֹלָם אֵין דַּעְתּוֹ מְיוּשֶּׁבֶת עָלָיו עַד שֶׁיֹּאכַל עָפָר.

§ Another verse states: **"And dust shall be the serpent's food"**[B] (Isaiah 65:25). **Rabbi Ami and Rabbi Asi** dispute the verse's meaning. **One said: Even if** the serpent **eats all the delicacies in the world, they will** still **taste like dust. And one said: Even if it eats all the delicacies in the world, its mind is unsettled until it** also **eats** some **dust.**

תַּנְיָא, אָמַר רַבִּי יוֹסֵי: בּוֹא וּרְאֵה שֶׁלֹּא כְּמִדַּת הַקָּדוֹשׁ בָּרוּךְ הוּא מִדַּת בָּשָׂר וָדָם. מִדַּת בָּשָׂר וָדָם, מַקְנִיט אֶת חֲבֵירוֹ – יוֹרֵד עִמּוֹ לְחַיָּיו. אֲבָל הַקָּדוֹשׁ בָּרוּךְ הוּא אֵינוֹ כֵּן, קִלֵּל אֶת הַנָּחָשׁ – עוֹלֶה לַגַּג מְזוֹנוֹתָיו עִמּוֹ, יוֹרֵד לְמַטָּה – מְזוֹנוֹתָיו עִמּוֹ.

With regard to the same topic, **it was taught** in a *baraita*: **Rabbi Yosei said: Come and see that the attribute of the Holy One, Blessed be He, is different than the attribute of flesh and blood. The attribute of flesh and blood** is that one who seeks to **provoke another harasses him** in all aspects of **his life, but the Holy One, Blessed be He, does not** act in **this way.**[N] **He cursed the serpent** and what happened? When **the serpent goes up to the roof its food is with it,** and when **it comes down its food is with it.** Consequently, the curse that it suffers does not ruin its life but rather benefits it.

קִלֵּל אֶת כְּנַעַן – אוֹכֵל מַה שֶּׁרַבּוֹ אוֹכֵל, וְשׁוֹתֶה מַה שֶּׁרַבּוֹ שׁוֹתֶה. קִלֵּל אֶת הָאִשָּׁה – הַכֹּל רָצִין אַחֲרֶיהָ, קִלֵּל אֶת הָאֲדָמָה – הַכֹּל נִיזּוֹנִין הֵימֶנָּה.

Similarly, **He cursed Canaan** that he should be the servant of servants, but he benefits somewhat from this. **He eats what his master eats, and drinks what his master drinks,** and does not worry like a free man does. **He cursed the woman** and **everyone pursues her** to marry her. **He cursed the land** after the sin of Adam and Eve, yet **everyone is sustained from it.** Even when God is angry, He does not punish His creations severely.

״זָכַרְנוּ אֶת הַדָּגָה אֲשֶׁר נֹאכַל בְּמִצְרַיִם חִנָּם״, רַב וּשְׁמוּאֵל; חַד אָמַר: דָּגִים, וְחַד אָמַר: עֲרָיוֹת. מַאן דְּאָמַר דָּגִים – דִּכְתִיב: ״נֹאכַל״, וּמַאן דְּאָמַר עֲרָיוֹת – דִּכְתִיב ״חִנָּם״.

The Gemara cites more verses that pertain to the same issue. **Rav and Shmuel** disagree with regard to the following verse: **"We remember the fish**[N] **which we ate in Egypt for nothing"** (Numbers 11:5). **One said:** The verse is referring literally to **fish. And one said:** The verse is referring to incestuous **relations** that the Torah had not yet forbidden. The people cried once the Torah prohibited certain relatives to them. The Gemara explains: **The one who said** that the verse is referring to **fish** bases him explanation on the verse, **as it is written "which we ate."** This means what they actually ate. **And the one who said** that the verse is referring to **forbidden sexual relations** also bases his explanation on the verse, **as it is written "for nothing."** Certainly, the people did not actually eat fish for free.

NOTES

Seem to him like level ground – דּוֹמוֹת עָלָיו כְּמִישׁוֹר: The Gemara presents this explanation to contradict the simple meaning of the verse, that a drunk person walks in a straight path (*Tosefet Yom HaKippurim*).

Casts his eye on his cup [*kos*] – הַנּוֹתֵן עֵינוֹ בְּכוֹסוֹ: The word for cup is written as *kos* but pronounced *kis*. One commentator suggests that the first interpretation here follows the written form of the word *kos*, while the other interpretation uses the pronunciation of the word *kis*, which means pocket, and by extension, money. The whole world seems equal to one who has his eye on his pocket, who thinks only about earning money. Such a person is unconcerned if he makes his money illegally (Rabbi Elyakim).

The whole world seems to him like level ground – כָּל הָעוֹלָם כּוּלּוֹ דּוֹמֶה עָלָיו כְּמִישׁוֹר: Such a person views all paths and obstacles equally, meaning he stumbles into everything due to his intoxication (*Iyyun Ya'akov*; Rabbi Raphael Nathan Rabinovitch).

But the Holy One, Blessed be He, does not act in this way – אֲבָל הַקָּדוֹשׁ בָּרוּךְ הוּא אֵינוֹ כֵּן: This teaches that if one hates another person, he should not harass him in every aspect of his life. He should make sure his punishment is not overly stringent (*Me'iri*).

Fish – דָּגִים: Some commentaries suggest that the Sages considered fish a symbol of licentiousness, which is why they are used as a euphemism for forbidden sexual relations (Rav Ya'akov Emden).

BACKGROUND

And dust shall be the serpent's food – וְנָחָשׁ עָפָר לַחְמוֹ: Serpents eat any type of animal they find and have the ability to differentiate between different kinds of prey. However, because the serpent swallows its prey whole, it does not need or have the sense of taste that other animals have. In this sense, everything it eats tastes like dirt.

וּלְמַאן דְּאָמַר עֲרָיוֹת – הָא כְּתִיב "נֹאכַל!" לִישָּׁנָא מְעַלְּיָא נָקַט, דִּכְתִיב: "אָכְלָה וּמָחֲתָה פִיהָ וְאָמְרָה לֹא פָעַלְתִּי אָוֶן". וּלְמַאן דְּאָמַר דָּגִים, מַאי חִנָּם? דְּהָווּ מַיְיתִין לְהוּ מֵהֶפְקֵירָא. דְּאָמַר מָר: כְּשֶׁהָיוּ יִשְׂרָאֵל שׁוֹאֲבִין מַיִם הַקָּדוֹשׁ בָּרוּךְ הוּא מְזַמֵּין לָהֶם בְּתוֹךְ הַמַּיִם דָּגִים קְטַנִּים בְּכַדֵּיהֶן.

The Gemara asks: And **according to the one who said** that it is referring to forbidden **relations, but** isn't it **written** "**which we ate**"? The Gemara answers: The Torah **employed a euphemistic expression.** Eating is used as a euphemism for sexual relations, **as it is written:** "So is the way of an adulterous woman; **she eats, and wipes her mouth, and says I have done no wickedness**" (Proverbs 30:20). **And according to the one who said** it is referring to **fish, what** is the meaning of the phrase "**for nothing**"?[N] The people **brought the fish from** the river, which was **ownerless property,** since the Egyptians obviously would not have given them free food. **The Master said: When the Jews drew water** from the river, **the Holy One, Blessed be He, prepared little fish for them in the water.** They swam **into their jugs.**

בִּשְׁלָמָא לְמַאן דְּאָמַר דָּגִים, אֲבָל עֲרָיוֹת לָא פָּרִיצֵי בְּהוּ – הַיְינוּ דִּכְתַב: "גַּן נָעוּל אֲחוֹתִי כַלָּה" [גו'] אֶלָּא לְמַאן דְּאָמַר עֲרָיוֹת – מַאי "מַעְיָן חָתוּם"? מֵהָנָךְ דַּאֲסִירִין לָא פְּרִיצִי בְּהוּ.

The Gemara comments: **Granted, according to the one who said** that they cried over actual **fish but** were **not promiscuous** in having **forbidden relations** in Egypt, **this is what is written** to praise the Jewish people: "**A garden enclosed is my sister the bride;** a locked fountain, a sealed spring" (Song of Songs 4:12). This figurative language teaches that Jewish women are chaste. **However, according to the one who said** the Jewish people cried over **forbidden sexual relations, what** does the phrase "**a sealed spring**" mean? The Gemara answers: It means that they were **not promiscuous** with **those** relatives **who were** already **forbidden** to them. In Egypt, the Jewish people observed the laws of forbidden sexual relations that are included in the seven Noahide commandments. In the desert, they cried over the additional prohibitions imposed when the Torah was given.

בִּשְׁלָמָא לְמַאן דְּאָמַר עֲרָיוֹת הַיְינוּ דִּכְתִיב: "וַיִּשְׁמַע מֹשֶׁה אֶת הָעָם בֹּכֶה לְמִשְׁפְּחוֹתָיו" – עַל עִסְקֵי מִשְׁפְּחוֹתָיו שֶׁנֶּאֶסְרוּ לָהֶם לִשְׁכַּב אֶצְלָם, אֶלָּא לְמַאן דְּאָמַר דָּגִים – מַאי בֹּכֶה לְמִשְׁפְּחוֹתָיו? הָא וְהָא הֲוַאי.

The Gemara asks further: **Granted, according to the one who said** that they cried over the new prohibitions of **forbidden sexual relations, this is as it is written:** "**And Moses heard the people weeping for their families**" (Numbers 11:10). They cried **with regard to the issue of their families, because** now **it became prohibited for them to cohabit with them. But according to the one who says** that they cried over **fish what** does "**weeping for their families**" mean? The Gemara answers: **Both this and that happened.** They cried about the laws of forbidden sexual relations, and they also cried because they no longer had the fish of Egypt.

"אֵת הַקִּשֻּׁאִים וְאֵת הָאֲבַטִּיחִים", רַבִּי אַמִּי וְרַבִּי אַסִּי: חַד אָמַר: טַעַם כָּל הַמִּינִין טָעֲמוּ בַּמָּן, טַעַם חֲמֵשֶׁת הַמִּינִין הַלָּלוּ לֹא טָעֲמוּ בּוֹ. וְחַד אָמַר: טַעַם כָּל הַמִּינִין טָעֲמוּ טַעְמָן וּמַמָּשָׁן, וְהַלָּלוּ – טַעְמָן וְלֹא מַמָּשָׁן.

The Gemara returns to the same verse: It states: "We remember… **the cucumbers, and the melons,** and the leeks, and the onions, and the garlic" (Numbers 11:5). **Rabbi Ami and Rabbi Asi** debate the verse's meaning. **One said: They tasted the flavor of all types of food in the manna,** but they cried because **they could not taste the tastes of these five foods** that they mentioned. **And one said: They tasted the flavor of all types of food,** as well as **their textures.** The sensation was so strong that it seemed to them like they were eating those very foods. However, with the foods they listed, the people tasted only **their flavor but not their texture.**

"(וְהַמָּן) כִּזְרַע גַּד לָבָן (וְטַעְמוֹ)" אָמַר רַבִּי אַסִּי: עָגוֹל כְּגִידָא, וְלָבָן כְּמַרְגָּלִית. (תַּנְיָא נַמִּי הָכִי): גַּד – שֶׁדּוֹמֶה לְזֶרַע פִּשְׁתָּן בַּגִּבְעוֹלִין.

With regard to the manna, the Torah further states: "**And it was white** [*lavan*] **like coriander**[B] **seed; and its flavor** was like wafers made of honey" (Exodus 16:31). The Gemara questions this, since coriander is brown, not white. **Rabbi Asi said:** The manna was **round like coriander** seed **but white like a pearl. This was also taught** in a *baraita*: **Coriander** [*gad*] is so named **because it is similar to flax seeds on their stalks,**[B] which are bound [*agud*] in a bundle.

NOTES

For nothing [*ḥinnam*] – **חִנָּם**: One suggestion is that the word *ḥinnam*, meaning for nothing, is related to the word *ḥen*, meaning beauty (see Radak). This is why the Gemara associates the word *ḥinnam* with forbidden sexual relations (*Iyyei HaYam*).

BACKGROUND

Coriander – גַּד: Wild coriander, *Coriandrum sativum*, is from the Apiaceae family and is referred to as *kusbar* elsewhere in the Mishna. A perennial herb that can grow up to 50 cm high with white or pink flowers, its yellowish brown fruit is round and measures 4 mm in diameter. The fruit has been used since ancient times as a spice for foods and drinks. As stated in the Torah, the manna was similar to the coriander fruit in size and shape, but not in color. The manna was white.

Coriander seeds

Similar to flax seed on their stalks – דּוֹמֶה לְזֶרַע פִּשְׁתָּן בַּגִּבְעוֹלִין: Flax seeds grow within capsules that are quite similar to coriander seeds. It seems that the Gemara is referring to these capsules when it says: On their stalks.

Flax capsules containing flax seeds

NOTES

Because it is similar to a tale – שֶׁדּוֹמֶה לְהַגָּדָה: According to this explanation, the word *lavan* in the verse should be rendered as *liban*, their hearts (Maharsha).

Two came…for a judgment – שְׁנַיִם שֶׁבָּאוּ...לְדִין: The commentaries discuss the permissibility of determining law based on divine intervention. After all, there is a principle that the Torah is not in heaven (see Deuteronomy 30:12), by which the Gemara rules out using a Divine Voice as proof in legal proceedings (see *Bava Metzia* 59b). One solution suggests that Moses used evidence or logic to come to a decision but wanted the disputants to see the truth revealed through a miracle (*Tosefet Yom HaKippurim*; see *Neum Yehuda*).

אֲחֵרִים אוֹמְרִים: גַּד – שֶׁדּוֹמֶה לְהַגָּדָה שֶׁמּוֹשֶׁכֶת לִבּוֹ שֶׁל אָדָם כַּמַּיִם. תַּנְיָא אִידָךְ: גַּד – שֶׁמַּגִּיד לָהֶם לְיִשְׂרָאֵל אִי בֶּן תִּשְׁעָה לָרִאשׁוֹן וְאִי בֶּן שִׁבְעָה לָאַחֲרוֹן.

Others say: It was called **coriander** [*gad*] **because it is similar to a tale** [*haggada*],[N] **which draws a person's heart** toward it, just **like water,** which is essential for life, draws one. **It was taught** in **another** *baraita*: Why is it called *gad*? **Because it told** [*maggid*] **the Jewish people** the answer to issues of uncertainty, such as the paternity of a baby. If a woman remarries within two months after her divorce or the death of her husband and gives birth seven months after her remarriage, it is unclear if the baby gestated for seven months and is the son of the second husband or for nine months and is the son of the first husband. The manna would tell them **if** the baby was born after **nine** months and belongs to the **first** husband, **or if** the baby was born after **seven** months and belongs to the **second** husband. Since the manna was collected by each family based on the number of its biological members, the manna established the baby's paternity.

״לָבָן״ – שֶׁמְּלַבֵּין עֲוֹנוֹתֵיהֶן שֶׁל יִשְׂרָאֵל.

The manna was called **white because it whitened Israel's sins.** The people feared that if they sinned the manna would not continue to fall. Consequently, they devoted themselves to introspection and repentance.

תַּנְיָא, רַבִּי יוֹסֵי אוֹמֵר: כְּשֵׁם שֶׁהַנָּבִיא הָיָה מַגִּיד לָהֶם לְיִשְׂרָאֵל מַה שֶּׁבַּחוֹרִין וּמַה שֶּׁבַּסְּדָקִין, כָּךְ הַמָּן מַגִּיד לָהֶם לְיִשְׂרָאֵל מַה שֶּׁבַּחוֹרִין וּמַה שֶּׁבַּסְּדָקִין. כֵּיצַד? שְׁנַיִם שֶׁבָּאוּ לִפְנֵי מֹשֶׁה לְדִין זֶה אוֹמֵר: עַבְדִּי גָּנַבְתָּ, וְזֶה אוֹמֵר: אַתָּה מְכַרְתּוֹ לִי. אָמַר לָהֶם מֹשֶׁה: לַבּוֹקֶר מִשְׁפָּט. לְמָחָר אִם נִמְצָא עוֹמְרוֹ בְּבֵית רַבּוֹ רִאשׁוֹן – בְּיָדוּעַ שֶׁזֶּה גְּנָבוֹ, אִם נִמְצָא עוֹמְרוֹ בְּבֵית רַבּוֹ שֵׁנִי בְּיָדוּעַ שֶׁזֶּה מְכָרוֹ לוֹ.

Similarly, **it was taught** in a *baraita*: **Rabbi Yosei says: Just like the prophet would tell the Jewish people what was in the holes and what was in the cracks** of their souls, highlighting the sins of the people, **so too, the manna clarified for Israel what was in the holes and what was in the cracks. How so?** If **two** people **came before Moses for a judgment,**[N] **one saying: You stole my slave,** and the other **one saying:** I did not steal him, rather **you sold him to me, Moses** would **say to them: In the morning** there will be a **judgment.** How was the matter resolved? **If on the following day** the slave **found his** ***omer*** of manna **in his first master's house, it would be clear that he was stolen,** because the manna still came to the first owner. **And if on the following day he found his** ***omer*** of manna **in his second master's house, it would be clear that he had been sold.**

וְכֵן אִישׁ וְאִשָּׁה שֶׁבָּאוּ לִפְנֵי מֹשֶׁה לְדִין. זֶה אוֹמֵר: הִיא סָרְחָה עָלַי, וְהִיא אוֹמֶרֶת: הוּא סָרַח עָלַי. אָמַר לָהֶם מֹשֶׁה: לַבֹּקֶר מִשְׁפָּט. לְמָחָר, אִם נִמְצָא עוֹמְרָהּ בְּבֵית בַּעְלָהּ – בְּיָדוּעַ שֶׁהִיא סָרְחָה עָלָיו, נִמְצָא עוֹמְרָהּ בְּבֵית אָבִיהָ – בְּיָדוּעַ שֶׁהוּא סָרַח עָלֶיהָ.

Similarly, if **a man and a woman came to Moses for a judgment, he saying: She sinned against me,** and therefore I may divorce her and am not obligated to pay her divorce settlement, **and she saying: He sinned against me** and therefore I am entitled to the full settlement from the marriage contract, **Moses** would **say to them: In the morning there will be a judgment. The following day, if her** ***omer*** of manna **was found in her husband's house, it would be clear that she sinned against him.** The fact that her nourishment was given to his household signifies the fact that he has respected her appropriately and is worthy of nourishing her. **If her** ***omer*** of manna **was found in her father's house, it would be clear that he sinned against her.** Her nourishment has not been given to his household, signifying that he has been disrespectful to her and is not worthy of nourishing her.

כְּתִיב: ״וּבְרֶדֶת הַטַּל עַל הַמַּחֲנֶה לָיְלָה [יֵרֵד הַמָּן עָלָיו]״ וּכְתִיב ״וְיָצָא הָעָם וְלָקְטוּ״ וּכְתִיב: ״שָׁטוּ הָעָם וְלָקְטוּ״. הָא כֵּיצַד? צַדִּיקִים יָרַד עַל פֶּתַח בָּתֵּיהֶם, בֵּינוֹנִים – יָצְאוּ וְלָקְטוּ, רְשָׁעִים שָׁטוּ וְלָקְטוּ.

§ The Gemara continues to discuss the manna: **It is written: "And when the dew fell upon the camp in the night, the manna fell upon it"** (Numbers 11:9). **And it is written: "And the people shall go out and gather** a day's portion every day" (Exodus 16:4). **And it is written: "The people went about and gathered it"** (Numbers 11:8). **How** can **these** texts be reconciled? For the **righteous,** the manna **fell at the opening of their homes.** They expended no effort at all. The **average people went out** of the camp **and gathered** what fell there. **The wicked** had **to go about** farther **to gather.**

כְּתִיב ״לֶחֶם״ וּכְתִיב ״עוּגוֹת״ וּכְתִיב ״וְטָחֲנוּ״. הָא כֵּיצַד? צַדִּיקִים – לֶחֶם, בֵּינוֹנִים – עוּגוֹת, רְשָׁעִים – טָחֲנוּ בָּרֵיחַיִם.

With regard to the manna, **it is written "bread"** (Exodus 16:4); **and it is written "cakes"** (Numbers 11:8); **and it is also written "and ground it** in mills," (Numbers 11:8), implying that it was neither bread nor a cake. **How** can **these** texts be reconciled? For the **righteous,** it fell as baked **bread;** for **average people,** it fell as unbaked **cakes;** for the **wicked** it came in an unprocessed form and consequently they **ground it** in a mill.

"או דכו במדוכה", אמר רבי יהודה אמר רב, ואיתימא רבי חמא ברבי חנינא: מלמד שירד להם לישראל עם המן תכשיטי נשים, דבר שנידוך במדוכה. "ובשלו בפרור" אמר רבי חמא: מלמד שירד להם לישראל עם המן ציקי קדירה.

The verse states: **"Or beat it in a mortar"** (Numbers 11:8). **Rabbi Yehuda said that Rav said, and some say it was Rabbi Ḥama, son of Rabbi Ḥanina: This teaches that women's perfumes fell for the Jewish people with the manna** because they are **an item** that is **beaten in a mortar.** The verse continues: **"And cooked it in a pot"** (Numbers 11:8). **Rabbi Ḥama said: This teaches that cooking spices fell for the Jewish people with the manna.**

"והם הביאו אליו עוד נדבה בבקר בבקר" מאי בבקר בבקר? אמר רבי שמואל בר נחמני אמר רבי יונתן: מדבר שירד להם בבקר בבקר, מלמד שירדו להם לישראל אבנים טובות ומרגליות עם המן. "והנשיאים הביאו את אבני השהם" תנא: נשיאים ממש, וכן הוא אומר: "נשיאים ורוח וגשם אין".

§ With regard to donations for the Tabernacle, the verse states: **"And they brought yet to him free-will offerings every morning"** (Exodus 36:3). The Gemara asks: **What** is the meaning of **"every morning"? Rabbi Shmuel bar Naḥmani said** that **Rabbi Yonatan said:** They brought donations **from that which fell every morning** with the manna. **This teaches that pearls and precious stones fell for the Israelites with the manna.**[N] It states: **"And the rulers [*nesi'im*] brought the onyx [*shoham*] stones"** (Exodus 35:27). A *tanna* **taught** that the word ***nesi'im*** means **actual** clouds brought them. **As it states: "As clouds [*nesi'im*] and wind without rain** so is he that boasts himself of a false gift" (Proverbs 25:14). We learn from this that the precious stones fell from the clouds with the manna.

"והיה טעמו כטעם לשד השמן" אמר רבי אבהו: מה שד זה תינוק טועם בה כמה טעמים – אף המן כל זמן שישראל אוכלין אותו – מוצאין בו כמה טעמים. איכא דאמרי: לשד ממש, מה שד זה מתהפך לכמה גוונין – אף המן מתהפך לכמה טעמים.

It was also said with regard to the manna: **"And its taste was as the taste of a cake [*shad*] baked with oil [*hashamen*]"** (Numbers 11:8). **Rabbi Abbahu said:** *Shad* means breast. **Just as a baby tastes different flavors from the breast,** since the taste of the milk changes somewhat depending on what foods his mother eats, **so too with the manna, every time that the Jewish people ate** the manna, **they found in it many** different **flavors,** based on their preferences. **There are those who say** that the word is written as *shed* and means **literally a demon.** How so? **Just as a demon changes into different forms** and colors, **so too, the manna changed into different flavors.**

"ויאמר משה בתת ה' לכם בערב בשר לאכול ולחם בבקר לשבוע". תנא משמיה דרבי יהושע בן קרחה: בשר ששאלו שלא כהוגן – ניתן להם שלא כהוגן,

The verse states: **"And Moses said: This shall be, when the Lord will give you in the evening meat to eat, and in the morning bread to the full"** (Exodus 16:8). A *tanna* **taught in the name of Rabbi Yehoshua ben Korḥa: The meat that the Jewish people asked for inappropriately,** since they had the manna and did not need meat, **was given to them inappropriately,** in a way that was unpleasant; they were punished afterward (Rabbeinu Elyakim).

NOTES

What fell with the manna – מה שירד עם המן: Since the manna was a miraculous blessing from heaven, it could certainly provide for all of the Jewish people's needs, with regard to both food and other desires.

Perek **VIII**
Daf **75** Amud **b**

לחם ששאלו כהוגן – ניתן להם כהוגן, מכאן למדה תורה דרך ארץ שלא יאכל אדם בשר אלא בלילה. והאמר אביי: האי מאן דאית ליה סעודתא – לא לאכליה אלא בימאמא! כעין יממא קא אמרינן. אמר רב אחא בר יעקב: בתחלה היו ישראל דומין כתרנגולים שמנקרין באשפה, עד שבא משה וקבע להם זמן סעודה.

However, **bread,** which is essential, **they asked for appropriately.** Therefore, it **was given to them appropriately,**[N] in the morning, when there was time to prepare it. The Gemara comments: **From here, the Torah teaches etiquette, that** it is proper **to eat meat only at night,** as Moses said to the children of Israel: "This shall be, when the Lord will give you in the evening meat to eat" (Exodus 16:8). The Gemara asks: **But didn't Abaye say that someone who has a meal should eat it only in the day?** The Gemara answers: **We mean to say: Like day.** It is not necessary to eat the food in the daytime, as long as one can see what he eats. **Rabbi Aḥa bar Ya'akov said: At the beginning, the Jewish people were like chickens pecking at the garbage;** any time there was food they grabbed it and ate it, **until Moses came and set specific times to eat,** as the verse implies. He set mealtimes for them in the morning and in the evening.

NOTES

Was given to them appropriately – ניתן להם כהוגן: Rashi explains that bread given appropriately means that it was given in the morning, and that meat given inappropriately means that it was given at night. Some commentaries have written that this explanation makes it difficult to understand the continuation of the Gemara, which recommends eating meat at night. If the meat was given to them inappropriately, one cannot learn that it is proper to eat meat only at night. These commentaries have explained that the manna, which they asked for appropriately, fell for the entire forty years, accompanied by other fine items; whereas the meat, which they asked for inappropriately, fell only temporarily, without any accompanying gifts (*Iyyun Ya'akov*).

NOTES

Average people…wicked – **בֵּינוֹנִים...רְשָׁעִים:** In the case of the quail the righteous are not mentioned. Since the meat was something that the people asked for inappropriately, the righteous did not eat from it at all (Maharsha).

The worst of all is the *slav* – **גְּרִיעָא דְּכוּלְּהוּ שְׂלָיו:** Because they wrongfully asked for meat, they were given the worst type (Maharsha).

HALAKHA

Moses was commanded to cut the gullet and the windpipe – **נִצְטַוָּה מֹשֶׁה עַל הַוֶּשֶׁט וְעַל הַקָּנֶה:** The details of ritual slaughter are not included in the Written Torah. They were given to Moses in the Oral Law, as the verse states: "As I have commanded you." The slaughterer must slaughter the animal in the middle of its neck, and the preferred way to slaughter is by cutting entirely through both the gullet and the windpipe. After the fact, if the majority of one of the pipes in a bird is cut or the majority of both pipes in an animal are cut, the slaughter is kosher (Rambam *Sefer Kedusha, Hilkhot Sheḥita* 1:4, 1:10).

LANGUAGE

Sikhli – **שִׁיכְלִי:** Possibly from the Greek στρουθός, *strouthos*, meaning a sparrow.

Kivli – **קִיבְלִי:** Apparently from the Greek κίχλη, *kichlè*, meaning a thrush.

Pasyoni – **פַּסְיוֹנִי:** From the Greek Φασιανός, *fasianos*, meaning a pheasant.

"הַבָּשָׂר עוֹדֶנּוּ בֵּין שִׁנֵּיהֶם" וּכְתִיב: "עַד חֹדֶשׁ יָמִים". הָא כֵּיצַד? בֵּינוֹנִים – לְאַלְתַּר מֵתוּ, רְשָׁעִים – מִצְטַעֲרִין וְהוֹלְכִין עַד חֹדֶשׁ יָמִים.

It was stated with regard to the quail: **"While the meat was yet between their teeth,** before it was chewed, the anger of the Lord was kindled against the people" (Numbers 11:33), which means that they died immediately. However, it also states: "You shall not eat it for only one day… but for **an entire month** until it comes out of your nostrils and becomes loathsome to you" (Numbers 11:19–20). **How can these** texts be reconciled? **The average people died immediately,** but **the wicked**[N] **continued to suffer** in pain **for a month** and then died.

"וַיִּשְׁטְחוּ" אָמַר רֵישׁ לָקִישׁ: אַל תִּקְרֵי "וַיִּשְׁטְחוּ" אֶלָּא "וַיִּשְׁחֲטוּ" מְלַמֵּד שֶׁנִּתְחַיְּיבוּ שׂוֹנְאֵיהֶן שֶׁל יִשְׂרָאֵל שְׁחִיטָה. "שָׁטוֹחַ" תָּנָא מִשְּׁמֵיהּ דְּרַבִּי יְהוֹשֻׁעַ בֶּן קָרְחָה: אַל תִּיקְרֵי "שָׁטוֹחַ" אֶלָּא "שָׁחוֹט", מְלַמֵּד שֶׁיָּרַד לָהֶם לְיִשְׂרָאֵל עִם הַמָּן דָּבָר שֶׁטָּעוּן שְׁחִיטָה. אָמַר רַבִּי: וְכִי מִכָּאן אַתָּה לָמֵד? וַהֲלֹא כְּבָר נֶאֱמַר: "וַיַּמְטֵר עֲלֵיהֶם כֶּעָפָר שְׁאֵר וּכְחוֹל (הַיָּם) עוֹף כָּנָף".

The verse states: **"And they spread them** [*vayishteḥu*] out for themselves round about the camp" (Numbers 11:32). **Reish Lakish said: Do not read it** as ***vayishteḥu.*** **Rather,** read it as ***vayishḥatu.*** This **teaches that** the **enemies of the Jewish people,** a euphemism for the Jewish people themselves, were **liable to** receive the punishment of **slaughter** due to their demand. The verse states: **"Spread out** [*shaḥot*]" (Numbers 11:32). A *tanna* **taught in the name of Rabbi Yehoshua ben Korḥa: Do not read it** as ***shato'aḥ*** **but** as ***shaḥut.*** This **teaches that** other food **fell for the Jewish people** along **with the manna.** The food was something **that requires ritual slaughtering** [*sheḥita*], referring to birds. **Rabbi** Yehuda HaNasi **said: And do you learn** this **from here?** Do we need to alter the word for this purpose? **Isn't it already stated** explicitly: **"And he rained meat upon them like dust, and winged birds like the sand of the seas"** (Psalms 78:27)?

וְתַנְיָא, רַבִּי אוֹמֵר: "וְזָבַחְתָּ כַּאֲשֶׁר צִוִּיתִיךָ" – מְלַמֵּד שֶׁנִּצְטַוָּה מֹשֶׁה עַל הַוֶּשֶׁט וְעַל הַקָּנֶה, עַל רוֹב אֶחָד בָּעוֹף, וְעַל רוֹב שְׁנַיִם בַּבְּהֵמָה. אֶלָּא מַה תַּלְמוּד לוֹמַר "שָׁטוֹחַ" – מְלַמֵּד שֶׁיָּרַד לָהֶם מַשְׁטִיחִין מַשְׁטִיחִין.

And it was taught in a related *baraita*: **Rabbi** Yehuda HaNasi **says:** The verse states: **"Then you shall slaughter** of your herd and of your flock which the Lord has given you, **as I have commanded you"** (Deuteronomy 12:21). **This teaches that Moses was commanded in** the laws of ritual slaughter to cut the **gullet and the windpipe**[H] in the neck. **And with a bird** one must cut through **the majority** of **one** pipe, **and with an animal** one must cut through **the majority of** both pipes. Moses was commanded these laws along with the other details of slaughtering. According to Rabbi Yehuda HaNasi, the word *shatuaḥ* does not teach us about ritual slaughter. **Rather, what** is the meaning when **the verse states: *Shatuaḥ*?** It **teaches that** the manna **fell in layers** [*mashtiḥin*] in a straight row.

כְּתִיב "לֶחֶם" וּכְתִיב "שֶׁמֶן" וּכְתִיב "דְּבַשׁ". אָמַר רַבִּי יוֹסֵי בְּרַבִּי חֲנִינָא: לַנְּעָרִים – לֶחֶם, לַזְּקֵנִים – שֶׁמֶן, לַתִּינוֹקוֹת – דְּבַשׁ.

With regard to the manna, **it is written "bread"** (Exodus 16:4), **and it is written "oil"** (Numbers 11:8), **and it is written "honey"** (Exodus 16:31). How can we reconcile these verses? **Rabbi Yosei, son of Rabbi Ḥanina, said: For the youth** it was like **bread, for the elderly** it was like **oil,** and **for the children** it was like **honey.** Each received what was appropriate.

כְּתִיב "שְׂלָיו" וְקָרֵינַן, "סְלָיו", אָמַר רַבִּי חֲנִינָא: צַדִּיקִים אוֹכְלִין אוֹתוֹ בְּשַׁלְוָה, רְשָׁעִים אוֹכְלִין אוֹתוֹ וְדוֹמֶה לָהֶן כְּסִילְוִין.

The Gemara comments further: The word quail **is written *shlav*,** with the letter *shin*, **but we read** it as ***slav*,** with the letter *samekh*. What does this teach us? **Rabbi Ḥanina said: The righteous eat it in peace** [*shalva*], based on the written form of the word; whereas **the wicked eat it, and it seems to them like thorns** [*silvin*], based on the way the word is read.

אֲמַר רַב חָנָן בַּר רָבָא: אַרְבָּעָה מִינֵי סְלָיו הֵן, וְאֵלּוּ הֵן: שִׁיכְלִי, וְקִיבְלִי, וּפַסְיוֹנִי, וּשְׂלָיו. מְעַלְיָא דְּכוּלְּהוּ – שִׁיכְלִי, גְּרִיעָא דְּכוּלְּהוּ – שְׂלָיו. וְהָוֵי כְּצִיפּוֹרְתָּא וּמוֹתְבִינַן לָהּ בְּתַנּוּרָא, וְתָפַח וַהֲוָה מְלֵי תַּנּוּרָא, וּמַסְּקִינַן לֵיהּ אַתְּלֵיסַר רִיפֵי וְאַחֲרוֹנָה אֵינָהּ נֶאֱכֶלֶת אֶלָּא עַל יְדֵי תַּעֲרוֹבֶת.

Furthermore, with regard to the quail: **Rav Ḥanan bar Rava said: There are four types of quail and these are they: *Sikhli*,**[L] **and *kivli*,**[L] **and *pasyoni*,**[L] **and *slav*. The best** tasting **of all is the *sikhli*. The worst of all is the *slav*.**[N] The Gemara relates how tasty even the quail was that the Jews ate in the desert: **It was** as small **as a sparrow, and they would place it in the oven** to roast, **and it expanded until it filled the** entire **oven. They would place it upon thirteen loaves** of bread, and even the **last** loaf on the bottom **could be eaten only** when **mixed with other food,** due to all the fat it had absorbed from the quail.

רַב יְהוּדָה מִשְׁתַּכַּח לֵיהּ בֵּי דָנֵי. רַב חִסְדָּא מִשְׁתַּכַּח לֵיהּ בֵּי צִיבֵי. רָבָא מַיְיתֵי לֵיהּ אָרִיסֵיהּ כָּל יוֹמָא. יוֹמָא חַד לָא אַיְיתִי, אֲמַר: מַאי הַאי? סְלֵיק לְאִיגָּרָא, שְׁמָעֵיהּ לִינוּקָא דְּקָאָמַר: ״שָׁמַעְתִּי וַתִּרְגַּז בִּטְנִי״. אֲמַר: שְׁמַע מִינַּהּ נָח נַפְשֵׁיהּ דְּרַב חִסְדָּא, וּבְדִיל רַבָּה אָכֵיל תַּלְמִידָא.

It is told that **Rav Yehuda found** quail **among his barrels of wine,** and **Rav Ḥisda found** quail **among logs of wood** in his storeroom. **Every day Rava's sharecropper brought him** a quail that he found in his fields. **One day, he did not bring** him one because he failed to find any. Rava **said** to himself: **What is this,** why is today different? **He went up to the roof** to think about it. **He heard a child say** the verse: "**When I heard, my innards trembled,** my lips quivered at the voice, rottenness enters into my bones, and I tremble where I stand; that I should wait for the day of trouble when he comes up against the people that he invades" (Habakkuk 3:16). Rava **said: Learn from this that Rav Ḥisda has died.** I am therefore not worthy to receive the quail anymore, since it is on **account of the teacher** that **the student eats.**[N] When Rav Ḥisda was alive, Rava received the quail due to Rav Ḥisda's merit; now that he had died, Rava was not worthy to receive the quail.

כְּתִיב: ״וַתַּעַל שִׁכְבַת הַטָּל״ וּכְתִיב: ״וּבְרֶדֶת הַטַּל״. אָמַר רַבִּי יוֹסֵי בְּרַבִּי חֲנִינָא: טַל מִלְמַעְלָה, וְטַל מִלְּמַטָּה, וְדוֹמֶה כְּמוֹ שֶׁמּוּנָּח בְּקוּפְסָא.

§ Furthermore, with regard to the manna **it is written: "And when the layer of dew lifted,** behold, upon the face of the wilderness there lay a fine flaky substance, as fine as frost on the ground" (Exodus 16:14), indicating that the dew covered the manna. **And it is written:** "**And when the dew fell** upon the camp in the night, the manna fell upon it" (Numbers 11:9), meaning that the manna fell on top of the dew. How can these verses be reconciled? **Rabbi Yosei, son of Rabbi Ḥanina, said:** There was **dew above and dew below,** with the manna in between, and the manna **appeared as if** it were **placed in a box** [*kufsa*][L] of dew.

״דַּק מְחוּסְפָּס״ אָמַר רֵישׁ לָקִישׁ: דָּבָר שֶׁנִּימּוֹחַ עַל פִּיסַּת הַיָּד. רַבִּי יוֹחָנָן אָמַר: דָּבָר שֶׁנִּבְלָע בְּמָאתַיִם וְאַרְבָּעִים וּשְׁמוֹנָה אֵבָרִים. מְחוּסְפָּס – טוּבָא הָוֵי! אָמַר רַב נַחְמָן בַּר יִצְחָק ״מְחֻסְפָּס״ כְּתִיב.

The verse describes the manna as "**a fine flaky** [*meḥuspas*] substance" (Exodus 16:14). **Reish Lakish said:** *Meḥuspas* means it was **a substance that dissolved** [*maḥ*] **on the palm** [*pas*] **of the hand.** Since it was so fine, it dissolved upon contact. **Rabbi Yoḥanan said: It was a substance that was absorbed in** all **248 limbs,** the numerical equivalent of the word *meḥuspas*. The Gemara expresses surprise at this: If one calculates the value of the letters in the word ***meḥuspas***, **it is more,** totaling 256. **Rabbi Naḥman bar Yitzḥak said:** ***Meḥuspas*** **is written** in the Torah without the letter *vav*. Therefore, the total is exactly 250.

תָּנוּ רַבָּנַן: ״לֶחֶם אַבִּירִים אָכַל אִישׁ״ – לֶחֶם שֶׁמַּלְאֲכֵי הַשָּׁרֵת אוֹכְלִין אוֹתוֹ, דִּבְרֵי רַבִּי עֲקִיבָא. וּכְשֶׁנֶּאֶמְרוּ דְּבָרִים לִפְנֵי רַבִּי יִשְׁמָעֵאל אָמַר לָהֶם: צְאוּ וְאִמְרוּ לוֹ לַעֲקִיבָא: עֲקִיבָא טָעִיתָ! וְכִי מַלְאֲכֵי הַשָּׁרֵת אוֹכְלִין לֶחֶם? וַהֲלֹא כְּבָר נֶאֱמַר: ״לֶחֶם לֹא אָכַלְתִּי וּמַיִם לֹא שָׁתִיתִי״ אֶלָּא מָה אֲנִי מְקַיֵּים: ״אַבִּירִים״ – לֶחֶם שֶׁנִּבְלָע בְּמָאתַיִם וְאַרְבָּעִים וּשְׁמוֹנָה אֵבָרִים.

The Sages taught: The Torah states: "And He caused manna to rain upon them for food, and He gave them of the grain of heaven. **Man did eat the bread of the mighty** [*abirim*]" (Psalms 78:24–25). "Bread of the mighty" is **bread that the ministering angels eat;**[N] this is the **statement of Rabbi Akiva. When these words were said before Rabbi Yishmael, he said to them** to go and tell **Akiva: Akiva you have erred. Do the ministering angels eat bread? It is already stated** about Moses, when he ascended on high: "**Bread I did not eat and water I did not drink**" (Deuteronomy 9:9). If even a man who ascends on high does not need to eat, certainly the ministering angels do not need to eat. **Rather, how do I establish** the meaning of the word ***abirim***? It can be explained as **bread that was absorbed into** all **248 limbs** [*eivarim*], so that there was no waste.

אֶלָּא מָה אֲנִי מְקַיֵּים: ״וְיָתֵד תִּהְיֶה לְךָ עַל אֲזֵנֶךָ (וְיָצָאתָ שָׁמָּה חוּץ)״ – דְּבָרִים שֶׁתַּגָּרֵי אוּמּוֹת הָעוֹלָם מוֹכְרִין אוֹתָן לָהֶם.

The Gemara asks: **But** if so, **how do I establish** the verses: "**And you shall have a spade among your weapons,** and it shall be that when you relieve yourself outside, you shall dig with it, and shall turn back and cover your excrement" (Deuteronomy 23:14) and "You shall have a place also outside the camp **where you can relieve yourself**" (Deuteronomy 23:13). From here we learn that there was waste in their bowels, as they had to leave the camp to relieve themselves. The Gemara explains: This waste was not a byproduct of the manna; it was from food **items that the gentile merchants sold them.**

רַבִּי אֶלְעָזָר בֶּן פְּרָטָא אוֹמֵר: אַף דְּבָרִים שֶׁתַּגָּרֵי אוּמּוֹת הָעוֹלָם מוֹכְרִין לָהֶן – מָן מְפִיגָן, אֶלָּא מָה אֲנִי מְקַיֵּים: ״וְיָתֵד תִּהְיֶה לְךָ עַל אֲזֵנֶךָ״? לְאַחַר שֶׁסָּרְחוּ, אָמַר הַקָּדוֹשׁ בָּרוּךְ הוּא: אֲנִי אָמַרְתִּי יִהְיוּ כְּמַלְאֲכֵי הַשָּׁרֵת – עַכְשָׁיו אֲנִי מַטְרִיחַ אוֹתָם שָׁלֹשׁ פַּרְסָאוֹת,

Rabbi Elazar ben Perata disagrees and says: **The manna caused even items that the gentile merchants sold them to be** completely **digested,** so that even other food that they ate produced no waste. **But** then **how do I establish** the verse: "**And you shall have a spade among your weapons**"? **After they sinned,** the manna was not as effective. **The Holy One, Blessed be He, said:** I initially **said** that they **would be like ministering angels** who do not produce waste; **now I will trouble them to walk three parasangs** to leave the camp in order to relieve themselves.

NOTES

On account of the teacher the student eats – וּבְדִיל רַבָּה אָכֵיל תַּלְמִידָא: Some understand that Rava did not receive the quail on that day to teach him proper conduct when one's teacher dies. On the day that one's teacher dies and until he is buried, it is proper to fast or at least refrain from eating meat and drinking wine (*Tosefet Yom HaKippurim*).

Bread that the ministering angels eat – לֶחֶם שֶׁמַּלְאֲכֵי הַשָּׁרֵת אוֹכְלִין: The meaning here is that the manna was the incarnation of heavenly splendor, on which the ministering angels exist. It was therefore perfect in every way. Rabbi Yishmael objected to this statement since it implies that angels eat and drink.

LANGUAGE

Box [*kufsa*] – **קוּפְסָא:** From the Latin capsa, meaning box.

דִּכְתִיב: "וַיַּחֲנוּ עַל הַיַּרְדֵּן מִבֵּית הַיְשִׁימוֹת עַד אָבֵל הַשִּׁטִּים". וְאָמַר רַבָּה בַּר בַּר חָנָה: לְדִידִי חֲזֵי לִי הַהוּא אַתְרָא וְהָוְיָא תְּלָתָא פַּרְסֵי. וְתָנָא: כְּשֶׁנִּפְנִין – אֵין נִפְנִין לֹא לִפְנֵיהֶן, וְלֹא לְצִדְדֵיהֶן, אֶלָּא לַאֲחוֹרֵיהֶן,

How do we know that the Israelite camp was three parasangs? **As it is written: "And they camped by the Jordan from Beth-Jeshimoth to Abel-shittim"** (Numbers 33:49), **and Rabba bar bar Ḥana said: I saw that site and it was three parasangs** in length. **And** a *baraita* **taught: When** the Jews **relieved themselves** in the desert, **they did not relieve** themselves **ahead of themselves,** i.e., in the direction of their travel, **nor to the side** of the camp, **but behind** the camp, in a place that they had already traveled. Consequently, those near the front of the camp had to walk a distance of three parasangs from their homes to leave the camp.

"וְעַתָּה נַפְשֵׁנוּ יְבֵשָׁה אֵין כֹּל" אָמְרוּ: עָתִיד מָן זֶה שֶׁתִּיפַּח בְּמֵעֵיהֶם, כְּלוּם יֵשׁ יְלוּד אִשָּׁה שֶׁמַּכְנִיס וְאֵינוֹ מוֹצִיא?

Furthermore, with regard to the manna, the verse states Israel's complaint: **"But now our soul is dry, there is nothing at all;** we have nothing beside this manna to look to" (Numbers 11:6). **They said: This manna will eventually swell in our stomachs** and kill us; **is there** anyone **born of a woman who ingests** food **but does not expel** waste? This supports the Gemara's claim that the manna did not create waste.

וּכְשֶׁנֶּאֶמְרוּ דְּבָרִים לִפְנֵי רַבִּי יִשְׁמָעֵאל אָמַר לָהֶם: אַל תִּקְרֵי "אַבִּירִים" אֶלָּא "אֵיבָרִים" – דָּבָר שֶׁנִּבְלָע בְּמָאתַיִם וְאַרְבָּעִים וּשְׁמוֹנָה אֵיבָרִים. אֶלָּא מָה אֲנִי מְקַיֵּים "וְיָתֵד תִּהְיֶה לְךָ עַל אֲזֵנֶךָ" – בִּדְבָרִים שֶׁבָּאִין לָהֶם מִמְּדִינַת הַיָּם.

When these words were said before Rabbi Yishmael, he said to them: Do not read it as *abirim*. **Rather,** read it as *eivarim*, limbs. The manna was **something that was absorbed by 248 limbs. But, how do I establish "And you shall have a spade among your weapons"? From the** food **items that came to them from overseas lands.** Rabbi Yishmael disagrees with Rabbi Elazar ben Perata with regard to the effect the manna had on the digestion of other foods.

דָּבָר אַחֵר: "לֶחֶם אַבִּירִים אָכַל אִישׁ",

Alternatively, "Man [*ish*] **did eat the bread of the mighty"** (Psalms 78:25);

Perek **VIII**
Daf **76** Amud **a**

זֶה יְהוֹשֻׁעַ שֶׁיָּרַד לוֹ מָן כְּנֶגֶד כׇּל יִשְׂרָאֵל, כְּתִיב הָכָא: "אִישׁ" וּכְתִיב הָתָם: "קַח לְךָ אֶת יְהוֹשֻׁעַ בִּן נוּן אִישׁ אֲשֶׁר רוּחַ בּוֹ". וְאֵימָא מֹשֶׁה, דִּכְתִיב: "וְהָאִישׁ מֹשֶׁה עָנָו מְאֹד". דָּנִין אִישׁ מֵאִישׁ, וְאֵין דָּנִין "אִישׁ" מִ"וְּהָאִישׁ".

the verse is referring to **Joshua, for whom manna fell corresponding** to **all** the rest of **the Jewish people,**[N] when he waited for Moses at Mount Sinai during the forty days Moses was on the mountain. The verses allude to this: **"Man" is written here, and "man" is written there: "Take to you Joshua, the son of Nun, a man in whom there is spirit,** and lay your hand upon him" (Numbers 27:18). From here, the Gemara learns that the "man" is Joshua. The Gemara asks: **Say** that the verse is referring to **Moses,** about whom **it is written: "Now the man Moses was very humble"** (Numbers 12:3). The Gemara answers: **We can learn** a verbal analogy to the word **"man" from the word "man," but we cannot learn** a verbal analogy to the word **"man"** from the phrase **"the man,"** which is used to refer to Moses.

שָׁאֲלוּ תַּלְמִידָיו אֶת רַבִּי שִׁמְעוֹן בֶּן יוֹחַי: מִפְּנֵי מָה לֹא יָרַד לָהֶם לְיִשְׂרָאֵל מָן פַּעַם אַחַת בְּשָׁנָה? אָמַר לָהֶם: אֶמְשׁוֹל לָכֶם מָשָׁל: לְמָה הַדָּבָר דּוֹמֶה – לְמֶלֶךְ בָּשָׂר וָדָם שֶׁיֵּשׁ לוֹ בֵּן אֶחָד. פָּסַק לוֹ מְזוֹנוֹתָיו פַּעַם אַחַת בְּשָׁנָה, וְלֹא הָיָה מְקַבֵּל פְּנֵי אָבִיו אֶלָּא פַּעַם אַחַת בְּשָׁנָה. עָמַד וּפָסַק מְזוֹנוֹתָיו בְּכׇל יוֹם, וְהָיָה מְקַבֵּל פְּנֵי אָבִיו כׇּל יוֹם.

Furthermore, with regard to the manna: The **students of Rabbi Shimon ben Yoḥai asked him: Why didn't the manna fall for the Jewish people** just **once a year**[N] to take care of all their needs, instead of coming down every day? **He said to them: I will give you a parable: To what does this matter compare? To a king of flesh and blood who has** only **one son. He granted him** an allowance for **food once a year and** the son **greeted his father only once a year,** when it was time for him to receive his allowance. So **he arose and granted him his food every day, and** his son **visited him every day.**

אַף יִשְׂרָאֵל, מִי שֶׁיֵּשׁ לוֹ אַרְבָּעָה וַחֲמִשָּׁה בָּנִים הָיָה דּוֹאֵג וְאוֹמֵר: שֶׁמָּא לֹא יֵרֵד מָן לְמָחָר וְנִמְצְאוּ כּוּלָּן מֵתִים בָּרָעָב, נִמְצְאוּ כּוּלָּן מְכַוְּונִים אֶת לִבָּם לַאֲבִיהֶן שֶׁבַּשָּׁמַיִם.

So too, in the case of **the Jewish people, someone who had four or five children would be worried and say: Perhaps the manna will not fall tomorrow and we will all die of starvation. Consequently, everyone directed their hearts to their Father in heaven** every day. The manna that fell each day was sufficient only for that day, so that all of the Jewish people would pray to God for food for the next day.

NOTES

Joshua, for whom manna fell corresponding to all the rest of the Jewish people – יְהוֹשֻׁעַ שֶׁיָּרַד לוֹ מָן כְּנֶגֶד כׇּל יִשְׂרָאֵל: Perhaps the Gemara is basing this on the verse that describes Joshua as "a man in whom there is spirit" (Numbers 27:18). The Sages understood that this verse means that Joshua was able to understand the spirit of each individual within the nation. Joshua's spirit therefore corresponded to the spirits of all the Jewish people. The Gemara here alludes to this with the manna, which was a gift from heaven. It was therefore given to Joshua, corresponding to all the Jewish people (*Tal Orot*).

Once a year – פַּעַם אַחַת בְּשָׁנָה: The Gemara suggests that the manna could have been given once a year, rather than once a week or once a month, since that would be parallel to the blessing that God bestows on the crops of the field once a year, when they are harvested. The Gemara is asking why the manna was not like that (*Tosefet Yom HaKippurim*).

דָּבָר אַחֵר: שֶׁהָיוּ אוֹכְלִין אוֹתוֹ כְּשֶׁהוּא חַם, דָּבָר אַחֵר: מִפְּנֵי מַשּׂאוֹי הַדֶּרֶךְ.

Alternatively, they received manna daily **so that they would** be able to **eat it while it was hot** and fresh. **Alternatively,** they received manna daily **due to** the hardship of **carrying on the journey.** They did not stay in the same place all those years, and it would have been difficult for them to carry the manna from one place to another. Therefore, the manna fell wherever they went.

וּכְבָר הָיָה רַבִּי טַרְפוֹן וְרַבִּי יִשְׁמָעֵאל וּזְקֵנִים יוֹשְׁבִין וְעוֹסְקִין בְּפָרָשַׁת הַמָּן וְהָיָה רַבִּי אֶלְעָזָר הַמּוֹדָעִי יוֹשֵׁב בֵּינֵיהֶן. נַעֲנָה רַבִּי אֶלְעָזָר הַמּוֹדָעִי וְאָמַר: מָן שֶׁיָּרַד לָהֶן לְיִשְׂרָאֵל הָיָה גָּבוֹהַּ שִׁשִּׁים אַמָּה. אָמַר לוֹ רַבִּי טַרְפוֹן: מוֹדָעִי! עַד מָתַי אַתָּה מְגַבֵּב דְּבָרִים וּמֵבִיא עָלֵינוּ?

§ It is told: **Rabbi Tarfon, and Rabbi Yishmael, and the Elders were sitting and discussing the passage about the manna and Rabbi Elazar HaModa'i**[P] **was sitting among them. Rabbi Elazar HaModa'i responded and said: The manna that fell for the Jewish people was sixty cubits high. Rabbi Tarfon said to him: Moda'i, how long will you collect words and bring upon us** teachings that have no basis?

אָמַר לוֹ: רַבִּי, מִקְרָא אֲנִי דּוֹרֵשׁ: "חֲמֵשׁ עֶשְׂרֵה אַמָּה מִלְמַעְלָה גָּבְרוּ הַמָּיִם וַיְכֻסּוּ הֶהָרִים" וְכִי חֲמֵשׁ עֶשְׂרֵה אַמָּה בָּעֵמֶק (חֲמֵשׁ עֶשְׂרֵה בַּשְּׁפֵלָה) חֲמֵשׁ עֶשְׂרֵה בֶּהָרִים? וְכִי מַיָּא שׁוּרֵי שׁוּרֵי קָיְימִי? וְעוֹד: תֵּיבָה הֵיכִי סַגְיָא? אֶלָּא "נִבְקְעוּ כָּל מַעְיְנוֹת תְּהוֹם רַבָּה" עַד דְּאַשְׁווּ מַיָּא בַּהֲדֵי טוּרֵי, וַהֲדַר "חֲמֵשׁ עֶשְׂרֵה אַמָּה מִלְמַעְלָה גָּבְרוּ הַמָּיִם".

He said to him: Rabbi, I am interpreting a verse. How so? It states about the Flood: **"Fifteen cubits above did the waters prevail; and the mountains were covered"** (Genesis 7:20). **Is it possible that it would be fifteen cubits** high **from a valley, fifteen** cubits **from the plain,** and **fifteen** cubits **from the mountains? Did the water stand as though in layers,** conforming to the height of the land below it? **Furthermore, how could the Ark travel** over water that was at different levels? **Rather: "On the same day were all the fountains of the great deep broken up"** (Genesis 7:11), **until the water** rose and **was level with the mountains. Afterward,** the verse states that **"fifteen cubits above did the waters prevail."**

וְכִי אֵי זֶה מִדָּה מְרוּבָּה, מִדָּה טוֹבָה אוֹ מִדַּת פּוּרְעָנוּת? הֱוֵי אוֹמֵר: מִדָּה טוֹבָה מִמִּדַּת פּוּרְעָנוּת. בְּמִדַּת פּוּרְעָנוּת הוּא אוֹמֵר: "וַאֲרוּבּוֹת הַשָּׁמַיִם נִפְתָּחוּ", בְּמִדָּה טוֹבָה הוּא אוֹמֵר: "וַיְצַו שְׁחָקִים מִמָּעַל וְדַלְתֵי שָׁמַיִם פָּתָח וַיַּמְטֵר עֲלֵיהֶם מָן לֶאֱכוֹל וּדְגַן שָׁמַיִם נָתַן לָמוֹ".

Rabbi Elazar HaModa'i continues: **But which attribute is greater, the attribute of goodness or the attribute of retribution? One must say the attribute of goodness** is greater **than the attribute of retribution.**[N] **With regard to the attribute of retribution,** in the case of the Flood, the verse **states: "And the windows of heaven were opened"** (Genesis 7:11), which indicates that there were only windows. Whereas, **with regard to the attribute of goodness,** in the case of the manna, the verse **states: "He commanded the skies above, and opened the doors of heaven, and rained down manna upon them to eat and gave them heavenly grain"** (Psalms 78:23–24).

כַּמָּה אֲרוּבּוֹת יֵשׁ בַּדֶּלֶת - אַרְבַּע, אַרְבַּע, הֲרֵי כָּאן שְׁמוֹנֶה, וְנִמְצָא מָן שֶׁיָּרַד לָהֶם לְיִשְׂרָאֵל גָּבוֹהַּ שִׁשִּׁים אַמָּה.

Based on this, the Gemara calculates: The area of **how many windows are in a door? Four.** A door is equivalent to four windows in size. One adds another **four** for the second door, as the verse uses the plural "doors," which implies that there were two doors. **This equals** the area of **eight** windows. If the depth of water in the Flood is based on the phrase "windows of heaven," implying two windows, then the manna fell at a rate four times that of the water of the Flood. Since the water of the Flood reached a depth of fifteen cubits, **it turns out that the manna that fell for the Jewish people was sixty cubits high,** i.e., four times as high.

תַּנְיָא, אִיסִי בֶּן יְהוּדָה אוֹמֵר: מָן שֶׁיָּרַד לָהֶם לְיִשְׂרָאֵל הָיָה מִתְגַּבֵּר וְעוֹלֶה, עַד שֶׁרוֹאִין אוֹתוֹ כָּל מַלְכֵי מִזְרָח וּמַעֲרָב, שֶׁנֶּאֱמַר: "תַּעֲרוֹךְ לְפָנַי שֻׁלְחָן נֶגֶד צוֹרְרָי [וגו׳ כּוֹסִי רְוָיָה"] אָמַר אַבַּיֵי: שְׁמַע מִינַּהּ - כָּסָא דְּדָוִד לְעָלְמָא דְּאָתֵי מָאתָן וְעֶשְׂרִין וְחַד לוֹגָא מַחֲזִיק, שֶׁנֶּאֱמַר: "כּוֹסִי רְוָיָה" - רְוָיָה בְּגִימַטְרִיָּא הָכִי הָוֵי.

Similarly, **it was taught** in a *baraita* that **Isi ben Yehuda said: The manna that fell for the Jewish people would accumulate and ascend until all the kings of the East and West could see it, as it is stated: "You prepared a table before me in the presence of my enemies;** you anointed my head with oil; **my cup runs over"** (Psalms 23:5). God prepared food for the Jewish people, so that their enemies would see their greatness over the world. **"My cup runs over [*revaya*]";**[N] **Abaye said: We learn from this that the cup of David in the next world holds 221 *log*, since it is stated: "My cup runs over,"** and the word ***revaya*** **has that numerical value.**

PERSONALITIES

Rabbi Elazar HaModa'i – רַבִּי אֶלְעָזָר הַמּוֹדָעִי: Rabbi Elazar HaModa'i was a Sage who lived after the destruction of the Temple and was apparently a young student of Rabban Yoḥanan ben Zakkai. Most of the quotations cited in his name are midrash. Rabban Gamliel often remarked: We still need HaModa'i. As his name indicates, this scholar was from the city of Modi'in. Rabbi Elazar HaModa'i was bar Kokheva's uncle, his mother's brother, and he died during the siege of Beitar.

NOTES

The attribute of goodness is greater than the attribute of retribution – מִדָּה טוֹבָה מִמִּדַּת פּוּרְעָנוּת: Rashi writes that the attribute of goodness is five hundred times greater than that of retribution. He bases this on the verse that states, with regard to the wicked: "For I the Lord your God am a jealous God, visiting the iniquity of the fathers upon the children until the third and fourth generation of those that hate Me, and showing mercy until the thousandth generation of those that love Me and keep My mitzvot" (Exodus 20:4–5). Consequently, retribution lasts four generations while God "shows mercy to thousands of generations" (Exodus 20:6). God extends favor to those who love Him for at least two thousand years, which is four times five hundred.

My cup runs over – כּוֹסִי רְוָיָה: Some commentaries explain 221 *log* in accordance with the Kabbala (*Siaḥ Yitzḥak*). Others link it to the four cups of retribution from which God will force the world's nations to drink (see Jeremiah 25:15). Since blessing is always significantly more than punishment, the Jewish people will drink many cups of blessing (see *Ateret Rosh*).

הָא לָא דָּמְיָא, הָתָם – בְּאַרְבְּעִין יוֹמִין, הָכָא – חֲדָא שַׁעְתָּא, הָתָם לְכוּלֵּי עָלְמָא, הָכָא – לְיִשְׂרָאֵל לְחוּדֵיהּ, וְנָפֵישׁ לְהוּ טְפֵי. רַבִּי אֶלְעָזָר הַמּוֹדָעִי פְּתִיחָה פְּתִיחָה גָּמַר.

The Gemara asks how Rabbi Elazar HaModa'i can compare the depth of the Flood waters with the amount of manna that fell in the desert: **This is not similar,** and the calculation is inaccurate. **There,** in the case of the Flood, the water rose fifteen cubits in **forty days;** but **here,** in the case of the manna, it took only **one hour** every day to fall. Conversely, **there** the Flood was **for everyone** and covered the whole world; whereas **here** the manna **was for the Jewish people alone. And there** would be **much more** manna **for them** than sixty cubits, which is the measurement put forth by Rabbi Elazar HaModa'i. The Gemara answers: **Rabbi Elazar HaModa'i derived "opening"** in the verse: "He commanded the skies above, and opened the doors of heaven" (Psalms 78:23), from **"opening"** in the verse: "And the windows of heaven were opened" (Genesis 7:11). He used a verbal analogy that teaches that the skies opened in both instances in the same way.

״אָסוּר בַּאֲכִילָה״. הָנֵי חֲמִשָּׁה עִנּוּיִין כְּנֶגֶד מִי? אָמַר רַב חִסְדָּא: כְּנֶגֶד חֲמִשָּׁה עִנּוּיִין שֶׁבַּתּוֹרָה ״וּבֶעָשׂוֹר״ ״וְאַךְ בֶּעָשׂוֹר״ ״שַׁבַּת שַׁבָּתוֹן״ ״וְשַׁבַּת שַׁבָּתוֹן״ ״וְהָיְתָה לָכֶם״.

§ The mishna taught that as per the five prohibited activities on Yom Kippur it is **prohibited** to engage **in eating** and in drinking, and in bathing, and in smearing the body with oil, and in wearing shoes, and in conjugal relations. The Gemara asks: **These five afflictions** of Yom Kippur, to **what** do they **correspond?** Where is the Torah source or allusion to them? **Rav Ḥisda said:** They are based on **the five** times that the **afflictions** of Yom Kippur are mentioned **in the Torah.** It is stated: (1) **"And on the tenth** of this seventh month you shall have a holy convocation, and you shall afflict your souls" (Numbers 29:7); (2) **"But on the tenth**[N] of this seventh month is the day of atonement, it shall be a holy convocation for you and you shall afflict your souls" (Leviticus 23:27); (3) "It shall be for you **a Shabbat of solemn rest,** and you shall afflict your souls (Leviticus 23:32); (4) **"It is a Shabbat of solemn rest** [*shabbaton*] for you, and you shall afflict your souls" (Leviticus 16:31); (5) **"And it shall be** a statute **for you** forever, in the seventh month on the tenth of the month, you shall afflict your souls" (Leviticus 16:29).

הָנֵי חֲמִשָּׁה הָווּ? וַאֲנַן שִׁיתָּא תְּנַן! שְׁתִיָּה בִּכְלָל אֲכִילָה הִיא. דְּאָמַר רֵישׁ לָקִישׁ: מִנַּיִן לִשְׁתִיָּה שֶׁהִיא בִּכְלָל אֲכִילָה – שֶׁנֶּאֱמַר: ״וְאָכַלְתָּ לִפְנֵי ה׳ אֱלֹהֶיךָ מַעְשַׂר דְּגָנְךָ תִּירוֹשְׁךָ וְיִצְהָרֶךָ״, תִּירוֹשׁ חַמְרָא הוּא וְקָרֵי לֵיהּ ״וְאָכַלְתָּ״.

The Gemara asks: **Are these five** the only afflictions? **We learn** in the mishna that there are **six:**[N] Eating, drinking, bathing, smearing oil, conjugal relations, and wearing shoes. The Gemara answers: **Drinking is included in** the prohibition of **eating;** both together are considered a single affliction. **As Reish Lakish said: From where do we derive that drinking is included in** the concept of **eating? As it is stated: "And you shall eat before the Lord your God,** in the place where He shall choose to cause His name to dwell there, **the tithe of your grain,** of **your wine** [*tirosh*], **and of your oil"** (Deuteronomy 14:23). *Tirosh* **is wine,** yet the verse **calls** the drinking of wine eating with the phrase **"and you shall eat,"** meaning that eating also refers to drinking.

מִמַּאי? וְדִילְמָא דְּאָכְלֵיהּ עַל יְדֵי אָנִיגְרוֹן? דְּאָמַר רַבָּה בַּר שְׁמוּאֵל: אָנִיגְרוֹן – מַיָּא דְּסִילְקָא, אָכְסִיגְרוֹן – מַיָּא דְּכוּלְּהוּ שִׁלְקֵי!

The Gemara rejects this answer: **From where** do you draw this conclusion? **Perhaps** the wine **was eaten as** *anigron*,[L] a sauce made of oil, beet juice, and garum mixed with wine. As **Rabba bar Shmuel said:** *Anigron* is **beet juice** and wine mixed together. *Akhsigron*[L] is **water that comes from boiled vegetables** that have wine mixed into them. The vegetables are mixed with the wine and eaten. It is possible for wine to literally be eaten. Therefore, the verse does not prove that drinking is included in eating.

אֶלָּא אָמַר רַב אַחָא בַּר יַעֲקֹב: מֵהָכָא: ״וְנָתַתָּה הַכֶּסֶף בְּכֹל אֲשֶׁר תְּאַוֶּה נַפְשְׁךָ בַּבָּקָר וּבַצֹּאן בַּיַּיִן וּבַשֵּׁכָר״ שֵׁכָר שְׁתִיָּה הוּא, וְקַרְיֵיהּ רַחֲמָנָא ״וְאָכַלְתָּ״.

Rather, Rav Aḥa bar Ya'akov said: From here there is a proof as the verse states: **"And you shall spend that money on all that your soul desires, on oxen, or on sheep, or on wine, or on strong drink** [*sheikhar*] or whatever your soul desires, and you shall eat" (Deuteronomy 14:26). **Strong drink is a drink, but the Merciful One calls** its consumption eating, in the phrase **"and you shall eat."**

מִמַּאי? וְדִילְמָא הָכָא נַמִי דַּאֲכָלֵיהּ עַל יְדֵי אָנִיגְרוֹן? שֵׁכָר כָּתַב, מִידֵּי דִּמְשַׁכֵּר. וְדִילְמָא דְּבֵילָה קְעִילִית? דְּתַנְיָא: אָכַל דְּבֵילָה קְעִילִית וְשָׁתָה דְּבַשׁ וְחָלָב וְנִכְנַס לַמִּקְדָּשׁ

The Gemara rejects this proof: **From where** do you draw this conclusion? **Perhaps here too it was eaten as** *anigron*? The Gemara rejects this: Here that answer is insufficient because the verse **writes "strong drink** [*sheikhar*]," meaning **something** that **intoxicates.** Beverages that generally intoxicate do not do so when they are in a mixture. The Gemara asks: **Perhaps** *sheikhar* does not refer to wine but to a food that causes intoxication, such as **a sweet dried fig from Keilah. As it was taught** in a *baraita*: A priest who **ate a sweet dried fig from Keilah or drank honey or milk,** thereby becoming intoxicated, **and entered the Temple** to serve[H]

NOTES

On the tenth, and: But on the tenth – וּבֶעָשׂוֹר וְאַךְ בֶּעָשׂוֹר: *Tosafot* ask why the verses are not cited in order of appearance. Some commentaries suggest that the lack of sequence indicates that this is not a true interpretation of verses but merely an *asmakhta*, a scriptural support (*Derekh HaMelekh*).

Five and six afflictions – חֲמִשָּׁה וְשִׁשָּׁה עִנּוּיִין: It seems in the Jerusalem Talmud that bathing is not included as one of the five afflictions because it is not prohibited in every circumstance. For example, it is permitted to cross a river to fulfill a mitzva or to immerse in a ritual bath for the sake of a mitzva, as is discussed later in this tractate (*Yoma* 88a).

LANGUAGE

***Anigron* – אָנִיגְרוֹן:** From the Greek word οἰνόγαρον, *oynogaron*, meaning wine mixed with oil.

***Akhsigron* – אָכְסִיגְרוֹן:** From the Greek word ὀξύγαρον, *oxugaron*, which is a sauce made from vinegar, fish, and other foods.

HALAKHA

Intoxicated in the Temple – שִׁיכּוֹר בְּבֵית הַמִּקְדָּשׁ: A priest who is intoxicated is not permitted to enter the Temple for service, even if his intoxication stems from substances other than wine, e.g., other drinks, sweet dried figs, or milk. If he does serve, he is punished with lashes, although his service is valid nevertheless. However, one who is drunk on wine is liable to receive death at the hand of Heaven, and his service is invalid (Rambam *Sefer Avoda, Hilkhot Biat HaMikdash* 1:2).

(חַיָּיב).

is liable for violating the prohibition: "Drink no wine nor strong drink [*sheikhar*]" (Leviticus 10:9). Consequently, the term *sheikhar* in the text can be understood here as the sweet dried fig.

אֶלָּא יָלֵיף שֵׁכָר שֵׁכָר מִנָּזִיר, מַה לְהַלָּן יַיִן – אַף כָּאן יַיִן.

Rather, the Gemara rejects this and states: **It is derived** through a verbal analogy of **"*sheikhar*"** and **"*sheikhar*"** stated in the verses **of the nazirite** (Numbers 6:3). **Just as there,** in the case of the nazirite, *sheikhar* means strong **wine, so too, here,** it means strong **wine** and not sweet dried figs.

וְתִירוֹשׁ חַמְרָא הוּא? וְהָתַנְיָא: הַנּוֹדֵר מִן הַתִּירוֹשׁ – אָסוּר בְּכָל מִינֵי מְתִיקָה, וּמוּתָּר בְּיַיִן! וְלָאו חַמְרָא הוּא? וְהָכְתִיב: "וְתִירוֹשׁ יְנוֹבֵב בְּתוּלוֹת"! דָּבָר הַבָּא מִן הַתִּירוֹשׁ יְנוֹבֵב בְּתוּלוֹת.

The Gemara returns to the meaning of the word *tirosh*: **Is *tirosh*[N] wine? Isn't it taught** in a *baraita*: **One who vows not to benefit from *tirosh*[H] is not allowed sweet foods,** e.g., sweet fruits, **but is allowed wine.** Therefore, *tirosh* is not wine but sweet food. The Gemara rejects this: **And is *tirosh* not wine? But isn't it written: "*Tirosh* shall make the young women flourish** [*yenovev*]" (Zechariah 9:17). The word *yenovev* comes from the word *niv*, speech. Consequently, *tirosh* is a food that tempts the heart and mouth of the drinker, even of virgins, who are modest and reticent. Since sweet foods do not have this effect, *tirosh* must be wine. The Gemara replies: This is not a proof, since we could explain it otherwise: **Something that comes from *tirosh*,** such as wine, **causes virgins to come forth;** *tirosh* itself means sweet grapes. Perhaps wine is called *tirosh* only by extension because it is made from *tirosh*.

וְהָכְתִיב: "וְתִירוֹשׁ יְקָבֶיךָ יִפְרוֹצוּ" – דָּבָר הַבָּא מִן הַתִּירוֹשׁ יְקָבֶיךָ יִפְרוֹצוּ.

The Gemara challenges this: **But isn't it written: "And your vats shall overflow with *tirosh*"** (Proverbs 3:10). This description implies that *tirosh* is wine rather than sweet grapes. The Gemara answers: This too is not a proof that *tirosh* means wine. We could say that **the vats shall overflow with something that comes from *tirosh*,** i.e., wine; yet *tirosh* itself means sweet fruits.

וְהָא כְּתִיב: "זְנוּת וְיַיִן וְתִירוֹשׁ יִקַּח לֵב"! אֶלָּא, דְּכוּלֵּי עָלְמָא תִּירוֹשׁ חַמְרָא הוּא, וּבִנְדָרִים הַלֵּךְ אַחַר לְשׁוֹן בְּנֵי אָדָם.

The Gemara objects: **But it is written: "Harlotry, and wine, and *tirosh*[N] take away the heart"** (Hosea 4:11). Since *tirosh* leads the heart astray, it is clear that it is wine. Therefore, the Gemara accepts that *tirosh* means wine. **Rather, according to everyone,** the word ***tirosh*** in the Bible refers to **wine, but vows follow colloquial language.**[H] During the time of the Mishna, *tirosh* meant sweet fruits; the term included grapes but not wine. When dealing with vows, the intention of the speaker is what must be determined, but no inference can be drawn from colloquial language to the biblical definition of the word.

וְאַמַּאי קָרֵי לֵיהּ יַיִן וְאַמַּאי קָרֵי לֵיהּ תִּירוֹשׁ? יַיִן – שֶׁמֵּבִיא יְלָלָה לָעוֹלָם, תִּירוֹשׁ – שֶׁכָּל הַמִּתְגָּרֶה בּוֹ נַעֲשֶׂה רָשׁ.

The Gemara asks: **And** if so, **why does** the Bible **call it wine** and **why does it call it *tirosh*?** The Gemara explains: **"Wine"** suggests **that it brings lament**[N] **to the world** because drunkenness causes most sins. There is a phonetic resemblance between the *yayin*, wine, and *ta'aniya va'aniya*, sorrow and howling, which Rashi (on Job 2:5) explains as lament. **"*Tirosh*"** shows **that those who indulge in it become poor** [*rash*].

רַב כַּהֲנָא רָמֵי: כְּתִיב תִּירָשׁ וְקָרֵינַן תִּירוֹשׁ, זָכָה – נַעֲשֶׂה רֹאשׁ, לֹא זָכָה – נַעֲשֶׂה רָשׁ. (וְהַיְינוּ דְּרָבָא, דְּרָבָא) רָמֵי: כְּתִיב יְשַׂמַּח וְקָרֵינַן יְשַׂמַּח, זָכָה – מְשַׂמְּחוֹ, לֹא זָכָה – מְשַׁמְּמוֹ. וְהַיְינוּ דְּאָמַר רָבָא: חַמְרָא וְרֵיחָנֵי פַּקְחִין.

Rav Kahana raised a contradiction: It is written as *tirash* **but we read it *tirosh*.** This should be understood as follows: **If one merits** and drinks appropriately, **he is made a head** [*rosh*]; **if one does not merit** and does not drink appropriately, **he is made poor** [*rash*]. The Gemara comments: **This is the same as** what **Rava** said, as **Rava raised a contradiction: It is written:** "And wine that **makes glad** [*yishamaḥ*] the heart of man" (Psalms 104:15) with a *shin*, but **we read it *yisamaḥ*[N]** with a *sin*. This teaches: **If one merits,** wine **makes him happy** [*same'aḥ*]; **if one does not merit,** it **makes him confounded** [*shamem*]. **This is the same as what Rava said: Wine and good scents make me wise,** meaning that wine benefits one who deserves it.

NOTES

Tirosh – תִּירוֹשׁ: *Tirosh* and wine are not synonymous. Rather, grape juice is called *tirosh* from the point it leaves the winery until it finishes fermenting, which is approximately forty days later. The discussion in the Gemara is whether the term *tirosh* is referring to grapes and other fruit or just to wine that has not yet finished fermenting.

Wine and *tirosh* – יַיִן וְתִירוֹשׁ: Since these are listed together, it is difficult to say that the word *tirosh* means something that comes from *tirosh*. Rather, it is clear that *tirosh* here is referring to actual wine (Rid). The distinction between wine and *tirosh* is as follows: Wine is referring to the stage after fermentation; *tirosh* is referring to wine that is still fermenting (see *Siaḥ Yitzḥak*).

It brings lament – שֶׁמֵּבִיא יְלָלָה: One opinion explains that wine brings lament since somebody who is often drunk becomes impoverished (Rabbi Elyakim).

Yishamaḥ, yisamaḥ – יְשַׁמַּח, יְשַׂמַּח: According to the standard text of the Gemara, the analysis here distinguishes between whether the word is read with a *shin* or a *sin*. In other manuscripts, the focus is on whether the word ends with the letter *ḥet* or *heh*: Should it be read as *yismaḥ* or as *yishma*, the latter from the word *shemama*, meaning desolation.

HALAKHA

One who vows not to benefit from *tirosh* – הַנּוֹדֵר מִן הַתִּירוֹשׁ: One who vows not to drink *tirosh* is not allowed to drink wine, but may drink sweet beverages, since *tirosh* refers only to wine, based on the biblical meaning of the word. Although at the time of the Gemara the word *tirosh* referred to sweet fruits and did not include wine, over the generations, the meaning of the word *tirosh* changed back again. Nowadays, it is synonymous with wine (*Taz*; *Shulḥan Arukh, Yoreh De'a* 217:16).

Vows follow colloquial language – בִּנְדָרִים הַלֵּךְ אַחַר לְשׁוֹן בְּנֵי אָדָם: Terms appearing in one's vow are understood according to their local and current usage, in accordance with the ruling of the Gemara (*Shulḥan Arukh, Yoreh De'a* 217:1).

רְחִיצָה וְסִיכָה מְנָא לַן דְּאִיקְּרֵי עִינּוּי? דִּכְתִיב: "לֶחֶם חֲמוּדוֹת לֹא אָכַלְתִּי וּבָשָׂר וָיַיִן לֹא בָא אֶל פִּי וְסוֹךְ לֹא סָכְתִּי". מַאי "לֶחֶם חֲמוּדוֹת לֹא אָכַלְתִּי"? אָמַר רַב יְהוּדָה בְּרֵיהּ דְּרַב שְׁמוּאֵל בַּר שֵׁילַת: אֲפִילּוּ נַהֲמָא דְּחִיטֵּי דְּכַיְיתָא לֹא אֲכַל.

§ The Gemara asks: **From where do we** derive that abstaining from **bathing and smearing** oil on oneself **is called affliction?** The Gemara answers: **As it is written "I ate no pleasant bread, neither did meat nor wine enter my mouth, neither did I anoint myself at all"** (Daniel 10:3). The Gemara explains the verse: **What** is the meaning of **"I ate no pleasant bread"?**[N] **Rav Yehuda, son of Rav Shmuel bar Sheilat, said: He did not eat even bread** made from **refined wheat;** he ate only wheat mixed with bran.

וּמְנָא לַן דְּחָשֵׁיב כְּעִינּוּי – דִּכְתִיב: "וַיֹּאמֶר אֵלַי אַל תִּירָא דָנִיֵּאל כִּי מִן הַיּוֹם הָרִאשׁוֹן אֲשֶׁר נָתַתָּ אֶת לִבְּךָ לְהָבִין וּלְהִתְעַנּוֹת לִפְנֵי אֱלֹהֶיךָ נִשְׁמְעוּ דְבָרֶיךָ וַאֲנִי בָאתִי בִּדְבָרֶיךָ" ("כִּי חֲמוּדוֹת אָתָּה").

The Gemara continues to show that abstaining from smearing oil on oneself is considered an affliction: **And from where do we** derive that abstaining from the activities that Daniel describes is **considered affliction? As it is written: "Then he said to me: Fear not, Daniel, for from the first day that you set your heart to understand and to afflict yourself before your God, your words were heard, and I have come due to your words"** (Daniel 10:12). **"For you are greatly loved"** (Daniel 9:23).

אַשְׁכְּחַן סִיכָה, רְחִיצָה מְנָא לַן? אָמַר רַב זוּטְרָא בְּרַבִּי טוֹבִיָּה: אָמַר קְרָא: "וַתָּבֹא כַמַּיִם בְּקִרְבּוֹ וְכַשֶּׁמֶן בְּעַצְמוֹתָיו". וְאֵימָא כִּשְׁתִיָּה? דּוּמְיָא דְּשֶׁמֶן, מָה שֶּׁמֶן מֵאַבָּרַאי – אַף מַיִם מֵאַבָּרַאי.

We have found proof that abstaining from **smearing** oil on oneself is considered affliction; **from where do we** derive that abstaining from **bathing** is also called affliction? **Rav Zutra, son of Rabbi Toviya, said: The verse states: "And it came into his innards like water, and like oil into his bones"** (Psalms 109:18). This means that the water with which one bathes and the oil with which one smears himself are absorbed into the body. Just as abstaining from smearing oil is considered an affliction, so too, abstaining from bathing is considered an affliction. The Gemara objects: **But say** that "came into his innards like water" is referring to **drinking** rather than smearing oil. The Gemara rejects this: **It is similar** to **oil. Just as** the **oil** described in the verse is smeared **from outside** the body and not drunk, **so too,** the **water** mentioned in the verse is used for bathing **from the outside.** It is not drunk.

וְהָא תַּנָּא אִיפְּכָא קָא נָסֵיב לַהּ, דִּתְנַן: מִנַּיִן לְסִיכָה שֶׁהִיא כִּשְׁתִיָּה בְּיוֹם הַכִּפּוּרִים? אַף עַל פִּי שֶׁאֵין רְאָיָה לַדָּבָר – זֵכֶר לַדָּבָר, שֶׁנֶּאֱמַר "וַתָּבֹא כַמַּיִם בְּקִרְבּוֹ וְכַשֶּׁמֶן בְּעַצְמוֹתָיו"! אֶלָּא אָמַר רַב אָשֵׁי: רְחִיצָה מִגּוּפֵיהּ דִּקְרָא שְׁמִיעַ לֵיהּ, דִּכְתִיב: "וְסוֹךְ לֹא סָכְתִּי".

The Gemara asks: **But the *tanna* took** the **opposite** meaning, **as we learned** in a mishna: **From where do we derive that smearing** oil **is like drinking on Yom Kippur? Although there is no** explicit **proof of the matter** from the Bible, **there is an allusion to the matter**[N] from the verse, **as it is stated: "And it came into his innards like water, and like oil into his bones"** (Psalms 109:18), meaning that oil on the body is like water within it. Therefore, the phrase "and it came into his innards like water" is referring to the act of drinking water. **Rather, Rav Ashi said: Bathing is derived from the same verse** cited above, **as it is written: "Neither did I anoint myself at all"** (Daniel 10:3). This teaches that Daniel did not do any anointing, including bathing. Consequently, the same source prohibits both of these activities.

מַאי "וַאֲנִי בָאתִי בִּדְבָרֶיךָ"? הַיְינוּ דִּכְתִיב: "וְשִׁבְעִים אִישׁ מִזִּקְנֵי [בֵית] יִשְׂרָאֵל וְיַאֲזַנְיָהוּ בֶן שָׁפָן עוֹמֵד בְּתוֹכָם עוֹמְדִים לִפְנֵיהֶם וְאִישׁ מִקְטַרְתּוֹ בְּיָדוֹ וַעֲתַר עֲנַן הַקְּטֹרֶת עֹלֶה וַיִּשְׁלַח תַּבְנִית יָד וַיִּקָּחֵנִי בְּצִיצִת רֹאשִׁי וַתִּשָּׂא אֹתִי רוּחַ בֵּין הָאָרֶץ וּבֵין הַשָּׁמַיִם וַתָּבֵא אֹתִי יְרוּשָׁלַיְמָה בְּמַרְאוֹת אֱלֹהִים אֶל פֶּתַח שַׁעַר הַפְּנִימִית הַפּוֹנֶה צָפוֹנָה אֲשֶׁר

Apropos the verses from Daniel, the Gemara asks: **What** did the angel mean when he said to Daniel: **"And I have come due to your words"** (Daniel 10:12)? From this, it seems that the angel was able to come only because of Daniel. The Gemara answers: **This is as it is written: "And there stood before them seventy men of the Elders of the house of Israel, and Jaazaniah, son of Shaphan,**[B] **standing in the midst of them, each man with his censer in his hand, and a thick cloud of incense went up"** (Ezekiel 8:11). Ezekiel saw the Elders of the house of Israel worshipping foreign gods. **"And the form of a hand was put forth, and I was taken by a lock of my head; and a spirit lifted me up between the earth and the heaven, and brought me in the visions of God to Jerusalem, to the door of the gate of the inner court that faces northward where**

BACKGROUND

Jaazaniah son of Shaphan – יַאֲזַנְיָהוּ בֶן שָׁפָן: The Shaphan family was an influential Judean family in the last generations of the First Temple period. Shaphan himself was a scribe of King Josiah and of Jeremiah. His grandson Gedaliah governed Judea after the destruction of the First Temple. It is not certain that the Jaazaniah mentioned in the Gemara was related to the same Shaphan. However, some scholars surmise that he was the son of Shaphan and consequently the brother of Gemariah. The image below depicts a bulla found in the City of David bearing the inscription *leGemaryahu ben Shaphan*: For Gemariah, son of Shaphan.

Bulla found in the City of David

NOTES

What is the meaning of…pleasant [*ḥamudot*] bread – מַאי לֶחֶם חֲמוּדוֹת: The *Ba'al Halakhot Gedolot* links *ḥamudot* with the word *ḥom*, meaning hot. He similarly explains the phrase: The innards were burned [*neḥmedu*], in *Ḥullin* 56a. Some explain why this verse is cited here, with a possible suggestion that it is an attempt to explain the meaning of the word *ḥamudot*. Since it might have been understood that not eating pleasant bread is an actual affliction, the Gemara explains that although regular bread is not as tasty, eating it is not considered an affliction (see Rabbi Yoshiya Pinto).

Allusion to the matter – זֵכֶר לַדָּבָר: The medieval commentators asked why this proof is considered merely an allusion. One suggestion is that the argument cannot serve as a solid proof, since the *amora'im* explained the verse in the opposite way (*Tosafot Yeshanim*). Another explanation is that the verse is using bathing and anointing as a metaphor. The previous verse states: "He loved cursing, and it came into him; and he did not delight in blessing and it is far from him. He clothed himself also with cursing as with his garments, and it came into his innards like water, and like oil into his bones" (Psalms 109:17–18). An actual proof cannot be derived from a passage that is metaphorical (Ritva).

שם מושב סמל הקנאה המקנה ויבא אותי אל חצר בית ה׳ הפנימית והנה פתח היכל ה׳ בין האולם ובין המזבח כעשרים וחמשה איש אחוריהם אל היכל ה׳ ופניהם קדמה והמה משתחוים קדמה לשמש״. ממשמע שנאמר: ״ופניהם קדמה״ איני יודע שאחוריהם אל היכל ה׳? אלא מה תלמוד לומר: אחוריהם אל היכל ה׳ – מלמד שהיו פורעין עצמן, והיו מתריזין כלפי מטה.

there was the seat of the image of jealousy, which provokes jealousy” (Ezekiel 8:3). “**And he brought me into the inner court of the Lord’s House, and behold at the opening of the Entrance Hall** of the Sanctuary **of God, between the porch and the altar were about twenty-five men with their backs toward the Temple of the Lord, and their faces toward the east, and they worshipped the sun toward the east**” (Ezekiel 8:16). The Gemara explains: **From the fact that it is stated “and their faces toward the east,” is it not clear that their backs were to the Sanctuary,** which is in the west? **Rather, what is the meaning** when **the verse states “their backs toward the Temple of the Lord”? This teaches that they would uncover** themselves **and defecate downward,** toward the Divine Presence. The verse used a euphemism to refrain from vulgar language.

אמר לו הקדוש ברוך הוא למיכאל: מיכאל! סרחה אומתך. אמר לפניו: רבונו של עולם, דיו לטובים שבהם. אמר לו: אני שורף אותם ולטובים שבהם. מיד ״ויאמר (לאיש) לבוש הבדים ויאמר בוא אל בינות לגלגל אל תחת לכרוב ומלא חפניך גחלי אש מבינות לכרובים וזרוק על העיר ויבא לעיני״ מיד ״וישלח הכרוב את ידו מבינות לכרובים אל האש אשר בינות הכרובים וישא ויתן אל חפני לבוש הבדים ויקח ויצא״.

The Holy One, Blessed be He, said to Michael, the ministering angel of the Jewish people: **Michael, your nation has sinned** (see Daniel 10:21). **He replied: Master of the Universe,** may it **be enough for the good** people **among them** to save them from destruction. **He said to him: I will burn them**[N] **and the good among them** because the good do not rebuke the wicked. **Immediately,** God spoke to Gabriel: **“He spoke to the man clothed in linen**[N] **and said: Go in between the wheelwork and beneath the cherub, and fill your hands with coals of fire from between the cherubs, and scatter them over the city; and he came before my eyes”** (Ezekiel 10:2). **Immediately: “And the cherub stretched out his hand from between the cherubs into the fire that was between the cherubs, and took and put it into the hands of him that was clothed in linen, who took it and went out”** (Ezekiel 10:7).

אמר רב חנא בר ביזנא אמר רבי שמעון חסידא: אילמלא לא נצטננו גחלים מידו של כרוב לידו של גבריאל – לא נשתיירו משונאיהן של ישראל שריד ופליט.

Rav Ḥana bar Bizna said that **Rabbi Shimon Ḥasida said: If it were not for the fact that the embers cooled** as they were passed **from the hand of the cherub to the hand of Gabriel,**[N] instead of Gabriel taking the embers directly himself as he had been told, **not a remnant or a refugee of the enemies of the Jewish people,** a euphemism for the Jewish people themselves, **would have survived.** The cooling of the embers limited the punishment.

וכתיב: ״והנה האיש לבוש הבדים אשר הקסת במתניו משיב דבר לאמר עשיתי כאשר צויתני״. אמר רבי יוחנן: באותה שעה הוציאו לגבריאל מאחורי הפרגוד, ומחיוהו שיתין פולסי דנורא. אמרו ליה: אי לא עבדת – לא עבדת, אי עבדת – אמאי לא עבדת כדפקדוך? ועוד: דעבדת, לית לך: אין משיבין על הקלקלה?

The Gemara continues. **And it is written: “And behold, the man clothed in linen with the slate by his side, reported the matter saying: I have done as You have commanded me”** (Ezekiel 9:11). **Rabbi Yoḥanan said: At that moment, they cast out Gabriel from behind the curtain [*pargod*],**[L] where the inner angels reside, **and they struck him with sixty blows [*pulsei*]**[L] **of fire. They said to him: If you did not do it, you did not do it; if you did do it, why did you not do it according to what you were commanded** but deviated from what you were instructed to do? **Moreover, after you already did it, do you not have** knowledge of the principle: **One should not deliver** a report **about destruction?**[N] If one is sent on a mission of destruction, he should not deliver a detailed report of its success but should only hint at it.

אייתוה לדוביאל שרא דפרסאי, ואוקמיה בחריקיה, ושמש עשרים ואחד יום. היינו דכתיב: ״ושר מלכות פרס עומד לנגדי עשרים ואחד יום והנה מיכאל אחד השרים הראשונים בא לעזרני ואני נותרתי שם אצל מלכי פרס״. יהבו ליה עשרין וחד מלכי, ופרוותא דמשהיג.

They then **brought Dubiel, the ministering angel of the Persians**[N] **and put him in the place of [*baḥarikei*]**[L] Gabriel **and he served for twenty-one days. As it is written: “But the prince of the kingdom of Persia stood opposed to me for twenty-one days, but, lo, Michael, one of the chief princes, came to help me and I remained there beside the kings of Persia”** (Daniel 10:13). Corresponding to those twenty-one days, **they gave him,** the ministering angel of Persia, **twenty-one kings** who ruled and **the seaport of Mashhig.**[L]

NOTES

I will burn them – אני שורף אותם: This is why the verse speaks about “each man with his censer in his hand.” The people sinned by burning incense to foreign gods, they were therefore punished by fire (*Maharsha*).

The man clothed in linen – האיש לבוש הבדים: In the book of Daniel (10:5), the man wearing linen also appears. He is the angel Gabriel, who appeared to Daniel previously (9:21). From this, we learn that the man wearing linen in the book of Ezekiel is also the angel Gabriel.

Gabriel – גבריאל: Everything described here is allegory and allusion. Gabriel is the angel in charge of strength and justice, which is why he is referred to as the angel of fire by the Gemara (see *Pesaḥim* 118a). However, the justice he dispenses is not directed at punishing the Jewish people; it is righteous justice. He makes sure that the Jews are judged favorably, even in the face of valid accusations.

One should not deliver a report about destruction – אין משיבין על הקלקלה: It is a rule of etiquette that a messenger reports to his overseer when he has successfully concluded his task. However, if he is reporting about a mission of destruction, it is inappropriate for the messenger to boast about his achievement, so as not to associate his overseer with the destruction. Instead, the messenger should only allude to the completion of his task.

Dubiel the ministering angel of the Persians – דוביאל שר פרס: He was probably given this name because the Persian kingdom is represented as a bear [*dov*] (see Daniel 7:5). The Sages also describe many acts of the Persians that resemble the behavior of bears.

LANGUAGE

Curtain [*pargod*] – פרגוד: From the Greek παραγαύδης, *paragaudès*, or the Latin paragauda, both of which derive from Old Persian. One sense of *pargod* is that of a specific type of screen. The *pargod* screen was used by Iranian kings. When sitting behind it, they could only be heard but not seen. This is the source of the image of the Divine Presence concealed behind the *pargod*.

Blows [*pulsei*] – פולסי: Apparently from the Latin word pulsus, meaning a blow or hit.

In the place of [*baḥarikei*] – בחריקיה: Probably from the Iranian vihrīq. The closest form in Middle Persian is apparently guhrīg, meaning equivalent.

Mashhig – משהיג: The correct version of this place name seems to be māshmāhig, an island in the Persian Gulf between Oman and Bahrain.

אָמַר: כְּתִיבוּ לִי לְיִשְׂרָאֵל בְּאַכַּרְגָּא! כְּתַבוּ לֵיהּ. כְּתִיבוּ לִי רַבָּנַן בְּאַכַּרְגָּא! כְּתַבוּ לֵיהּ. בְּעִידָּנָא דִּבְעוּ לְמֵיחְתַּם עָמַד גַּבְרִיאֵל מֵאֲחוֹרֵי הַפַּרְגּוֹד, וְאָמַר "שָׁוְא לָכֶם מַשְׁכִּימֵי קוּם מְאַחֲרֵי שֶׁבֶת אוֹכְלֵי לֶחֶם הָעֲצָבִים כֵּן יִתֵּן לִידִידוֹ שֵׁנָא". מַאי כֵּן יִתֵּן לִידִידוֹ שֵׁנָא? אָמַר רַבִּי יִצְחָק: אֵלּוּ נְשׁוֹתֵיהֶן שֶׁל תַּלְמִידֵי חֲכָמִים שֶׁמְּנַדְּדוֹת שֵׁינָה בָּעוֹלָם הַזֶּה וְזוֹכוֹת לָעוֹלָם הַבָּא. וְלֹא הִשְׁגִּיחוּ עָלָיו.

The ministering angel of the Persians **said: Write for me that the Jews** must pay **taxes** [*akarga*][L] to the Persians. **They wrote it for him** as he asked. He said: **Write for me that the Sages** must pay **taxes. They wrote** this **for him. When they wanted to sign** the documents, **Gabriel stood from behind the curtain and said: "It is vain for you who rise early who sit up late to eat the bread of sorrow, for He gives His beloved sleep"** (Psalms 127:2). **What** does **"for He gives His beloved sleep"** mean? **Rav Yitzḥak said: These are the wives of Torah scholars who disturb** their **sleep in this world** by staying up waiting for their husbands, who rise early and return late from learning Torah, **and** they thereby **merit the World-to-Come.** Gabriel asked: Is this the reward they deserve, to pay more taxes? **They did not listen to** Gabriel.

אָמַר לְפָנָיו: רִבּוֹנוֹ שֶׁל עוֹלָם! אִם יִהְיוּ כׇּל חַכְמֵי אוּמּוֹת הָעוֹלָם בְּכַף מֹאזְנַיִם, וְדָנִיֵּאל אִישׁ חֲמוּדוֹת בְּכַף שְׁנִיָּה לֹא נִמְצָא מַכְרִיעַ אֶת כּוּלָּם? אָמַר הַקָּדוֹשׁ בָּרוּךְ הוּא: מִי הוּא זֶה שֶׁמְּלַמֵּד זְכוּת עַל בָּנַי? אָמְרוּ לְפָנָיו: רִבּוֹנוֹ שֶׁל עוֹלָם, גַּבְרִיאֵל. אָמַר לָהֶם: יָבֹא. שֶׁנֶּאֱמַר: "וַאֲנִי בָאתִי בִּדְבָרֶיךָ". אָמַר לְהוּ: לֵיעוּל. אַעֲיְילוּהוּ.

He said before Him: Master of the Universe, if all the wise men of other nations were placed on one side of the scale, and Daniel the beloved man were on the other side, would he not outweigh them? The Holy One, Blessed be He, said: Who is the one who teaches the virtue of My children? They said to Him: Master of the Universe, it is **Gabriel. He said to them: Let him come** from behind the partition, as it **is stated: "And I have come due to your words"** (Daniel 10:12), meaning that Gabriel was permitted to enter from behind the partition because he mentioned Daniel's name. **God** then **said** to the other angels: **Let him ascend. They brought him up.**

אֲתָא אַשְׁכְּחֵיהּ לְדוּבִּיאֵל דְּנָקֵט לֵיהּ לְאִיגַּרְתֵּיהּ בִּידֵיהּ, בְּעָא לְמִרְמָא מִינֵּיהּ – בְּלָעָהּ. אִיכָּא דְּאָמְרִי: מִיכְתַּב הֲוָה כְּתִיבָא, מִיחְתַּם לָא הֲוֵי חֲתִמָא. אִיכָּא דְּאָמְרִי: אַף מִיחְתַּם נַמִי הֲוָה חֲתִמָא, כְּדִבְלַעֵיהּ מָחֵיק לַהּ מִינֵּיהּ. הַיְינוּ דִּבְמַלְכוּתָא דְּפָרַס אִיכָּא דְּיָהֵיב כַּרְגָּא וְאִיכָּא דְּלָא יָהֵיב כַּרְגָּא. "וַאֲנִי יוֹצֵא וְהִנֵּה שַׂר יָוָן בָּא" – עָוֵי עָוֵי וְלֵיכָּא דְּאַשְׁגַּח בֵּיהּ.

He came and **found Dubiel** the ministering angel of the Persians **holding the letter in his hand.** Gabriel **wanted to take** the letter **from him,** but Dubiel **swallowed it. Some say the letter was written, but it was not signed. Some say it was also signed,** but **when he swallowed it,** the signature **was erased.** The Gemara comments: **This is** why, **in the kingdom of Persia, there are** those **who pay taxes and there are** those **who do not pay taxes,** as the decree was not finalized. It also states there: **"And when I depart from him, the prince of Greece comes"** (Daniel 10:20). Gabriel **screamed and screamed** that the kings of Greece should not rule over the Jews, **but no one listened to him.**

וְאִי בָּעֵית אֵימָא: רְחִיצָה דְּאִיקְּרֵי עִנּוּי מְנָא לַן – מֵהָכָא, דִּכְתִיב: "וּלְאֶבְיָתָר הַכֹּהֵן אָמַר הַמֶּלֶךְ עֲנָתֹת לֵךְ עַל שָׂדֶךָ כִּי אִישׁ מָוֶת אָתָּה וּבַיּוֹם הַזֶּה לֹא אֲמִיתֶךָ כִּי נָשָׂאתָ [אֶת] אֲרוֹן ה׳ לִפְנֵי דָּוִד אָבִי וְכִי הִתְעַנִּיתָ בְּכֹל אֲשֶׁר הִתְעַנָּה אָבִי" וּכְתִיב בֵּיהּ בְּדָוִד: "כִּי אָמְרוּ הָעָם רָעֵב וְעָיֵף וְצָמֵא בַּמִּדְבָּר". "רָעֵב" מִלֶּחֶם "וְצָמֵא" מִמַּיִם. "עָיֵף" מִמַּאי – לָאו מֵרְחִיצָה? וְדִילְמָא מִנְּעִילַת הַסַּנְדָּל?

§ The Gemara returns to the issue of whether refraining from bathing is considered affliction. **If you wish, say** instead: The fact **that bathing is considered affliction, from where do we** derive this? **As it is written: "And to Ebiathar the priest the king said: Get to Anatoth to your fields, for you are deserving of death. But I will not put you to death today, because you carried the Ark of the Lord God before David my father, and because you have been afflicted in all that my father was afflicted"** (I Kings 2:26). **And it is written with regard to David: "For they said the people is hungry, and weary, and thirsty in the wilderness"** (II Samuel 17:29). **Hunger** means **from** lack of **bread** to eat, **and thirst** means **from** lack of **water** to drink. The word **weary** means lack **from what? Is it not from bathing?** The comparison of the verses suggests that that too is affliction. The Gemara challenges: **And perhaps** "weary"[N] means from lack of **wearing shoes?** Therefore, this does not teach us that refraining from bathing is considered an affliction.

אֶלָּא אָמַר רַבִּי יִצְחָק: מֵהָכָא, "מַיִם קָרִים עַל נֶפֶשׁ עֲיֵפָה" – וְדִילְמָא מִשְׁתִּיָּה? מִי כְּתִיב "בְּנֶפֶשׁ עֲיֵפָה" "עַל נֶפֶשׁ עֲיֵפָה" כְּתִיב.

Rather, another source needs to be found. **Rav Yitzḥak said:** It can be derived **from here: "As cold water on a weary soul,** so is good news from a far country" (Proverbs 25:25). This implies that the word weary is used to describe someone who has not bathed. The Gemara asks: **But perhaps** the verse is referring to weariness **from** not **drinking?** The Gemara rejects this: **Is it written: As cold water in a weary soul?** That would mean that it entered one like a drink. Rather, **"on a weary soul" is written,** which implies bathing.

LANGUAGE

Taxes [*akarga*] – אַכַּרְגָּא: This word comes from the Middle Persian word harg, meaning duty or tribute. In the Talmud it refers to a poll tax.

NOTES

Weary – עָיֵף: The word weary appears in the Bible in many contexts. Its general meaning is a feeling of weakness, from lack of food, drink, or other necessities. The Gemara therefore explores the meaning of weary in the verse about David.

וּנְעִילַת הַסַּנְדָּל מְנָא לַן? דִּכְתִיב: ״וְדָוִד עוֹלֶה בְמַעֲלֵה הַזֵּיתִים עוֹלֶה וּבוֹכֶה וְרֹאשׁ לוֹ חָפוּי (וְהוֹלֵךְ) יָחֵף״. יָחֵף מִמַּאי – לָאו מִנְּעִילַת הַסַּנְדָּל? וְדִילְמָא מִסּוּסְיָא וּמַרְטְקָא!

§ The Gemara clarifies the next point in the mishna: The fact that not **wearing shoes** is considered an affliction, **from where do we** derive this? **As it is written: "And David went up by the ascent of the Mount of Olives, and wept as he went up, and he had his head covered, and was walking barefoot"** (II Samuel 15:30). **Barefoot** implies a lack **of what? Is it not** a lack **of wearing shoes?** All these deprivations are described as affliction. The Gemara rejects this: No, **perhaps** he was barefoot **from a horse and whip.** Even if he was wearing shoes, a king without a horse and whip was considered as if he were going barefoot.

אֶלָּא אָמַר רַב נַחְמָן בַּר יִצְחָק, מֵהָכָא: ״לֵךְ וּפִתַּחְתָּ הַשַּׂק מֵעַל מָתְנֶיךָ וְנַעַלְךָ תַחֲלוֹץ מֵעַל רַגְלֶךָ״ וּכְתִיב: ״וַיַּעַשׂ כֵּן הָלוֹךְ עָרוֹם וְיָחֵף״. יָחֵף מִמַּאי? לָאו מִנְּעִילַת הַסַּנְדָּל? וְאֵימָא בְּמִנְעָלִים הַמְטוּלָּאִים. דְּאִי לָא תֵּימָא הָכִי ״עָרוֹם״ עָרוֹם מַמָּשׁ? אֶלָּא – בִּבְגָדִים בְּלוּיִים, הָכָא נַמִּי – בְּמִנְעָלִים הַמְטוּלָּאִים.

Rather, Rav Naḥman bar Yitzḥak said: We learn it **from here,** as it states: **"Go and loose the sackcloth from your loins, and remove your shoe from your foot"** (Isaiah 20:2). **And it is written: "And he did so, walking naked and barefoot"** (Isaiah 20:2). **Barefoot** implies a lack **of what? Is it not** a lack **of wearing shoes?** The Gemara challenges: **And say** that perhaps the meaning of barefoot is that Isaiah walked **with patched shoes.**[N] **Because if you do not say this,** but you claim that the verse is to be understood literally, does "naked" mean **actually naked? Rather,** the meaning is that Isaiah walked in **ragged garments. Here too,** the meaning is that he walked **in patched shoes.**

אֶלָּא אָמַר רַב נַחְמָן בַּר יִצְחָק, מֵהָכָא: ״מִנְעִי רַגְלֵךְ מִיָּחֵף וּגְרוֹנֵךְ מִצִּמְאָה״ – מְנַעִי עַצְמֵךְ מִן הַחֵטְא כְּדֵי שֶׁלֹּא יָבֹא רַגְלֵךְ לִידֵי יְחוּף. מִנְעִי לְשׁוֹנֵךְ מִדְּבָרִים בְּטֵלִים כְּדֵי שֶׁלֹּא יָבֹא גְּרוֹנֵךְ לִידֵי צִמְאָה.

Rather, a different source must be found. **Rav Naḥman bar Yitzḥak said** that we derive it **from here:** It states: **"Withhold your foot from being barefoot, and your throat from thirst"** (Jeremiah 2:25), meaning: **Keep yourself from sin, so that your feet will not come to be barefoot; keep your tongue from idle talk, so that your throat will not come to be thirsty.** Consequently, we learn that being barefoot is considered an affliction.

תַּשְׁמִישׁ הַמִּטָּה דְּאִיקְּרֵי עִנּוּי מְנָא לַן? דִּכְתִיב: ״אִם תְּעַנֶּה אֶת בְּנוֹתַי וְאִם תִּקַּח נָשִׁים״.

§ The Gemara continues to clarify another of the afflictions of Yom Kippur: **From where do we** derive the *halakha* that refraining from **conjugal relations is called affliction? As it is written,** Laban said to Jacob: **"If you shall afflict my daughters, and if you shall take** other **wives** beside my daughters" (Genesis 31:50).

Perek **VIII**
Daf **77** Amud **b**

״אִם תְּעַנֶּה״ – מִתַּשְׁמִישׁ, ״וְאִם תִּקַּח״ – מִצָּרוֹת. וְאֵימָא: אִידִי וְאִידִי מִצָּרוֹת! מִי כְּתִיב ״אִם תִּקַּח״? ״וְאִם תִּקַּח״ כְּתִיב.

This can be explained as: **"If you shall afflict** my daughters" by refraining **from conjugal relations, "and if you shall take** other wives" causing them to suffer **from** additional **rival** wives. The Gemara objects: **And say that this** phrase **and that** phrase are both referring to taking **rival** wives. The Gemara rejects this: **Is it written: If you take? "And if you shall take" is written.** Therefore, the clauses must be referring to two different kinds of affliction.

וְאֵימָא: אִידִי וְאִידִי מִצָּרוֹת, חַד – לְצָרוֹת דִּידֵיהּ וְחַד לְצָרוֹת דְּאָתְיָין לֵיהּ מֵעָלְמָא! דּוּמְיָא דְּ״אִם תִּקַּח״, מִי כְּתִיב ״אִם תִּקַּח וְאִם תְּעַנֶּה״ ״אִם תְּעַנֶּה וְאִם תִּקַּח״ כְּתִיב.

The Gemara challenges further: **And say that this** phrase **and that** phrase **are referring to** taking **rival** wives. **One** phrase is referring to **his** wives' current **rivals.** "If you shall afflict" means that Jacob should not elevate the position of the two maidservants, Bilhah and Zilpah, to the status of wife, which would make them co-wives with Laban's daughters. **And one** phrase is referring to **rivals who** might **come to him from the world** at large, which would be **similar** in meaning to **"if you shall take."** The Gemara rejects this: **Is it written: If you take and if you afflict?** It is logical to first state the more severe warning and then the less severe one. But according to this proposed reading that "take" refers to rivals from the world at large and "afflict" refers to elevating the status of maidservants, the text would have first mentioned the less painful affliction of elevating the maidservants and then followed it with a warning about taking new rival wives, as **"if you shall afflict and if you shall take" is written.**

NOTES

With patched shoes – בְּמִנְעָלִים הַמְטוּלָּאִים: The Sages said that a Torah scholar should not wear patched shoes because this is considered disgraceful. A Torah scholar who does wear such shoes is considered to be walking barefoot.

אָמַר לֵיהּ רַב פָּפָּא לְאַבָּיֵי: הָא תַּשְׁמִישׁ גּוּפָהּ אִיקְּרִי עִנּוּי, דִּכְתִיב: ״וַיִּשְׁכַּב אוֹתָהּ וַיְעַנֶּהָ״! אֲמַר לֵיהּ: הָתָם שֶׁעִינָּה מִבִּיאוֹת אֲחֵרוֹת.

Rav Pappa said to Abaye: But conjugal relations themselves are called affliction,[N] **as it is written:** "And Shechem the son of Hamor the Hivite, the prince of the land, saw her; and he took her, **and he lay with her and afflicted her"** (Genesis 34:2). If so, how can it be said that the affliction is in withholding conjugal relations? **He said to him: There,** Shechem **afflicted her from different relations,** meaning he slept with her in an unnatural way. That type of relations is clearly an affliction.

תָּנוּ רַבָּנַן: אָסוּר לִרְחוֹץ מִקְצָת גּוּפוֹ כְּכָל גּוּפוֹ, וְאִם הָיָה מְלוּכְלָךְ בְּטִיט וּבְצוֹאָה – רוֹחֵץ כְּדַרְכּוֹ וְאֵינוֹ חוֹשֵׁשׁ. אָסוּר לָסוּךְ מִקְצָת גּוּפוֹ כְּכָל גּוּפוֹ, וְאִם הָיָה חוֹלֶה אוֹ שֶׁהָיוּ לוֹ חֲטָטִין בְּרֹאשׁוֹ – סָךְ כְּדַרְכּוֹ וְאֵינוֹ חוֹשֵׁשׁ.

§ The Gemara clarifies some of the prohibitions relating to Yom Kippur. **The Sages taught: It is prohibited to bathe**[H] **part of the body** just as it is prohibited to bathe **the whole body. But if one is dirty from mud or excrement, he** may **bathe in his** usual **manner, and he** need **not be concerned** about transgressing, since his goal is not pleasure. Similarly, **it is prohibited to** smear oil[H] **on part of the body just as** it is prohibited to smear oil on **the whole body. But if one was sick** and needed to smear oil on his body for medicinal purposes, **or if one had scabs on his head** that would hurt if he did not smear oil on himself, **he** may **smear** oil **in his** usual **manner, and he** need **not be concerned** about transgressing.

תָּנָא דְּבֵי מְנַשֶּׁה, רַבָּן שִׁמְעוֹן בֶּן גַּמְלִיאֵל אוֹמֵר: מְדִיחָה אִשָּׁה יָדָהּ אַחַת בַּמַּיִם וְנוֹתֶנֶת פַּת לְתִינוֹק, וְאֵינָהּ חוֹשֶׁשֶׁת.

The school of Menashe taught that **Rabban Shimon ben Gamliel says: A woman** may **rinse one hand in water,** so that she does not touch food before she has washed her hands in the morning, **and give bread to her child,**[H] **and she** need **not be concerned** about violating the prohibition of bathing on Yom Kippur.

אָמְרוּ עָלָיו עַל שַׁמַּאי הַזָּקֵן שֶׁלֹּא רָצָה לְהַאֲכִיל בְּיָדוֹ אַחַת, וְגָזְרוּ עָלָיו לְהַאֲכִיל בִּשְׁתֵּי יָדַיִם. מַאי טַעְמָא? אָמַר אַבָּיֵי: מִשּׁוּם שִׁיבְתָא.

They said about Shammai the Elder that he did not want to feed[N] his children **with one hand,** to avoid having to wash it. This prevented the children from eating during all of Yom Kippur. Due to concerns about the health and the suffering of his children, **they decreed that he must feed** them **with two hands,** forcing him to wash both hands. **What is the reason** that they also said in general that one must wash his hands before touching food? **Abaye said: Due to** an evil spirit named **Shivta,**[B] who resides on hands that have not been washed in the morning.

תָּנוּ רַבָּנַן: הַהוֹלֵךְ לְהַקְבִּיל פְּנֵי אָבִיו אוֹ פְּנֵי רַבּוֹ, אוֹ פְּנֵי מִי שֶׁגָּדוֹל מִמֶּנּוּ – עוֹבֵר עַד צַוָּארוֹ בַּמַּיִם, וְאֵינוֹ חוֹשֵׁשׁ.

§ **The Sages taught: One who goes to greet his father or his teacher, or to greet one who is greater than him** in wisdom, and has to cross a river on the way, may **cross** the water **until his neck is in the water, and he** need **not be concerned**[H] that he is violating the prohibition against bathing on Yom Kippur.

אִיבַּעְיָא לְהוּ: הָרַב אֵצֶל תַּלְמִיד מַאי? תָּא שְׁמַע, דְּאָמַר רַב יִצְחָק בַּר בַּר חָנָה: אֲנָא חֲזִיתֵיהּ לִזְעֵירִי דַּאֲזַל לְגַבֵּי רַב חִיָּיא בַּר אַשִׁי תַּלְמִידֵיהּ. רַב אַשִׁי אָמַר: הַהוּא רַב חִיָּיא בַּר אַשִׁי הוּא דַּאֲזַל לְגַבֵּיהּ דִּזְעֵירִי רַבֵּיהּ.

A dilemma was raised before them, i.e., the students discussing this question: **What** is the law concerning **a teacher** going **to** visit his **student?**[H] May he enter the water in order to teach his student? The Gemara tries to bring a proof: **Come** and **hear** from what **Rav Yitzḥak bar bar Ḥana said: I saw Ze'iri, who went** through a river on his way **to Rav Ḥiyya bar Ashi, his student. Rav Ashi said:** This was not the case. Rather, in **that** case, it was the student **Rav Ḥiyya bar Ashi who went to Ze'iri, his teacher.** Therefore, this incident does not answer the question.

רָבָא שְׁרָא לִבְנֵי עֵבֶר יְמִינָא לְמֶעְבַּר בְּמַיָּא לְנְטוּרֵי פֵּירֵי. אֲמַר לֵיהּ אַבָּיֵי לְרָבָא: תַּנְיָא דִּמְסַיַּיע לָךְ, שׁוֹמְרֵי פֵּירוֹת עוֹבְרִין עַד צַוָּארָן בַּמַּיִם וְאֵין חוֹשְׁשִׁין.

Rava permitted those who lived on the **right side** of the Euphrates **to pass through the water to guard the fruit**[H] in their fields on Yom Kippur. **Abaye said to Rava:** A *baraita* **was taught that supports your** opinion. We learned: **Guards of fruit** may **cross** the river **until their necks are in the water, and they** need **not be concerned** that they are violating the prohibition against bathing on Yom Kippur.

רַב יוֹסֵף שְׁרָא לְהוּ לִבְנֵי בֵּי תַרְבּוּ לְמֶעְבַּר בְּמַיָּא לְמֵיתֵי לְפִירְקָא, לְמֵיזַל לָא שְׁרָא לְהוּ. אֲמַר לֵיהּ אַבָּיֵי: אִם כֵּן אַתָּה מַכְשִׁילָן לֶעָתִיד לָבֹא. אִיכָּא דְּאָמְרִי: שְׁרָא לְהוּ לְמֵיתֵי, וּשְׁרָא לְהוּ לְמֵיזַל. אֲמַר לֵיהּ אַבָּיֵי: בִּשְׁלָמָא לְמֵיתֵי – לְחַיֵּי, אֶלָּא לְמֵיזַל – מַאי טַעְמָא? כְּדֵי שֶׁלֹּא תְּהֵא מַכְשִׁילָן לֶעָתִיד לָבֹא.

Rav Yosef permitted the **people** of the village of **Bei Tarbu to cross in the water to come to the lecture** he delivered **on** Yom Kippur. **He did not,** however, **permit them to go** back home through the water. **Abaye said to him: If so, you are obstructing them** from coming **in the future.** They will not come to the lecture knowing they will be prohibited from returning home. **Some say** the incident happened differently: Rav Yosef **permitted them to come and permitted them to go** back through the water. **Abaye said to him: Granted,** you allow them **to come, that is well. But what is the reason** you allow them **to go** back? He said to him: **So as not to obstruct them** from coming **in the future.**

NOTES

Conjugal relations themselves are called affliction – תַּשְׁמִישׁ גּוּפָהּ אִיקְּרִי עִנּוּי: Rabbi Elyakim explains: Excess of conjugal relations may be called an affliction, and Rav Pappa tried to bring proof of this from the verse. This proof was rejected because the verse does not actually refer to conjugal relations (see Rashi and Ibn Ezra on Genesis 34:2).

He did not want to feed – לֹא רָצָה לְהַאֲכִיל: According to most commentaries, this is because Shammai was hesitant to wash even one of his hands in water. The Sages therefore decreed that he should wash both hands, in order to emphasize that it is permitted to do so. Similarly, the Sages enacted other rules to undercut differing opinions (Ritva). Some commentaries maintain that since Shammai did not want to feed the children with one hand, lest the other unwashed hand touch the food, the Sages permitted him to wash both hands.

HALAKHA

The prohibition of bathing – אִיסּוּר רְחִיצָה: On Yom Kippur, it is prohibited to bathe even a part of one's body in cold or hot water. However, one may bathe if a part of the body is dirty from mud, excrement, or blood, because the law only prohibits bathing for pleasure. One who is sensitive and suffers from sweat is allowed to cleanse his body of sweat but should avoid this if possible, since the *Baḥ*, *Taz*, and *Peri Ḥadash* all rule against it (*Mishna Berura*; *Shulḥan Arukh*, *Oraḥ Ḥayyim* 613:1).

The prohibition against smearing oil – אִיסּוּר סִיכָה: It is prohibited to spear oil on even part of one's body on Yom Kippur. However, if one is ill or has scabs on his head and needs to smear oil on himself, he may do so in the normal manner and need not be concerned about violating a prohibition (*Shulḥan Arukh*, *Oraḥ Ḥayyim* 614:1).

Washing in order to feed a child – רְחִיצָה לְשֵׁם הַאֲכָלַת תִּינוֹק: A woman may rinse one hand with water to feed her child (see Rambam *Sefer Zemanim*, *Hilkhot Shevitat Asor* 3:2, and in the comment of the *Leḥem Mishne*).

One who travels to study may pass through water – הַהוֹלֵךְ לִלְמוֹד עוֹבֵר בַּמַּיִם: On Yom Kippur, if one must cross a river to reach the study hall, to visit his father or teacher, or to fulfill a mitzva, he may enter the water up to his neck, provided there is no danger of drowning. This is also permitted on his return trip (*Shulḥan Arukh*, *Oraḥ Ḥayyim* 613:5).

A teacher going to visit his student – הָרַב אֵצֶל תַּלְמִיד: A teacher is not permitted to pass through water on Yom Kippur in order to reach his student (*Shulḥan Arukh*, *Oraḥ Ḥayyim* 613:7).

Guards for fruit – שׁוֹמְרֵי פֵּירוֹת: One who guards fruit is allowed to pass through water to reach it. However, he is not permitted to return, as the reason that Abaye gave Rav Yosef for returning does not apply in this case (*Shulḥan Arukh*, *Oraḥ Ḥayyim* 613:8).

BACKGROUND

Evil spirit named Shivta – שִׁיבְתָא: In the responsa literature of the *ge'onim*, *shivta* is described as an illness generally found among young children. According to these commentaries, it was an infectious disease that could be transmitted by handling food with unclean hands. See Rashi for an alternative explanation.

רַב יְהוּדָה וְרַב שְׁמוּאֵל בַּר רַב יְהוּדָה הָווּ קָיְימִי אַגּוּדָא דִּנְהַר (פַּפָּא) אַמַּבְרָא דְּחַצְדַּד, וַהֲוָה קָאֵי רָמִי בַּר פַּפָּא מֵהַךְ גִּיסָא, רְמָא לְהוּ קָלָא, מַהוּ לְמֵיעֲבַר לְמֵיתֵי לְגַבַּיְיכוּ לְמִשְׁאַל שְׁמַעְתָּא? אֲמַר לֵיהּ רַב יְהוּדָה: רַב וּשְׁמוּאֵל דְּאָמְרִי תַּרְוַיְיהוּ: עוֹבֵר, וּבִלְבַד שֶׁלֹּא יוֹצִיא יָדוֹ מִתַּחַת חֵפֶת חֲלוּקוֹ. אִיכָּא דְּאָמְרִי, אֲמַר לֵיהּ רַב שְׁמוּאֵל בַּר רַב יְהוּדָה: תָּנֵינָא, עוֹבֵר וּבִלְבַד שֶׁלֹּא יוֹצִיא יָדוֹ מִתַּחַת חֵפֶת חֲלוּקוֹ.

It is told: **Rav Yehuda and Rav Shmuel bar Rav Yehuda were standing on the bank of the Pappa River next to the Ḥatzdad crossing, and Rami bar Pappa was standing on the other side** of the river. **He raised his voice to them** and asked: **What is the** ruling with regard to **crossing over to come to you to ask a** ***halakha*****? Rav Yehuda said to him:** It is **Rav and Shmuel who both say: One** may **cross** in the water, **provided that he does not remove his hand from under the hem of his cloak.**[N] One may not raise the hems of his cloak to his shoulders to keep them dry, since this form of carrying renders one liable to bring a sin-offering. Rather, one should walk normally and get his clothes wet in the water. **Some say** this is not how the incident happened. Rather, **Rav Shmuel bar Rav Yehuda said to him: We learned** in a *baraita*: One may **cross over, provided** that **he does not remove his hand from the hem of his cloak.**

מַתְקִיף לָהּ רַב יוֹסֵף: וּבַחוֹל כִּי הַאי גַּוְנָא מִי שָׁרֵי? וְהָכְתִיב: "וַיָּמָד אֶלֶף בָּאַמָּה וַיַּעֲבִרֵנִי בַמַּיִם מֵי אָפְסָיִם" – מִכָּאן שֶׁמּוּתָּר לַעֲבוֹר עַד אַפְסַיִים.

Rav Yosef strongly objects to this: And on a weekday is it permitted to walk **in such** deep water that it presents a danger of drowning? **But isn't it written** with regard to the river that, in the future, will issue forth from the Holy of Holies: **"He measured a thousand cubits, and he led me through the water; the water was ankle deep"** (Ezekiel 47:3); from **here** it is derived that one **is permitted to pass through** water that reaches **up to the ankles.**

"וַיָּמָד אֶלֶף וַיַּעֲבִרֵנִי בַמַּיִם מַיִם בִּרְכָּיִם" – מִכָּאן שֶׁמּוּתָּר לַעֲבוֹר עַד בִּרְכַּיִם, "וַיָּמָד אֶלֶף וַיַּעֲבִרֵנִי מֵי מָתְנָיִם" – מִכָּאן שֶׁמּוּתָּר לַעֲבוֹר עַד מָתְנַיִם, מִכָּאן וְאֵילָךְ "וַיָּמָד אֶלֶף נַחַל אֲשֶׁר לֹא אוּכַל לַעֲבוֹר".

Rav Yosef continues explaining the verse: **"Again he measured a thousand and he led me through the water, the water was knee deep"** (Ezekiel 47:4); from **here** it is derived that one **is permitted to pass through** water that reaches **up to the knees. "He measured a thousand and led me through the water up to the waist"** (Ezekiel 47:4); from **here** it is derived that one **is permitted to pass through** water that reaches **up to the waist. From this point forward: "And he measured a thousand, a river that I could not pass through"** (Ezekiel 47:5). This implies that one is never permitted to pass through water that is more than waist high, because it is dangerous.

אָמַר אַבַּיֵי: שָׁאנֵי נַחַל דִּרְדִיפִי מַיָּא.

Abaye said: That is not a proof, because **a river** with fast **flowing water is different.** If it is higher than one's waist, he could drown. However, one is permitted to cross still water even if it is deeper than that.

יָכוֹל יַעֲבִירֶנּוּ בְּסִיחוּי – תַּלְמוּד לוֹמַר: "כִּי גָאוּ הַמַּיִם מֵי שָׂחוּ" מַאי מֵי שָׂחוּ? שִׁיּוּטָא, שֶׁכֵּן קוֹרִין לְשַׁיְיטָא סַיְיחָא, יָכוֹל יַעֲבִירֶנּוּ בְּבוּרְנִי קְטַנָּה – תַּלְמוּד לוֹמַר: "בַּל תֵּלֶךְ בּוֹ אֳנִי שַׁיִט", יָכוֹל יַעֲבִירֶנּוּ בְּבוּרְנִי גְּדוֹלָה – תַּלְמוּד לוֹמַר: "וְצִי אַדִּיר לֹא יַעַבְרֶנּוּ" מַאי מַשְׁמַע? כִּדְמְתַרְגֵּם רַב יוֹסֵף: לָא תֵיזִיל בֵּיהּ בִּסְפִינַת צַיָּידִין, וּבוּרְנִי רַבָּתִי לָא תְגוּזִינָהּ.

§ Apropos the river that will flow in the future, the Gemara explains additional verses in Ezekiel. **One might think that** Ezekiel **could cross the river by swimming. The verse states: "For the water had swollen into** ***saḥu*** **waters"** (Ezekiel 47:5). **What does "*saḥu* waters"** mean? Water that can be traversed only with **a boat** [***shiyuta***], **as sailing** [***shayta***] **is** sometimes **called swimming** [***sayḥa***]. **I might have thought** Ezekiel **could pass across in a small boat** [***burni***].[L] **Therefore, the verse states: "No galley with oars shall go"** (Isaiah 33:21). **I might have thought he could pass through in a large boat. Therefore, the verse states: "Neither shall a fishing boat** [***tzi adir***] **be able to cross it"** (Isaiah 33:21). The Gemara asks: **From where** can it **be inferred** that the words *tzi adir* mean fishing boat? The Gemara explains: This is how **Rav Yosef translated**[N] this verse: **A fishing boat** [***sfinat tzayyadin***] **will not travel on it and a large ship will not cross it.**

אָמַר רַבִּי יְהוּדָה בֶּן פַּזִּי: אַף מַלְאַךְ הַמָּוֶת אֵין לוֹ רְשׁוּת לַעֲבוֹר בְּתוֹכוֹ, כְּתִיב הָכָא: "בַּל תֵּלֶךְ בּוֹ אֳנִי שַׁיִט" וּכְתִיב הָתָם: "מִשּׁוּט בָּאָרֶץ".

The Gemara continues its discussion of the river that will in the future come out of the Holy of Holies. **Rabbi Yehuda ben Pazi said: Even the Angel of Death**[N] **does not have permission to pass through it** to the other side of this river, and proof of this is in the verse, **as it is written here: "No galley with oars** [***ani shayt***] **can travel" and as it was written there:** "Then Satan answered the Lord and said: **From going to and fro** [***mishut***] **the earth** and from walking up and down in it" (Job 1:7). Even Satan, who is also the Angel of Death, cannot cross through this river.

NOTES

Provided that he does not remove his hand from under the hem of his cloak – שֶׁלֹּא יוֹצִיא יָדוֹ מִתַּחַת חֵפֶת חֲלוּקוֹ: Many reasons have been offered for this law. According to Rashi, the concern is about carrying on Yom Kippur. Other commentaries suggest that the rule is intended to prevent swimming. A third approach maintains that if one raises his cloak it will look like he is bathing for pleasure (*ge'onim*). Alternatively, the prohibition acts as a reminder that it is Yom Kippur, to prevent one from squeezing out his cloak (*Tosafot Yeshanim*).

This is how Rav Yosef translated the verse – כִּדְמְתַרְגֵּם רַב יוֹסֵף: This is the Aramaic translation that we have today (*Targum Yonatan*). It is apparently referred to as Rav Yosef's translation, due to his expertise in the text.

Even the Angel of Death – אַף מַלְאַךְ הַמָּוֶת: It has been suggested that an additional allusion to this idea is found in the word *ani*, which is related to *aninut*, meaning mourning and pain (Rabbi Yoshiya Pinto).

LANGUAGE

Small boat [*burni*] – בּוּרְנִי: From the Greek λιβυρνίς, *liburnis*, or the Latin liburna. It refers to a small boat used for war or shipping that was sailed in the Adriatic Sea.

Reconstruction of a liburna

אָמַר רַבִּי פִּנְחָס מִשּׁוּם רַב הוּנָא צִפּוֹרָאָה: מַעְיָן הַיּוֹצֵא מִבֵּית קׇדְשֵׁי הַקֳּדָשִׁים בִּתְחִילָּה דּוֹמֶה לְקַרְנֵי חֲגָבִים, כֵּיוָן שֶׁהִגִּיעַ לְפֶתַח הֵיכָל נַעֲשָׂה כְּחוּט שֶׁל שְׁתִי, כֵּיוָן שֶׁהִגִּיעַ לְאוּלָם נַעֲשָׂה כְּחוּט שֶׁל עֵרֶב כֵּיוָן שֶׁהִגִּיעַ אֶל פֶּתַח עֲזָרָה נַעֲשָׂה כְּפִי פַּךְ קָטָן. וְהַיְינוּ דִּתְנַן, רַבִּי אֱלִיעֶזֶר בֶּן יַעֲקֹב אוֹמֵר: מַיִם

The Gemara cites more *midrashim* about the river that will flow from the Holy of Holies. **Rabbi Pineḥas said in the name of Rav Huna of Tzippori: The spring that comes forth from inside the Holy of Holies** is **at first** very narrow **and resembles grasshoppers' antennae** in width. **Once it reaches the opening of the Sanctuary it becomes** as thick **as the thread of** the **warp; once it reaches the Entrance Hall** of the Sanctuary, **it becomes** as thick as the **thread of** the **woof,**[B] which is wider than the warp thread. **Once it reaches the opening of** the Temple **courtyard it becomes like the mouth of a small jug. This is as we learned** in a mishna: **Rav Eliezer ben Ya'akov says: Water,**

Perek **VIII**
Daf **78** Amud **a**

מְפַכִּין עֲתִידִין לִהְיוֹת יוֹצְאִין מִתַּחַת מִפְתַּן הַבַּיִת. מִכָּאן וְאֵילָךְ הָיָה מִתְגַּבֵּר וְעוֹלֶה עַד שֶׁמַּגִּיעַ לְפֶתַח בֵּית דָּוִד, כֵּיוָן שֶׁמַּגִּיעַ לְפֶתַח בֵּית דָּוִד – נַעֲשָׂה כְּנַחַל שׁוֹטֵף, שֶׁבּוֹ רוֹחֲצִין זָבִין וְזָבוֹת נִדּוֹת וְיוֹלְדוֹת, שֶׁנֶּאֱמַר: ״בַּיּוֹם הַהוּא יִהְיֶה מָקוֹר נִפְתָּח לְבֵית דָּוִד וּלְיוֹשְׁבֵי יְרוּשָׁלָםִ לְחַטָּאת וּלְנִדָּה״.

in the future, will bubble from under the threshold of the Temple. From this point **forward,** the spring **will grow in strength**[N] **and rise until it reaches the opening of David's house,** i.e., his grave, which is outside of Jerusalem. **When it reaches the opening of David's house, it will become a flowing river in which** ***zavim*** **and** ***zavot*****, menstruating women, and women after childbirth will bathe** to purify themselves. **As it is stated: "On that day there shall be a fountain opened for the house of David and to the inhabitants of Jerusalem for purification and for sprinkling"** (Zechariah 13:1).

אָמַר רַב יוֹסֵף: מִכָּאן רֶמֶז לְנִדָּה שֶׁצְּרִיכָה לֵישֵׁב עַד צַוָּארָהּ בַּמַּיִם. וְלֵית הִילְכְתָא כְּוָותֵיהּ.

Rav Yosef said: From here, there is an allusion that a menstruating woman must be able to **sit**[N] **up to her neck in water,** i.e., that this is the appropriate depth for waters of a ritual bath to purify. The Gemara comments: **But the** ***halakha*** **is not in accordance with his** opinion. Rather, the depth of the water is irrelevant. As long as the water can cover an entire adult body, the ritual bath is kosher.

(תֵּינַח יוֹם הַכִּפּוּרִים דְּלֵיכָּא מִנְעָל,) שַׁבָּת דְּאִיכָּא מִנְעָל מַאי? אָמַר נְחֶמְיָה חֲתָנֵיהּ דְּבֵי נְשִׂיאָה: אֲנָא חֲזֵיתֵיהּ לְרַבִּי אַמֵּי וְרַבִּי אַסִּי דְּמָטוּ עוּרְקוּמָא דְּמַיָּא, וַעֲבַרוּהָ, דֶּרֶךְ מַלְבּוּשׁ.

§ The Gemara investigates the permissibility of crossing water in order to fulfill a mitzva: It works out **well** that on **Yom Kippur** it is permitted because **there are no shoes,** and there is no problem going through water barefoot. However, on **Shabbat,**[H] **when there are shoes, what** is the *halakha*? Is one permitted to cross water wearing shoes? Is there a concern that his shoe might come off and he may pick it up, thereby violating the prohibition of carrying out? **Neḥemya, the son-in-law of the** ***Nasi*****, said: I saw Rabbi Ami and Rabbi Asi come to a pool of water** that they had to cross on Shabbat, **and they crossed it while wearing** their shoes without removing them first.

תֵּינַח מִנְעָל, סַנְדָּל מַאי אִיכָּא לְמֵימַר? אָמַר רַב רִיחוּמִי: אֲנָא חֲזֵיתֵיהּ לְרָבִינָא דְּעָבַר דֶּרֶךְ מַלְבּוּשׁ. רַב אַשִׁי אָמַר: סַנְדָּל לְכַתְּחִלָּה לֹא.

The Gemara asks: It works out **well** that **shoes** are permitted, since one can tie them tightly, but **what is there to say** about **sandals?** Since they do not fit tightly on the foot, they might come off in the water. **Rav Riḥumi said: I saw Ravina cross** a river while **wearing** sandals on his feet. **Rav Ashi said: If he is** wearing **sandals,** he should **not** cross the water ***ab initio*****,** lest the sandal fall off his foot and he violate the prohibition of carrying on Shabbat by picking it up.

רֵישׁ גָּלוּתָא אִיקְּלַע לְהַגְרוֹנְיָא לְבֵי רַב נָתָן. רַפְרָם וְכוּלְּהוּ רַבָּנַן אָתוּ לְפִירְקָא, רָבִינָא לָא אֲתָא. לְמָחָר בְּעֵי רַפְרָם לְאַפּוֹקֵי לְרָבִינָא מִדַּעְתֵּיהּ דְּרֵישׁ גָּלוּתָא. אֲמַר לֵיהּ: מַאי טַעְמָא לָא אֲתָא מָר לְפִירְקָא? אֲמַר לֵיהּ: הֲוָה כָּאֵיב לִי כַּרְעַאי. אִיבְּעִי לָךְ לְמֵיסַם מְסָאנֵי! גַּבָּא דְּכַרְעָא הֲוָה.

Incidental to this, the Gemara reports: **The Exilarch came to** deliver a lecture in **Rav Natan's** study hall **in Hagronya. Rafram and all the Sages came to the lecture,**[B] but **Ravina did not come. The next day,** when he came, **Rafram wanted to remove** any anger towards **Ravina from the mind of the Exilarch,** for missing the lecture. Rafram therefore asked Ravina: **What is the reason** that **the Master did not come to the lecture? He said to him: My foot hurt.** He said to him: **You should have put shoes on.** Ravina answered him: **It was the back of the foot** that hurt, so wearing shoes would have been hard for me.

BACKGROUND

Warp and woof threads – **חוּט שְׁתִי וְחוּט עֵרֶב:** Even when weaving is done evenly, and the warp threads, those attached to the loom, are of the same type of thread as the woof, they are still somewhat different because of how they are used. The warp threads are usually both slimmer and stronger than the woof threads.

NOTES

From this point forward it will grow in strength – **מִכָּאן וְאֵילָךְ הָיָה מִתְגַּבֵּר:** This is a hint to the way the future redemption will take place. It will begin slowly, until the Messiah, the descendant of David, arrives. Then the salvation will bring about the resurrection of the dead and the nullification of the Angel of Death (*Iyyun Ya'akov*).

She must sit – **שֶׁצְּרִיכָה לֵישֵׁב:** This is stated, since it has already been established that it is prohibited to stand in water that reaches the neck (see *Siaḥ Yitzḥak*). In the phrase "to the inhabitants of [*yoshvei*] Jerusalem" (Zechariah 13:1), *yoshvei* literally means "those who sit" and is an allusion to this (see *Ohel Moshe*).

HALAKHA

Crossing water on Shabbat – **מַעֲבַר מַיִם בְּשַׁבָּת:** It is permitted to cross water on Shabbat when wearing shoes, but not when wearing sandals. This is due to the concern that one may come to carry his sandals if they fall off (*Shulḥan Arukh, Oraḥ Ḥayyim* 301:4).

BACKGROUND

Lecture [*pirka*] – **פִּירְקָא:** The *pirka* was generally a lecture given by a Sage to his colleagues and their students. There was obvious importance given to a lecture that the Exilarch attended and occasionally delivered. All of the Sages in the vicinity felt obligated to be present at such lectures.

אִיבְּעֵי לָךְ לְמִרְמָא סַנְדְּלָא. אֲמַר לֵיהּ: עוּרְקְמָא דְּמַיָּא הֲוָה בְּאוֹרְחָא. אִיבְּעֵי לָךְ לְמֶעְבְּרֵיהּ דֶּרֶךְ מַלְבּוּשׁ. אֲמַר לֵיהּ: לָא סְבַר לַהּ מָר לְהָא דְּאָמַר רַב אַשִׁי; סַנְדָּל לְכַתְּחִלָּה לָא?

Rafram said to Ravina: **You should have worn sandals,** which leave the heel exposed. **He said to him: There was a pool of water on the way** that I would have had to cross. **He said to him: You should have crossed it wearing** the sandals. **He said to him: Does the Master not hold** with that which **Rav Ashi said:**[N] One should **not** wear **sandals** when crossing a river on Shabbat, ***ab initio*?** From this conversation, the Exilarch understood that Ravina meant no disrespect in not attending the lecture.

תָּנֵי יְהוּדָה בַּר גְּרוֹגָרוֹת: אָסוּר לֵישֵׁב עַל גַּבֵּי טִינָא בְּיוֹם הַכִּפּוּרִים. אָמַר רַבִּי יְהוֹשֻׁעַ בֶּן לֵוִי: וּבְטִינָא מְטַפַּחַת. אָמַר אַבָּיֵי: וּבְטוֹפֵחַ עַל מְנָת לְהַטְפִּיחַ. אָמַר רַב יְהוּדָה: מוּתָּר לְהִצְטַנֵּן בְּפֵירוֹת. רַב יְהוּדָה מִצְטַנֵּן בְּקָרָא.

§ The Gemara continues to discuss the laws of Yom Kippur: **Yehuda bar Gerogarot taught: It is prohibited to sit on** damp **clay on Yom Kippur. Rabbi Yehoshua ben Levi said:** This prohibition applies only when the **clay is dripping wet,** when one feels its wetness when touching it. **Abaye said** in clarification: It must be **dripping wet enough to make something else wet. Rav Yehuda said:** One is **permitted to cool off with fruit** on Yom Kippur,[H] and it is not considered bathing. Similarly, when **Rav Yehuda** suffered from the heat on Yom Kippur he **cooled off** by putting **a squash** on himself.

רַבָּה מִצְטַנֵּן בִּינוּקָא. רָבָא מִצְטַנֵּן בְּכָסָא דְכַסְפָּא. אָמַר רַב פָּפָּא: כָּסָא דְכַסְפָּא, מָלֵא – אָסוּר, חָסֵר – שָׁרֵי. דְּפַחְרָא, אִידֵּי וְאִידֵּי – אָסוּר, מִשּׁוּם דְּמִישְׁחַל שָׁחֵיל. רַב אָמַר: כָּסָא דְכַסְפָּא – חָסֵר נָמֵי אָסוּר, מִשּׁוּם דְּמִזְדְּרִיב.

Rabba cooled off by placing **a baby** [***yanuka***][N] next to him, because a baby's body is cold. **Rava cooled off with a silver cup. Rav Pappa said:** If the **silver cup is full, it is prohibited;** however, if it is **not full, it is permitted.** With regard to a **ceramic cup,** both **this and that are prohibited, since** the water **seeps through** the cup, causing a violation of the prohibition of bathing. **Rav Ashi said: A silver cup that is not full is also prohibited because it can slip** [***mizderiv***][N] from his hand and spill.

זְעֵירָא בַּר חָמָא אוּשְׁפִּיזְכְנִין דְּרַבִּי אַמִי וְרַבִּי אַסִי וְרַבִּי יְהוֹשֻׁעַ בֶּן לֵוִי וְדִכוּלְּהוּ רַבָּנַן דְּקֵיסָרִי הֲוָה, אֲמַר לֵיהּ לְרַב יוֹסֵף בְּרֵיהּ דְּרַבִּי יְהוֹשֻׁעַ בֶּן לֵוִי: בַּר אַרְיָא! תָּא אֵימָא לָךְ מִילְּתָא מְעַלְּיָתָא דַּהֲוָה עָבֵיד אֲבוּךְ, מִטְפַּחַת הָיָה לוֹ בְּעֶרֶב יוֹם הַכִּפּוּרִים וְשׁוֹרֶה אוֹתָהּ בַּמַּיִם וְעוֹשֶׂה אוֹתָהּ כְּמִין כֵּלִים נְגוּבִין, וּלְמָחָר מְקַנֵּחַ בָּהּ פָּנָיו יָדָיו וְרַגְלָיו. עֶרֶב תִּשְׁעָה בְּאָב שׁוֹרֶה אוֹתָהּ בַּמַּיִם, וּלְמָחָר מַעֲבִירָהּ עַל גַּבֵּי עֵינָיו.

Ze'eira bar Ḥama, the **host** of the home where **Rabbi Ami, and Rabbi Asi, and Rabbi Yehoshua ben Levi, and all the Sages of Caesarea** stayed, **said to Rav Yosef, son of Rabbi Yehoshua ben Levi: Son of a lion, come, I will tell you** about **a wonderful custom that your father used to perform. He had a cloth that** he would prepare **on the day before Yom Kippur by soaking it in water and** wringing it out, **making it** almost **like a dried cloth. And the next day he wiped his face, hands, and feet with it.** On **the day before the Ninth of Av,** on which the prohibition of bathing is by rabbinic law and not Torah law, he would **soak the cloth in water and the next day pass it over his eyes.**

וְכֵן כִּי אֲתָא רַבָּה בַּר מָרִי אָמַר: בְּעֶרֶב תִּשְׁעָה בְּאָב מְבִיאִין לוֹ מִטְפַּחַת וְשׁוֹרֶה אוֹתָהּ בַּמַּיִם, וּמַנִּיחָהּ תַּחַת מְרַאֲשׁוֹתָיו, וּלְמָחָר מְקַנֵּחַ פָּנָיו יָדָיו וְרַגְלָיו. בְּעֶרֶב יוֹם הַכִּפּוּרִים מְבִיאִין לוֹ מִטְפַּחַת וְשׁוֹרֶה אוֹתָהּ בַּמַּיִם, וְעוֹשֶׂה אוֹתָהּ כְּמִין כֵּלִים נְגוּבִין, וּלְמָחָר מַעֲבִירָהּ עַל גַּבֵּי עֵינָיו. אֲמַר לֵיהּ רַבִּי יַעֲקֹב לְרַבִּי יִרְמְיָה בַּר תַּחְלִיפָא: אִיפְּכָא אָמְרַתְּ לַן, וְאוֹתִיבְנָךְ סְחִיטָה.

Similarly, when Rabba bar Mari came from Eretz Yisrael **he said: The day before the Ninth of Av they bring one a cloth, and he may soak it in water**[H] **and place it under his head. The next day,** when only some moisture remains, **he may wipe his face, hands, and feet with it. On the day before Yom Kippur, they bring one a cloth, and he may soak it in water and** wring it out to **make it like a dried cloth. The next day, he may pass it over his eyes. Rabbi Ya'akov said to Rabbi Yirmeya bar Taḥlifa: You told us the opposite.**[N] What you told us about Yom Kippur was really what he did on the Ninth of Av, **and we objected to you** with regard to the prohibition **of wringing,** since Yom Kippur has the same prohibition of wringing that Shabbat has.

אָמַר רַב מְנַשְּׁיָא בַּר תַּחְלִיפָא אָמַר רַב עַמְרָם אָמַר רַבָּה בַּר בַּר חָנָה, שָׁאֲלוּ אֶת רַבִּי אֶלְעָזָר: זָקֵן וְיוֹשֵׁב בִּישִׁיבָה צָרִיךְ לִיטּוֹל רְשׁוּת לְהַתִּיר בְּכוֹרוֹת אוֹ אֵינוֹ צָרִיךְ?

§ **Rav Menashya bar Taḥalifa said** that **Rav Amram said** that **Rabba bar bar Ḥana said: They asked Rabbi Elazar** ben Pedat: Must **an Elder who sits** and studies Torah **in a yeshiva receive permission**[N] from the *Nasi* **to permit** him to render **firstborn animals permitted,**[H] like others who must get permission from the *Nasi* to render **firstborn animals permitted,**[N] **or not?** A firstborn animal may not be eaten until it has a blemish. Knowing which blemishes are permanent and permit the animal to be eaten and which are temporary is specialized knowledge.

NOTES

Does the Master not hold with that which Rav Ashi said – לָא סְבַר לַהּ מָר לְהָא דְּאָמַר רַב אַשִׁי: The medieval commentaries point out that the Gemara earlier reported that Ravina himself crossed a river in sandals. Why does it seem that here he does not allow it? One solution to the apparent contradiction is that the Gemara is citing two different scholars named Ravina, Ravina the Elder and his nephew. Alternatively, perhaps Ravina made the statement to pacify the Exilarch (*Tosafot Yeshanim*). Or, it is possible that Ravina changed his opinion after hearing the position of Rav Ashi (*Siaḥ Yitzḥak*).

By a baby [*yanuka*] – בִּינוּקָא: Commentaries explain that a baby was used because its skin is usually a little cold, or because one is permitted to bathe a baby to cool it off (*Min HaAnavim*). Others explain that *yanuka* is the name of a vessel with a long neck, and it is so named because one drinks from it by sucking [*yenika*] (*ge'onim*).

Slip [*mizderiv*] – מִזְדְּרִיב: The root of this word, *zarav*, is found in the Bible (Job 6:17). Its meaning is connected to the word for stealing.

You told us the opposite – אִיפְּכָא אָמְרַתְּ לַן: The rationale to be more stringent on the Ninth of Av is because the day is one of mourning and sorrow (*Me'iri*), or due to concern that people will disregard rabbinic mitzvot (*Tosafot Yeshanim*).

Permission from the *Nasi* – רְשׁוּת מִן הַנָּשִׂיא: In the early generations, the Sages needed authority only to rule on monetary issues, not on *halakhot* concerning ritual. However, a reform was made requiring permission in that area too, in order to ensure that the student knew the material well enough to rule. In order to raise the stature of the *Nasi*, it was instituted that he would be the one to grant such permission.

Permitting firstborn animals – הַתָּרַת בְּכוֹרוֹת: In the times of the Temple, all firstborn animals were given to the priests. Unblemished ones were slaughtered in the Temple. Their blood was sprinkled on the altar, and the meat was given to the priests to eat. Blemished animals were given directly to the priests to eat. After the destruction of the Temple, all firstborn animals were given to the priests, but the animals were permitted to be eaten only if they were blemished. Since the priests had to take care of the animals but were not allowed to benefit from them until they became blemished, priests were sometimes suspected of intentionally causing the animals to become blemished.

HALAKHA

Cooling off on Yom Kippur – לְהִצְטַנֵּן בְּיוֹם הַכִּפּוּרִים: The prohibition of bathing on Yom Kippur does not include alternative ways of cooling off. One is therefore allowed to cool off using empty vessels, fruits, and babies. Cooling off using damp clay is prohibited, if the clay is wet enough to make something else wet by touching it. Furthermore, using a vessel that has water in it is prohibited, since it may spill and lead to bathing. It is prohibited to soak a cloth in water the day before and use it to cool off, since one may come to wring it out on Yom Kippur (Rema). However, if the cloth is dry and was already used the day before, one may wipe one's eyes with it on Yom Kippur (*Mishna Berura; Shulḥan Arukh, Oraḥ Ḥayyim* 613:9).

Cooling off with a cloth on the Ninth of Av – צִנּוּן בְּמִטְפַּחַת בְּתִשְׁעָה בְּאָב: The day before the Ninth of Av, one may soak a cloth in water and remove it from the water before the fast begins, in order to wipe oneself with it and cool off the next day (*Shulḥan Arukh, Oraḥ Ḥayyim* 554:14).

Permitting firstborn animals – הַתָּרַת בְּכוֹרוֹת: A priest is not trusted to rule that a firstborn in his possession became blemished. Others, however, even a relative or another priest, are trusted to give such testimony (*Shulḥan Arukh, Yoreh De'a* 314:3).

BACKGROUND

Was given to the house of the *Nasi* – הִנִּיחוּ לָהֶם לְבֵי נְשִׂיאָה: Based on the Sages who were involved in this discussion, it seems that it took place during the period of Rabbi Yehuda Nesia, the grandson of Rabbi Yehuda HaNasi. In those generations, the leadership position was an honor inherited by the descendants of Hillel the Elder. However, most of the *Nesi'im* were not prominent Torah scholars; they served primarily as liaisons with the Romans and the true religious leaders were the heads of the yeshivot. Despite this, in order to give honor to their ancestors and to maintain the honor of the office of the *Nasi*, the *Nasi* was given honorary tasks such as granting the Sages the authority to rule in certain matters of *halakha*.

The testimony of Rabbi Tzadok ben Ḥaluka addressed the comparative status of Rabbi Yosei ben Zimra and Rabbi Yehuda HaNasi, both of whom lived two generations earlier. Although Rabbi Yehuda HaNasi was one of the greatest scholars of his time, Rabbi Yosei ben Zimra was considered to be greater than him both in years and in wisdom. Nevertheless, he asked permission from Rabbi Yehuda HaNasi.

מַאי קָא מִיבַּעְיָא לְהוּ? הָכִי קָא מִיבַּעְיָא לְהוּ: כִּי הָא דְּאָמַר רַב אִידִי בַּר אָבִין: דָּבָר זֶה הִנִּיחוּ לָהֶם לְבֵי נְשִׂיאָה כְּדֵי לְהִתְגַּדֵּר בּוֹ – צָרִיךְ לִיטּוֹל רְשׁוּת, אוֹ דִּילְמָא כֵּיוָן דְּזָקֵן וְיוֹשֵׁב בִּישִׁיבָה – אֵין צָרִיךְ? עָמַד רַבִּי צָדוֹק בֶּן חֲלוּקָה עַל רַגְלָיו וְאָמַר: אֲנִי רָאִיתִי אֶת רַבִּי יוֹסֵי בֶּן זִימְרָא, שֶׁזָּקֵן וְיוֹשֵׁב בִּישִׁיבָה הָיָה, וְעָמַד בְּמַעְלָה מִזְּקֵנוֹ שֶׁל זֶה – וְנָטַל רְשׁוּת לְהַתִּיר בְּכוֹרוֹת.

The Gemara asks: **What are they asking?** What is the basis of the question? The Gemara explains: **This is what they are asking, like this** statement of **Rav Idi bar Avin, who said: This matter,** the authority of the *Nasi* to grant permission, **was given to the house of the *Nasi*[B] to raise its stature.** Therefore, **must permission be received,** since the request itself honors the *Nasi*? **Or, perhaps because** the individual in question **is an Elder who sits** and studies Torah **in a yeshiva, there is no need. Rav Tzadok ben Ḥaluka rose to his feet and said: I saw Rabbi Yosei ben Zimra, who was an Elder who sat in the yeshiva and who stood before the grandfather of this** current *Nasi*, **ask permission** from him **to permit firstborn animals.**

אָמַר לֵיהּ רַבִּי אַבָּא: לֹא כָּךְ הָיָה מַעֲשֶׂה, אֶלָּא כָּךְ הָיָה מַעֲשֶׂה: רַבִּי יוֹסֵי בֶּן זִימְרָא כֹּהֵן הָיָה, וְהָכִי קָא מִיבַּעְיָא לֵיהּ: הֲלָכָה כְּרַבִּי מֵאִיר דְּאָמַר: הֶחָשׁוּד בְּדָבָר לֹא דָּנוֹ וְלֹא מְעִידוֹ, אוֹ דִּילְמָא הֲלָכָה כְּרַבָּן שִׁמְעוֹן בֶּן גַּמְלִיאֵל, דְּאָמַר: נֶאֱמָן הוּא עַל שֶׁל חֲבֵירוֹ וְאֵינוֹ נֶאֱמָן עַל שֶׁל עַצְמוֹ. וּפְשַׁט לֵיהּ: הֲלָכָה כְּרַבָּן שִׁמְעוֹן בֶּן גַּמְלִיאֵל.

Rabbi Abba said to him: The way you described it **was not how the incident was. Rather this was the incident: Rabbi Yosei ben Zimra was a priest, and he raised the following dilemma: Is the *halakha* in accordance with** the opinion of **Rabbi Meir, who said: One who is suspect in** a certain **area** may **not judge it and** may **not testify** about it? Priests are suspected of inflicting blemishes on firstborn animals because after the destruction of the Temple, even priests may not benefit from a firstborn animal until it becomes blemished. The question was not one of seeking permission from the *Nasi*, but it was a question of *halakha*. Are priests who are Torah scholars also suspected of inflicting blemishes? **Or perhaps the *halakha* is in accordance with** the opinion of **Rabban Shimon ben Gamliel,** who **said:** One who is suspect **is believed about his fellow but is not believed about himself. He resolved** the question **for him:** The ***halakha* is in accordance with** the opinion of **Rabban Shimon ben Gamliel.**

קָא מִבַּעְיָא לְהוּ: מַהוּ לָצֵאת בְּסַנְדָּל שֶׁל

§ **They raised** another **dilemma** before **them,** the same Sages mentioned: **What is the** *halakha* with regard to **going out in sandals made of**

Perek **VIII**
Daf **78** Amud **b**

BACKGROUND

Cork – שַׁעַם: It seems that the cork mentioned here is the bark of the cork tree, from which corks are made nowadays. Though this tree naturally grows in the western basin of the Mediterranean Sea, it was brought to Israel and nearby countries as early as the time of the Gemara. The custom was to use cork on the soles of sandals.

HALAKHA

Wearing shoes on Yom Kippur – נְעִילַת הַסַּנְדָּל בְּיוֹם הַכִּפּוּרִים: It is prohibited to wear sandals or shoes made from leather on Yom Kippur, even if they are only covered in leather. However, shoes made of straw, cloth, or any other type of material are permitted. Some authorities prohibit shoes made from other materials if one does not feel afflicted by wearing them, but most authorities disagree with that ruling (see *Mishna Berura*; *Shulḥan Arukh, Oraḥ Ḥayyim* 614:2). The usual custom is to be lenient.

Wearing shoes on a communal fast – נְעִילַת הַסַּנְדָּל בְּתַעֲנִית צִבּוּר: Wearing leather shoes is prohibited on the Ninth of Av. If the shoes are made from cloth or other materials, they are permitted, as stated in the Gemara (*Shulḥan Arukh, Oraḥ Ḥayyim* 554:16). The same *halakha* applies to any communal fast day decreed when there is drought. However, nowadays there are no longer such communal fast days.

שַׁעַם בְּיוֹם הַכִּפּוּרִים. עָמַד רַבִּי יִצְחָק בַּר נַחְמָנִי עַל רַגְלָיו וְאָמַר: אֲנִי רָאִיתִי אֶת רַבִּי יְהוֹשֻׁעַ בֶּן לֵוִי שֶׁיָּצָא בְּסַנְדָּל שֶׁל שַׁעַם בְּיוֹם הַכִּפּוּרִים, וְאָמִינָא לֵיהּ: בְּתַעֲנִית צִבּוּר מַאי? אָמַר לִיהּ: לָא שְׁנָא. אָמַר רַבָּה בַּר בַּר חָנָה: אֲנִי רָאִיתִי אֶת רַבִּי אֶלְעָזָר דְּמִן נִנְוֵה שֶׁיָּצָא בְּסַנְדָּל שֶׁל שַׁעַם בְּתַעֲנִית צִבּוּר, וְאָמִינָא לֵיהּ: בְּיוֹם הַכִּפּוּרִים מַאי? אָמַר לִיהּ: לָא שְׁנָא. רַב יְהוּדָה נָפֵיק בִּדְהִיטְנֵי, אַבַּיֵי נָפֵיק בִּדְהוּצֵי, רָבָא נָפֵיק (בִּדְיבְלֵי), רַבָּה בַּר רַב הוּנָא כָּרֵיךְ סוּדָרָא אַכַּרְעֵיהּ וְנָפֵיק.

cork[B] **on Yom Kippur?**[H] Is it considered a shoe, and therefore it may not be worn on Yom Kippur, or not? **Rabbi Yitzḥak bar Naḥmani stood on his feet** to testify **and said: I saw that Rabbi Yehoshua ben Levi went out on Yom Kippur in cork sandals, and I said to him: What** is the law **on a communal fast**[HN] that is decreed in a time of drought, when shoes are similarly prohibited? Are reed sandals permitted? **He said to me:** It is **no different,** and such sandals are permitted even on a communal fast day. **Rabba bar bar Ḥana said: I saw Rabbi Elazar from Nineveh go out in cork sandals on a communal fast day, and I said to him: What** is the law **on Yom Kippur? He said to me:** It is **no different,** and it is permitted. The Gemara reports: **Rav Yehuda went out** on Yom Kippur **in reed sandals. Abaye went out in** sandals made of **palm fiber. Rava went out in** sandals braided with **reeds.** None of these sandals are considered to be shoes. **Rabba bar Rav Huna wrapped a scarf around his feet and went out.**

NOTES

Yom Kippur and a communal fast – יוֹם הַכִּפּוּרִים וְתַעֲנִית צִבּוּר: There are separate reasons to be stringent on each of these days. One must suffer on a communal fast, and therefore certain afflictions are required. However, the wearing of shoes is permitted. It is prohibited specifically on Yom Kippur because of a scriptural allusion. On the other hand, since the wearing of shoes on Yom Kippur is based on a scriptural allusion perhaps it includes even non-leather shoes (*Siaḥ Yitzḥak*).

מַתְקִיף רָמֵי בַּר חָמָא: הַקִּיטֵּעַ יוֹצֵא בְּקַב שֶׁלּוֹ, דִּבְרֵי רַבִּי מֵאִיר. וְרַבִּי יוֹסֵי אוֹסֵר. וְתָנֵי עֲלָהּ: וְשָׁוִין שֶׁאָסוּר לָצֵאת בּוֹ בְּיוֹם הַכִּפּוּרִים! אָמַר אַבַּיֵי: הָתָם דְּאִית בֵּיהּ כְּתִיתִין, וּמִשּׁוּם תַּעֲנוּג.

Rami bar Ḥama raised an objection: We learned that **an amputee may go out with his** wooden **prosthetic leg** on Shabbat,[H] since it is like a shoe; **these are the words of Rabbi Meir. But Rabbi Yosei prohibits it. And a** *baraita* **was taught in that regard** as an addendum to that mishna: **And they agree that it is prohibited to go out wearing it on Yom Kippur.**[H] As this indicates that even wooden shoes are prohibited, the materials worn by the aforementioned *amora'im* should also be prohibited. **Abaye said: There,** in the case of Yom Kippur, it is prohibited because **there are rags** in the prosthesis. The prohibition is not due to the shoes but **due to** the **pleasure** of the comfort, which is prohibited on Yom Kippur.

אֲמַר לֵיהּ רָבָא: וְאִי לָאו מָנָא הוּא – כְּתִיתִין מְשַׁוֵּי לֵיהּ מָנָא?! וְעוֹד: כָּל תַּעֲנוּג דְּלָאו מִנְעָל הוּא, בְּיוֹם הַכִּפּוּרִים מִי אָסוּר?! וְהָא רַבָּה בַּר רַב הוּנָא הֲוָה כָּרֵיךְ סוּדָרָא אַכַּרְעֵיהּ וְנָפֵיק. וְעוֹד: מִדְּקָתָנֵי סֵיפָא אִם יֵשׁ לוֹ בֵּית קִבּוּל כְּתִיתִין טָמֵא, מִכְּלָל דְּרֵישָׁא לָאו בִּדְאִית לֵיהּ כְּתִיתִין עָסְקִינַן!

Rava said to him: And if the prosthetic leg **is not a garment,** meaning that it is not a shoe, do the **rags make it into a garment?** Only shoes are forbidden, not other garments. **And furthermore, any** other kind of **pleasure that is not** the pleasure of wearing **shoes, is it prohibited on Yom Kippur?** Only certain afflictions are mandated on Yom Kippur; activities that are not specifically restricted by those afflictions are permitted. **And Rabba bar Rav Huna would wrap a scarf on his feet and go out,** demonstrating that the comfort provided by rags is permitted on Yom Kippur. **Furthermore,** the continuation of the *baraita* contradicts your explanation that the prohibition is due to the comfort provided by the rags. **From** the fact **that it teaches in the latter clause: If** the prosthetic leg **has a receptacle** designed **for rags** it is susceptible to **ritual impurity** like all wooden utensils which have receptacles,[N] **it may be inferred that in the first clause we are not dealing with** a prosthetic leg that **has** a hollow space designed for **rags.** Abaye's position is thereby rejected.

אֶלָּא אֲמַר רָבָא: לְעוֹלָם דְּכוּלֵּי עָלְמָא מִנְעָל הוּא, וּבַשַּׁבָּת בְּהָא פְּלִיגִי; מָר סָבַר: גָּזְרִינַן דִּילְמָא מִשְׁתַּמֵּיט וְאָתֵי לְאַתּוֹיֵי אַרְבַּע אַמּוֹת, וּמָר סָבַר: לָא גָּזְרִינַן.

Rather, Rava said: Actually, according to everyone, a prosthetic leg is considered to be **a shoe, and with regard to Shabbat this is what they disagree about: One Sage,** Rabbi Yosei **holds that we decree** a prohibition of wearing a prosthetic leg on Shabbat **lest** the leg **slip off and one come to carry it four cubits** in the public domain; **and one Sage,** Rabbi Meir, **holds that we do not decree** such a rule.

תָּנוּ רַבָּנַן: תִּינוֹקוֹת מוּתָּרִין בְּכוּלָּן, חוּץ מִנְּעִילַת הַסַּנְדָּל. מַאי שְׁנָא נְעִילַת הַסַּנְדָּל – דְּאָמְרִי: אֱינָשֵׁי עֲבַדוּ לֵיהּ. הָנָךְ נַמִי, אָמְרִי: אֱינָשֵׁי עֲבַדוּ לֵיהּ. רְחִיצָה וְסִיכָה – אֵימַר מֵאֶתְמוֹל עָבְדִי לֵיהּ!

§ **The Sages taught: Young children**[H] **are permitted** to perform **all** of the prohibited activities on Yom Kippur,[N] **except for wearing shoes.** The Gemara asks: **What is different** about **wearing shoes?** It is **because** observers who see a child wearing shoes **will say** that **adults did this for him,** i.e., put them on for him, since he cannot do it for himself. But if that is the reason, with regard to **those** other prohibitions **also,** like bathing and smearing oil, **they will say** that **adults did this for him,** and children should be prohibited from those activities as well. The Gemara explains: With regard to bathing and smearing oil, **they** could **say that they did this for him yesterday,** since one cannot be certain when the child was bathed.

סַנְדָּל נַמִי, אֵימַר מֵאֶתְמוֹל עָבְדִי לֵיהּ. סַנְדָּל לָא אֶפְשָׁר דְּמֵאֶתְמוֹל עָבְדִי לֵיהּ, דְּאָמַר שְׁמוּאֵל: הַאי מַאן דְּבָעֵי לְמִיטְעַם טַעְמָא דְּמִיתוּתָא – לִיסַיֵּים מְסָאנֵי וְלִיגְנֵי.

The Gemara asks: If so, we could **say** this with regard to **shoes as well. They** could **say that they did this for him yesterday.** The Gemara answers: In the case of **shoes, it is impossible** to say an adult **did it for him yesterday,** since the child would not have worn shoes at night. **As Shmuel said: He who desires a taste of death should put on shoes and go to sleep.**

וְהָא מוּתָּרִין לְכַתְּחִלָּה קָתָנֵי! אֶלָּא: הָנָךְ דְּלָאו רְבִיתַיְיהוּ – גָּזְרוּ בְּהוּ רַבָּנַן, הָנָךְ דִּרְבִיתַיְיהוּ הוּא – לָא גָּזְרוּ בְּהוּ רַבָּנַן. דְּאָמַר אַבַּיֵי, אֲמַרָה לִי אֵם: רְבִיתֵיהּ דִּינוּקָא – מַיָּא חַמִּימֵי וּמִשְׁחָא. גָּדֵל פּוּרְתָּא – בֵּיעֲתָא בְּכוּתָּחָא, גָּדֵל פּוּרְתָּא – תַּבּוּרֵי מָאנֵי. כִּי הָא דְּרַבָּה זָבֵין לְהוּ מָאנֵי גְּזִיזֵי דְּפַחְרָא לִבְנֵיהּ, וּמְתַבְּרִי לְהוּ.

The Gemara asks: **But** the mishna **is teaching** that **they are permitted** to wear shoes *ab initio*. If so, it is permitted for an adult to perform these acts for a child even on the day of Yom Kippur, and the observer will not think that the adult has done anything wrong. **Rather,** we must explain the mishna as follows: **The Sages decreed** against performing **those** actions **that are not** necessary for the child's **growth,** but **the Sages did not decree** against performing **those** actions **that are** necessary for the child's **growth. As Abaye said: My mother told me:**[P] **A child's growth** requires **hot water and oil** for smearing. When **he grows a little,** he must eat **egg with** ***kutaḥa***,[B] a pickled dip made with milk. **When he grows a little** more, he must have **vessels to break,** since he will enjoy breaking them. This is like **Rabba** who **bought cracked ceramic vessels**[N] **for his children, and they broke them** for their enjoyment.

HALAKHA

A prosthetic leg on Shabbat – קַב הַקִּיטֵּעַ בְּשַׁבָּת: Since a prosthetic leg is used just to provide the appearance of a leg, it is prohibited to walk into the public domain wearing one on Shabbat, lest it fall off and be carried. This follows Rabbi Yosei's opinion (*Shulḥan Arukh, Oraḥ Ḥayyim* 301:15).

A prosthetic leg on Yom Kippur – קַב הַקִּיטֵּעַ בְּיוֹם הַכִּפּוּרִים: If a prosthetic leg is covered in leather it is considered a type of shoe, and it may not be worn on Yom Kippur (*Shulḥan Arukh, Oraḥ Ḥayyim* 614:2).

Young children on Yom Kippur – תִּינוֹקוֹת בְּיוֹם הַכִּפּוּרִים: Young children are permitted to eat, drink, bathe, and smear oil on Yom Kippur; but they are not allowed to wear leather shoes, as a single day without wearing shoes will not cause children to suffer unduly. This ruling applies only to a child old enough to understand the mitzvot somewhat; a very young child may wear shoes. During times when children are not bathed or smeared with oil every day, it is appropriate to refrain from these activities on Yom Kippur (see *Mishna Berura*; *Shulḥan Arukh, Oraḥ Ḥayyim* 616:1).

NOTES

The prosthetic leg is impure – הַקַּב טָמֵא: According to the *halakhot* of ritual purity and impurity, raw materials other than food and drink can become impure only if they are fashioned into vessels. Depending on the material, there is a range of definitions as to what constitutes a vessel in this area of law. For example, wooden utensils can become impure only if they have a hollow space in them; completely flat objects cannot be impure. Consequently, a prosthetic leg with a hollow space into which rags are placed is subject to impurity.

Young children are permitted to perform all of them – תִּינוֹקוֹת מוּתָּרִין בְּכוּלָּן: There are different opinions within the *halakha* with regard to young children. Children who have not reached the age of maturity are not obligated to fulfill mitzvot by Torah law. However, even before children reach this age, they must be educated by their parents, little by little, to follow *halakha*. Even so, there is no obligation to force very young children to keep the mitzvot.

In some situations, it is prohibited for adults to directly enable children to violate the *halakha*. For example, a parent may not directly feed a child non-kosher food. With regard to Yom Kippur, there is a question as to whether parents are permitted to do things for their children that they may not do for themselves. Since there is a fear of endangering the child through abstinence, the Gemara concludes that not only are children permitted to eat and drink, but that adults must make sure that they do so.

Cracked ceramic vessels – מָאנֵי גְּזִיזֵי: Rabba's statement teaches about the prohibition against wanton destruction. Rabba bought his children pieces of broken pottery to smash rather than allowing them to break whole and usable utensils.

PERSONALITIES

My mother told me – אֲמַרָה לִי אֵם: Abaye quotes the wisdom of his mother throughout the Gemara. However, this woman was not his biological mother, since it is known that she died during his birth. It seems that the woman he called mother was the wife of his uncle, Rabba bar Naḥmani, who raised him. Abaye cites much of her advice for daily life and rearing children.

BACKGROUND

Kutaḥa – כּוּתָּחָא: In Hebrew this is *kutaḥ*, a dip used in Babylonia. It was made mostly from bread crumbs and sour milk, with additional spices sprinkled in.

NOTES

Who is the *tanna* of the mishna – מַתְנִיתִין מַנִּי: This question should not be understood as the usual attempt to clarify which Sage composed a specific mishna, since here Rabbi Eliezer is clearly identified as the author of the mishna. Rather, the issue here is whether all the views in the mishna with regard to the king, bride, and new mother are the opinion of only Rabbi Eliezer, or whether the Rabbis agree with Rabbi Eliezer in the first two cases. The Gemara therefore brings proof from the *baraita* that all three cases are the opinion only of Rabbi Eliezer and that the Rabbis argue with him on each issue (*Siaḥ Yitzḥak*). Furthermore, although the mishna is clearly the opinion of Rabbi Eliezer, the Gemara clarifies that it also is in accordance with the opinion of Rabbi Ḥananya ben Teradyon.

The king in his beauty – מֶלֶךְ בְּיוֹפְיוֹ: It is a positive mitzva to instate a king who holds the people in awe. If the king's appearance is not impressive, this will detract from the fear he can instill in his subjects (*Sefer HaHashlama*).

HALAKHA

We do not prevent the bride from wearing perfumes – אֵין מוֹנְעִין תַּכְשִׁיטִין הַכַּלָּה: A single woman may not adorn herself during her entire period of mourning, but a married woman is prohibited from adorning herself only during the first seven days of mourning. A bride who lost a close relative within thirty days of her wedding may adorn herself even during the first seven days of mourning. This follows the opinion of the Rosh, as stated in his commentary on tractate *Ketubot* (*Be'er Hagola*; *Shulḥan Arukh*, *Yoreh De'a* 381:6).

Due to the danger of scorpions – מֵחֲמַת סַכָּנַת עַקְרָב: One is permitted to wear shoes to protect himself from scorpions or similar dangers and even to avoid getting dirty from mud (*Shulḥan Arukh*, *Oraḥ Ḥayyim* 614:4, and in the comment of the Rema).

״הַמֶּלֶךְ וְהַכַּלָּה יִרְחֲצוּ אֶת פְּנֵיהֶם״. מַתְנִיתִין מַנִּי – רַבִּי חֲנַנְיָא בֶּן תְּרַדְיוֹן הִיא. דְּתַנְיָא: הַמֶּלֶךְ וְהַכַּלָּה לֹא יִרְחֲצוּ אֶת פְּנֵיהֶם. רַבִּי חֲנַנְיָא בֶּן תְּרַדְיוֹן אוֹמֵר מִשּׁוּם רַבִּי אֱלִיעֶזֶר: הַמֶּלֶךְ וְהַכַּלָּה יִרְחֲצוּ אֶת פְּנֵיהֶם. הַחַיָּה לֹא תִּנְעוֹל אֶת הַסַּנְדָּל. רַבִּי חֲנַנְיָא בֶּן תְּרַדְיוֹן אוֹמֵר מִשּׁוּם רַבִּי אֱלִיעֶזֶר: הַחַיָּה תִּנְעוֹל אֶת הַסַּנְדָּל.

§ We learned in the mishna that according to Rabbi Eliezer, **the king and the bride** may **wash their faces** on Yom Kippur. The Gemara asks: **Who is the *tanna* of the mishna?**[N] The Gemara answers: It is the opinion of **Rabbi Ḥananya ben Teradyon, as it was taught** in a *baraita*: **The king and the bride** may **not wash their faces** on Yom Kippur. **Rabbi Ḥananya ben Teradyon says in the name of Rabbi Eliezer: A king and a bride** may **wash their faces.** The Rabbis said: **A new mother** may **not wear shoes** on Yom Kippur. **Rabbi Ḥananya ben Teradyon says in the name of Rabbi Eliezer: A new mother** may **wear shoes.**

מַאי טַעְמָא מֶלֶךְ – מִשּׁוּם דִּכְתִיב: ״מֶלֶךְ בְּיָפְיוֹ תֶּחֱזֶינָה עֵינֶיךָ״. כַּלָּה מַאי טַעְמָא – כְּדֵי שֶׁלֹּא תִּתְגַּנֶּה עַל בַּעְלָהּ. אֲמַר לֵיהּ רַב לְרַבִּי חִיָּיא: כַּלָּה עַד כַּמָּה? אֲמַר לֵיהּ, כִּדְתַנְיָא: אֵין מוֹנְעִין תַּכְשִׁיטִין מִן הַכַּלָּה כָּל שְׁלֹשִׁים יוֹם.

The Gemara asks: According to Rabbi Eliezer's opinion, **what is the reason** that **the king** may wear shoes? **Because it is written: "Your eyes shall see the king in his beauty"**[N] (Isaiah 33:17). A king should always look regal before his nation. **What is the reason** that a **bride** may wash her face? **So that she should not** appear **repulsive to her husband.** Since it is only the beginning of their marriage, her husband may be disgusted at seeing her otherwise. **Rav said to Rabbi Ḥiyya: For how long** after her wedding is a woman considered **a bride? He said to him: As it was taught** in a *baraita*: If she becomes a mourner, **we do not prevent the bride from wearing perfumes**[H] during **the entire** first **thirty days** of her marriage. This shows that for the first thirty days, her appearance is most critical.

הַחַיָּה תִּנְעוֹל אֶת הַסַּנְדָּל – מִשּׁוּם צִינָּה.

A new mother may **wear shoes.** What is the reason for this? **Due to the cold** there is concern that she will become ill, as she is weak from the birth.

אָמַר שְׁמוּאֵל: אִם מֵחֲמַת סַכָּנַת עַקְרָב – מוּתָּר.

Shmuel said: If a man is worried about walking barefoot on Yom Kippur **due to the danger of scorpions,**[H] **he is permitted** to wear shoes, since one need not put himself in danger.

״הָאוֹכֵל כְּכוֹתֶבֶת הַגַּסָּה״. בָּעֵי רַב פָּפָּא:

§ We learned in the mishna: On Yom Kippur, **one who eats** food the **volume of a large date** is liable. **Rav Pappa asked:**

Perek **VIII**
Daf **79** Amud **a**

HALAKHA

Volume of a date-bulk – שִׁיעוּר כּוֹתֶבֶת: A date-bulk is slightly less than an egg-bulk. The *halakha* is in accordance with the opinion of Rav Ashi, that a large date-bulk is equivalent to the volume of a large date including its pit (see *Baḥ*; *Shulḥan Arukh*, *Oraḥ Ḥayyim* 612:1).

כְּכוֹתֶבֶת שֶׁאָמְרוּ בְּגַרְעִינָתָהּ אוֹ בְּלֹא גַרְעִינָתָהּ? בָּעֵי רַב אָשֵׁי: עֶצֶם כִּשְׂעוֹרָה, בִּקְלִיפָּתָהּ אוֹ בְּלֹא קְלִיפָּתָהּ, בְּלַחָה אוֹ בִיבֵשָׁה? רַב אָשֵׁי לָא מִבַּעְיָא לֵיהּ הָא דְּרַב פָּפָּא – גַּסָּה אִיתְּמַר, כָּל כַּמָּה דְּגַסָּה. רַב פָּפָּא לָא מִבַּעְיָא לֵיהּ הָא דְּרַב אָשֵׁי: לַחָה – שִׁבּוֹלֶת מִיקְרֵי, שֶׁלֹּא בִּקְלִיפָּתָהּ – אוּשְׁלָא מִיקְרֵי.

The large date-bulk[H] **that they said** is the measure that determines liability for eating on Yom Kippur, does this refer to the volume of a large date **with its pit or without its pit?**[N] **Rav Ashi asked** a similar question: The mishna that states that **a bone** that is **a barley-grain-bulk** imparts ritual impurity, does this refer to the volume of a barley grain **with its husk or without its husk?** And is that referring to **a wet** kernel **or a dry** one? The Gemara clarifies: **Rav Ashi did not ask** the question **that Rav Pappa** asked, regarding the size of the date-bulk on Yom Kippur because the answer was clear to him. Since **it is stated** in the mishna: **Large,** it means **as large as possible,** which must include the pit. Conversely, **Rav Pappa did not ask** the question **that Rav Ashi** asked regarding the size of the barley-grain-bulk because the answer was clear to him. **Wet** barley **is called *shibbolet*** and not barley; **without its shell** it is no longer called barley but **is called *ushla*.** Therefore, the mishna must be referring to dry barley within its shell.

NOTES

Volume of a large date and the volume of its pit – שִׁיעוּר כּוֹתֶבֶת הַגַּסָּה וְשִׁיעוּר גַּרְעִינָתָהּ: *Tosafot* ask why the Gemara poses this question when the mishna explicitly states that the pit is included. The commentator explains that the conjunctive *vav*, translated here as the word and, might actually mean or, so that the mishna does not read: The date and its pit, but rather: The date or its pit. In other words, the volume is the amount of food equal to a large date or its pit, which are roughly the same size. Rav Nissim Gaon, cited in the *Arukh*, explains this differently: Since a date has three parts, the fruit, the pit, and the space between them, the Gemara is asking whether just the fruit and the pit are measured, or whether the space between them is included as well. This issue is also discussed in the Jerusalem Talmud, but a different conclusion is reached there (see *Baḥ*).

אָמַר (רָבָא) אָמַר רַב יְהוּדָה: כּוֹתֶבֶת הַגַּסָּה שֶׁאָמְרוּ – יְתֵירָה מִכַּבֵּיצָה, וְקִים לְהוּ לְרַבָּנַן דִּבְהָכִי מִיַּתְבָא דַּעֲתֵיהּ, בְּצִיר מֵהָכִי – לָא מִיַּתְבָא דַּעֲתֵיהּ. מֵיתִיבִי: מַעֲשֶׂה וְהֵבִיאוּ לְרַבָּן יוֹחָנָן בֶּן זַכַּאי לִטְעוֹם אֶת הַתַּבְשִׁיל, וּלְרַבָּן גַּמְלִיאֵל שְׁתֵּי כּוֹתָבוֹת וּדְלִי שֶׁל מַיִם, וְאָמְרוּ: הַעֲלוּם לַסּוּכָּה, וְתָנֵי עֲלַהּ: לֹא מִפְּנֵי שֶׁהֲלָכָה כָּךְ, אֶלָּא שֶׁרָצוּ לְהַחְמִיר עַל עַצְמָן.

Rava said that **Rav Yehuda said: The volume of a large date that they said is larger than an egg-bulk. The Sages have an** accepted **tradition that with this** amount of food, the **mind** of the one who eats **is settled,**[N] and he is not afflicted. **Less than this** amount, **the mind is not settled.** The Gemara **raises an objection** from what we have learned: **An incident** happened on the festival of *Sukkot*. **They brought a cooked dish to Rabban Yoḥanan ben Zakkai to taste, and** they brought **to Rabban Gamliel two dates and a tankard**[B] **of water.** Rabban Yoḥanan ben Zakkai and Rabban Gamliel **said** to them: **Bring them up to the *sukka*,** and we will eat there. **And a *baraita* was taught in** that **regard:** They **did not** act this way **because that is the *halakha*,** that such food must be eaten in the *sukka*. **Rather, they wished to be stringent upon themselves** and not eat anything outside of the *sukka*.

וּכְשֶׁנָּתְנוּ לוֹ לְרַבִּי צָדוֹק אוֹכֶל פָּחוֹת מִכַּבֵּיצָה, נְטָלוֹ בְּמַפָּה, וַאֲכָלוֹ חוּץ לַסּוּכָּה, וְלֹא בֵּירֵךְ אַחֲרָיו.

On the other hand, the Gemara reports: **And when they gave Rabbi Tzadok**[N] food that was **less than an egg-bulk** to eat, **he held it in a cloth**[N] and did not wash his hands. **And he ate it outside of the *sukka* and did not recite** Grace after Meals **afterward.**

NOTES

With this amount the mind is settled – דִּבְהָכִי מִיַּתְבָא דַּעֲתֵיהּ: Although the Torah's measures are *halakha* transmitted to Moses from Sinai, the Gemara here suggests that the *halakha* only taught that there were different measures, and that it was up to the Sages to define the size of each measure. Therefore, the Gemara seeks a reason for this measure (*Davar Belto*).

The incident of Rabbi Tzadok – מַעֲשֶׂה רַבִּי צָדוֹק: This incident was brought to show the other side of these *halakhot*. Just as some Sages wished to show how stringent they were, Rabbi Tzadok wished to illustrate the decree to which the law could be lenient in certain circumstances.

He held it in a cloth – נְטָלוֹ בְּמַפָּה: Rashi explains that Rabbi Tzadok did not want to touch the food with his hands due to his great sensitivity. *Tosafot*, however, explain that he ate food only if he was pure enough to eat *teruma*. In order not to become impure, he avoided touching food with his hands.

BACKGROUND

Tankard [*deli*] – דְּלִי: Although the word *deli* usually means pail, it seems there was also a smaller utensil with the same name, that may have been used to draw water from larger vessels in the house. It was also used as a large mug for drinking.

Perek **VIII**
Daf **79** Amud **b**

הָא כַּבֵּיצָה – בָּעֵי סוּכָּה. וְאִי סָלְקָא דַּעְתָּךְ כּוֹתֶבֶת הַגַּסָּה שֶׁאָמְרוּ יְתֵירָה מִכַּבֵּיצָה, הַשְׁתָּא שְׁתֵּי כּוֹתָבוֹת בְּלֹא גַּרְעִינָן – לֹא הָווּ כַּבֵּיצָה, כּוֹתֶבֶת הַגַּסָּה וְגַרְעִינָתָהּ מִי הָוֵי יְתֵירָה מִכַּבֵּיצָה?! אָמַר רַבִּי יִרְמְיָה: אִין, שְׁתֵּי כּוֹתָבוֹת בְּלֹא גַּרְעִינָתָן – לֹא הָווּ כַּבֵּיצָה, כּוֹתֶבֶת הַגַּסָּה וְגַרְעִינָתָהּ – הָוֵי יְתֵירָה מִכַּבֵּיצָה. אָמַר רַב פַּפָּא: הַיְינוּ דְּאָמְרִי אֱינָשֵׁי: תְּרֵי קַבֵּי דְּתַמְרֵי, חַד קַבָּא דְּקַשְׁיָיתָא וּסְרִיחַ.

The Gemara clarifies: Food that has the volume of **an egg-bulk is required** to be eaten **in a *sukka*.**[N] **If it should enter your mind** to say that the **volume of the large date that they spoke of is larger than** the volume of **an egg-bulk,** there is a contradiction. **Now,** comparing the two episodes, it seems that **two dates without their pits are not** the volume of **an egg. If so, can the volume of a large date and its pit be greater than that of an egg-bulk? Rav Yirmeya said: Yes,** although **two dates without their pits are not equal to an egg-bulk, the volume of a large date and its pit are larger than an egg-bulk,** since date pits are very large. **Rav Pappa said: This** explains the folk saying **that people say:** In **two *kav* of dates** there is **one *kav* and more of pits,** meaning that the volume of the pit is larger than that of the fruit itself.

רָבָא אָמַר: הָתָם הַיְינוּ טַעְמָא מִשּׁוּם דְּהָווּ לֵיהּ פֵּירֵי, וּפֵירֵי לָא בָּעוּ סוּכָּה. מֵיתִיבִי, אָמַר רַבִּי: כְּשֶׁהָיִינוּ לוֹמְדִים תּוֹרָה אֵצֶל רַבִּי אֶלְעָזָר בֶּן שַׁמּוּעַ הֵבִיאוּ לְפָנֵינוּ תְּאֵנִים וַעֲנָבִים, וַאֲכַלְנוּם אֲכִילַת עֲרַאי חוּץ לַסּוּכָּה. אֲכִילַת עֲרַאי – אִין, אֲכִילַת קֶבַע – לָא! אֵימָא: אֲכַלְנוּם כַּאֲכִילַת עֲרַאי חוּץ לַסּוּכָּה.

Rava said: This entire line of questioning has no basis: **There,** in the incident of the *sukka*, **this is the reasoning** that the *halakha* permits eating the dates outside of the *sukka*, **due to** the fact that dates **are fruit, and fruit need not** be eaten **in a *sukka***[H] but may be eaten outside of a *sukka*. The Gemara **raises an objection. Rabbi** Yehuda HaNasi **said: When we would learn Torah with Rabbi Elazar ben Shamua, they brought before us figs and grapes, and we ate them as a casual meal outside of the *sukka*.** The Gemara analyzes this: This implies that in the case of **a casual meal, yes,** it may be eaten outside of a *sukka*; but **a fixed meal** may **not** be eaten outside of a *sukka*. Therefore, a meal consisting of fruit must be eaten in a *sukka*. The Gemara rejects this: That is the wrong inference. Instead, **say we ate them as if** they were **a casual meal,** which may be eaten **outside of the *sukka*,** meaning that eating fruit is always considered a snack.

אִי בָּעֵית אֵימָא: אֲכַלְנוּם אֲכִילַת קֶבַע, וְאָכַלְנוּ פַּת אֲכִילַת עֲרַאי בַּהֲדַיְיהוּ חוּץ לַסּוּכָּה.

If you wish, say instead that it can be understood in this way: **We ate** that fruit **as a fixed meal, and we ate bread as a casual meal** with the fruit, to temper their sweetness, **outside of the *sukka*.**

NOTES

The volume of an egg-bulk is required to be eaten in a *sukka* – הָא כַּבֵּיצָה בָּעֵי סוּכָּה: In tractate *Sukka*, this reasoning is refuted, although it seems that the argument cited there is forced. This Gemara is more logical (*Tosafot Yeshanim*; *Tosefot Rid*).

HALAKHA

Fruit need not be eaten in a *sukka* – פֵּירֵי לָא בָּעוּ סוּכָּה: One should eat and drink in the *sukka* all seven days of the holiday. However, it is permitted to snack outside of a *sukka*. For bread to be considered a snack, it must be less than the volume of an egg-bulk. It is permitted to drink and to eat fruit outside of a *sukka*, but it is praiseworthy to be stringent and eat all food inside the *sukka* (*Shulḥan Arukh*, *Oraḥ Ḥayyim* 639:2).

לֵימָא מְסַיַּיע לֵיהּ: לְפִיכָךְ אִם הִשְׁלִים בְּמִינֵי תַרְגִּימָא – יָצָא. וְאִי סָלְקָא דַעְתָּךְ פֵּירֵי בָּעוּ סוּכָּה – לִיתְנֵי פֵּירוֹת! מַאי מִינֵי תַרְגִּימָא – פֵּירוֹת. וְאִיבָּעֵית אֵימָא: בְּאַתְרָא דְּלָא שְׁכִיחִי פֵּירֵי.

The Gemara suggests: **Let us say that** this *baraita* **supports** Rava. It teaches: **Therefore, if one completed** consuming the amount that one is required to eat in the *sukka* **with types of sweets,**[N] **he has fulfilled** his obligation of sitting in the *sukka*. **If it should enter your mind** to say that **fruit** is **required** to be eaten in a ***sukka***, then it should not say sweets; **let it teach fruit.** The Gemara rejects this proof: **What** do the words **types of sweets** mean? It means **fruit.** Therefore, this *baraita* is not a support for Rava's opinion. **And if you wish, say** that this *baraita* is referring to **a place where fruits are uncommon,** and therefore other sweet foods are eaten, but fruit can similarly complete the requirement. Consequently, no support can be brought from here.

רַב זְבִיד אָמַר: כּוֹתֶבֶת הַגַּסָּה שֶׁאָמְרוּ חֲסֵרָה מִכְּבֵיצָה. דִּתְנַן, בֵּית שַׁמַּאי אוֹמְרִים: שְׂאוֹר בִּכְזַיִת, חָמֵץ בְּכַכּוֹתֶבֶת.

Until now, the Gemara has assumed that the volume of a large date is more than that of an egg. **Rav Zevid** disagreed with what was mentioned earlier and **said:** This is not so. Rather, **the volume of a large date that they spoke** of **is less than an egg-bulk, as we learned** in a mishna: **Beit Shammai say:** With regard to **leaven,** the sourdough used to make dough rise, ownership of **the volume of an olive-bulk** violates the prohibitions in the following verses stated regarding Passover: "And no leavened bread shall be seen with you" (Exodus 13:7) and "Seven days shall there be no leaven found in your houses" (Exodus 12:19). However, the amount of **leavened bread**[N] that must be owned to violate the prohibition **is the volume of a large date.**

וְהָוֵינַן בַּהּ: מַאי טַעְמָא דְּבֵית שַׁמַּאי? נִכְתּוֹב רַחֲמָנָא חָמֵץ, וְלָא בָּעֵי שְׂאוֹר, וַאֲנָא אָמֵינָא: וּמָה חָמֵץ שֶׁאֵין חִמּוּצוֹ קָשֶׁה – אָסוּר בִּכְזַיִת, שְׂאוֹר שֶׁחִמּוּצוֹ קָשֶׁה – לֹא כׇּל שֶׁכֵּן. מִדְּפַלְגִינְהוּ רַחֲמָנָא – לִימְּדָה לָךְ: שִׁיעוּרוֹ שֶׁל זֶה לֹא כְּשִׁיעוּרוֹ שֶׁל זֶה שְׂאוֹר בִּכְזַיִת וְחָמֵץ בְּכַכּוֹתֶבֶת.

The Gemara continues. **And we discussed it: What is the reason** for the opinion **of Beit Shammai?** If both leaven and leavened bread had the same measure that determines liability, **let the Merciful One write** only: **"Leavened bread," and** He would **not need** to write: **"Leaven." I would say,** based on logic: **If leavened bread, whose leavening ability is** not as **strong, is prohibited** at **an olive-bulk, all the more so** should **not leaven, whose leavening ability is strong** because it causes dough to rise, be also prohibited at an olive-bulk? Since **the Merciful One distinguishes** between **them** and states both "leaven" and "leavened bread," this **taught you** that **the measure for one is not** the same as **the measure for the other.** The measure that determines liability for **leaven** is **an olive-bulk,** like in the case of most prohibitions from the Torah, and the measure that determines liability for **leavened bread,** whose leavening ability is weaker, is the **volume of a large date.**

וְאִי סָלְקָא דַעְתָּךְ כּוֹתֶבֶת הַגַּסָּה שֶׁאָמְרוּ יְתֵירָה מִכְּבֵיצָה, מִכְּדֵי בֵּית שַׁמַּאי אַשִּׁיעוּרָא דְּנָפֵישׁ מִכְּזַיִת קָא מְהַדְּרִי – לִיתְנֵי כְּבֵיצָה! וְאִי נָמֵי כִּי הֲדָדֵי נִינְהוּ – נִיתְנֵי כְּבֵיצָה! אֶלָּא לָאו שְׁמַע מִינַּהּ: כּוֹתֶבֶת פְּחוּתָה מִכְּבֵיצָה.

The Gemara clarifies: **And if it should enter your mind** to say: **The volume of the large date that they spoke** of **is greater than an egg-bulk, since Beit Shammai are searching for the measure** one size **larger than an olive-bulk,**[N] as they proved that leavened bread must have a larger measure than an olive-bulk, and if the measure one size larger than an olive-bulk is an egg-bulk, then **let them teach an egg-bulk** and not a date. **Alternatively, if they are** exactly **the same** volume, and the volume of a large date has the same volume as an egg-bulk, **they should have taught an egg-bulk,** which is the more commonly used measure. **Rather,** must one **not conclude from here that the volume of a large date is less than an egg-bulk?**

NOTES

Sweet foods, fruit – מִינֵי תַרְגִּימָא, פֵּירוֹת: It seems that the Gemara maintains that the word fruit here is referring only to the seven species for which Eretz Yisrael is praised. According to this explanation, the Gemara's claim that in some places fruit is uncommon is better understood, since, although some fruit is found everywhere, these seven species are not universally available (*Tosefot Rid*).

Leaven and leavened bread – שְׂאוֹר וְחָמֵץ: The Gemara where this discussion originally appears gives a reason for Beit Hillel's approach. It raises an argument against Beit Shammai's opinion that the prohibited volume of leaven should be smaller than the prohibited volume of leavened bread: Leaven is not edible but leavened bread is. However, the discussion here is not about the prohibition of consuming these foods on Passover, since according to both opinions one is liable for consuming the size of an olive-bulk of either leaven or leavened bread. Rather, the subject here is the following prohibition: It shall not be seen and it shall not be found. Therefore, the Gemara states that leaven, which has greater leavening ability than leavened bread, should have a smaller measure that determines liability (*Tosefet Yom HaKippurim*).

The measure one size larger than an olive-bulk – אַשִּׁיעוּרָא דְּנָפֵישׁ מִכְּזַיִת: *Tosafot* point out that the Torah uses another measure, a dried fig-bulk, which is between the volume an olive-bulk and a large date. Nevertheless, a dried fig-bulk is not a measure used with regard to prohibitions of eating. Therefore, the Gemara sought a measure most similar to that of an olive-bulk, either an egg-bulk, which is the amount required for satisfaction, or the volume of a large date, which is the amount required to settle one's mind (see *Tosafot Yeshanim*).

מִמַּאי? דִּילְמָא לְעוֹלָם אֵימָא לָךְ: כּוֹתֶבֶת הַגַּסָּה שֶׁאָמְרוּ – יְתֵירָה מִכַּבֵּיצָה, הָא סְתָמָא – כַּבֵּיצָה. וְאִי נַמִּי: כִּי הֲדָדֵי נִינְהוּ וַחֲדָא מִינַּיְיהוּ נָקַט.

The Gemara rejects this: **From where** is your proof? **Perhaps I could actually say to you** that the measure of **the volume of a large date that they said is larger than an egg-bulk;** however, the volume of a date of **normal** size is the same as **an egg-bulk,** and Beit Shammai were referring to a normal-sized date. **Alternatively,** say **that** the volume of a large date and an egg-bulk **are equal, and** the mishna **chose** to use **one of them.**[N] Either way, there is no proof from here that the volume of a large date is greater than an egg-bulk.

אֶלָּא מֵהָכָא: עַד כַּמָּה מְזַמְּנִין? עַד כַּזַּיִת, דִּבְרֵי רַבִּי מֵאִיר. רַבִּי יְהוּדָה אוֹמֵר: עַד כַּבֵּיצָה. בְּמַאי קָא מִיפַּלְגִי? רַבִּי מֵאִיר סָבַר: ״וְאָכַלְתָּ״ זוֹ אֲכִילָה, ״וְשָׂבָעְתָּ״ – זוֹ שְׁתִיָּה. וַאֲכִילָה בִּכְזַיִת. וְרַבִּי יְהוּדָה סָבַר: ״וְאָכַלְתָּ וְשָׂבָעְתָּ״ – אֲכִילָה שֶׁיֵּשׁ בָּהּ שְׂבִיעָה, וְאֵי זֶה – זֶה כַּבֵּיצָה.

Rather, it cannot be proven from here. Proof can be found **from here: How much** must one eat **to obligate** those with whom he ate in **an invitation** [*zimmun*][H] for Grace After Meals? **An olive-bulk** of food suffices to obligate those with whom they ate in a *zimmun*; these are **the words of Rabbi Meir. Rabbi Yehuda says: An egg-bulk** is the minimum measure to obligate those with whom they ate in a *zimmun*.[N] The Gemara clarifies: **With regard to what do they disagree? Rabbi Meir holds** that the verse "And you shall eat and be satisfied and bless the Lord your God" (Deuteronomy 8:10) should be understood as follows: **"And you shall eat"; this** is referring **to eating. "And be satisfied"; this** is referring **to drinking.** The definition of **eating** throughout the Torah is consuming **an olive-bulk. Rabbi Yehuda holds: "And you shall eat and be satisfied"** is referring to **eating that causes satisfaction, and what is that?** The volume of **an egg-bulk.** Less than that amount of food is not satisfying.

וְאִי סָלְקָא דַּעְתָּךְ כּוֹתֶבֶת הַגַּסָּה שֶׁאָמְרוּ יְתֵירָה מִכַּבֵּיצָה – הַשְׁתָּא כַּבֵּיצָה שַׁבּוּעֵי מַשְׂבְּעָא, דַּעְתָּא לָא מִיתְּבָא?! אֶלָּא לָאו שְׁמַע מִינָּהּ: כּוֹתֶבֶת הַגַּסָּה שֶׁאָמְרוּ פָּחוֹת מִכַּבֵּיצָה, כַּבֵּיצָה – מַשְׂבְּעָא, כַּכּוֹתֶבֶת – מִיתְּבָא דַּעְתֵּיהּ.

And if it should enter your mind to say that **the volume of the large date that they spoke of is larger than an egg-bulk,** the following question can be asked: **Now** that we have said that the volume of **an egg-bulk satisfies,** can we say that **it does not settle the mind,** and thereby remove the affliction of Yom Kippur? **Rather,** must one **not conclude from** this that **the volume of a large date that they said is less than the size of an egg-bulk?** Eating the larger amount **of an egg-bulk satisfies** a person, but eating **the volume of a large date** only **settles his mind.**

תַּנְיָא, רַבִּי אוֹמֵר:

It was taught in a *baraita*: **Rabbi** Yehuda HaNasi **says:**

NOTES

They are equal and the mishna chose one of them – כִּי הֲדָדֵי נִינְהוּ וַחֲדָא מִינַּיְיהוּ נָקַט: The measure of a date was chosen, although it is equal to the more standard measure of an egg-bulk, because the first measure that determines liability, an olive-bulk for the prohibition of leaven, was based on one of the seven fruits of the land. The second measure that determines liability, for leavened bread, should be as well (*Tosefet Yom HaKippurim*).

An olive-bulk…an egg-bulk – עַד כַּזַּיִת עַד כַּבֵּיצָה: It seems that both approaches are referring to the rabbinic requirement to recite Grace after Meals. The Torah obligation applies only to one who has eaten and is full; however, the Sages established different, specific measures for eating and for satisfaction (*Tosafot Yeshanim*).

HALAKHA

The measure of food that requires a *zimmun* – שִׁיעוּר לְזִימּוּן: One who eats less than the volume of an olive-bulk may not join a *zimmun* (*Shulḥan Arukh, Oraḥ Ḥayyim* 196:4).

Perek **VIII**
Daf **80** Amud **a**

כָּל הַשִּׁיעוּרִין כּוּלָּן בִּכְזַיִת, חוּץ מִטּוּמְאַת אוֹכָלִין, שֶׁשִּׁינָּה הַכָּתוּב בְּמַשְׁמָעָן וְשִׁינּוּ חֲכָמִים בְּשִׁיעוּרָן. וּרְאָיָה לַדָּבָר יוֹם הַכִּפּוּרִים. מַאי שִׁינָּה הַכָּתוּב בְּמַשְׁמָעוֹ – מִ״לֹּא תְעוּנֶּה״, וּמַאי שִׁינּוּ חֲכָמִים בְּשִׁיעוּרֵיהּ – כַּכּוֹתֶבֶת.

All the measures in the Torah connected to eating are the volume of **an olive-bulk,**[H] **except for** the amount of **food** that renders objects **impure, because the verse changed its expression** in this case, **and the Sages altered the measure**[N] accordingly. **The proof of this,** that the Sages gave it a different measure because the verse used different language for it, is from **Yom Kippur.** Also in the case of Yom Kippur the Sages assigned a different measure because the verse used a different phrase. The Gemara asks: **How did the** Sages learn that the **verse changed its expression?** They learned **from:** "Any soul which **shall not be afflicted"** (Leviticus 23:29). The verse does not state: Any soul that shall eat, but rather: "Any soul which shall not be afflicted." **How did the Sages change its measure?** One does not violate the prohibition unless he has eaten **the volume of a large date-bulk,** as opposed to the usual olive-bulk.

HALAKHA

All the measures are the volume of an olive-bulk – כָּל הַשִּׁיעוּרִין כּוּלָּן בִּכְזַיִת: The measure for all prohibited foods in the Torah is the bulk of a medium-sized olive. This applies to transgressions punishable by lashes, *karet*, and death at the hand of Heaven. Excluded, however, are those cases where the verse employs unusual language (Rambam *Sefer Kedusha*, *Hilkhot Ma'akhalot Assurot* 14:1).

NOTES

The Sages altered the measure – שִׁינּוּ חֲכָמִים בְּשִׁיעוּרָן: The commentaries discuss (see *Tosefet Yom HaKippurim*) the terminology employed here, which gives the impression that the Sages determined the size of measures. That approach seems to contradict a statement of the Gemara later in the discussion that all measures are *halakha* transmitted to Moses from Sinai. One resolution suggests that the measures themselves, e.g., an olive-bulk and an egg-bulk, were given to Moses at Sinai, but they were not linked to specific transgressions. It was the Sages who defined which measure is appropriate for which transgression (Rabbi Tzvi Hirsch Chajes).

וּמַאי רְאָיָה לַדָּבָר יוֹם הַכִּפּוּרִים? דְּאִי מֵהָתָם – הֲוָה אָמִינָא: אוֹרְחָא דִּקְרָא הוּא.

The Gemara asks: **And what** does the *baraita* mean when it says: **A proof for this**[N] is from **Yom Kippur?** Why is the verse pertaining to ritual impurity not sufficient to show that the Sages changed the measure based on the different words in the verse? The Gemara answers: **If** we learned it only from **there,** the case of impurity, **I would have said that that is the style of the verse,** and no *halakha* can be derived from it. Therefore, the verse pertaining to Yom Kippur teaches that whenever a verse deviates from the usual language, it implies a change in the *halakha* as well.

טוּמְאַת אוֹכָלִין כַּבֵּיצָה מְנָלַן? אֲמַר רַבִּי אַבָּהוּ אָמַר רַבִּי אֶלְעָזָר: דְּאָמַר קְרָא: "מִכָּל הָאוֹכֶל אֲשֶׁר יֵאָכֵל" – אוֹכֶל הַבָּא מֵחֲמַת אוֹכֶל, וְאֵיזֶה זֶה – בֵּיצַת תַּרְנְגוֹלֶת. וְאֵימָא גְּדִי! מְחוּסַּר שְׁחִיטָה, – וְאֵימָא בֶּן פְּקוּעָה! טָעוּן קְרִיעָה.

§ The Gemara asks: **From where do we** derive that the measure for **impure foods** is **the volume of an egg-bulk?**[H] **Rabbi Abbahu said that Rabbi Elazar said that the verse states: "Of all food** [*okhel*] **which may be eaten** [*ye'akhel*], on which water comes shall be ritually impure" (Leviticus 11:34). The double usage of the root *akhal* teaches that the ritual impurity of food applies even to the amount which can be described as **food that comes on account of food,** i.e., food that comes from another food. **And which** food **is that? A chicken egg.** The Gemara asks: **And say** it is referring to **a kid,** which comes from a mother goat, and is therefore also food that comes from another food. The Gemara answers: **It lacks ritual slaughter.** The young goat is not yet food, since it is not edible until it has been slaughtered. The Gemara asks further: **And say** it is referring to **a *ben pekua*.**[N] Since the slaughter of its mother made it fit to eat, the fetus itself need not be slaughtered, even if it survives and continues to live independently of its mother. The Gemara answers: The calf still **requires cutting,**[N] since it cannot be eaten live, but it does not require ritual slaughter.

וְאֵימָא בֵּיצַת בַּר יוֹכָנִי! תָּפַסְתָּ מְרוּבֶּה לֹא תָּפַסְתָּ, תָּפַסְתָּ מוּעָט – תָּפַסְתָּ. וְאֵימָא בֵּיעֲתָא דְּצִיפּוֹרְתָּא, דְּזוּטָר טוּבָא!

The Gemara asks: Even if we claim that the measure for impure foods is an egg-bulk, one could **say** it is referring to the giant **egg**-bulk of the bird called ***bar yokhani*.** The Gemara answers: **If you grasped many, you did not grasp anything; if you grasped few, you grasped something.** This means that in a case of doubt, take the smaller number, as it is included in the larger number. Therefore, the correct measure is the volume of a chicken egg. The Gemara questions this: If so, **say** it is referring to **a very small bird's egg.** Consequently, no proof can be brought from the verse that the volume of a chicken egg is the measure for ritual impurity.

רַבִּי אַבָּהוּ דִּידֵיהּ אָמַר: "מִכָּל הָאוֹכֶל אֲשֶׁר יֵאָכֵל" – אוֹכֶל שֶׁאַתָּה אוֹכְלוֹ בְּבַת אַחַת, וְשִׁיעֲרוּ חֲכָמִים: אֵין בֵּית הַבְּלִיעָה מַחֲזִיק יוֹתֵר מִבֵּיצַת תַּרְנְגוֹלֶת,

Rabbi Abbahu himself said: The verse states: **"Of all food which may be eaten."** This is referring to **food that you** can **eat at one time. The Sages estimated: The esophagus cannot hold more** than the volume of **a chicken's egg,** and therefore this is the measure used for the ritual impurity of foods.

אָמַר רַבִּי אֶלְעָזָר: הָאוֹכֵל חֵלֶב בַּזְּמַן הַזֶּה צָרִיךְ שֶׁיִּכְתּוֹב לוֹ שִׁיעוּר, שֶׁמָּא יָבֹא בֵּית דִּין אַחֵר וְיַרְבֶּה בְּשִׁיעוּרִין.

Incidental to the discussion on Torah measures, **Rabbi Elazar said: One who** unwittingly **eats** forbidden **fat** even **today must write down the** exact **measure** that he ate, **lest another court come** in the future **and increase the measure.**

מַאי יַרְבֶּה בְּשִׁיעוּרִין? אִי נֵימָא דִּמְחַיְּיבִי קָרְבָּן אַכַּזַּיִת קָטָן – וְהָתַנְיָא: "אֲשֶׁר לֹא תֵעָשֶׂינָה בִּשְׁגָגָה וְאָשֵׁם" הַשָּׁב מִידִיעָתוֹ – מֵבִיא קָרְבָּן עַל שִׁגְגָתוֹ,

The Gemara asks: **What does** it mean to **increase the measure? If we say** that a future court **will obligate** him to bring **an offering** even for the **bulk** of **a small olive,** which is less than what is considered an olive-bulk today, he would not be liable to bring a guilt-offering. **Wasn't it taught** in a *baraita*: It was said with regard to guilt-offerings: "And if any one of the common people sin through error, in doing any of the things which the Lord has commanded **not to be done, and be guilty"** (Leviticus 4:27)? This teaches that **one who repents due to his awareness,**[N] i.e., one who repents following becoming aware that he performed a transgression, **brings an offering for his unwitting** transgression.

NOTES

And what does the *baraita* mean when it says a proof for this – **מַאי רְאָיָה לַדָּבָר**: One commentator suggests that the term: Proof for this, indicates that the proof is not so clear, but that there is support for the approach. Therefore, the Gemara asks why the proof is insufficient. The response is that the Yom Kippur text is a weak proof, since the language used there is totally different. Eating is not mentioned there at all. This is not so with regard to impure foods (Rabbi Elyakim).

Ben pekua – **בֶּן פְּקוּעָה**: All organs of a slaughtered animal may be eaten. Given this, if a pregnant animal is slaughtered and a live fetus is found in its womb, the fetus is called a child of an animal who was ripped open [*ben pekua*], and it has the status of the mother's organs. Even if it is a viable animal and continues to live normally, it is considered already slaughtered based on its mother. It does not require an additional slaughtering to be eaten.

Requires cutting – **טָעוּן קְרִיעָה**: One explanation of this phrase is that the *ben pekua* is alive, and the required cutting refers to slitting the throat of the animal, meaning that it must be killed before it can be eaten. Alternatively, the Gemara may be referring to a *ben pekua* that is already dead, and the cutting required is in order to prepare it for consumption, since nobody would eat it as it is (Rav Shmuel Strashun; see *Ohel Moshe*).

One who repents due to his awareness – **הַשָּׁב מִידִיעָתוֹ**: An example of this is one who habitually violates a particular *halakha* intentionally, but one time he transgressed unwittingly. When he later wishes to repent he is not obligated to bring an offering for his unwitting transgression. This is due to the fact that, at the time that he transgressed unwittingly, even had he become aware of his transgression he would not have repented. The *baraita* derives from the verse (Leviticus 4:27) that in such a case one does not bring an offering for the unwitting transgression.

HALAKHA

Impure foods the volume of an egg-bulk – **טוּמְאַת אוֹכָלִין כַּבֵּיצָה**: Food of any size can become impure, but to transfer ritual impurity to something else it must be the bulk of an egg without its shell. This ruling is in accordance with the Gemara here and in tractate *Eiruvin* (Rambam *Sefer Tahara*, *Hilkhot Tumat Okhalin* 4:1 and *Kesef Mishne* there).

לֹא שָׁב מִידִיעָתוֹ – אֵין מֵבִיא קׇרְבָּן עַל שִׁגְגָתוֹ.

However, **one who does not repent due to his awareness** that he sinned **does not bring an offering for his unwitting** action. Similarly, if one eats less than an olive-bulk, based on the current measures, he will not be obligated to bring a guilt-offering in the future if the measures change, even if the amount that he ate equals the volume of a revised olive-bulk. This is because the individual would not be bringing his offering because he became aware he had sinned, but because the Torah measures had been changed.

אֶלָּא, דְּלָא מְחַיְּיבִי קׇרְבָּן עַד דְּאִיכָּא כְּזַיִת גָּדוֹל.

Rather, it should be explained as follows: It is possible that in the future a court **will not obligate** one to bring **an offering until he** has eaten the bulk **of a large olive,** which is more than today's amount. One should write down how much he ate, since in the future a court might rule that the amount he ate is less than the size of an olive, and therefore he will not be obligated to bring an offering.[N]

וּלְמַאי דְּסָלֵיק אַדַּעְתֵּיהּ מֵעִיקָּרָא דִּמְחַיְּיבִי קׇרְבָּן אַכְּזַיִת קָטָן, מַאי ״יִרְבֶּה בְּשִׁיעוּרִין״ – שֶׁמָּא יִרְבֶּה בְּקׇרְבָּנוֹת מֵחֲמַת שִׁיעוּרִין.

The Gemara returns to its first suggestion: **According to what entered his mind initially,** that in the future a court might **obligate** him to bring **an offering** for the bulk of a **small olive, what** is the meaning of **increase the measure?** Rabbi Elazar should have said decrease the measure. The Gemara answers: The statement may have meant that **perhaps there will be an increase in offerings** that are brought **due to** the smaller **measure** for liability.

אָמַר רַבִּי יוֹחָנָן: שִׁיעוּרִין וְעוֹנָשִׁין הֲלָכָה לְמֹשֶׁה מִסִּינַי. עוֹנָשִׁין? מִכְתָּב כְּתִיבִי! אֶלָּא הָכִי קָאָמַר: (אָמַר רַבִּי יוֹחָנָן,) שִׁיעוּרִים שֶׁל עוֹנָשִׁין הֲלָכָה לְמֹשֶׁה מִסִּינַי.

With regard to this topic, **Rabbi Yoḥanan said: Measures and punishments are *halakha*** transmitted **to Moses from Sinai.** The Gemara expresses surprise at this: **The punishments** for all transgressions **are written** explicitly in the Torah, and therefore are not part of an oral transmission from Moses. **Rather, this is** what was **said: Rabbi Yoḥanan said: Measures** that determine liability **for punishments**[H] **are *halakha*** transmitted **to Moses from Sinai.**

תַּנְיָא נָמֵי הָכִי: שִׁיעוּרִין שֶׁל עוֹנָשִׁין הֲלָכָה לְמֹשֶׁה מִסִּינַי, אֲחֵרִים אוֹמְרִים: בֵּית דִּינוֹ שֶׁל יַעְבֵּץ תִּיקְּנוּם, וְהָכְתִיב: ״אֵלֶּה הַמִּצְוֹת״ – שֶׁאֵין נָבִיא רַשַּׁאי לְחַדֵּשׁ דָּבָר מֵעַתָּה! אֶלָּא: שְׁכָחוּם וְחָזְרוּ וִיסָדוּם.

The Gemara comments: **This was also taught** in a *baraita*: **Measures of punishments are *halakha*** transmitted **to Moses from Sinai. Others say:** These measures **were instituted by the court of Jabez.**[N] The Gemara questions this: How can this be? **Isn't it written: "These are the mitzvot which the Lord commanded Moses for the children of Israel at Mount Sinai"** (Leviticus 27:34). The word "these" underscores **that a prophet is not permitted to introduce** any new **element** related to the Torah and its mitzvot **from here on. Rather,** over the course of time, the people **forgot** the measures; subsequently the prophets **reestablished** the measures and taught them to the masses.

״הַשּׁוֹתֶה מְלֹא לוּגְמָיו״. אָמַר רַב יְהוּדָה אָמַר שְׁמוּאֵל: לֹא מְלֹא לוּגְמָיו מַמָּשׁ, אֶלָּא כֹּל שֶׁאִילּוּ יְסַלְּקֶנּוּ לְצַד אֶחָד וְיֵרָאֶה כִּמְלֹא לוּגְמָיו. וְהָא אֲנַן תְּנַן מְלֹא לוּגְמָיו! אֵימָא: כִּמְלֹא לוּגְמָיו.

§ We learned in the mishna that **one who drinks a cheekful** on Yom Kippur is liable. **Rabbi Yehuda said** that **Shmuel said: This does not** mean two **cheeks actually full. Rather,** the measure that determines liability is the volume of liquid **if one pushes** the drink **to one side** of his mouth, **and it appears as though his cheek were full.** The Gemara questions this: **Didn't we learn** in the mishna: **A cheekful,** in the plural form, meaning two cheeks full? The Gemara answers: **Say: Like** two **cheeks full** in appearance. If viewed from only one side, one whose cheek is full appears as if his entire mouth is full.[H]

NOTES

One who repents due to his awareness – הַשָּׁב מִידִיעָתוֹ: An example of this is one who habitually violates a particular *halakha* intentionally, but one time he transgressed unwittingly. When he later wishes to repent he is not obligated to bring an offering for his unwitting transgression. This is due to the fact that, at the time that he transgressed unwittingly, even had he become aware of his transgression he would not have repented. The *baraita* derives from the verse (Leviticus 4:27) that in such a case one does not bring an offering for the unwitting transgression.

Repentance and the changing of measures – שָׁב מִידִיעָתוֹ וְשִׁנּוּי הַשִּׁיעוּרִים: Later commentaries identified two major problems with this passage. Firstly, tractate *Horayot* teaches that even if the transgression is based on a mistaken ruling from the court, subsequent repentance is nevertheless considered to be due to one's awareness. Secondly, according to Rabbi Yoḥanan, even a half-measure is prohibited, in which case one would have repented even if there had not been a later change of measure. These questions were answered in several ways, the primary solution being that one must differentiate between a mistake made by the court with regard to a matter of law and a court changing measures. With regard to the half-measure, the issue of repentance does not apply to the bringing of an offering but only to the recognition of sin (see *Tosefet Yom HaKippurim; Gevurat Ari; Derakhekha Shalom; Nimmukei Ḥayyim*).

The court of Jabez – בֵּית דִּינוֹ שֶׁל יַעְבֵּץ: Jabez is listed in the book of Chronicles among the sons of Judah (I Chronicles 2:55, 4:9–10). From the context, it seems he was among the leaders of the Jewish people in his generation. Some authorities say that Jabez is an alternative name for Othniel ben Kenaz, mentioned in the book of Judges (Rashi). The text is referring to: "And the families of the scribes that dwelt at Jabez," which suggests this individual led the scribes, who were the sages of his time.

HALAKHA

The measures for punishments – שִׁיעוּרֵי עוֹנָשִׁים: All the measures assigned to prohibited foods and all measures in the Torah are *halakhot* transmitted to Moses from Sinai, in accordance with the Gemara here (Rambam *Sefer Kedusha, Hilkhot Ma'akhalot Assurot* 14:2).

The measure for the prohibition of drinking on Yom Kippur – שִׁיעוּר אִיסּוּר שְׁתִיָּה בְּיוֹם הַכִּפּוּרִים: One who drinks a cheekful on Yom Kippur is liable. The exact measure depends on the size of the person. A cheekful does not refer to filling both sides of the mouth, but rather is the amount that gives one the appearance of a full mouth when the liquid is pushed to one side of the mouth. For an average-sized person, the measure is smaller than a quarter-*log* (*Shulḥan Arukh, Oraḥ Ḥayyim* 612:9).

NOTES

A cheekful and a quarter-*log* – מְלֹא לוּגְמָיו וּרְבִיעִית: See *Tosafot*. According to the Rid, the terminology of the Gemara and logic dictate that even filling both cheeks is less than a quarter-*log*. Therefore, Rav Hoshaya's question does not specifically relate to Shmuel's opinion, but to all the approaches, since even the basic meaning of the words of the *baraita* imply that this is one of Beit Shammai's leniencies.

מֵיתִיבִי: כַּמָּה יִשְׁתֶּה וִיהֵא חַיָּיב? בֵּית שַׁמַּאי אוֹמְרִים: רְבִיעִית, וּבֵית הִלֵּל אוֹמְרִים: מְלֹא לוּגְמָיו. רַבִּי יְהוּדָה אוֹמֵר מִשּׁוּם רַבִּי אֱלִיעֶזֶר: כִּמְלֹא לוּגְמָיו, רַבִּי יְהוּדָה בֶּן בְּתֵירָא אוֹמֵר: כְּדֵי גְמִיעָה!

The Gemara **raises an objection** to this from a *baraita*: **How much** does one need to **drink** on Yom Kippur **to be liable? Beit Shammai say: A quarter-*log*, and Beit Hillel say:** Two **cheeks full. Rabbi Yehuda says in the name of Rabbi Eliezer: Like** two **cheeks full** in appearance from the side, i.e. a single cheekful. **Rabbi Yehuda ben Beteira says:** The **amount** that one can **swallow** in one gulp. In this *baraita*, Beit Hillel's opinion is that the measure for drinking on Yom Kippur is a cheekful. This implies that a cheekful means an actual cheekful.

מִי עֲדִיפָא מִמַּתְנִיתִין, דְּאוֹקִימְנָא כְּדֵי שֶׁיֵּרָאֶה – הָכִי נַמִי – כְּדֵי שֶׁיֵּרָאֶה. אִי הָכִי הַיְינוּ רַבִּי אֱלִיעֶזֶר! אִיכָּא בֵּינַיְיהוּ מְלֹא לוּגְמָיו דָּחוּק.

The Gemara expresses surprise: **Is** the *baraita* **preferable to the mishna? Since it was established** that the measure in the mishna is **so that it appears** like a cheekful, **so too,** the *baraita* can be explained as meaning an amount **that looks like** two cheeks full. The Gemara questions further: **If so,** Beit Hillel require an amount that appears like two cheeks full; **this is** identical with the opinion of **Rabbi Eliezer,** who says: Like two cheeks full. The Gemara answers: We could say that the practical difference **between them** is evident in the case of **a paltry cheekful,** which is not a complete mouthful but slightly less. According to Beit Hillel, one is not liable unless he drinks a full cheekful; but according to Rabbi Eliezer, one is liable even for a paltry mouthful.

מַתְקִיף לָהּ רַב הוֹשַׁעְיָא: אִם כֵּן הֲוָה לֵיהּ מִקּוּלֵּי בֵּית שַׁמַּאי וּמֵחוּמְרֵי בֵּית הִלֵּל! אֲמַר לֵיהּ:

Rav Hoshaya strongly objects to this understanding: **If so,** if Beit Hillel's measure is a single cheekful, then **this is** an instance of **Beit Shammai's leniencies and Beit Hillel's stringencies,** since the measure of a quarter-*log* is larger than a single cheekful.[N] If so, why isn't this debate listed in tractate *Eduyyot*, which lists all the cases where Beit Shammai are more lenient than Beit Hillel? **He said to him:**

Perek **VIII**
Daf **80** Amud **b**

NOTES

What is different with regard to eating – מַאי שְׁנָא אֲכִילָה: The connection between this question and the previous statement is as follows: At first, the Gemara thought that a cheekful is a fixed measure, based on the mouth of an average person and applying equally to a large and small person. However, once the Gemara explained that this measure varies from person to person, the question is posed as to why this should be only for drinking and not for eating (*Tosefet Yom HaKippurim; Siaḥ Yitzḥak*).

Everyone of average size has his mind greatly settled – כּוּלֵּי עָלְמָא טוּבָא: It seems that this does not mean that the mind is settled only at the moment of eating. Rather, the food sits in one's stomach, and as such his mind is settled. Therefore, even Og, king of Bashan, in whom a small amount of food is digested quickly, has a settled mind for a short time (*Tosefet Yom HaKippurim*).

כִּי אִתְּשִׁיל – בְּעוֹג מֶלֶךְ הַבָּשָׁן אִתְּשִׁיל, דְּהָווּ לֵיהּ בֵּית שַׁמַּאי לְחוּמְרָא.

When this question with regard to the measure of liquid **was asked,** it was not asked about an average-sized person, for whom a mouthful is smaller than a quarter-*log*. Rather, **the question was asked** even **about Og, king of Bashan,** in which case, **it is Beit Shammai** who are **stringent,** for Og's cheekful is much more than a quarter-*log*.

מַתְקִיף לָהּ רַבִּי זֵירָא: מַאי שְׁנָא אֲכִילָה – דְּכׇל חַד וְחַד בְּכַכּוֹתֶבֶת, וּמַאי שְׁנָא שְׁתִיָּה דְּכׇל חַד וְחַד בְּדִידֵיהּ? אֲמַר לֵיהּ אַבָּיֵי: קִים לְהוּ לְרַבָּנַן בְּכַכּוֹתֶבֶת דִּבְהָכִי מִיַּתְּבָא דַּעְתֵּיהּ, בְּצִיר מֵהָכִי – לָא מִיתַּבָא. בִּשְׁתִיָּה – בְּדִידֵיהּ מִיתְּבָא דַּעְתֵּיהּ, בִּדְחַבְרֵיהּ לָא מִיתְּבָא דַּעְתֵּיהּ.

Rabbi Zeira strongly objects to this *halakha* with regard to the measure for liability for drinking: **What is different** with regard to **eating,**[N] in **that all people** have the same measure, the **volume of a large date; and what is different** with regard to **drinking, where each and every** person is liable **according to his own measure,** i.e., every individual's measure depends on the size of his own mouth? **Abaye said to him: The Sages have** an accepted **tradition** with regard to **the volume of the large date, that** eating **this** amount **settles his mind,** but **less than this** amount **does not settle** his mind. However, with regard to **drinking, his mind is settled with** the amount of **his own** cheekful, **but his mind is not settled** with the cheekful **of his fellow** who is smaller than him.

מַתְקִיף לָהּ רַבִּי זֵירָא: וְכׇל הָעוֹלָם כּוּלּוֹ בְּכַכּוֹתֶבֶת, וְעוֹג מֶלֶךְ הַבָּשָׁן בְּכַכּוֹתֶבֶת? אֲמַר לֵיהּ אַבָּיֵי: קִים לְהוּ לְרַבָּנַן דִּבְהָכִי מִיתְּבָא דַּעְתֵּיהּ, בְּצִיר מֵהָכִי – לָא מִיתְּבָא דַּעְתֵּיהּ. מִיהוּ, כּוּלֵּי עָלְמָא – טוּבָא, וְעוֹג מֶלֶךְ הַבָּשָׁן – פּוּרְתָּא.

Rabbi Zeira strongly objects to this for a different reason: **Is everyone** of average size satisfied **with** eating **the volume of a large date, and** even **Og, king of Bashan,** is also satisfied **with the volume of a large date?** If not, there should also be relative measures for eating. **Abaye said to him: The Sages have** an accepted **tradition that this** amount **settles his mind,** but **less than this** amount **does not settle his mind. However, everyone** of average size has his mind **greatly** settled,[N] whereas **Og, king of Bashan,** has his mind only **a little** settled. But even so, this measure settles the mind of any person and relieves his affliction.

מַתְקִיף לַהּ רַבִּי זֵירָא: בָּשָׂר שָׁמֵן – בְּכוֹתֶבֶת, וְלוּלְבֵי גְּפָנִים בְּכוֹתֶבֶת?! אֲמַר לֵיהּ אַבָּיֵי: קִים לְהוּ לְרַבָּנַן דִּבְהָכִי מִיתְבָא דַּעְתֵּיהּ, בְּצִיר מֵהָכִי לָא מִיתְבָא דַּעְתֵּיהּ. מִיהוּ, בָּשָׂר שָׁמֵן – טוּבָא, לוּלְבֵי גְּפָנִים – פּוּרְתָּא.

Rabbi Zeira strongly objects to this further: If it is on account of settling one's mind, the following question can be raised: If one ate **fatty meat,** his mind would be settled with the **volume of a large date,** but if he ate edible **grapevine shoots,** would his mind similarly settled **with the volume of a large date? Abaye said to him: The Sages have** an accepted **tradition that with this** measure **one's mind is settled,** but **with less than** measure **his mind is not settled. However,** with **fatty meat,** his mind is **greatly** settled; if one ate the same measure of **grapevine shoots,** his mind is only **a little** settled.

מַתְקִיף לַהּ רָבָא: כַּזַּיִת בִּכְדֵי אֲכִילַת פְּרַס, וְכוֹתֶבֶת בִּכְדֵי אֲכִילַת פְּרַס? אֲמַר לֵיהּ אַבָּיֵי: קִים לְהוּ לְרַבָּנַן דִּבְהָכִי מִיתְבָא דַּעְתֵּיהּ, בִּטְפֵי מֵהָכִי – לָא מִיתְבָא דַּעְתֵּיהּ.

Rava strongly objects to this: For all prohibitions of eating, the measure that determines liability is the volume **of an olive-bulk** consumed **within** the time it takes **to eat a half-loaf of bread.** All forbidden food eaten within that period combines to the measure of an olive-bulk. However, one who eats an olive-bulk over a longer period is exempt. Yet, on Yom Kippur one who eats the **volume of a large date,** which is a larger measure, is culpable if this amount is eaten **within** the time it would take **to eat a half-loaf of bread.** This appears to be a leniency, since one must eat a larger measure in the same time period of time. Why is there not a longer period of time for liability on Yom Kippur, to reflect the larger measure? **Abaye said to him: The Sages have** an accepted **tradition that** one who eats within **this** duration of time, **his mind is settled; but** one who eats within **a longer** duration of time, **his mind is not settled,** and he remains in a state of affliction.

מַתְקִיף לַהּ רָבָא: (בְּכוֹתֶבֶת) בִּכְדֵי אֲכִילַת פְּרַס חֲצִי פְּרַס בִּכְדֵי אֲכִילַת פְּרַס? אֲמַר לֵיהּ רַב פָּפָּא: הַנַּח לְטוּמְאַת גְּוִויָּה, דְּלָאו דְּאוֹרַיְיתָא הִיא.

Rava strongly objects to this: The measure for liability for eating on Yom Kippur is the **volume of a large date** consumed **within** the time it takes **to eat a half-loaf of bread;** but the measure for eating impure foods that render one ritually impure is **half of a half-loaf,** which is two egg-bulks, a much larger volume, and this must also be consumed **within** the time it takes **to eat a half-loaf of bread**[N] **Rav Pappa said to him:** Do not raise a challenge from here. **Leave aside ritual impurity of the body**[NH] contracted through consuming impure foods **because that is not by Torah law** but by rabbinic law. The Sages were lenient in this matter. If one does not consume that amount of impure food within this time period, he is not rendered impure.

וּמִי אָמַר רַב פָּפָּא הָכִי? וְהָכְתִיב: "וְלֹא תִטַּמְּאוּ בָּהֶם וְנִטְמֵתֶם בָּם" וְאָמַר רַב פָּפָּא: מִכָּאן שֶׁטּוּמְאַת גְּוִויָּה דְּאוֹרַיְיתָא! מִדְּרַבָּנַן, וּקְרָא אַסְמַכְתָּא בְּעָלְמָא.

The Gemara challenges this: **But did Rav Pappa** actually **say that** the rendering of ritual impurity of the body through the consumption of impure foods is by rabbinic law? **But** he appears to say the opposite in another statement: **Isn't it written:** "You shall not make yourselves detestable with any creeping thing that creeps, **neither shall you make yourselves impure with them, that you should be impure thereby"** (Leviticus 11:43). **And Rav Pappa said: From here,** from the Torah's usage of the word "impure" with regard to the prohibition of eating, we learn that **ritual impurity of the body is by Torah law.** The Gemara answers: Rav Pappa did not mean that the law is actually Torah law. The law is indeed **rabbinic** law, **and the verse** brought as proof **is a mere support.**

"כָּל הָאוֹכָלִין". אָמַר רַב פָּפָּא: אֲכַל אוּמְצָא וּמִילְחָא – מִצְטָרֵף, וְאַף עַל גַּב דְּלָאו אֲכִילָה הִיא, כֵּיוָן דְּאָכְלִי אֱינָשֵׁי – מִצְטָרְפִין. אָמַר רֵישׁ לָקִישׁ: צִיר שֶׁעַל גַּבֵּי יָרָק מִצְטָרֵף לְכוֹתֶבֶת בְּיוֹם הַכִּפּוּרִים. פְּשִׁיטָא! מַהוּ דְּתֵימָא: מַשְׁקֶה הוּא, קָא מַשְׁמַע לַן: כָּל אַכְשׁוּרֵי אוֹכְלָא – אוֹכְלָא הוּא.

§ We learned in the mishna: **All** types of **foods combine**[H] to form a measure of liability with regard to eating on Yom Kippur. **Rav Pappa said:** If one **ate meat and the salt** that was on it, these **combine** to make the volume of a large date. **Although** consuming salt alone **is not** considered **eating, since people do eat** meat with salt together, **they combine** into one measure. Similarly, **Reish Lakish said: Brine on a vegetable combines** with the vegetable to make the **volume of a large date** with regard to the prohibition of eating **on Yom Kippur.**[N] The Gemara expresses surprise at this: **It is obvious.** Why should the brine not combine with the vegetable, considering that it is itself food? The Gemara answers: **Lest you say** that brine is **a beverage,** and food and drinks do not combine, **it teaches us that any item that prepares food** for eating **is considered a food.**

NOTES

Half of a half-loaf of bread in the time it takes to eat a half-loaf – חֲצִי פְּרַס בִּכְדֵי אֲכִילַת פְּרַס: The first challenge was with respect to Yom Kippur. The Gemara answered: Because the term affliction is stated, whether or not any given type of eating is prohibited depends upon the satisfaction derived from it. However, Rava's challenge is with respect to ritual impurity, which does not depend upon satisfaction. If so, he asks, why did the Sages establish the measure of half of a half-loaf in the time it takes to eat a half-loaf (*Me'il Shmuel*)?

Ritual impurity of the body – טוּמְאַת הַגְּוִויָּה: Ritually impure foods and beverages render other foods and beverages impure, but not vessels or people. However, in order to prevent people from eating impure food while they drink *teruma* beverages, the Sages decreed a measure of food that can transfer second-degree ritual impurity to a person. The Sages fixed the amount of food that causes this impurity at half of a half-loaf of bread (see *Tosafot*). In tractate *Eiruvin*, there is a disagreement between the *tanna'im* about the measure of this loaf.

A vegetable and brine on Yom Kippur – יָרָק וְצִיר בְּיוֹם הַכִּפּוּרִים: Reish Lakish emphasizes that this rule is for Yom Kippur, when the essential factor is settling the mind. With regard to other forbidden foods in other contexts, brine has the status of a drink and does not combine (*Tosefet Yom HaKippurim*).

HALAKHA

Ritual impurity of the body – טוּמְאַת גְּוִויָּה: The Sages decreed that one who ingests impure food or drink contracts impurity to the second degree and must immerse himself to be purified (Rambam *Sefer Tahara, Hilkhot She'ar Avot HaTumot* 8:10).

All foods combine – כָּל הָאוֹכָלִין: All types of food combine to reach the measure of a large date, including salt with meat and brine with a vegetable. Anything that prepares food has the status of food. Food and drink do not combine with each other. This ruling is in accordance with the opinion of Rav Pappa and Reish Lakish (*Shulḥan Arukh, Oraḥ Ḥayyim* 612:2).

§ **Reish Lakish said: One who eats** in an **excessive manner**[N] **on Yom Kippur,** to the degree that he forces himself to continue eating even when full **is exempt,**[H] e.g., one who ate beyond being satiated on Yom Kippur eve and then ate something else as soon as the fast began. **What is the reason** for that? Because the Torah does not mention the prohibition of eating on Yom Kippur, but it **was written** "any soul which **shall not be afflicted** in that same day, he shall be cut off from his people" (Leviticus 23:29), **excluding one who harms** himself,[N] e.g., one who does not enjoy his food at all.

אָמַר רֵישׁ לָקִישׁ: הָאוֹכֵל אֲכִילָה גַּסָּה בְּיוֹם הַכִּפּוּרִים פָּטוּר, מַאי טַעְמָא ״אֲשֶׁר לֹא תְעוּנֶּה״ כְּתִיב, פְּרָט לַמַּזִּיק.

Similarly, **Rabbi Yirmeya said** that **Reish Lakish said: A non-priest who ate** ***teruma*** **in an excessive manner**[H] **pays the principal,** that which he took, **and does not pay the** additional **fifth,** which one who illegally eats *teruma* pays to the priest as a penalty. This is because it states about one who eats *teruma*: "And **if** a man **eat** of the sacred thing in error, then he shall add a fifth to it, and give the priest the sacred thing" (Leviticus 22:14). The word "eat" **excludes** one who is not eating but **harming** himself. He does, however, pay the principal, since he caused a loss to the priest. The fifth is only paid by one who eats normally, not excessively. Similarly, **Rabbi Yirmeya said** that **Rabbi Yoḥanan said: A non-priest**

אָמַר רַבִּי יִרְמְיָה אָמַר רֵישׁ לָקִישׁ: זָר שֶׁאָכַל תְּרוּמָה אֲכִילָה גַּסָּה – מְשַׁלֵּם אֶת הַקֶּרֶן וְאֵינוֹ מְשַׁלֵּם אֶת הַחוֹמֶשׁ, ״כִּי יֹאכַל״ – פְּרָט לַמַּזִּיק. אָמַר רַבִּי יִרְמְיָה אָמַר רַבִּי יוֹחָנָן: זָר

NOTES

Eats in an excessive manner – אוֹכֵל אֲכִילָה גַּסָּה: *Tosafot Yeshanim* point out that there are several levels of excessive eating. There is excessive eating in which one keeps eating when he is already full, and there is a further stage in which one eats so much that he gags on what he is eating (see *Nimmukei Ḥayyim*).

Excluding one who harms himself – פְּרָט לַמַּזִּיק: Some commentaries explain that as such a person is not said to be eating but to be harming himself, the verse is not referring to him (*Me'iri*).

HALAKHA

Excessive eating on Yom Kippur – אֲכִילָה גַּסָּה בְּיוֹם הַכִּפּוּרִים: If one eats excessively on Yom Kippur, e.g., he finishes his meal on Yom Kippur eve and continues eating even though he is too full to eat more, he is exempt. This ruling is in accordance with the opinion of Reish Lakish. If he ate tasty, fragrant food he is liable (*Shulḥan Arukh, Oraḥ Ḥayyim* 612:6, and in the comment of the Rema).

A non-priest who ate ***teruma*** **in an excessive manner** – זָר שֶׁאָכַל תְּרוּמָה אֲכִילָה גַּסָּה: One who eats *teruma* in an excessive manner does not pay an additional fifth, but only the principal. Such a person is considered to have damaged *teruma* rather than eaten it. This is also the rule for someone who chews raw barley, for this is not the usual way of eating (Rambam *Sefer Zera'im, Hilkhot Terumot* 10:8).

Perek **VIII**
Daf **81** Amud **a**

who chews on barley of ***teruma***[N] that has not been ground or baked **pays the principal** and **not** an extra **fifth.** The reason is that it states **"eats"** (Leviticus 22:14), **which excludes one who harms** himself. Consuming raw barley is considered self-harm, not eating.

שֶׁכּוֹסֵס שְׂעוֹרִים שֶׁל תְּרוּמָה – מְשַׁלֵּם אֶת הַקֶּרֶן וְאֵינוֹ מְשַׁלֵּם אֶת הַחוֹמֶשׁ. ״כִּי יֹאכַל״ – פְּרָט לַמַּזִּיק.

Rav Sheizvi said that **Rabbi Yoḥanan said:** In the case of **a non-priest who swallowed plums of** ***teruma***[H] whole **and vomited them out,** whereupon **another** person **ate them, the first** one **pays the principal plus a fifth.** When the first one benefited from the plums, he acquired them and must therefore pay for them, and **the second** one must pay their worth to the first one. Since they are only fit for fuel after the first one vomited them out, the second person is considered to have damaged their value as fuel. Therefore, he **pays only the price of wood,** i.e., fuel, **to the first** person.

אָמַר רַב שֵׁיזְבִי אָמַר רַבִּי יוֹחָנָן: זָר שֶׁבָּלַע שְׁזָפִין שֶׁל תְּרוּמָה, וְהֱקִיאָן, וַאֲכָלָן אַחֵר – רִאשׁוֹן מְשַׁלֵּם (אֶת) קֶרֶן וְחוֹמֶשׁ, שֵׁנִי אֵין מְשַׁלֵּם אֶלָּא דְּמֵי עֵצִים לָרִאשׁוֹן בִּלְבַד.

§ It was taught in the mishna that **food and drink do not combine.**[N] The Gemara asks: **Who is the** ***tanna*** who **taught** this? **Rav Ḥisda said:** This *halakha* **is taught as a dispute, and** the mishna **is** in accordance with the opinion of **Rabbi Yehoshua.** As we learned in a mishna: **Rabbi Yehoshua stated a general principle: Any** item **that is identical** to another item **in its type** of **ritual impurity,** e.g., impurity that lasts only until evening, **and its measure**[NH] for impurity, e.g., an olive-bulk, **combines** with the other item to reach one measure to render other items impure. Therefore, two half olive-bulk pieces of two corpses or of two animal carcasses, or two half lentil-bulk pieces from two creeping animals all combine to render other items impure.

״הָאוֹכֵל וְהַשּׁוֹתֶה אֵין מִצְטָרְפִין״. מַאן תַּנָּא? אָמַר רַב חִסְדָּא: בְּמַחְלוֹקֶת שְׁנוּיָה, וְרַבִּי יְהוֹשֻׁעַ הִיא. דִּתְנַן: כְּלָל אָמַר רַבִּי יְהוֹשֻׁעַ: כֹּל שֶׁטּוּמְאָתוֹ וְשִׁיעוּרוֹ שָׁוֶה – מִצְטָרֵף.

NOTES

Who chews on barley of ***teruma*** – כּוֹסֵס שְׂעוֹרִים שֶׁל תְּרוּמָה: This is referring specifically to barley, which is normally considered to be animal food. One who eats unprocessed barley is not considered to have eaten. This is not the case with chewing wheat, which is considered the usual way of eating and should be preceded with a blessing. One who ate wheat of *teruma* pays the principal and a fifth (*Siaḥ Yitzḥak*; *Gevurat Ari*).

Food and drink do not combine – הָאוֹכֵל וְהַשּׁוֹתֶה אֵין מִצְטָרְפִין: The novel element in this *halakha* is understood by reading the following mishna: One who eats and drinks on Yom Kippur within one lapse of awareness is liable only for one sin-offering. Therefore, it is clear that eating and drinking are considered to be a single prohibition. They are both derived from the same verse, making them a single matter. Even so, they are treated as distinct here because they have different measures (*Tosefot Rid*).

Its type of ritual impurity and its measure – טוּמְאָתוֹ וְשִׁיעוּרוֹ: There are several distinct levels of ritual impurity. There are differences both in type of impurity, i.e., whether it is imparted by contact, carrying, or other means, and the severity of impurity, i.e., whether the impurity lasts only until evening or for seven days, or whether it renders only clothing impure. There are also distinctions in amounts required to transfer impurity: A dead creeping animal transmits impurity at the size of a lentil; an animal carcass does so at the size of an olive-bulk; and a corpse, depending on context, has various amounts in which it transmits impurity, from the size of a barley groat and upward. In order for two items to combine, they must be identical both in their type of impurity and their measure (see Rashi and Rambam).

HALAKHA

A non-priest who swallowed plums of ***teruma*** – זָר שֶׁבָּלַע שְׁזָפִין שֶׁל תְּרוּמָה: If a non-priest swallows plums of *teruma* and vomits them out, and then another person comes and eats them, the first person pays the principal value plus a fifth, and the second person pays the value of the plums as fuel (Rambam *Sefer Zera'im, Hilkhot Terumot* 10:9).

Any item that is identical to another item in its type of ritual impurity and its measure – כֹּל שֶׁטּוּמְאָתוֹ וְשִׁיעוּרוֹ שָׁוֶה: If several items are identical with respect to their type of ritual impurity and the measure at which they impart impurity to other items, they combine with each other to impart impurity. If their type of impurity is the same but not their measure, or their measure is identical but not their type of impurity, then they do not combine even to assume the status of the more lenient one (Rambam *Sefer Tahara, Hilkhot Tumat Okhalin* 4:11).

טוּמְאָתוֹ וְלֹא שִׁיעוּרוֹ, שִׁיעוּרוֹ וְלֹא טוּמְאָתוֹ, לֹא טוּמְאָתוֹ וְלֹא שִׁיעוּרוֹ – אֵין מִצְטָרְפִין.

However, if one item is identical to another in **its ritual impurity but not its measure,** e.g., half a lentil-bulk of a creeping animal and half an olive-bulk of an animal carcass, which both impart impurity until nightfall; **or if its measure** is identical **but not its** type of **ritual impurity,** e.g., half an olive-bulk from a corpse, which imparts impurity for seven days, and half an olive-bulk from an animal carcass, which imparts impurity until nightfall; and all the more so, when **neither its ritual impurity nor its measure** are identical, then the items **do not combine.** Here, too, although both eating and drinking are prohibited on their own, they do not combine because they do not have the same measure that imparts impurity.

רַב נַחְמָן אָמַר: אֲפִילּוּ תֵּימָא רַבָּנַן. עַד כָּאן לָא קָא אָמְרִי רַבָּנַן הָתָם אֶלָּא לְעִנְיַן טוּמְאָה – דְּשֵׁם טוּמְאָה חַד הִיא. אֲבָל הָכָא – מִשּׁוּם יַתּוֹבֵי דַּעְתָּא הוּא, וְהַאי לָא מִיַּתְּבָא דַּעְתֵּיהּ.

Rav Naḥman said: Even if **you say** that the mishna is in accordance with the opinion of **the Rabbis, until now we have** heard **the Rabbis say there** that items with different measures combine **only with respect to ritual impurity. Since the** phenomenon **of ritual impurity is one concept,** different types combine. **But here,** in the case of Yom Kippur, the measure that determines liability is set **due to settling the mind, and this** combination of eating and drinking together **does not settle the mind.**

וְכֵן אָמַר רֵישׁ לָקִישׁ: בְּמַחְלוֹקֶת שְׁנוּיָה, וְרַבִּי יְהוֹשֻׁעַ הִיא. דִּתְנַן: כְּלָל אָמַר רַבִּי יְהוֹשֻׁעַ כו׳. וְרַבִּי יוֹחָנָן אָמַר: אֲפִילּוּ תֵּימָא רַבָּנַן, עַד כָּאן לָא קָאָמְרִי רַבָּנַן הָתָם אֶלָּא לְעִנְיַן טוּמְאָה, אֲבָל הָכָא מִשּׁוּם יַתּוֹבֵי דַּעְתֵּיהּ הוּא – וְהַאי לָא קָא מִיַּתְּבָא דַּעְתֵּיהּ.

And similarly, Reish Lakish said: This question of whether food and drink combine to reach a measure that determines liability on Yom Kippur **is taught as a dispute.** The approach brought in the mishna that states that they do not combine is in accordance with the opinion of **Rabbi Yehoshua, as we learned** in a mishna: **Rabbi Yehoshua stated a general principle** with regard to whether items with different types of impurity and measures combine, as Rav Ḥisda explained above. **And Rabbi Yoḥanan said** in accordance with the opinion of Rav Naḥman: **Even if you say** that the mishna is in accordance with **the** opinion of **the Rabbis, until now we have** heard **the Rabbis say there** that items with different measures combine **only with regard to ritual impurity. But here,** in the case of Yom Kippur, the measure that determines liability is set **due to settling the mind, and this** combination of eating and drinking together **does not** settle the mind.

מַתְנִי׳ אָכַל וְשָׁתָה בְּהֶעְלֵם אֶחָד – אֵינוֹ חַיָּיב אֶלָּא חַטָּאת אַחַת. אָכַל וְעָשָׂה מְלָאכָה – חַיָּיב (שְׁנֵי) חַטָּאוֹת. אָכַל אוֹכָלִין שֶׁאֵינָן רְאוּיִן לַאֲכִילָה, וְשָׁתָה מַשְׁקִין שֶׁאֵינָן רְאוּיִן לִשְׁתִיָּה, וְשָׁתָה צִיר אוֹ מוּרְיָיס – פָּטוּר.

MISHNA If one ate and drank unwittingly **within one lapse of awareness,**[H] e.g., he forgot that it is Yom Kippur, **he is liable** to bring **only one sin-offering.** However, if **he ate and performed labor** unwittingly, **he is liable to bring two sin-offerings,** as by doing so he violated two separate prohibitions. If **he ate foods that are not fit for eating,**[H] or **drank liquids that are not fit for drinking, or drank fish brine** or the briny **liquid** in which fish are pickled,[H] **he is exempt,** as that is not the typical manner of eating or drinking.

גְּמָ׳ אָמַר רֵישׁ לָקִישׁ: מִפְּנֵי מָה לֹא נֶאֶמְרָה אַזְהָרָה בְּעִינּוּי – מִשּׁוּם דְּלָא אֶפְשָׁר. הֵיכִי נִכְתּוֹב? נִכְתּוֹב רַחֲמָנָא ״לֹא יֹאכַל״ – אֲכִילָה בִּכְזַיִת, נִכְתּוֹב רַחֲמָנָא ״לֹא תְעוּנֶּה״ – קוּם אֱכוֹל מַשְׁמַע.

GEMARA Reish Lakish said: Why is there no **warning**[N] stated about **affliction;**[N] why did the Torah not state explicitly that it is prohibited to eat and drink on Yom Kippur? It is **because it was not possible** to write it that way. The Gemara explains: **How could** the Merciful One **write it? Let the Merciful One write: One shall not eat** on Yom Kippur. The term eat prohibits **eating the amount of an olive-bulk,** whereas on Yom Kippur the actual prohibited measure is a large date-bulk. **Let the Merciful One write: Do not be afflicted.** That indicates the opposite of affliction, and would **mean: Get up and eat.** Therefore, it is written: "For whatsoever soul it be that shall not be afflicted on that same day, he shall be cut off from his people" (Leviticus 23:29).

מַתְקִיף לַהּ רַב הוֹשַׁעְיָא: נִכְתּוֹב רַחֲמָנָא ״הִשָּׁמֶר פֶּן לֹא תְעוּנֶּה״! אִם כֵּן נְפִישִׁי לְהוּ לָאוֵי.

Rav Hoshaya strongly objects to this: Let the Merciful One write it in this manner: Guard yourself lest you not be afflicted. The Gemara answers: **If so, there would be too many negative mitzvot,** as the following are all expressions of prohibition: Guard, lest, and not. One would then say that there are three prohibitions against eating.

HALAKHA

If one ate and drank within one lapse of awareness – אָכַל וְשָׁתָה בְּהֶעְלֵם אֶחָד: If one ate and drank on Yom Kippur within one lapse of awareness, e.g., if he forgot it was Yom Kippur, he is obligated to bring only one sin-offering (Rambam *Sefer Korbanot, Hilkhot Shegagot* 6:5).

If he ate foods that are not fit for eating – אָכַל אוֹכָלִין שֶׁאֵינָן רְאוּיִן לַאֲכִילָה: If on Yom Kippur one ate foods that are not fit to be eaten or drank a beverage not fit to be drunk, he is exempt. However, it is prohibited to drink or eat such substances *ab initio*. One who does so receives lashes by rabbinic decree (Rambam *Sefer Zemanim, Hilkhot Shevitat Asor* 2:5; *Shulḥan Arukh, Oraḥ Ḥayyim* 612:6).

Drank fish brine or the briny liquid in which fish are pickled – שָׁתָה צִיר אוֹ מוּרְיָיס: If on Yom Kippur one drank fish brine or the briny liquid in which fish are pickled, he is exempt (*Shulḥan Arukh, Oraḥ Ḥayyim* 612:9, and in the comment of the Rema).

NOTES

Punishment and warning – עוֹנֶשׁ וְאַזְהָרָה: The Gemara here and in many other places attempts to locate warnings that express particular prohibitions. This is because there is a principle that a punishment may be administered only if there is a warning. However, if the punishment is written explicitly in the Torah, why should a warning be sought? The Rambam explains in *Sefer HaMitzvot* that when a special verse that contains a warning is found, it adds to the clarity of the verses. However, according to *Tosafot*, if a written warning cannot be found, there may be no punishment of lashes, because lashes are given only for the transgression of prohibitions.

Why is there no warning stated about affliction – מִפְּנֵי מָה לֹא נֶאֶמְרָה אַזְהָרָה בְּעִינּוּי: The later commentaries discuss how to understand the words of Reish Lakish, as it seems that according to all opinions there is in fact a warning with regard to affliction on Yom Kippur. Various solutions have been offered, the main point being that Reish Lakish does not dispute the fact that there is a warning about affliction on Yom Kippur; rather, he explains why this warning is not stated in the Torah as a prohibition but is only hinted at. Alternatively, Reish Lakish held that the Torah relied on the verbal analogy rather than writing it explicitly (*Tosefet Yom HaKippurim*; *Kashot Meyushav*).

מתקיף לה רב ביבי בר אביי: נכתוב רחמנא "השמר במצות עינוי"! אם כן השמר דלאו – לאו, השמר דעשה – עשה. מתקיף לה רב אשי: נכתוב: אל תסור מן העינוי! קשיא.

Rav Beivai bar Abaye strongly objects to this: Let the Merciful One write: Guard yourself in the mitzva of affliction. The Gemara rejects this: **If so,** there is a principle: If the words **guard yourself** are written **about a prohibition,** it is considered to be **a prohibition;** if the words **guard yourself** are written **about a positive mitzva,** it is considered to be a **positive mitzva.** Had the Torah written it that way, one would understand that there is a positive mitzva of affliction, but there is no element of prohibition. **Rav Ashi strongly objects to this: Let the Merciful One write: Do not stray from afflicting yourself,** which would imply a negative mitzva. The Gemara says: Indeed, this is **difficult.** The Gemara concedes that it could have been written in this manner.

ותנא מייתי לה מהכא: "ועניתם את נפשותיכם וכל מלאכה לא תעשו" יכול יהא ענוש על תוספת מלאכה – תלמוד לומר: "וכל הנפש אשר תעשה כל מלאכה בעצם היום הזה", על עיצומו של יום – ענוש כרת, ואינו ענוש כרת על תוספת מלאכה,

§ With regard to the prohibitions against eating and labor, the Gemara says: **And a** ***tanna*** **cites** the prohibitions relating to affliction on Yom Kippur **from here:** It is stated: **"And you shall afflict your souls, you shall do no manner of labor"** (Numbers 29:7). The Gemara considers: One **might** have thought that performing labor during the **extension** of the period of prohibition **of labor,** added before Yom Kippur actually begins, **is punishable** by *karet*. Therefore, **the verse states: "And whatsoever soul it be that does any manner of labor on that same day"** (Leviticus 23:30), which teaches that performing labor **on that very day is punishable by** ***karet*****, but** labor performed during **the extension** of the period of prohibition **of labor is not punishable by** ***karet*****.**

יכול לא יהא ענוש כרת על תוספת מלאכה, אבל יהא ענוש כרת על תוספת עינוי – תלמוד לומר: "כי כל הנפש אשר לא תעונה בעצם היום הזה ונכרתה", על עיצומו של יום – ענוש כרת, ואינו ענוש כרת על תוספת עינוי.

The *baraita* continues: One **might** have thought that performing labor during the **extension** of the period of prohibition **of labor is not punishable by** ***karet*****,** but not afflicting oneself during the **extension** of the period **of affliction is punishable by** ***karet*****.** Therefore, **the verse states: "For whatsoever soul it be that shall not be afflicted on that same day, he shall be cut off** from his people" (Leviticus 23:29), which teaches that not afflicting oneself **on that very day** is **punishable by** ***karet*****, but** not afflicting oneself during **the extension** of the period **of affliction is not punishable by** ***karet*****.**

יכול לא יהא בכלל עונש, אבל יהא מוזהר על תוספת מלאכה – תלמוד לומר: "וכל מלאכה לא תעשו בעצם היום הזה" על עיצומו של יום הוא מוזהר, ואינו מוזהר על תוספת מלאכה.

The *baraita* continues: One **might** have thought **that** one who performs labor during the extension would **not be included in the punishment** of *karet*, **but he would be warned against** performing labor during the **extension** of the period of prohibition **of labor** with a prohibition incurring the punishment of lashes; therefore, **the verse states: "And you shall do no manner of labor on that same day"** (Leviticus 23:28). That teaches that **he is warned** not to perform labor on **that very day,** but **he is not warned against** performing labor during the **extension** of the period of prohibition **of labor,** and therefore he is not liable to receive lashes for doing so.

יכול לא יהא מוזהר על תוספת מלאכה, אבל יהא מוזהר על תוספת עינוי. ודין הוא: ומה מלאכה שנוהגת בשבתות ויום טוב – אינו מוזהר עליה, עינוי שאינו נוהג בשבתות ויום טוב – אינו דין שלא יהא מוזהר עליו?

The *baraita* continues: One **might** have thought: **He would not be warned with regard to** performing labor during the **extension** of the period of prohibition **of labor** that it is a prohibition that incurs lashes; **but he would be warned with regard to** not being in a state of affliction during the **extension** of the period **of affliction** that it is a prohibition that incurs lashes. However, that is incorrect, **and** it is learned from **a logical derivation** that it is not so: **Just as** with regard to **labor, whose** prohibition **is observed on** both ***Shabbatot*** **and Festivals, one is not warned about** the extension added to the day, **is it not logical that** with regard to **affliction, which is not observed on** ***Shabbatot*** **and Festivals, he should not be warned about** or liable to receive lashes for the extension?

אבל אזהרה לעינוי של יום עצמו לא למדנו מניין. לא יאמר עונש במלאכה – דגמר מעינוי, ומה עינוי שאינו נוהג בשבתות ויום טוב – ענוש כרת, מלאכה שנוהגת בשבתות וימים טובים – לא כל שכן?! למה נאמר? מופנה להקיש ולדון ממנו גזרה שוה: נאמר עונש בעינוי, ונאמר עונש במלאכה. מה מלאכה – לא ענש אלא אם כן הזהיר, אף עינוי – לא ענש אלא אם כן הזהיר.

The *baraita* comments: **But the warning** about lashes **during the very day itself we have not learned. From where** is it derived? The Torah **need not state the punishment** of *karet* for performing **labor, since one can learn it** by logical derivation **from** the punishment of not being in a state of **affliction,** as follows: **Just as** the requirement of **affliction, which is not observed on** ***Shabbatot*** **and Festivals, is punishable by** ***karet*** on Yom Kippur, with regard to the prohibition of **labor, which is observed on** all ***Shabbatot*** **and Festivals,** is it **not all the more so?** If so, **why** is the punishment for labor **stated** explicitly? **It is available to compare and learn a verbal analogy from it: A punishment** with regard to **affliction is stated, and a punishment** with regard to **labor is stated. Just as** with regard to **labor one is punished only if he was warned** first with a negative mitzva, **so too,** with regard to **affliction, one is punished only if he was warned.**

אִיכָּא לְמִיפְרַךְ: מָה לְעִינּוּי – שֶׁלֹּא הוּתַּר מִכְּלָלוֹ, תֹּאמַר בִּמְלָאכָה – שֶׁהוּתְּרָה מִכְּלָלָהּ!

The Gemara rejects this: **This** comparison can **be refuted.** How so? **Whereas affliction** has **no permitted** exceptions **from its general** prohibition, as the mitzva to afflict oneself applies to all the Jewish people, what can **you say with regard to labor, which** has **permitted** exceptions **from its general** prohibition? It is permitted to perform the Temple services on Yom Kippur, which include prohibited labors, e.g., slaughtering animals and offering incense. Consequently, there is no proof that the mitzva of affliction is more lenient than the prohibition of labor.

אֶלָּא: לֹא יֹאמַר עוֹנֶשׁ בְּעִינּוּי, דְּגָמַר מִמְּלָאכָה: מָה מְּלָאכָה שֶׁהוּתְּרָה מִכְּלָלָהּ – עָנוּשׁ כָּרֵת, עִינּוּי שֶׁלֹּא הוּתַּר מִכְּלָלוֹ – לֹא כׇּל שֶׁכֵּן?! לָמָּה נֶאֱמַר? מוּפְנֶה לְהַקִּישׁ וְלָדוּן מִמֶּנָּה גְּזֵירָה שָׁוָה: נֶאֱמַר עוֹנֶשׁ בְּעִינּוּי וְנֶאֱמַר עוֹנֶשׁ בִּמְלָאכָה, מָה מְּלָאכָה – עָנַשׁ וְהִזְהִיר, אַף עִינּוּי – עָנַשׁ וְהִזְהִיר.

Rather, say as follows: The Torah need **not say the punishment for** not being in a state of **affliction, since one can learn it from** the punishment for performing **labor** through an *a fortiori* inference. How so? **Just as labor, for which** exceptions **from the general** prohibition **are permitted,** e.g., performing the Temple service on Yom Kippur, and yet labor **is punishable by *karet*,** with regard to not being in a state of **affliction, which has no permitted** exceptions **from its general** prohibition, is it **not all the more so** that one who does not afflict himself should be liable to receive *karet*? If so, **why is it** nevertheless **stated? It is available to compare and learn a verbal analogy: Punishment is stated with regard to affliction, and punishment is stated with regard to labor. Just as for labor** the Torah **punished and warned, so too, for affliction** the Torah **punished and warned.**

אִיכָּא לְמִיפְרַךְ: מָה לִמְלָאכָה – שֶׁכֵּן נוֹהֶגֶת בְּשַׁבָּתוֹת וְיָמִים טוֹבִים, תֹּאמַר בְּעִינּוּי – שֶׁאֵינוֹ נוֹהֵג בְּשַׁבָּתוֹת וְיָמִים טוֹבִים!

The Gemara rejects this: This comparison **can be refuted,** and one might say the opposite: **Whereas** the prohibition of **labor is observed on *Shabbatot* and Festivals,** can **you say** the same **about affliction, which is not observed on *Shabbatot* and Festivals?**

אָמַר רָבִינָא: הַאי תַּנָּא "עֶצֶם" "עֶצֶם" גָּמַר. מוּפְנֶה, דְּאִי לֹא מוּפְנֶה – אִיכָּא לְמִיפְרַךְ כִּדְפָרְכִינַן.

Ravina said: We did not properly understand the teaching of this *baraita*, as **this *tanna* derived** a verbal analogy from the words "on that **same** day" (Leviticus 23:29) stated with regard to affliction, and "on that **same** day" (Leviticus 23:28) stated with regard to labor. The Gemara comments: We must say that **it is available,** meaning that in both places, the phrase "on that same day" is unnecessary within its own context and comes only to teach this verbal analogy; **as, if it were not available, it could be refuted, as we refuted it** above.

לָאו אַפְנוֹיֵי מוּפְנֶה. חֲמִשָּׁה קְרָאֵי כְּתִיבִי בִּמְלָאכָה, חַד לְאַזְהָרָה דִּימָמָא, וְחַד לְאַזְהָרָה דְּלֵילְיָא, וְחַד לְעוֹנֶשׁ דִּימָמָא, וְחַד לְעוֹנֶשׁ דְּלֵילְיָא, וְחַד לְאַפְנוֹיֵי לְמִגְמַר עִינּוּי מִמְּלָאכָה בֵּין דִּימָמָא בֵּין דְּלֵילְיָא.

The Gemara responds: **No, it is certainly available,** and we may learn from it, as **five verses are written** with regard to the prohibition of **labor** on Yom Kippur. **One** to teach **a warning** with regard to the prohibition of labor **on the day** of Yom Kippur itself; **and one for a warning** with regard to labor **on the night** of Yom Kippur;[N] **and one for the punishment** of *karet* for performing labor **on the day; and one for the punishment** for performing labor **at night; and one** verse **to be available to derive** the requirement of **affliction from** the prohibition of **labor, both during the day and night,** using a verbal analogy.

רַבִּי יִשְׁמָעֵאל תָּנָא: נֶאֱמַר כָּאן עִינּוּי, וְנֶאֱמַר לְהַלָּן עִינּוּי. מָה לְהַלָּן – לֹא עָנַשׁ אֶלָּא אִם כֵּן הִזְהִיר, אַף כָּאן לֹא עָנַשׁ אֶלָּא אִם כֵּן הִזְהִיר. רַב אַחָא בַּר יַעֲקֹב אָמַר: יָלֵיף "שַׁבַּת שַׁבָּתוֹן" מִשַּׁבַּת בְּרֵאשִׁית, מָה לְהַלָּן – לֹא עָנַשׁ אֶלָּא אִם כֵּן הִזְהִיר, אַף כָּאן – לֹא עָנַשׁ אֶלָּא אִם כֵּן הִזְהִיר.

The school of Rabbi Yishmael taught an alternative verbal analogy for the derivation: **"Affliction" is stated here,** with regard to Yom Kippur, **and "affliction" is stated later,** with regard to a man who rapes a woman: "Because he has afflicted his neighbor's wife" (Deuteronomy 22:24). **Just as there,** in the case of rape, the Torah **did not punish unless there was** prior **warning, so too here,** in the case of Yom Kippur, the Torah **did not punish unless there was** prior **warning. Rav Aḥa bar Ya'akov said** a different proof: **Derive** a verbal analogy from the words **"Shabbat of solemn rest"** (Leviticus 16:31) written with regard to Yom Kippur **from** the words "Shabbat of solemn rest" (Exodus 31:15, 32:5; Leviticus 23:3) written with regard to the weekly Shabbat, which commemorates the **Shabbat of Creation. Just as there,** in the case of Shabbat, the Torah **did not punish unless there was** prior **warning, so too here,** in the case of Yom Kippur, the Torah **did not punish unless there was** prior **warning.**

רַב פַּפָּא אָמַר:

Rav Pappa said:

NOTES

One for the day and one for the night – חַד לִימָמָא חַד לְלֵילְיָא: *Tosafot Yeshanim* point out that with regard to *Shabbat* and Festivals there is never a need to find a verse implying separate prohibitions for the night and for the day. In that case, why is it necessary for Yom Kippur? The suggested solution is that the term "on that same day" is stated explicitly several times with regard to Yom Kippur. Therefore, it seems that the whole mitzva relates to the daytime. Consequently, there was a need to cite special verses to show that the prohibition applies at night as well. Other commentaries have added that in fact it is the day of Yom Kippur, and not the night, that facilitates atonement (*Mishmerot Kehuna*).

הוּא גּוּפֵיהּ שַׁבָּת אִיקְּרֵי, דִּכְתִיב "תִּשְׁבְּתוּ שַׁבַּתְּכֶם". בִּשְׁלָמָא רַב פַּפָּא לֹא אָמַר כְּרַב אַחָא בַּר יַעֲקֹב – דִּקְרָא דִּכְתִיב בְּגוּפֵיהּ עָדִיף. אֶלָּא רַב אַחָא בַּר יַעֲקֹב מַאי טַעְמָא לֹא אָמַר כְּרַב פַּפָּא?

Yom Kippur **itself is called "Shabbat," as it is written:** "From evening until evening, **you shall rest on your Shabbat"** (Leviticus 23:32). The Gemara compares the various opinions. **Granted, Rav Pappa did not say as Rav Aḥa bar Ya'akov** did because **a verse that is written about the matter itself is preferable** to a verbal analogy. **But what is the reason** that **Rav Aḥa bar Ya'akov did not state** his opinion **in accordance with the opinion of Rav Pappa?**

מִיבָּעֵי לֵיהּ לְכִדְתַנְיָא: "וְעִנִּיתֶם אֶת נַפְשׁוֹתֵיכֶם בְּתִשְׁעָה לַחוֹדֶשׁ", יָכוֹל יַתְחִיל וְיִתְעַנֶּה בְּתִשְׁעָה – תַּלְמוּד לוֹמַר "בָּעֶרֶב". אִי בָּעֶרֶב – יָכוֹל מִשֶּׁתֶּחְשַׁךְ – תַּלְמוּד לוֹמַר "בְּתִשְׁעָה". הָא כֵּיצַד? מַתְחִיל וּמִתְעַנֶּה מִבְּעוֹד יוֹם. מִכָּאן שֶׁמּוֹסִיפִין מֵחוֹל עַל הַקּוֹדֶשׁ.

The Gemara answers: **He requires this** verse of "keep your Shabbat" **for that which was taught in a** ***baraita***: The verse states: **"And you shall afflict your souls on the ninth day of the month** at evening, from evening until evening, you shall rest on your Shabbat" (Leviticus 23:32). One **might** have thought that **one should start to afflict oneself on the ninth** of Tishrei; therefore, **the verse states "at evening."** If the Torah had stated only **"at evening,"** one **might** have thought that the fast starts only **when darkness falls;** therefore, **the verse states "on the ninth,"** implying that one begins to fast on the ninth of Tishrei. **How** can these verses be reconciled? **One begins to fast while it is still daytime; from here** it is derived **that one** sanctifies and **extends from the non-sacred** weekday **to the sacred** day of Yom Kippur.[H]

וְאֵין לִי אֶלָּא בִּכְנִיסָתוֹ, בִּיצִיאָתוֹ מִנַּיִן? תַּלְמוּד לוֹמַר "מֵעֶרֶב עַד עֶרֶב". וְאֵין לִי אֶלָּא יוֹם הַכִּפּוּרִים, (יָמִים טוֹבִים מִנַּיִין? תַּלְמוּד לוֹמַר "תִּשְׁבְּתוּ". אֵין לִי אֶלָּא (יָמִים טוֹבִים, שַׁבָּתוֹת) מִנַּיִן? תַּלְמוּד לוֹמַר "שַׁבַּתְּכֶם". הָא כֵּיצַד? כׇּל מָקוֹם שֶׁנֶּאֱמַר שְׁבוּת – (מִכָּאן שֶׁ) מוֹסִיפִין מֵחוֹל עַל הַקּוֹדֶשׁ.

I have derived **only** that one must add time **at the beginning** of Yom Kippur. **From where** do I derive that one adds time **at the conclusion** of Yom Kippur? **The verse states: "From evening until evening"**[N] (Leviticus 23:32), implying that one adds at the end as well, just as he does at the beginning. **And I** have derived **only** the mitzva of adding to **Yom Kippur; from where** is it derived that one must also sanctify and append time before and after **Festivals? The verse states: "You shall rest"** (Leviticus 23:32), to teach that this rule applies even to Festivals, on which one is commanded to rest. **I have** derived **only** that one adds an extension to **Festivals; from where** do I derive that one must also sanctify and append to ***Shabbatot*****? The verse states: "Your Shabbat"** (Leviticus 23:32). **How so? Every place the term: Rest [*****shevut*****] is stated,** it teaches **from here that one** sanctifies and **appends from** the **non-sacred** weekday **to the sacred.**[H]

וְתַנָּא דְּ"עֶצֶם" "עֶצֶם", הַאי "בְּתִשְׁעָה לַחוֹדֶשׁ" מַאי עָבֵיד לֵיהּ? מִיבָּעֵי לֵיהּ לְכִדְתָנֵי חִיָּיא בַּר רַב מִדִּיפְתִּי. דְּתָנֵי חִיָּיא בַּר רַב מִדִּיפְתִּי: "וְעִנִּיתֶם אֶת נַפְשׁוֹתֵיכֶם בְּתִשְׁעָה" וְכִי בְּתִשְׁעָה מִתְעַנִּין? וַהֲלֹא בַּעֲשׂוֹר מִתְעַנִּין! אֶלָּא לוֹמַר לְךָ: כׇּל הָאוֹכֵל וְשׁוֹתֶה בַּתְּשִׁיעִי – מַעֲלֶה עָלָיו הַכָּתוּב כְּאִילּוּ הִתְעַנָּה תְּשִׁיעִי וַעֲשִׂירִי.

The Gemara asks: **And the** ***tanna*** who learns a verbal analogy from the words "that **same** day," "that **same** day," **what does he do with** the phrase: **"On the ninth day of the month"?** The Gemara answers: **He requires it, in accordance with** that which **Ḥiyya bar Rav of Difti taught. As Ḥiyya bar Rav of Difti taught:** It states: **"And you shall afflict your souls on the ninth** day of the month" (Leviticus 23:32). **But does one afflict oneself on the ninth** of Tishrei? **Doesn't** one in fact **afflict oneself on the tenth** of Tishrei? **Rather,** the verse comes **to tell you: Anyone who eats and drinks on the ninth** of Tishrei and then fasts on the tenth, **the verse ascribes him** credit **as though he fasted on** both the **ninth and the tenth.**[N] The verse alludes to this when it states that the fast is on the ninth.

HALAKHA

Extension of the period of affliction – תּוֹסֶפֶת עִינּוּי: With regard to affliction on Yom Kippur, it is a mitzva to sanctify and append from non-sacred time to sacred time, both at the beginning of the holiday and at its end (Rambam *Sefer Zemanim, Hilkhot Shevitat Asor* 1:6; *Shulḥan Arukh, Oraḥ Ḥayyim* 608:1).

Appending from non-sacred time to sacred time on *Shabbatot* and Festivals – תּוֹסֶפֶת מֵחוֹל עַל הַקּוֹדֶשׁ בְּשַׁבָּתוֹת וּמוֹעֲדִים: Some commentaries write that the mitzva to sanctify and append non-sacred time to sacred time on *Shabbat* and Festivals is a rabbinic law, contrary to Rambam's opinion (see *Maggid Mishne*; Rambam *Sefer Zemanim, Hilkhot Shevitat Asor* 1:6; *Beit Yosef, Oraḥ Ḥayyim* 261). However, most *halakhic* authorities consider it a positive mitzva by Torah law, and therefore one should refrain from labor both at the start and the end of the day. This additional time lasts from sunset to twilight. Although any amount of added time fulfills the obligation, one may treat the entire span as sacred. Practically speaking, the custom is to begin this extra time just before sunset to fulfill all opinions. There are different customs with respect to how much to add and whether the entire community adds time. For example, in Jerusalem, women have the custom to add more time and light candles earlier than in other locations (see *Mishna Berura*; *Shulḥan Arukh, Oraḥ Ḥayyim* 261:2).

NOTES

From evening until evening – מֵעֶרֶב עַד עֶרֶב: It seems that the author of the *baraita* learned in accordance with the principle that "until" means: Up to and including. Therefore, the phrase "until evening" includes part of the evening as well (see *Gevurat Ari*).

As though he fasted on the ninth and the tenth – כְּאִילּוּ הִתְעַנָּה תְּשִׁיעִי וַעֲשִׂירִי: In explaining this matter, some simply say that since there is a mitzva to afflict oneself by fasting, one who prepares to fast by eating and drinking on the ninth also fulfills a mitzva (Rashi; *Me'iri*). Others explain that one who eats a great deal on the ninth has a harder time fasting the next day, and therefore eating the day before is also considered affliction (*Eliya Rabba*). A third approach suggests that Yom Kippur is a Festival, and it would have been appropriate to eat and drink; however, since such activity is prohibited on the tenth, one creates a Festival by eating on the ninth. A final theory states that on the ninth, one is obligated to appease anyone he has injured and to make peace with all people. One with a full stomach will have an easier time being accommodating and less likely to engage in disputes, which is why it is a mitzva to eat on the ninth (*Sefat Emet*).

"אָכַל אוֹכָלִין שֶׁאֵין רְאוּיִן לַאֲכִילָה". אָמַר רָבָא: כַּס פִּלְפְּלֵי בְּיוֹמָא דְכִפּוּרֵי – פָּטוּר, כַּס זַנְגְּבִילָא בְּיוֹמָא דְכִפּוּרֵי – פָּטוּר.

§ It was taught in the mishna: If one **ate food that is** not **fit for eating,** he is exempt. **Rava said: If one chews raw pepper**[B] **on Yom Kippur, he is exempt,** since this is not considered eating. Similarly, if **one chews ginger** [*zangvila*][BL] **on Yom Kippur, he is exempt.**[H]

מֵיתִיבִי: הָיָה רַבִּי מֵאִיר אוֹמֵר, מִמַּשְׁמַע שֶׁנֶּאֱמַר: "וַעֲרַלְתֶּם עָרְלָתוֹ אֶת פִּרְיוֹ" אֵינִי יוֹדֵעַ שֶׁעֵץ מַאֲכָל הוּא? אֶלָּא מַה תַּלְמוּד לוֹמַר "עֵץ מַאֲכָל" – עֵץ שֶׁטַּעַם עֵצוֹ וּפִרְיוֹ שָׁוֶה, הֱוֵי אוֹמֵר – זֶה פִּלְפְּלִין. לְלַמֶּדְךָ שֶׁהַפִּלְפְּלִין חַיָּיבִין בְּעָרְלָה. וְאֵין אֶרֶץ יִשְׂרָאֵל חֲסֵרָה כְּלוּם, שֶׁנֶּאֱמַר: "לֹא תֶחְסַר כֹּל בָּהּ".

The Gemara **raises an objection** to this. **Rabbi Meir would say** about the verse: "And when you shall come into the land, and shall have planted all manner of trees for food, then you shall count the fruit of it as forbidden [*orla*]; three years it shall be forbidden to you, it shall not be eaten" (Leviticus 19:23). **From the implication of what is stated: "Then you shall count the fruit of it as forbidden," do I not know that** the verse is referring to **"trees for food,"** since it uses the word "fruit"? **Rather, what** is the meaning when **the verse states "trees for food"?** It includes **a tree whose wood and fruit taste the same,** i.e., a tree that is itself eaten in addition to its fruit. One **must say** that **this** is referring to **pepper**[N] that grows on a tree, **to teach you that** even **pepper is subject to the** *halakha* **of** *orla.* **And** this also teaches that **Eretz Yisrael lacks nothing,** as even pepper can grow there, **as it is stated** among the listed praises of Eretz Yisrael: **"You will not lack anything in it"** (Deuteronomy 8:9). In any event, it has been derived that pepper is called food, which contradicts Rava's statement.

לָא קַשְׁיָא: הָא – בִּרְטִיבְתָּא, וְהָא – בִּיבֵישְׁתָּא.

The Gemara answers: **This is not difficult. This** statement about edible pepper is referring **to** fresh pepper, which is **moist. And that** *halakha* pertaining to Yom Kippur is **referring to dry** pepper, which is not considered food.

אֲמַר לֵיהּ רָבִינָא לְמָרֵימָר, וְהָאָמַר רַב נַחְמָן: הַאי הִימַלְתָּא דְּאָתְיָא מִבֵּי הִנְדּוּאֵי שַׁרְיָא, וּמְבָרְכִינַן עֲלַהּ "בּוֹרֵא פְּרִי הָאֲדָמָה"! לָא קַשְׁיָא; הָא – בִּרְטִיבְתָּא, וְהָא בִּיבֵישְׁתָּא.

Ravina said to Mareimar: But didn't Rav Naḥman say that **it is permitted** to eat **this cooked ginger** [*himalta*][BH] **that comes from India,** and there is no concern that gentiles may have cooked it. **And we recite the blessing: Who creates the fruit of the ground, over it.** Apparently, ginger is edible. The Gemara answers: **This is not difficult: This** statement is referring **to wet** ginger, which is considered food; **and that** earlier statement pertaining to Yom Kippur, which maintained that ginger is not food, is referring **to dry** ginger.

תָּנוּ רַבָּנַן: אָכַל עֲלֵי קָנִים – פָּטוּר, לוּלְבֵי גְּפָנִים – חַיָּיב. אֵלּוּ הֵן לוּלְבֵי גְּפָנִים? אָמַר רַבִּי יִצְחָק מִגְדְּלָאָה: כֹּל שֶׁלִּבְלְבוּ מֵרֹאשׁ הַשָּׁנָה וְעַד יוֹם הַכִּפּוּרִים. וְרַב כָּהֲנָא אָמַר: כֹּל שְׁלֹשִׁים יוֹם. תַּנְיָא כְּוָותֵיהּ דְּרַבִּי יִצְחָק מִגְדְּלָאָה: אָכַל עֲלֵי קָנִים – פָּטוּר, וְלוּלְבֵי גְּפָנִים – חַיָּיב. אֵלּוּ הֵן לוּלְבֵי גְפָנִים – כֹּל שֶׁלִּבְלְבוּ מֵרֹאשׁ הַשָּׁנָה וְעַד יוֹם הַכִּפּוּרִים.

The Sages taught in a *baraita*: If **one ate leaves of reeds** on Yom Kippur, **he is exempt,** but if one ate **grapevine shoots**[NH] **he is liable.** The Gemara clarifies: **What are these grapevine shoots? Rabbi Yitzḥak** from the city of **Migdal said: All shoots that sprouted between Rosh HaShana and Yom Kippur** and are still very soft are considered food. **And Rav Kahana said:** All shoots that sprouted up to **thirty days** before Yom Kippur are considered food. The Gemara comments: **It was taught in a** *baraita* **in accordance with** the opinion of **Rabbi Yitzḥak from Migdal: If one ate leaves of reeds he is exempt, but** if one ate **grapevine shoots he is liable. What are these grapevine shoots?** They are **all those that sprouted between Rosh HaShana and Yom Kippur.**

"שָׁתָה צִיר אוֹ מוּרְיָיס פָּטוּר". הָא חוֹמֶץ – חַיָּיב. מַתְנִיתִין מַנִּי – רַבִּי הִיא, דְּתַנְיָא, רַבִּי אוֹמֵר: חוֹמֶץ מֵשִׁיב אֶת הַנֶּפֶשׁ.

It was taught in the mishna that if on Yom Kippur one **drank fish brine** or the briny **liquid** in which fish are pickled, **he is exempt.** The Gemara comments: From the language of the mishna it may be inferred that **if one drank vinegar, he is liable.**[H] **Who is the** *tanna* of **the mishna? It is Rabbi Yehuda HaNasi, as it was taught** in a *baraita* that **Rabbi Yehuda HaNasi says: Vinegar revives the spirit** and is therefore considered a beverage.

NOTES

One must say that this is pepper – הֱוֵי אוֹמֵר זֶה פִּלְפְּלִין: Since the pepper vine is a small plant that does not look like a tree, one might have thought it was a type of vegetable, to which the *halakhot* of *orla* do not apply (Rashi on tractate *Sukka*).

Grapevine shoots, etc. – לוּלְבֵי גְּפָנִים וכו׳: The Talmud does not deal with items that people do not eat at all and are in no way considered human food. Rather, the discussion is about items that are not considered substantial and that people eat from time to time but not on a regular basis. The Gemara questions whether or not one who ingests these foods is considered to be eating food subject to the usual prohibitions, e.g., those of Yom Kippur.

BACKGROUND

Pepper in Eretz Yisrael – פִּלְפְּלִין בְּאֶרֶץ יִשְׂרָאֵל: This may refer to peppercorn, also called black pepper. The natural location for cultivation of this pepper is in tropical lands, and it is usually imported from India. However, there are isolated locations in Eretz Yisrael whose climate makes it possible to grow pepper.

The ginger plant and its flowers – צֶמַח הַזַּנְגְּבִיל וּפִרְחוֹ: Ginger, *Zingiber officinale*, is a perennial tropical grass from the ginger family, Zingiberaccae. Its height reaches 30–90 cm, and it has a thick aromatic rhizome. The plant originated in India, and it spread from there to other lands. The dried rhizomes are used as a spice for cakes, wines, and various types of liquor. It is also used as a medicine, and it is sometimes held in the mouth to relieve bad breath.

Ginger plant

Cooked ginger [*himalta*] – הִימַלְתָּא: This is apparently a candy made from young ginger roots steeped in sugar. It is also called *zangvila retiva* in the Talmud.

LANGUAGE

Ginger [*zangvila*] – זַנְגְּבִילָא: The origin of the plant's name is Indian. In Sanskrit the spice is called *singavera*, which became *zangvil* via the common interchange of the letters *lamed* and *reish*.

HALAKHA

Chewing pepper and ginger on Yom Kippur – כְּסִיסַת פִּלְפֵּל וְזַנְגְּבִיל בְּיוֹם הַכִּפּוּרִים: One who chews pepper or dried ginger on Yom Kippur is exempt. If they are moist and suitable for eating, one is liable (*Shulḥan Arukh, Oraḥ Ḥayyim* 612:8).

Cooked ginger – הִימַלְתָּא: One recites the blessing: Who creates the fruit of the ground, over ginger that is prepared for eating (*Shulḥan Arukh, Oraḥ Ḥayyim* 203:6).

Leaves of reeds and grapevine shoots – עֲלֵי קָנִים וְלוּלְבֵי גְּפָנִים: One who eats reed leaves on Yom Kippur is exempt. One who eats grapevine shoots is exempt if they sprouted before Rosh HaShana; if they sprouted between Rosh HaShana and Yom Kippur he is liable (*Shulḥan Arukh, Oraḥ Ḥayyim* 612:7).

Vinegar on Yom Kippur – חוֹמֶץ בְּיוֹם הַכִּפּוּרִים: One who drinks pure strong vinegar on Yom Kippur is exempt. The *Mishna Berura* explains that this is vinegar that bubbles when it falls to the ground. If it was mixed with water, one who drinks it is liable (*Shulḥan Arukh, Oraḥ Ḥayyim* 612:9 and in the comment of the Rema).

דָּרַשׁ רַב גִּידֵּל בַּר מְנַשֶּׁה מִבִּירֵי דְּנֶרֶשׁ: אֵין הֲלָכָה כְּרַבִּי. לְשָׁנָה נָפְקִי כּוּלֵּי עָלְמָא, מָזְגוּ וְשָׁתוּ חַלָּא, שָׁמַע רַב גִּידֵּל וְאִיקְפַּד, אֲמַר: אֵימַר דַּאֲמָרִי אֲנָא דִּיעֲבַד, לְכַתְּחִלָּה מִי אֲמָרִי? אֵימַר דַּאֲמָרִי אֲנָא פּוּרְתָּא, טוּבָא מִי אֲמָרִי? אֵימַר דַּאֲמָרִי אֲנָא חַי, מָזוּג מִי אֲמָרִי?!

The Gemara relates: **Rav Giddel bar Menashe from** the town of **Birei DeNeresh taught** in a public lecture that the ***halakha* is not in accordance with** the opinion of **Rabbi** Yehuda HaNasi, and vinegar is not considered a beverage. **The** next **year everyone went out and mixed** vinegar with water **and drank vinegar** on Yom Kippur. **Rav Giddel heard** this **and became angry** with them for their actions. **He said: Say that I said** one is not liable for drinking vinegar **only after the fact;** however, **did I say** it is permitted to drink it ***ab initio*?** Furthermore: **Say that I said** my statement with regard to one who drinks **a little,** but **did I say** it is permitted to drink **a lot?** Furthermore: **Say that I said** my statement in reference to **pure** vinegar, which is very strong, **but did I say** anything about **diluted** vinegar? That is certainly prohibited.

Perek **VIII**
Daf **82** Amud **a**

NOTES

Training children – חִינּוּךְ הַתִּינוֹקוֹת: There are many versions of this text, as there are many halakhic opinions on this matter. The author of the *Mishne LeMelekh* cites four approaches. First, according to the Rambam, who claims that the Rif agrees with him, training begins at ages nine and ten. By rabbinic law, the fast must be completed at age eleven, with no distinction between girls and boys. By Torah law, thirteen-year-old boys and twelve-year-old girls fast the entire day. Second, according to *Ba'al Halakhot Gedolot*, the Ran, and others, there is no rabbinic requirement for children to complete the fast. Rather, children are trained to fast for several hours until they reach maturity. A third approach states that there is a rabbinic law that girls must complete the fast when they are eleven years old, but there is no rabbinic law that boys must complete the fast. The fourth view is that of the Ra'avad. He maintains that there is a rabbinic law that requires boys of twelve years old and girls of eleven years old to complete the fast. The Rosh basically agrees with the Ra'avad's opinion but argues for different lengths of partial fasts at different ages.

HALAKHA

Training children to fast – חִינּוּךְ קְטַנִּים לַצּוֹם: Healthy nine-year-olds and feeble ten-year-olds, whether male or female, are trained to fast for several hours. If they are accustomed to eat at a certain hour, they are fed a bit later, according to their strength and need. Eleven-year-olds, both boys and girls, complete the fast by rabbinic law. Some authorities say that there is no rabbinic law that children must complete the fast at all (*Ba'al Halakhot Gedolot;* Ran; *Or Zarua*), and such an opinion may be relied upon in the case of a weak child who cannot fast (Rema). A girl from her twelfth birthday and a boy from his thirteenth birthday who have physical signs of puberty are considered adults and complete the fast by Torah law. If they lack the physical signs of puberty, they complete the fast by rabbinic law. Children younger than nine years old may not fast, even if the child himself wishes to be stringent (*Shulḥan Arukh, Oraḥ Ḥayyim* 616:2 and in the comment of the Rema).

מתני׳ הַתִּינוֹקוֹת אֵין מְעַנִּין אוֹתָן בְּיוֹם הַכִּפּוּרִים, אֲבָל מְחַנְּכִין אוֹתָן לִפְנֵי שָׁנָה וְלִפְנֵי שְׁנָתַיִם, בִּשְׁבִיל שֶׁיִּהְיוּ רְגִילִין בְּמִצְוֹת.

MISHNA With regard to **the children, one does not afflict them** by withholding food **on Yom Kippur; however, one trains them one year before or two years before** they reach majority, by means of a partial fast lasting several hours, **so that they will be accustomed to** fulfill **mitzvot.**[NH]

גמ׳ הַשְׁתָּא בִּפְנֵי שְׁתַּיִם מְחַנְּכִין לְהוּ, בִּפְנֵי שָׁנָה מִבַּעְיָא?! אָמַר רַב חִסְדָּא: לָא קַשְׁיָא; הָא – בְּחוֹלֶה, הָא – בְּבָרִיא.

GEMARA The Gemara asks about the wording of the mishna: **Since** it is stated that one trains children **two** years **before** their maturity, is it **necessary to say that one trains them one year before?** This expression in the mishna is superfluous. **Rav Ḥisda said:** This is **not difficult. This** statement that one trains children one year before their maturity is referring **to a feeble** child; **that** statement that one trains children two years before their maturity is referring **to a healthy** child.

אָמַר רַב הוּנָא: בֶּן שְׁמוֹנֶה וּבֶן תֵּשַׁע מְחַנְּכִין אוֹתוֹ לְשָׁעוֹת, בֶּן עֶשֶׂר וּבֶן אַחַת עֶשְׂרֵה מַשְׁלִימִין מִדְּרַבָּנַן, בֶּן שְׁתֵּים עֶשְׂרֵה מַשְׁלִימִין מִדְּאוֹרָיְיתָא בְּתִינוֹקֶת. וְרַב נַחְמָן אָמַר: בֶּן תֵּשַׁע בֶּן עֶשֶׂר מְחַנְּכִין אוֹתָן לְשָׁעוֹת, בֶּן אַחַת עֶשְׂרֵה בֶּן שְׁתֵּים עֶשְׂרֵה – מַשְׁלִימִין מִדְּרַבָּנַן, בֶּן שְׁלֹשׁ עֶשְׂרֵה מַשְׁלִימִין מִדְּאוֹרָיְיתָא בְּתִינוֹק. וְרַבִּי יוֹחָנָן אָמַר: הַשְׁלָמָה דְּרַבָּנַן לֵיכָּא, בֶּן עֶשֶׂר בֶּן אַחַת עֶשְׂרֵה – מְחַנְּכִין אוֹתוֹ לְשָׁעוֹת, בֶּן שְׁתֵּים עֶשְׂרֵה – מַשְׁלִימִין מִדְּאוֹרָיְיתָא.

Rav Huna said: One trains a healthy child **of eight** years **and nine** years to fast **for** several **hours;** at **ten** years **and eleven** years, **they complete** the fast **by rabbinic** law; **at twelve** years **they complete** the fast **by Torah** law. This applies **to girls** who reach maturity and become obligated in mitzvot at age twelve. **And Rav Naḥman said: At nine** years and **ten** years **one trains them** to fast **for** several **hours; at eleven and twelve** years **they complete** the fast **by rabbinic** law; **at thirteen** years **they complete** the fast **by Torah** law. This applies **to boys. And Rabbi Yoḥanan said: There is no** obligation with regard to children **completing** the fast **by rabbinic** law. Rather, **at ten and eleven** years, **one trains them** to fast **for** several **hours; and at twelve** years girls are obligated **to complete** their fast **by Torah** law.

תְּנַן: הַתִּינוֹקוֹת אֵין מְעַנִּין אוֹתָן בְּיוֹם הַכִּפּוּרִים, אֲבָל מְחַנְּכִין אוֹתָן לִפְנֵי שָׁנָה וְלִפְנֵי שְׁתַּיִם. בִּשְׁלָמָא לְרַב הוּנָא וְרַב נַחְמָן – לִפְנֵי שָׁנָה וְלִפְנֵי שְׁתַּיִם, לִפְנֵי שָׁנָה לְדִבְרֵיהֶן וְלִפְנֵי שְׁתַּיִם לְדִבְרֵיהֶן.

§ **We learned** in the mishna: With regard to **the children, one does not afflict them** by withholding food **on Yom Kippur; however, one trains them** for **one year before or two** years **before** they reach maturity. **Granted,** this makes sense according to the opinion of **Rav Huna and Rav Naḥman,** who hold that for one or two years before reaching maturity there is a rabbinic law requiring children to complete the fast. The mishna that states **one year before or two** years **before** should be understood as follows: A feeble child is obligated to complete the fast on Yom Kippur in the **year before** reaching maturity **by rabbinic** law, **and** a healthy child is obligated to complete the fast on Yom Kippur in the **two** years **before** reaching maturity **by rabbinic** law (Vilna Gaon).

אֶלָּא לְרַבִּי יוֹחָנָן קַשְׁיָא! אָמַר לָךְ רַבִּי יוֹחָנָן: מַאי שָׁנָה אוֹ שְׁתַּיִם – סָמוּךְ לְפִירְקָן.

But according **to Rabbi Yoḥanan,** who holds that there is no rabbinic law to complete the fast, this is **difficult.** In his opinion, what is the difference between one year before and two years before? **Rabbi Yoḥanan** could have **said to you: What** is the meaning of **one year or two** years? One year is referring not to the year before the year preceding their maturity, i.e. the two years preceding it, but actually to the year **preceding their maturity.** The phrase: One or two years, indicates that there is a difference between those who are required for one year and those who required for two, which depends on their health: The healthy child is required to fast two years, but one year is sufficient for a feeble child.

תָּא שְׁמַע, דְּתָנֵי רַבָּה בַּר שְׁמוּאֵל: תִּינוֹקוֹת אֵין מְעַנִּין אוֹתָן בְּיוֹם הַכִּפּוּרִים, אֲבָל מְחַנְּכִין אוֹתָן שָׁנָה אוֹ שְׁתַּיִם סָמוּךְ לְפִירְקָן. בִּשְׁלָמָא לְרַבִּי יוֹחָנָן – נִיחָא, אֶלָּא לְרַב הוּנָא וּלְרַב נַחְמָן, – קַשְׁיָא! אָמְרִי לָךְ רַבָּנַן: מַאי חִינּוּךְ נַמִּי דְּקָתָנֵי – הַשְׁלָמָה.

Come and **hear that** which **Rabba bar Shmuel taught** in a *baraita*: With regard to **children, one does not afflict them** by withholding food **on Yom Kippur; however, one trains them one year** for a feeble child **or two** years for a healthy child **preceding their maturity. Granted,** according **to** the opinion of **Rabbi Yoḥanan, this works out well;** but according **to Rav Huna and Rav Naḥman,** who say that there is an additional year that one is required to complete the fast according to rabbinic law, this is **difficult. The Rabbis** could **say to you: What is this training that is also taught** there? It is referring to fasting **a complete** day, which is required by rabbinic law. By rabbinic law, the time of completing the fast for a healthy child is two years before he reaches maturity.

וּמִי קָרֵי לְחִינּוּךְ הַשְׁלָמָה? וְהָא תַּנְיָא: אֵי זֶה חִינּוּךְ? הָיָה רָגִיל לֶאֱכוֹל בִּשְׁתֵּי שָׁעוֹת – מַאֲכִילִין אוֹתוֹ לְשָׁלֹשׁ, בְּשָׁלֹשׁ – מַאֲכִילִין אוֹתוֹ בְּאַרְבַּע! אָמַר רָבָא בַּר עוּלָּא: תְּרֵי חִנּוּכֵי הָווּ.

The Gemara asks: **And is training called completion?** Doesn't training mean that the child performs only part of the mitzva? **Wasn't it taught** explicitly in a *baraita*: **What is training? If** the child **was accustomed to eat** every day **at the second** hour of the day, **one feeds him at the third** hour, so he will begin to understand the concept of affliction. If he was accustomed to eat **at the third** hour, **one feeds him at the fourth** hour. **Rava bar Ulla said:** This is not difficult; **these are two** different types of **training.** There is training of small children to wait slightly longer before eating, and training of older children, in which one habituates them to fasting a full day.

מתני׳ עוּבָּרָה שֶׁהֵרִיחָה – מַאֲכִילִין אוֹתָהּ עַד שֶׁתָּשִׁיב נַפְשָׁהּ. חוֹלֶה מַאֲכִילִין אוֹתוֹ עַל פִּי בְּקִיאִין, וְאִם אֵין שָׁם בְּקִיאִין – מַאֲכִילִין אוֹתוֹ עַל פִּי עַצְמוֹ, עַד שֶׁיֹּאמַר דַּי.

MISHNA With regard to **a pregnant woman who smelled food**[NH] and was overcome by a craving to eat it, **one feeds her until she recovers,** as failure to do so could lead to a life-threatening situation. If a person is **ill** and requires food due to potential danger, **one feeds him according to** the advice of medical **experts** who determine that he indeed requires food. **And if there are no experts there, one feeds him according to his own** instructions, **until he says** that he has eaten **enough** and needs no more.

גמ׳ תָּנוּ רַבָּנַן: עוּבָּרָה שֶׁהֵרִיחָה בְּשַׂר קוֹדֶשׁ אוֹ בְּשַׂר חֲזִיר – תּוֹחֲבִין לָהּ כּוּשׁ בָּרוֹטֶב, וּמַנִּיחִין לָהּ עַל פִּיהָ. אִם נִתְיַישְּׁבָה דַּעְתָּהּ – מוּטָב, וְאִם לָאו – מַאֲכִילִין אוֹתָהּ רוֹטֶב עַצְמָהּ, וְאִם נִתְיַישְּׁבָה דַּעְתָּהּ – מוּטָב, וְאִם לָאו – מַאֲכִילִין אוֹתָהּ שׁוּמָּן עַצְמוֹ, שֶׁאֵין לְךָ דָּבָר שֶׁעוֹמֵד בִּפְנֵי פִּקּוּחַ נֶפֶשׁ חוּץ מֵעֲבוֹדָה זָרָה וְגִילּוּי עֲרָיוֹת וּשְׁפִיכוּת דָּמִים.

GEMARA The Sages taught in a *baraita*: With regard to **a pregnant woman who smelled consecrated meat**[N] **or pig meat** and craved those specific foods, **one inserts a thin reed**[B] **into the juice** of that item **and places it on her mouth. If her mind become settled** with that, **it is well. And if not, one feeds her the gravy itself** of that forbidden food. **If her mind becomes settled** with that, **it is well. And if not, one feeds her the fat** of the forbidden food **itself, as there is no** *halakha* **that stands in the way of saving a life**[NH] **except for** the prohibitions against **idol worship, and forbidden sexual relationships, and bloodshed.**

עֲבוֹדָה זָרָה מְנָלַן? דְּתַנְיָא, רַבִּי אֱלִיעֶזֶר אוֹמֵר: אִם נֶאֱמַר ״בְּכָל נַפְשְׁךָ״ לָמָּה נֶאֱמַר ״בְּכָל מְאֹדֶךָ״? וְאִם נֶאֱמַר ״בְּכָל מְאֹדֶךָ״ לָמָּה נֶאֱמַר ״בְּכָל נַפְשְׁךָ״?

The Gemara clarifies: With regard to the *halakha* that the prohibition against **idol worship** takes precedence over saving one's life, **from where** do we derive this? **As it was taught** in a *baraita* that **Rabbi Eliezer says: If it is stated:** "And you shall love the Lord your God with all your heart, **and with all your soul"** (Deuteronomy 6:5), **why is it stated** in the continuation of the verse: **"And with all your might"** (Deuteronomy 6:5)? **And if it is stated: "With all your might," why is it stated: "With all your soul"?** One of these statements appears to be superfluous.

NOTES

A pregnant woman who smelled food – עוּבָּרָה שֶׁהֵרִיחָה: This *halakha* is not limited to pregnant women, but it is more typical for pregnant women to have specific cravings. In these situations, the woman may be in danger if her desires are not satisfied. According to the *Ba'al Halakhot Gedolot*, the concern is mainly with regard to the health of the fetus, whereas according to the Ramban, the chief concern is the well-being of the mother (see Rosh and Ran; Rav Shmuel Strashun).

A pregnant woman who smelled consecrated meat – עוּבָּרָה שֶׁהֵרִיחָה בְּשַׂר קוֹדֶשׁ: Here the ruling is not that one should whisper to her that the desired food is forbidden, as mentioned in the Halakha note. Permission is not granted to transgress this prohibition, and therefore there is no reason to whisper (*Mikhtam*; see *Pitḥei She'arim*, who cites *Eshel Avraham* and *Levush*).

There is no *halakha* that stands in the way of saving a life – אֵין לְךָ דָּבָר שֶׁעוֹמֵד בִּפְנֵי פִּקּוּחַ נֶפֶשׁ: There is a long debate in the Talmud on the source of this important principle (see *daf* 85a).

HALAKHA

A pregnant woman who smelled food – עוּבָּרָה שֶׁהֵרִיחָה: If a pregnant woman smells food and her face shows her craving for it, even if she does not explicitly state that she wants the food, one whispers to her that it is Yom Kippur. If she is placated by this reminder, nothing further need be done; if not, she is fed until she is content. In terms of quantity of food, a pregnant woman is fed bit by bit until she is satisfied. An ill person is fed whatever amount is necessary, according to doctor's orders (*Mishna Berura*). Similarly, if any other person smells food and his face shows a craving for it, he is fed a bit until he is relieved (*Shulḥan Arukh, Oraḥ Ḥayyim* 617:2–3)

Saving a life – פִּקּוּחַ נֶפֶשׁ: If a gentile tells one that he must transgress a *halakha* in private or be killed, he must transgress the *halakha*. This is the case for all prohibitions in the Torah except idol worship, forbidden sexual relations, and bloodshed. For these three transgressions, one is obligated to forfeit his life even if he is in private and even if the threat does not come during a time of religious persecution. This is the ruling even if he would be performing the acts only for the pleasure of the gentile, whose motive is not the transgression of mitzvot (*Shulḥan Arukh, Yoreh De'a* 157:1).

BACKGROUND

Thin reed – כּוּשׁ: This is referring to a long, thin stick that was also used as a spindle in ancient times. By dipping it in food, one could provide the woman with some flavor without her actually consuming much food.

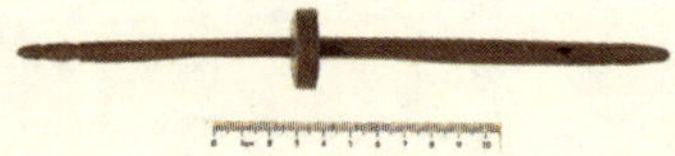

Ancient spindle

NOTES

Whose property is more beloved to him than his body – שֶׁמָּמוֹנוֹ חָבִיב עָלָיו מִגּוּפוֹ: One approach to this Gemara highlights the difference between people in varying stages of their lives. A young person is able to work, so his body is dearer to him than his money. On the other hand, a weak, elderly weak man will be left hungry and wanting if his money is taken from him, so his money is dearer to him than his body (*Tosefet Yom HaKippurim*).

Forfeiting one's life rather than engaging in forbidden sexual relations – מְסִירוּת נֶפֶשׁ בְּגִילּוּי עֲרָיוֹת: See Rashi and *Tosafot*, who deal with this issue extensively. Many medieval commentaries suggest that a situation may arise in which a deathly ill person can be cured only by having forbidden relations. Such an individual must choose to die (*ge'onim*; *Tosefot Rid*).

HALAKHA

May be saved at the cost of his life – נִיתַּן לְהַצִּילוֹ בְּנַפְשׁוֹ: If someone is chasing another person in order to kill him, all efforts must be made to save the victim, even at the cost of killing the attacker. Similarly, if someone is chasing a betrothed woman to rape her, she must be saved, even at the cost of the attacker's life (Rambam *Sefer Nezikim*, *Hilkhot Rotze'aḥ UShmirat HaNefesh* 1:6–10).

אִם יֵשׁ לְךָ אָדָם שֶׁגּוּפוֹ חָבִיב עָלָיו מִמָּמוֹנוֹ – לְכָךְ נֶאֱמַר ״בְּכָל נַפְשְׁךָ״, וְאִם יֵשׁ לְךָ אָדָם שֶׁמָּמוֹנוֹ חָבִיב עָלָיו מִגּוּפוֹ לְכָךְ נֶאֱמַר ״וּבְכָל מְאֹדֶךָ״.

Rather, it is to teach that **if there is a person whose body is more beloved to him than his property, therefore it is stated: "With all your soul."** The verse teaches that one must be willing to sacrifice his life to sanctify God's name. **And if there is a person whose property is more beloved to him than his body,**[N] **therefore it is stated: "With all your might."** Rabbi Eliezer understands the phrase "with all your might" to mean: With all your possessions. Therefore, one must be prepared to forfeit his life rather than be saved through idol worship.

גִּילּוּי עֲרָיוֹת וּשְׁפִיכַת דָּמִים מְנָא לַן? דְּתַנְיָא, רַבִּי אוֹמֵר: ״כִּי כַּאֲשֶׁר יָקוּם אִישׁ עַל רֵעֵהוּ וּרְצָחוֹ נֶפֶשׁ כֵּן הַדָּבָר הַזֶּה״ וְכִי מָה עִנְיָן לָמַדְנוּ מֵרוֹצֵחַ לְנַעֲרָה הַמְאוֹרָסָה?

§ With regard to the concept that one must surrender his life rather than have **forbidden sexual relations or shed blood** through murder, **from where** do we derive this? **As it was taught** in a *baraita* that **Rabbi** Yehuda HaNasi **says:** It is stated about the rape of a betrothed woman: **"For as when a man rises against his fellow and slays him, even so is this matter"** (Deuteronomy 22:26). One might ask: **What idea did we learn about a betrothed woman from a murderer?** The *halakha* of a betrothed woman is clear; what new point is learned by comparing it to the *halakha* of a murderer?

אֶלָּא, הֲרֵי זֶה בָּא לְלַמֵּד וְנִמְצָא לָמֵד: מַה נַּעֲרָה הַמְאוֹרָסָה נִיתָּן לְהַצִּילָהּ בְּנַפְשׁוֹ – אַף רוֹצֵחַ (כו׳). מָה רוֹצֵחַ יֵהָרֵג וְאַל יַעֲבוֹר – אַף נַעֲרָה הַמְאוֹרָסָה – יֵהָרֵג וְאַל יַעֲבוֹר.

Rather, this *halakha* about the murderer, which appears to **come to teach** about the betrothed woman, **is found to** actually be the **subject of teaching.** The inference is as follows: **Just as** with regard to **the betrothed woman,** permission is **given to save her at** the cost of the **life of** her attacker, **so too,** the **murderer** may be saved from committing the crime at the cost of his life,[H] i.e., one may save the victim by killing the attacker. Another teaching is derived in the opposite direction, from the case of murder to the case of rape. **Just as** the **murderer** is subject to the *halakha* of **let him be killed, and let him not transgress,** i.e., one must even allow himself to be killed rather than take the life of another, **so too,** a man must surrender his life rather than engage in forbidden sexual relations with **a betrothed young woman.** By inference, the *halakha* of **let him be killed, and let him not transgress,** applies to all forbidden sexual relations.[N]

Perek VIII
Daf 82 Amud b

NOTES

What did you see to make you think your blood is redder – מַאי חָזֵית דְּדָמָא דִּידָךְ סוּמָּק טְפֵי: There are two explanations for this *halakha*. First, one life does not supersede another. Second, the only reason to transgress a mitzva is to save a life, and since here no life is saved, no permission is granted to perform a prohibited act and kill. The reasoning of: What did you see, applies even to a group. If, for example, gentiles say to a group of Jews: Surrender one person to be killed, and if not we will kill you all, the group must all submit to death rather than surrender a single individual. In that case, they cannot know if that person's worth is equal to the whole group, and so they cannot make a calculation based solely on numbers (*Tosefet Yom HaKippurim*).

וְרוֹצֵחַ גּוּפֵיהּ מְנָא לַן? סְבָרָא הִיא. דְּהַהוּא דַּאֲתָא לְקַמֵּיהּ (דְּרָבָא), אֲמַר לֵיהּ: אֲמַר לִי מָרִי דוּרַאי: קְטַלֵיהּ לִפְלָנְיָא, וְאִי לָא קָטֵילְנָא לָךְ. אֲמַר לֵיהּ: נִקְטְלָךְ וְלָא תִּקְטוֹל. מַאי חָזֵית דְּדָמָא דִּידָךְ סוּמָּק טְפֵי? דִּילְמָא דָּמָא דְּהַהוּא גַּבְרָא סוּמָּק טְפֵי.

The Gemara asks: **And** with regard to the **murderer himself, from where** do we derive this *halakha* that he should be killed rather than transgress the prohibition against murder? The Gemara answers: **It is** derived through **reason,** as it was told: **A certain** person **came before Rava. He said to** Rava: **The master of the village** where I live **said to me: Kill so-and-so, and if** you do **not** do so, **I will kill you.** What should I do? Rava **said to him: Let yourself be killed, and you should not kill.** Rava reasoned: **What did you see** to make you think **that your blood is redder**[N] and more important than his? **Perhaps the blood of that man is redder,** and he is more important than you. If so, it is logical that one must not kill another person to save himself.[H]

HALAKHA

Let him be killed and let him not transgress – יֵיהָרֵג וְאַל יַעֲבוֹר: From where is it derived that it is prohibited to violate the three prohibitions of idol worship, murder, and forbidden sexual relations, even to save one's life? It is written: "And you shall love the Lord your God…with all your life" (Deuteronomy 6:5). This means: Even if He takes your life. With regard to murder, this is based on logical reasoning: One may not destroy one life for the sake of another life. The *halakha* pertaining to forbidden sexual relations is derived through the connection in the Torah between forbidden sexual relations and murder (Rambam *Sefer HaMadda*, *Hilkhot Yesodei HaTorah* 5:7).

הַהִיא עוּבָּרָה דְּאָרְחָא, אָתוּ לְקַמֵּיהּ דְּרַבִּי, אֲמַר לְהוּ: זִילוּ לַחֲוּשׁוּ לַהּ דְּיוֹמָא דְּכִיפּוּרֵי הוּא. לַחֲוּשׁוּ לַהּ וְאִילְּחִישָׁא. קָרֵי עֲלֵיהּ ״בְּטֶרֶם אֶצָּרְךָ בַבֶּטֶן יְדַעְתִּיךָ״ וגו׳. נְפַק מִינָּהּ רַבִּי יוֹחָנָן.

§ With respect to a pregnant woman who smells food, it is told: **A certain pregnant woman smelled** a food and craved it. Those involved **came before Rabbi** Yehuda HaNasi to ask how to proceed. **He said to those** who were inquiring: **Go and whisper to her**[N] **that today is Yom Kippur. They whispered to her, and this whispering helped;** she stopped craving the food. Rabbi Yehuda HaNasi **read** this verse **about** the baby she was carrying: **"Before I formed you**[N] **in the belly I knew you,** and before you came forth out of the womb I sanctified you" (Jeremiah 1:5), and indeed, the baby who **came out of** that woman was **Rabbi Yoḥanan.**

הַהִיא עוּבָּרָה דְּאָרְחָא, אָתוּ לְקַמֵּיהּ דְּרַבִּי חֲנִינָא, אֲמַר לְהוּ: לַחֲוּשׁוּ לַהּ, וְלָא אִילְּחִישָׁא. קָרֵי עֲלֵיהּ:

The Gemara relates another story: **A certain pregnant woman smelled** food and had a craving to eat it on Yom Kippur. Those involved **came before Rabbi Ḥanina** to ask how to proceed. **He said to them: Whisper to her** that today is Yom Kippur. They whispered to her, but **she did not accept the whisper** and continued to crave the food. Rabbi Ḥanina **read** this verse **about** the baby:

NOTES

Whisper to her – לַחֲוּשׁוּ לַהּ: Some commentaries explain that this whispering is to the fetus (see Rashi). However, the main idea here seems to be that sometimes, by whispering to the woman that it is Yom Kippur and that she will be able to eat afterward, she will be able to endure until after the fast. The author of the *Me'iri* writes that one should even promise her that if she does not eat, her child will have reverence of God as described in stories in the Gemara.

Before I formed you – בְּטֶרֶם אֶצָּרְךָ: *Tosefet Yom HaKippurim* writes that the main point of the verse is the last clause: "And before you came forth out of the womb I sanctified you," indicating that in his mother's womb he was already sacred, since he fasted on Yom Kippur. A similar story is related in the Jerusalem Talmud, in which the following verse is cited: "From my mother's womb, You are my God" (Psalms 22:11; see *Siaḥ Yitzḥak*).

Perek **VIII**
Daf **83** Amud **a**

״זֹרוּ רְשָׁעִים מֵרָחֶם״, נְפַק מִינָּהּ שַׁבְּתַאי אַצַּר פֵּירֵי.

"The wicked are estranged from the womb" (Psalms 58:4), i.e., it is clear they are estranged already in their mother's womb. Indeed, **Shabbetai the hoarder of fruits came out of her.** He hoarded fruit during years of famine in order to inflate its price and profit at the expense of poor people.

״חוֹלֶה מַאֲכִילִין אוֹתוֹ עַל פִּי בְקִיאִין״. אָמַר רַבִּי יַנַּאי: חוֹלֶה אוֹמֵר ״צָרִיךְ״, וְרוֹפֵא אוֹמֵר ״אֵינוֹ צָרִיךְ״ – שׁוֹמְעִין לְחוֹלֶה, מַאי טַעְמָא – ״לֵב יוֹדֵעַ מָרַת נַפְשׁוֹ״. פְּשִׁיטָא! מַהוּ דְּתֵימָא: רוֹפֵא קִים לֵיהּ טְפֵי, קָא מַשְׁמַע לַן.

§ It was taught in the mishna: If a person is **ill** and requires food due to potential danger, **one feeds him according to** the advice of medical **experts. Rabbi Yannai said:** If **an ill person says** he needs to eat,[H] **and a doctor says he does not need** to eat, **one listens to the ill person. What is the reason** for this *halakha*? It is because the verse states: **"The heart knows the bitterness of its soul"** (Proverbs 14:10), meaning an ill person knows the intensity of his pain and weakness, and doctors cannot say otherwise. The Gemara asks: It is **obvious** that a person knows himself better than anyone else does. Why does this need to be stated explicitly? The Gemara answers: It is **lest you say** that **the doctor is more certain** because he has had more experience with this condition. Therefore, the verse **teaches us** that even so, it is the ill person who knows his own suffering better than anyone else.

רוֹפֵא אוֹמֵר ״צָרִיךְ״ וְחוֹלֶה אוֹמֵר ״אֵינוֹ צָרִיךְ״ – שׁוֹמְעִין לְרוֹפֵא. מַאי טַעְמָא – תּוּנְבָא הוּא דְּנָקֵיט לֵיהּ.

However, in the opposite case, if **a doctor says** that the ill person needs food, **but the ill person** himself **says he does not**[H] need to eat, **one listens to the doctor. What is the reason** for this *halakha*? It is because **confusion [*tunba*]**[L] **has taken hold** of the ill person on account of his illness, and his judgment is impaired. Consequently, he himself does not know how much he needs food.

תְּנַן: חוֹלֶה מַאֲכִילִין אוֹתוֹ עַל פִּי בְקִיאִין. עַל פִּי בְקִיאִין – אִין, עַל פִּי עַצְמוֹ – לָא. עַל פִּי בְקִיאִין – אִין, עַל פִּי בָקִי אֶחָד – לָא!

§ **We learned** in the mishna: If a person is **ill, one feeds him according to** the advice of medical **experts.** This implies that if there are experts present, then **according to** the advice of **experts, yes,** one feeds the ill person; but at **his own** instructions, **no,** one does not feed him, contrary to Rabbi Yannai's opinion. It further implies that **according to** the advice of several **experts, yes,** one feeds an ill person; however, **according to** the advice of only **one expert, no,** one does not feed him. There appears to be a requirement for at least two doctors, which also contradicts Rabbi Yannai's opinion that the opinion of one expert is sufficient to override the opinion of the ill person.

HALAKHA

An ill person says he needs to eat – חוֹלֶה אוֹמֵר צָרִיךְ: If an ill person says he needs to eat, he may be fed, even if doctors say it is not necessary (*Shulḥan Arukh*, *Oraḥ Ḥayyim* 618:1).

A doctor says the ill person needs food but the ill person himself says he does not – רוֹפֵא אוֹמֵר צָרִיךְ וְחוֹלֶה אוֹמֵר אֵינוֹ צָרִיךְ: If an ill person needs food on Yom Kippur, and an expert doctor, whether Jewish or gentile, says that if he is not fed his sickness will worsen and endanger him, he is fed, even if he denies needing food (*Shulḥan Arukh*, *Oraḥ Ḥayyim* 618:1).

LANGUAGE

Confusion [*tunba*] – תּוּנְבָא: The origin of this word is Syriac, and it means a confusion of one's senses. This confusion is likely to come as a result of illness, whereupon the ill person is likely to lose sensitivity to many things, among them his sense of hunger.

HALAKHA

Dispute between doctors – מַחְלוֹקֶת רוֹפְאִים: If one doctor says that an ill person requires food and one says that he does not, the ill person must be fed. The *halakha* is the same if the dispute is between two pairs of doctors (*Shulḥan Arukh, Oraḥ Ḥayyim* 618:2 and in the comment of the Rema). If one doctor and the ill person say he does not need to eat, and a different doctor says he does, the ill person may not eat. If two doctors say he does need to eat, the ill person may be fed, even if many other doctors and the ill person himself say he does not need food (*Shulḥan Arukh, Oraḥ Ḥayyim* 618:4).

NOTES

Two are like one hundred – תְּרֵי כִּמְאָה: By Torah law, testimony depends on the word of two witnesses. A declaration by two witnesses is considered as fact, provided the statements of the two do not contradict each other and are not contradicted by other witnesses. The testimony of a larger group of witnesses carries no more weight than the testimony of two witnesses. However, this principle does not apply in the case of assessment of a situation, where the *halakha* does follow the majority opinion. This rule of majority applies in any case that relies on expertise or understanding.

הָכָא בְּמַאי עָסְקִינַן – דְּאָמַר לָא צְרִיכְנָא. וְלֵיסְפּוּ לֵיהּ עַל פִּי בָּקִי! לָא צְרִיכָא, דְּאִיכָּא אַחֲרִינָא בַּהֲדֵיהּ, דְּאָמַר: לֹא צָרִיךְ. מַאֲכִילִין אוֹתוֹ עַל פִּי בְּקִיאִין.

The Gemara rejects this: **With what are we dealing here?** We are dealing with a unique circumstance: The ill person **says I do not need** food, and the consultation of experts is required. The Gemara suggests: **But let them feed him according to** the advice of **one expert,** as Rabbi Yannai said that in such a circumstance one feeds the ill person based on the advice of one doctor. The Gemara answers: **No,** the requirement of two experts is **necessary** in a case **where there is another,** third expert **with him who says** that the ill person **does not need** to eat. In such a case, **one feeds** the ill person **according to** the advice of two **experts** who agree that he requires it.[H]

פְּשִׁיטָא! סְפֵק נְפָשׁוֹת הוּא, וּסְפֵק נְפָשׁוֹת לְהָקֵל! לָא צְרִיכָא דְּאִיכָּא תְּרֵי אַחֲרִינֵי בַּהֲדֵיהּ, דְּאָמְרִי: לֹא צָרִיךְ. וְאַף עַל גַּב דְּאָמַר רַב סָפְרָא: תְּרֵי כִּמְאָה, וּמֵאָה כִּתְרֵי – הָנֵי מִילֵּי לְעִנְיַן עֵדוּת, אֲבָל לְעִנְיַן אוּמְדָנָא – בָּתַר דֵּעוֹת אָזְלִינַן.

The Gemara asks: If so, this is **obvious,** since **it is** a case of **uncertainty** concerning a **life-threatening** situation, and in all cases of **uncertainty** concerning a **life-threatening** situation, the *halakha* **is lenient.** The Gemara answers: **No,** this *halakha* is **necessary** in a case **where there are two other** doctors who, along **with** the ill person, **say** that **he does not need** food. **And although Rav Safra said** that **two** witnesses **are like one hundred**[N] witnesses, **and one hundred** witnesses **are like two** witnesses, **that rule applies** specifically **to the matter of testimony; however,** in the **matter of assessing** a situation, **we follow** the majority of **opinions.** Therefore, one might think in this case that the ill person should not be fed because the opinion of two doctors plus the ill person should override the opposing opinion of two other doctors.

וְהָנֵי מִילֵּי – לְעִנְיַן אוּמְדָנָא דְמָמוֹנָא, אֲבָל הָכָא – סְפֵק נְפָשׁוֹת הוּא.

Generally speaking, two or more witnesses constitute complete testimony, and there is no difference between the testimony of two and the testimony of a large number of people. **However, this** principle of following the majority **applies** specifically **to assessing monetary** issues, **but here** it is a case of **uncertainty** concerning a **life-threatening** situation. Therefore, although it is the opinion of two doctors against the opinion of two doctors and the ill person, the ill person must eat.

וְהָא מִדְּקָתָנֵי סֵיפָא: וְאִם אֵין שָׁם בְּקִיאִין – מַאֲכִילִין אוֹתוֹ עַל פִּי עַצְמוֹ, מִכְּלָל דְּרֵישָׁא דְּאָמַר "צָרִיךְ"! חַסּוּרֵי מִיחַסְּרָא וְהָכִי קָתָנֵי: בַּמֶּה דְּבָרִים אֲמוּרִים – דְּאָמַר לֹא צָרִיךְ אֲנִי, אֲבָל אָמַר צָרִיךְ אֲנִי – אֵין שָׁם בְּקִיאִין תְּרֵי אֶלָּא חַד דְּאָמַר לֹא צָרִיךְ – מַאֲכִילִין אוֹתוֹ עַל פִּי עַצְמוֹ.

The Gemara asks: **But from** the fact **that it is taught** in **the latter clause** of the mishna that **if there are no experts present one feeds him according to his own opinion, by inference, the first clause** of the mishna is referring to a case where **the ill person said he needs** to eat. In that case, the mishna states that one follows the experts' opinion, not his own, and feeds him. The Gemara answers: The mishna **is incomplete and is teaching the following: In what** case **is this statement** that he may eat only based on the advice of experts **said?** It is when the ill person **said: I do not need** to eat. **But if he said: I do need** to eat, and **instead of two experts there is** only **one who says** that **he does not need** to eat, **one feeds him according to his own opinion.**

מָר בַּר רַב אַשִׁי אָמַר: כָּל הֵיכָא דְּאָמַר "צָרִיךְ אֲנִי" אֲפִילּוּ אִיכָּא מֵאָה דְּאָמְרִי "לֹא צָרִיךְ" – לְדִידֵיהּ שָׁמְעִינַן, שֶׁנֶּאֱמַר: "לֵב יוֹדֵעַ מָרַת נַפְשׁוֹ".

Mar bar Rav Ashi said: Any instance **where** an ill person **says: I need** to eat, **even if there are one hundred** expert doctors **who say** that **he does not need** to eat, **we listen to his own** opinion and feed him, **as it is stated: "The heart knows the bitterness of its soul"** (Proverbs 14:10).

תְּנַן: אִם אֵין שָׁם בְּקִיאִין – מַאֲכִילִין אוֹתוֹ עַל פִּי עַצְמוֹ. טַעֲמָא – דְּלֵיכָּא בְּקִיאִין, הָא אִיכָּא בְּקִיאִין – לָא! הָכִי קָאָמַר: בַּמֶּה דְּבָרִים אֲמוּרִים – דְּאָמַר לֹא צָרִיךְ אֲנִי, אֲבָל אָמַר צָרִיךְ אֲנִי – אֵין שָׁם בְּקִיאִין כְּלָל מַאֲכִילִין אוֹתוֹ עַל פִּי עַצְמוֹ, שֶׁנֶּאֱמַר: "לֵב יוֹדֵעַ מָרַת נַפְשׁוֹ".

We learned in the mishna: **If** an ill person himself says he needs to eat and **there are no experts present, one feeds him according to his own opinion.** This implies that **the reason** one feeds him **is** because **there are no experts** present. One may infer from this that if **there were experts** present, **no,** one would not feed the ill person based on his own opinion but would instead listen to the advice of the experts. The Gemara rejects this: **This is** what the mishna **is saying: In what** case **is this statement** that one follows the opinion of the experts **said?** It is **when** the ill person **said: I do not need** to eat. **However,** if **he said: I do need** to eat, it is considered as if **there were no experts there at all; we feed him based on his opinion, as it is stated: "The heart knows the bitterness of its soul"** (Proverbs 14:10). All the experts are ignored in the face of the ill person's own sensitivities.

מתני׳ מִי שֶׁאֲחָזוֹ בּוּלְמוֹס – מַאֲכִילִין אוֹתוֹ אֲפִילּוּ דְּבָרִים טְמֵאִים, עַד שֶׁיֵּאוֹרוּ עֵינָיו. מִי שֶׁנְּשָׁכוֹ כֶּלֶב שׁוֹטֶה – אֵין מַאֲכִילִין אוֹתוֹ מֵחֲצַר כָּבֵד שֶׁלּוֹ, וְרַבִּי מַתְיָא בֶּן חָרָשׁ מַתִּיר.

MISHNA In the case of **one who is seized** with the life-threatening illness ***bulmos***,[HLB] causing him unbearable hunger pangs and impaired vision, **one may feed him even impure foods** on Yom Kippur or any other day **until his eyes recover,** as the return of his sight indicates that he is recovering. In the case of **one whom a mad dog bit, one** may **not feed him from the lobe of** the dog's **liver.**[N] This was thought to be a remedy for the bite, but the Rabbis deem it ineffective. **And Rabbi Matya ben Ḥarash permits** feeding it to him, as he deems it effective.[N]

וְעוֹד אָמַר רַבִּי מַתְיָא בֶּן חָרָשׁ: הַחוֹשֵׁשׁ בִּגְרוֹנוֹ מַטִּילִין לוֹ סַם בְּתוֹךְ פִּיו בַּשַּׁבָּת, מִפְּנֵי שֶׁהוּא סְפֵק נְפָשׁוֹת, וְכָל סְפֵק נְפָשׁוֹת דּוֹחֶה אֶת הַשַּׁבָּת.

And furthermore, Rabbi Matya ben Ḥarash said: With regard to **one who suffers pain in his throat, one may place medicine**[N] **inside his mouth on Shabbat,** although administering a remedy is prohibited on Shabbat. This is **because** there is **uncertainty** whether or not it is a **life-threatening** situation for him, as it is difficult to ascertain the severity of internal pain. **And** a case of **uncertainty** concerning a **life-threatening** situation **overrides Shabbat.**

מִי שֶׁנָּפְלָה עָלָיו מַפּוֹלֶת, סָפֵק הוּא שָׁם סָפֵק אֵינוֹ שָׁם, סָפֵק חַי סָפֵק מֵת, סָפֵק גּוֹי סָפֵק יִשְׂרָאֵל – מְפַקְּחִין עָלָיו אֶת הַגַּל. מְצָאוּהוּ חַי – מְפַקְּחִין, וְאִם מֵת – יַנִּיחוּהוּ.

Similarly, with regard to **one upon whom a rockslide fell,** and there is **uncertainty** whether **he is there**[N] under the debris or whether **he is not there; and** there is **uncertainty** whether he is still **alive** or whether he is **dead; and** there is **uncertainty** whether the person under the debris is **a gentile** or whether he is **a Jew, one clears the pile** from **atop him.** One may perform any action necessary to rescue him from beneath the debris. If **they found him alive** after beginning to clear the debris, **they** continue to **clear** the pile until they can extricate him. **And if** they found him **dead, they** should **leave him,** since one may not desecrate Shabbat to preserve the dignity of the dead.

גמ׳ תָּנוּ רַבָּנַן: מִנַּיִין הָיוּ יוֹדְעִין שֶׁהֵאִירוּ עֵינָיו? מִשֶּׁיַּבְחִין בֵּין טוֹב לָרַע. אָמַר אַבַּיֵי: וּבְטַעֲמָא.

GEMARA **The Sages taught: From where would they know that his eyes had recovered** their sight? It is **from when he can discern between good and bad** food,[N] since under the influence of *bulmos* one eats food indiscriminately. **Abaye said:** It is **with tasting.** When he can distinguish the tastes of different foods his eyesight must have also recovered. For example, at night, although it is dark, the sign that his eyesight has been restored is that he is able to detect difference in tastes (*Me'iri*).

תָּנוּ רַבָּנַן: מִי שֶׁאֲחָזוֹ בּוּלְמוֹס – מַאֲכִילִין אוֹתוֹ הַקַּל הַקַּל, טֶבֶל וּנְבֵילָה – מַאֲכִילִין אוֹתוֹ נְבֵילָה, טֶבֶל וּשְׁבִיעִית – שְׁבִיעִית.

§ **The Sages taught:** In the case of **one who is seized** with ***bulmos*** and must be fed until his vision is restored, **one feeds him the** items whose prohibition is **least** severe **first.**[HN] If he must be fed forbidden foods, he should first be fed those whose level of prohibition is least severe. For instance, if there is **untithed produce** and **an unslaughtered animal carcass** [*neveila*] or any other non-kosher meat, **one feeds him** the ***neveila***, as the prohibition of untithed produced warrants death at the hand of Heaven, but eating non-kosher meat is a transgression punishable only by lashes. If there is **untithed produce and** produce from the **Sabbatical Year,** he is fed the produce from the **Sabbatical Year.** Untithed produce warrants death at the hand of Heaven, whereas the produce of a Sabbatical Year is prohibited by a positive mitzva and there is no punishment associated with it.

טֶבֶל וּתְרוּמָה – תַּנָּאֵי הִיא, דְּתַנְיָא: מַאֲכִילִין אוֹתוֹ טֶבֶל, וְאֵין מַאֲכִילִין אוֹתוֹ תְּרוּמָה. בֶּן תֵּימָא אוֹמֵר: תְּרוּמָה וְלֹא טֶבֶל. אָמַר רַבָּה: הֵיכָא דְּאֶפְשָׁר בְּחוּלִּין – דְּכוּלֵּי עָלְמָא לָא פְּלִיגִי דִּמְתַקְּנִינַן לֵיהּ וּמַסְפִּינַן לֵיהּ.

If they have **untithed produce and *teruma*,** there **is** a dispute between ***tanna'im*** as to which food they should feed him, **as it was taught** in a ***baraita*: One feeds him untithed produce and does not feed him *teruma*. Ben Teima says:** It is better to feed him ***teruma* and not** feed him **untithed produce. Rabba said: Where it is possible** to feed **him non-sacred food**[N] by separating tithes from untithed produce and thereby rendering the remainder permitted, **everyone agrees that one should make** the produce **fit** for consumption by separating tithes **and** then **feed it to him,** even on Shabbat, when it is otherwise prohibited to separate tithes.

BACKGROUND

Bulmos – **בּוּלְמוֹס:** The unhealthy sensation of hunger is the result of a drastic drop in blood sugar level, due to food deprivation or illness. As described in the Gemara, this state is accompanied by a partial loss of vision. The Sages advised that an individual suffering from this symptom should immediately be fed sweet foods, which are digested quickly by the body.

HALAKHA

One who is seized with *bulmos* – מִי שֶׁאֲחָזוֹ בּוּלְמוֹס: If one is afflicted with *bulmos* and his eyes are dimmed from hunger, he should be fed, even on Yom Kippur, until his eyes recover. If there is no permitted food available, one should feed him forbidden food, starting with the most minor prohibitions (*Shulḥan Arukh, Oraḥ Ḥayyim* 618:9).

Severity of forbidden foods – חוּמְרֵי הָאִיסּוּרִים: The prohibitions relating to food are hierarchical: Eating untithed produce is more severe than eating non-kosher meat. It is worse to eat non-kosher meat than after-growths from the Sabbatical Year, which are forbidden by rabbinic law. It is worse to eat untithed produce than produce grown in the Sabbatical Year, which is forbidden by Torah law. If there is a choice between eating untithed produce and *teruma*, one should separate the tithes from the untithed produce even on Shabbat or Festivals. If that is not possible, one should eat the untithed produce, as that is a less severe prohibition than eating *teruma* (Rambam *Sefer Kedusha, Hilkhot Ma'akhalot Assurot* 14:16).

LANGUAGE

Bulmos – **בּוּלְמוֹס:** From the Greek βουλιμία, *boulimia*, meaning unhealthy hunger.

NOTES

Lobe of liver – חֲצַר כָּבֵד: Rav Hai Gaon explains that this is one of the small parts of the liver.

Feeding an ill person from the liver lobe – הַאֲכָלָה מֵחֲצַר כָּבֵד: It seems that the dispute here is whether this constitutes administering a remedy or not. The Rambam explains that eating the liver lobe is not a medicinal cure but a folk remedy, which requires the faith of the ill person. No Torah prohibition may be violated for a folk remedy.

One may place medicine – מַטִּילִין לוֹ סַם: This statement seems to permit any acts necessary to prepare the medicine, even if it means violating multiple Torah prohibitions (Rabbeinu Yehonatan).

There is uncertainty whether he is there, etc. – סָפֵק הוּא שָׁם וכו׳: Some authorities explain that these uncertainties are not necessarily distinct but cumulative: It is unclear whether there is a person there, whether he is a Jew, and whether he is alive. Despite the fact that there are many uncertainties, one still violates Shabbat due to the possibility of saving a life (Rabbeinu Yehonatan; *Min HaAnavim*).

From when he can discern between good and bad – מִשֶּׁיַּבְחִין בֵּין טוֹב לָרַע: The *Me'iri* explains this is referring to nighttime, when one cannot test whether the ill person is able to distinguish food by sight. In that case, one checks whether he can discern different tastes.

The least severe first – הַקַּל הַקַּל קוֹדֵם: The question has been raised: Isn't this obvious; why does the Gemara need to mention it? A suggested explanation is that the Gemara is stating that even if the more severe prohibition would work better as medication, one does not administer it first. Rather, one begins with the less severe prohibitions, since they might also heal the ill person (*Siaḥ Yitzḥak*).

Where it is possible to feed him non-sacred food – הֵיכָא דְּאֶפְשָׁר בְּחוּלִּין: Rashi explains that using non-sacred food might not be possible because there may be an insufficient amount. Other commentaries suggest additional interpretations to this Gemara (*Gevurat Ari*).

כִּי פְּלִיגִי – בִּדְלָא אֶפְשָׁר בְּחוּלִּין, מָר סָבַר: טֶבֶל חָמוּר, וּמָר סָבַר: תְּרוּמָה חֲמוּרָה, מָר סָבַר: טֶבֶל חָמוּר, אֲבָל תְּרוּמָה – חֲזְיָא לְכֹהֵן. וּמָר סָבַר: תְּרוּמָה חֲמוּרָה, אֲבָל טֶבֶל – אֶפְשָׁר לְתַקּוֹנֵיהּ.

Where they disagree, it is in a case **where it is impossible** to feed him **non-sacred food** because there is no way to separate tithes. **One Sage holds** that the prohibition of **untithed produce is more severe; and one Sage holds** that the prohibition of ***teruma* is more severe.** The two sides reason as follows. One **Sage holds that** the prohibition of **untithed produce is** more **severe** because it is prohibited to everyone; **but *teruma* is fit for a priest,** and therefore one could say that its prohibition is less severe. **And one Sage holds that *teruma*** is more **severe** because non-priests may never eat it, **while untithed produce can be made fit** to eat, and therefore, even while it is still untithed, the prohibition against eating it is less severe.

Perek **VIII**
Daf **83** Amud **b**

אֶפְשָׁר בְּחוּלִּין פְּשִׁיטָא! לָא צְרִיכָא בְּשַׁבָּת.

It was stated that, according to Rabba, if **it is possible** to make the untithed produce fit and then feed him **with non-sacred** food, one should do so. The Gemara is surprised at this: It is **obvious** that if it is possible to tithe the produce and feed him that, one should do so. Why must it be stated? The Gemara explains: **No,** it is **necessary** to state this with regard to a case **on Shabbat,** when it is generally prohibited to separate *terumot* and tithes. Even so, the Sages said that it is better to separate *terumot* and tithes on Shabbat rather than feed the ill person untithed produce.

בְּשַׁבָּת נַמִי פְּשִׁיטָא, טִלְטוּל מִדְּרַבָּנָן הוּא! הָכָא בְּמַאי עָסְקִינַן – בְּעָצִיץ שֶׁאֵינוֹ נָקוּב, דְּרַבָּנַן.

The Gemara asks: With regard **to Shabbat** it is **also obvious,** since the prohibition against separating *terumot* and tithes is merely a prohibition against **moving,** which is prohibited **by rabbinic** law.[N] That is certainly less severe than the prohibition against eating untithed produce. The Gemara answers: **With what are we dealing here?** We are dealing with fruits grown in **an imperforate container,**[N] which are not subject to *teruma* by Torah law but **by rabbinic** law. The Gemara teaches that it is preferable to transgress the rabbinic prohibition of tithing the fruit on Shabbat rather than feed the ill person untithed produce, although in this case the prohibition is rabbinic.

מָר סָבַר: טֶבֶל חָמוּר, וּמָר סָבַר תְּרוּמָה חֲמוּרָה.

§ The Gemara now discusses the aforementioned two opinions: **One Sage,** ben Teima, **holds that untithed produce is more severe,** and therefore one must tithe the fruit although it is prohibited to separate *teruma* on Shabbat; **and one Sage,** the first *tanna*, **holds that *teruma* is more severe.**

לֵימָא תַּנָּאֵי הִיא, דְּתַנְיָא: מִי שֶׁנְּשָׁכוֹ נָחָשׁ קוֹרִין לוֹ רוֹפֵא מִמָּקוֹם לְמָקוֹם, וּמְקָרְעִין לוֹ אֶת הַתַּרְנְגוֹלֶת, וְגוֹזְזִין לוֹ אֶת הַכְּרֵישִׁין, וּמַאֲכִילִין אוֹתוֹ וְאֵין צָרִיךְ לְעַשֵּׂר, דִּבְרֵי רַבִּי. רַבִּי אֶלְעָזָר בְּרַבִּי שִׁמְעוֹן אוֹמֵר: לֹא יֹאכַל עַד שֶׁיְּעַשֵּׂר.

Let us say that Rabba's view **is** one side of a dispute between ***tanna'im*, as it was taught** in a *baraita*: In the case of **one whom a snake bit**[H] on Shabbat and who is in danger, **one calls a doctor for him** to come **from** one **place to another; and one tears a chicken apart for him** if he needs its meat for healing; **and one harvests leeks** from the ground **and feeds** them to **him** for healing purposes, **and one need not separate tithes;** this is **the statement of Rabbi** Yehuda HaNasi. **Rabbi Elazar, son of Rabbi Shimon, says: He should not eat it unless it has been tithed.**

נֵימָא רַבִּי אֶלְעָזָר בְּרַבִּי שִׁמְעוֹן הִיא, וְלֹא רַבִּי!

Let us say that Rabba's statement that one must separate *teruma* and tithes from the fruit for the ill person on Shabbat, even from untithed produce prohibited by rabbinic law, corresponds to the view of **Rabbi Elazar, son of Rabbi Shimon.** He says that one must tithe the leeks for the ill person even on Shabbat, although leeks, like all other vegetables, are considered untithed produce only by rabbinic law. **And** Rabba's opinion does **not** follow the view of **Rabbi** Yehuda HaNasi.

NOTES

Moving is prohibited by rabbinic law – טִלְטוּל מִדְּרַבָּנָן הוּא: This point has been challenged, since the Gemara elsewhere gives a different reason for the prohibition against separating tithes on Shabbat. The main objection to separating tithes on Shabbat is that such an action makes the food fit for eating. This effectively completes the food, which is akin to repairing a vessel. Such an act is a primary labor prohibited on Shabbat. The Rambam argues that tithing food is similar to enacting a business deal, since one tithes fruits in order to present them to the priest, who thereby acquires them. Other commentaries write that there is an issue of carrying an object that is set aside from use on Shabbat [*muktze*]. However, this is not the primary problem (*Tosefet Yom HaKippurim*; *Pitḥei She'arim*).

Imperforate container – עָצִיץ שֶׁאֵינוֹ נָקוּב: A plant grown in an imperforate container does not absorb water or nutrients from the ground. Therefore, biblical laws of *terumot* and tithes do not apply to such a plant. The Torah's laws in this area apply only to grains growing in the ground. However, in the case of a perforated pot, the roots of a plant it holds draw nutrients from the earth through the holes, connecting the plant to the ground. The Sages decreed that plants grown in imperforate containers are included by rabbinic law within the *halakhot* of *teruma* and tithes due to their similarity to plants grown in perforated pots.

HALAKHA

One whom a snake bit – מִי שֶׁנְּשָׁכוֹ נָחָשׁ: If someone is bitten by a snake, it is treated as a mortal wound even when it is uncertain whether or not the snake is deadly. Even if there are no expert doctors present and the ill person says nothing, everything that would usually be done on a weekday to heal him must be done for him on Shabbat (*Shulḥan Arukh, Oraḥ Ḥayyim* 328:6).

אפילו תימא רבי, עד כאן לא קאמר רבי התם – אלא לענין מעשר ירק דרבנן, אבל במעשר דגן דטבל דאורייתא הוא – אפילו רבי מודה דאי שרית ליה בעציץ שאינו נקוב אתי למיכל בעציץ שהוא נקוב.

The Gemara rejects this: **Even if you say** that Rabba holds in accordance with the view of **Rabbi** Yehuda HaNasi, **Rabbi** Yehuda HaNasi **is saying** that one should not separate tithes **only there, with regard to** the requirement to take the **tithe from vegetables,** like leeks, **which is rabbinic** in origin. This requirement was decreed lest one come to confuse vegetables with produce that is untithed by Torah law. **However,** with regard to the **tithe of grains,** which have the status of **untithed produce by Torah** law, although in this particular circumstance their untithed status is rabbinic because the grains grew in an imperforate container, **even Rabbi** Yehuda HaNasi **concedes** that the produce must be tithed. **Because if it is permitted for him** to eat without separating tithes from produce grown in **an imperforate container,** he may err and **come to eat** from grain grown in **a perforated pot,** which is considered untithed produce by Torah law. Consequently, one must separate tithes on Shabbat before feeding an ill person, even according to the opinion of Rabbi Yehuda HaNasi.

תנו רבנן: מי שאחזו בולמוס מאכילין אותו דבש וכל מיני מתיקה, שהדבש וכל מיני מתיקה מאירין מאור עיניו של אדם. ואף על פי שאין ראיה לדבר, זכר לדבר – "ראו נא כי אורו עיני כי טעמתי מעט דבש הזה".

The Sages taught in a *baraita*: In the case of **one who is seized with *bulmos*, one feeds him honey and all types of sweet** foods, **as the honey and all types of sweet** foods **restore the sight of his eyes. And although there is no** clear **proof for the matter, there is an allusion to the matter.** Jonathan said: **"See, I pray you, how my eyes are brightened because I tasted a little of this honey"** (I Samuel 14:29).

ומאי אף על פי שאין ראיה לדבר – דהתם לאו בולמוס אחזיה.

The Gemara asks: **And why** does the *baraita* say: **Although there is no** clear **proof for the matter,** when that verse is a strong proof? The Gemara answers: **There,** Jonathan was **not seized with *bulmos*,**[N] he was merely very hungry. Therefore, the episode provides no evidence that honey or sweet foods are the remedy for *bulmos*.

אמר אביי: לא שנו אלא לאחר אכילה, אבל קודם אכילה – מגרר גריר, דכתיב: "וימצאו איש מצרי בשדה ויקחו אותו אל דוד ויתנו לו לחם ויאכל וישקוהו מים ויתנו לו פלח דבילה ושני צמוקים ויאכל ותשב רוחו אליו כי לא אכל לחם ולא שתה מים שלשה ימים ושלשה לילות".

Abaye said: They taught that honey restores a one's eyesight **only after eating** other food, **but before eating** other food **it whets** one's appetite, **as it is written: "And they found an Egyptian man in the field, and brought him to David, and they gave him bread and he ate, and they gave him water to drink; and they gave him a piece of a cake of figs, and two clusters of raisins, and he ate, and his spirit was restored; for he had eaten no bread nor drunk any water for three days and three nights"** (I Samuel 30:11–12). This indicates that sweets are given after the main course and not before it.

אמר רב נחמן אמר שמואל: מי שאחזו בולמוס מאכילין אותו אליה בדבש. רב הונא בריה דרב יהושע אמר: אף סולת נקיה בדבש. רב פפא אמר: אפילו קמחי דשערי בדיבשא. אמר רבי יוחנן: פעם אחת אחזני בולמוס, ורצתי למזרחה של תאנה, וקיימתי בעצמי: "החכמה תחיה בעליה". דתני רב יוסף: הרוצה לטעום טעם תאנה – יפנה למזרחה, שנאמר: "וממגד תבואות שמש".

Rav Naḥman said that **Shmuel said:** In the case of **one who is seized with *bulmos*, one feeds him a sheep's tail with honey,** since the combination of the fatty meat and the honey helps greatly. **Rav Huna, son of Rav Yehoshua, said: Also, fine wheat flour with honey** is a remedy. **Rav Pappa said: Even barley flour with honey** is good for curing *bulmos*. **Rabbi Yoḥanan said: Once I was seized with *bulmos* and I ran to the east side of a fig tree**[B] and found ripe figs there, which I ate. Figs on a tree do not all ripen at once but ripen first on the side where the sun rises, so Rabbi Yoḥanan searched first for figs on the east side of the tree. **And I** thereby **fulfilled** the verse: **"Wisdom preserves the lives of those who have it"** (Ecclesiastes 7:12). **As Rav Yosef taught: One who wishes to taste the flavor of the fig should turn to the east, as it is stated: "And for the precious things of the sun's fruits"** (Deuteronomy 33:14), implying that the sun ripens fruit and makes them sweet.

רבי יהודה ורבי יוסי הוו קא אזלי באורחא, אחזיה בולמוס לרבי יהודה – קפחיה לרועה, אכליה לריפתא. אמר ליה רבי יוסי: קפחת את הרועה! כי מטו למתא אחזיה בולמוס לרבי יוסי, אהדרוהו בלגי וצעי. אמר ליה רבי יהודה: אני קפחתי את הרועה ואתה קפחת את העיר כולה.

The Gemara relates that **Rabbi Yehuda and Rabbi Yosei were walking on the road** when **Rabbi Yehuda was seized with *bulmos*. He overpowered** a nearby **shepherd and ate the bread** that the shepherd had in his hand, since his life was in danger. **Rabbi Yosei said to him: You have robbed that shepherd. When they reached the city, Rabbi Yosei was seized with *bulmos*,** and all the people of the city **surrounded him with jugs** [*lagei*][L] **and plates** with all sorts of sweets. **Rabbi Yehuda said to him** in jest: **I robbed** only **the shepherd, but you have robbed the entire city.**

NOTES

He was not seized with *bulmos* – לאו בולמוס אחזיה: In this story, Saul had imposed a ban on eating. The people saved Jonathan from being killed by his father for violating this ban only because Jonathan performed a great service for the nation. If *bulmos* had seized him, eating honey to save his life would have superseded this ban (*Toledot Yitzḥak*).

BACKGROUND

East side of a fig tree – מזרחה של תאנה: As opposed to other fruit, figs do not ripen all at once. Instead, they ripen gradually; each day fruit on a different part of the tree might ripen. Since sunlight and warmth hasten the ripening of the fruit, it is common to see more ripe fruit on the eastern side of the tree than on other areas of the tree.

LANGUAGE

Jugs [*lagei*] – לגי: This is the plural form of *lagina*, from the Latin lagena or the Greek λάγυνος, *lagynos*, which is a jug made of clay.

Lagynos from the early Roman period

ותו, רבי מאיר ורבי יהודה ורבי יוסי הוו קא אזלי באורחא, רבי מאיר הוה דייק בשמא רבי יהודה ורבי יוסי לא הוו דייקו בשמא. כי מטו להההוא דוכתא בעו אושפיזא, יהבו להו. אמרו לו: מה שמך? אמר להו: כידור. אמר: שמע מינה אדם רשע הוא, שנאמר: "כי דור תהפוכות המה". רבי יהודה ורבי יוסי אשלימו ליה כיסייהו רבי מאיר לא אשלים ליה כיסיה. אזל אותביה בי קיבריה דאבוה.

§ **And furthermore,** it is told: **Rabbi Meir and Rabbi Yehuda and Rabbi Yosei were walking on the road** together. **Rabbi Meir would analyze names** and discern one's nature from his name,[N] while **Rabbi Yehuda and Rabbi Yosei were not** apt to **analyze names. When they came to a certain place, they looked for lodging** and **were given** it. **They said** to the innkeeper: **What is your name? He said to them:** My name is **Kidor.** Rabbi Meir **said** to himself: Perhaps one can **learn from this that he is a wicked person, as it is stated: "For they are a generation** [*ki dor*] **of upheavals"** (Deuteronomy 32:20). Since it was Friday afternoon, **Rabbi Yehuda and Rabbi Yosei entrusted their purses to him. Rabbi Meir did not entrust his purse to him but went and placed it at the grave of the innkeeper's father.**

אתחזי ליה בחלמיה: תא שקיל כיסא דמנח ארישא דההוא גברא. למחר אמר להו: הכי אתחזי לי בחלמאי! אמרי ליה: חלמא דבי שמשי לית בהו ממשא. אזל רבי מאיר, ונטריה כולי יומא ואייתיה.

The innkeeper's father **appeared** to the innkeeper **in a dream** and said to him: **Go take the purse placed at the head of that man,** i.e., the innkeeper's father. **The following day, he said** to the Sages: **This** is what **appeared to me in my dream. They said to him: Dreams during twilight** on Shabbat evening **have no substance** and should not be trusted. Even so, **Rabbi Meir went and guarded** his money **all** that **day and** then **took it.**

למחר אמרו לו: הב לן כיסן! אמר להו: לא היו דברים מעולם. אמר להו רבי מאיר: אמאי לא דייקיתו בשמא? אמרו ליה: אמאי לא אמרת לן מר? אמר להו: אימר דאמרי אנא חששא, אחזוקי מי אמרי?

The next day, the rabbis **said to** the innkeeper: **Give us our purses. He said to them: These matters never occurred;** you never gave me any purses. **Rabbi Meir said to them: Why didn't you analyze his name** to learn that he is a wicked man? **They said to him: Why didn't the Master tell us? He said to them: I said one should be suspicious, but have I said** a person **should be established as** wicked? Could I say to you with certainty that he is wicked based on his name alone?

משכוהו ועיילוהו לחנותא, חזו טלפחי אשפמיה, אזלו ויהבו סימנא לדביתהו, ושקלוהו לכיסייהו ואייתו. אזל איהו וקטליה לאיתתיה.

What did they do? **They dragged** the innkeeper **and brought him to a store** and gave him wine to drink. After he drank the wine, **they saw lentils on his mustache,** showing that he had eaten lentils that day. **They went and gave this sign to his wife.** They said that the innkeeper had ordered that their money be returned to them upon the sign that he ate lentils at his last meal. **And they took their purses** and went. **He went and killed his wife** out of anger that she did this.

היינו (דתנן): מים ראשונים האכילו בשר חזיר, מים אחרונים הרגו את הנפש.

This is as we learned in a *baraita*: Due to a person's laxity in **the first washing,**[N] **they fed** him **pork.** There was an innkeeper who was accustomed to feed pork to gentiles and kosher meat to Jews. He distinguished between Jews and gentiles by watching to see whether they performed the ritual hand-washing before eating. One time, a Jew came and ate without washing his hands before the meal, and the innkeeper gave him pork to eat. Laxity in **the final washing,** the washing of one's hands and mouth after a meal, caused the innkeeper **to kill the person.** This is similar to that story, as had the wicked innkeeper washed his mouth, the rabbis would not have known that he had eaten lentils.

ולבסוף הוו דייקי בשמא, כי מטו לההוא ביתא דשמיה בלה – לא עיילו לגביה. אמרי: שמע מינה רשע הוא, דכתיב: "ואמר לבלה נאופים" (כמו: "אחרי בלותי היתה לי עדנה", כלומר: זקנה בנאופים).

And in the end, they too, Rabbi Yehuda and Rabbi Yosei, **would analyze names. When they came to a house of** a landlord **named Bala, they did not enter. They said: Conclude from here that he is** certainly **wicked, as it is written: "I said of her who was worn out** [*bala*] **by adulteries"** (Ezekiel 23:43), as it states: **"After I am grown old** [*beloti*] **shall I have pleasure?"** (Genesis 18:12). "Worn out by adulteries" means **aged through adulteries.**

NOTES

A name determines character – **שמא גרים:** This does not mean that everyone with an ugly name is evil, since there are certainly exceptions to the rule. Nevertheless, there is reason to be concerned with respect to names, particularly when one is on a journey and does not know the people he encounters. The Sages have said that although parents have their own reasons for giving a baby a specific name, they are unknowingly directed toward a true and appropriate name for their child (*Tosefet Yom HaKippurim*; Maharsha).

First washing – **מים ראשונים:** The main point here is explained in tractate *Ḥullin*, where the story is recounted at length. It seems that this episode took place during a time of religious persecution, when the Jews could not express their desire for kosher meat. Therefore, the innkeeper relied on signs.

מִי שֶׁנְּשָׁכוֹ כֶּלֶב שׁוֹטֶה וכו׳. תָּנוּ רַבָּנַן: חֲמִשָּׁה דְּבָרִים נֶאֶמְרוּ בְּכֶלֶב שׁוֹטֶה: פִּיו פָּתוּחַ וְרִירוֹ נוֹטֵף, וְאׇזְנָיו סְרוּחוֹת, וּזְנָבוֹ מוּנָּח עַל יַרְכוֹתָיו וּמְהַלֵּךְ בְּצִידֵּי דְּרָכִים וְיֵשׁ אוֹמְרִים אַף נוֹבֵחַ וְאֵין קוֹלוֹ נִשְׁמָע, מִמַּאי הָוֵי? רַב אָמַר: נָשִׁים כַּשְּׁפָנִיּוֹת מְשַׂחֲקוֹת בּוֹ, וּשְׁמוּאֵל אָמַר: רוּחַ רָעָה שׁוֹרָה עָלָיו.

§ It was taught that in the case of **one whom a mad dog**[B] **bit,** one does not feed him the lobe of its liver. The Gemara clarifies the concept of the mad dog. **The Sages taught** in a *baraita*: **Five signs were said about a mad dog: Its mouth is** always **open; and its saliva drips; and its ears are floppy** and do not stand up; and **its tail rests on its legs; and it walks on the edges of roads. And some say it also barks and its voice is not heard.** The Gemara asks: **From where did** the dog become mad? **Rav said: Witches play with it** and practice their magic on it, causing it to become mad. **And Shmuel said: An evil spirit rests upon it.**

מַאי בֵּינַיְיהוּ? אִיכָּא בֵּינַיְיהוּ,

The Gemara asks: **What is the** practical difference **between** these two opinions? The Gemara answers: **There is** a practical difference **between them** with regard to

BACKGROUND

Mad dog – כֶּלֶב שׁוֹטֶה: A mad dog may reach a state of partial paralysis, which is why it displays the symptoms mentioned by the Sages: Its tail is tucked between its legs, its tongue hangs out of its mouth, and it drools. This partial paralysis also affects the dog's vocal cords, which leads to a drastic change in the sound of its barking to the point where it can no longer bark audibly.

לְמִקְטְלֵיהּ בְּדָבָר הַנִּזְרָק.

killing it with an object that is thrown from a distance like an arrow rather than with one's hands. If the dog is possessed by an evil spirit, one should avoid direct contact with it.

תַּנְיָא כְּוָותֵיהּ דִּשְׁמוּאֵל: כְּשֶׁהוֹרְגִין אוֹתוֹ אֵין הוֹרְגִין אוֹתוֹ אֶלָּא בְּדָבָר הַנִּזְרָק. דְּחָיֵיף בֵּיהּ – מִסְתַּכֵּן, דְּנָבֵית לֵיהּ – מָיֵית. דְּחָיֵיף בֵּיהּ מִסְתַּכֵּן, מַאי תַּקַּנְתֵּיהּ? נִישְׁלַח מָאנֵיהּ וְנִירְהִיט. רַב הוּנָא בְּרֵיהּ דְּרַב יְהוֹשֻׁעַ חַף בֵּיהּ חַד מִינַּיְיהוּ בְּשׁוּקָא, שְׁלַחִינְהוּ לְמָאנֵיהּ וְרָהֵיט. אָמַר: קִיַּימְתִּי בְּעַצְמִי ״הַחׇכְמָה תְּחַיֶּה בְעָלֶיהָ״.

The Gemara comments: This **was taught** in a *baraita* **in accordance with** the opinion of **Shmuel: When one kills** a mad dog, **he should kill it only with a thrown object.** Furthermore, **one who is rubbed by mad dog will become dangerously** ill, while **one bitten** by the dog **will die.** The Gemara asks: **What is the remedy** for **one who is rubbed by mad dog** and **becomes dangerously ill?** The Gemara answers: **Let him take off his clothing and run.** The Gemara relates: **Rav Huna, son of Rav Yehoshua, was rubbed by one of these** mad dogs **in the market,** whereupon **he took off his clothing and ran. He said: I have fulfilled** the verse: **"Wisdom preserves the lives of those who have it"** (Ecclesiastes 7:12).

דְּנָבֵית לֵיהּ מָיֵית, מַאי תַּקַּנְתֵּיהּ? אָמַר אַבַּיֵּי: נֵיתֵי מַשְׁכָּא דְּאַפָּא דְּדִיכְרָא, וְנִיכְתּוֹב עֲלֵיהּ: אֲנָא פְּלָנְיָא בַּר פְּלָנִיתָא אַמַּשְׁכָּא דְּאַפָּא דִּיכְרָא כְּתֵיבְנָא עֲלָךְ כַּנְתִּי כַּנְתִּי קְלִירוֹס. וְאָמְרִי לָהּ: קַנְדִּי קַנְדִּי קְלוֹרוֹס יָהּ יָהּ ה׳ צְבָאוֹת, אָמֵן אָמֵן סֶלָה. וְנִשַׁלְחִינְהוּ לְמָאנֵיהּ וְלִיקְבְּרִינְהוּ בֵּי קִבְרֵי עַד תְּרֵיסַר יַרְחֵי שַׁתָּא, וְנַפְּקִינְהוּ וְנִקְלִינְהוּ בְּתַנּוּרָא, וְנִבְדְּרִינְהוּ לְקִטְמֵיהּ אַפָּרָשַׁת דְּרָכִים. וְהָנָךְ תְּרֵיסַר יַרְחֵי שַׁתָּא, כִּי שָׁתֵי מַיָּא – לָא לִישְׁתֵּי אֶלָּא בְּגוּבְתָּא דְּנַחְשָׁא, דִּילְמָא חָזֵי בָּבוּאָה דְּשִׁידָא וְלִיסְתַּכֵּן. כִּי הָא דְּאַבָּא בַּר מָרְתָא, הוּא אַבָּא בַּר מַנְיוּמִי, עָבְדָא לֵיהּ אִימֵּיהּ גּוּבְתָּא דְּדַהֲבָא:

The Gemara continues to discuss the *baraita*: **One bitten** by a mad dog **will die.**[B] The Gemara asks: **What is the remedy? Abaye said: Let him bring the skin of a male hyena and write on it: I, so-and-so, son of so-and-so, am writing** this spell **about you upon the skin of a male hyena:** ***Kanti kanti kelirus.***[L] **And some say** he should write: ***Kandi kandi keloros.*** He then writes names of God, ***Yah, Yah,*** **Lord of Hosts, amen amen Selah. And let him take off his clothes and bury them in a cemetery for twelve months of the year,** after which **he should take them out, and burn them in an oven, and scatter the ashes at a crossroads. And** during **those twelve months of the year,** when his clothes are buried, **when he drinks water, let him drink only from a copper tube**[N] and not from a spring, **lest he see the** image of the **demon in the water and be endangered, like** the case of **Abba bar Marta, who is** also called **Abba bar Manyumi, whose mother made him a gold tube** for this purpose.

LANGUAGE

Kelirus – קְלִירוֹס: Possibly from the Greek κλῆρος, *klèros*, meaning destiny or lottery.

NOTES

Copper tube – בְּגוּבְתָּא דְּנַחְשָׁא: One approach suggests that since one of the effects of this sickness is that the ill person cannot abide the sight of water, he must drink it through a tube so he will not see what he is drinking (*Arukh*).

BACKGROUND

Rabies in humans – כַּלֶּבֶת בְּאָדָם: Untreated rabies in humans is fatal in the vast majority of cases. One of the symptoms of the disease is a painful constricting of the throat muscles when the ill person tries to swallow anything. Apparently, due to the associative connection with drinking, the mere sight of water causes this physical response. This is why the ancients referred to this disease as hydrophobia, meaning fear of water.

"וְעוֹד אָמַר רַבִּי מַתְיָא". רַבִּי יוֹחָנָן חָשׁ בִּצְפִידְנָא, אֲזַל גַּבָּהּ דְּהַהִיא מַטְרוֹנִיתָא, עֲבַדָא לֵיהּ מִלְּתָא חַמְשָׁא וּמַעֲלֵי שַׁבְּתָא. אֲמַר לָהּ: בְּשַׁבַּת מַאי? אֲמַרָה לֵיהּ: לָא צְרִיכַתְּ. אִי מִצְטָרֵיכְנָא מַאי? אֲמַרָה לֵיהּ: אִישְׁתַּבַּע לִי דְּלָא מְגַלֵּית. אִישְׁתַּבַּע: לֵאלָהָא דְּיִשְׂרָאֵל לָא מְגַלֵּינָא. נְפַק דְּרַשָׁהּ בְּפִירְקָא.

§ The mishna said: **And furthermore, Rabbi Matya** ben Ḥarash **said:** With regard to one who suffers pain in his throat, one may place medicine inside his mouth on Shabbat, although administering a remedy is prohibited on Shabbat. The Gemara discusses a related incident: **Rabbi Yoḥanan suffered** from the illness ***tzefidna***,[LB] which first affects the teeth and gums and then the intestines. **He went to a certain** gentile **matron** [***matronita***][L] who was a well-known healer. **She prepared a medicine for him on Thursday and Friday. He said to her: What** shall I do **on Shabbat,**[N] when I cannot come to collect the medicine from you? **She said to him: You will not need** it. He asked her: **If I do need** it, **what** shall I do? **She said to him: Swear to me that you will not reveal** the remedy; then I will tell you, and you can prepare it yourself should you need it. **He swore: To the God of the Jews, I will not reveal it.** She told him the remedy. Rabbi Yoḥanan then **went out and taught it publicly,** revealing the secret of the remedy.

וְהָא אִישְׁתַּבַּע לָהּ! לֵאלָהָא דְּיִשְׂרָאֵל לָא מְגַלֵּינָא, הָא לְעַמּוֹ יִשְׂרָאֵל מְגַלֵּינָא. וְהָא אִיכָּא חִלּוּל הַשֵּׁם! דְּמְגַלֵּי לָהּ מֵעִיקָּרָא.

The Gemara is surprised at this: **But he swore to her** that he would not reveal it. The Gemara answers that in his vow he declared: **I will not reveal it to the God of the Jews.** However, his words imply: **I will reveal it to His people, the Jews.** The Gemara asks: **Still, there is a desecration of God's name,** as the matron now thinks that a great man of Rabbi Yoḥanan's stature broke his vow.[N] The Gemara answers: **He revealed** it **to her at the outset.** As soon as she revealed the remedy to him, he told her that his vow would not prevent him from publicizing the remedy.

מַאי עֲבַדָא לֵיהּ? אָמַר רַב אַחָא בְּרֵיהּ דְּרַב אַמִי: מֵי שְׂאוֹר, שֶׁמֶן זַיִת, וּמֶלַח. רַב יֵימָר אָמַר: שְׂאוֹר גּוּפֵיהּ, שֶׁמֶן זַיִת, וּמֶלַח. רַב אַשִׁי אָמַר: מִשְׁחָא דְּגַדְפָּא דְּאַוְוזָא. אֲמַר אַבַּיֵי: אֲנָא עֲבַדִי לְכוּלְּהוּ, וְלָא אִיתַּסָּאִי, עַד דַּאֲמַר לִי הַהוּא טַיָּיעָא: אַיְיתֵי קַשְׁיָיתָא דְּזֵיתָא דְּלָא מְלוֹ תִּילְתָּא וּקְלֵינְהוּ בְּנוּרָא אַמָּרָא חַדְתָּא, וְאַדְבֵּיק בְּכָכֵי דָרֵיהּ. עֲבַדִי הָכִי וְאִיתַּסַּאי.

The Gemara asks: **What** was the medicine that **she prepared for him? Rav Aḥa, son of Rav Ami, said:** It was **water** in which **leaven** was steeped, **olive oil, and salt. Rav Yeimar said:** It was **leaven itself, olive oil, and salt. Rav Ashi said:** The remedy was **fat** from the bone marrow of **a goose's wing. Abaye said: I made all of these** medicines **and was not cured** from this ailment, **until a certain Arab told me** the remedy for it: **Take olive seeds that are less than one-third** ripe, **and burn them in a fire on top of a new hoe, and stick them along the row of gums. I did this and was cured.**

מִמַּאי הָוְיָא? מֵחֲמִימֵי חֲמִימֵי דְּחִיטֵּי וּמִשְּׁיוּרֵי כַּסָּא דְּהַרְסָנָא. וּמַאי סִימָנֵיהּ? כַּד רָמֵי מִידֵּי בְּכָכֵיהּ וַאֲתָא דְּמָא מִבֵּי דָרֵי. רַבִּי יוֹחָנָן כִּי חָשׁ בִּצְפִידְנָא עֲבַד הָכִי בְּשַׁבְּתָא, וְאִיתַּסֵּי. וְרַבִּי יוֹחָנָן הֵיכִי עָבֵיד הָכִי? אֲמַר רַב נַחְמָן בַּר יִצְחָק: שַׁאנֵי צְפִידְנָא, הוֹאִיל וּמַתְחִיל בְּפֶה וְגוֹמֵר בִּבְנֵי מֵעַיִם.

§ The Gemara asks: **From where** does **this** disease *tzefidna* come? It is from eating **wheat bread that is too hot and fish remains fried in oil. What is the sign of** this sickness? **When one puts something between his teeth, blood comes out from his gums. When Rabbi Yoḥanan suffered from *tzefidna*, he prepared this** medicine described above **on Shabbat and was cured.** The Gemara asks: **And how did Rabbi Yoḥanan prepare this** medicine on Shabbat for an ailment which affects only the gums but is not life-threatening? **Rav Naḥman bar Yitzḥak said: *Tzefidna* is different, since it does** indeed **begin in the mouth** and appears to be an illness of the teeth, **but it ends up in the intestines** and is dangerous.[H]

אֲמַר לֵיהּ רַב חִיָּיא בַּר אַבָּא לְרַבִּי יוֹחָנָן: כְּמַאן – כְּרַבִּי מַתְיָא בֶּן חָרָשׁ, דַּאֲמַר: הַחוֹשֵׁשׁ בְּפִיו מַטִּילִין לוֹ סַם בְּשַׁבָּת? אֲמַר לֵיהּ: שֶׁאֲנִי אוֹמֵר: בָּזוֹ, וְלֹא בְּאַחֶרֶת.

Rav Ḥiyya bar Abba said to Rabbi Yoḥanan: In accordance with whose opinion did you do this? Was it not in accordance with the opinion of **Rabbi Matya ben Ḥarash, who said:** In the case of **one who suffers pain in his mouth, one puts medicine in his** mouth **on Shabbat,** which is a minority opinion? Rabbi Yoḥanan **said to him:** It is so, **but I say** the Sages agreed with him about taking medicine **in this** case alone, **but no other.** If so, with regard to medicine on Shabbat, the view of Rabbi Matya ben Ḥarash is not a minority opinion.

LANGUAGE

Tzefidna – צְפִידְנָא: Some authorities maintain that the origin of this word is the Greek σηπεδών, *sepedon*, meaning rot. Others suggest its origin is in the Semitic root *tzfd*, meaning shrinkage.

Matron [*matronita*] – מַטְרוֹנִיתָא: From the Latin matrona, meaning woman, with the Aramaic feminine suffix *-ita*.

BACKGROUND

Tzefidna – צְפִידְנָא: From the descriptions in the Talmud, it seems that this is referring to the disease scurvy, which is caused by vitamin C deficiency. The symptoms of the disease include teeth loosening and falling out, internal bleeding, and anemia. The treatments described in the Talmud are various attempts to fill this vitamin C deficiency in a concentrated form.

NOTES

What shall I do on Shabbat – בְּשַׁבָּת מַאי: Rabbi Yoḥanan was apparently busy on Shabbat with his lectures and lessons and could not visit the woman. He therefore asked what he should do on Shabbat (*Siaḥ Yitzḥak*).

A vow to a gentile – שְׁבוּעָה לְגוֹי: A vow to a gentile such as the matron in this episode is as valid as any other vow, and it is prohibited to break it. However, a vow made under duress is not binding. It was that clause which Rabbi Yoḥanan took advantage of in tricking the healer. Furthermore, the Gemara explains that he did not truly break his vow because he never really vowed to keep silent about the remedy in the first place. Consequently, he did not desecrate God's name, which would have been the case had he broken his vow. This is especially true because he was an important person (see *Me'iri*).

HALAKHA

An illness that may be healed on Shabbat – מַחֲלָה שֶׁאֶפְשָׁר לְרַפֵּא בְּשַׁבָּת: Any potentially fatal injury may be healed on Shabbat, including any injury, wound, or abscess of the teeth, but not merely a toothache (*Shulḥan Arukh, Oraḥ Ḥayyim* 328:3).

לֵימָא מְסַיַּיע לֵיהּ: מִי שֶׁאֲחָזוֹ יֵרָקוֹן – מַאֲכִילִין אוֹתוֹ בְּשַׂר חֲמוֹר, מִי שֶׁנְּשָׁכוֹ כֶּלֶב שׁוֹטֶה – מַאֲכִילִין אוֹתוֹ מֵחֲצַר כָּבֵד שֶׁלּוֹ, וְהַחוֹשֵׁשׁ בְּפִיו – מַטִּילִין לוֹ סַם בַּשַּׁבָּת, דִּבְרֵי רַבִּי מַתְיָא בֶּן חָרָשׁ. וַחֲכָמִים אוֹמְרִים: בְּאֵילּוּ אֵין בָּהֶם מִשּׁוּם רְפוּאָה. בְּאֵלּוּ לְמַעוֹטֵי מַאי – מַאי לָאו לְמַעוֹטֵי סַם?

Let us say that this *baraita* **supports him:** With regard to **one who is seized with** *yerakon*,[B] **one feeds him donkey meat** as medicine; with regard to **one whom a mad dog bit, one feeds him the lobe of its liver;**[B] in the case of **one who has pain in his mouth, one puts medicine in his mouth on Shabbat; this is the statement of Rabbi Matya ben Ḥarash. And the Rabbis say: These have no value as a remedy.** The Rabbis used the term **these, to exclude what? What, is it not to exclude** this **medicine** for *tzefidna*, which the Rabbis agree is permitted on Shabbat?

לָא, לְמַעוֹטֵי מַקִּיזִין דָּם לִסְרוּנְכִי. הָכִי נַמִי מִסְתַּבְּרָא, דְּתַנְיָא: שְׁלֹשָׁה דְּבָרִים אָמַר רַבִּי יִשְׁמָעֵאל בְּרַבִּי יוֹסֵי שֶׁשָּׁמַע מִשּׁוּם רַבִּי מַתְיָא בֶּן חָרָשׁ: מַקִּיזִין דָּם לִסְרוּנְכִי בַּשַּׁבָּת, וּמִי שֶׁנְּשָׁכוֹ כֶּלֶב שׁוֹטֶה מַאֲכִילִין אוֹתוֹ מֵחֲצַר כָּבֵד שֶׁלּוֹ, וְהַחוֹשֵׁשׁ בְּפִיו מַטִּילִין לוֹ סַם בַּשַּׁבָּת.

The Gemara rejects this: **No,** it **excludes** a different remedy, which Rabbi Matya suggests: **Bloodletting**[B] to heal the ailment *serunkhi*[L] is permitted on Shabbat. The Gemara comments: **So too, this is reasonable** to say, **as it was taught** in a *baraita*: **Rabbi Yishmael, son of Rabbi Yosei, said three things that he heard in the name of Rabbi Matya ben Ḥarash: One may let blood for** *serunkhi* **on Shabbat; and** in the case of **one whom a mad dog bit, one feeds him the lobe of its liver; and** in the case of **one who has pain in his mouth, one puts medicine in his** mouth **on Shabbat.**

וַחֲכָמִים אוֹמְרִים: בְּאֵילּוּ אֵין בָּהֶן מִשּׁוּם רְפוּאָה. בְּאֵילּוּ לְמַעוֹטֵי מַאי – מַאי לָאו אַתַּרְתֵּי בַּתְרַיְיתָא, וּלְמַעוֹטֵי דְּרֵישָׁא? לָא, אַתַּרְתֵּי דְּרֵישָׁא קַמַּיְיתָא, וּלְמַעוֹטֵי דְּסֵיפָא.

And the Rabbis say: These have no value as a remedy. The Rabbis used the term **these to exclude what? What, is it not** to limit their argument only to **the latter two** items, which do not cure anything, and **to exclude the first** item, bloodletting for *serunkhi*, which everyone agrees is an effective remedy? The Gemara rejects this: **No,** there is no proof from here, since it is possible to say that it is referring **to the first two** items **of the first** *baraita* **and excludes the latter clause** with regard to medicine on Shabbat, which they agree with.

BACKGROUND

Yerakon – יֵרָקוֹן: *Yerakon* seems to refer to hepatitis. The Rabbis maintained that the suggestion of Rabbi Matya ben Ḥarash was only an untested, auspicious practice, not a true remedy. Consequently, they did not allow it on Shabbat.

One feeds him the lobe of its liver – מַאֲכִילִין אוֹתוֹ מֵחֲצַר כָּבֵד שֶׁלּוֹ: Some commentaries see this as akin to the modern healing method of using serums of animals that were injected with rabies.

Bloodletting – מַקִּיזִין דָּם: Bloodletting was a standard medical practice throughout the ancient world. The letting of small quantities of blood was considered an effective way to cure illness.

Bloodletting depicted on an ancient Greek urn

LANGUAGE

Serunkhi – סְרוּנְכִי: This apparently refers to diphtheria, as it seems to be derived from an Aramaic word meaning strangling. In cases of diphtheria, the saliva that fills the ill person's throat can lead to suffocation.

Perek **VIII**
Daf **84** Amud **b**

תָּא שְׁמַע, דְּתָנֵי רַבָּה בַּר שְׁמוּאֵל: עוּבָּרָה שֶׁהֵרִיחָה – מַאֲכִילִין אוֹתָהּ עַד שֶׁתָּשׁוּב נַפְשָׁהּ, וּמִי שֶׁנְּשָׁכוֹ כֶּלֶב שׁוֹטֶה – מַאֲכִילִין אוֹתוֹ מֵחֲצַר כָּבֵד שֶׁלּוֹ, וְהַחוֹשֵׁשׁ בְּפִיו – מַטִּילִין לוֹ סַם בַּשַּׁבָּת, דִּבְרֵי רַבִּי אֶלְעָזָר בְּרַבִּי יוֹסֵי שֶׁאָמַר מִשּׁוּם רַבִּי מַתְיָא בֶּן חָרָשׁ. וַחֲכָמִים אוֹמְרִים: בָּזוֹ וְלֹא בְּאַחֶרֶת. בְּזוֹ אַהֲיָיא? אִילֵימָא אַעוּבָּרָה – פְּשִׁיטָא! עוּבָּרָה מִי אִיכָּא לְמַאן דְּאָמַר דְּלֹא?! אֶלָּא לַאו – אַסַּם, שְׁמַע מִינָּהּ.

Come and hear a proof for the matter, **as Rabba bar Shmuel taught** in the following *baraita*: With regard to **a pregnant woman who smells** and craves food, **one feeds her until she is satisfied,** even on Yom Kippur; **and** in the case of **one whom a mad dog bit, one feeds him from the lobe of its liver; and** in the case of **one who has pain in his mouth, one places medicine in his** mouth **on Shabbat;** this is **the statement of Rabbi Elazar, son of Rabbi Yosei, who said it in the name of Rabbi Matya ben Ḥarash. And the Rabbis say: In this case and no other.** The Gemara clarifies: **To which** case is **this one** referring? **If we say** they said this about **a pregnant woman, it is obvious; is there anyone who says** one should **not** give **a pregnant woman** food? **Rather, is it not** referring to the *halakha* pertaining to **medicine** on Shabbat, which they agree is permitted? **Learn from this** that the Rabbis did not disagree about this.

רַב אַשִׁי אָמַר: מַתְנִיתִין נַמִי דַּיְקָא ״וְעוֹד אָמַר רַבִּי מַתְיָא בֶּן חָרָשׁ הַחוֹשֵׁשׁ בְּפִיו מַטִּילִין לוֹ סַם בַּשַּׁבָּת״ וְלָא פְּלִיגִי רַבָּנַן עֲלֵיהּ. וְאִם אִיתָא דִּפְלִיגִי רַבָּנַן עֲלֵיהּ – לִיעָרְבִינְהוּ וְלִיתְנִינְהוּ, וְלִיפְלְגוּ רַבָּנַן בְּסֵיפָא – שְׁמַע מִינָּהּ.

Rav Ashi said: The wording of **the mishna is also precise** in accordance with this approach, as it was taught in the mishna: **And furthermore, Rabbi Matya ben Ḥarash said:** In the case of **one who suffers pain in his mouth, one places medicine in** his mouth **on Shabbat, and the Rabbis do not disagree** with him and say otherwise. **And if it is so that the Rabbis disagree with him,** then **let** the mishna **combine** the two *halakhot* **and teach them** together, **and let the Rabbis disagree** with both points **in the latter clause.** Since the mishna was not written this way, but instead the dispute of the Rabbis appears after Rabbi Matya's statement about the mad dog, **learn from here** that the Rabbis did not disagree with him about the *halakha* with regard to medicine.

״מִפְּנֵי שֶׁסְּפֵק נְפָשׁוֹת הוּא״ וכו׳. לָמָּה לִי תּוּ לְמֵימַר וְכָל סְפֵק נְפָשׁוֹת דּוֹחֶה אֶת הַשַּׁבָּת? אָמַר רַב יְהוּדָה אָמַר רַב: לֹא סְפֵק שַׁבָּת זוֹ בִּלְבַד אָמְרוּ, אֶלָּא אֲפִילּוּ סְפֵק שַׁבָּת אַחֶרֶת.

§ The mishna states that one with pain in his throat should be given medicine on Shabbat **because** it is a case of **uncertainty** concerning a **life-threatening** situation. The Gemara asks: **Why do I** need to say **furthermore: And any** case of **uncertainty** concerning a **life-threatening** situation **overrides Shabbat? Rav Yehuda said** that **Rav said: They** stated this **not only** in a case where there is **uncertainty** with regard to **this Shabbat,**[H] **but even** if the **uncertainty** is with regard to **a different** future **Shabbat.**

הֵיכִי דָּמֵי? כְּגוֹן דַּאֲמַדּוּהּ לִתְמַנְיָא יוֹמֵי, וְיוֹמָא קַמָּא שַׁבְּתָא. מַהוּ דְּתֵימָא: לִיעַכַּב עַד לְאוּרְתָּא כִּי הֵיכִי דְּלָא נֵיחוּל עֲלֵיהּ תְּרֵי שַׁבְּתָא, קָא מַשְׁמַע לָן.

What are the circumstances in which uncertainty would arise as to whether or not his life will be in danger in the future? They are a case **where** doctors **assess** that an ill person needs a certain treatment **for eight days, and the first day** of his illness **is Shabbat. Lest you say: He should wait until evening** and begin his treatment after Shabbat **so they will not need to desecrate two *Shabbatot* for his sake,** therefore **it teaches us** that one must immediately desecrate Shabbat for his sake. This is the *halakha*, despite the fact that an additional Shabbat will be desecrated as a result, because there is uncertainty about whether his life is in danger.

תַּנְיָא נַמִי הָכִי: מְחַמִּין חַמִּין לַחוֹלֶה בְּשַׁבָּת בֵּין לְהַשְׁקוֹתוֹ בֵּין לְהַבְרוֹתוֹ. וְלֹא שַׁבָּת זוֹ בִּלְבַד אָמְרוּ אֶלָּא לְשַׁבָּת אַחֶרֶת. וְאֵין אוֹמְרִים: נַמְתִּין לוֹ שֶׁמָּא יַבְרִיא, אֶלָּא מְחַמִּין לוֹ מִיָּד, מִפְּנֵי שֶׁסְּפֵק נְפָשׁוֹת דּוֹחֶה אֶת הַשַּׁבָּת וְלֹא סְפֵק שַׁבָּת זוֹ אֶלָּא אֲפִילּוּ סְפֵק שַׁבָּת אַחֶרֶת.

That was also taught in a *baraita*: **One heats water for an ill person on Shabbat, whether to give him to drink or to wash him,** since it might help him recover. **And they did not say** it is permitted to desecrate **only** the **current Shabbat** for him, **but even a different,** future **Shabbat. And one must not say: Let us wait** and perform this labor **for him** after Shabbat, **perhaps he will get well**[N] in the meantime. **Rather, one heats it for him immediately because any** case of **uncertainty** concerning a **life-threatening** situation **overrides Shabbat. And** this is so **not** only with regard to **uncertainty** whether his life is in danger **on the current Shabbat, but even** in a case of **uncertainty** with regard to danger **on a different Shabbat.**

וְאֵין עוֹשִׂין דְּבָרִים הַלָּלוּ לֹא עַל יְדֵי גּוֹיִם וְלֹא עַל יְדֵי כּוּתִיִּים, אֶלָּא עַל יְדֵי גְּדוֹלֵי יִשְׂרָאֵל. וְאֵין אוֹמְרִין יֵעָשׂוּ דְּבָרִים הַלָּלוּ לֹא עַל פִּי נָשִׁים וְלֹא עַל פִּי כּוּתִיִּים, אֲבָל מִצְטָרְפִין לְדַעַת אַחֶרֶת.

And these acts should not be performed by gentiles[NH] **or Samaritans but** should be done **by the greatest of the Jewish people,**[N] i.e., their scholars, who know how to act properly. **And one does not say: These actions** may **be performed** based on the advice **of women**[N] **or Samaritans,** since they are not considered experts able to declare a person ill enough to override Shabbat. **However,** the opinions of **these** people **do combine with an additional opinion,** meaning that if there is a dispute, their opinions may be considered when coming to a decision.

תָּנוּ רַבָּנַן: מְפַקְּחִין פִּקּוּחַ נֶפֶשׁ בְּשַׁבָּת וְהַזָּרִיז הֲרֵי זֶה מְשׁוּבָּח, וְאֵין צָרִיךְ לִיטּוֹל רְשׁוּת מִבֵּית דִּין. הָא כֵּיצַד? רָאָה תִּינוֹק שֶׁנָּפַל לַיָּם – פּוֹרֵשׂ מְצוּדָה וּמַעֲלֵהוּ. וְהַזָּרִיז הֲרֵי זֶה מְשׁוּבָּח וְאֵין צָרִיךְ לִיטּוֹל רְשׁוּת מִבֵּית דִּין – וְאַף עַל גַּב דְּקָא צָיֵיד כַּוְורֵי. רָאָה תִּינוֹק שֶׁנָּפַל לַבּוֹר – עוֹקֵר חוּלְיָא וּמַעֲלֵהוּ. וְהַזָּרִיז הֲרֵי זֶה מְשׁוּבָּח וְאֵין צָרִיךְ לִיטּוֹל רְשׁוּת מִבֵּית דִּין – אַף עַל גַּב דְּמִתַּקֵּן דַּרְגָּא.

§ **The Sages taught** in a *baraita*: **One engages in saving a life on Shabbat,**[H] **and one who is vigilant** to do so **is praiseworthy. And one need not take permission from a court** but hurries to act on his own. **How so? If one sees a child who fell into the sea, he spreads** a fisherman's **net and raises him** from the water. **And one who is vigilant** and acts quickly **is praiseworthy, and one need not seek permission from a court, although** in doing so **he catches fish**[N] in the net as well. Similarly, if **one sees a child fall into a pit** and the child cannot get out, **he digs part of the ground out** around the edge of the pit to create a makeshift step **and raises him out. And one who is vigilant** and acts quickly **is praiseworthy, and one need not seek permission from a court, although in doing so he fashions a step.**

NOTES

Let us wait and perform this labor for him after Shabbat, perhaps he will get well – נַמְתִּין לוֹ שֶׁמָּא יַבְרִיא: The commentaries have explained this according to Rashi: One does not delay treatment, even if it seems that the ill person's condition is improving, unless he is certainly healthy. If any uncertainty remains, one does not wait for the matter to become clear.

These acts should not be performed by gentiles – אֵין עוֹשִׂין דְּבָרִים הַלָּלוּ לֹא עַל יְדֵי גּוֹיִם: Commentaries have given various reasons for this. The main reason is that it should be done immediately by those present, before the ill person's condition deteriorates, rather than waiting for a gentile to arrive. Authorities debate whether gentiles should perform the treatment if they are already present (*Tosefot Rid*; *Me'iri*).

The greatest of [*gedolei*] the Jewish people – גְּדוֹלֵי יִשְׂרָאֵל: Alternative versions of the text suggest that this is referring to adults [*gedolim*] rather than scholars. Another approach argues that it is a mitzva for the greatest scholars to act because they are meticulous in observance of Shabbat and in saving lives (Rambam).

Based on the advice of women – עַל פִּי נָשִׁים: One explanation suggests that women might err in the future and compare one situation to another to reach a halakhic conclusion, leading to desecration of Shabbat in situations that are not emergencies. Another explanation is that there may be a concern that once a woman has received a stringent ruling in this matter, in the future she may not act correctly and a life will be put at risk (*Me'iri*; Rosh). Alternatively, perhaps there is concern that they will become lax in their general Shabbat observance.

Although he catches fish – דְּקָא צָיֵיד כַּוְורֵי: Some commentaries write that he is not liable even if he intends to catch fish during his rescue. Since he is occupied with saving a life, he is not held accountable for any prohibited labors that he performs (see *Me'iri*).

HALAKHA

Not only uncertainty with regard to this Shabbat – לֹא סְפֵק שַׁבָּת זוֹ בִּלְבַד: In a situation where one may desecrate Shabbat to save a life, more than one Shabbat may be desecrated. One does not delay medical treatment to avoid desecrating Shabbat twice (*Shulḥan Arukh, Oraḥ Ḥayyim* 328:11).

These acts should not be performed by gentiles, etc. – אֵין עוֹשִׂין דְּבָרִים הַלָּלוּ לֹא עַל יְדֵי גּוֹיִם וכו׳: When Shabbat must be desecrated for the sake of an ill person who is in danger, one should attempt to ensure that this is not done by gentiles, minors, or women, but by educated adult Jews. The Rema cites an opinion that one should try to perform the action in an unusual way in order to avoid violating a prohibition by Torah law. Similarly, if the act can be performed by a gentile with no prohibition violated at all, the gentile should be employed (*Or Zarua*; *Tosafot*; Ran). In the *Taz* and the *Arukh HaShulḥan* it is written that one should not act in accordance with the opinion of the Rema, and in all situations the actions should preferably be performed by Jews on Shabbat (*Shulḥan Arukh, Oraḥ Ḥayyim* 328:12).

Saving a life on Shabbat – פִּקּוּחַ נֶפֶשׁ בְּשַׁבָּת: If a child falls into a pit, one should dig around its edge to bring the child up, even if in so doing a step is built, which is a prohibited labor on Shabbat. Similarly, one may break down a locked door to release a child, although in doing so he prepares the wood for further use. If a fire breaks out and there is potential danger to human life, the fire should be extinguished, even if a path is cleared at the same time. One need not ask the permission of the court during moments of danger but should hurry and act (*Shulḥan Arukh, Oraḥ Ḥayyim* 328:13).

רָאָה שֶׁנִּנְעֲלָה דֶּלֶת בִּפְנֵי תִינוֹק – שׁוֹבְרָהּ וּמוֹצִיאוֹ, וְהַזָּרִיז הֲרֵי זֶה מְשׁוּבָּח וְאֵין צָרִיךְ לִיטּוֹל רְשׁוּת מִבֵּית דִּין – וְאַף עַל גַּב דְּקָא מִיכַּוֵּין לְמִיתְבַּר בְּשִׁיפֵי. מְכַבִּין וּמַפְסִיקִין מִפְּנֵי הַדְּלֵיקָה בְּשַׁבָּת וְהַזָּרִיז הֲרֵי זֶה מְשׁוּבָּח וְאֵין צָרִיךְ לִיטּוֹל רְשׁוּת מִבֵּית דִּין – וְאַף עַל גַּב דְּקָא מְמַכֵּיךְ מַכּוֹכֵי.

Similarly, if **one sees that a door is locked before a child** and the child is scared and crying, **he breaks the door and takes the child out. And one who is vigilant** and acts quickly **is praiseworthy, and one need not seek permission from a court, although he intends to break** it **into boards** to be used later. Similarly, **one** may **extinguish a fire by placing a barrier**[H] of metal or clay vessels filled with water **in front of** it **on Shabbat** when life is endangered. **And one who is vigilant** and acts quickly **is praiseworthy, and one need not seek permission from a court, although he leaves the coals,**[N] which can be used for cooking after Shabbat.

וּצְרִיכָא, דְּאִי אַשְׁמוֹעִינַן יָם – מִשּׁוּם דְּאַדְּהָכִי וְהָכִי אָזֵיל לֵיהּ, אֲבָל בּוֹר דְּקָא יָתֵיב – אֵימָא לָא, צְרִיכָא.

The Gemara comments: **And** it is **necessary** to teach these examples, since each one suggests an original idea. **As, had it taught us** the *halakha* of the child who fell into **the sea,** we would have said: He must act quickly in that case **because in the meantime,** if he delays, the child **will be swept away** by the waves and disappear, and therefore the rescuer need not seek permission; **but** in the case of a child who fell into **a pit, who remains** there and is in no further danger, one might **say** the rescuer need not hurry but should request permission from the court first. Therefore, the *baraita* explains: **No,** it is **necessary** to tell us that case, too.

וְאִי אַשְׁמוֹעִינַן בּוֹר – מִשּׁוּם דְּקָא מִיבְּעִית, אֲבָל נִנְעֲלָה דֶּלֶת – אֶפְשָׁר דְּיָתֵיב בְּהַאי גִּיסָא וּמְשַׁבֵּישׁ לֵיהּ בְּאַמְגּוּזֵי, צְרִיכָא.

And if it had taught us the case of the **pit,** one might have thought it is **because the child is scared** at being trapped; **but when a door is locked** before a child, **it is possible to sit on the other side** of the door and amuse him **with** the sound of **nuts** until Shabbat is over. Therefore, it is **necessary** to teach that in this case, too, one does not delay but acts immediately because a life is possibly in danger.

״מְכַבִּין וּמַפְסִיקִין״. לָמָּה לִי? דַּאֲפִילּוּ לְחָצֵר אַחֶרֶת.

It was taught in a *baraita* that **one** may **extinguish a fire** by **placing a barrier** in front of it on Shabbat. The Gemara asks: **Why do I** need **this?** What new point is taught by this additional case of a life-endangering situation? The Gemara answers: This *halakha* applies **even** if the fire is spreading **toward another courtyard.** Not only may this be done to save the lives of people in the courtyard on fire; it may also be done to prevent the fire from spreading to an adjacent courtyard.

אָמַר רַב יוֹסֵף אָמַר רַב יְהוּדָה אָמַר שְׁמוּאֵל: לֹא הָלְכוּ בְּפִקּוּחַ נֶפֶשׁ אַחַר הָרוֹב. הֵיכִי דָּמֵי? אִי נֵימָא דְּאִיכָּא תִּשְׁעָה יִשְׂרָאֵל וְגוֹי אֶחָד בֵּינַיְיהוּ – רוּבָּא יִשְׂרָאֵל נִינְהוּ! (אֶלָּא) פַּלְגָא וּפַלְגָא – סְפֵק נְפָשׁוֹת לְהָקֵל.

§ **Rav Yosef said** that **Rav Yehuda said** that **Shmuel said:** With regard to **saving a life,** the Sages **did not follow the majority**[H] as they do in other areas of *halakha*. The Gemara asks: **What are the circumstances?** When does one not follow the majority? **If we say** that one does not follow the majority in a case where **there are nine Jews and one gentile among them** and a building collapses on one of them, then in that case **the majority** of people are **Jews** and yet one desecrates Shabbat to save the trapped person. In such a case one is in fact following the majority. Alternatively, if the group is **half Jews and half gentiles,** the ruling is **lenient** with regard to a case of **uncertainty** concerning a **life-threatening** situation. But this, too, is not a case where one follows the minority, as there is an even chance that the victim is a Jew.[N]

אֶלָּא דְּאִיכָּא תִּשְׁעָה גּוֹיִם וְיִשְׂרָאֵל אֶחָד – הָא נַמִי פְּשִׁיטָא, דַּהֲוָה לֵיהּ קָבוּעַ, וְכָל קָבוּעַ כְּמֶחֱצָה עַל מֶחֱצָה דָּמֵי!

Rather, it is referring to a case where **there are nine gentiles and one Jew.** However, **this too is obvious.** One saves the trapped individual because the group is in a **fixed** location, **and** there is a principle that **whenever** a group is in **a fixed** location **it is considered** as though it were evenly divided. In this case, despite the fact that the group's majority is gentile, it is considered as though it were composed **half** of Jews and **half** of gentiles.[N]

HALAKHA

One may extinguish a fire by placing a barrier – מְכַבִּין וּמַפְסִיקִין בִּדְלֵיקָה: If a fire breaks out in a courtyard and one fears it will cross to another courtyard, endangering the people there, it may be extinguished to prevent it from spreading (*Shulhan Arukh, Oraḥ Ḥayyim* 329:1). Nowadays, the custom is to extinguish any life-threatening fire, even in the house of a gentile (Rema), since in any city there are certainly elderly people and children who are unable to escape (*Mishna Berura*; *Shulhan Arukh, Oraḥ Ḥayyim* 334:26).

With regard to saving a life the Sages did not follow the majority – לֹא הָלְכוּ בְּפִיקּוּחַ נֶפֶשׁ אַחַר הָרוֹב: With regard to saving a life, the principle of majority does not apply. If there are nine gentiles and one Jew in a courtyard and one individual leaves for another courtyard where a building falls on him, such that from a normal halakhic perspective he would be considered to be one of the majority, in a case of uncertainty concerning a life-threatening situation he is considered to be part of the fixed group and there is considered to be a fifty-fifty chance that he is Jewish. Therefore, one acts in order to save him. However, if all the members of a courtyard leave their fixed place, whereupon a building collapses on one of them, the principle of majority does apply. If the majority were gentiles, one does not rescue the person trapped under the building. This is how the Rambam, Rif, and Rosh interpret this passage (*Shulhan Arukh, Oraḥ Ḥayyim* 329:2).

NOTES

He leaves the coals – מְמַכֵּיךְ מַכּוֹכֵי: The Rambam translates these unusual Aramaic words to mean that he clears a path at the same time as he is occupied with extinguishing the fire.

Jews and gentiles with regard to saving a life – יִשְׂרָאֵל וְגוֹיִם בְּהַצָּלָה: The reason that the Gemara permits violating Shabbat only to save Jewish lives is explained later. According to the *Me'iri*, anything stated about gentiles in this text is referring strictly to idolaters. Gentiles who believe in the unity of God are treated like Jews with respect to this issue.

Majority and fixed location – רוֹב וְקָבוּעַ: When various items are mixed together, one follows the majority, as it is likely that a random sample will come from the largest group. However, when objects are permanently fixed, the sample is distorted and one can no longer rely on statistics. In such a case, any individual is considered to have an even chance of belonging to either group.

NOTES

Most of the them left or some of them left – פָּרְשׁוּ רוּבָּם וּמִקְצָתָם: The Rambam and other commentaries reason as follows: If all the individuals leave for another courtyard, they lose their status of being in a fixed location. Therefore, the principle of majority applies, and one does not desecrate Shabbat for any of them. But if only some people leave, the status of being in a fixed location still applies. Rashi takes the opposite approach. Rabbeinu Efrayim explains that if some of them leave, there are two uncertainties: Uncertainty as to whether the Jew remained in his original place or whether he left, and uncertainty as to whether the building fell on him or not. However, the Ra'avad and many others maintain that, with regard to saving a life, the ruling is lenient even when there are several uncertainties.

HALAKHA

Lineage of a child found in a city – יִחוּס תִּינוֹק שֶׁנִּמְצָא בְּעִיר: If a baby is found in a city in which both Jews and gentiles live, its status is that of an uncertain gentile, regardless of which group is the majority. If such an individual later marries a Jewish woman, he must divorce her due to the chance that he is not Jewish. If he immerses for the sake of conversion, he is considered a Jew (*Shulḥan Arukh*, *Even HaEzer* 4:33).

לָא צְרִיכָא דְּפָרוּשׁ לְחָצֵר אַחֶרֶת, מַהוּ דְּתֵימָא: כָּל דְּפָרֵישׁ – מֵרוּבָּא פָּרֵישׁ, קָא מַשְׁמַע לָן דְּלָא הָלְכוּ בְּפִקּוּחַ נֶפֶשׁ אַחַר הָרוֹב.

The Gemara answers: **No,** it is **necessary** to teach that one does not follow the majority in a case where one individual did not remain with the group in their courtyard but **separated** and went **to another courtyard,** and a building collapses on him. **Lest you say:** One should follow the principle that **whatever is separated** from a group **is considered to have left from the majority,** and since there was a majority of gentiles there the individual who left the group was probably a gentile, and it is not necessary to clear the debris for a gentile on Shabbat, therefore **it teaches us that with regard to** uncertainty in a situation of **saving a life, one does not follow the majority.**

אִינִי? וְהָאָמַר רַבִּי אַסִּי אָמַר רַבִּי יוֹחָנָן: תִּשְׁעָה גּוֹיִם וְיִשְׂרָאֵל אֶחָד, בְּאוֹתָהּ חָצֵר – מְפַקְּחִין, בְּחָצֵר אַחֶרֶת – אֵין מְפַקְּחִין! לָא קַשְׁיָא, הָא – דְּפָרוּשׁ כּוּלְּהוּ, הָא – דְּפָרוּשׁ מִקְצָתַיְיהוּ.

The Gemara asks: **Is that so? But didn't Rav Asi say** that **Rabbi Yoḥanan said:** If there are **nine gentiles and one Jew** and a building collapses on one of them, if it is **in that same courtyard one removes the debris,** but **in another courtyard one does not remove the debris?** The Gemara answers: This is **not difficult;** there is no contradiction between the *halakhot*. **This** case, where one removes the debris, is **when they all left** for another courtyard and it is clear that the Jew was among them. Consequently, the principle of being in a fixed location still applies, and it is considered a case of uncertainty. **That** other situation is **when** only **a minority of them left** for the other courtyard, and it is unknown whether the Jew left with them.[N]

וּמִי אָמַר שְׁמוּאֵל הָכִי? וְהָתְנַן: מָצָא בָּהּ תִּינוֹק מוּשְׁלָךְ, אִם רוֹב גּוֹיִם – גּוֹי, וְאִם רוֹב יִשְׂרָאֵל – יִשְׂרָאֵל, מֶחֱצָה עַל מֶחֱצָה – יִשְׂרָאֵל. וְאָמַר רַב: לֹא שָׁנוּ אֶלָּא לְהַחֲיוֹתוֹ, אֲבָל לְיַיחֲסוֹ – לֹא,

The Gemara asks: **Did Shmuel** actually **say this,** that one does not follow the majority with regard to saving a life? **Didn't we learn** in a mishna: If **one finds an abandoned child** in a city and his parents are unknown, **if the majority** of the city **are gentiles** the child is considered **a gentile; and if the majority** of the city **are Jews** the child is considered a **Jew;** if the city is composed of **half** gentiles **and half** Jews, the child is considered a **Jew? And Rav said: They taught this,** that he is a Jew, **only** with respect **to sustaining him but not** with respect **to attributing a lineage to him.** One does not say that he is definitely Jewish based on the majority. Therefore, with regard to the *halakhot* of marriage, his status remains uncertain. If the abandoned child is a girl, she is not permitted to marry a priest, who may marry only a woman of certain lineage.[H]

Perek **VIII**
Daf **85** Amud **a**

וּשְׁמוּאֵל אָמַר: לְפַקֵּחַ עָלָיו אֶת הַגַּל. כִּי אִיתְּמַר דִּשְׁמוּאֵל – אַרֵישָׁא אִיתְּמַר: אִם רוֹב גּוֹיִם – גּוֹי, אָמַר שְׁמוּאֵל: וּלְעִנְיַן פִּקּוּחַ נֶפֶשׁ אֵינוֹ כֵּן.

And Shmuel said: This *halakha* of the status of a found child is with regard to **removing debris from on top of him,** implying that if there is a majority of gentiles in the city where he is found, one does not violate Shabbat by removing the debris from the child to save his life. This implies that one does follow the majority in the case of saving a life. The Gemara answers: **When** this statement **of Shmuel was stated, it was stated with regard to the first** *halakha*. Shmuel's intent was to be lenient, and his statement should be understood as follows: **If the majority are gentiles, he is a gentile. Shmuel said: But with regard to the matter of saving a life it is not so.** Rather, one saves him based on the uncertainty.

אִם רוֹב גּוֹיִם גּוֹי לְמַאי הִילְכְתָא? אָמַר רַב פַּפָּא: לְהַאֲכִילוֹ נְבֵלוֹת. אִם רוֹב יִשְׂרָאֵל – יִשְׂרָאֵל, לְמַאי הִילְכְתָא – לְהַחֲזִיר לוֹ אֲבֵידָתוֹ.

§ It was taught that **if** there is **a majority of gentiles** in the city, a foundling is considered to have the status of **a gentile.** The Gemara asks: **To what *halakha*** does this statement relate? **Rav Pappa said:** It relates **to feeding him non-kosher** food. One need not protect the child from every prohibition and may even feed him non-kosher food, as though he were a gentile. It was further taught: **If** there is **a majority of Jews, he is a Jew.** The Gemara asks: **To what *halakha*** does this relate? The Gemara answers: It relates **to returning a lost object to him.** In such a case it is assumed that he is definitely a Jew. Consequently, Jews must return lost objects to him, whereas there is no obligation to return lost objects to gentiles.

מֶחֱצָה עַל מֶחֱצָה – יִשְׂרָאֵל, לְמַאי הִילְכְתָא? אָמַר רֵישׁ לָקִישׁ: לִנְזָקִין, הֵיכִי דָּמֵי? אִי נֵימָא דִּנְגַחֵיהּ תּוֹרָא דִּידַן לְתוֹרָא דִּידֵיהּ – נַיְיתֵי רְאָיָה וְנִשְׁקוֹל!

It was further stated: If the city is **half** gentile **and half** Jewish, the foundling has the status of **a Jew.** The Gemara asks: **To what** ***halakha*** does this relate? **Reish Lakish said:** It is referring **to** *halakhot* of **damages.**[N] The Gemara asks: **What are the circumstances? If we say that our ox,** i.e., an ox belonging to another Jew, **gored his ox,** one could ask: How can he make a claim like a Jew? **Let him bring proof** that he is Jewish, **and** only then may he **take** the money for damages, since the burden of proof rests upon the claimant. Since he cannot prove his Jewish status, he has no claim.[N]

לָא צְרִיכָא, דִּנְגַחֵיהּ תּוֹרָא דִּידֵיהּ לְתוֹרָא דִּידַן, פַּלְגָא – יָהֵיב לֵיהּ, אִידָךְ פַּלְגָא – נֵימָא לֵיהּ: אַיְיתִי רְאָיָה דְּלָאו יִשְׂרָאֵל אֲנָא, וּשְׁקוֹל.

The Gemara answers: **No,** it is **necessary when his** innocuous **ox,** which has gored fewer than three times, **gored our ox,** i.e., an ox belonging to a Jew, in which case **he gives him half,** which is what a Jew pays for damages caused by an innocuous ox. However, a gentile must make full restitution for the damage caused. The foundling[H] does not pay **the other half,** which a gentile gives to a Jew if his ox harms a Jew's ox. **Let him say to** the one who suffered the damage: **Bring proof**[N] **that I am not a Jew and take** the money. In that case, the burden of proof rests upon the one who suffered the damage.

״מִי שֶׁנָּפַל עָלָיו מַפּוֹלֶת וכו׳״. מַאי קָאָמַר?

§ It was taught in the mishna: With regard to **one upon whom a rockslide fell,** and there is uncertainty whether he is there under the debris or whether he is not there; and there is uncertainty whether he is still alive or whether he is dead; and there is uncertainty whether the person under the debris is a gentile or whether he is Jew, one clears the pile from atop him. The Gemara asks: **What is** the mishna **saying?** Why does it bring three different uncertainties to illustrate the principle that one violates Shabbat to save a life even in a case of uncertainty?

לָא מִיבָּעְיָא קָאָמַר: לָא מִיבָּעְיָא סָפֵק הוּא שָׁם סָפֵק אֵינוֹ שָׁם, דְּאִי אִיתֵיהּ חַי הוּא – דִּמְפַקְּחִין, אֶלָּא אֲפִילּוּ סָפֵק חַי סָפֵק מֵת – מְפַקְּחִין, וְלָא מִיבָּעְיָא סָפֵק חַי סָפֵק מֵת דְּיִשְׂרָאֵל, אֶלָּא אֲפִילּוּ סָפֵק גּוֹי סָפֵק יִשְׂרָאֵל – מְפַקְּחִין.

The Gemara explains: **It is speaking** using the style of: **Needless to say,** and the mishna should be understood as follows: **Needless to say,** in a case where it is **uncertain** whether **he is there or not there,** one removes the debris, since **if he is** there and he is **alive, one** must **clear** the debris. **But even** if it is **uncertain** whether he is **alive or dead, one** must **clear** the debris. **And needless to say,** when there is **uncertainty** whether he is **alive or dead,** but it is certain that he is **a Jew,** one must clear the debris. **Rather,** one must **clear** the debris **even if** there is **uncertainty** whether **he is a gentile or a Jew.**

״מְצָאוּהוּ חַי מְפַקְּחִין״. מְצָאוּהוּ חַי פְּשִׁיטָא! לָא צְרִיכָא, דַּאֲפִילּוּ לְחַיֵּי שָׁעָה.

§ The mishna taught: If **they found him alive, they** continue to **remove** the debris. The Gemara is surprised at this: **If they find him alive,** it is **obvious** that they remove the debris, since that is saving a life. The Gemara answers: **No,** it is **necessary** to teach that one must desecrate Shabbat for his sake **even** if it is clear that he will **live** only **a short while**[NH] and will die soon after.

NOTES

To *halakhot* of damages – לִנְזָקִין: *Tosafot* ask why the Gemara does not explain all the distinctions with regard to the status of this foundling in terms of damages. The later commentaries argue that, according to the opinion that one does not follow the majority in monetary matters, such distinctions are out of place (*Shem Yosef*).

Returning lost objects and paying damages to a gentile – הֲשָׁבַת אֲבֵדָה וּנְזִיקִין לְגוֹי: The *halakhot* of returning lost objects and paying only half damages caused by an innocuous ox are not universal *halakhot*; rather, they are unique laws given to the Jewish people. This is why they do not apply when gentiles are involved.

Bring proof – אַיְיתִי רְאָיָה: Some commentaries add that even when there is a legitimate reason to think that the foundling is not a Jew, such as when he clearly does not behave like a Jew, one still acts based on the majority of Jews (*Tosefot HaRosh*).

A short while – לְחַיֵּי שָׁעָה: The *Me'iri* adds that in the short time remaining to him, he may confess his sins, repent, and prepare himself for death. One must not deprive him of this opportunity.

HALAKHA

A child found in a city – תִּינוֹק שֶׁנִּמְצָא בְּעִיר: If a child was found in a city of Jews and gentiles and was not converted, nor did he convert on his own, then he may be fed non-kosher food if the majority of residents of the town are not Jewish. If the majority of residents in the town are Jewish, he is treated as a Jew and his lost objects must be returned. If the population of the town is evenly split, he must be sustained as a Jew and rescued from a collapsed building on Shabbat. With regard to paying damages, his status is in doubt, and the burden of proof rests on the claimant (Rambam *Sefer Kedusha, Hilkhot Issurei Bia* 15:22). Other authorities claim that if the majority in the town is gentile, the child is rescued from a ruin on Shabbat, but he need not be sustained (*Tur*; *Shulḥan Arukh, Even HaEzer* 4:34).

Even if he will live only a short while – אֲפִילּוּ לְחַיֵּי שָׁעָה: If a person is found crushed under debris and will survive only a short while, one still clears the debris from him on Shabbat (*Shulḥan Arukh, Oraḥ Ḥayyim* 329:4).

"וְאִם מֵת יַנִּיחוּהוּ". הָא נַמִּי פְּשִׁיטָא! לָא צְרִיכָא לְרַבִּי יְהוּדָה בֶּן לָקִישׁ. דְּתַנְיָא: אֵין מַצִּילִין אֶת הַמֵּת מִפְּנֵי הַדְּלֵיקָה, אָמַר רַבִּי יְהוּדָה בֶּן לָקִישׁ: שָׁמַעְתִּי שֶׁמַּצִּילִין אֶת הַמֵּת מִפְּנֵי הַדְּלֵיקָה. וַאֲפִילּוּ רַבִּי יְהוּדָה בֶּן לָקִישׁ לָא קָאָמַר אֶלָּא מִתּוֹךְ שֶׁאָדָם בָּהוּל עַל מֵתוֹ, אִי לָא שָׁרֵית לֵיהּ – אָתֵי לְכַבּוּיֵי. אֲבָל הָכָא, אִי לָא שָׁרֵית לֵיהּ – מַאי אִית לֵיהּ לְמֶעְבַּד?

§ The mishna taught: If they found him **dead, they** should **leave him.** The Gemara is surprised at this: Isn't **this also obvious?** What allowance might there be to desecrate Shabbat for the sake of a corpse? The Gemara answers: **No,** this ruling is **necessary according to** the opinion of **Rabbi Yehuda ben Lakish, as it was taught** in a *baraita*: **One** may **not save a corpse from a fire,** since one may not violate Shabbat for the sake of the dead. **Rabbi Yehuda ben Lakish said: I heard that one** may **save a corpse from a fire.**[H] The Gemara challenges: **Even Rabbi Yehuda ben Lakish said this only** with regard to a fire **because a person is agitated over his dead** relative, whose body might burn in the fire. **If you do not permit him** to remove the corpse **he** may **come to extinguish** the fire and transgress a severe Torah prohibition. **However, here,** in the case of a rockslide or building collapse, **if you do not permit him** to remove the debris, **what might he do?** In this case, there is no concern of Shabbat desecration, and preserving the dignity of the dead does not override Shabbat.

תָּנוּ רַבָּנַן: עַד הֵיכָן הוּא בּוֹדֵק? עַד חוֹטְמוֹ, וְיֵשׁ אוֹמְרִים: עַד לִבּוֹ. בָּדַק וּמָצָא עֶלְיוֹנִים מֵתִים – לֹא יֹאמַר: כְּבָר מֵתוּ הַתַּחְתּוֹנִים. מַעֲשֶׂה הָיָה, וּמָצְאוּ עֶלְיוֹנִים מֵתִים וְתַחְתּוֹנִים חַיִּים.

The Rabbis taught: If a person is buried under a collapsed building, **until what point does one check** to clarify whether the victim is still alive? Until what point is he allowed to continue clearing the debris? They said: One clears **until** the victim's **nose.**[H] If there is no sign of life, i.e., if he is not breathing, he is certainly dead. **And some say:** One clears **until** the victim's **heart** to check for a heartbeat. If several people are buried and **one checked and found the upper ones** under the debris **dead, he should not say: The lower ones are** likely also **already dead,** and there is no point in continuing to search. **There was an incident where they found the upper ones dead and the lower ones alive.**

נֵימָא הָנֵי תַּנָּאֵי כִּי הָנֵי תַּנָּאֵי, דְּתַנְיָא: מֵהֵיכָן הַוָּלָד נוֹצָר – מֵרֹאשׁוֹ, שֶׁנֶּאֱמַר: "מִמְּעֵי אִמִּי אַתָּה גוֹזִי" וְאוֹמֵר: "גָּזִּי נִזְרֵךְ וְהַשְׁלִיכִי". אַבָּא שָׁאוּל אוֹמֵר: מִטִּיבּוּרוֹ, וּמְשַׁלֵּחַ שָׁרָשָׁיו אֵילָךְ וְאֵילָךְ.

The Gemara comments: **Let us say that** the dispute between **these *tanna'im*** who disagree about checking for signs of life **is like** the dispute between **these *tanna'im*** who disagree about the formation of the fetus. **As it was taught** in a *baraita*: **From what point is the fetus created?** It is **from its head, as it is stated: "You are He Who took me [*gozi*] out of my mother's womb"** (Psalms 71:6), **and it says: "Cut off [*gozi*] your hair, and cast it away"** (Jeremiah 7:29). These verses suggest that one is created from the head, the place of the hair. **Abba Shaul says:** A person is created **from his navel, and he sends his roots in every direction** until he attains the image of a person. The *tanna* who says that the presence of life is determined based on the nose holds in accordance with the opinion of the *tanna* who maintains that the formation of a fetus begins with its head. Likewise, the *tanna* who says the presence of life is determined based on the heart holds in accordance with the opinion of the one who thinks the formation of a fetus begins with its navel.

אֲפִילּוּ תֵּימָא אַבָּא שָׁאוּל, עַד כָּאן לָא קָא אָמַר אַבָּא שָׁאוּל הָתָם – אֶלָּא לְעִנְיַן יְצִירָה, דְּכָל מִידֵּי מִמְּצִיעָתֵיהּ מִיתְצַר. אֲבָל לְעִנְיַן פִּקּוּחַ נֶפֶשׁ – אֲפִילּוּ אַבָּא שָׁאוּל מוֹדֵי דְּעִיקַּר חִיּוּתָא בְּאַפֵּיהּ הוּא, דִּכְתִיב: "כֹּל אֲשֶׁר נִשְׁמַת רוּחַ חַיִּים בְּאַפָּיו".

The Gemara rejects this: **Even if you say** that the formation of a fetus from the navel is the opinion of **Abba Shaul,** he may nevertheless require one to check the nose for signs of life. **Until now, Abba Shaul spoke there only about formation,** saying **that everything is created from its middle; however, as for saving a life, even Abba Shaul admits that the main** sign of **life is in the nose, as it is written: "All in whose nostrils was the breath of the spirit of life"** (Genesis 7:22).

אָמַר רַב פָּפָּא: מַחֲלוֹקֶת מִמַּטָּה לְמַעְלָה, אֲבָל מִמַּעְלָה לְמַטָּה, כֵּיוָן דִּבְדַק לֵיהּ עַד חוֹטְמוֹ – שׁוּב אֵינוֹ צָרִיךְ, דִּכְתִיב: "כֹּל אֲשֶׁר נִשְׁמַת רוּחַ חַיִּים בְּאַפָּיו".

Rav Pappa said: The dispute with regard to how far to check for signs of life applies when the digger begins removing the rubble **from below,** starting with the feet, **to above.** In such a case it is insufficient to check until his heart; rather, one must continue removing rubble until he is able to check his nose for breath. **But** if one cleared the rubble **from above to below, once he checked** as far as the victim's **nose he is not required** to check further, **as it is written: "All in whose nostrils was the breath of the spirit of life"** (Genesis 7:22).

HALAKHA

One may save a corpse from a fire on Shabbat – מַצִּילִין אֶת הַמֵּת מֵהַדְּלֵיקָה בְּשַׁבָּת: If there is concern that a dead body will be consumed by fire on Shabbat, a loaf of bread or a child is placed on it, whereupon it may be removed from danger. If such a procedure is not possible, the body may be moved normally, but not to a different domain. This ruling is in accordance with the opinion of Rabbi Yehuda ben Lakish (*Shulḥan Arukh, Oraḥ Ḥayyim* 311:1).

Check until the nose – בּוֹדֵק עַד חוֹטְמוֹ: If a person is found in debris on Shabbat, his breathing is checked by examining his nose. If he is still breathing, the rescue is continued. In that case, it does not matter whether the digging began at his head or his feet. This ruling is in accordance with the unattributed *baraita* (*Shulḥan Arukh, Oraḥ Ḥayyim* 329:4).

וּכְבָר הָיָה רַבִּי יִשְׁמָעֵאל וְרַבִּי עֲקִיבָא וְרַבִּי אֶלְעָזָר בֶּן עֲזַרְיָה מְהַלְּכִין בַּדֶּרֶךְ, וְלֵוִי הַסַּדָּר וְרַבִּי יִשְׁמָעֵאל בְּנוֹ שֶׁל רַבִּי אֶלְעָזָר בֶּן עֲזַרְיָה מְהַלְּכִין אַחֲרֵיהֶן. נִשְׁאֲלָה שְׁאֵלָה זוֹ בִּפְנֵיהֶם: מִנַּיִין לְפִקּוּחַ נֶפֶשׁ שֶׁדּוֹחֶה אֶת הַשַּׁבָּת?

§ The Gemara relates: **It once happened that Rabbi Yishmael, and Rabbi Akiva, and Rabbi Elazar ben Azarya were walking on the road, and Levi HaSadar**[N] **and Rabbi Yishmael, son of Rabbi Elazar ben Azarya, were walking** respectfully **behind them,** since they were younger and did not walk alongside their teachers. **This question was asked before them:**[N] **From where** is it derived **that saving a life**[N] **overrides Shabbat?**

נַעֲנָה רַבִּי יִשְׁמָעֵאל וְאָמַר: ״אִם בַּמַּחְתֶּרֶת יִמָּצֵא הַגַּנָּב״. וּמַה זֶּה שֶׁסָּפֵק עַל מָמוֹן בָּא סָפֵק עַל נְפָשׁוֹת בָּא, וּשְׁפִיכוּת דָּמִים מְטַמֵּא אֶת הָאָרֶץ וְגוֹרֵם לַשְּׁכִינָה שֶׁתִּסְתַּלֵּק מִיִּשְׂרָאֵל – נִיתַּן לְהַצִּילוֹ בְּנַפְשׁוֹ, קַל וָחוֹמֶר לְפִקּוּחַ נֶפֶשׁ שֶׁדּוֹחֶה אֶת הַשַּׁבָּת.

Rabbi Yishmael answered and said that it is stated: **"If a thief be found breaking in** and be struck so that he dies, there shall be no blood-guiltiness for him" (Exodus 22:1). **Now, if this** is true for the thief, **where there is uncertainty whether he comes** to take **money** or to take **lives,** and it is known that **bloodshed renders the land impure,** since it is stated about a murderer: "And you shall not defile the land" (Numbers 35:34), **and it causes the Divine Presence to depart from the Jewish people,** as the verse continues: "In the midst of which I dwell, for I the Lord dwell in the midst of the children of Israel" (Numbers 35:34), and even so the home owner **is permitted to save himself at the cost of** the thief's **life,** then ***a fortiori* saving a life overrides Shabbat.**

נַעֲנָה רַבִּי עֲקִיבָא וְאָמַר: ״וְכִי יָזִיד אִישׁ עַל רֵעֵהוּ וגו׳ מֵעִם מִזְבְּחִי תִּקָּחֶנּוּ לָמוּת״. מֵעִם מִזְבְּחִי – וְלֹא מֵעַל מִזְבְּחִי. וְאָמַר רַבָּה בַּר בַּר חָנָה אָמַר רַבִּי יוֹחָנָן: לֹא שָׁנוּ אֶלָּא לְהָמִית,

Rabbi Akiva answered and said that it is stated: **"And if a man comes purposefully upon his neighbor** to slay him with guile, **you shall take him from My altar, that he may die"** (Exodus 21:14). The phrase "take him **from My altar"** implies that if the murderer is a priest and comes to perform the service, one does not wait for him to do so but takes him to his execution immediately. **But** one should **not** take him **from on top of My altar.** If he already began the service and is in the midst of it, one does not take him down from the altar immediately but instead allows him to finish his service. **And Rabba bar bar Ḥana said** that **Rabbi Yoḥanan said: They taught only** that a priest is not removed from the altar **in order to execute**[N] him for murder,

NOTES

Levi HaSadar – לֵוִי הַסַּדָּר: Some commentaries explain that he arranged *mishnayot* and was therefore called the arranger [*sadar*]. The *Arukh* reads this as *HaSarad,* meaning he fashioned plaited garments [*bigdei serad*] or made latticework (*ge'onim*).

This question was asked before them – נִשְׁאֲלָה שְׁאֵלָה זוֹ בִּפְנֵיהֶם: This might mean that the students posed the question and their teachers deliberated on the matter.

From where is it derived that saving a life – מִנַּיִין לְפִקּוּחַ נֶפֶשׁ: The Sages already sought proofs that the three most severe transgressions must be observed even at the cost of one's life. This implies that all other mitzvot, including Shabbat, may be violated to save a life. Therefore, it must be explained that the Gemara previously argued that one may save one's own life by transgressing a mitzva, whereas here the Gemara discusses overriding Shabbat to save another person's life (*Tosefet Yom HaKippurim*; *Siaḥ Yitzḥak*).

To execute – לְהָמִית: Some commentaries explain that this phrase as meaning: To give testimony about another's liability in a capital crime (*Me'iri*).

Perek **VIII**
Daf **85** Amud **b**

אֲבָל לְהַחֲיוֹת – אֲפִילּוּ מֵעַל מִזְבְּחִי. וּמַה זֶּה, שֶׁסָּפֵק יֵשׁ מַמָּשׁ בִּדְבָרָיו סָפֵק אֵין מַמָּשׁ בִּדְבָרָיו, וַעֲבוֹדָה דּוֹחָה שַׁבָּת – קַל וָחוֹמֶר לְפִקּוּחַ נֶפֶשׁ שֶׁדּוֹחֶה אֶת הַשַּׁבָּת. נַעֲנָה רַבִּי אֶלְעָזָר וְאָמַר: וּמַה מִּילָה, שֶׁהִיא אֶחָד מִמָּאתַיִם וְאַרְבָּעִים וּשְׁמוֹנָה אֵיבָרִים שֶׁבָּאָדָם – דּוֹחָה אֶת הַשַּׁבָּת, קַל וָחוֹמֶר לְכָל גּוּפוֹ – שֶׁדּוֹחֶה אֶת הַשַּׁבָּת.

but to preserve a life, e.g., if the priest can testify to the innocence of one who is sentenced to death, one removes him **even from on top of My altar,** even while he is sacrificing an offering. **Just as this** priest, about whom **there is uncertainty whether there is substance to his words** of testimony **or whether there is no substance to his words,** is taken from the Temple service in order to save a life, **and** Temple **service overrides Shabbat,** so too, ***a fortiori*, saving a life overrides Shabbat. Rabbi Elazar** ben Azarya **answered and said: Just as** the mitzva **of circumcision,**[N] which rectifies only **one of the 248 limbs of the body, overrides Shabbat,** so too, ***a fortiori***, saving **one's whole body,** which is entirely involved in mitzvot, **overrides Shabbat.**

רַבִּי יוֹסֵי בְּרַבִּי יְהוּדָה אוֹמֵר: ״אֶת שַׁבְּתוֹתַי תִּשְׁמוֹרוּ״ יָכוֹל לַכֹּל – תַּלְמוּד לוֹמַר: ״אַךְ״ – חִילֵּק. רַבִּי יוֹנָתָן בֶּן יוֹסֵף אוֹמֵר: ״כִּי קוֹדֶשׁ הִיא לָכֶם״ – הִיא מְסוּרָה בְּיֶדְכֶם, וְלֹא אַתֶּם מְסוּרִים בְּיָדָהּ.

Other *tanna'im* debated this same issue. **Rabbi Yosei, son of Rabbi Yehuda, says that** it is stated: "But **keep my** ***Shabbatot***" (Exodus 31:13). One **might** have thought that this applies **to everyone** in all circumstances; therefore, **the verse states "but,"** a term that restricts and **qualifies.** It implies that there are circumstances where one must keep Shabbat and circumstances where one must desecrate it, i.e., to save a life. **Rabbi Yonatan ben Yosef says that** it is stated: **"For it is sacred to you"** (Exodus 31:14). This implies that Shabbat **is given into your hands, and you are not given to it** to die on account of Shabbat.

NOTES

Just as the mitzva of circumcision, etc. – וּמַה מִּילָה וכו׳: Rabbeinu Ḥananel explains that circumcision, which is performed on one limb, saves one from death because a person who is uncircumcised is liable to receive *karet*. Furthermore, Moses was almost killed by the angel of death because he did not circumcise his son (see Exodus 4:24–26). Moses was saved by his wife Zipporah, who took a stone and circumcised her son. This case is the source for the Gemara's *a fortiori* reasoning.

רַבִּי שִׁמְעוֹן בֶּן מְנַסְיָא אוֹמֵר: "וְשָׁמְרוּ בְנֵי יִשְׂרָאֵל אֶת הַשַּׁבָּת" אָמְרָה תּוֹרָה: חַלֵּל עָלָיו שַׁבָּת אַחַת, כְּדֵי שֶׁיִּשְׁמוֹר שַׁבָּתוֹת הַרְבֵּה. אָמַר רַב יְהוּדָה אָמַר שְׁמוּאֵל: אִי הֲוַאי הָתָם הֲוָה אָמִינָא: דִּידִי עֲדִיפָא מִדִּידְהוּ, "וָחַי בָּהֶם" – וְלֹא שֶׁיָּמוּת בָּהֶם.

Rabbi Shimon ben Menasya said: It is stated: **"And the children of Israel shall keep Shabbat,**[N] to observe Shabbat" (Exodus 31:16). **The Torah said: Desecrate one Shabbat on his behalf so he will observe many** ***Shabbatot.*** **Rav Yehuda said** that **Shmuel said: If I would** have been **there** among those Sages who debated this question, **I would have said** that **my proof is preferable to theirs,** as it states: "You shall keep My statutes and My ordinances, which a person shall do **and live by them"** (Leviticus 18:5), **and not that he** should **die by them.**[N] In all circumstances, one must take care not to die as a result of fulfilling the mitzvot.

אָמַר רָבָא: לְכוּלְּהוּ אִית לְהוּ פִּירְכָא, בַּר מִדִּשְׁמוּאֵל דְּלֵית לֵיהּ פִּירְכָא. דְּרַבִּי יִשְׁמָעֵאל – דִּילְמָא כִּדְרָבָא, דְּאָמַר רָבָא: מַאי טַעְמָא דְּמַחְתֶּרֶת – חֲזָקָה אֵין אָדָם מַעֲמִיד עַצְמוֹ עַל מָמוֹנוֹ, וְהַאי מֵידַע יָדַע דְּקָאֵי לְאַפֵּיהּ, וְאָמַר: אִי קָאֵי לְאַפַּאי – קָטֵילְנָא לֵיהּ, וְהַתּוֹרָה אָמְרָה: בָּא לְהׇרְגְךָ – הַשְׁכֵּם לְהׇרְגוֹ. וְאַשְׁכְּחַן וַדַּאי, סָפֵק מְנָלַן?

Rava commented on this: **All of these** arguments **have refutations except for** that **of Shmuel, which has no refutation.** The Gemara explains Rava's claim: The proof brought **by Rabbi Yishmael** from the thief who breaks in could **perhaps** be refuted based on the principle **of Rava,** as **Rava said: What is the reason** for the *halakha* **about** the thief who **breaks in?** There is **a presumption** that while **a person** is being robbed he **does not restrain himself with respect to his money. And this** thief **knows that** the homeowner **will rise to oppose him** and **said** to himself from the start: **If he rises against me, I will kill him. And the Torah states:** If a person **comes to kill you, rise to kill him first. We found** a source for saving a life that is in **certain** danger, but **from where do we** derive that even in a case where there is **uncertainty** as to whether a life is in danger one may desecrate Shabbat? Consequently, Rabbi Yishmael's argument is refuted.

דְּרַבִּי עֲקִיבָא נָמֵי, דִּילְמָא כְּדַאֲבַיֵּי. דְּאָמַר אַבַּיֵּי: מָסְרִינַן לֵיהּ זוּגָא דְּרַבָּנַן, לֵידַע אִם מַמָּשׁ בִּדְבָרָיו. וְאַשְׁכְּחַן וַדַּאי, סָפֵק מְנָא לָן?

The proof **of Rabbi Akiva** can **also** be refuted. He brought the case of removing a priest from altar service in order to have him testify on another's behalf, since his testimony might acquit the accused and save him from execution. But **perhaps** that *halakha* is **in accordance with** the opinion **of Abaye, as Abaye said:** If the accused says he has a witness in his favor, **we send a pair of rabbis** on **his** behalf **to determine if his words** of testimony have **substance.** These rabbis would first check that the testimony of the priest is substantive before removing him from the altar. If so, **we** have **found** that one interrupts the Temple service to save a life from **certain** danger, but **from where do we** derive that one interrupts the Temple service when the likelihood of saving life is **uncertain?**

וְכוּלְּהוּ אַשְׁכְּחַן וַדַּאי, סָפֵק מְנָא לָן? וְדִשְׁמוּאֵל וַדַּאי לֵית לֵיהּ פִּירְכָא. אֲמַר רָבִינָא וְאִיתֵימָא רַב נַחְמָן בַּר יִצְחָק: טָבָא חֲדָא פִּלְפַּלְתָּא חֲרִיפָא מִמְּלֵא צַנָּא דְּקָרֵי.

And for all the other arguments as well, **we** have **found** proofs for saving a life from **certain** danger. But for cases of uncertainty, **from where do we** derive this? For this reason, all the arguments are refuted. However, the proof **that Shmuel** brought from the verse: "And live by them," which teaches that one should not even put a life in possible danger to observe mitzvot, **there is certainly no refutation. Ravina said, and some say it was Rav Naḥman bar Yitzḥak** who said with regard to this superior proof of Shmuel: **One spicy pepper is better than a whole basket of squash,** since its flavor is more powerful than all the others.

מתני׳ חַטָּאת וְאָשָׁם וַדַּאי – מְכַפְּרִין. מִיתָה וְיוֹם הַכִּפּוּרִים – מְכַפְּרִין עִם הַתְּשׁוּבָה. תְּשׁוּבָה מְכַפֶּרֶת עַל עֲבֵירוֹת קַלּוֹת, עַל עֲשֵׂה וְעַל לֹא תַעֲשֶׂה, וְעַל הַחֲמוּרוֹת הוּא תּוֹלֶה עַד שֶׁיָּבֹא יוֹם הַכִּפּוּרִים וִיכַפֵּר. הָאוֹמֵר "אֶחֱטָא וְאָשׁוּב", "אֶחֱטָא וְאָשׁוּב" – אֵין מַסְפִּיקִין בְּיָדוֹ לַעֲשׂוֹת תְּשׁוּבָה, "אֶחֱטָא וְיוֹם הַכִּפּוּרִים מְכַפֵּר" – אֵין יוֹם הַכִּפּוּרִים מְכַפֵּר. עֲבֵירוֹת שֶׁבֵּין אָדָם לַמָּקוֹם – יוֹם הַכִּפּוּרִים מְכַפֵּר. עֲבֵירוֹת שֶׁבֵּין אָדָם לַחֲבֵירוֹ – אֵין יוֹם הַכִּפּוּרִים מְכַפֵּר, עַד שֶׁיְּרַצֶּה אֶת חֲבֵירוֹ.

MISHNA **A sin-offering,** which atones for unwitting performance of transgressions punishable by *karet,* and **a definite guilt-offering,** which is brought for robbery and misuse of consecrated items, **atone** for those sins. **Death and Yom Kippur atone**[N] for sins when accompanied **by repentance. Repentance** itself **atones for minor transgressions, for** both **positive** mitzvot **and negative** mitzvot. **And** repentance places punishment **for severe** transgressions **in abeyance until Yom Kippur comes and** completely **atones** for the transgression. With regard to **one who says: I will sin and** then **I will repent,**[H] **I will sin and I will repent,** Heaven **does not provide him the opportunity to repent,** and he will remain a sinner all his days. With regard to one who says: **I will sin and Yom Kippur** will **atone** for my sins, **Yom Kippur does not atone** for his sins.[N] Furthermore, for **transgressions between a person and God, Yom Kippur atones;** however, for **transgressions between a person and another,**[H] **Yom Kippur does not atone until he appeases** the **other** person.

NOTES

And the children of Israel shall keep Shabbat – וְשָׁמְרוּ בְנֵי יִשְׂרָאֵל אֶת הַשַּׁבָּת: It seems that the support for this argument is the entire verse, since "the children of Israel shall keep Shabbat" so that they will "observe Shabbat" in the future. The commentaries note that since saving a life overrides Shabbat even when the individual will live for only a short while, and even when it is clear that he will not be able to observe future *Shabbatot*, the main point here is that it is permitted to desecrate Shabbat for the sake of fulfilling the mitzvot (*Tosefet Yom HaKippurim*).

And not that he should die by them – וְלֹא שֶׁיָּמוּת בָּהֶם: One must see to it that the mitzvot do not in any way cause a person's death. Therefore, both certain and uncertain risk to life override the observance of mitzvot (see *Tosafot*).

Death and Yom Kippur atone – מִיתָה וְיוֹם הַכִּפּוּרִים מְכַפְּרִים: The letter *vav* in this statement, translated as the word: And, may also mean: Or. That is, each one of these atones when accompanied by repentance. This is clear from the corresponding passage in the Jerusalem Talmud.

I will sin and Yom Kippur will atone – אֶחֱטָא וְיוֹם כִּפּוּר מְכַפֵּר: One who relies on the Judge of the world to atone for him, believing that this gives him license to sin, has no chance for atonement at all, even on Yom Kippur (Rabbeinu Yehonatan).

HALAKHA

I will sin and I will repent – אֶחֱטָא וְאָשׁוּב: If one says: I will sin and repent, or: I will sin and Yom Kippur will atone, he is given no chance to repent (*Rambam Sefer HaMadda, Hilkhot Teshuva* 4:1).

Transgressions between a person and another – עֲבֵירוֹת שֶׁבֵּין אָדָם לַחֲבֵירוֹ: Yom Kippur atones only for transgressions committed against God, whereas transgressions committed against one's fellow man are not forgiven until the sinner rights the wrong and appeases his friend (Rambam *Sefer HaMadda, Hilkhot Teshuva* 2:9).

דרש רבי אלעזר בן עזריה: "מכל חטאתיכם לפני ה' תטהרו" עבירות שבין אדם למקום – יום הכפורים מכפר, עבירות שבין אדם לחבירו – אין יום הכפורים מכפר, עד שירצה את חבירו. אמר רבי עקיבא: אשריכם ישראל, לפני מי אתם מטהרין, מי מטהר אתכם – אביכם שבשמים, שנאמר: "וזרקתי עליכם מים טהורים וטהרתם" ואומר: "מקוה ישראל (ה')" מה מקוה מטהר את הטמאים – אף הקדוש ברוך הוא מטהר את ישראל.

Similarly, **Rabbi Elazar ben Azarya taught** that point from the verse: **"From all your sins you shall be cleansed before the Lord"** (Leviticus 16:30). For **transgressions between a person and God, Yom Kippur atones;** however, for **transgressions between a person and another, Yom Kippur does not atone until he appeases** the **other** person. In conclusion, **Rabbi Akiva said: How fortunate are you, Israel; before Whom are you purified,**[N] **and Who purifies you?** It is **your Father in Heaven, as it is stated: "And I will sprinkle purifying water upon you, and you shall be purified"** (Ezekiel 36:25). **And it says: "The ritual bath of Israel is God"** (Jeremiah 17:13). **Just as a ritual bath purifies the impure, so too, the Holy One, Blessed be He, purifies Israel.**

גמ' אשם ודאי – אין, אשם תלוי לא? והא כפרה כתיבא ביה! הנך מכפרי כפרה גמורה, אשם תלוי אינו מכפר כפרה גמורה.

GEMARA The mishna says that a definite guilt-offering atones for sins. The Gemara analyzes this: With regard to **a definite guilt-offering, yes,** it does atone for sins. This implies that **an uncertain guilt-offering**[N] does **not.** The Gemara asks: **But isn't atonement written with regard to it?** Why, then, doesn't it atone? The Gemara answers: **Those,** the sin-offerings and definite guilt-offerings, **facilitate complete atonement,** but **an uncertain guilt-offering does not facilitate complete atonement.** Instead, this offering provides temporary atonement for an individual, to protect him from punishment until he becomes aware of his sin and brings the appropriate offering.

אי נמי: הנך – אין אחר מכפר כפרתן, אשם תלוי – אחר מכפר כפרתן. דתנן: חייבי חטאות ואשמות ודאין שעבר עליהן יום הכפורים – חייבין, אשמות תלוין – פטורין.

Alternatively, there is this distinction: **Nothing else facilitates the atonement of those** sin-offerings and definite guilt-offerings, whereas something **else does facilitate the atonement of the uncertain guilt-offering, as we learned** in a mishna: If **Yom Kippur passed, those who are obligated to bring sin-offerings and definite guilt-offerings are** still **obligated** to bring their offerings; however, those obligated to bring **uncertain guilt-offerings are exempt** because Yom Kippur atoned for them.[H]

"מיתה ויום הכפורים מכפרין עם התשובה". עם התשובה – אין, בפני עצמן – לא, נימא דלא כרבי. דתניא, רבי אומר: על כל עבירות שבתורה, בין עשה תשובה בין לא עשה תשובה, יום הכפורים מכפר, חוץ (מפורק עול) ומגלה פנים בתורה ומיפר ברית בשר, שאם עשה תשובה – יום הכפורים מכפר, ואם לא עשה תשובה אין יום הכפורים מכפר!

§ It was taught in the mishna that **death and Yom Kippur atone** for sins when accompanied **by repentance.** The Gemara analyzes this: **With repentance, yes,** they do atone for sins; **but by themselves,** without repentance, **they do not. Let us say** that the mishna is **not in accordance with** the opinion of **Rabbi** Yehuda HaNasi, **as it was taught** in a *baraita*: **Rabbi** Yehuda HaNasi **says** that **for all transgressions in the Torah, whether one repented or did not repent, Yom Kippur atones,** with the **exception of rejecting the yoke** of Torah and mitzvot; and denying the Holy One, Blessed be He; **and interpreting the Torah falsely; and violating the covenant of the flesh,** i.e., circumcision. In these cases, **if one repents Yom Kippur atones** for his sin, **and if one does not repent Yom Kippur does not atone** for his sin.

אפילו תימא רבי, תשובה בעיא יום הכפורים – יום הכפורים לא בעיא תשובה.

The Gemara rejects this: This is no proof; **even if you say** that the mishna is in accordance with the opinion of **Rabbi** Yehuda HaNasi, the mishna can be understood as follows: **Repentance** still **requires Yom Kippur** in order to complete the atonement, whereas **Yom Kippur does not require repentance** but atones even without it.

NOTES

Before Whom are you purified – לפני מי אתם מטהרין: The phrase: Before Whom are you purified, is referring to when the people repent willingly and with knowledge. The phrase: And who purifies you, is referring to when God helps people repent through mitzvot such as Yom Kippur (*Tosefot Yom Tov*).

Uncertain guilt-offering – אשם תלוי: A sin-offering is brought by one who unwittingly violates a prohibition that is punishable by *karet* if violated intentionally. An uncertain guilt-offering is brought for transgressions that require one to bring a sin-offering, in a case where it is unclear whether one actually committed the transgression. For example, if one is not sure whether he ate blood or not, he brings an uncertain guilt-offering until the facts are clarified. If he subsequently learns that he did sin, he brings a sin-offering.

HALAKHA

Atonement of sin-offerings and guilt-offerings – כפרת חטאות ואשמות: After Yom Kippur, people are still obligated to bring their sin-offerings and definite guilt-offerings incurred before Yom Kippur. However, those liable to bring uncertain guilt-offerings are exempt if they do not bring them before Yom Kippur (*Rambam Sefer Korbanot, Hilkhot Shegagot* 3:9).

"תְּשׁוּבָה מְכַפֶּרֶת עַל עֲבֵירוֹת קַלּוֹת עַל עֲשֵׂה וְעַל לֹא תַעֲשֶׂה". הַשְׁתָּא עַל לֹא תַעֲשֶׂה מְכַפֶּרֶת, עַל עֲשֵׂה מִיבַּעְיָא?! אָמַר רַב יְהוּדָה, הָכִי קָאָמַר: עַל עֲשֵׂה וְעַל לֹא תַעֲשֶׂה שֶׁנִּיתַּק לַעֲשֵׂה.

§ It was taught in the mishna: **Repentance** itself **atones for minor transgressions, for** both **a positive** mitzva **and for a negative** mitzva. The Gemara is surprised at this: **Now** that it was stated that repentance **atones for a negative** mitzva, which is severe and warrants lashes, is it **necessary** to also teach that it atones **for a positive** mitzva, which is more lenient? **Rav Yehuda said: This is** what **it said,** i.e., the mishna should be understood as follows: Repentance atones **for a positive** mitzva **and for a negative** mitzva whose violation **can be rectified by a positive** mitzva. One is not punished by a court for violating a prohibition for which the Torah prescribes a positive act as a corrective measure and which thereby has the same *halakha* as a positive mitzva.

וְעַל לֹא תַעֲשֶׂה גָּמוּר לֹא? וּרְמִינְהוּ: אֵלּוּ הֵן קַלּוֹת – עֲשֵׂה וְלֹא תַעֲשֶׂה,

The Gemara asks: **But** does repentance **not** atone **for a full-fledged negative** mitzva? The Gemara **raises a contradiction** from a separate source: It was taught that **these are minor** transgressions: **A positive** mitzva **and a negative** mitzva,

Perek **VIII**
Daf **86** Amud **a**

NOTES

A positive mitzva and a negative mitzva – עֲשֵׂה וְלֹא תַעֲשֶׂה: An ancient dispute exists as to whether a positive mitzva is more important than a prohibition (see Ramban and others). The Maharsha explains the positions as follows: Since positive mitzvot demand action, they are preferable to prohibitions and override them. On the other hand, when one transgresses a positive mitzva, he has abstained from action, while one who violates a prohibition sins by performing an action, and therefore his punishment is greater.

חוּץ מִ"לֹּא תִשָּׂא" – "לֹא תִשָּׂא" וְכָל דְּדָמֵי לֵיהּ.

except for: "**You shall not take** the name of the Lord, your God, in vain" (Exodus 20:6), about which the Torah states: "For God will not absolve him who takes His name in vain" (Exodus 20:6). The Gemara answers: It is not that this is the only negative mitzva that is not a minor transgression; rather, it is: "**You shall not take** the name of the Lord, your God, in vain" **and any** prohibition **similar to it,** meaning all severe prohibitions that carry punishment by a court.

תָּא שְׁמַע, רַבִּי יְהוּדָה אוֹמֵר: כֹּל שֶׁהוּא מִ"לֹּא תִשָּׂא" וּלְמַטָּה – תְּשׁוּבָה מְכַפֶּרֶת, מִ"לֹּא תִשָּׂא" וּלְמַעְלָה – תְּשׁוּבָה תּוֹלָה, וְיוֹם הַכִּפּוּרִים מְכַפֵּר! "לֹא תִשָּׂא" וְכָל דְּדָמֵי לֵיהּ.

The Gemara proposes: **Come** and **hear** from that which was taught: **Rabbi Yehuda says:** For **any** sin **from "You shall not take** the name of the Lord, your God, in vain" **and below,** i.e., prohibitions less severe than that, **repentance atones.** For any sin **from "You shall not take** the name of the Lord, your God, in vain" **and above, repentance suspends** punishment **and Yom Kippur atones.** The Gemara rejects this: This does not constitute proof either, since one could say that it is referring to: "**You shall not take** the name of the Lord, your God, in vain" **and anything similar to it.**

תָּא שְׁמַע: לְפִי שֶׁנֶּאֱמַר בְּחוֹרֵב תְּשׁוּבָה "וְנַקֵּה", יָכוֹל אַף "לֹא תִשָּׂא" עִמָּהֶן – תַּלְמוּד לוֹמַר: "לֹא יְנַקֶּה". יָכוֹל אַף שְׁאָר חַיָּיבֵי לָאוִין כֵּן – תַּלְמוּד לוֹמַר: "אֶת שְׁמוֹ" – שְׁמוֹ הוּא דְּאֵינוֹ מְנַקֶּה, אֲבָל מְנַקֶּה שְׁאָר חַיָּיבֵי לָאוִין!

Come and **hear** from a different source that was taught: **Since it was stated at Horeb** with regard to **repentance: "Absolve,"** one **might** have thought that **even** the transgression of: "**You shall not take** the name of the Lord, your God, in vain" is included **among them;** therefore, **the verses states: "Will not absolve"** (Exodus 20:6). One **might** have thought this is **also** true **for those who are liable** for violating **all other prohibitions;** therefore, **the verse states: "His name."** God **does not absolve the one** who disrespects **His name, but He absolves those who are liable** for violating **all other prohibitions** and repent. This is proof that those who violate all other prohibitions are not comparable to one who violates: "You shall not take the name of the Lord, your God, in vain."

תַּנָּאֵי הִיא, דְּתַנְיָא: עַל מָה תְּשׁוּבָה מְכַפֶּרֶת – עַל עֲשֵׂה וְעַל לֹא תַעֲשֶׂה שֶׁנִּיתַּק לַעֲשֵׂה, וְעַל מָה תְּשׁוּבָה תּוֹלָה וְיוֹם הַכִּפּוּרִים מְכַפֵּר – עַל כְּרֵיתוֹת וְעַל מִיתוֹת בֵּית דִּין, וְעַל לֹא תַעֲשֶׂה גָּמוּר.

The Gemara answers: **This is** a dispute between *tanna'im*, **as it was taught** in a *baraita*: **For what does repentance atone?** It atones **for a positive** mitzva **and for a negative** mitzva[N] that can be rectified **through a positive mitzva. And for what does repentance suspend** punishment **and Yom Kippur atone?** It is **for** sins punishable by *karet*, **and for** sins punishable by the **death** penalty from the earthly **court, and for full-fledged negative** mitzvot. This indicates that there is a *tanna* who distinguishes between prohibitions that warrant lashes and those that do not. Therefore, there is a tannaitic dispute as to whether or not prohibitions that warrant punishment by the courts can be rectified by repentance alone.

אָמַר מָר: לְפִי שֶׁנֶּאֱמַר בְּחוֹרֵב ״וְנַקֵּה״, מְנָא לָן? דְּתַנְיָא, רַבִּי אֶלְעָזָר אוֹמֵר: אִי אֶפְשָׁר לוֹמַר ״נַקֵּה״ שֶׁכְּבָר נֶאֱמַר ״לֹא יְנַקֶּה״, וְאִי אֶפְשָׁר לוֹמַר ״לֹא יְנַקֶּה״ שֶׁכְּבָר נֶאֱמַר ״נַקֵּה״. הָא כֵּיצַד? מְנַקֶּה הוּא לַשָּׁבִין, וְאֵינוֹ מְנַקֶּה לְשֶׁאֵינָן שָׁבִין.

§ Since the Gemara cited this *baraita*, it now clarifies part of it. **The Master said: Since it was stated at Horeb** with regard to repentance: **"Absolve."** The Gemara asks: **From where do** we derive this concept that repentance was mentioned there? The Gemara answers: **As it was taught** in a *baraita* that **Rabbi Elazar says: It is not possible to say "absolve"**[N] (Exodus 34:7) about all transgressions, since **"will not absolve" is already stated** (Exodus 34:7). **And it is not possible to say "will not absolve,"** since **"absolve" is already stated. How so?** The Holy One, Blessed be He, **absolves those who repent and does not absolve those who do not repent.** Therefore, both "repentance" and "absolve" were mentioned at Horeb.

שָׁאַל רַבִּי מַתְיָא בֶּן חָרָשׁ אֶת רַבִּי אֶלְעָזָר בֶּן עֲזַרְיָה בְּרוֹמִי: שָׁמַעְתָּ אַרְבָּעָה חִילּוּקֵי כַּפָּרָה שֶׁהָיָה רַבִּי יִשְׁמָעֵאל דּוֹרֵשׁ? אָמַר: שְׁלֹשָׁה הֵן, וּתְשׁוּבָה עִם כׇּל אֶחָד וְאֶחָד.

Furthermore, with regard to the topic of repentance, **Rabbi Matya ben Ḥarash asked Rabbi Elazar ben Azarya** when Rabbi Elazar was **in Rome: Have you heard** the teaching that there are **four distinctions** in the process **of atonement that Rabbi Yishmael would derive? He said to him: They are** not four but **three** distinctions, **and repentance** is necessary **with each one.**[N]

עָבַר עַל עֲשֵׂה וְשָׁב – אֵינוֹ זָז מִשָּׁם עַד שֶׁמּוֹחֲלִין לוֹ, שֶׁנֶּאֱמַר: ״שׁוּבוּ בָּנִים שׁוֹבָבִים״. עָבַר עַל לֹא תַעֲשֶׂה וְעָשָׂה תְּשׁוּבָה – תְּשׁוּבָה תּוֹלָה, וְיוֹם הַכִּפּוּרִים מְכַפֵּר שֶׁנֶּאֱמַר: ״כִּי בַיּוֹם הַזֶּה יְכַפֵּר עֲלֵיכֶם מִכֹּל חַטֹּאתֵיכֶם״. עָבַר עַל כְּרִיתוֹת וּמִיתוֹת בֵּית דִּין וְעָשָׂה תְּשׁוּבָה – תְּשׁוּבָה וְיוֹם הַכִּפּוּרִים תּוֹלִין, וְיִסּוּרִין מְמָרְקִין, שֶׁנֶּאֱמַר: ״וּפָקַדְתִּי בְשֵׁבֶט פִּשְׁעָם וּבִנְגָעִים עֲוֹנָם״.

These are the categories: If **one violates a positive** mitzva **and repents,**[H] **he is forgiven even before he moves** from his place, i.e. immediately, **as it is stated: "Return, you backsliding children,** I will heal your backsliding" (Jeremiah 3:22), implying that when one repents he is immediately forgiven. If **one violates a prohibition and repents,**[H] **repentance suspends** his punishment **and Yom Kippur atones** for his sin, **as it is stated: "For on this day shall atonement be made for you,** to purify you **from all your sins"** (Leviticus 16:30). If **one commits** a transgression that warrants ***karet***[H] or a sin punishable by **death** from the earthly **court** and then **repents, repentance and Yom Kippur suspend** his punishment, **and suffering absolves** and completes the atonement, **as it is stated: "Then will I visit their transgression with the rod, and their iniquity with strokes"** (Psalms 89:33).

אֲבָל מִי שֶׁיֵּשׁ חִילּוּל הַשֵּׁם בְּיָדוֹ – אֵין לוֹ כֹּחַ בִּתְשׁוּבָה לִתְלוֹת, וְלֹא בְּיוֹם הַכִּפּוּרִים לְכַפֵּר, וְלֹא בְּיִסּוּרִין לְמָרֵק. אֶלָּא כּוּלָּן תּוֹלִין, וּמִיתָה מְמָרֶקֶת, שֶׁנֶּאֱמַר: ״וְנִגְלָה בְאׇזְנָי ה׳ צְבָאוֹת אִם יְכוּפַּר הֶעָוֹן הַזֶּה לָכֶם עַד תְּמוּתוּן״.

But in the case of **one who has caused desecration of God's name,**[H] **his repentance has no power to suspend** punishment, **nor does Yom Kippur** have power **to atone** for his sin, **nor does suffering** alone have power **to absolve** him. **Rather, all these suspend** punishment, **and death absolves** him, **as it is stated: "And the Lord of Hosts revealed Himself to my ears: This iniquity shall not be atoned for until you die"** (Isaiah 22:14).

הֵיכִי דָּמֵי חִילּוּל הַשֵּׁם? אָמַר רַב: כְּגוֹן אֲנָא. אִי שָׁקֵילְנָא בִּישְׂרָא מִטַּבָּחָא וְלָא יָהֵיבְנָא דָּמֵי לְאַלְתַּר. אָמַר אַבָּיֵי: לֹא שָׁנוּ אֶלָּא בְּאַתְרָא דְּלָא תָּבְעִי, אֲבָל בְּאַתְרָא דְּתָבְעִי – לֵית לָן בָּהּ.

§ The Gemara asks: **What are the circumstances** that cause **desecration of God's name?**[H] **Rav said: For example,** in the case of someone like **me,** since I am an important public figure, **if I take meat from a butcher**[N] **and do not give him money immediately,** people are likely to think that I did not mean to pay at all. They would consider me a thief and learn from my behavior that one is permitted to steal. **Abaye said: They taught** this statement of Rav **only in a place where they do not ask** for the money, where it is not customary for the butcher himself to come and collect payment from the customer. When the customer does not pay immediately, people may suspect him of theft. **But in a place where they ask** for the money from the customer some time later, **we have no problem with** doing this. Since everyone understands he is buying on credit, he is not desecrating God's name.

אָמַר רָבִינָא: וּמָתָא מַחְסֵיָא אַתְרָא דְּתָבְעִי הוּא. אַבָּיֵי כִּדְשָׁקֵיל בִּישְׂרָא מִתְּרֵי שׁוּתָּפֵי יָהֵיב זוּזָא לְהַאי וְזוּזָא לְהַאי, וַהֲדַר מְקָרֵב לְהוּ גַּבֵּי הֲדָדֵי, וְעָבֵיד חוּשְׁבְּנָא.

Ravina said: My native **city of Meḥasya is a place where they ask** for and collect the money. The Gemara relates that **when Abaye bought meat from two partners, he would give the money to this one and half of the money to this one,** so that each would know that he had paid. **And afterward he would bring them together and perform the calculation** to receive his change.

NOTES

Absolve and will not absolve – נַקֵּה לֹא יְנַקֶּה: Among the thirteen attributes of compassion, which Moses heard at Horeb, is the following phrase: "Keeping mercy to the thousandth generation, bearing iniquity and transgression and sin, He will absolve and will not absolve" (Exodus 34:7). The trait of "He will absolve and will not absolve" should not be viewed as an expression of judgment because it appears among the traits of compassion, which indicates that it has a dimension of compassion, as it implies that God does absolve sinners. Still, this compassion is somewhat qualified. The phrase should be interpreted to mean: God will not absolve completely, but will partially absolve (Rabbi Yoshiya Pinto).

Three distinctions in the process of atonement – שְׁלוֹשָׁה חִלּוּקֵי כַּפָּרָה: It seems that the Gemara actually describes four distinctions. Some commentaries explain that since neglecting a positive mitzva requires only repentance, it is therefore not counted as a distinct level of atonement (Maharsha). Other commentaries write that desecrating God's name is not counted, since no atonement can be achieved for this sin during a person's life (*Tosefet Yom HaKippurim*).

Meat from a butcher – בִּישְׂרָא מִטַּבָּחָא: Some commentaries write that the concern here is that people might suspect that the butcher gives the rabbi free meat as a bribe, so that he will not declare the butcher's animals to be non-kosher when questions arise (*Mikhtam*).

HALAKHA

If one violates a positive mitzva and repents – עָבַר עַל עֲשֵׂה וְשָׁב: If one transgresses a positive mitzva that does not carry a punishment of *karet* and then repents, he is forgiven immediately (Rambam *Sefer HaMadda, Hilkhot Teshuva* 1:4).

If one violates a prohibition and repents – עָבַר עַל לֹא תַעֲשֶׂה וְשָׁב: If one transgresses a prohibition that does not carry a punishment of *karet* or capital punishment and then repents, the repentance suspends punishment, but full atonement is achieved only on Yom Kippur (Rambam *Sefer HaMadda, Hilkhot Teshuva* 1:4).

Commits a transgression that warrants *karet* – עָבַר עַל כְּרִיתוֹת: If one violates mitzvot that are punishable by *karet* or capital punishment and repents, the repentance and Yom Kippur suspend punishment, and the suffering he endures completes his atonement (Rambam *Sefer HaMadda, Hilkhot Teshuva* 1:4)

Desecration of God's name – חִילּוּל הַשֵּׁם: If one desecrates the name of God, he does not achieve complete atonement until he dies, even if he repents, lives through Yom Kippur, and endures suffering (Rambam *Sefer HaMadda, Hilkhot Teshuva* 1:4)

What constitutes desecration of God's name – מַהוּ חִילּוּל הַשֵּׁם: Desecrating God's name includes the case of a Torah scholar known for his righteousness doing things that other people criticize, even if they are not transgressions, e.g., buying something and not paying immediately; buying on credit even when one has the money; indulging in conversation and frivolity with ignorant people; not speaking kindly to people. Depending upon one's importance, he must be exacting with himself and act beyond the letter of the law (Rambam *Sefer HaMadda, Hilkhot Yesodei HaTorah* 5:10).

NOTES

May his Master forgive – **שְׁרָא לֵיהּ מָרֵיהּ**: Some explain these words to mean: His Master has allowed him, meaning: People see that this person performs so many transgressions, it is as if he has God's permission to do so (Rabbeinu Yehonatan).

You shall love…make the name of Heaven beloved – **וְאָהַבְתָּ...שֵׁם שָׁמַיִם מִתְאַהֵב**: Commentaries have explained the teaching as follows: Any person who loves another does not demonstrate that through words alone; rather, he longs to perform some action that proves his affection. With respect to the Holy One, Blessed be He, the only way to show one's love is to make Him beloved by the people of the world (*Iyyei HaYam*).

HALAKHA

Sanctifying God's name – **קִידּוּשׁ הַשֵּׁם**: If a scholar is careful about his actions, speaks kindly to people, engages in faithful business practices, is always occupied with mitzvot, and goes beyond the letter of the law in all of his deeds to the extent that everyone praises and loves him but not to such an extreme that he is perceived as being irrational, by doing so he sanctifies God's name (Rambam *Sefer HaMadda, Hilkhot Yesodei HaTorah* 5:10).

רַבִּי יוֹחָנָן אָמַר: כְּגוֹן אֲנָא דִּמְסַגֵּינָא אַרְבַּע אַמּוֹת בְּלֹא תּוֹרָה וּבְלֹא תְּפִילִּין. יִצְחָק דְּבֵי רַבִּי יַנַּאי אָמַר: כָּל שֶׁחֲבֵירָיו מִתְבַּיְּישִׁין מֵחֲמַת שְׁמוּעָתוֹ (הַיְינוּ חִילּוּל הַשֵּׁם). אָמַר רַב נַחְמָן בַּר יִצְחָק: כְּגוֹן דְּקָא אָמְרִי אֱינָשֵׁי "שְׁרָא לֵיהּ מָרֵיהּ לִפְלָנְיָא".

Rabbi Yoḥanan said: What is an example of desecration of God's name? **For example,** someone like **me, if** I would **walk four cubits without Torah and without phylacteries,** and the onlookers did not know that it is only on account of my body's weakness, that would be a desecration of God's name. **Yitzḥak from the school of Rabbi Yannai said: Any** case when **one's friends are embarrassed on account of his reputation,** meaning his friends are embarrassed due to things they hear about him, **this is a desecration of** God's **name. Rav Naḥman bar Yitzḥak said:** One creates a profanation of God's name, **for example, when people say** about him: **May his Master forgive**[N] **so-and-so** for the sins he has done.

אַבַּיֵּי אָמַר: כִּדְתַנְיָא, "וְאָהַבְתָּ אֵת ה׳ אֱלֹהֶיךָ" – שֶׁיְּהֵא שֵׁם שָׁמַיִם מִתְאַהֵב עַל יָדְךָ, שֶׁיְּהֵא קוֹרֵא וְשׁוֹנֶה וּמְשַׁמֵּשׁ תַּלְמִידֵי חֲכָמִים, וִיהֵא מַשָּׂאוֹ וּמַתָּנוֹ בְּנַחַת עִם הַבְּרִיּוֹת, מַה הַבְּרִיּוֹת אוֹמְרוֹת עָלָיו – אַשְׁרֵי אָבִיו שֶׁלִּמְּדוֹ תּוֹרָה, אַשְׁרֵי רַבּוֹ שֶׁלִּמְּדוֹ תּוֹרָה. אוֹי לָהֶם לַבְּרִיּוֹת שֶׁלֹּא לָמְדוּ תּוֹרָה, פְּלוֹנִי שֶׁלִּמְּדוֹ תּוֹרָה – רְאוּ כַּמָּה נָאִים דְּרָכָיו, כַּמָּה מְתוּקָּנִים מַעֲשָׂיו, עָלָיו הַכָּתוּב אוֹמֵר: "וַיֹּאמֶר לִי עַבְדִּי אָתָּה יִשְׂרָאֵל אֲשֶׁר בְּךָ אֶתְפָּאָר".

Abaye said: As it was taught in a *baraita* that it is stated: **"And you shall love the Lord your God"** (Deuteronomy 6:5), which means **that you shall make the name of Heaven beloved.**[N] How should one do so? One should do so **in that he** should **read** Torah, **and learn** Mishna, **and serve Torah scholars, and he should be pleasant with people in his business transactions. What do people say about** such a person? **Fortunate is his father who taught him Torah, fortunate is his teacher who taught him Torah, woe to the people who have not studied Torah. So-and-so, who taught him Torah, see how pleasant are his ways, how proper are his deeds. The verse states about him** and others like him: **"You are My servant, Israel, in whom I will be glorified"** (Isaiah 49:3).[H]

אֲבָל מִי שֶׁקּוֹרֵא וְשׁוֹנֶה וּמְשַׁמֵּשׁ תַּלְמִידֵי חֲכָמִים וְאֵין מַשָּׂאוֹ וּמַתָּנוֹ בֶּאֱמוּנָה, וְאֵין דִּבּוּרוֹ בְּנַחַת עִם הַבְּרִיּוֹת, מַה הַבְּרִיּוֹת אוֹמְרוֹת עָלָיו – אוֹי לוֹ לִפְלוֹנִי שֶׁלָּמַד תּוֹרָה, אוֹי לוֹ לְאָבִיו שֶׁלִּמְּדוֹ תּוֹרָה, אוֹי לוֹ לְרַבּוֹ שֶׁלִּמְּדוֹ תּוֹרָה, פְּלוֹנִי שֶׁלָּמַד תּוֹרָה – רְאוּ כַּמָּה מְקוּלְקָלִין מַעֲשָׂיו וְכַמָּה מְכוֹעָרִין דְּרָכָיו! וְעָלָיו הַכָּתוּב אוֹמֵר: "בֶּאֱמוֹר לָהֶם עַם ה׳ אֵלֶּה וּמֵאַרְצוֹ יָצָאוּ".

But one who reads Torah, **and learns** Mishna, **and serves Torah scholars, but his business practices are not** done **faithfully, and he does not speak pleasantly with other people, what do people say about him? Woe to so-and-so who studied Torah, woe to his father who taught him Torah, woe to his teacher who taught him Torah. So-and-so who studied Torah, see how destructive are his deeds, and how ugly are his ways. About him** and others like him **the verse states** that the gentiles will say: **"Men said of them: These are the people of the Lord, yet they had to leave His land"** (Ezekiel 36:20). Through their sins and subsequent exile, such people have desecrated the name of God.

אָמַר רַבִּי חָמָא (בַּר) חֲנִינָא: גְּדוֹלָה תְּשׁוּבָה שֶׁמְּבִיאָה רְפָאוּת לָעוֹלָם, שֶׁנֶּאֱמַר: "אֶרְפָּא מְשׁוּבָתָם אוֹהֲבֵם נְדָבָה".

§ Further on the topic of repentance, **Rabbi Ḥama bar Ḥanina said: Great is repentance, as it brings healing to the world, as it is stated: "I will heal their backsliding, I will love them freely"** (Hosea 14:5), which teaches that repentance from sin brings healing.

רַבִּי חָמָא (בַּר) חֲנִינָא רָמֵי, כְּתִיב: "שׁוּבוּ בָּנִים שׁוֹבָבִים" דְּמֵעִיקָּרָא שׁוֹבָבִים אַתֶּם, וּכְתִיב: "אֶרְפָּא מְשׁוּבוֹתֵיכֶם"! לָא קַשְׁיָא; כָּאן – מֵאַהֲבָה, כָּאן – מִיִּרְאָה,

Rabbi Ḥama bar Ḥanina raised a contradiction between two verses. **It is written** in one verse: **"Return, you backsliding children"** (Jeremiah 3:22), implying that **initially** when you sinned, it was only because **you were backsliding,** i.e., rebelling. It was merely an act of immaturity and foolishness and could be ignored as if it had never happened. **But it is written: "I will heal your backsliding"** (Jeremiah 3:22), implying that He will heal the sin from this point onward, and that they are still sinners. He resolved this contradiction, explaining that this is **not difficult: Here,** where everything is forgiven as if the Jewish people never sinned, it is referring to repentance **out of love; there,** where the sin is still remembered despite the forgiveness and repentance, it is referring to repentance **out of fear.**

רַב יְהוּדָה רָמֵי, כְּתִיב: "שׁוּבוּ בָּנִים שׁוֹבָבִים אֶרְפָּא מְשׁוּבוֹתֵיכֶם" וּכְתִיב: "(הִנֵּה) אָנֹכִי בָּעַלְתִּי בָכֶם וְלָקַחְתִּי אֶתְכֶם אֶחָד מֵעִיר וּשְׁנַיִם מִמִּשְׁפָּחָה"! לָא קַשְׁיָא, כָּאן – מֵאַהֲבָה אוֹ מִיִּרְאָה, כָּאן – עַל יְדֵי יִסּוּרִין. אָמַר רַבִּי לֵוִי: גְּדוֹלָה תְּשׁוּבָה שֶׁמַּגַּעַת עַד כִּסֵּא הַכָּבוֹד, שֶׁנֶּאֱמַר "שׁוּבָה יִשְׂרָאֵל עַד ה׳ אֱלֹהֶיךָ".

Similarly, **Rabbi Yehuda raised a contradiction** between two verses. **It is written: "Return, you backsliding children I will heal your backsliding"** (Jeremiah 3:22), implying that anyone can achieve healing, which is dependent only on repentance. But it also states: "Return, O backsliding children, says the Lord, **for I am a lord to you, and I will take you one from a city, and two from a family"** (Jeremiah 3:14), implying that repentance is available only to certain individuals. He resolved the contradiction and explained that this is **not difficult: Here,** it is referring to repentance **out of love or fear,** which few people achieve; **there,** it referring is repentance **through suffering,** as everyone has thoughts of repentance when they suffer. **Rabbi Levi said: Great is repentance, as it reaches the heavenly throne, as it is stated: "Return, Israel, to the Lord your God"** (Hosea 14:2). This implies that repentance literally reaches to God.

אָמַר רַבִּי יוֹחָנָן: גְּדוֹלָה תְּשׁוּבָה שֶׁדּוֹחָה אֶת לֹא תַעֲשֶׂה שֶׁבַּתּוֹרָה, שֶׁנֶּאֱמַר: ״לֵאמֹר הֵן יְשַׁלַּח אִישׁ אֶת אִשְׁתּוֹ וְהָלְכָה מֵאִתּוֹ וְהָיְתָה לְאִישׁ אַחֵר הֲיָשׁוּב אֵלֶיהָ עוֹד הֲלֹא חָנוֹף תֶּחֱנַף הָאָרֶץ הַהִיא וְאַתְּ זָנִית רֵעִים רַבִּים וְשׁוֹב אֵלַי נְאֻם ה׳״.

§ **Rabbi Yoḥanan said: Great is repentance, as it overrides** even **a prohibition of the Torah.** How so? **As it is stated** that God said: **"…Saying: If a man sends away his wife and she goes from him and becomes another man's, may he return to her again? Will not that land be greatly polluted? But you have committed adultery with many lovers; and would you yet return to Me, said the Lord"** (Jeremiah 3:1). Indeed, the Torah states: "Her former husband, who sent her away, may not take her again to be his wife after she has been made impure" (Deuteronomy 24:4). The relationship between the Jewish people and the Holy One, Blessed be He, is compared to that between a husband and wife. Just as it is prohibited for an adulterous wife to return to her husband, it should be prohibited for the Jewish people to return to God from their sins, yet repentance overrides this prohibition.

אֲמַר רַבִּי יוֹנָתָן: גְּדוֹלָה תְּשׁוּבָה (שֶׁמְּקָרֶבֶת) אֶת הַגְּאוּלָּה, שֶׁנֶּאֱמַר: ״וּבָא לְצִיּוֹן גּוֹאֵל וּלְשָׁבֵי פֶשַׁע בְּיַעֲקֹב״. מַה טַּעַם ״וּבָא לְצִיּוֹן גּוֹאֵל״ – מִשּׁוּם דְּ״שָׁבֵי פֶשַׁע בְּיַעֲקֹב״.

Rabbi Yonatan said: Great is repentance, which hastens the redemption, as it is stated: "And a redeemer will come to Zion, and to those who repent from transgression in Jacob" (Isaiah 59:20). **What is the reason** that **a redeemer will come to Zion?** It is **because** there are **those who repent from transgression in Jacob.**

אָמַר רֵישׁ לָקִישׁ: גְּדוֹלָה תְּשׁוּבָה, שֶׁזְּדוֹנוֹת נַעֲשׂוֹת לוֹ כִּשְׁגָגוֹת, שֶׁנֶּאֱמַר: ״שׁוּבָה יִשְׂרָאֵל עַד ה׳ אֱלֹהֶיךָ כִּי כָשַׁלְתָּ בַּעֲוֺנֶךָ״. הָא עָוֺן מֵזִיד הוּא, וְקָא קָרֵי לֵיהּ מִכְשׁוֹל. אִינִי?! וְהָאָמַר רֵישׁ לָקִישׁ: גְּדוֹלָה תְּשׁוּבָה שֶׁזְּדוֹנוֹת נַעֲשׂוֹת לוֹ כִּזְכִיּוֹת, שֶׁנֶּאֱמַר: ״וּבְשׁוּב רָשָׁע מֵרִשְׁעָתוֹ וְעָשָׂה מִשְׁפָּט וּצְדָקָה עֲלֵיהֶם (חָיֹה) יִחְיֶה״! לָא קַשְׁיָא; כָּאן – מֵאַהֲבָה, כָּאן – מִיִּרְאָה.

Reish Lakish said: Great is repentance, as the penitent's **intentional sins are counted for him as unwitting transgressions, as it is stated: "Return, Israel, to the Lord your God, for you have stumbled in your iniquity"** (Hosea 14:2). The Gemara analyzes this: **Doesn't "iniquity"** mean **an intentional sin? Yet** the prophet **calls it stumbling,** implying that one who repents is considered as though he only stumbled accidentally in his transgression. The Gemara asks: **Is that so? Didn't Reish Lakish** himself **say: Great is repentance, as one's intentional sins are counted for him as merits,**[N] **as it is stated: "And when the wicked turns from his wickedness, and does that which is lawful and right, he shall live thereby"** (Ezekiel 33:19), and all his deeds, even his transgressions, will become praiseworthy? The Gemara reconciles: This is **not difficult: Here,** when one repents **out of love,** his sins become like merits; **there,** when one repents **out of fear,** his sins are counted as unwitting transgressions.

אָמַר רַבִּי שְׁמוּאֵל בַּר נַחְמָנִי אָמַר רַבִּי יוֹנָתָן: גְּדוֹלָה תְּשׁוּבָה שֶׁמַּאֲרֶכֶת שְׁנוֹתָיו שֶׁל אָדָם, שֶׁנֶּאֱמַר: ״וּבְשׁוּב רָשָׁע מֵרִשְׁעָתוֹ (חָיוֹ) יִחְיֶה״.

Rabbi Shmuel bar Naḥmani said that **Rabbi Yonatan said: Great is repentance, which lengthens** the **years of a person's** life, **as it is stated: "When the wicked man turns from his wickedness** that he has committed, and does that which is lawful and right, **he will preserve his life"** (Ezekiel 18:27).

אָמַר רַבִּי יִצְחָק, אָמְרִי בְּמַעַרְבָא מִשְּׁמֵיהּ דְּרַבָּה בַּר מָרִי: בֹּא וּרְאֵה שֶׁלֹּא כְּמִדַּת הַקָּדוֹשׁ בָּרוּךְ הוּא מִדַּת בָּשָׂר וָדָם. מִדַּת בָּשָׂר וָדָם, מַקְנִיט אֶת חֲבֵירוֹ בִּדְבָרִים – סָפֵק מִתְפַּיֵּיס הֵימֶנּוּ סָפֵק אֵין מִתְפַּיֵּיס הֵימֶנּוּ, וְאִם תֹּאמַר מִתְפַּיֵּיס הֵימֶנּוּ – סָפֵק מִתְפַּיֵּיס בִּדְבָרִים סָפֵק אֵין מִתְפַּיֵּיס בִּדְבָרִים.

§ **Rabbi Yitzḥak said: They say in the West,** Eretz Yisrael, **in the name of Rabba bar Mari: Come and see that the attribute of flesh and blood is unlike the attribute of the Holy One, Blessed be He.** With **flesh and blood** people, if one **insults his friend with words, it is uncertain whether** the victim will **be appeased by him or will not be appeased by him. And if you say he will be appeased, it is** still **uncertain whether** he will **be appeased by words** alone **or will not be appeased by words** alone, and one must try to appease him in other ways.

NOTES

One's intentional sins are counted for him as merits – זְדוֹנוֹת נַעֲשׂוֹת לוֹ כִּזְכִיּוֹת: Commentaries explained this simply: One who repents out of love is more motivated to occupy himself with Torah and mitzvot when he recalls his sins. Consequently, his zeal and additional mitzvot are indirectly caused by his previous sins, and his sins are thereby meritorious (Maharsha). Similarly, when one overcomes his inclination to commit a sin that he has committed many times, he rises higher than a one who never stumbled. Therefore, it is the sin that gives him the merit of this growth (*Tosefet Yom HaKippurim*).

אֲבָל הַקָּדוֹשׁ בָּרוּךְ הוּא, אָדָם עוֹבֵר עֲבֵירָה בַּסֵּתֶר – מִתְפַּיֵּיס מִמֶּנּוּ בִּדְבָרִים, שֶׁנֶּאֱמַר: ״קְחוּ עִמָּכֶם דְּבָרִים וְשׁוּבוּ אֶל ה׳״, וְלֹא עוֹד אֶלָּא שֶׁמַּחֲזִיק לוֹ טוֹבָה, שֶׁנֶּאֱמַר: ״וְקַח טוֹב״, וְלֹא עוֹד אֶלָּא שֶׁמַּעֲלֶה עָלָיו הַכָּתוּב כְּאִילּוּ הִקְרִיב פָּרִים, שֶׁנֶּאֱמַר: ״וּנְשַׁלְּמָה פָרִים שְׂפָתֵינוּ״. שֶׁמָּא תֹּאמַר פְּרִי חוֹבָה – תַּלְמוּד לוֹמַר: ״אֶרְפָּא מְשׁוּבָתָם אוֹהֲבֵם נְדָבָה״.

But with regard to **the Holy One, Blessed be He,** if **a person commits a transgression in private,** God **is appeased by words, as it is stated: "Take with you words and return to God"** (Hosea 14:3). **And not only that, but** God **considers it** as though he has done **a favor** for God by repenting, **as it is stated: "Accept that which is good"** (Hosea 14:3). **And not only that, but the verse ascribes him** credit **as though he had sacrificed bulls, as it is stated: "So we will render for bulls the offering of our lips"** (Hosea 14:3). **Lest you say** he is considered only like one who offers **obligatory bulls,** therefore **the verse states: "I will heal their backsliding, I will love them freely"** (Hosea 14:5). Repentance is considered as though it were the sacrifice of a free-will offering.

תַּנְיָא, הָיָה רַבִּי מֵאִיר אוֹמֵר: גְּדוֹלָה תְּשׁוּבָה, שֶׁבִּשְׁבִיל יָחִיד שֶׁעָשָׂה תְּשׁוּבָה מוֹחֲלִין לְכָל הָעוֹלָם כּוּלּוֹ, שֶׁנֶּאֱמַר ״אֶרְפָּא מְשׁוּבָתָם אוֹהֲבֵם נְדָבָה כִּי שָׁב אַפִּי מִמֶּנּוּ״. ״מֵהֶם״ לֹא נֶאֱמַר, אֶלָּא ״מִמֶּנּוּ״.

It was taught in a *baraita* that **Rabbi Meir would say: Great is repentance because the entire world is forgiven on account of** one **individual who repents, as it is stated: "I will heal their backsliding, I will love them freely; for My anger has turned away from him"** (Hosea 14:5). **It does not say: From them,** i.e., from the sinners, **but "from him,"** i.e., from that individual. Because he repented, everyone will be healed.

הֵיכִי דָּמֵי בַּעַל תְּשׁוּבָה? אָמַר רַב יְהוּדָה: כְּגוֹן שֶׁבָּאת לְיָדוֹ דְּבַר עֲבֵירָה פַּעַם רִאשׁוֹנָה וּשְׁנִיָּה וְנִיצַּל הֵימֶנָּה, מַחֲוֵי רַב יְהוּדָה: בְּאוֹתָהּ אִשָּׁה, בְּאוֹתוֹ פֶּרֶק, בְּאוֹתוֹ מָקוֹם.

§ With regard to repentance, the Gemara asks: **What are the circumstances** that demonstrate that one **has** completely **repented?**[NH] **Rav Yehuda said: For example, the prohibited matter came to his hand a first time and a second time, and he was saved from it,** thereby proving that he has completely repented. **Rav Yehuda demonstrated** what he meant: If one has the opportunity to sin **with the same woman** he sinned with previously, **at the same time**[N] and **the same place,** and everything is aligned as it was that first time when he sinned, but this time he overcomes his inclination, it proves his repentance is complete, and he is forgiven.

אָמַר רַב יְהוּדָה: רַב רָמֵי, כְּתִיב: ״אַשְׁרֵי נְשׂוּי פֶּשַׁע כְּסוּי חֲטָאָה״ וּכְתִיב: ״מְכַסֶּה פְשָׁעָיו לֹא יַצְלִיחַ״! לָא קַשְׁיָא: הָא בְּחֵטְא מְפוּרְסָם, הָא – בְּחֵטְא שֶׁאֵינוֹ מְפוּרְסָם. רַב זוּטְרָא בַּר טוֹבִיָּה אָמַר רַב נַחְמָן: כָּאן – בַּעֲבֵירוֹת שֶׁבֵּין אָדָם לַחֲבֵירוֹ, כָּאן – בַּעֲבֵירוֹת שֶׁבֵּין אָדָם לַמָּקוֹם.

Rav Yehuda said that **Rav raised a contradiction: It is written: "Fortunate is he whose transgression is forgiven, whose sin is hidden"** (Psalms 32:1), implying that it is inappropriate for one to reveal his sins, **and it is written: "He who hides his transgressions shall not prosper"** (Proverbs 28:13). He resolved the contradiction as follows: This is **not difficult. Here** it is referring to **a publicized sin;** since his sin is public knowledge it is fitting for him to also publicize his repentance. **There,** it is referring **to a sin that is not publicized,** in which case it is inappropriate to publicize one's repentance. **Rav Zutra bar Toviya** said that **Rav Naḥman said: Here,** it is referring **to sins a person commits against another;** he must publicize his repentance so that those who hear him may persuade the other to forgive him. **There,** it is referring **to sins a person commits against God,** in which case he need not repent publicly.[NH]

תַּנְיָא, רַבִּי יוֹסֵי בַּר יְהוּדָה אוֹמֵר: אָדָם עוֹבֵר עֲבֵירָה פַּעַם רִאשׁוֹנָה – מוֹחֲלִין לוֹ, שְׁנִיָּה – מוֹחֲלִין לוֹ, שְׁלִישִׁית – מוֹחֲלִין לוֹ, רְבִיעִית – אֵין מוֹחֲלִין לוֹ, שֶׁנֶּאֱמַר: ״כֹּה אָמַר ה׳ עַל שְׁלֹשָׁה פִּשְׁעֵי יִשְׂרָאֵל וְעַל אַרְבָּעָה לֹא אֲשִׁיבֶנּוּ״ (וְנֶאֱמַר): ״הֶן כָּל אֵלֶּה יִפְעַל אֵל פַּעֲמַיִם שָׁלֹשׁ עִם גָּבֶר״.

§ **It was taught** in a *baraita* that **Rabbi Yosei bar Yehuda says:** When **a person commits a transgression** the **first time, he is forgiven;** a **second** time, **he is forgiven;** a **third** time, **he is forgiven;** but the **fourth** time, **he is not forgiven, as it is stated: "Thus said the Lord: For three transgressions of Israel, but for four I will not reverse it"** (Amos 2:6). **And it says: "All these things does God do twice or three times with a man"** (Job 33:29).

מַאי ״וְאוֹמֵר״? וְכִי תֵּימָא: הָנֵי מִילֵּי – בְּצִיבּוּר, אֲבָל בְּיָחִיד – לֹא, תָּא שְׁמַע ״הֶן כָּל אֵלֶּה יִפְעַל אֵל פַּעֲמַיִם שָׁלֹשׁ עִם גָּבֶר״. (מִכָּאן וְאֵילָךְ אֵין מוֹחֲלִין לוֹ, שֶׁנֶּאֱמַר: ״עַל שְׁלֹשָׁה פִּשְׁעֵי יִשְׂרָאֵל וְעַל אַרְבָּעָה לֹא אֲשִׁיבֶנּוּ)״.

The Gemara asks: **What is: And it says?** Why did he need to bring an additional biblical proof when the first verse seems to suffice? The Gemara explains: **Lest you say** that **this** statement that the Holy One, Blessed be He, forgives easily the first three times **applies to a community but not to an individual, come** and **hear** proof from another verse that states: **"All these things does God do twice or three times with a man,"** implying that this so even for an individual. **From this point onward, he is not forgiven, as it is stated: "For three transgressions of Israel, but for four I will not reverse it."**[NH]

NOTES

What are the circumstances that demonstrate that one has completely repented – הֵיכִי דָּמֵי בַּעַל תְּשׁוּבָה: Some commentaries have suggested that only select individuals are given the opportunity to test themselves in this way (Rambam). When conditions repeat themselves as described, it is a sign from Heaven that one's repentance has been accepted (see *Me'iri*).

The same time – בְּאוֹתוֹ פֶּרֶק: Rashi explains that this means that the opportunity provides itself at the same time of year. Other commentaries interpret the phrase: At the same time, to mean at the same time of his life, when one is still young and has all his energy (Rabbeinu Yehonatan; *Me'iri*; Rambam).

Confession of sins committed against God – וִידּוּי עֲבֵירוֹת שֶׁבֵּין אָדָם לַמָּקוֹם: The reason not to publicize one's repentance is that a sin constitutes an insult to God: How could one dare to violate the word of God? If the sin was not publicized, one should not announce it (Rabbeinu Yehonatan).

Third and fourth transgressions – עָוֹן שְׁלִישִׁי וּרְבִיעִי: Some commentaries claim that this is the case only when one repeats the same sin. Others write that it holds true even if one commits different transgressions (see Maharsha and *Tosefet Yom HaKippurim*).

HALAKHA

Complete repentance – תְּשׁוּבָה גְּמוּרָה: Complete repentance is achieved when one is presented with the opportunity to repeat the transgression that he that he had previously committed, but he restrains himself and does not do so. For example, if one sinned with a woman, and after some time he is alone with her again and remains as physically able to perform as he was when he sinned previously, but he refrains and does not sin, he has achieved complete repentance (Rambam *Sefer HaMadda, Hilkhot Teshuva* 2:1).

Publicizing repentance – פִּרְסוּם הַתְּשׁוּבָה: It is praiseworthy for one to repent in public, announce his sins, and reveal the transgressions he has committed against other people. However, it is inappropriate to publicize sins committed against God. The Ra'avad is of the opinion that it is appropriate to publicize repentance even for a sin committed against God (Rambam *Sefer HaMadda, Hilkhot Teshuva* 2:5).

Third and fourth transgressions – עָוֹן שְׁלִישִׁי וּרְבִיעִי: When one's iniquities are tabulated, the first two sins are not counted; from the third sin and onward they are considered, and then one's merits are weighed against his sins. A community's sins are weighed only from the fourth sin onward. According to the Ra'avad, repentance atones for the first sins, even if they are severe. The Rosh argues that for the first two or three sins, one gains partial atonement; from then on, he is judged more severely (Rambam *Sefer HaMadda, Hilkhot Teshuva* 3:5).

תנו רבנן: עבירות שהתודה עליהן יום הכפורים זה – לא יתודה עליהן יום הכפורים אחר, ואם שנה בהן – צריך להתודות יום הכפורים אחר, ואם לא שנה בהן וחזר והתודה עליהן – עליו הכתוב אומר: "ככלב שב על קיאו כסיל שונה באולתו".

§ **The Sages taught** in the *Tosefta*: With regard to **transgressions that one confessed**[H] **on this Yom Kippur, he should not confess them on another Yom Kippur,** since he has already been forgiven. **But if he repeated those** same transgressions during the year, **he must confess** them again **on another Yom Kippur. And if he did not repeat them but did confess them again, about him the verse states: "As a dog that returns to its vomit, so is a fool who repeats his folly"** (Proverbs 26:11), since it is inappropriate to go back and mention one's earlier sins.

רבי אליעזר בן יעקב אומר: כל שכן שהוא משובח, שנאמר: "כי פשעי אני אדע וחטאתי נגדי תמיד". אלא מה אני מקיים "ככלב שב על קיאו" וגו׳ – כדרב הונא, דאמר רב הונא: כיון שעבר אדם עבירה ושנה בה – הותרה לו. הותרה לו סלקא דעתך?! אלא אימא: נעשית לו כהיתר.

Rabbi Eliezer ben Ya'akov says: If one confesses in subsequent years, **all the more so is he praiseworthy,** as he remembers his earlier sins and is thereby humbled, **as it is stated: "For I know my transgressions; and my sin is ever before me"** (Psalms 51:5). **But how do I establish the** meaning of the verse: **"Like a dog that returns to its vomit"?** It may be established **in accordance with the opinion of Rav Huna, as Rav Huna said: When a person commits a transgression and repeats it, it is permitted to him.** The Gemara is surprised at this: **Can it enter your mind that it is permitted to him** because he has sinned twice? **Rather, say it becomes to him as if it were permitted.**

וצריך לפרוט את החטא, שנאמר: "אנא חטא העם הזה חטאה גדולה ויעשו להם אלהי זהב" דברי רבי יהודה בן בבא. רבי עקיבא אומר: "אשרי נשוי פשע כסוי חטאה". אלא מהו שאמר משה: "ויעשו להם אלהי זהב" – כדרבי ינאי. דאמר רבי ינאי: אמר משה לפני הקדוש ברוך הוא: רבונו של עולם, כסף וזהב שהרבית להם לישראל עד שאמרו די – גרם להם שיעשו אלהי זהב.

Furthermore, during confession, **one must detail the sin**[H] he committed and not suffice with a general admission of sin, **as it is stated:** "And Moses returned to the Lord and said: **Please, this people have sinned a great sin, and have made themselves a god of gold"** (Exodus 32:31); this is **the statement of Rabbi Yehuda ben Bava. Rabbi Akiva says** that the verse states: **"Fortunate is he whose transgression is forgiven, whose sin is hidden"** (Psalms 32:1), which teaches that one need not detail his sins. **But what is the meaning of that which Moses said: "And have made themselves a god of gold"** (Exodus 32:31)? It should be understood **in accordance with** the statement **of Rabbi Yannai, as Rabbi Yannai said: Moses said before the Holy One, Blessed be He: Master of the universe,** it is the **silver and gold that you gave to the Jewish people in abundance, until they said: Enough,** which **caused them to make a god of gold.** Consequently, the phrase: "And have made themselves a god of gold," is not a description of the sin but an explanation and justification of it.

שני פרנסים טובים עמדו להם לישראל, משה ודוד. משה אמר: יכתב סורחני, שנאמר: "יען לא האמנתם בי להקדישני". דוד אמר: אל יכתב סורחני, שנאמר: "אשרי נשוי פשע כסוי חטאה".

It is said that **two good leaders arose for the Jewish people: Moses and David. Moses said: Let my disgrace be written,** i.e., may the sin I committed be written explicitly, **as it is stated: "Because you did not believe in Me, to sanctify Me"** (Numbers 20:12). In contrast, **David said: Let my disgrace not be written, as it is stated: "Fortunate is he whose transgression is forgiven, whose sin is hidden"** (Psalms 32:1).

משל דמשה ודוד למה הדבר דומה? לשתי נשים שלקו בבית דין, אחת קלקלה ואחת אכלה פגי שביעית, אמרה להן אותה שאכלה פגי שביעית: בבקשה מכם, הודיעו על מה היא לוקה, שלא יאמרו על מה שזו לוקה זו לוקה. הביאו פגי שביעית ותלו בצוארה, והיו מכריזין לפניה ואומרין: על עסקי שביעית היא לוקה.

The Gemara explains: **A parable** with regard to **Moses and David** shows **to what this may be compared.** It may be compared **to two women who were flogged in court** for their sins. **One** of them **sinned** by engaging in forbidden relations, **and one ate unripe figs of the Sabbatical Year**[N] although they are forbidden. **The woman who ate the unripe figs of the Sabbatical Year said to the** court: **Please publicize** the sin **for which** I am being **flogged, so that** people **will not say** that **what that woman is being flogged for is** also **what this woman is being flogged for. They brought unripe figs of the Sabbatical Year, and hung them around her neck, and announced before her, saying: She is receiving lashes on account of the Sabbatical Year.** Moses requested that his sin be publicized so that people would not think that he committed the same sins as the members of his generation, i.e., the Golden Calf and the report of the spies.

HALAKHA

Transgressions that one confessed – עבירות שהתודה עליהן: Transgressions that one confessed last Yom Kippur and did not repeat may be confessed again. This is in accordance with the opinion of Rabbi Eliezer ben Ya'akov, about whom the Gemara says (*Yevamot* 49b) that his teachings are few but clean of error (*Shulḥan Arukh, Oraḥ Ḥayyim* 607:4).

Detailing the sin – פרוט החטא: One who repents and confesses his sins need not detail them but may do so if he wishes. If one confesses quietly, it is appropriate to detail the sin. As for the alphabetical confession that appears in the Yom Kippur prayers, since everyone says this, it is not considered a detailed account of one's sins (*Shulḥan Arukh, Oraḥ Ḥayyim* 607:2 and in the comment of the Rema).

NOTES

Ate unripe figs of the Sabbatical Year – שאכלה פגי שביעית: It is certainly permitted to eat fruits of the Sabbatical Year. However, if one ate them before their proper time it is not considered eating them but destroying them, and it is prohibited to actively destroy fruit of the Sabbatical Year. Consequently, one who eats unripe figs of the Sabbatical Year is flogged. The commentaries debate the details of this prohibition (see *Megillat Esther*, a commentary on the Rambam's Sefer HaMitzvot). Some commentaries argue that in this case lashes are rabbinically mandated.

NOTES

One exposes the hypocrites – מְפַרְסְמִין אֶת הַחֲנֵפִין: One must expose those who are known to act differently than how they present themselves although there are no witnesses to their sins (Rabbeinu Yehonatan).

Authority buries one who owns it – הָרָשׁוּת מְקַבֶּרֶת בְּעָלֶיהָ: Power shortens a one's life, and one who rises to authority dies young, before his natural time.

מְפַרְסְמִין אֶת הַחֲנֵפִין מִפְּנֵי חִילּוּל הַשֵּׁם, שֶׁנֶּאֱמַר: ״וּבְשׁוּב צַדִּיק מִצִּדְקוֹ וְעָשָׂה עָוֶל וְנָתַתִּי מִכְשׁוֹל לְפָנָיו״. תְּשׁוּבַת הַמּוּחְלָטִין מְעַכֶּבֶת הַפּוּרְעָנוּת, וְאַף עַל פִּי שֶׁנֶּחְתַּם עָלָיו גְּזַר דִּין שֶׁל פּוּרְעָנוּת.

Furthermore, they said: **One exposes the hypocrites**[N] **due to** the **desecration of** God's **name,** so others will not think that they are truly righteous and that their deeds bear imitating, **as it is stated: "When a righteous man turns from his righteousness and commits iniquity, I will lay a stumbling block before him"** (Ezekiel 3:20). That is, when people do not know that someone is wicked to the core, he causes other people to err and this desecrates the name of God when it is revealed. **The repentance of utterly** wicked **people prevents suffering** from coming upon them. **And although the sentence of judgment has** already **been signed** against them **for suffering,** their repentance prevents them from being punished.

שַׁלְוַת רְשָׁעִים סוֹפָהּ תַּקָּלָה, וְהָרָשׁוּת מְקַבֶּרֶת אֶת בְּעָלֶיהָ, עָרוֹם נִכְנַס לָהּ וְעָרוֹם יֵצֵא מִמֶּנָּה, וּלְוַאי שֶׁתְּהֵא יְצִיאָה כְּבִיאָה. רַב כִּי הֲוָה נָפֵיק לְמֵידַן דִּינָא אֲמַר הָכִי: בִּצְבוּ נַפְשֵׁיהּ לִקְטָלָא נָפֵיק, וּצְבוּ בֵּיתֵיהּ לֵית הוּא עָבֵיד, וְרֵיקָן לְבֵיתֵיהּ אָזֵיל, וּלְוַאי שֶׁתְּהֵא בִּיאָה כִּיצִיאָה.

The tranquility of the wicked is ultimately their destruction, as in their contentment they sit and think about forbidden matters. **And authority buries one who owns it.**[N] **He was naked when he entered** into power, **and he will be naked when he leaves it, and if only his exit would be like his entrance,** without sin and added iniquity. The Gemara relates: **When Rav would leave** his home **to** go to court to **judge cases, he** would **say this** of himself: **Of his own will, he goes to die,** because a judge who misjudges a case is liable to death at the hand of Heaven; **and he does not fulfill the will of his household and he goes empty-handed to his household,** because a judge does not receive a salary; **and if only his entrance would be like his exit,** without sin or transgression.

רָבָא כִּי הֲוָה נָפֵיק לְדִינָא אֲמַר הָכִי:

When Rava would go to judge, he would say this of himself:

Perek **VIII**
Daf **87** Amud **a**

LANGUAGE

A line of people [*ambuha*] – אַמְבּוּהָא: Apparently from the Middle Persian ambuh, meaning many or a large crowd.

בִּצְבוּ נַפְשֵׁיהּ לִקְטָלָא נָפֵיק. וּצְבוּ בֵּיתֵיהּ לֵית הוּא עָבֵיד, וְרֵיקָן לְבֵיתֵיהּ אָזֵיל, וּלְוַאי שֶׁתְּהֵא בִּיאָה כִּיצִיאָה. וְכִי הֲוֵי חָזֵי אַמְבּוּהָא אַבַּתְרֵיהּ אָמַר: ״אִם יַעֲלֶה לַשָּׁמַיִם שִׂיאוֹ וְרֹאשׁוֹ לָעָב יַגִּיעַ כְּגֶלֲלוֹ לָנֶצַח יֹאבֵד רֹאָיו יֹאמְרוּ אַיּוֹ״. רַב זוּטְרָא כִּי הֲווּ מְכַתְּפֵי לֵיהּ בְּשַׁבְּתָא דְרִיגְלָא הֲוָה אָמַר: ״כִּי לֹא לְעוֹלָם חֹסֶן וְאִם נֵזֶר לְדוֹר וָדוֹר״.

Of his own will, he goes to die; and he does not fulfill the will of his household, and he goes empty-handed to his household; and if only his entrance would be like his exit. And when he saw a line of people [*ambuha*][L] **following after him** out of respect for him, **he said: "Though his excellency ascends to the heavens, and his head reaches to the clouds, yet he shall perish forever like his own dung; they who have seen him will say: Where is he?"** (Job 20:6–7). This teaches that when one achieves power, it can lead to his downfall. **When they would carry Rav Zutra on their shoulders during the Shabbat of the Festival** when he taught, **he would recite** the following to avoid becoming arrogant: **"For power is not forever, and does the crown endure for all generations?"** (Proverbs 27:24).

״שְׂאֵת פְּנֵי רָשָׁע לֹא טוֹב״ – לֹא טוֹב לָהֶם לָרְשָׁעִים שֶׁנּוֹשְׂאִין לָהֶם פָּנִים בָּעוֹלָם הַזֶּה, לֹא טוֹב לוֹ לְאַחְאָב שֶׁנָּשְׂאוּ לוֹ פָּנִים בָּעוֹלָם הַזֶּה שֶׁנֶּאֱמַר: ״יַעַן כִּי נִכְנַע (אַחְאָב מִלְּפָנַי) לֹא אָבִיא הָרָעָה בְּיָמָיו״.

§ It was further taught: **"It is not good to respect the person of the wicked"** (Proverbs 18:5), meaning, **it is not good for wicked people when they are respected in this world** and are not punished their sins. For example, **it** was **not good for Ahab to be respected in this world, as it is stated: "Because he humbled himself before Me, I will not bring the evil in his days"** (1 Kings 21:29), and Ahab thereby lost his share in the World-to-Come.

״לְהַטּוֹת צַדִּיק בַּמִּשְׁפָּט״ – טוֹב לָהֶם לַצַּדִּיקִים שֶׁאֵין נוֹשְׂאִין לָהֶם פָּנִים בָּעוֹלָם הַזֶּה, טוֹב לוֹ לְמֹשֶׁה שֶׁלֹּא נָשְׂאוּ לוֹ פָּנִים בָּעוֹלָם הַזֶּה, שֶׁנֶּאֱמַר: ״יַעַן לֹא הֶאֱמַנְתֶּם בִּי לְהַקְדִּישֵׁנִי״ הָא אִילּוּ הֶאֱמַנְתֶּם בִּי – עֲדַיִין לֹא הִגִּיעַ זְמַנְּכֶם לִיפָּטֵר מִן הָעוֹלָם.

The opposite is also true. The complete verse states: "It is not good to respect the person of the wicked, **to turn aside the righteous in judgment"** (Proverbs 18:5), meaning: **It is good for the righteous when they are not respected in this world** and are punished in this world for their sins. For example, **it** was **good for Moses that he was not respected in this world, as it is stated: "Because you did not believe in Me, to sanctify Me"** (Numbers 20:12). The Gemara analyzes this: **Had you believed in Me, your time still would not have come to depart the world.**

אַשְׁרֵיהֶם לַצַּדִּיקִים, לֹא דַּיָּין שֶׁהֵן זוֹכִין אֶלָּא שֶׁמְּזַכִּין לִבְנֵיהֶם וְלִבְנֵי בְנֵיהֶם עַד סוֹף כׇּל הַדּוֹרוֹת. שֶׁכַּמָּה בָּנִים הָיוּ לוֹ לְאַהֲרֹן שֶׁרְאוּיִין לִישָּׂרֵף כְּנָדָב וַאֲבִיהוּא, שֶׁנֶּאֱמַר: ״הַנּוֹתָרִים״ אֶלָּא שֶׁעָמַד לָהֶם זְכוּת אֲבִיהֶם.

They said: **Fortunate are the righteous** because **not only do they** accumulate **merit** for themselves, **but they** accumulate **merit for their children and their children's children until the end of all generations; as there were several sons of Aaron who** essentially **deserved to be burned like Nadav and Avihu, as it is stated: "The sons of Aaron who were left"** (Leviticus 10:16), implying that others were left as well although they deserved to be burned with their brothers. **But the merit of their father protected them,** and they and their descendants were priests for all time.

אוֹי לָהֶם לָרְשָׁעִים, לֹא דַּיָּין שֶׁמְּחַיְּיבִין עַצְמָן אֶלָּא שֶׁמְּחַיְּיבִין לִבְנֵיהֶם וְלִבְנֵי בְנֵיהֶם עַד סוֹף כׇּל הַדּוֹרוֹת. הַרְבֵּה בָּנִים הָיוּ לוֹ לִכְנַעַן שֶׁרְאוּיִין לִיסָּמֵךְ, כְּטָבִי, עַבְדּוֹ שֶׁל רַבָּן גַּמְלִיאֵל, אֶלָּא שֶׁחוֹבַת אֲבִיהֶם גָּרְמָה לָהֶן.

On the other hand: **Woe to the wicked,** as **not only do they render themselves liable, but they** also **render their children and children's children liable until the end of all generations.** For example, **Canaan had many children** who **deserved to be ordained** as rabbis and instructors of the public due to their great stature in Torah study, **like Tavi,**[P] **the servant of Rabban Gamliel,** who was famous for his wisdom; **but their father's liability caused them** to remain as slaves.

כׇּל הַמְּזַכֶּה אֶת הָרַבִּים – אֵין חֵטְא בָּא עַל יָדוֹ, וְכׇל הַמַּחֲטִיא אֶת הָרַבִּים – כִּמְעַט אֵין מַסְפִּיקִין בְּיָדוֹ לַעֲשׂוֹת תְּשׁוּבָה. כׇּל הַמְּזַכֶּה אֶת הָרַבִּים אֵין חֵטְא בָּא עַל יָדוֹ, מַאי טַעְמָא – כְּדֵי שֶׁלֹּא יְהֵא הוּא בְּגֵיהִנֹּם וְתַלְמִידָיו בְּגַן עֵדֶן, שֶׁנֶּאֱמַר ״כִּי לֹא תַעֲזוֹב נַפְשִׁי לִשְׁאוֹל לֹא תִתֵּן חֲסִידְךָ לִרְאוֹת שָׁחַת״. וְכׇל הַמַּחֲטִיא אֶת הָרַבִּים אֵין מַסְפִּיקִין בְּיָדוֹ לַעֲשׂוֹת תְּשׁוּבָה – שֶׁלֹּא יְהֵא הוּא בְּגַן עֵדֶן וְתַלְמִידָיו בְּגֵיהִנָּם, שֶׁנֶּאֱמַר: ״אָדָם עָשׁוּק בְּדַם נָפֶשׁ עַד בּוֹר יָנוּס אַל יִתְמְכוּ בוֹ״.

Furthermore: **Whoever** accumulates **merit for the public will not have sin come to his hand,** and God protects him from failing; **but whoever causes the public to sin**[H] **has almost no ability to repent.** The Gemara explains: **What is the reason** that **whoever** accumulates **merit for the public will not have sin come to his hand?** It is **so that he will not be in Gehenna while his students are in the Garden of Eden, as it is stated: "For You will not abandon my soul to the nether-world; neither will You suffer Your godly one to see the pit"** (Psalms 16:10). On the other hand, **whoever causes the public to sin has almost no ability to repent,** so **that he will not be in the Garden of Eden while his students are in Gehenna, as it is stated: "A man who is laden with the blood of any person shall hasten his steps to the pit; none will support him"** (Proverbs 28:17). Since he oppressed others and caused them to sin, he shall have no escape.

״הָאוֹמֵר אֶחֱטָא וְאָשׁוּב אֶחֱטָא וְאָשׁוּב״. לָמָּה לִי לְמֵימַר ״אֶחֱטָא וְאָשׁוּב אֶחֱטָא וְאָשׁוּב״ תְּרֵי זִימְנֵי? כִּדְרַב הוּנָא אָמַר רַב, דְּאָמַר רַב הוּנָא אָמַר רַב: כֵּיוָן שֶׁעָבַר אָדָם עֲבֵירָה וְשָׁנָה בָּהּ – הוּתְּרָה לוֹ. הוּתְּרָה לוֹ סָלְקָא דַּעְתָּךְ?! אֶלָּא: נַעֲשֵׂית לוֹ כְּהֶיתֵּר.

§ The Gemara returns to interpreting the mishna. It states there that **one who says: I will sin and I will repent,**[N] **I will sin and I will repent,** is not given the opportunity to repent. The Gemara asks: **Why do I** need the mishna **to say twice: I will sin and I will repent, I will sin and repent?** The Gemara explains that this is **in accordance with that which Rav Huna said** that **Rav said,** as **Rav Huna said** that **Rav said: Once a person commits a transgression and repeats it, it becomes permitted to him.** The Gemara is surprised at this: **Can it enter your mind that it becomes permitted to him? Rather,** say that **it becomes to him** as though it were **permitted.** Consequently, the sinner who repeats his sin has difficulty abandoning his sin, and the repetition of his sin is reflected in the repetition of the phrase.

״אֶחֱטָא וְיוֹם הַכִּפּוּרִים מְכַפֵּר – אֵין יוֹם הַכִּפּוּרִים מְכַפֵּר״. לֵימָא מַתְנִיתִין דְּלָא כְּרַבִּי – דְּתַנְיָא, רַבִּי אוֹמֵר: עַל כׇּל עֲבֵירוֹת שֶׁבַּתּוֹרָה, בֵּין עָשָׂה תְּשׁוּבָה בֵּין לֹא עָשָׂה תְּשׁוּבָה יוֹם הַכִּפּוּרִים מְכַפֵּר! אֲפִילּוּ תֵּימָא רַבִּי, אַגַּב שָׁאנֵי.

It is stated in the mishna that if one says: **I will sin and Yom Kippur** will **atone** for my sins, **Yom Kippur does not atone** for his sins. The Gemara comments: **Let us say that the mishna is not in accordance with** the opinion of **Rabbi** Yehuda HaNasi, **as it was taught** in a *baraita* that **Rabbi** Yehuda HaNasi **says: Yom Kippur atones for all transgressions of the Torah, whether one repented or did not repent.** The Gemara answers: **Even if you say** that the mishna is in accordance with the opinion of **Rabbi** Yehuda HaNasi, **it is different** when it is **on the basis** of being permitted to sin. Even Rabbi Yehuda HaNasi agrees that Yom Kippur does not atone for the transgressions one commits only because he knows that Yom Kippur will atone for them.

HALAKHA

Causes the public to sin – מַחֲטִיא אֶת הָרַבִּים: The Holy One, Blessed be He, does not allow one who has caused the public to sin the opportunity to repent (Rambam *Sefer HaMadda, Hilkhot Teshuva* 4:1).

NOTES

One who says I will sin and I will repent – הָאוֹמֵר אֶחֱטָא וְאָשׁוּב: Commentaries debate whether this applies only when one says: I will sin and repent, twice. Perhaps when he repeats it, that itself is indicative that the sin is habitual (see *Leḥem Mishne* on Rambam *Sefer HaMadda, Hilkhot Teshuva* 4:1).

PERSONALITIES

Tavi – טָבִי: Tavi was the servant of Rabban Gamliel in Yavne, and he was famous for his skills and scholarship. He is greatly praised by Rabban Gamliel and other Sages. There is an extraordinary statement made by Rabbi Eliezer ben Azarya that were it not for the curse given to the descendants of Canaan, Tavi would certainly be relaxing as Rabbi Eliezer served him. At a certain point, Rabban Gamliel sought a way to release Tavi from servitude, but he failed to do so due to the prohibition against freeing a Canaanite slave. Upon Tavi's death, Rabban Gamliel mourned as he would for a close relative and said: He was unlike any other servant; he was fit to join the Jewish people.

״עֲבֵירוֹת שֶׁבֵּין אָדָם לַמָּקוֹם״ וכו׳. רָמֵי לֵיהּ רַב יוֹסֵף בַּר חָבוּ לְרַבִּי אַבָּהוּ: עֲבֵירוֹת שֶׁבֵּין אָדָם לַחֲבֵירוֹ אֵין יוֹם הַכִּפּוּרִים מְכַפֵּר? וְהָא כְּתִיב: ״אִם יֶחֱטָא אִישׁ לְאִישׁ וּפִלְלוֹ אֱלֹהִים״! מַאן אֱלֹהִים – דַּיָּינָא.

§ It was taught in the mishna: Yom Kippur atones for **sins committed against God** but does not atone for sins committed against another person. **Rav Yosef bar Ḥavu raised a contradiction before Rabbi Abbahu:** The mishna states that **Yom Kippur does not atone for sins committed against a fellow person, but isn't it written: "If one man sin against another, God [*Elohim*] shall judge him [*ufilelo*]"** (I Samuel 2:25). The word *ufilelo*, which may also refer to prayer, implies that if he prays, God will grant the sinner forgiveness. He answered him: **Who is *Elohim*** mentioned in the verse? It is referring to **a judge [*elohim*]** and not to God, and the word *ufilelo* in the verse indicates judgment. Atonement occurs only after justice has been done toward the injured party by means of a court ruling.

אִי הָכִי אֵימָא סֵיפָא: ״וְאִם לַה׳ יֶחֱטָא אִישׁ מִי יִתְפַּלֶּל לוֹ״? הָכִי קָאָמַר: אִם יֶחֱטָא אִישׁ לְאִישׁ וּפִלְלוֹ – אֱלֹהִים יִמְחוֹל לוֹ, וְאִם לַה׳ יֶחֱטָא אִישׁ – מִי יִתְפַּלֶּל בַּעֲדוֹ, תְּשׁוּבָה וּמַעֲשִׂים טוֹבִים.

Rav Yosef bar Ḥavu said to him: **If so, say** the following with regard to **the latter clause** of the verse: **"But if a man sin against the Lord, who shall entreat [*yitpallel*] for him?"** (I Samuel 2:25). This is difficult, since it has been established that the root *pll* is interpreted in this verse as indicating judgment, and therefore the latter clause of the verse implies that if one sins toward God there is no one to judge him. Rabbi Abbahu answered him: **This is** what the verse **is saying: If one man sins against another, God [*Elohim*] shall forgive him [*ufilelo*]**; if the sinner appeases the person against whom he has sinned, he will be forgiven. **But if a man sin against the Lord, who shall entreat [*yitpallel*] for him?**[N] **Repentance and good deeds.** The root *pll* is to be interpreted as indicating forgiveness rather than judgment.

אָמַר רַבִּי יִצְחָק: כָּל הַמַּקְנִיט אֶת חֲבֵירוֹ, אֲפִילּוּ בִּדְבָרִים – צָרִיךְ לְפַיְּיסוֹ, שֶׁנֶּאֱמַר: ״בְּנִי אִם עָרַבְתָּ לְרֵעֶךָ תָּקַעְתָּ לַזָּר כַּפֶּיךָ נוֹקַשְׁתָּ בְאִמְרֵי פִיךָ עֲשֵׂה זֹאת אֵפוֹא בְּנִי וְהִנָּצֵל כִּי בָאתָ בְכַף רֵעֶךָ לֵךְ הִתְרַפֵּס וּרְהַב רֵעֶיךָ״. אִם מָמוֹן יֵשׁ בְּיָדְךָ – הַתֵּר לוֹ פִּסַּת יָד, וְאִם לָאו – הַרְבֵּה עָלָיו רֵיעִים.

§ **Rabbi Yitzḥak said: One who angers his friend, even** only **verbally,**[H] **must appease him, as it is stated: "My son, if you have become a guarantor for your neighbor, if you have struck your hands for a stranger, you are snared by the words of your mouth… Do this now, my son, and deliver yourself, seeing you have come into the hand of your neighbor. Go, humble yourself [*hitrapes*] and urge [*rehav*] your neighbor"** (Proverbs 6:1–3). This should be understood as follows: **If you have money** that you owe him, **open the palm of [*hater pisat*]** your **hand to** your neighbor and pay the money that you owe; **and if not,** if you have sinned against him verbally, **increase [*harbe*] friends for him,** i.e., send many people as your messengers to ask him for forgiveness.

(וְאָמַר) רַב חִסְדָּא: וְצָרִיךְ לְפַיְּיסוֹ בְּשָׁלֹשׁ שׁוּרוֹת שֶׁל שְׁלֹשָׁה בְּנֵי אָדָם, שֶׁנֶּאֱמַר: ״יָשֹׁר עַל אֲנָשִׁים וַיֹּאמֶר חָטָאתִי וְיָשָׁר הֶעֱוֵיתִי וְלֹא שָׁוָה לִי״.

Rav Ḥisda said: And one **must appease the** one he has insulted **with three rows of three people, as it is stated: "He comes [*yashor*] before men, and says: I have sinned, and perverted that which was right, and it profited me not"** (Job 33:27). Rav Ḥisda interprets the word *yashor* as related to the word *shura*, row. The verse mentions sin three times: I have sinned, and perverted, and it profited me not. This implies that one should make three rows before the person from whom he is asking forgiveness.

(וְאָמַר) רַבִּי יוֹסֵי בַּר חֲנִינָא: כָּל הַמְבַקֵּשׁ מָטוּ מֵחֲבֵירוֹ אַל יְבַקֵּשׁ מִמֶּנּוּ יוֹתֵר מִשָּׁלֹשׁ פְּעָמִים, שֶׁנֶּאֱמַר: ״אָנָּא שָׂא נָא וְעַתָּה שָׂא נָא״ וְאִם מֵת – מֵבִיא עֲשָׂרָה בְּנֵי אָדָם, וּמַעֲמִידָן עַל קִבְרוֹ, וְאוֹמֵר: חָטָאתִי לַה׳ אֱלֹהֵי יִשְׂרָאֵל וְלִפְלוֹנִי שֶׁחָבַלְתִּי בּוֹ.

Rabbi Yosei bar Ḥanina said: Anyone who asks forgiveness of his friend should not ask more than three times,[N] **as it is stated: "Please, please forgive** the transgression of your brothers and their sin, for they did evil to you. **And now, please** forgive" (Genesis 50:17). The verse uses the word please three times, which shows that one need not ask more than three times, after which the insulted friend must be appeased and forgive. **And if** the insulted friend **dies** before he can be appeased, **one brings ten people, and stands them at the grave**[H] of the insulted friend, **and says** in front of them: **I have sinned against the Lord, the God of Israel, and against so-and-so whom I wounded.**

רַבִּי יִרְמְיָה הֲוָה לֵיהּ מִילְּתָא לְרַבִּי אַבָּא בַּהֲדֵיהּ, אֲזַל אִיתִיב אַדַּשָּׁא דְּרַבִּי אַבָּא. בַּהֲדֵי דְּשַׁדְיָא אַמְתֵיהּ מַיָּא מְטָא זַרְזִיפֵי דְּמַיָּא אַרֵישָׁא. אֲמַר: עֲשָׂאוּנִי כְּאַשְׁפָּה, קְרָא אַנַּפְשֵׁיהּ: ״מֵאַשְׁפּוֹת יָרִים אֶבְיוֹן״. שְׁמַע רַבִּי אַבָּא וְנָפֵיק לְאַפֵּיהּ, אֲמַר לֵיהּ: הָשְׁתָּא צְרִיכְנָא לְמֵיפַק אַדַּעְתָּךְ, דִּכְתִיב: ״לֵךְ הִתְרַפֵּס וּרְהַב רֵעֶיךָ״.

The Gemara relates that **Rabbi Yirmeya** insulted **Rabbi Abba,** causing the latter to **have a complaint against him.** Rabbi Yirmeya **went and sat at the threshold of Rabbi Abba's** house to beg him for forgiveness. **When** Rabbi Abba's **maid poured out the** dirty **water** from the house, **the stream of water landed on** Rabbi Yirmeya's **head. He said** about himself: **They have made me into a trash heap,** as they are pouring dirty water on me. **He recited** this verse **about himself: "Who lifts up the needy out of the trash heap"** (Psalms 113:7). **Rabbi Abba heard**[N] what happened **and went out to greet him.** Rabbi Abba **said to him: Now I must go out to appease you** for this insult, **as it is written: "Go, humble yourself [*hitrapes*] and urge your neighbor"** (Proverbs 6:3).

NOTES

Who shall entreat [*yitpallel*] for him – מִי יִתְפַּלֶּל בַּעֲדוֹ: Maharsha writes that the dispute is not about the meaning of the root *pll*; everyone agrees that *yitpallel* refers to prayer and forgiveness and that *pillel*, the base form of the word *ufilelo*, refers to judgment. Rather, he offers an alternative explanation: The Gemara teaches that for a sin between people, once a court has imposed punishment the injured party will hopefully agree to forgive the sinner. The Gemara then challenges this notion by quoting the end of the verse, which implies that if one sins against God he will not be granted forgiveness. The Gemara suggests instead that one should be granted forgiveness for a sin against God by receiving a punishment from the court. The Gemara concludes by answering that even after the court has imposed their punishment, atonement for a sin against God is only achieved through repentance and prayer.

More than three times – יוֹתֵר מִשָּׁלֹשׁ פְּעָמִים: The proof comes from the words of the verse: "And now, please forgive." Once one has asked three times, he must be forgiven, since he does not need to ask again (*Tosefet Yom HaKippurim*).

Rabbi Abba heard, etc. – שְׁמַע רַבִּי אַבָּא וכו׳: It seems that Rabbi Abba interpreted the term *hitrapes* as related to the word *refes*, meaning mud. Since his household treated Rabbi Yirmeya like mud, he had to ask his forgiveness (Rav Shmuel Strashun).

HALAKHA

One who angered his friend verbally – הִקְנִיט חֲבֵרוֹ בִּדְבָרִים: Yom Kippur does not atone for sins committed against another person. If one insulted another person, he must make three attempts to appease him, and each time he should take three people with him in order to apologize in front of them. If the other refuses to be appeased, he need not try again, but should declare before ten people that he tried to apologize and was rebuffed (Rema, citing *Mordekhai*). If he insulted his teacher, he must keep trying until his teacher is appeased. It is appropriate for the insulted party to forgive, unless his refusal to forgive is for the benefit of the one asking forgiveness. One is not required to forgive defamation (Rema, citing *Mordekhai* and *Sefer Mitzvot Gadol*; *Shulḥan Arukh*, *Oraḥ Ḥayyim* 606:1).

He stands ten people at his grave – מַעֲמִיד עֲשָׂרָה עַל קִבְרוֹ: If a person against whom one sinned has died, one should bring ten people and stand them by his grave and say: I sinned against God and this man, so-and-so (*Shulḥan Arukh*, *Oraḥ Ḥayyim* 606:2).

רַבִּי זֵירָא, כִּי הֲוָה לֵיהּ מִילְּתָא בַּהֲדֵי אִינִישׁ הֲוָה חָלֵיף וְתָנֵי לְקַמֵּיהּ וּמַמְצִיא לֵיהּ, כִּי הֵיכִי דְּנֵיתֵי וְנֵיפוֹק לֵיהּ מִדַּעְתֵּיהּ.

It is related that **when Rabbi Zeira had a complaint against a person** who insulted him, **he would** pace **back and forth before him and present himself, so that** the person **could come and appease him.** Rabbi Zeira made himself available so that it would be easy for the other person to apologize to him.

רַב הֲוָה לֵיהּ מִילְּתָא בַּהֲדֵי הַהוּא טַבָּחָא – לָא אֲתָא לְקַמֵּיהּ. בְּמַעֲלֵי יוֹמָא דְכִפּוּרֵי אֲמַר אִיהוּ: אֵיזִיל אֲנָא לְפַיּוֹסֵי לֵיהּ. פָּגַע בֵּיהּ רַב הוּנָא; אֲמַר לֵיהּ – לְהֵיכָא קָא אָזֵיל מָר? אֲמַר לֵיהּ לְפַיּוֹסֵי לִפְלָנְיָא. אֲמַר: אָזֵיל אַבָּא לְמִיקְטַל נַפְשָׁא. אֲזַל וְקָם עִילָּוֵיהּ, הֲוָה יָתֵיב וְקָא פָּלֵי רֵישָׁא, דְּלֵי עֵינֵיהּ וַחֲזְיֵיהּ, אֲמַר לֵיהּ: אַבָּא אַתְּ! זִיל, לֵית לִי מִילְּתָא בַּהֲדָךְ! בַּהֲדֵי דְּקָא פָּלֵי רֵישָׁא אִישְׁתְּמִיט גַּרְמָא, וּמַחְיֵיהּ בְּקוֹעֵיהּ, וּקְטַלֵיהּ.

It is further related that **Rav had a complaint**[N] **against a certain butcher** who insulted him. **The butcher did not come before him** to apologize. **On Yom Kippur eve,** Rav **said: I will go** and **appease him. He met** his student **Rav Huna,** who **said to him: Where is my Master going? He said to him:** I am going **to appease so-and-so.** Rav Huna called Rav by his name and **said: Abba is going to kill a person,** for surely that person's end will not be good. Rav **went and stood by him.** He found the butcher **sitting and splitting the head** of an animal. The butcher **raised his eyes and saw him. He said** to him: **Are you Abba? Go, I have nothing** to say **to you. While he was splitting the head, one of the bones** of the head **flew out and struck him in the throat and killed him,** thereby fulfilling Rav Huna's prediction.

רַב הֲוָה פָּסֵיק סִידְרָא קַמֵּיהּ דְּרַבִּי, עָיֵיל

The Gemara further relates: **Rav was reciting the** Torah **portion before Rabbi** Yehuda HaNasi.

Perek **VIII**
Daf **87** Amud **b**

אֲתָא רַבִּי חִיָּיא – הֲדַר לְרֵישָׁא, עָיֵיל בַּר קַפָּרָא – הֲדַר לְרֵישָׁא. אֲתָא רַבִּי שִׁמְעוֹן בְּרַבִּי – הֲדַר לְרֵישָׁא. אֲתָא רַבִּי חֲנִינָא (בַּר) חָמָא, אֲמַר: כּוּלֵּי הַאי נִהְדַּר וְנֵיזִיל? לָא הֲדַר. אִיקְפִּיד רַבִּי חֲנִינָא, אֲזַל רַב לְגַבֵּיהּ תְּלֵיסַר מַעֲלֵי יוֹמֵי דְכִפּוּרֵי, וְלָא אִיפַּיַּיס.

Rabbi Ḥiyya, Rav's uncle and teacher, **came in,** whereupon Rav **returned to the beginning** of the portion and began to read it again. Afterward, **bar Kappara came in,** and Rav **returned to the beginning** of the portion out of respect for bar Kappara. Then **Rabbi Shimon, son of Rabbi** Yehuda HaNasi, **came in,** and **he returned** again **to the beginning** of the portion. Then, **Rabbi Ḥanina bar Ḥama came in,** and Rav **said** to himself: **Shall I go back** and read **so many times? He did not return** but continued from where he was. **Rabbi Ḥanina was offended** because Rav showed that he was less important than the others. **Rav went before** Rabbi Ḥanina **on Yom Kippur eve** every year for **thirteen** years to appease him, **but he would not be appeased.**

וְהֵיכִי עָבֵיד הָכִי? וְהָאָמַר רַבִּי יוֹסֵי בַּר חֲנִינָא: כָּל הַמְבַקֵּשׁ מָטוּ מֵחֲבֵירוֹ אַל יְבַקֵּשׁ מִמֶּנּוּ יוֹתֵר מִשָּׁלֹשׁ פְּעָמִים! רַב שָׁאנֵי. וְרַבִּי חֲנִינָא הֵיכִי עָבֵיד הָכִי? וְהָאָמַר רָבָא: כָּל הַמַּעֲבִיר עַל מִדּוֹתָיו – מַעֲבִירִין לוֹ עַל כָּל פְּשָׁעָיו!

The Gemara asks: **How could** Rav **act this way? Didn't Rabbi Yosei bar Ḥanina say: Anyone who requests forgiveness from another should not ask more than three times?** The Gemara answers: **Rav is different,**[N] since he was very pious and forced himself to act beyond the letter of the law. The Gemara asks: **And how could Rabbi Ḥanina act this way** and refuse to forgive Rav, though he asked many times? **Didn't Rava say:** With regard to **anyone who suppresses his honor** and forgives someone for hurting him, God **pardons all his sins?**

אֶלָּא, רַבִּי חֲנִינָא חֶלְמָא חֲזֵי לֵיהּ לְרַב דִּזְקָפוּהוּ בְּדִיקְלָא, וּגְמִירִי דְּכָל דִּזְקָפוּהוּ בְּדִיקְלָא רֵישָׁא הָוֵי. אֲמַר: שְׁמַע מִינָּהּ בָּעֵי לְמֶעְבַּד רָשׁוּתָא. וְלָא אִיפַּיַּיס, כִּי הֵיכִי דְּלֵיזִיל וְלִגְמַר אוֹרָיְיתָא בְּבָבֶל.

The Gemara explains: **Rather,** this is what happened: **Rabbi Ḥanina saw in a dream** that **Rav was being hung on a palm tree, and he learned** as a tradition that **anyone** about whom there is a dream in **which he was being hung on a palm tree will become the head** of a yeshiva. **He said: Learn from this that** providence has decreed that he must eventually **become the head** of the yeshiva. Therefore, **I will not be appeased, so that he will have to go and study Torah in Babylonia.** He was conscious of the principle that one kingdom cannot overlap with another, and he knew that once Rav was appointed leader, he, Rabbi Ḥanina, would have to abdicate his own position or die. Therefore, he delayed being appeased, so that Rav would go to Babylonia and be appointed there as head of the yeshiva. In this way, the dream would be fulfilled, as Rav would indeed be appointed as head of a yeshiva, but since he would be in Babylonia, Rabbi Ḥanina would not lose his own position.

NOTES

Had a complaint – הֲוָה לֵיהּ מִילְּתָא: It seems that this was a quarrel where both men said harsh words. Although it was appropriate for the butcher to apologize, Rav suspected that he had hurt the butcher more, and therefore he went to appease him (*Tosefet Yom HaKippurim*).

NOTES

Rav is different – רַב שָׁאנֵי: Many early commentaries cite the following version of the text: It is different for his teacher. Even though they were contemporaries, Rabbi Ḥanina was considered like Rav's teacher, and one who sins against his teacher must continue to ask forgiveness until he is forgiven.

HALAKHA

Confession…when darkness falls – **וִידּוּי...עִם חֲשֵׁיכָה**: One must confess during the afternoon prayer on Yom Kippur eve, before the final meal preceding the fast. An individual says his confession after his prayer, but the prayer leader does not say it (*Shulḥan Arukh, Oraḥ Ḥayyim* 607:1 and in the comment of the Rema).

Confession while standing – **וִידּוּי בַּעֲמִידָה**: One must confess while standing. When he hears the confession from the prayer leader, he should stand and repeat the confession along with the prayer leader (Rema, citing Rabbeinu Nissim; *Shulḥan Arukh, Oraḥ Ḥayyim* 607:3).

תָּנוּ רַבָּנַן: מִצְוַת וִידּוּי עֶרֶב יוֹם הַכִּפּוּרִים עִם חֲשֵׁיכָה. אֲבָל אָמְרוּ חֲכָמִים: יִתְוַדֶּה קוֹדֶם שֶׁיֹּאכַל וְיִשְׁתֶּה, שֶׁמָּא תִּטָּרֵף דַּעְתּוֹ בַּסְּעוּדָּה. וְאַף עַל פִּי שֶׁהִתְוַדָּה קוֹדֶם שֶׁאָכַל וְשָׁתָה – מִתְוַדֶּה לְאַחַר שֶׁיֹּאכַל וְיִשְׁתֶּה, שֶׁמָּא אֵירַע דָּבָר קַלְקָלָה בַּסְּעוּדָּה. וְאַף עַל פִּי שֶׁהִתְוַדָּה עַרְבִית – יִתְוַדֶּה שַׁחֲרִית, שַׁחֲרִית – יִתְוַדֶּה בְּמוּסָף, בְּמוּסָף – יִתְוַדֶּה בְּמִנְחָה, בְּמִנְחָה – יִתְוַדֶּה בִּנְעִילָה.

§ **The Sages taught:** The main **mitzva of confession** is on **Yom Kippur eve when darkness** falls.[H] **But the Sages said:** One should also **confess** on Yom Kippur eve **before he eats and drinks** at his last meal before the fast **lest he become confused**[N] **at the meal,** due to the abundance of food and drink, and be unable to confess afterward. **And although one confessed before he ate and drank, he confesses** again **after he eats and drinks,** as **perhaps he committed some sin during the meal** itself. **And although one confessed** during **the evening prayer** on the night of Yom Kippur, **he** should **confess** again during **the morning prayer.** Likewise, although one confessed during the **morning prayer, he** should still **confess during** the **additional prayer.** Similarly, although one confessed **during** the **additional prayer, he** should also **confess during** the **afternoon prayer;** and although one confessed **during** the **afternoon prayer, he** should **confess** again **during** the **closing prayer** [*ne'ila*].[N]

וְהֵיכָן אוֹמְרוֹ? יָחִיד אַחַר תְּפִלָּתוֹ, וּשְׁלִיחַ צִבּוּר אוֹמְרוֹ בָּאֶמְצַע. מַאי אָמַר? אָמַר רַב: ״אַתָּה יוֹדֵעַ רָזֵי עוֹלָם״. וּשְׁמוּאֵל אָמַר: ״מִמַּעֲמַקֵּי הַלֵּב״. וְלֵוִי אָמַר: ״וּבְתוֹרָתְךָ כָּתוּב לֵאמֹר״. רַבִּי יוֹחָנָן אָמַר: ״רִבּוֹן הָעוֹלָמִים״.

And where in the Yom Kippur prayers **does one say** the confession? **An individual** says it **after his** *Amida* **prayer, and the prayer leader says it in the middle** of the *Amida* prayer.[N] The Gemara asks: **What does one say;** what is the liturgy of the confession? **Rav said:** One says the prayer that begins: **You know the mysteries of the universe,** in accordance with the standard liturgy. **And Shmuel said** that the prayer begins with: **From the depths of the heart. And Levi said** that it begins: **And in your Torah it is written, saying,** and one then recites the forgiveness achieved by Yom Kippur as stated in the Torah. **Rabbi Yoḥanan said** that it begins: **Master of the Universe.**

רַבִּי יְהוּדָה אָמַר: ״כִּי עֲוֹנוֹתֵינוּ רַבּוּ מִלְּמְנוֹת וְחַטֹּאתֵינוּ עָצְמוּ מִסַּפֵּר״. רַב הַמְנוּנָא אָמַר: ״אֱלֹהַי, עַד שֶׁלֹּא נוֹצַרְתִּי אֵינִי כְּדַאי עַכְשָׁיו שֶׁנּוֹצַרְתִּי כְּאִילּוּ לֹא נוֹצַרְתִּי עָפָר אֲנִי בְּחַיַּי קַל וָחוֹמֶר בְּמִיתָתִי הֲרֵי אֲנִי לְפָנֶיךָ כִּכְלִי מָלֵא בּוּשָׁה וּכְלִימָּה יְהִי רָצוֹן מִלְּפָנֶיךָ שֶׁלֹּא אֶחֱטָא וּמַה שֶּׁחָטָאתִי מְרוֹק בְּרַחֲמֶיךָ אֲבָל לֹא עַל יְדֵי יִסּוּרִין״. וְהַיְינוּ וִידּוּיָא דְּרָבָא כּוּלָּהּ שַׁתָּא. וּדְרַב הַמְנוּנָא זוּטָא בְּיוֹמָא דְּכִפּוּרֵי.

Rabbi Yehuda said that one says: **For our iniquities are too many to count and our sins are too great to number. Rav Hamnuna said:** This is the liturgy of the confession: **My God, before I was formed I was unworthy. Now that I have been formed, it is as if I had not been formed. I am dust while alive, how much more so when I am dead. See, I am before You like a vessel filled with shame and disgrace. May it be Your will that I may sin no more, and as for** the sins **I have committed before You, erase** them **in Your compassion, but not by suffering.** The Gemara comments: **This is the confession that Rava** used **all year** long; **and** it was the confession **that Rav Hamnuna Zuta** used **on Yom Kippur.**

אָמַר מָר זוּטְרָא: לָא אֲמַרַן אֶלָּא דְּלָא אֲמַר ״אֲבָל אֲנַחְנוּ חָטָאנוּ״. אֲבָל אָמַר ״אֲבָל אֲנַחְנוּ חָטָאנוּ״ – תּוּ לָא צְרִיךְ. דְּאָמַר בַּר הַמְדוּדֵי: הֲוָה קָאֵימְנָא קַמֵּיהּ דִּשְׁמוּאֵל, וַהֲוָה יָתֵיב, וְכִי מְטָא שְׁלִיחָא דְצִבּוּרָא וַאֲמַר ״אֲבָל אֲנַחְנוּ חָטָאנוּ״ קָם מֵיקָם. אֲמַר, שְׁמַע מִינָּהּ: עִיקַּר וִידּוּי הַאי הוּא.

Mar Zutra said: We said only that one must follow all these versions **when he did not say** the words: **But we have sinned. However,** if **he said** the words: **But we have sinned, he need not** say **anything further** because that is the essential part of the confession. **As bar Hamdudei said: I was standing before Shmuel and he was sitting; and when the prayer leader reached** the words: **But we have sinned,** Shmuel **stood.** Bar Hamdudei **said: Learn from here that this is the main** part **of the confession,** and Shmuel stood up to emphasize the significance of these words.[H]

NOTES

He become confused – **תִּטָּרֵף דַּעְתּוֹ**: The Rambam explains, based on the version of the text he had, that the concern is that one might choke during his meal and not manage to confess. Indeed, several communities added other abbreviated confessions, e.g., specific prayers such as *Tefilla Zakka* and others, which are recited after the last meal before the fast (see *Tosefet Yom HaKippurim*).

Closing prayer [*ne'ila*] – **תְּפִילַּת נְעִילָה**: In the Jerusalem Talmud, the Rabbis disagree whether this prayer should be said when the Temple gates are locked at the end of the day's service, or when the gates of Heaven are locked at sunset. Either possibility explains the name of this prayer.

Confession of an individual and a congregation – **וִידּוּי יָחִיד וְצִיבּוּר**: Some commentaries explain the reason for this distinction as follows. The individual must confess after his prayer in case he did not pray with the proper focus, in which case he must also confess the sin of praying without focus. However, a congregation fulfills its obligation by following the prayer of the leader, and if its confessions are recited after the prayer, people might not pay sufficient attention to the words (*Tosefet Yom HaKippurim*).

תְּנַן הָתָם: בִּשְׁלֹשָׁה פְּרָקִים בַּשָּׁנָה כֹּהֲנִים נוֹשְׂאִין אֶת כַּפֵּיהֶן אַרְבָּעָה פְּעָמִים בַּיּוֹם, בְּשַׁחֲרִית בְּמוּסָף בְּמִנְחָה וּבִנְעִילַת שְׁעָרִים. וְאֵלּוּ הֵן שְׁלֹשָׁה פְּרָקִים: בְּתַעֲנִיּוֹת, וּבְמַעֲמָדוֹת, וּבְיוֹם הַכִּפּוּרִים.

§ **We learned** in a mishna **there,** in tractate *Ta'anit*: **At three times in the year, priests raise their hands** to recite the priestly benediction **four times in a single day:**[H] **In the morning prayer, in the additional prayer, in the afternoon prayer, and at the closing [*ne'ila*] of the gates. And these are the three times** in the year: **During** communal **fasts** for lack of rain, on which the *ne'ila* prayer is recited; **and during** non-priestly **watches [*ma'amadot*],** when the Israelite members of the guard parallel to the priestly watch come and read the account of Creation (see *Ta'anit* 26a); **and on Yom Kippur.**

מַאי נְעִילַת שְׁעָרִים? רַב אָמַר: צְלוֹתָא יְתֵירְתָּא, וּשְׁמוּאֵל אָמַר: ״מָה אָנוּ מֶה חַיֵּינוּ״. מֵיתִיבִי: אוֹר יוֹם הַכִּפּוּרִים מִתְפַּלֵּל שֶׁבַע וּמִתְוַדֶּה, בְּשַׁחֲרִית מִתְפַּלֵּל שֶׁבַע וּמִתְוַדֶּה, בְּמוּסָף מִתְפַּלֵּל שֶׁבַע וּמִתְוַדֶּה, בְּמִנְחָה מִתְפַּלֵּל שֶׁבַע וּמִתְוַדֶּה, בִּנְעִילָה מִתְפַּלֵּל שֶׁבַע וּמִתְוַדֶּה!

The Gemara asks: **What is the closing of the gates,** i.e., the *ne'ila* prayer? **Rav said:** It is **an added prayer** of *Amida*. **And Shmuel said:** It is not a full prayer but only a confession that begins with the words: **What are we, what are our lives?** The Gemara **raises an objection** to this from a *baraita*, as it was taught: On **the night of Yom Kippur, one prays seven** blessings in the *Amida* prayer **and confesses; during the morning prayer, one prays seven** blessings **and confesses; during the additional prayer, one prays seven** blessings **and confesses; during** the **afternoon prayer, one prays seven** blessings **and confesses;** and during the ***ne'ila* prayer, one prays seven** blessings **and confesses.** This concurs with Rav's opinion that *ne'ila* is an added prayer.

תַּנָּאֵי הִיא, דְּתַנְיָא: יוֹם הַכִּפּוּרִים עִם חֲשֵׁיכָה מִתְפַּלֵּל שֶׁבַע וּמִתְוַדֶּה וְחוֹתֵם בְּוִידּוּי, דִּבְרֵי רַבִּי מֵאִיר, וַחֲכָמִים אוֹמְרִים: מִתְפַּלֵּל שֶׁבַע, וְאִם רָצָה לַחְתּוֹם בְּוִידּוּי – חוֹתֵם. תְּיוּבְתָּא דִּשְׁמוּאֵל! תְּיוּבְתָּא.

This is a dispute between *tanna'im*.[N] They all agree that *ne'ila* is an added prayer but disagree about the obligation to confess at the *ne'ila* prayer, **as it was taught** in a *baraita*: At the end of **Yom Kippur, as darkness falls, one prays seven** blessings of the *Amida* **and confesses and ends with the confession;** this is **the statement of Rabbi Meir. And the Rabbis say: He prays seven** blessings of the *Amida*, **and if he wishes to end** his prayer **with a confession, he ends** it in this way. The Gemara says: If so, **this is a refutation of** the opinion of **Shmuel,** since all agree that *ne'ila* is a complete prayer. The Gemara concludes: Indeed, it is a conclusive **refutation.**

עוּלָּא בַּר רַב נְחִית קַמֵּיהּ דְּרָבָא, פְּתַח בְּ״אַתָּה בְחַרְתָּנוּ״ וְסַיֵּים בְּ״מָה אָנוּ מֶה חַיֵּינוּ״ וְשַׁבְּחֵיהּ. רַב הוּנָא בְּרֵיהּ דְּרַב נָתָן אָמַר: וְיָחִיד אוֹמְרָהּ אַחַר תְּפִלָּתוֹ.

The Gemara relates: **Ulla bar Rav went down** to lead the *ne'ila* prayer **before Rava,** who was in the synagogue. **He opened** the prayer **with: You have chosen us, and he concluded with: What are we, what are our lives? And Rava praised him. Rav Huna, son of Rav Natan, said: And an individual says it after his *Amida* prayer.** The individual says the confession after his *Amida* prayer, not within the *Amida* prayer as the prayer leader does.

אָמַר רַב: תְּפִלַּת נְעִילָה פּוֹטֶרֶת אֶת שֶׁל עַרְבִית. רַב לְטַעְמֵיהּ, דְּאָמַר: צְלוֹתָא יְתֵירָה הִיא, וְכֵיוָן דְּצַלֵּי לֵיהּ – תּוּ לָא צְרִיךְ.

Rav said: The *ne'ila* prayer exempts one from **the evening prayer.**[N] Since one recited an added prayer after the afternoon prayer, when darkness fell, it serves as the evening prayer.[H] The Gemara comments that **Rav** conforms **to his** line of **reasoning** above, **as he said: It is an added prayer, and since he has prayed it he needs no further** prayer in the evening.

וּמִי אָמַר רַב הָכִי? וְהָאָמַר רַב: הֲלָכָה כְּדִבְרֵי הָאוֹמֵר תְּפִלַּת עַרְבִית רְשׁוּת! לְדִבְרֵי הָאוֹמֵר חוֹבָה קָאָמַר.

The Gemara is surprised at this: **And did Rav** actually **say this? Didn't Rav say: The *halakha* is in accordance with the statement of the one who says that the evening prayer is optional?**[H] If it is optional, why would Rav use the term exempt? One is exempt even if he does not pray the closing prayer. The Gemara answers: **He said this in accordance with the statement of the one who says** that the evening prayer is **mandatory.** Even according to the opinion that maintains that the evening prayer is mandatory, if one recites *ne'ila*, he has fulfilled his obligation to recite the evening prayer.

מֵיתִיבִי: אוֹר יוֹם הַכִּפּוּרִים מִתְפַּלֵּל שֶׁבַע וּמִתְוַדֶּה, שַׁחֲרִית שֶׁבַע וּמִתְוַדֶּה, מוּסָף שֶׁבַע וּמִתְוַדֶּה, בִּנְעִילָה מִתְפַּלֵּל שֶׁבַע וּמִתְוַדֶּה, עַרְבִית מִתְפַּלֵּל שֶׁבַע מֵעֵין שְׁמוֹנֶה עֶשְׂרֵה. רַבִּי חֲנִינָא בֶּן גַּמְלִיאֵל מִשּׁוּם אֲבוֹתָיו מִתְפַּלֵּל שְׁמוֹנֶה עֶשְׂרֵה שְׁלֵימוֹת

The Gemara **raises an objection** from that which we learned in a *baraita*: During the **evening** after **Yom Kippur, one prays seven** blessings in the *Amida* **and confesses;** during the **morning prayer,** one prays **seven** blessings in the *Amida* **and confesses;** during the **additional prayer,** one prays **seven** blessings in the *Amida* **and confesses; during *ne'ila* one prays seven** blessings in the *Amida* **and confesses;** and during **the evening prayer,** one prays **seven** blessings **in an abridged** version of the **eighteen** blessings of the weekday *Amida* prayer. One recites the first three blessings, the final three, and a middle blessing that includes an abbreviated form of the other weekday blessings. **Rabbi Ḥanina ben Gamliel says in the name of his ancestors: One prays** the **full eighteen** blessings of the weekday *Amida* prayer as usual,

HALAKHA

Raising hands on Yom Kippur – נְשִׂיאַת כַּפַּיִם בְּיוֹם הַכִּפּוּרִים: In Eretz Yisrael the custom is for priests to recite the priestly benediction on Yom Kippur during the morning prayer, the additional prayer, and during *ne'ila*, which is why *ne'ila* is recited while it is still daytime. The custom is not to bless the people during the afternoon prayer. Outside of Eretz Yisrael this benediction is not said during *ne'ila* (*Shulḥan Arukh, Oraḥ Ḥayyim* 128:44 in the comment of the Rema, 129:1, 622:4).

***Ne'ila* and the evening prayer – נְעִילָה וְעַרְבִית:** After Yom Kippur one must say the evening prayer, which includes *havdala* in the blessing of: Who graciously grants knowledge. Contrary to Rav's opinion, *ne'ila* does not exempt one from reciting the evening prayer (*Tur*; *Shulḥan Arukh, Oraḥ Ḥayyim* 624:1).

Evening prayer is optional – עַרְבִית רְשׁוּת: According to the Rambam, the Jewish people took upon themselves the obligation of the evening prayer. Nevertheless, this service does not have the same status as the other prayers, which are mandatory (Rambam *Sefer Ahava, Hilkhot Tefilla* 1:6).

NOTES

This is a dispute between *tanna'im* – תַּנָּאֵי הִיא: This version of the text is difficult, since it does not seem to relate to the subsequent point. Commentaries have emended the text in various ways (Maharsha; see *Siaḥ Yitzḥak*).

Exempts one from the evening prayer – פּוֹטֶרֶת אֶת שֶׁל עַרְבִית: Commentaries have raised the point that even if the evening prayer is optional, it still should not be neglected. Why should *ne'ila* be used as an excuse to skip this service? One answer proposes that there is a mitzva to eat and drink after Yom Kippur, which is like a Festival. It is therefore legitimate to omit the evening prayer in order to begin preparations for the meal.

מִפְּנֵי שֶׁצָּרִיךְ לוֹמַר הַבְדָּלָה בְּחוֹנֵן הַדַּעַת. תַּנָּאֵי הִיא, דְּתַנְיָא: כׇּל חַיָּיבֵי טְבִילוֹת טוֹבְלִין כְּדַרְכָּן בְּיוֹם הַכִּפּוּרִים. נִדָּה וְיוֹלֶדֶת טוֹבְלוֹת כְּדַרְכָּן בְּלֵילֵי יוֹם הַכִּפּוּרִים.

because he must recite *havdala* in the blessing: **Who graciously grants knowledge,** and there is nowhere to insert this prayer in the abridged *Amida*. This indicates that these *tanna'im* maintained that *ne'ila* does not exempt one from the evening prayer. The Gemara answers: **It is a dispute between *tanna'im*, as it was taught** in a *baraita*: **Anyone who requires immersion immerses in his** usual **manner on Yom Kippur,** as this act does not violate the prohibition against **washing.**[H] **A menstruating woman and a new mother,** who immerse at night, **immerse in their** usual **manner on the night of Yom Kippur.**

בַּעַל קֶרִי טוֹבֵל וְהוֹלֵךְ עַד הַמִּנְחָה. רַבִּי יוֹסֵי אוֹמֵר: כׇּל הַיּוֹם כּוּלּוֹ.

The *baraita* continues: **One who had a seminal emission** during Yom Kippur before the afternoon prayer may **immerse at any point** in the day **until the afternoon prayer,** in order to be able to recite it.[N] Ezra decreed that a man who has had a seminal emission must immerse in order to pray and study Torah. If the emission occurred after the afternoon prayer, he should not immerse then but should wait until darkness falls. Since the time for *ne'ila* is at night, this individual should wait and immerse after the fast has concluded, so as to avoid violation of the prohibition of washing on Yom Kippur, and then pray afterward. This indicates that *ne'ila* is a nighttime prayer, and therefore its recitation exempts one from the weekday evening prayer. **Rabbi Yosei says:** He may immerse **at any point in the day.** According to his opinion, the *ne'ila* prayer is recited while it is still daytime, and therefore the individual must immerse in the daytime in order to be able to recite it. Consequently, Rabbi Yosei holds that *ne'ila* does not exempt one from the evening prayer.

וּרְמִינְהוּ: הַזָּב וְהַזָּבָה הַמְּצוֹרָע וְהַמְּצוֹרַעַת וּבוֹעֵל נִדָּה וּטְמֵא מֵת – טוֹבְלִין כְּדַרְכָּן בְּיוֹם הַכִּפּוּרִים. נִדָּה וְיוֹלֶדֶת טוֹבְלוֹת כְּדַרְכָּן בְּלֵילֵי יוֹם הַכִּפּוּרִים. בַּעַל קֶרִי טוֹבֵל וְהוֹלֵךְ כׇּל הַיּוֹם כּוּלּוֹ. רַבִּי יוֹסֵי אוֹמֵר: מִן הַמִּנְחָה וּלְמַעְלָה אֵין יָכוֹל לִטְבּוֹל.

The Gemara **raises a contradiction** with regard to this *baraita* from that which was taught: In the case of **the *zav*, and the *zava*, the male and female leper, and one who had relations with a menstruating woman, and one who is ritually impure** through contact with **a corpse,** if their time has come for purification, they **immerse in their** usual **manner on Yom Kippur. A menstruating woman and a woman after childbirth immerse in their** usual **manner on the night of Yom Kippur. One who had a seminal emission immerses at any point in the day. Rabbi Yosei says: From** the time of **the afternoon prayer onward he is not able to immerse.** This contradicts Rabbi Yosei's statement in the previous *baraita*.

לָא קַשְׁיָא, הָא – דְּצַלֵּי תְּפִלַּת נְעִילָה, הָא – דְּלָא צַלֵּי.

The Gemara answers: This is **not difficult. This** statement, in which Rabbi Yosei says that one may not immerse during the day, is referring to a case **where he** had already **prayed the *ne'ila* prayer** before he noticed his seminal emission. **That** statement, in which Rabbi Yosei says that one may immerse during the day, is referring to a case **where he had not** yet **prayed** the *ne'ila* prayer when he noticed his seminal emission, and he therefore immerses in order to pray *ne'ila*.

אִי דְּצַלֵּי – מַאי טַעְמַיְיהוּ דְּרַבָּנַן? קָא סָבְרִי רַבָּנַן: טְבִילָה בִּזְמַנָּהּ מִצְוָה.

The Gemara asks: **If he had already prayed** *ne'ila* before he noticed his seminal emission, **what is the reasoning of the Rabbis,** who permit him to immerse on Yom Kippur? The immersion seems to have no purpose. The Gemara answers: **The Rabbis hold that immersion at its proper time is a mitzva,**[N] even when one does not need to immerse to pray. Therefore, if the time for immersion falls on Yom Kippur, the individual should immerse as usual.

מִכְּלָל דְּרַבִּי יוֹסֵי סָבַר לָאו מִצְוָה? וְהָתַנְיָא: הֲרֵי שֶׁהָיָה שֵׁם כָּתוּב עַל בְּשָׂרוֹ הֲרֵי זֶה לֹא יִרְחַץ וְלֹא יָסוּךְ וְלֹא יַעֲמוֹד בִּמְקוֹם הַטִּנּוֹפֶת, נִזְדַּמְּנָה לוֹ טְבִילַת מִצְוָה – כּוֹרֵךְ עָלָיו גֶּמִי וְיוֹרֵד וְטוֹבֵל. רַבִּי יוֹסֵי אוֹמֵר: יוֹרֵד וְטוֹבֵל כְּדַרְכּוֹ, וּבִלְבַד שֶׁלֹּא יְשַׁפְשֵׁף.

The Gemara asks: **By inference, Rabbi Yosei holds** that immersion at its proper time is **not a mitzva. But wasn't it taught** in a *baraita*: **If** God's **name is written** in ink on one's **flesh,**[HN] **he** may **not wash and he** may **not smear** it with oil lest he erase the name, **and he** may **not stand in a filthy place** out of respect for the name. **If his time came for an immersion** that is **a mitzva,** he must try to ensure that the name not be erased. He therefore **wraps a reed around it and descends and immerses. Rabbi Yosei says: He descends and immerses in his** usual **manner** and need not worry about erasing the name, **provided he does not rub** the place where the name is written.

HALAKHA

Immersion on Yom Kippur – טְבִילָה בְּיוֹם הַכִּפּוּרִים: An obligatory immersion is permitted on Yom Kippur if that is its proper time. Nowadays, however, the obligation to immerse in most cases is not considered to have a proper time, since sacrifices and purification rites are no longer performed. Furthermore, Ezra's decree, which mandates that one who had a seminal emission may not pray or study Torah until he has immersed, has been abolished. Consequently, nowadays one may not immerse on Yom Kippur (*Shulḥan Arukh, Oraḥ Ḥayyim* 613:12).

God's name is written on one's flesh – שֵׁם כָּתוּב עַל בְּשָׂרוֹ: One who has God's name written on his skin may not wash, smear himself with oil, or stand in a filthy place. If he requires immersion, he should wrap a reed around the writing or cover it in some other way to ensure that the letters will not be exposed (Rambam *Sefer HaMadda, Hilkhot Yesodei HaTorah* 6:6).

NOTES

Immersion for prayer – טְבִילָה לִתְפִילָּה: Ezra the Scribe decreed that one who had a seminal emission may not pray or study Torah until he has immersed. Commentaries debate the conditions of this decree and whether it applies to involuntary or intentional emission. However, in the late tannaitic and early amoraic periods, this decree was abolished for various reasons. In modern times, many Jews do have the custom to immerse before prayer. Some people immersed for emissions even on Yom Kippur (see *Me'iri*).

Immersion at its proper time is a mitzva – טְבִילָה בִּזְמַנָּהּ מִצְוָה: There is a mitzva to immerse at the proper time, even when one is not completely purified by the immersion. For example, if one has emitted semen and has contracted another type of ritual impurity as well, or if for some reason he needs to immerse a second time, it is nevertheless a mitzva to immerse on time.

God's name is written on one's flesh – שֵׁם כָּתוּב עַל בְּשָׂרוֹ: According to Rashi, the reason one covers the writing is to prevent God's name from being erased during the immersion. Other commentaries explain that the reason one covers it is to avoid being naked in the presence of God's name.

וקיימא לן דבטבילה בזמנה מצוה פליגי!

And we maintain that **they disagree as to** whether or not **immersion at its proper time is a mitzva.** According to the Rabbis, immersion at its proper time is not a mitzva. Therefore, if the individual has no reed, he should wait even until the following day rather than immerse without it. However, Rabbi Yosei maintains that immersion at its proper time is a mitzva. Therefore, it must be done at its proper time, even if that requires immersion without covering God's name.

ההיא רבי יוסי בר יהודה היא. דתניא, רבי יוסי בר יהודה אומר: דיה לטבילה שתהא באחרונה.

The Gemara answers: **This** Rabbi Yosei mentioned in the *baraita* **is** actually **Rabbi Yosei bar Yehuda,** and this resolves the contradiction, **as it was taught** in a *baraita* that **Rabbi Yosei bar Yehuda says: It is sufficient for the immersion to be at the end.** According to one opinion, if a menstruating woman is uncertain on which day to immerse, she immerses multiple times to ensure that the required immersion is at its proper time. However, according to Rabbi Yosei bar Yehuda, it is sufficient for her to immerse once at a point when she is certainly pure. Consequently, according to his opinion, there is no mitzva to immerse at the proper time.

תנו רבנן: הרואה קרי ביום הכפורים – יורד וטובל, ולערב ישפשף. לערב? מאי דהוה הוה! אלא אימא: מבערב ישפשף, (קא סבר מצוה לשפשף).

The Sages taught: One who sees an emission of **semen on Yom Kippur**[H] **descends and immerses. And in the evening, he should rub** his skin to remove anything that might obstruct the immersion. The Gemara is surprised at this: Why should he do that **in the evening? What was, was.** Since he has already immersed, how will removing interpositions afterward benefit the immersion? **Rather, say** that **he should rub** his skin **from the evening** before Yom Kippur to remove any obstructions, in case it becomes necessary to immerse on Yom Kippur. The Gemara comments: **This** Master **holds** that **it is a mitzva to rub.**

תני תנא קמיה דרב נחמן: הרואה קרי ביום הכפורים – עונותיו מחולין לו. והתניא: עונותיו סדורין! מאי סדורין – סדורין לימחל.

§ Apropos the *halakhot* of immersion for one who has had a seminal emission on Yom Kippur, the Gemara relates: **A *tanna* taught** a *baraita* **before Rav Naḥman:** With regard to **one who sees** an emission of **semen on Yom Kippur, his sins are forgiven.** The Gemara asks: **But wasn't it taught** in a *baraita*: **His sins are arranged** before him? The Gemara answers: **What** is the meaning of **arranged? They are arranged** to be **forgiven.**

תנא דבי רבי ישמעאל: הרואה קרי ביום הכפורים – ידאג כל השנה כולה, ואם עלתה לו שנה – מובטח לו שהוא בן העולם הבא. אמר רב נחמן בר יצחק: תדע, שכל העולם כולו רעב והוא שבע. כי אתא רב דימי אמר: מפיש חיי, סגי ומסגי.

The school of Rabbi Yishmael taught: One who sees an emission **of semen on Yom Kippur should worry the whole year**[N] that perhaps he was given a sign that he and his fast were rejected. **But if he survives the year, he can be assured** that his good deeds protected him and ensured for him **a share** in **the World-to-Come. Rav Naḥman bar Yitzḥak said: Know** that it is so, **as the whole world is hungry** due to refraining from conjugal relations, **and he is satiated**[N] since he emitted semen and his lust was subdued. Since the issue was involuntary and not intentional, it is a sign that he has merited divine compassion. **When Rav Dimi came from Eretz Yisrael** to Babylonia **he said:** Seeing semen on Yom Kippur is a sign that **one will live a long life, grow, and raise others.**[N] An allusion to that is the verse: "That he might see his seed and prolong his days" (Isaiah 53:10).

הדרן עלך יום הכפורים
וסליקא לה מסכת יומא

HALAKHA

One who sees an emission of semen on Yom Kippur – הרואה קרי ביום הכפורים: Nowadays, one who sees an emission of semen on Yom Kippur should wipe it off himself if it is wet. If it is dry or dirty on his skin, he should wash off only that part of his body. Such an individual may not immerse, even if his custom throughout the year is to immerse before prayer (*Shulḥan Arukh*, *Oraḥ Ḥayyim* 613:11).

NOTES

Should worry the whole year – ידאג כל השנה כולה: Some commentaries add that the worry itself is what atones for his sins (*Mikhtam*).

Know…and he is satiated – תדע...והוא שבע: The Maharsha writes that seminal emissions on Yom Kippur can serve both as negative and positive signs. If one does not survive the year, it shows that he was not permitted to complete his fast by refraining from lust completely. If one does live through the year, it means that God was helping him avoid suffering during his fast.

One will live a long life, grow, and raise others – מפיש חיי, סגי, ומסגי: Some commentaries write that Rashi and *Tosafot* disagreed as to whether the words "he might see his seed" are merely an allusion to what happened to this person, or whether these words are part of the blessing that he will merit seeing his children and children's children (*Tosefet Yom HaKippurim*).

Summary of **Perek VIII**

This chapter discussed the Sages' tradition that the mitzva to afflict oneself on Yom Kippur is expressed by refraining from five major types of physical benefit: Eating and drinking, washing, anointing with oil, wearing shoes, and engaging in conjugal relations. The most stringent of these is the prohibition against eating and drinking, which incurs the punishment of *karet*. Food itself is not forbidden on Yom Kippur; rather, it is prohibited to refrain from afflicting oneself. Consequently, the measure that determines liability is a date-bulk of food or a cheekful of drink, amounts which lessen the affliction to a certain degree.

Notwithstanding the stringency of the prohibition and the holiness of the day, the principle that all mitzvot of the Torah are overridden in cases of illness or danger is applied even on Yom Kippur. The Torah was given "to live by" (Leviticus 18:5). Therefore, on Yom Kippur the mitzva of affliction, along with almost all the mitzvot, is superseded by any risk to life or health. The only exceptions to this principle are the three cardinal sins of idolatry, forbidden relations, and murder.

The concern for saving life is so great that if there is any risk at all, whether in the opinion of the doctors or in the opinion of the sick person himself, the fast, the prohibitions involving affliction, and the sanctity of the day are overridden.

The obligation to afflict oneself, like all mitzvot of the Torah, applies only to adults. The Torah considers children who have reached puberty, i.e., boys from the age of thirteen and girls from the age of twelve, to be adults in this regard. However, the Sages instructed that parents should begin to educate their children before they become obligated by Torah law. Children should be encouraged to fulfill whichever mitzvot they are able to, either entirely or in part, from the appropriate age.

The Torah states that on Yom Kippur all sins committed before God are forgiven. This applies only to sins that are purely between man and God. Sins committed against other people, which are really twofold sins since they are also transgressions against God, cannot be atoned for without appeasing the one who has been wronged. Only after receiving forgiveness from the injured party can one hope for forgiveness from Heaven.

Divine forgiveness does not exempt one from his obligations, such as bringing a sin-offering, or repaying moneys owed, and the obligations remain even after Yom Kippur. Furthermore, there are certain sins, such as public desecration of God's name, that are so severe that even Yom Kippur does not fully atone for them. These sins remain with a person after Yom Kippur until he has undone the damage caused or until he dies.

In addition, Yom Kippur atones only for those who abandon their sins and repent. For this reason the Sages established five prayer services on Yom Kippur, with the mitzva of confession in each service, to help one come to true repentance, and to merit through this atonement from sin and forgiveness of transgressions.

Image **Credits**

All images are copyright © Koren Publishers Jerusalem Ltd., except:

p338 2nd image © Menachem Brody, photo@shechem.org; **p339** © Offengenden; **p345** © courtesy of the Temple Institute; **p352** top left © Skoch3; **p352** bottom left © Niek Goossen, www.shutterstock.com; **p352** top right © Anneli Salo; **p352** bottom right © Kreta; **p356** © Marco Schmidt; **p369** © Clara Amit, Yoram Lehman, Yael Yolovitch, Miki Koren, and Mariana Salzberger, courtesy of the Israel Antiquities Authority; **p371** 1st image © Wolfgang Reiger; **p372** left image © Ross Huggett; **p372** right image © Smichael21; **p377** 1st image © Amada44; **p377** 2nd image © Rasbak; **p386** © Clara Amit, Yoram Lehman, Yael Yolovitch, Miki Koren, and Mariana Salzberger, courtesy of the Israel Antiquities Authority; **p391** © AnatolyPm; **p411** © Clara Amit, Yoram Lehman, Yael Yolovitch, Miki Koren, and Mariana Salzberger, courtesy of the Israel Antiquities Authority; **p417** © Clara Amit, Yoram Lehman, Yael Yolovitch, Miki Koren, and Mariana Salzberger, courtesy of the Israel Antiquities Authority; **p421** © Marie-Lan Nguyen.

The following paragraph is recited three times:

הַדְרָן עֲלָךְ מַסֶּכֶת יוֹמָא וְהַדְרָךְ עֲלָן, דַּעְתָּן עֲלָךְ מַסֶּכֶת יוֹמָא וְדַעְתָּךְ עֲלָן, לָא נִתְנְשֵׁי מִנָּךְ מַסֶּכֶת יוֹמָא וְלָא תִתְנְשֵׁי מִנָּן, לָא בְּעָלְמָא הָדֵין וְלָא בְּעָלְמָא דְּאָתֵי.

יְהִי רָצוֹן מִלְּפָנֶיךָ יהוה אֱלֹהֵינוּ וֵאלֹהֵי אֲבוֹתֵינוּ, שֶׁתְּהֵא תוֹרָתְךָ אֻמָּנוּתֵנוּ בָּעוֹלָם הַזֶּה, וּתְהֵא עִמָּנוּ לָעוֹלָם הַבָּא. חֲנִינָא בַּר פַּפָּא, רָמֵי בַּר פַּפָּא, נַחְמָן בַּר פַּפָּא, אֲחַאי בַּר פַּפָּא, אַבָּא מָרִי בַּר פַּפָּא, רַפְרָם בַּר פַּפָּא, רָכִישׁ בַּר פַּפָּא, סוּרְחַב בַּר פַּפָּא, אַדָּא בַּר פַּפָּא, דָּרוּ בַּר פַּפָּא.

הַעֲרֶב נָא יהוה אֱלֹהֵינוּ אֶת דִּבְרֵי תוֹרָתְךָ בְּפִינוּ וּבְפִי
עַמְּךָ בֵּית יִשְׂרָאֵל, וְנִהְיֶה אֲנַחְנוּ וְצֶאֱצָאֵינוּ (וְצֶאֱצָאֵי
צֶאֱצָאֵינוּ) וְצֶאֱצָאֵי עַמְּךָ בֵּית יִשְׂרָאֵל, כֻּלָּנוּ יוֹדְעֵי
שְׁמֶךָ וְלוֹמְדֵי תוֹרָתְךָ לִשְׁמָהּ. מֵאֹיְבַי תְּחַכְּמֵנִי מִצְוֺתֶךָ תהלים קיט
כִּי לְעוֹלָם הִיא־לִי: יְהִי־לִבִּי תָמִים בְּחֻקֶּיךָ לְמַעַן לֹא
אֵבוֹשׁ: לְעוֹלָם לֹא־אֶשְׁכַּח פִּקּוּדֶיךָ כִּי־בָם חִיִּיתָנִי:
בָּרוּךְ אַתָּה יהוה לַמְּדֵנִי חֻקֶּיךָ: אָמֵן אָמֵן אָמֵן סֶלָה
וָעֶד.

מוֹדִים אֲנַחְנוּ לְפָנֶיךָ יהוה אֱלֹהֵינוּ וֵאלֹהֵי אֲבוֹתֵינוּ
שֶׁשַּׂמְתָּ חֶלְקֵנוּ מִיּוֹשְׁבֵי בֵּית הַמִּדְרָשׁ, וְלֹא שַׂמְתָּ חֶלְקֵנוּ
מִיּוֹשְׁבֵי קְרָנוֹת. שֶׁאָנוּ מַשְׁכִּימִים וְהֵם מַשְׁכִּימִים,
אָנוּ מַשְׁכִּימִים לְדִבְרֵי תוֹרָה, וְהֵם מַשְׁכִּימִים לִדְבָרִים
בְּטֵלִים. אָנוּ עֲמֵלִים וְהֵם עֲמֵלִים, אָנוּ עֲמֵלִים וּמְקַבְּלִים
שָׂכָר, וְהֵם עֲמֵלִים וְאֵינָם מְקַבְּלִים שָׂכָר. אָנוּ רָצִים וְהֵם
רָצִים, אָנוּ רָצִים לְחַיֵּי הָעוֹלָם הַבָּא, וְהֵם רָצִים לִבְאֵר
שַׁחַת, שֶׁנֶּאֱמַר: וְאַתָּה אֱלֹהִים תּוֹרִדֵם לִבְאֵר שַׁחַת תהלים נה
אַנְשֵׁי דָמִים וּמִרְמָה לֹא־יֶחֱצוּ יְמֵיהֶם וַאֲנִי אֶבְטַח־בָּךְ:

יְהִי רָצוֹן מִלְּפָנֶיךָ יהוה אֱלֹהַי, כְּשֵׁם שֶׁעֲזַרְתַּנִי לְסַיֵּם
מַסֶּכֶת יוֹמָא כֵּן תְּעַזְרֵנִי לְהַתְחִיל מַסֶּכְתּוֹת וּסְפָרִים
אֲחֵרִים וּלְסַיְּמָם, לִלְמֹד וּלְלַמֵּד לִשְׁמֹר וְלַעֲשׂוֹת
וּלְקַיֵּם אֶת כָּל דִּבְרֵי תַלְמוּד תּוֹרָתְךָ בְּאַהֲבָה, וּזְכוּת
כָּל הַתַּנָּאִים וְאָמוֹרָאִים וְתַלְמִידֵי חֲכָמִים יַעֲמֹד לִי
וּלְזַרְעִי שֶׁלֹּא תָמוּשׁ הַתּוֹרָה מִפִּי וּמִפִּי זַרְעִי וְזֶרַע זַרְעִי
עַד עוֹלָם, וְיִתְקַיֵּם בִּי: בְּהִתְהַלֶּכְךָ תַּנְחֶה אֹתָךְ בְּשָׁכְבְּךָ משלי ו
תִּשְׁמֹר עָלֶיךָ וַהֲקִיצוֹתָ הִיא תְשִׂיחֶךָ: כִּי־בִי יִרְבּוּ יָמֶיךָ משלי ט
וְיוֹסִיפוּ לְךָ שְׁנוֹת חַיִּים: אֹרֶךְ יָמִים בִּימִינָהּ בִּשְׂמֹאולָהּ משלי ג
עֹשֶׁר וְכָבוֹד: יהוה עֹז לְעַמּוֹ יִתֵּן יהוה יְבָרֵךְ אֶת־עַמּוֹ תהלים כט
בַשָּׁלוֹם:

The following paragraph is recited three times:

הַדְרָן We shall return to you, tractate *Yoma,* and your glory is upon us. Our thoughts are upon you, tractate *Yoma,* and your thoughts are upon us. We will not be forgotten from you, tractate *Yoma,* and you will not be forgotten from us; neither in this world nor in the World-to-Come.

יְהִי רָצוֹן May it be Your will, Lord our God and God of our ancestors, that Your Torah will be our avocation in this world and will accompany us to the World-to-Come. Ḥanina bar Pappa, Ramei bar Pappa, Naḥman bar Pappa, Aḥai bar Pappa, Abba Mari bar Pappa, Rafram bar Pappa, Rakhish bar Pappa, Surḥav bar Pappa, Adda bar Pappa, Daru bar Pappa.

הַעֲרֶב נָא Please, Lord our God, make the words of Your
Torah sweet in our mouths and in the mouths of Your
people, the house of Israel, so that we, our descendants
(and their descendants), and the descendants of Your
people, the house of Israel, may all know Your name and
study Your Torah for its own sake. Your commandments *Psalms 119*
make me wiser than my enemies, for they are ever with me. Let my heart be undivided in Your statutes, in order that I may not be put to shame. I will never forget Your precepts, for with them You have quickened me. Blessed are You, O Lord; teach me Your statutes. Amen, Amen, Amen, Selah, Forever.

מוֹדִים We give thanks before You, Lord Our God and God of our ancestors, that You have placed our lot among those who sit in the study hall and that you have not given us our portion among those who sit idly on street corners. We rise early and they rise early. We rise early to pursue matters of Torah and they rise early to pursue frivolous matters. We toil and they toil. We toil and receive a reward and they toil and do not receive a reward. We run and they run. We run to the life of the
World-to-Come and they run to the pit of destruction,
as it is stated: But You, God, will bring them down into *Psalms 55*
the pit of destruction; men of blood and deceit shall not live out half their days; but as for me, I will trust in You.

יְהִי רָצוֹן May it be Your will, Lord my God, just as you have assisted me in completing tractate *Yoma* so assist me to begin other tractates and books and conclude them to learn and to teach, to observe and to perform, and to fulfill all the teachings of Your Torah with love. And may the merit of all the *tanna'im* and *amora'im* and Torah scholars stand for me and my descendants so that the Torah will not move from my mouth and from the mouths of my descendants and the descendants of my
descendants forever. And may the verse: When you *Proverbs 6*
walk, it shall lead you, when you lie down, it shall watch
over you; and when you awaken, it shall talk with you
be fulfilled in me. For in the Torah your days shall be *Proverbs 9*
multiplied, and the years of your life shall be increased.
Length of days is in her right hand; in her left hand are *Proverbs 3*
riches and honor. May the Lord give strength to His *Psalms 29*
people; the Lord will bless His people with peace.

The following קדיש *requires the presence of a* מנין.

יִתְגַּדַּל וְיִתְקַדַּשׁ שְׁמֵהּ רַבָּא
בְּעָלְמָא דְּהוּא עָתִיד לְאִתְחַדָּתָא
וּלְאַחֲיָאָה מֵתַיָּא, וּלְאַסָּקָא יָתְהוֹן לְחַיֵּי עָלְמָא
וּלְמִבְנֵא קַרְתָּא דִירוּשְׁלֵם, וּלְשַׁכְלָלָא הֵיכְלֵהּ בְּגַוַּהּ
וּלְמֶעְקַר פָּלְחָנָא נֻכְרָאָה מֵאַרְעָא
וְלַאֲתָבָא פָּלְחָנָא דִשְׁמַיָּא לְאַתְרֵהּ
וְיַמְלִיךְ קֻדְשָׁא בְּרִיךְ הוּא בְּמַלְכוּתֵהּ וִיקָרֵהּ
(נוסח ספרד: וְיַצְמַח פֻּרְקָנֵהּ וִיקָרֵב מְשִׁיחֵהּ)
בְּחַיֵּיכוֹן וּבְיוֹמֵיכוֹן וּבְחַיֵּי דְכָל בֵּית יִשְׂרָאֵל
בַּעֲגָלָא וּבִזְמַן קָרִיב, וְאִמְרוּ אָמֵן.

יְהֵא שְׁמֵהּ רַבָּא מְבָרַךְ לְעָלַם וּלְעָלְמֵי עָלְמַיָּא.

יִתְבָּרַךְ וְיִשְׁתַּבַּח וְיִתְפָּאַר וְיִתְרוֹמַם וְיִתְנַשֵּׂא
וְיִתְהַדָּר וְיִתְעַלֶּה וְיִתְהַלָּל
שְׁמֵהּ דְּקֻדְשָׁא בְּרִיךְ הוּא
לְעֵלָּא מִן כָּל בִּרְכָתָא
/בעשרת ימי תשובה: לְעֵלָּא לְעֵלָּא מִכָּל בִּרְכָתָא/
וְשִׁירָתָא, תֻּשְׁבְּחָתָא וְנֶחֱמָתָא, דַּאֲמִירָן בְּעָלְמָא
וְאִמְרוּ אָמֵן. (קהל: אָמֵן)

עַל יִשְׂרָאֵל וְעַל רַבָּנָן
וְעַל תַּלְמִידֵיהוֹן וְעַל כָּל תַּלְמִידֵי תַלְמִידֵיהוֹן
וְעַל כָּל מָאן דְּעָסְקִין בְּאוֹרַיְתָא
דִּי בְּאַתְרָא (בארץ ישראל: קַדִּישָׁא) הָדֵין, וְדִי בְּכָל אֲתַר וַאֲתַר
יְהֵא לְהוֹן וּלְכוֹן שְׁלָמָא רַבָּא
חִנָּא וְחִסְדָּא, וְרַחֲמֵי, וְחַיֵּי אֲרִיכֵי, וּמְזוֹנֵי רְוִיחֵי
וּפֻרְקָנָא מִן קֳדָם אֲבוּהוֹן דִּי בִשְׁמַיָּא
וְאִמְרוּ אָמֵן.

יְהֵא שְׁלָמָא רַבָּא מִן שְׁמַיָּא
וְחַיִּים (טוֹבִים) עָלֵינוּ וְעַל כָּל יִשְׂרָאֵל
וְאִמְרוּ אָמֵן.

Bow, take three steps back, as if taking leave of the Divine Presence, then bow, first left, then right, then center, while saying:

עֹשֶׂה שָׁלוֹם/בעשרת ימי תשובה: הַשָּׁלוֹם/ בִּמְרוֹמָיו
הוּא יַעֲשֶׂה בְרַחֲמָיו שָׁלוֹם, עָלֵינוּ וְעַל כָּל יִשְׂרָאֵל
וְאִמְרוּ אָמֵן.

The following Kaddish requires the presence of a minyan.

Magnified and sanctified may His great name be,
in the world that will in future be renewed,
reviving the dead and raising them up to eternal life.
He will rebuild the city of Jerusalem
and in it re-establish His Temple.
He will remove alien worship from the earth
and restore to its place the worship of Heaven.
Then the Holy One, blessed be He,
will reign in His sovereignty and splendor.
May it be in your lifetime and in your days,
(*Nusaḥ Sepharad:* make His salvation flourish,
and hasten His messiah,)
and in the lifetime of all the House of Israel,
swiftly and soon – and say: Amen.

May His great name be blessed for ever and all time.

Blessed and praised,
glorified and exalted,
raised and honored,
uplifted and lauded
be the name of the Holy One,
blessed be He,
beyond any blessing,
song, praise and consolation uttered in the world –
and say: Amen.

To Israel, to the teachers,
their disciples and their disciples' disciples,
and to all who engage in the study of Torah,
in this (*in Israel add:* holy) place or elsewhere,
may there come to them and you great peace,
grace, kindness and compassion,
long life, ample sustenance and deliverance,
from their Father in Heaven –
and say: Amen.

May there be great peace from heaven,
and (good) life for us and all Israel –
and say: Amen.

Bow, take three steps back, as if taking leave of the Divine Presence, then bow, first left, then right, then center, while saying:

May He who makes peace in His high places,
in His compassion make peace for us and all Israel –
and say: Amen.